2025 공식기출 최신 G-TELP KOREA 공식 기출문제 활용

지텔프 공식기출 32-65+ LEVEL 2

G-TELP KOREA 문제 제공 | 시원스쿨어학연구소 지음

시원스쿨 **LAB**

지텔프
공식 기출
32-65+

초판 1쇄 발행 2025년 4월 25일

지은이 시원스쿨어학연구소
펴낸곳 (주)에스제이더블유인터내셔널
펴낸이 양홍걸 이시원

홈페이지 www.siwonschool.com
주소 서울시 영등포구 영신로 166 시원스쿨
교재 구입 문의 02)2014-8151
고객센터 02)6409-0878

ISBN 979-11-6150-972-3 13740
Number 1-110404-18189900-02

이 책은 저작권법에 따라 보호받는 저작물이므로 무단복제와 무단전재를 금합니다. 이 책 내용의 전부 또는 일부를 이용하려면 반드시 저작권자와 ㈜에스제이더블유인터내셔널의 서면 동의를 받아야 합니다.

『특허 제0557442호 가접별책 ®주식회사 비상교육』

머리말

최신 기출문제를 활용한 실전 문제 풀이
문법, 독해, 청취, 어휘 전 영역 이론+실전 풀이를 단 한권으로!

한권으로 목표 점수 달성
『10일 단기공략 지텔프 공식 기출 32-65+』

지텔프 Level 2 시험은 군무원 및 소방·경찰 공무원, 7급 공무원 및 세무사, 노무사, 회계사, 감정평가사 등 전문직 자격증 시험에도 영어능력검정시험으로 인정받고 있습니다. 그 자격 요건으로 요구되는 점수는 32점, 43점, 50점, 그리고 65점이 대부분이며, 이 점수는 모두 본인의 현재 영어 수준에 상관없이 단기간에 달성해야 하는 점수이기도 합니다. 목표 점수가 낮으면 더 쉽게 달성할 수 있어야 하지만 지텔프는 문법 영역에서 가장 높은 점수를 확보해야 하므로 목표 점수가 몇 점이든 문법은 모든 출제 유형을 학습하고 실전 대비도 철저하게 해야 합니다.

하지만 시중에 나와 있는 교재들은 대부분 난이도가 너무 높은 영역별 단권 교재이거나 기초적인 설명은 생략되어 있고 실제 문제만 모아 놓은 실전 모의고사, 기출 문제집이기 때문에 지텔프 입문자가 학습하는데 어려움을 겪을 수 밖에 없습니다. 시원스쿨은 이러한 입문자들의 고민을 깊이 공감하여 지텔프를 처음 시작하시는 분들이 시간적·경제적 부담을 느끼지 않고 단 한권으로 지텔프 32점~65점, 또는 그 이상의 목표 점수를 달성할 수 있도록 문법, 청취, 독해, 어휘를 단 한권으로 집약한 『10일 단기공략 지텔프 공식 기출 32-65+』를 개발하였습니다.

지텔프 외에도 공부할 과목이 많은 고시생에게 영어 점수를 위해 할애할 수 있는 시간은 많지 않습니다. 빠르고 효율적으로 목표 점수를 달성하여 필수 과목을 공부해야 하기 때문에 『10일 단기공략 시원스쿨 지텔프 공식 기출 32-65+』는 딱 한 권으로 10일만에 목표 점수를 달성할 수 있도록 구성되어 있습니다. 각 챕터는 일 단위(DAY)로 나뉘어져 있으며, 문법 DAY 1~10, 독해 DAY 1~5, 청취 DAY 6~10으로 순서대로 학습할 수 있도록 구성되어 있습니다. 또한 지텔프 기본 어휘 50여개씩 총 DAY 10으로 학습할 수 있는 어휘 섹션으로 10일 동안 매일 보카 학습도 하실 수 있습니다. 개인별 학습 일정에 따라 최대 20일 완성 학습플랜도 제공합니다.

본 교재는 최신 공식 기출문제를 활용하여 실전 문제를 구성하여 실전 감각을 살리고 출제 유형을 익히는데 부족함이 없습니다. 또한 시원스쿨어학연구소가 개발한 연습문제와 기출 유형 문제로 기본기 또한 착실하게 쌓을 수 있는 지텔프 올인원(All-in-One) 종합서입니다.

또한 모바일 기기를 이용하여 도서 내에 있는 QR 코드를 카메라 앱으로 스캔하면 지텔프 만점 강사의 심층 설명을 동영상 강의를 무료로 볼 수 있고, 메신저 앱을 통해 온라인 스터디방에 참여하여 지텔프 문제 질문 답변 및 공부 방법에 대한 코칭을 받을 수 있습니다. (강의 결제 시 온라인 스터디방 참여코드 전송)

이 책으로 지텔프 목표 점수 달성의 기초 발판을 마련하고 여러분들의 꿈을 이룰 수 있다는 자신감을 얻기를 바랍니다.

시원스쿨어학연구소 드림

목차

- 머리말 003
- 목차 004
- 왜 『10일 단기공략 지텔프 공식 기출 32-65+』인가 006
- 이 책의 구성과 특징 008
- G-TELP, 접수부터 성적 확인까지 010
- 목표 점수별 공략법 016
- 지텔프 Level 2 성적 활용표 019
- 초단기 목표 달성 학습 플랜 020

문법

기초 다지기:	문장의 구조	022
DAY 1	시제 (1) 진행시제	032
DAY 2	시제 (2) 완료진행시제	040
DAY 3	가정법	048
DAY 4	당위성을 나타내는 동사원형	056
DAY 5	조동사	062
DAY 6	동명사	072
DAY 7	부정사 (1)	078
DAY 8	부정사 (2)	086
DAY 9	접속사와 접속부사	094
DAY 10	관계사	102

독해

기초 다지기:	문장 해석 연습	112
DAY 1	독해 유형별 공략	122
DAY 2	PART 1 인물 일대기	136
DAY 3	PART 2 잡지/기사문	146
DAY 4	PART 3 백과사전식 지문	156
DAY 5	PART 4 비즈니스 편지	166

청취

기초 다지기:	청취 영역 소개 및 기초 질문 듣기	178
DAY 6	질문의 키워드 듣고 메모하기	184
DAY 7	음원 듣고 정답 찾기	190
DAY 8	청취 질문 유형별 공략	202
DAY 9	PART 1, 2 공략하기	210
DAY 10	PART 3, 4 공략하기	216

어휘

DAY 1	인물	224	**DAY 6**	의료/건강	244
DAY 2	일상 생활	228	**DAY 7**	학교/회사	248
DAY 3	환경	232	**DAY 8**	예술/철학	252
DAY 4	과학/기술	236	**DAY 9**	빈출 어휘 1	256
DAY 5	사회/산업	240	**DAY 10**	빈출 어휘 2	260

부록 (별도제공)
- 시험장에 들고 가는 문법 총정리 … 002
- 빈출 동의어 리스트 … 012
- G-TELP 시험 전 유의사항 … 021

별책 정답 및 해설

온라인 부록

- 청취 음원(MP3)
- DAY별 어휘 시험지
- QR특강 자료

시원스쿨LAB 홈페이지(lab.siwonschool.com)
[교재/MP3] 메뉴 내 『10일 단기공략 지텔프 공식 기출 32-65+』 도서 검색

◀ MP3 및 각종 부록 자료 다운로드 바로가기 QR

왜 『10일 단기공략 지텔프 공식 기출 32-65+』인가?

1 지텔프 최신 공식 기출문제 활용

- 최신 공식 기출문제는 도서 내 <실전 문제>에서 확인하실 수 있으며, 이론 부분에서 학습한 내용을 지텔프 시험의 최신 출제 경향에 맞춰서 직접 풀이하여 실전 감각을 높일 수 있습니다.
- 실제 시험에 출제되었던 문제가 그대로 제공되어, 출제자 의도와 난이도를 직접 경험할 수 있으며 시험에 필요한 문제 풀이 이론과 방식을 효율적으로 학습할 수 있습니다.

2 [문법 + 독해 + 청취 + 어휘] 한 권으로 10일 단기 공략 목표 점수 달성

- 영어 왕초보라고 해서 천천히, 오랫동안 공부할 필요가 없습니다. 10일간의 학습 플랜으로 짧고 굵게 학습하는 것을 목표로 단기간에 지텔프 문제 풀이에 필요한 이론 및 풀이 방법을 학습하고 실전 문제 풀이 단계로 올라갈 수 있도록 [문법 + 독해 + 청취 + 어휘]를 한 권으로 구성하였습니다.
- 문법, 독해, 청취, 어휘 교재를 따로 구매할 필요가 없어서 경제적이고, 빠릅니다.

3 QR로 부르는 나만의 선생님

- 교재 학습 중 좀 더 자세한 추가 설명이 필요할 때, QR특강으로 선생님의 도움을 받을 수 있습니다. 교재 내 QR이미지를 카메라 앱으로 스캔하면 지텔프 만점 강사인 서민지 선생님이 영상을 통해 머리에 쏙쏙 들어오도록 직접 설명해줍니다.
- QR특강은 교재에서 학습하는 분량에 만족하지 못하는 분들, 좀 더 깊이 있는 공부를 하고 싶은 분들이 주 어진 핵심 사항을 완벽히 이해할 수 있도록 구성하였습니다.
- 지텔프 학습자들에 대한 깊은 이해를 바탕으로, QR특강을 통해 혼동하기 쉬운 문법, 해석하기 어려운 문장, 듣기 어려운 단어나 문장을 콕콕 집어 시원하게 해결해 줍니다. 특히 자주 헷갈리는 요소를 명확하게 구분하여 암기하는 방법을 알려줍니다.

4 문법, 독해, 청취 기초 다지기 학습

- DAY 1~10의 커리큘럼을 시작하기 전에, 각 영역 앞에 위치한 <기초 다지기> 챕터를 꼭 학습하시기 바랍니다. 지텔프 출제 경향과 기출 유형을 학습하여 이해하기 위해서 알아야 할 기본적인 영어 지식을 학습할 수 있습니다.

- 문법은 <문장의 구조>, 독해 <문장 해석 연습>, 청취는 <청취 영역 소개 및 기초 질문 듣기>로 기초 다지기가 마련되어 있으며, 해당 챕터에는 연습 문제와 실전 문제 없이 기초 학습만 제공됩니다.

5 지텔프 목표 점수 달성을 위한 실전 대비 학습 자료 제공

- **시험장에 들고 가는 문법 총정리**: 목표 점수가 몇 점이든 문법은 100점을 목표로 학습하시는 것이 아주 중요합니다. 따라서 시험장에서 마지막으로 확인할 수 있도록 문법의 모든 출제 유형에 대한 공식과 정답 단서를 정리하였습니다. (별도제공)

- **빈출 동의어 리스트**: 최근 3년간 독해·및 어휘 영역에서 출제된 동의어 중에 자주 등장하여 제시어와 정답 동의어가 혼동될 수 있는 단어들을 정리하였습니다. (별도제공)

- **QR특강 자료**: QR특강의 강의교안을 PDF로 다운로드 받아 학습하실 수 있습니다.

- **DAY별 어휘 학습지**: 어휘 DAY 1~10 학습 후 자가 테스트할 수 있도록 단어만 제시되어 있는 시험지를 다운로드 받으실 수 있습니다.

이 책의 구성과 특징

문법, 독해, 청취, 어휘를 한권으로 학습

문법, 독해, 청취, 어휘를 10일 학습플랜으로 골고루 학습하여 목표 점수를 달성할 수 있도록 학습 커리큘럼과 이론 및 실전 문제를 마련하였습니다. 여러 교재를 구매할 필요 없이 이 한 권으로 목표 점수 달성에 필요한 학습을 완료하고 실전에 대비하시기 바랍니다.

최신 출제 경향을 반영한 이론 설명

최신 G-TELP 시험의 출제 경향을 분석하여 각 영역의 문제 풀이를 위한 출제 유형 및 필수 공식 등을 자세히 설명하였습니다. 특히 문법의 경우 실제 시험에서 출제되는 기출포인트를 예문의 형태로 알기 쉽게 제시하였습니다.

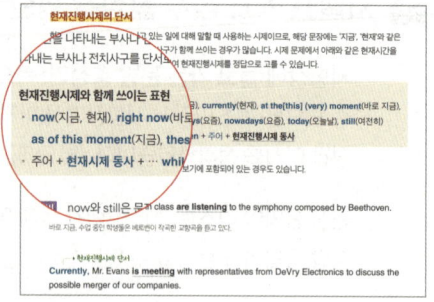

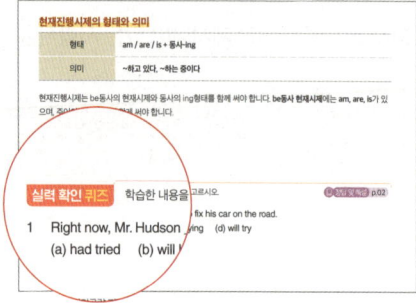

실력 확인 퀴즈

해당 페이지에서 학습한 이론 내용을 퀴즈로 복습할 수 있습니다. 개념과 공식을 이해하고 직접 간단한 퀴즈에 적용시켜 풀이하는 과정을 간단하게 경험해볼 수 있습니다.

연습 문제

해당 챕터(DAY)에서 학습한 이론 내용을 문제 풀이에 적용시키는 것을 연습할 수 있습니다. 실전 문제와는 다르게 학습 내용을 간단하게 확인할 수 있도록 빈칸 넣기, 해석하기 등의 쉬운 유형으로 출제하였습니다.

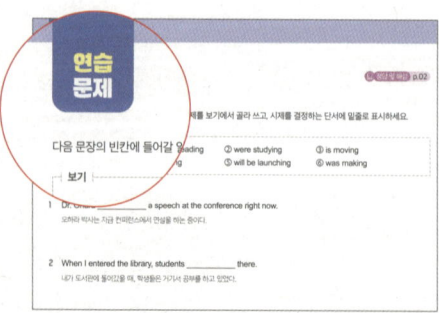

실전 문제

학습한 내용을 적용하여 공식 기출 문제와 기출 유형의 문제를 풀이할 수 있습니다. 기출 문제에는 [기출] 아이콘이 있으며, 그 외에는 기출 유형 문제로 구성되어 있습니다.

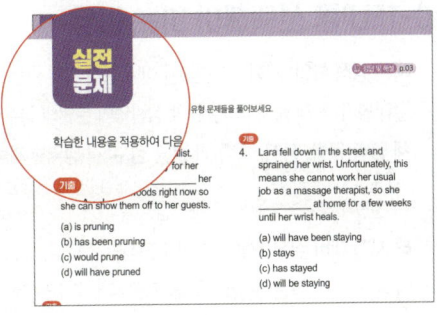

QR특강

교재 학습 중 좀 더 자세한 추가 설명이 필요할 때, 선생님의 도움을 받을 수 있습니다. 교재 내 QR이미지를 카메라 앱으로 스캔하면 지텔프 만점 강사인 서민지 선생님이 영상을 통해 머리에 쏙쏙 들어오도록 직접 설명해줍니다.

주제별 어휘 학습

지텔프 빈출 단어를 그 의미와 출제된 독해/청취의 PART에 따라 주제별로 나누어 매일 약 48개씩 10일간 학습하여 지텔프 최빈출 기본 어휘들을 정복할 수 있습니다. DAY별로 단어 학습 후 보카 시험지를 다운로드 받거나, 시원스쿨랩 사이트의 보카 시험지 만들기 서비스 <리얼마이보카>를 이용하여 단어 TEST를 보실 수 있습니다.

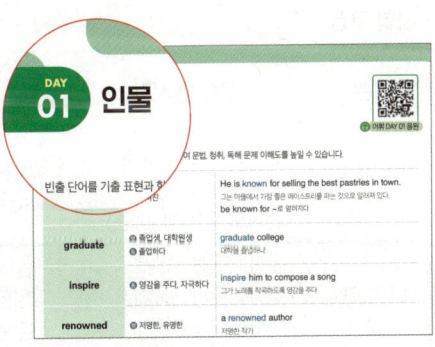

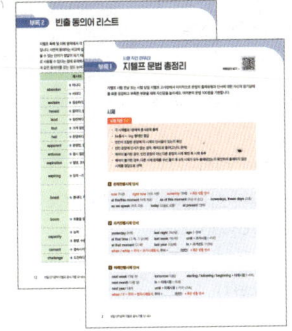

별책 부록 시험장에 들고 가는 문법 총정리 / 빈출 동의어 리스트

- **시험직전 문법 총정리**: 암기할 공식과 정답의 단서가 많은 문법의 경우, 시험 직전까지 해당 내용을 숙지했는지 마무리 점검이 필요합니다. 시험 직전에 빠르게 정답의 단서와 암기 공식을 확인하여 놓칠 뻔한 문제도 정답으로 이어질 수 있도록 학습하시기 바랍니다.

- **빈출 동의어 리스트**: 독해 및 어휘 영역에서 매회 출제되는 8문제의 동의어 문제 중 자주 등장하는 동의어 문제를 "제시어"와 "동의어" 항목으로 나누어 정리하였습니다. 하나의 단어가 여러 의미를 가지는 다의어일 경우, 문맥에 따라 동의어가 다르게 나오는 점을 유의하여 학습하시기 바랍니다.

책 속의 책 정답 및 해설

G-TELP, 접수부터 성적 확인까지

G-TELP를 선택해야 하는 이유

- **빠른 성적 확인:** 시험일 기준 5일 이내 성적 확인 가능
- **절대평가:** 전체 응시자의 수준에 상관없이 본인의 점수로만 평가
- **세 영역(문법, 청취, 독해)의 평균 점수:** 각 영역별 과락 없이 세 영역의 평균 점수가 최종 점수
  ex) 문법 100점 + 청취 28점 + 독해 67점 = 총점 195점 → 평균 65점
  　　문법 92점 + 청취 32점 + 독해 71점 = 총점 195점 → 평균 65점
- **타 시험 대비 쉬운 문법:** 7개의 고정적인 출제 유형, 총 26문제 출제, 문제 속 단서로 정답 찾기
- **타 시험 대비 적은 분량의 독해:** 지문 4개, 총 28문제 출제
- **청취(Listening)에 취약한 사람들도 통과 점수 획득 가능:** 세 개의 영역의 평균 점수가 최종 점수이므로 청취에서 상대적으로 낮은 점수를 받아도 문법과 독해 및 어휘로 목표 점수 달성 가능

G-TELP 소개

G-TELP(General Tests of English Language Proficiency)는 국제 테스트 연구원(ITSC, International Testing Services Center)에서 주관하는 국제적으로 시행하는 국제 공인 영어 테스트입니다. 또한 단순히 배운 내용을 평가하는 시험이 아닌, 영어 능력을 종합적으로 평가하는 시험으로, 다음과 같은 구성으로 이루어져 있습니다.

• 시험 구성

구분	구성 및 시간	평가기준	합격자의 영어구사능력	응시자격
LEVEL 1	· 청취 30문항 (약 30분) · 독해 60문항 (70분) · 전체 90문항 (약 100분)	원어민에 준하는 영어 능력: 상담 토론 가능	일상생활 상담, 토론 국제회의 통역	2등급 Mastery를 취득한 자
LEVEL 2	· 문법 26문항 (20분) · 청취 26문항 (약 30분) · 독해 28문항 (40분) · 전체 80문항 (약 90분)	다양한 상황에서 대화 가능 업무 상담 및 해외 연수 가능한 수준	일상생활 업무 상담 회의 세미나, 해외 연수	제한 없음
LEVEL 3	· 문법 22문항 (20분) · 청취 24문항 (약 20분) · 독해 24문항 (40분) · 전체 70문항 (약 80분)	간단한 의사소통과 단순 대화 가능	간단한 의사소통 단순 대화 해외 여행, 단순 출장	제한 없음
LEVEL 4	· 문법 20문항 (20분) · 청취 20문항 (약 15분) · 독해 20문항 (25분) · 전체 60문항 (약 60분)	기본적인 문장을 통해 최소한의 의사소통 가능	기본적인 어휘 구사 짧은 문장 의사소통 반복 부연 설명 필요	제한 없음
LEVEL 5	· 문법 16문항 (15분) · 청취 16문항 (약 15분) · 독해 18문항 (25분) · 전체 50문항 (약 55분)	극히 초보적인 수준의 의사소통 가능	영어 초보자 일상 인사, 소개 듣기 자기 표현 불가	제한 없음

● 시험 시간

시험 문제지는 한 권의 책으로 이루어져 있으며 각각의 영역이 분권으로 나뉘어져 있지 않고 시험이 시작되는 오후 3시부터 시험이 종료되는 오후 4시 30분~35분까지 자신이 원하는 영역을 풀 수 있습니다. 단, 청취 음원은 3시 20분에 재생됩니다. 그래도 대략적으로 각 영역의 시험 시간을 나누자면, 청취 음원이 재생되는 3시 20분 이전을 문법 시험, 그리고 청취 음원이 끝나고 시험 종료까지를 독해 시험으로 나누어 말하기도 합니다.

오후 3시: 시험 시작

오후 3시 20분: 청취 시험 시작

오후 3시 45~47분: 청취 시험 종료 및 독해 시험 시작

오후 4시 30분~35분: 시험 종료

● 시험 시 유의사항

1. 신분증과 컴퓨터용 사인펜 필수 지참

지텔프 고사장으로 출발 전, 신분증과 컴퓨터용 사인펜은 꼭 가지고 가세요. 이 두 가지만 있어도 시험은 칠 수 있습니다. 신분증은 주민등록증, 운전면허증, 여권 등이 인정되며, 학생증이나 사원증은 해당되지 않습니다. 또한 컴퓨터용 사인펜은 타인에게 빌리거나 빌려줄 수 없으니 반드시 본인이 챙기시기 바랍니다.

2. 2시 30분부터 답안지 작성 오리엔테이션 시작

2시 20분까지 입실 시간이며, 2시 30분에 감독관이 답안지만 먼저 배부하면, 중앙 방송으로 답안지 작성 오리엔테이션이 시작됩니다. 이름, 수험번호(고유번호), 응시코드 등 답안지 기입 항목에 대한 설명이 이루어집니다. 오리엔테이션이 끝나면 휴식 시간을 가지고 신분증 확인이 실시됩니다. 고사장 입실은 2시 50분까지 가능하지만, 지텔프를 처음 응시하는 수험자라면 늦어도 2시 20분까지는 입실하시는 것이 좋습니다.

3. 답안지에는 컴퓨터용 사인펜과 수정테이프만 사용 가능

답안지에 기입하는 모든 정답은 컴퓨터용 사인펜으로 작성되어야 합니다. 기입한 정답을 수정할 경우 수정테이프만 사용 가능하며, 액체 형태의 수정액은 사용할 수 없습니다. 수정테이프 사용 시 1회 수정만 가능하고, 같은 자리에 2~3회 여러 겹으로 중복 사용시 정답이 인식되지 않을 수 있습니다. 문제지에 샤프나 볼펜으로 메모할 수 있지만 다른 수험자가 볼 수 없도록 작은 글자로 메모하시기 바랍니다.

4. 영역별 시험 시간 구분 없이 풀이 가능

문제지가 배부되고 모든 준비가 완료되면 오후 3시에 시험이 시작됩니다. 문제지는 문법, 청취, 독해 및 어휘 영역 순서로 제작되어 있지만 풀이 순서는 본인의 선택에 따라 정할 수 있습니다. 단, 청취는 음원을 들어야 풀이가 가능하므로 3시 20분에 시작되는 청취 음원에 맞춰 풀이하시기 바랍니다.

5. 소음 유발 금지

시험 중에는 소음이 발생하는 행위를 금지하고 있습니다. 문제를 따라 읽는다거나, 펜으로 문제지에 밑줄을 그으면서 소음을 발생시키는 등 다른 수험자에게 방해가 될 수 있는 행위를 삼가시기 바랍니다. 특히, 청취 음원이 재생되는 동안 청취 영역을 풀지 않고 다른 영역을 풀이할 경우, 문제지 페이지를 넘기면서 큰 소리가 나지 않도록 주의해야 합니다.

6. 시험 종료 후 답안지 마킹 금지

청취 음원의 재생 시간에 따라 차이가 있을 수 있지만 대부분의 경우 4시 30분~4시 35분 사이에 시험이 종료됩니다. 시험 종료 시간은 청취 시간이 끝나고 중앙 방송으로 공지되며, 시험 종료 5분 전에도 공지됩니다. 시험 종료 알림이 방송되면 즉시 펜을 놓고 문제지 사이에 답안지를 넣은 다음 문제지를 덮고 대기합니다.

2025년 G-TELP 정기시험 일정

회차	시험일자	접수기간	추가 접수기간 (~자정까지)	성적공지일 (오후 3:00)
제546회	2025-01-05(일) 15:00	2024-12-06 ~ 2024-12-20	~2024-12-25	2025-01-10
제547회	2025-01-19(일) 15:00	2024-12-27 ~ 2025-01-03	~2025-01-08	2025-01-24
제548회	2025-02-02(일) 15:00	2025-01-10 ~ 2025-01-17	~2025-01-22	2025-02-07
제549회	2025-02-16(일) 15:00	2025-01-24 ~ 2025-01-31	~2025-02-05	2025-02-21
제550회	2025-03-02(일) 15:00	2025-02-07 ~ 2025-02-14	~2025-02-19	2025-03-07
제551회	2025-03-16(일) 15:00	2025-02-21 ~ 2025-02-28	~2025-03-05	2025-03-21
제552회	2025-03-30(일) 15:00	2025-03-07 ~ 2025-03-14	~2025-03-19	2025-04-04
제553회	2025-04-13(일) 15:00	2025-03-21 ~ 2025-03-28	~2025-04-02	2025-04-18
제554회	2025-04-27(일) 15:00	2025-04-04 ~ 2025-04-11	~2025-04-16	2025-05-02
제555회	2025-05-11(일) 15:00	2025-04-18 ~ 2025-04-25	~2025-04-30	2025-05-16
제556회	2025-05-25(일) 15:00	2025-05-02 ~ 2025-05-09	~2025-05-14	2025-05-30
제557회	2025-06-08(일) 15:00	2025-05-16 ~ 2025-05-23	~2025-05-28	2025-06-13
제558회	2025-06-22(일) 15:00	2025-05-30 ~ 2025-06-06	~2025-06-11	2025-06-27
제559회	2025-07-06(일) 15:00	2025-06-13 ~ 2025-06-20	~2025-06-25	2025-07-11
제560회	2025-07-20(일) 15:00	2025-06-27 ~ 2025-07-04	~2025-07-09	2025-07-25
제561회	2025-08-03(일) 15:00	2025-07-11 ~ 2025-07-18	~2025-07-23	2025-08-08

회차	시험일시	접수기간	추가접수	성적발표
제562회	2025-08-17(일) 15:00	2025-07-25 ~ 2025-08-01	~2025-08-06	2025-08-22
제563회	2025-08-31(일) 15:00	2025-08-08 ~ 2025-08-15	~2025-08-20	2025-09-05
제564회	2025-09-14(일) 15:00	2025-08-22 ~ 2025-08-29	~2025-09-03	2025-09-19
제565회	2025-09-28(일) 15:00	2025-09-05 ~ 2025-09-12	~2025-09-17	2025-10-03
제566회	2025-10-19(일) 15:00	2025-09-19 ~ 2025-10-03	~2025-10-08	2025-10-24
제567회	2025-10-26(일) 15:00	2025-10-03 ~ 2025-10-10	~2025-10-15	2025-10-31
제568회	2025-11-09(일) 15:00	2025-10-17 ~ 2025-10-24	~2025-10-29	2025-11-14
제569회	2025-11-23(일) 15:00	2025-10-31 ~ 2025-11-07	~2025-11-12	2025-11-28
제570회	2025-12-07(일) 15:00	2025-11-14 ~ 2025-11-21	~2025-11-26	2025-12-12
제571회	2025-12-21(일) 15:00	2025-11-28 ~ 2025-12-05	~2025-12-10	2025-12-26

• **시험 접수 방법**
정기 시험 접수 기간에 G-TELP KOREA 공식 홈페이지 www.g-telp.co.kr 접속 후 로그인, [시험접수] - [정기 시험 접수] 클릭

• **시험 응시료**
정기시험 69,300원 (졸업 인증 48,700원, 군인 36,200원) / 추가 접수 74,100원 (졸업 인증 53,600원, 군인 41,000원)

• **시험 준비물**
① 신분증: 주민등록증(임시 발급 포함), 운전면허증, 여권, 공무원증 중 택1
② 컴퓨터용 사인펜: 연필, 샤프, 볼펜은 문제 풀이 시 필요에 따라 사용 가능, OMR 답안지에는 연필, 샤프, 볼펜으로 기재 불가
③ 수정 테이프: 컴퓨터용 사인펜으로 기재한 답을 수정할 경우 수정액이 아닌 수정 테이프만 사용 가능

• **시험장 입실**
시험 시작 40분 전인 오후 2시 20분부터 입실, 2시 50분부터 입실 불가

• **OMR 카드 작성**

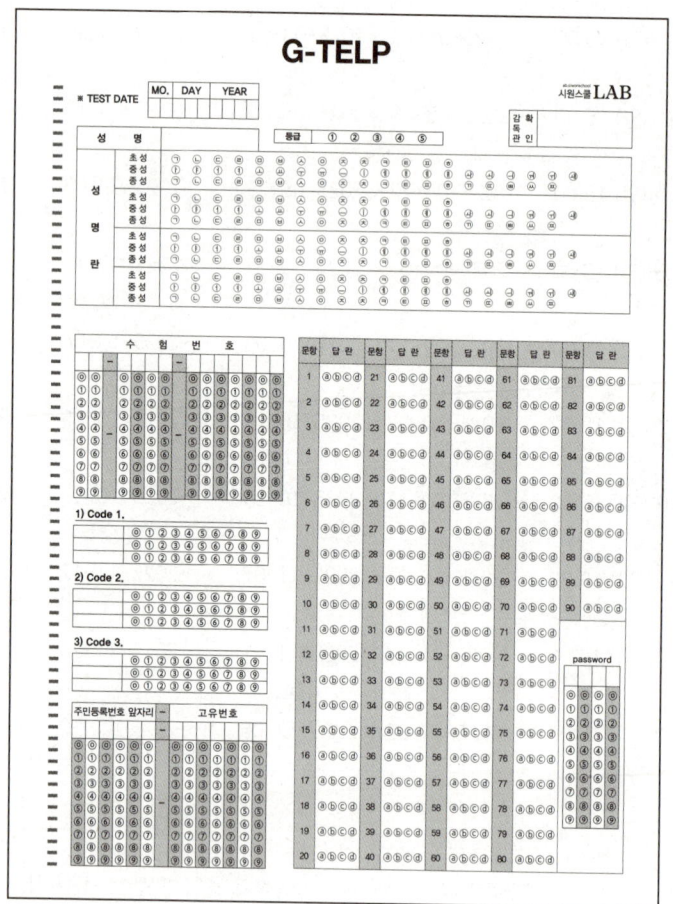

<설명>
- 날짜, 성명을 쓰고 등급은 ②에 마킹합니다.
- 이름을 초성, 중성, 종성으로 나누어 마킹합니다.
- 수험 번호는 자신의 책상에 비치된 수험표에 기재되어 있습니다.
- Code 1, Code 2는 OMR 카드 뒷면에서 해당되는 코드를 찾아 세 자리 번호를 마킹합니다.
  (대학생이 아닌 일반인의 경우 Code 1은 098, Code 2는 090)
- Code 3은 수험 번호의 마지막 7자리 숫자 중 앞 3자리 숫자를 마킹합니다.
- 주민등록번호는 앞자리만 마킹하고 뒷자리는 개인 정보 보호를 위해 지텔프에서 임시로 부여한 고유 번호로 마킹해야합니다.
  (수험표에서 확인)
- 답안지에는 90번까지 있지만 Level 2 시험의 문제는 80번까지이므로 80번까지만 마킹합니다.
- OMR 카드 오른쪽 아래에 있는 비밀번호(password) 4자리는 성적표 출력 시 필요한 비밀번호로, 응시자가 직접 비밀번호를 설정하여 숫자 4개를 마킹합니다.
- 시험 시간에는 답안지 작성(OMR 카드 마킹) 시간이 별도로 주어지지 않습니다.

• **성적 발표**
시험일 5일 이내 G-TELP KOREA 공식 홈페이지 www.g-telp.co.kr 접속 후 로그인, [성적 확인] - [성적 확인] 클릭 / 우편 발송은 성적 발표 후 차주 화요일에 실시

• **성적 유효 기간**
시험일로부터 2년

• **성적표 양식**

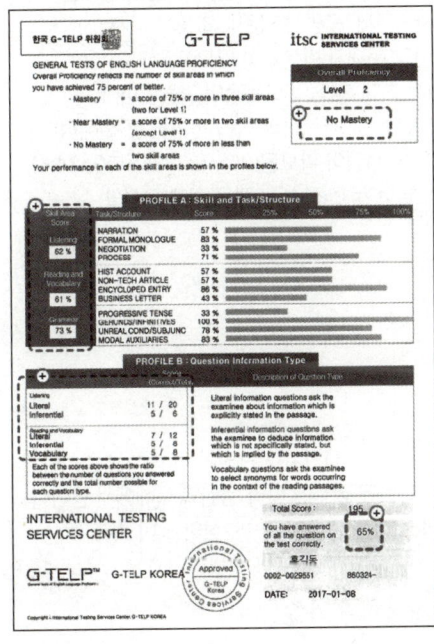 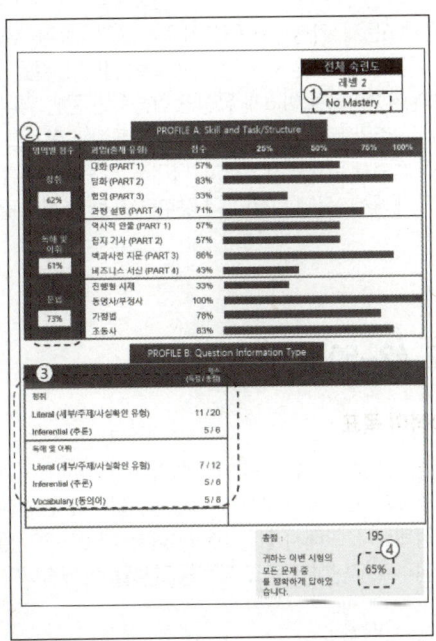

* 편의를 위해 우리말로 번역하였습니다.

① No Mastery: 응시자가 75% 이상의 점수를 획득할 경우 Mastery, 그렇지 못할 경우 No Mastery로 표기되며, 32점이나 65점, 77점 등 점수대별 목표 점수를 가진 응시자에게 아무런 영향이 없습니다.

② 영역별 점수: 각 영역별 점수를 가리키는 수치입니다. 이를 모두 취합하면 총점(Total Score)이 되며, 이를 3으로 나눈 평균값이 ④에 나오는 최종 점수입니다.

③ 청취와 독해 및 어휘 영역의 출제 유형별 득점: 청취와 독해 및 어휘 영역의 Literal은 세부사항, 주제 및 목적, 사실 확인 유형의 문제를 말하며, 이 유형들은 지문의 내용에 문제의 정답이 직접적으로 언급되어 있는 유형입니다. Inferential은 추론 문제를 말하며, 이 유형은 지문에 문제의 정답이 직접적으로 언급되어 있지 않지만 지문에 나온 정보를 토대로 추론을 통해 알 수 있는 사실을 보기 중에서 고르는 문제입니다. 이 유형의 경우, 정답 보기가 패러프레이징(paraphrasing: 같은 의미를 다른 단어로 바꾸어 말하기)이 되어 있어 다소 난이도가 높은 편입니다. 청취와 독해 및 어휘 영역에서는 문제가 각각 5~8문제씩 출제됩니다. 마지막으로 Vocabulary는 각 PART의 지문에 밑줄이 그어진 2개의 단어에 맞는 동의어를 찾는 문제입니다. 총 네 개의 PART에서 각각 2문제씩 나오므로 항상 8문제가 출제됩니다.

목표 점수별 공략법

지텔프 Level 2. 32점

1 총점 96점이 목표

지텔프 시험은 문법 26문제, 청취 26문제, 독해 28문제로 구성되어 있으며 각 영역이 100점 만점, 총 80문제입니다. 여기서 평균 32점을 얻기 위해서는 세 영역 합산 총점이 96점이 되어야 합니다.

2 문법 84점만 받으면 된다

각 영역별로 난이도는 "청취 > 독해 > 문법" 순으로, 청취가 가장 어렵고 문법이 가장 쉽습니다. 문법 영역은 총 26문제 중 시제 6문제, 가정법 6문제, 당위성 표현 2문제, 부정사 3문제, 동명사 3문제, 조동사 2문제, 접속사/전치사 2문제, 관계대명사절 2문제로 출제됩니다. 같은 유형의 문제가 반복되어 나오고, 그 유형은 총 8개 유형이므로 이 8개 유형만 학습하면 문법 영역에서 최대 84점의 고득점이 가능합니다. 따라서 1주일에서 2주일 동안 8개 유형의 각각의 특징과 단서를 파악하는데 주력하여 학습한다면, 문제 해석이 필요한 조동사와 접속사 문제를 제외하고, 나머지 22문제를 맞추면 약 84점이 확보됩니다. (22÷26×100=84.6) 여기서 청취와 독해에서 3문제 이상만 더 맞추면 총점 96점이 훌쩍 넘어 목표 점수 32점을 쉽게 달성할 수 있습니다.

지텔프 Level 2. 43~50점

1 총점 129~150점이 목표

평균 43점은 총점 129점, 50점은 총점 150점이 필요합니다. 목표 점수가 몇 점인지 상관없이 이 총점을 달성하기 위해서 문법 영역에서 92점을 확보하는 것은 동일합니다. 문법에서 확보된 점수에 따라 청취와 독해에서 받아야 하는 점수가 결정됩니다. 그래서 청취 20~30점, 독해 20~30점을 확보하면 총점 139~152점이 되어 목표 점수보다 높은 점수로 무난하게 목표 점수를 달성할 수 있습니다.

2 문법이 목표 달성의 핵심

개개인의 문법 성취도에 따라 점수가 다르겠지만, 43점~50점을 목표로 할 경우 문법에서 92점을 확보하지 못하면 그만큼 청취와 독해에서 부족한 점수를 더 확보해야 합니다. 32점 목표일 때 문법에 대한 전략에서 좀 더 나아가야 합니다.

각 영역별로 난이도는 "청취 > 독해 > 문법" 순으로, 청취가 가장 어렵고 문법이 가장 쉽습니다. 문법 영역은 총 26문제 중 시제 6문제, 가정법 6문제, 당위성 표현 2문제, 부정사 3문제, 동명사 3문제, 조동사 2문제, 접속사/접속부사 2문제, 관계사절 2문제로 출제됩니다. 같은 유형의 문제가 반복되어 나오고, 그 유형은 총 8개 유형이므로 이 8개 유형을 본 교재에서 학습하여 문법 점수 92점을 달성해야 합니다.

그 유형 중 소위 '해석으로 문맥 파악을 통한 문제 풀이'가 필요한 유형인 접속사/접속부사 2문제, 조동사 2문제는 다른 유형보다 다소 난이도가 높다고 알려져 있습니다. 그 이유는 다른 유형은 정답의 단서가 정해져 있거나, 정해진 문법 공식에 의해서 출제되기 때문에 문제의 문맥을 파악하지 않고도 정답을 선택할 수 있지만 접속사/접속부사와 조동사는 그렇지 않기 때문입니다. 그래서 정답의 단서와 문법 공식의 암기 및 숙지로 정답을 고를 수 있는 유형인 시제, 가정법, 당위성 표현, 부정사/동명사, 관계사절 문제 총 22문제의 정답을 맞추면 84점을 확보할 수 있습니다. 여기서 조동사와 접속사/접속부사 총 4문제 중 2문제만 확보하면 92점 달성이 가능합니다. 만약 문법에서 84점이라면 청취와 독해에서 목표보다 2문제를 더 확보해야 합니다. 청취와 독해에 취약하다면 문법에서 점수를 더 확보하는 것이 수월할 것입니다.

3 청취와 독해 전략

청취와 독해에서 각각 20~30점을 받기 위해서 많은 학습을 요구하지 않지만, 그래도 아무런 대비 없이 (a)~(d) 중 하나의 선택지로만 정답을 제출하는 것(일명 '기둥 세우기')은 다소 위험할 수 있습니다. 그래서 청취와 독해에서 상대적으로 쉬운 PART의 문제를 풀어보는 것을 추천합니다.

청취의 경우 PART 1과 3이 쉬운데, 특히 주제를 묻는 첫 문제와 대화 후 할 일에 대해 묻는 마지막 문제는 전체적인 내용의 흐름만 파악한다면 쉽게 정답을 고를 수 있습니다.

독해는 PART 1과 PART 4가 상대적으로 지문의 내용을 이해하기가 쉽습니다. 특히 PART 1의 첫 문제는 지문에 설명되는 인물이 유명한 이유를 묻는 문제이며, 대부분 첫 문단에 정답의 단서가 언급되어 있으므로 정답을 고르기가 쉽습니다. PART 4는 비즈니스 서신에 관한 내용이며, 첫 문제가 항상 편지를 쓰는 목적에 해당됩니다. 이 문제 또한 첫 문단에서 정답의 단서를 쉽게 찾을 수 있어 푸는 데 크게 어렵지 않은 문제입니다. 그리고 독해는 각 PART별로 2문제의 동의어 문제가 출제되어 총 8문제가 출제됩니다. 8문제 중 3~4문제는 사전적 동의어로 출제되어 기본적인 어휘 실력만 뒷받침된다면 무난하게 풀 수 있습니다. 이를 통해 큰 어려움 없이 청취와 독해에서 안정적인 점수를 확보하여 문법에서 92점 이하로 받더라도 목표 점수를 달성할 수 있습니다.

지텔프 Level 2. 65점

1 총점 195점이 목표

평균 65점은 세 영역에서 총점 195점이 되어야 하는 점수이므로, 문법에서 92점, 청취에서 30~40점, 독해에서 63~73점을 목표 점수로 권장합니다. 지텔프 시험의 가장 큰 장점은 문법의 난이도가 낮다는 것과 독해의 문제수가 적다는 것입니다. 앞서 32점 목표 공략법에서 설명하였듯이 문법은 총 8개 유형이 반복적으로 출제되어 총 26문제가 구성되어 있으므로 해당 유형의 이론을 공부하고 실전 문제만 충분히 풀이한다면 기본적으로 84점 이상은 얻을 수 있습니다. 여기서 조동사와 접속사 유형을 풀이하기 위해 출제되는 여러 조동사와 접속사를 공부하고 문장 해석을 통한 문맥 파악에 노력을 기울인다면 최대 100점도 충분히 달성할 수 있습니다.

2 65점 목표의 난관: 독해와 어휘

독해는 토익에 비하여 분량이 적을 뿐 난이도가 토익보다 쉬운 것은 아닙니다. 한 지문은 약 500개 단어로 구성되어 있으며, 이는 토익 PART 7의 이중 지문과 비슷한 분량입니다. 이러한 지문이 총 4개, 각 지문당 7개의 문제가 출제되어 있으며, 그 7문제에는 세부정보, 추론, 사실확인, 동의어 찾기 유형이 섞여서 출제됩니다. 특히 동의어 찾기 문제는 한 지문당 2문제가 고정적으로 출제되어 독해 영역 전체에서 동의어 문제는 총 8문제가 출제됩니다. 그 외의 세부정보, 사실확인, 추론 유형의 문제는 반드시 해당 지문을 꼼꼼하게 읽으면서 정답을 찾아야 합니다.

동의어 문제를 제외한 한 지문에 나오는 독해 문제 5문제는 독해 지문의 단락 순서대로 출제됩니다. 예를 들어, 첫번째 단락에서 첫번째 문제의 정답 단서가 있으며, 두번째 단락에 두번째 문제의 정답 단서가 있는 식입니다. 하지만 이것이 항상 규칙적이지는 않은데, 가령 첫번째 단락에 첫번째 문제의 정답 단서가 없으면 두번째 단락에 첫번째 문제의 정답 단서가 있기도 합니다. 그래서 문제를 풀 때는 첫번째 문제를 먼저 읽고, 문제의 키워드를 파악한 다음, 첫번째 단락을 읽으면서 해당 키워드를 찾는 식으로 문제를 풀이합니다. 여기서 가장 중요한 것은 문장의 내용을 제대로 이해할 수 있는 해석 능력입니다. 영어 문장 해석 능력은 기초적인 영문법과 어휘 실력으로 완성됩니다.

따라서 지텔프 독해에서 요구되는 수준의 어휘 실력을 갖추기 위해 기초 영단어 포함 최소 2,000단어 이상 암기해야 하며, 영어 문장을 올바르게 해석하기 위해 기초 영문법을 학습해야 합니다. 여기서 기초 영문법이란 중/고등학교 영어 수준의 영문법을 말하며, 품사의 구분부터 문장성분 분석, 각 문장의 형식에 따른 문장 해석 방법, 부정사, 동명사, 분사(구문), 관용 구문까지 아울러 포괄적으로 일컫는 말입니다. 어휘와 해석 능력만 갖춰진다면 60점까지 무리없이 도달할 수 있으며, 거기서 추가적으로 패러프레이징(paraphrasing) 된 오답을 피하는 요령, 세부 정보 및 추론 문제에서 정답 보기를 찾는 요령 등 독해 스킬에 해당하는 것을 추가적으로 학습하면 70점 이상 도달할 수 있습니다.

3 청취 영역을 포기하지 말 것

청취는 총 4개 지문, 각 지문당 6~7문제가 출제되는데, 난이도가 그 어떤 다른 영어 시험보다 어려운 수준이기에 많은 수험생들이 청취 영역을 포기하는 경우가 많습니다. 청취 영역이 어려운 이유는 첫째, 문제가 시험지에 인쇄되어 있지 않다는 것입니다. 즉 음원으로 각 문제를 2회 들려주는데, 이 때 빠르게 시험지에 메모하여 문제를 파악해야 합니다. 둘째, 한 지문이 6분 이상 재생되기 때문에, 들으면서 즉각적으로 6~7문제를 풀어야 하는 수험생에게 아주 긴 집중력을 필요로 합니다. 셋째, 문제의 난이도가 독해 영역의 문제만큼이나 어렵습니다. 듣기 문제에서 세부정보, 사실 확인, 추론 유형의 문제를 풀이해야 하는데, 이 때 성우가 말하는 단서 중 한 단어만 놓쳐도 해당 문제에서 오답을 고를 확률이 매우 높아집니다.

문법과 독해에서 고득점을 받는다면 청취에서 하나의 보기로 답안지를 작성하여도 20점~25점의 점수를 얻어 총점 195점을 받을 수 있지만, 항상 변수에 대비해야 합니다. 여기서 변수는 독해 영역에서 지나치게 어려운 주제의 지문이 출제되는 경우입니다. 특히 독해 PART 2 잡지 기사문과 PART 3 백과사전 지문에서 의학, 과학, 윤리/철학 등 이해하기 어려운 개념에 대한 지문이 등장하면 어휘부터 어렵기 때문에 많은 수험생들이 제실력을 발휘하지 못하고 목표한 점수를 얻지 못하는 경우가 발생합니다. 이러한 경우를 대비하여, 청취 영역시간에는 청취 영역을 적극적으로 풀이할 것을 권장합니다. 물론 지문이 길고 문제도 적혀 있지 않기 때문에 어렵겠지만, 한 지문에서 첫 3문제는 지문의 앞부분에서 키워드만 듣게 되면 바로 정답을 찾을 수 있을 정도로 비교적 난이도가 낮습니다. 따라서 문제를 읽어줄 때 문제를 메모하는 연습을 하여 각 지문당 3문제씩이라도 집중해서 제대로 푼다면 적어도 30점 이상은 얻을 수 있습니다. 청취 영역에서 30점 보다 더 높은 점수를 받을 경우, 그만큼 독해에서 확보해야 하는 점수가 부족하더라도 보완이 되어 총점 195점을 달성할 수 있습니다.

목표 점수별 공략법

• 주요 정부 부처 및 국가 자격증

활용처(시험)	지텔프 Level 2 점수	토익 점수
군무원 9급	32점	470점
군무원 7급	47점	570점
경찰공무원(순경)	48점 (가산점 2점) 75점 (가산점 4점) 89점 (가산점 5점)	600점 (가산점 2점) 800점 (가산점 4점) 900점 (가산점 5점)
소방간부 후보생	50점	625점
경찰간부 후보생	50점	625점
경찰공무원 (경사, 경장, 순경)	43점	550점
호텔서비스사	39점	490점
박물관 및 미술관 준학예사	50점	625점
군무원 5급	65점	700점
국가공무원 5급	65점	700점
국가공무원 7급	65점	700점
입법고시(국회)	65점	700점
법원 행정고시(법원)	65점	700점
세무사	65점	700점
공인노무사	65점	700점
공인회계사	65점	700점
감정평가사	65점	700점
호텔관리사	66점	700점
카투사	73점	780점
국가공무원 7급 (외무영사직렬)	77점	790점

* 출처: G-TELP 공식 사이트(www.g-telp.co.kr)

초단기 목표 달성 학습플랜

- 목표점수에 따라 다음의 학습 진도를 참조하여 매일 학습합니다.
- 해당일의 학습을 하지 못했더라도 앞 단원으로 돌아가지 말고 오늘에 해당하는 학습을 하세요. 그래야 끝까지 완주할 수 있습니다.
- 교재를 끝까지 한 번 보고 나면 2회독에 도전합니다. 두 번째 볼 때는 훨씬 빠르게 끝낼 수 있어요. 천천히 1회만 보는 것보다 빠르게 2회, 3회 보는 것이 지텔프 실력 향상에 효율적입니다.
- 학습을 완료한 후 시험 직전까지 실전 대비를 위해 『2025 최신 공식 기출문제집』을 별도 구매하여 실제 기출시험의 난이도와 유형을 직접 경험해보고 자신의 예상 점수와 목표 점수 달성 가능성을 확인해보시는 것을 권장합니다.

65점 목표 10일 완성 학습 플랜

1일	2일	3일	4일	5일
문법 기초, DAY 1	문법 DAY 2	문법 DAY 3	문법 DAY 4	문법 DAY 5
독해 DAY 1	독해 DAY 2	독해 DAY 3	독해 DAY 4	독해 DAY 5
어휘 DAY 1	어휘 DAY 2	어휘 DAY 3	어휘 DAY 4	어휘 DAY 5

6일	7일	8일	9일	10일
문법 DAY 6	문법 DAY 7	문법 DAY 8	문법 DAY 9	문법 DAY 10
청취 DAY 6	청취 DAY 7	청취 DAY 8	청취 DAY 9	청취 DAY 10
어휘 DAY 6	어휘 DAY 7	어휘 DAY 8	어휘 DAY 9	어휘 DAY 10

32-50점 목표 10일 완성 학습 플랜

1일	2일	3일	4일	5일
문법 기초, DAY 1 독해 DAY 1 어휘 DAY 1	문법 DAY 2 독해 DAY 2 어휘 DAY 2	문법 DAY 3 독해 DAY 3 어휘 DAY 3	문법 DAY 4 독해 DAY 4 어휘 DAY 4	문법 DAY 5 독해 DAY 5 어휘 DAY 5
6일	**7일**	**8일**	**9일**	**10일**
문법 DAY 6 어휘 DAY 6	문법 DAY 7 어휘 DAY 7	문법 DAY 8 어휘 DAY 8	문법 DAY 9 어휘 DAY 9	문법 DAY 10 어휘 DAY 10

65점 목표 20일 완성 학습 플랜

1일	2일	3일	4일	5일
문법 기초, DAY 1 어휘 DAY 1	문법 DAY 2 어휘 DAY 2	문법 DAY 3 어휘 DAY 3	문법 DAY 4 어휘 DAY 4	문법 DAY 5 어휘 DAY 5
6일	**7일**	**8일**	**9일**	**10일**
문법 DAY 6 어휘 DAY 6	문법 DAY 7 어휘 DAY 7	문법 DAY 8 어휘 DAY 8	문법 DAY 9 어휘 DAY 9	문법 DAY 10 어휘 DAY 10
11일	**12일**	**13일**	**14일**	**15일**
독해 DAY 1 어휘 DAY 1 (2회)	독해 DAY 2 어휘 DAY 2 (2회)	독해 DAY 3 어휘 DAY 3 (2회)	독해 DAY 4 어휘 DAY 4 (2회)	독해 DAY 5 어휘 DAY 5 (2회)
16일	**17일**	**18일**	**19일**	**20일**
청취 DAY 6 어휘 DAY 6 (2회)	청취 DAY 7 어휘 DAY 7 (2회)	청취 DAY 8 어휘 DAY 8 (2회)	청취 DAY 9 어휘 DAY 9 (2회)	청취 DAY 10 어휘 DAY 10 (2회)

10일 단기공략 지텔프 공식 기출 32-65+

문법
10 DAYS

- 문법 기초 다지기: 문장의 구조
- **DAY 01** 시제 (1) 진행시제
- **DAY 02** 시제 (2) 완료진행시제
- **DAY 03** 가정법
- **DAY 04** 당위성을 나타내는 동사원형
- **DAY 05** 조동사
- **DAY 06** 동명사
- **DAY 07** 부정사 (1)
- **DAY 08** 부정사 (2)
- **DAY 09** 접속사와 접속부사
- **DAY 10** 관계사

문법 출제 유형과 문항수

지텔프 Level 2 문법 영역은 1~26번에 해당하며, 총 26문제가 출제됩니다. 그리고 크게 7가지 출제 유형이 있으며, 그 출제 유형은 다음과 같습니다.

출제 유형	출제 내용	문항 개수
시제	현재진행 / 과거진행 / 미래진행 / 현재완료진행 / 과거완료진행 / 미래완료진행	각 1문제씩 출제 (총 6문항)
가정법	가정법 과거완료 / 가정법 과거	각 3문제씩 출제 (총 6문항)
당위성 표현 (제안/추천/명령/요구/주장)	당위성 의미의 동사/형용사 뒤 that절 내에 빈칸으로 출제되며 조동사 should가 생략된 동사원형이 정답	총 2문항 출제
to부정사/동명사	to부정사/동명사를 목적어로 취하는 동사, to부정사의 부사적 용법, 형용사적 용법	총 6문항 출제
조동사	will, can, might, must, should 등 문맥에 맞는 조동사를 고르는 문제	총 2문항 출제
접속사/접속부사	빈칸에 들어갈 알맞은 의미의 접속사 또는 접속부사를 고르는 문제	총 2문항 출제
관계사절	빈칸에 들어갈 문법적으로 올바른 관계사절(관계대명사절 또는 관계부사절)을 고르는 문제	총 2문항 출제

문법 학습 전략

65점 목표 달성을 위해서는 세 가지 영역의 총점이 195점이 되어야 하는데, 세 영역 중 고득점이 가장 쉬운 영역이 바로 문법 영역입니다. 따라서 문법 영역에서 최대한 높은 점수를 확보를 하는 것이 목표 달성에 아주 유리한 전략입니다. 문법 영역을 구성하는 문제들은 크게 (1) 출제 유형에 맞는 공식을 암기하거나 출제되는 내용을 암기하여 동일한 유형이나 내용이 출제되면 해석하지 않고 정답을 고를 수 있는 22 문항과 (2) 주어진 문맥 파악을 통해 빈칸에 들어갈 적절한 단어를 찾는 4문항으로 나뉩니다. (1)에는 시제, 가정법, 당위성 표현, 부정사/동명사, 관계사절이 해당하며, (2)에는 조동사와 접속사/접속부사가 해당합니다. 따라서 문제 해석이 필요한 조동사와 접속사/접속부사 문제를 제외하고, 나머지 22문제를 맞추어 약 84점이 기본적으로 확보해야 합니다.

기초 다지기: 문장의 구조

문장의 기본 구조

모든 문장은 "누가/무엇이 ~을 했다/하다/이다"라는 내용을 기본적으로 가지고 있습니다. 여기서 "누가/무엇이"를 문장의 주어라고 하고, "~했다/하다"를 문장의 동사라고 합니다. 동사는 '동작'을 나타내며, 동작이 존재하기 위해서는 실제로 그 동작을 하는 '동작의 주체'가 있어야 합니다. 동작의 주체가 바로 주어이며, 이러한 이유로 모든 문장에는 주어와 동사가 존재합니다.

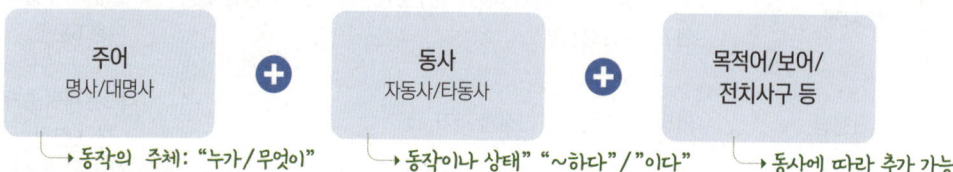

- 주어 (명사/대명사) → 동작의 주체: "누가/무엇이"
- 동사 (자동사/타동사) → 동작이나 상태 "~하다"/"이다"
- 목적어/보어/전치사구 등 → 동사에 따라 추가 가능

자동사와 타동사

자동사	목적어를 가지지 않는 동사 (동사 뒤에 보어가 위치할 수 있음) ① 자동사 + 부사/전치사구 ② 자동사 + 주격보어
타동사	목적어를 가지는 동사 ① 타동사 + 목적어 ② 타동사 + 간접목적어 + 직접목적어 ③ 타동사 + 목적어 + 목적격보어

자동사/타동사 구분: 대부분의 동사는 동사의 의미에 '~을/를'을 붙여 자연스럽게 해석되면 타동사, 그렇지 않으면 자동사로 구분할 수 있습니다. 예를 들어, 동사 stay는 '머물다'라는 의미이므로 목적어를 붙여 '~을 머물다'라고 해석하면 어색해집니다. 그래서 stay가 자동사임을 알 수 있습니다. 반대로, '사다, 구매하다'라는 의미를 가지고 있는 동사 buy는 목적어를 붙여 '~을 사다'라는 의미를 나타낼 수 있으므로 타동사임을 알 수 있습니다.

주어로 쓰일 수 있는 명사/대명사

명사	사물을 지칭하는 이름 예) 책, 컴퓨터, 컵, 문, 펜, 휴대폰, 학교, 친구, 변호사, 학생, 질서, 행복
대명사	명사(이름)를 대신해서 쓰는 말 예) 나, 너, 당신, 그, 그녀, 그들, 이것, 저것

위와 같은 명사 또는 대명사에 '책은', '컴퓨터가', '너는', '그녀는'과 같이 '은/는/이/가'가 붙어 함께 주어 역할을 합니다. 영어 단어 중에 명사와 동사를 구분할 수 있다면 문장에서 주어와 동사 또한 구분할 수 있습니다.

명사의 형태와 동사의 형태

1 1형식: 주어 + 자동사

1형식 자동사가 쓰이는 문장의 기본 구조는 「주어 + 자동사」이며, 동사 뒤에 목적어나 보어가 이어지지 않습니다. 그러나 동사를 수식하는 부사 또는 부사 역할을 하는 전치사구(전치사 + 명사)가 동사 뒤에 위치할 수 있습니다.

→ 문장의 필수 성분이 아닌 수식어구

He always comes late to the classroom.

문장 구조 He always comes late to the classroom.
　　　　　　　주어 부사　 동사　 부사　 전치사구
　　　　　　　　　　　　　　　　　→ 동사를 수식하는 전치사구

직역 그는 / 항상 / **온다** / 늦게 / 교실로

해석 그는 항상 늦게 교실로 **온다**.

1형식 자동사의 종류

이동	go 가다 come 오다 arrive 도착하다 leave 떠나다 depart 떠나다, 출발하다
존재	be동사(am/are/is/was/were) 있다 exist 존재하다 live 살다 stay 머무르다
발생	begin 시작하다 end 끝나다 happen 발생하다 occur 발생하다
증감	increase 증가하다 decrease 감소하다 rise 상승하다 drop 하락하다
단순행위	look 보다 work 일하다 succeed 성공하다 fail 실패하다

2 2형식: 주어 + 자동사 + 주격보어

2형식 문장의 기본 구조는 「주어 + 자동사 + 주격보어」이며, 동사 뒤에 형용사나 명사가 보어로 쓰인 문장입니다.

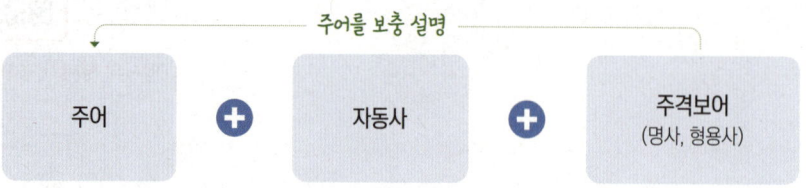

주격보어가 필요한 2형식 자동사

2형식 자동사는 주격보어를 가져야 하는 자동사로, 주어와 주격보어가 동일한 것을 의미하도록 이어주는 역할을 합니다.

> Ms. Shane is a guitarist in the band.

문장 구조 Ms. Shane is a guitarist in the band.
  주어   동사 주격보어(명사)   전치사구

직역 셰인 씨는 / ~이다 / 기타리스트 / 그 밴드에서.

해석 셰인 씨는 그 밴드에서 기타리스트이다.

이 문장에서 is와 같은 be동사 뒤에 있는 명사 a guitarist는 주어가 무엇인지 설명하는 말이므로 주격보어라고 부릅니다. 이 문장의 의미 또한 '셰인 씨는 그 밴드에서 기타리스트이다'라는 내용이므로 "Ms. Shane = a guitarist"라는 내용을 담고 있어서 주어와 주격보어가 동격을 이루는 것을 알 수 있습니다.

상태	be동사(am/are/is/was/were) ~이다 look ~하게 보이다 feel ~한 기분이 들다 seem ~하게 보이다 remain ~한 상태로 남아 있다 stay ~한 상태로 있다
변화	become ~하게 되다 grow 점점 ~해지다 get ~해지다 go ~한 상태가 되다 turn ~해지다

실전 대비 be 동사는 '있다', look은 '보다', stay는 '머무르다', grow는 '증가하다', remain은 '남다', turn은 '돌다'라는 의미를 가지는 1형식 자동사로 사용되기도 합니다.

주격보어

주격보어는 주어를 보충 설명하기 때문에 동작의 대상을 나타내는 목적어와 다른 성격을 가집니다. 앞에서 본 Ms. Shane is a guitarist in the band. 라는 문장에서처럼 명사(a guitarist)가 주격보어로 쓰일 수도 있지만 자동사 뒤에 형용사가 위치하면, 그 형용사 또한 주어를 보충 설명하는 주격보어 역할을 할 수 있습니다.

> He is happy with the present.

문장 구조 He is   happy   with the present.
              주어 동사 주격보어(형용사) 전치사구

직역 그는 / ~이다 / 행복한 / 그 선물에

해석 그는 그 선물에 행복하다

2형식 자동사 뒤에 형용사가 위치하면 형용사가 주어의 상태를 설명해주는 것으로 해석됩니다. 위 문장은 주어인 He의 상태가 happy(형용사)한 상태라고 말하는 내용입니다. (He = happy)

1형식 자동사와
2형식 자동사 구별

3 3형식: 주어 + 타동사 + 목적어

주어가 어떤 동작을 하는 대상이라면, 목적어는 그 동작을 당하는 대상을 말합니다. 목적어는 우리말로 보통 '~을/를'을 붙여 해석하며, 목적어 자리에는 보통 명사, 대명사, 동명사, to부정사, 그리고 명사절이 사용됩니다.

문장의 구조 27

목적어를 하나만 가지는 3형식 타동사

타동사는 동사가 나타내는 동작 또는 상태의 영향을 받는 대상을 가지는 동사이며, 3형식 타동사는 '~을/를 ~하다'라는 의미로 해석됩니다.

> Mr. Song buys a newspaper every morning.

문장 구조 Mr. Song buys a newspaper every morning.
　　　　　　주어　　 동사　　 목적어　　　　 부사

직역 송 씨는 / 산다 / 신문을 / 매일 아침

해석 송 씨는 매일 아침 신문을 산다.

buy라는 동사는 '~을 사다'라는 의미의 동사이며, 이 동사는 '~을/를'이라는 말이 함께 쓰여서 '무엇을' 사는지에 대한 정보를 반드시 뒤에 가져야 하는 타동사입니다. '무엇을'에 해당하는 명사 또는 대명사가 바로 목적어이며, 위 문장에서 a newspaper는 '~을 사다'라는 동작을 당하는 대상이 됩니다.

동사에 -s가 붙는 이유

주격보어와 목적어의 구분

동사 뒤에 있는 명사가 주격보어인지 목적어인지 파악하기 어려울 때, 해석상 동사 뒤의 명사가 주어와 동일하거나 주어를 설명한다면 주격보어로 보고, 동사 뒤의 명사가 주어와 전혀 다른 것이라면 목적어로 해석합니다

Janet **became** a singer. 　주어　　 동사　　 명사 **해석** 재닛은 가수가 되었다.	**주어와의 관계** Janet = a singer 동사 뒤 명사 = 주격보어 become(과거형 became)은 자동사
Janet **likes** a singer. 　주어　 동사　 명사 **해석** 재닛은 가수를 좋아한다.	**주어와의 관계** Janet ≠ a singer 동사 뒤 명사 = 목적어 like(현재형 likes)는 타동사

4 4형식: 주어 + 수여동사 + 간접목적어 + 직접목적어

목적어를 2개 가지는 수여동사

수여동사란 타동사의 일종으로, 공통적으로 '~을 주다 / ~해주다'라는 의미를 가지고 있습니다. 수여동사가 쓰이는 문장은 간접목적어와 직접목적어를 함께 써야 합니다.

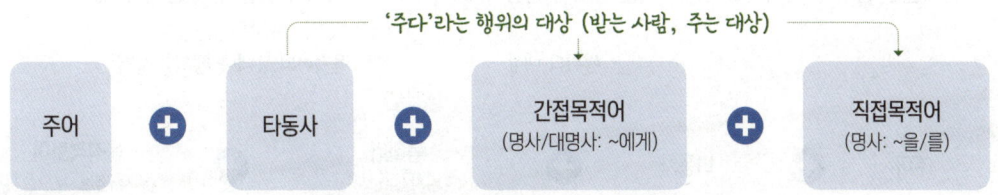

'주다'라는 행위는 주는 사람(주어), 받는 사람(목적어), 그리고 주는 물건(목적어)이 필요합니다. 그래서 수여동사 뒤에 '받는 사람'을 먼저 쓰고 그 뒤에 '주는 물건'을 씁니다. 여기서 '받는 사람'을 간접목적어라고 하며, '~에게'를 붙여 해석합니다. 그리고 '주는 물건'은 직접목적어라고 하며, '~을/를'을 붙여 해석합니다.

> My boss gave all his employees a special bonus last month.

문장 구조 My boss / gave / all his employees / a special bonus / last month.
주어 / 수여동사 / 간접목적어 / 직접목적어 / 부사

직역 나의 상사는 / 주었다 / 모든 그의 직원들에게 / 특별 보너스를 / 지난 달에

해석 나의 상사는 지난 달에 모든 그의 직원들에게 특별 보너스를 주었다.

수여동사의 종류

수여동사	give 주다 show 보여주다 send 보내주다 bring 갖다주다 teach 가르쳐주다 make 만들어주다 buy 사주다 offer 제공하다 lend 빌려주다 pass 전달하다 tell 말해주다

5 5형식: 주어 + 타동사 + 목적어 + 목적격보어

목적어와 목적격보어를 가지는 5형식 타동사

5형식에 쓰이는 타동사는 목적어를 보충 설명하는 추가적인 정보가 없으면 의미가 불완전해지는 동사입니다. 목적격보어는 목적어를 보충 설명하는 추가적인 정보를 나타내며 목적어와 동일한 대상이거나 목적어의 상태를 설명하는 말입니다. 목적격보어 자리에는 명사와 형용사, 그리고 to부정사가 위치할 수 있습니다.

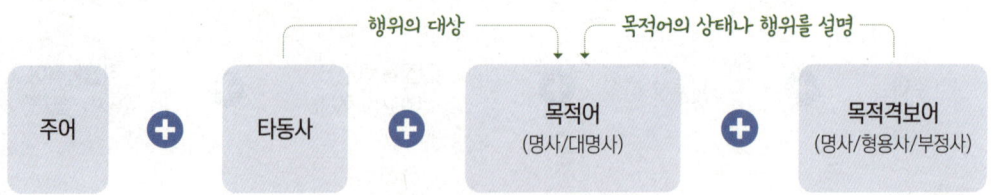

목적격보어를 가지는 5형식 타동사

> The coach made me the best player in the team.

문장 구조   The coach made me the best player in the team.
　　　　　　　　주어　　　동사　목적어　목적격보어(명사)　　전치사구

→ me = the best player (목적어와 동격)

직역   그 코치는 / 만들었다 / 나를 / 최고의 선수로 / 그 팀에서

해석   그 코치는 나를 그 팀에서 최고의 선수로 만들었다.

위 문장에서 me가 이 문장의 목적어이고 the best player는 목적어인 me를 보충 설명하는 목적격보어입니다. 그래서 'me = the best player'의 개념을 나타내기 때문에 '그 코치는 나를 최고의 선수로 만들었다'라고 해석됩니다. 이렇게 5형식 문장에서 목적격보어 자리에 명사가 있는 경우 '(주어)는 (목적어)를 (목적격보어)로 (동사)한다'라고 해석합니다.

형용사 목적격보어

목적어 뒤에 형용사가 위치하면 이 형용사는 앞에 있는 목적어의 상태, 모습, 그리고 특징을 설명하는 목적격보어의 역할을 합니다. 이때 형용사 목적격보어를 '(목적어)를 (형용사)한 상태로 ~하다' 또는 '(목적어)를 (형용사)하게 ~하다'라고 해석합니다.

The nurses in the clinic always keep their hands clean.

문장 구조 The nurses in the clinic always keep their hands clean.
주어   전치사구   부사   동사   목적어   목적격보어(형용사)

직역 그 간호사들은 / 그 병원에 있는 / 항상 / **유지한다** / **그들의 손을** / **깨끗하게**

해석 그 병원에 있는 간호사들은 항상 그들의 손을 깨끗하게 유지한다.

keep은 '~을 유지하다', '~을 지키다'라는 의미를 가진 타동사입니다. 그래서 keep 뒤에 있는 명사 their hands는 keep의 목적어입니다. 그런데 목적어 뒤에 있는 clean은 '청결한', '깨끗한'이라는 의미의 형용사이며, 여기서 목적어인 their hands의 상태를 설명하는 목적격보어로 쓰였습니다.

Many scientists find reading about the challenges of space travel fascinating.

문장 구조 Many scientists find reading about the challenges of space travel fascinating.
주어   동사   목적어   전치사구   목적격보어(형용사)

직역 많은 과학자들은 / 생각한다 / 읽는 것을 / 우주 여행의 도전에 관해 / **대단히 흥미롭게**

해석 많은 과학자들은 우주 여행의 도전에 관해 읽는 것을 대단히 흥미롭게 생각한다.

find는 5형식 문장의 동사로 쓰이면 '~을 ~하게 생각하다/여기다'라는 의미를 나타냅니다. 위 문장에서 find 뒤에 있는 동명사 reading이 find의 목적어 이고, 그 뒤에 있는 전치사구는 reading을 수식하는 수식어구로 쓰인 전치사구, 그리고 그 뒤에 위치한 형용사 fascinating이 목적어인 reading을 설명하는 목적격보어입니다. 그래서 '많은 과학자들은 ~ 읽는 것을 대단히 흥미롭게 생각한다'라고 해석됩니다.

DAY 01 시제 (1) 진행시제

영어에는 기본시제, 진행시제, 완료시제, 완료진행시제가 있으며, 각 시제는 과거, 현재, 미래라는 세 가지 시제를 갖습니다. 그 중에 지텔프 Level 2 문법 영역의 시제 문제로 진행시제, 완료진행시제만 출제됩니다. (완료진행시제는 DAY 02에서 학습합니다.)

진행시제		
현재진행 am/are/is -ing	과거진행 was/were -ing	미래진행 will be -ing

완료진행시제		
현재완료진행 has/have been -ing	과거완료진행 had been -ing	미래완료진행 will have been -ing

실전 대비 문법 시험에서 위 6가지 시제가 각각 1문제씩 출제되어, 시제 문제는 총 6문제가 출제됩니다. 하나의 시제가 중복으로 출제되지는 않습니다.

1 현재진행시제

현재진행시제의 형태와 의미

형태	am / are / is + 동사-ing
의미	~하고 있다, ~하는 중이다

현재진행시제는 be동사의 현재시제와 동사의 ing형태를 함께 써야 합니다. **be동사 현재시제**에는 **am, are, is**가 있으며, 주어의 인칭과 수에 맞게 써야 합니다.

실력 확인 퀴즈 학습한 내용을 토대로 빠르게 정답을 고르시오. 정답 및 해설 p.02

1 Right now, Mr. Hudson _____ to fix his car on the road.
   (a) had tried   (b) will be trying   (c) is trying   (d) will try

주어	현재진행시제 (동사가 go인 경우)
1인칭 단수(I)	I **am going** ~
2인칭 (you)	You **are going** ~
3인칭 (1, 2인칭을 제외한 모든 주어)	It **is going** ~ / He **is going** ~ / She **is going** ~
모든 인칭의 복수 (we, you, they 등)	We **are going** ~ / You **are going** ~ / They **are going**

주어의 수, 인칭의 개념

현재진행시제의 단서

현재진행시제는 현재 일어나고 있는 일에 대해 말할 때 사용하는 시제이므로, 해당 문장에는 '지금', '현재'와 같은 현재시간을 나타내는 부사나 전치사구가 함께 쓰이는 경우가 많습니다. 시제 문제에서 아래와 같은 현재시간을 나타내는 부사나 전치사구를 단서로 하여 현재진행시제를 정답으로 고를 수 있습니다.

> **현재진행시제와 함께 쓰이는 표현**
> - **now**(지금, 현재), **right now**(바로 지금), **currently**(현재), **at the[this] (very) moment**(바로 지금), **as of this moment**(지금), **these days**(요즘), **nowadays**(요즘), **today**(오늘날), **still**(여전히)
> - 주어 + **현재시제 동사** + … **while/when** + 주어 + **현재진행시제 동사**

실전 대비 now와 still은 문제가 아니라 보기에 포함되어 있는 경우도 있습니다.

→ 현재진행시제 단서
Right now, the students in class **are listening** to the symphony composed by Beethoven.

바로 지금, 수업 중인 학생들은 베토벤이 작곡한 교향곡을 듣고 있다.

→ 현재진행시제 단서
Currently, Mr. Evans **is meeting** with representatives from DeVry Electronics to discuss the possible merger of our companies.

현재, 에반스 씨는 우리 회사 중에서 가능한 합병을 논의하기 위해 드브리 전자에서 온 대표들과 회의 중이다.

실력 확인 퀴즈 학습한 내용을 토대로 빠르게 정답을 고르시오.   정답 및 해설 p.02

2 Sam from the IT team _____ new security software on every computer in the office now.
  (a) has installed   (b) will install   (c) is installing   (d) was installing

2 과거진행시제

과거진행시제의 형태와 의미

형태	was / were + 동사-ing
의미	~하고 있었다, ~하던 중이었다

과거진행시제는 be동사의 과거시제와 동사의 ing형태를 함께 써야 하며 **be동사 과거시제**에는 **was, were**가 있으며, 주어의 인칭과 수에 맞게 써야 합니다.

주어	과거진행시제 (동사가 go인 경우)
1인칭 단수(I)	I **was going** ~
2인칭 (you)	You **were going** ~
3인칭 (1, 2인칭을 제외한 모든 주어)	It **was going** ~ / He **was going** ~ / She **was going** ~
모든 인칭의 복수 (we, you, they 등)	We **were going** ~ / You **were going** ~ / They **were going** ~

과거진행시제의 단서

과거진행시제는 특정 과거시점에 이루어지고 있던 행위를 나타내는 시제입니다. 그래서 해당 문장에는 과거시점을 언급하는 시간 표현이 거의 대부분 나타나 있습니다. 문제에서 제시되는 아래의 단서를 토대로 과거진행시제를 정답으로 고를 수 있습니다.

> **과거진행시제와 함께 쓰이는 표현**
> - **When** + 주어 + 과거시제 동사 (+ 과거시간부사), 주어 + **과거진행시제 동사**
> - 주어 + 과거시제 동사 + ... **while/when** + 주어 + **과거진행시제 동사**
> - 기간 표현 + **ago**(~전에), **last** + 시간 표현(지난~), **yesterday**, (어제), **at the time** (그때)

실전 대비 위의 단서가 제시되지 않고 앞/뒤 문장이 과거시제인 것을 보고 과거진행시제가 정답인 것을 파악해야 하는 문제도 종종 출제됩니다.

Randy **was trying** to buy a new 60-inch television **when** his credit card **was** declined. →과거진행시제 단서
랜디는 그의 신용카드가 승인 거절 되었을 때 새로운 60인치 텔레비전을 사려고 하고 있었다.

실력 확인 퀴즈 학습한 내용을 토대로 빠르게 정답을 고르시오. 정답 및 해설 p.02

3 Ms. Lee _____ the office building when the fire started on the 7th floor.
   (a) is just leaving   (b) just leaves   (c) will just leave   (d) was just leaving

3 미래진행시제

미래진행시제의 형태와 의미

형태	will be + 동사-ing	*will: 미래를 나타내는 조동사
의미	~하고 있을 것이다, ~하는 중일 것이다	

미래진행시제는 주어의 인칭과 수에 관계없이 will be + 동사+ing 형태로 씁니다.

주어	미래진행시제 (동사원형 go의 경우)
1인칭 단수(I)	I will be going ~
2인칭 (you)	You will be going ~
3인칭 (1, 2인칭을 제외한 모든 주어)	It will be going ~ / He will be going ~ / She will be going ~
모든 인칭의 복수 (we, you, they 등)	We will be going ~ / You will be going ~ / They will be going ~

미래진행시제의 단서

미래진행시제는 특정 미래시점에 이루어질 예정인 행위를 나타내는 시제입니다. 그래서 해당 문장이 쓰인 문장에는 미래시점을 언급하는 시간 표현이 거의 대부분 나타나 있습니다. 아래의 단서를 토대로 미래진행시제를 정답으로 고를 수 있습니다.

> **미래진행시제와 함께 쓰이는 표현**
> - **When/If/Until/As soon as/Once** + 주어 + **현재시제 동사**, 주어 + **미래진행시제 동사**
> - **in/on/until/by** + **미래시점** (~후에/ ~에/(계속) ~까지/(완료) ~까지)
> - **next week/month/year**(다음 주/다음 달/다음 해), **later**(나중에)

실전 대비 접속사 when과 if, until, as soon as, once 뒤에 현재시제를 쓰면 미래시제를 대신하기 때문에, 미래진행시제의 단서가 됩니다.

→ 미래진행시제 단서

Management **will be purchasing** new office chairs **next week** for the employees working at the Brighton branch.

경영진은 브라이튼 지사에서 일하고 있는 직원들을 위해 다음 주에 새로운 사무실 의자들을 구매할 것이다.

실력 확인 퀴즈 학습한 내용을 토대로 빠르게 정답을 고르시오. 📖 정답 및 해설 p.02

4 Avalanche Studios _____ several teaser clips from director Tom Hook's new film over the next few weeks.

   (a) will be releasing   (b) was releasing   (c) is releasing   (d) release

다음 문장의 빈칸에 들어갈 알맞은 동사의 시제를 보기에서 골라 쓰고, 시제를 결정하는 단서에 밑줄로 표시하세요.

보기
① will be reading ② were studying ③ is moving
④ is giving ⑤ will be launching ⑥ was making

1 Dr. Ohara _____ a speech at the conference right now.
오하라 박사는 지금 컨퍼런스에서 연설을 하는 중이다.

2 When I entered the library, students _____ there.
내가 도서관에 들어갔을 때, 학생들은 거기서 공부를 하고 있었다.

3 When you arrive at the library, I _____ a book there.
당신이 도서관에 도착하면, 나는 거기서 책을 읽고 있을 것이다.

4 I _____ a cake when Harrison sent me a message.
해리슨이 나에게 메시지를 보냈을 때 나는 케이크를 만들고 있었다.

5 Currently, everyone in the office _____ to a meeting room.
현재, 사무실에 있는 모든 사람들이 회의실로 이동하고 있다.

6 Next month, Siwon Books _____ a new learning device, Siwon Pen 2.
다음 달에, 시원북스는 새로운 학습 기기인 시원펜2를 출시할 것이다.

어휘 정리 give a speech 연설하다 conference 명 컨퍼런스, 대회의 right now 부 지금 enter 동 ~에 들어가다 currently 부 현재 launch 동 출시하다 device 명 장치, 기기

학습한 내용을 적용하여 다음 공식 기출 및 기출 유형 문제들을 풀어보세요.

기출

1. Andrea is an avid horticulturalist. Today, she will host a party for her gardening club. She _____ her azaleas and box woods right now so she can show them off to her guests.

   (a) is pruning
   (b) has been pruning
   (c) would prune
   (d) will have pruned

기출

2. Chelsea was leaving her apartment in a hurry to meet her friends when she realized that she _____ her keys. Shaking her head at her forgetfulness, she rushed back to retrieve them.

   (a) is missing
   (b) has been missing
   (c) will have been missing
   (d) was missing

기출

3. Megan had planned to have dinner at her favorite Italian restaurant but chose to cook instead. She _____ ingredients for her creamy pasta sauce when she realized she did not have any cream or milk.

   (a) has been gathering
   (b) was gathering
   (c) would gather
   (d) is gathering

기출

4. Lara fell down in the street and sprained her wrist. Unfortunately, this means she cannot work her usual job as a massage therapist, so she _____ at home for a few weeks until her wrist heals.

   (a) will have been staying
   (b) stays
   (c) has stayed
   (d) will be staying

5. Bronco, a 7-year-old dog, is a very good boy. His owners _____ when a robber broke into the house. Bronco barked and scared the robber away.

   (a) were sleeping
   (b) slept
   (c) are sleeping
   (d) will sleep

6. Ferdinand will be holding a grand opening for his cheesecake shop tomorrow, so his friends want to give him a special surprise. Knowing he loves succulents, his friends _____ several of them right now at the garden center together.

   (a) buy
   (b) have been buying
   (c) are buying
   (d) will have bought

7. When Tingfon saw a video about competitive jigsaw puzzle solving, she felt inspired to get into the activity herself. She's been practicing assembling puzzles every day since then. In fact, she _____ a 500-piece set at this moment.

(a) is constructing
(b) constructs
(c) has been constructing
(d) would construct

8. Emily hates running into people she knows around town. If she could, she would avoid it at all costs. However, while she _____ the grocery store for snacks two days ago, Brad, her coworker, suddenly called her name.

(a) would browse
(b) had browsed
(c) browsed
(d) was browsing

9. Carter has secured a volunteer position in Ecuador this summer, but it starts on the day of his upcoming graduation. Therefore, he _____ for the airport right after the morning ceremony.

(a) will be leaving
(b) will have left
(c) has been leaving
(d) would have left

10. My brother and his friends are excited for the three-on-three basketball tournament this weekend at Hoover Park. Right now, they _____ several offensive plays that should give them an edge in the competition.

(a) will practice
(b) have practiced
(c) are practicing
(d) were practicing

11. Todd has an important meeting tomorrow with representatives from Pinnacle Athletics. When we leave the office this evening, he _____ all his notes and graphs for his sales pitch.

(a) probably still goes over
(b) will probably still be going over
(c) was probably going over
(d) is probably going over

12. An undetected gas leak led to an explosive fire in Jason's apartment last week. Luckily, he _____ his out-of-town girlfriend when it happened, but all his belongings were destroyed.

(a) would visit
(b) had visited
(c) visited
(d) was visiting

13. My sister is still in shock after being in a car accident. While she _____ home from work last night, another driver ran a red light and T-boned her vehicle. Fortunately, nobody was seriously injured, but my sister's car was totaled.

    (a) was driving
    (b) would drive
    (c) drove
    (d) had driven

14. Martin has been working on his doctoral thesis for five years, and he has finally submitted it to his advisor. He _____ to defend his work during an oral examination with his professors. If his thesis is accepted, he will receive his Ph. D. in astrophysics.

    (a) has now prepared
    (b) is now preparing
    (c) now prepares
    (d) would now prepare

15. Ronnie has told everyone in the office about seeing soccer star Andres Ruiz out and about in public over the weekend. Apparently, Ronnie _____ at his local grocery store when he spotted the famous athlete in the frozen foods section.

    (a) would shop
    (b) was shopping
    (c) shopped
    (d) had shopped

16. A lot of our magazine's readers are upset about our recent story on singer Tina Quick. So, when you pick up the phone today, a lot of her fans _____ to complain about the article.

    (a) will probably be calling
    (b) probably call
    (c) are probably calling
    (d) were probably calling

17. Hotels have had to rapidly adapt their business models to maintain their profitability during the current economic downturn. Currently, several luxury hotels in Seoul _____ two-nights-for-one specials to entice locals to book "staycations".

    (a) will offer
    (b) were offering
    (c) have offered
    (d) are offering

18. Jackson works late every night at the law firm, and it's starting to take a toll on his family life. He barely sees his kids anymore. For instance, when he returns home tonight, his two children _____.

    (a) will already sleep
    (b) are already sleeping
    (c) will already be sleeping
    (d) already slept

DAY 02 시제 (2) 완료진행시제

완료시제란 하나의 특정시점을 말하는 것이 아니라 시점과 시점 사이, 즉 일정 시간이 지속되는 기간 내에 발생하는 행동이나 상태를 나타낼 때 사용하는 시제입니다. 지텔프 Leve 2 문법 영역에서 출제되는 완료진행시제는 한 시점에 시작된 행동이 지속되다가 다른 시점(앞선 시점보다 이후의 시점)에도 진행 중이라는 것을 나타낼 때 사용하는 시제입니다.

시제	개념
현재완료진행	과거에 시작한 행위가 현재까지 지속되어 현재에도 진행 중임
과거완료진행	특정 과거보다 더 앞선 과거에 시작한 행위가 특정 과거까지 지속, 진행 중이었음
미래완료진행	현재 또는 과거에 시작한 행위가 미래까지 지속, 진행 중일 것으로 예상

1 현재완료진행시제

현재완료진행시제의 형태와 의미

형태	have/has been + 동사-ing
의미	~해오는 중이다

현재완료진행시제는 주어가 3인칭 단수(1, 2인칭을 제외한 모든 단수)인 경우에만 has been -ing를 쓰고, 그 외의 주어(1, 2인칭 단/복수, 3인칭 복수)에는 have been -ing를 씁니다.

주어	현재완료진행시제 (동사가 go인 경우)
1인칭 단수(I)	I **have been going**
2인칭 단수 (you)	You **have been going**
3인칭 단수 (he, she, it 등)	It **has been going** / He **has been going** / She **has been going**
모든 인칭의 복수 (we, you, they 등)	We **have been going** / You **have been going** / They **have been going**

실력 확인 퀴즈 학습한 내용을 토대로 빠르게 정답을 고르시오.   정답 및 해설 p.06

1. My brother and I _____ homework for two hours now.
   (a) will be doing   (b) are doing   (c) would have done   (d) have been doing

현재완료진행시제의 단서

현재완료진행시제는 과거에 시작한 행위가 현재까지 지속되어 현재에도 진행 중인 일에 대해 말할 때 사용하는 시제이므로, 해당 문장에는 현재시간까지의 기간을 나타내는 표현과 함께 쓰이는 경우가 많습니다. 시제 문제에서 아래와 같은 기간을 나타내는 부사나 전치사구를 단서로 하여 현재완료진행시제를 정답으로 고를 수 있습니다.

> **현재완료진행시제와 함께 쓰이는 표현**
> - since + 과거시점표현(yesterday, 숫자 + hours/weeks/months/years ago 등): ~이래로
> - (ever) since + 주어 + 과거시제동사: (주어)가 ~했던 이래로 / (ever) since + 동명사
> - long after + 주어 + 과거시제동사/현재완료시제동사: (주어)가 ~한 오랜 후에
> - over[for, in, during] the last[past] + 숫자 + 시간단위: 지난 ~의 동안
> - for + 숫자 + 시간단위 (+ now): ~동안
> - recently, lately: 최근에

➝ 현재완료진행시제 단서

I **have been using** the same phone **for over five years**, and it still works fine.

나는 5년 넘게 같은 전화기를 사용해오고 있으며, 그것은 여전히 잘 작동한다.

➝ 현재완료진행시제 단서

Jennifer **has been reviewing** her notes from her physics class **since this morning**, but she can't understand any of them.

제니퍼는 오늘 아침부터 물리학 수업에서 적은 그녀의 노트를 다시 보고 있지만, 그녀는 그것들 중 어떤 것도 이해할 수가 없다.

과거
(오늘 아침, review 시작)

has been reviewing

현재
(지금도 review 하는 중)

실력 확인 퀴즈 학습한 내용을 토대로 빠르게 정답을 고르시오. 정답 및 해설 p.06

2. Ms. Han _____ English in Siwon middle school since the school was founded seven years ago.

    (a) teach   (b) had taught   (c) has been teaching   (d) is teaching

2 과거완료진행시제

과거완료진행시제의 형태와 의미

형태	had been + 동사-ing
의미	~해오고 있던 중이었다

실전 대비 과거완료진행시제는 주어의 인칭과 수에 관계없이 had been + 동사-ing 형태로 씁니다.

과거완료진행시제의 단서

과거완료진행시제는 대개의 경우 특정 과거시점이 언급되고, 그 과거시점 이전부터 이루어지고 있던 행위를 나타내는 시제입니다. 그래서 해당 문장에는 과거시점 표현이 대부분 나타나 있습니다.

과거완료진행시제와 함께 쓰이는 표현

for[over] + 숫자 + 시간 표현 + before[until/when/by the time] + 주어 + 과거시제동사: ~했던 것 전에[했을 때 까지/~했을 때/~했을 때 쯤에] ~동안

Before[prior] + 과거시점명사[동명사] / before + 주어 + 과거시제동사: ~했던 것 전에

실전 대비 「for + 숫자 + 시간단위」와 「over[for, in, during] the last[past] 숫자 + 시간단위」는 과거시제 부사절(before, until, when, by the time)과 함께 과거완료진행시제의 단서로도 쓰일 수 있습니다.

→ 과거완료진행시제 단서

Max looked exhausted when he met us in Hong Kong, most likely because he **had been traveling** for more than 24 hours.

맥스는 홍콩에서 우리를 만났을 때 기진맥진해 보였는데, 그건 그가 24시간 이상 동안 여행을 해오고 있었기 때문인 것 같았다.

| 과거 이전 | had been traveling | 과거 | 현재 |
| (우리를 만나기 24시간 이상 이전) | | (그가 우리를 만났을 때) | |

실력 확인 퀴즈 학습한 내용을 토대로 빠르게 정답을 고르시오. 정답 및 해설 p.06

3 Johnny Acid _____ with his punk band, The Dead Rabbits, for 12 years before he decided to start his solo career.

(a) had been playing   (b) will have been playing   (c) would have played   (d) played

3 미래완료진행시제

미래완료진행시제의 형태와 의미

형태	will have been + 동사-ing
의미	~해오고 있는 중일 것이다

실전 대비 미래완료진행시제는 주어의 인칭과 수에 관계없이 will have been + 동사+ing 형태로 씁니다.

미래완료진행시제의 단서

미래완료진행시제는 현재 또는 과거에 시작한 일이 미래의 어느 시점까지 지속되는 일을 나타낼 때 사용됩니다. 주로 시간을 나타내는 접속사 by the time 뒤에 현재시제가 쓰이는 부사절이 있고, 빈칸이 있는 문장에 「for + 기간」 표현이 있을 때 빈칸에 미래완료진행시제를 고르는 유형으로 출제됩니다. 즉, '미래의 어느 시점이 되었을 때는 얼마의 기간 동안 지속하게 될 것이다'라는 의미로 쓰입니다.

> **미래진행완료시제와 함께 쓰이는 표현**
> By the time + 주어 + 현재시제 동사, 주어 + **미래완료진행시제** + for + 숫자 + 기간표현
> By the end of / By + 시간명사, 주어 + **미래완료진행시제** + for + 숫자 + 기간표현

실전 대비 미래완료진행시제는 전치사 by와 문맥상 미래 시점을 나타내는 시간명사(the year, this time tomorrow, next week 등)가 함께 출제되는 경우도 있습니다.

Lisa **will have been studying** for almost ten years by the time she begins practicing medicine as a licensed physician.
→ 미래완료진행시제 단서

리사가 의사 면허를 취득한 의사로서 진료를 보기 시작할 때까지 그녀는 거의 10년 동안 공부해오고 있을 것이다.

과거 또는 현재	will have been studying	미래
(공부를 시작한 시기)	(거의 10년)	(진료를 보기 시작할 때)

실력 확인 퀴즈 학습한 내용을 토대로 빠르게 정답을 고르시오. 정답 및 해설 p.06

4. By this time tomorrow, I _____ abroad for one whole year.
   (a) am living   (b) have lived   (c) will be living   (d) will have been living

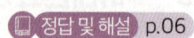

빈칸에 들어갈 시제에 맞는 번호를 보기에서 골라 쓰고, 시제를 결정하는 단서에 밑줄로 표시하세요.

> 보기
> ① will have been working ② had been trying ③ has been attending
> ④ have been playing ⑤ had been sending out ⑥ will have been discussing

1. Martha _____ his résumé for nearly two years before finally hearing back from the company for an interview.
   마사는 마침내 면접을 위해 그 회사에서 답변을 받기 전 거의 2년 동안 이력서를 보내고 있었다.

2. Henry _____ free art classes at the Marietta Community Center for more than a decade.
   헨리는 10년 넘는 기간 동안 마리에타 커뮤니티 센터에서의 무료 미술 수업을 다녀오고 있는 중이다.

3. By four o'clock, Jonathan and his teammates _____ the marketing strategies for next quarter for 6 hours straight.
   4시 쯤이면, 조나단과 그의 팀원들은 내리 6시간째 다음 분기를 위한 마케팅 전략을 논의해오고 있는 중일 것이다.

4. By this time next week, Ben _____ at Wilmonte Chemical for just one year.
   다음 주 이 시간쯤이면, 벤은 윌몬트 화학에서 꼭 1년동안 일해오고 있는 중일 것이다.

5. The musicians in the Magma Jazz Trio _____ together since they were teenagers.
   마그마 재즈 트리오의 음악가들은 그들이 10대였을 때 이후로 함께 연주해오고 있는 중이다.

6. By the time Jackson called a repair shop, he _____ to fix his computer on his own for a week.
   잭슨이 수리점에 전화를 했을 때쯤, 그는 1주일동안 혼자서 그의 컴퓨터를 고쳐보려 하고 있는 중이었다

1. This year, Neil's company is celebrating its fiftieth anniversary, and a committee has been put in charge of the upcoming party. They _____ activities for the past two weeks but have plenty more to do.

   (a) had been planning
   (b) are planning
   (c) have been planning
   (d) will have planned

2. Determined to quit her job, Charlotte began writing her resignation letter. She _____ it for almost an hour before she realized she wanted to stay at the company after all.

   (a) had been working on
   (b) works on
   (c) has been working on
   (d) would work on

3. Peter is about to complete his tenth marathon. He began long-distance running to improve his physical health, but he discovered he also loved racing. This coming September, he _____ in marathons for over two years.

   (a) is competing
   (b) will have been competing
   (c) will be competing
   (d) has been competing

4. Chan is in the middle of a speech that has lasted far too long. By the time he finishes, his very restless audience _____ to him for an hour and a half.

   (a) will have been listening
   (b) will be listening
   (c) has been listening
   (d) is listening

5. The city of Istanbul is one of the largest and oldest in the world. Until 1453, it was known as "Constantinople" and _____ as the capital of the Byzantine Empire.

   (a) has been serving
   (b) had been serving
   (c) would serve
   (d) will have served

6. Tamil, which is spoken in parts of India, Sri Lanka, and Singapore, is one of the oldest continuously spoken languages in the world. It is estimated that people _____ Tamil since 2500 BCE.

   (a) are speaking
   (b) have been speaking
   (c) will be speaking
   (d) had been speaking

7. A popular streamer named Toasty decided to host a 24-hour charity gaming marathon. Thousands of viewers tuned in to watch him play a variety of games. Since the start of his stream, donations _____ from all over the world.

   (a) have been pouring in
   (b) pour in
   (c) will pour in
   (d) are pouring in

8. While his peers are embarking on careers and starting families, Ju-ho is backpacking across Asia and Europe. By the time he returns home, he _____ for more than two years. Maybe then he'll finally feel ready to settle down.

   (a) will travel abroad
   (b) will have been traveling abroad
   (c) has traveled abroad
   (d) would have traveled abroad

9. Nasir Zaman is a former air conditioning unit cleaner who served residents all over Kearny County, Arizona. Leading up to his retirement in 2019, he _____ about 10 machines every day for over 30 years.

   (a) would have cleaned
   (b) had been cleaning
   (c) will be cleaning
   (d) has been cleaning

10. My aunt believes everything she reads online, and it's becoming a real problem. Ever since joining Facebook, she _____ about wild conspiracy theories that cover everything from politics to the existence of aliens.

    (a) was posting
    (b) is posting
    (c) posted
    (d) has been posting

11. Brothers Ron and Ray established Oen's Coffee Roasters together. It's become a staple coffee shop in Kahului, Maui, and is loved by both tourists and locals. By the time they celebrate their business's anniversary this coming July, they _____ artisan espresso drinks and coffee beans for 30 years.

    (a) had sold
    (b) have been selling
    (c) will have been selling
    (d) are selling

12. Lisa finally decided to do something about her son's addiction to online video games. He _____ *League of Legends* for over ten hours when she barged into his room and unplugged his computer.

    (a) played
    (b) was playing
    (c) would play
    (d) had been playing

13. Jerome is starting to regret hosting Thanksgiving for his family this year. For starters, he has no idea how to prepare the meal. By dinnertime, the turkey _____ in the oven for over 12 hours, but it still doesn't look like it's anywhere near finished.

    (a) will be cooked
    (b) will have been cooking
    (c) has been cooked
    (d) would have been cooked

14. Though Rachel is worried about their finances, she understands why her husband Kevin needs a career change. He _____ in law enforcement for over a decade before the stress finally caught up to him and he had a panic attack on the job.

    (a) had been working
    (b) would work
    (c) has worked
    (d) is working

15. Fans of DC Comics, disappointed with the original film, will finally be able to watch Zach Snyder's *Justice League* this spring. By the time it is released, fans _____ for nearly four years to see if the original director's vision would have done the Justice League justice.

    (a) waited
    (b) will have been waiting
    (c) have been waiting
    (d) have waited

16. Last night, Peter dreamt about flying through the clouds on the back of his cat, Pickles, who had magically sprung gorgeous white wings. He _____ bizarre dreams like this ever since he started taking some weight-loss supplements that he purchased from a pharmacy in a shady part of town.

    (a) was having
    (b) is having
    (c) had
    (d) has been having

17. For Roger, it turns out too much exercise can be a bad thing. Before being diagnosed with a severe case of runner's knee, he _____ more than ten kilometers every day. Now he can't run again until he completely recovers.

    (a) had been running
    (b) is running
    (c) would have run
    (d) ran

18. The widening wealth gap between the haves and have-nots is becoming a serious issue in the United States. For example, the average salary of CEOs _____ every year since the 1970s, but pay raises for employees has barely kept up with cost of living hikes.

    (a) will be increasing
    (b) was increasing
    (c) will have increased
    (d) has been increasing

DAY 03 가정법

가정법은 실제로 일어나지 않은 일을 가정하여 말할 때 쓰며, 가정법에는 현재 상황을 가정해서 말하는 가정법 과거와 과거 상황을 가정해서 말하는 가정법 과거완료가 있습니다. 가정법 문장에는 항상 실제 상황과 반대의 가정을 말하는 조건절(if절)과 가정된 상황의 결과를 추측하는 주절로 나뉩니다. 시험에서는 가정법 과거 3문제, 가정법 과거완료 3문제로 총 6문제의 가정법 문제가 출제됩니다.

1 가정법 과거

가정법 과거 형태와 의미

	if절	주절
형태	If + 주어 + 과거동사 / were(be동사일때) + … , (if절에 「could + 동사원형」도 출제)	주어 + would/could/might + 동사원형
의미	만약 ~한다면 / ~라면	~할 텐데/~할 수 있을텐데/~일텐데 (사실은 그러지 못함)

실전 대비 최근 주로 주절의 「would/could/might + 동사원형」이 빈칸으로 출제됩니다. 그래서 if절의 과거동사 또는 were를 단서로 파악하여 문제를 풉니다.

→ if절: 과거시제동사   → 주절: would + 동사원형
If the raw materials used in high-end electronics **were** more common, the devices **would be** much more affordable.

만약 고급 전자제품에 사용되는 원자재가 더 흔해진다면, 그 기기들은 훨씬 더 적당한 가격으로 구입할 수 있을 텐데.

→ 주절: would + 동사원형   → if절: 과거시제동사
Kevin **would spend** the weekend playing video games **if** he **did not have** to go to his parent's house.

케빈이 그의 부모님 댁에 갈 필요가 없다면, 그는 비디오 게임을 하며 주말을 보낼텐데.

실력 확인 퀴즈 학습한 내용을 토대로 빠르게 정답을 고르시오.   📖 정답 및 해설 p.11

1 If Hana _____ more confident in her English, she would be more comfortable living in the United States.

(a) is   (b) will be   (c) were   (d) would be

2 가정법 과거완료

가정법 과거완료 형태와 의미

	if절	주절
형태	If + 주어 + 과거완료(had p.p.) + ⋯ ,	주어 + would/could/might + have p.p.
의미	만약 ~했다면 / ~였다면	~했을 텐데 / ~할 수 있었을 텐데 / ~했을지도 모른다 (사실은 그렇게 하지 못했음)

실전 대비 최근 주로 주절의 「would/could/might + have p.p.」가 빈칸으로 출제됩니다. 그래서 if절의 과거완료시제를 단서로 파악하여 문제를 풉니다.

→ if절: had p.p. (과거완료)　　　→ 주절: would have p.p.
If Roger **had been** interested in France, he **would have visited** more tourist attractions.

만약 로저가 프랑스에 관심이 있었더라면, 그는 더 많은 관광 명소를 방문했을 텐데.

→ if절: had p.p. (과거완료)　　　→ 주절: would have p.p.
If Chelsea **had decided** to go to Harvard University, she **would have studied** under some of the top researchers in the field.

만약 첼시가 하버드 대학교를 가기로 결정했었다면, 그녀는 그 분야의 몇몇 최고 연구자들 밑에서 연구했을텐데.

→ 주절: would have p.p.　　　→ if절: had p.p. (과거완료)
We **would have gone** on vacation in Europe this summer **if** it **had been** less expensive.

만약 덜 비쌌더라면 우리는 이번 여름에 유럽으로 휴가를 갔을 텐데.

실전 대비 if절과 주절은 위치가 서로 바뀔 수 있으니, 접속사 if의 위치를 보고 if절과 주절을 구분해야 합니다.

실력 확인 퀴즈　학습한 내용을 토대로 빠르게 정답을 고르시오.　　　정답 및 해설 p.11

2　Diego _____ the expense report to his manager before the end of the day if his computer had not crashed.

(a) submitted　　(b) had submitted　　(c) would submit　　(d) could have submitted

3 if 생략과 도치 가정법

가정법 문제 중에는 if절에서 접속사 if가 생략된 채로 출제되는 문제도 있습니다. 특히 가정법 과거완료 문장에서 If가 생략되고 과거완료 시제인 had p.p.에서 조동사 역할을 하는 had와 주어의 자리가 바뀌고(도치), 그 뒤로 과거분사인 p.p.가 이어지는 어순으로 출제됩니다. if가 생략되어 있어 if절을 구분하기 어려울 뿐 풀이 방식과 해석은 가정법 과거완료와 동일하기 때문에 「Had + 주어 + p.p.」 = 「If + 주어 + had p.p.」라는 것을 숙지한다면 쉽게 풀 수 있습니다.

if 생략과 도치 가정법 (가정법 과거완료)

	if절 (if는 생략)	주절
형태	Had + 주어 + p.p. + ⋯ ,	주어 + would/could/might + have p.p.
의미	만약 ~했다면 / ~였다면	~했을 텐데 / ~할 수 있었을 텐데 / ~했을지도 모른다 (사실은 그렇게 하지 못했음)

→ if절(If 생략): Had + 주어 + 과거분사(p.p.)   → 주절: would have p.p.

Had I listened to the weather forecast over the radio this morning, I **would have brought** an umbrella to school.

만약 내가 오늘 아침 라디오로 일기예보를 들었더라면, 학교에 우산을 가져왔을 텐데.

→ if절(If 생략): Had + 주어 + 과거분사(p.p.)   → 주절: would have p.p.

Had the driver been more careful when changing the lane, the accident **wouldn't have occurred**.

그 운전자가 차선을 바꿀 때 더 주의했더라면, 사고는 일어나지 않았을 텐데.

기타 가정법

실력 확인 퀴즈 학습한 내용을 토대로 빠르게 정답을 고르시오.   정답 및 해설 p.11

3 Had I come home earlier, I _____ dinner with all my family.
   (a) could be having   (b) was having   (c) had   (d) could have had

4 가정법 출제 형태

부정문

가정법 문제에서 if절이나 주절이 부정문으로 출제되기도 합니다. 부정어 not이 포함된 가정법 문장을 익혀두면 혼동 없이 정답을 고를 수 있습니다.

	if절 (부정)	주절 (부정)
가정법 과거	If + 주어 + didn't + 동사원형 + …, / If + 주어 + weren't + …,	주어 + would/could/might + not + 동사원형 (wouldn't / couldn't + 동사원형)
가정법 과거완료	If + 주어 + hadn't + p.p. + …,	주어 + would/could/might + not + have p.p. (wouldn't / couldn't have p.p.)

→ = were not   → = would not make
If my sister **weren't** sick, my mom **wouldn't make** chicken soup for her.

나의 여동생이 아프지 않다면, 엄마는 그녀를 위해 치킨 스프를 만들지 않을 텐데.

→ = had not missed   → = would not have been
If Mr. Jameson **hadn't missed** the train, he **wouldn't have been** late for the conference.

제임슨 씨가 기차를 놓치지 않았더라면, 그는 컨퍼런스에 늦지 않았을 텐데.

수동태

지텔프 문법 영역에서 가정법의 수동태에 관한 문제는 출제되지 않지만, 수동태 형태의 정답이 제시되므로 수동태 형태인 「be동사 + p.p.」를 알아두는 것이 좋습니다. 수동태 가정법 문장에서는 be동사의 시제를 보고 가정법의 시제를 파악할 수 있습니다.

→ [수동태] be asked: 요청 받다
If I **were asked** to select the country to take a trip to, I **would choose** England.

내가 여행을 갈 나라를 선택하라고 요청을 받는다면, 나는 영국을 고를 텐데.

→ [수동태] be repaired: 수리되다
If the refrigerator **had been repaired** yesterday, the fruits **wouldn't have gone** bad.

냉장고가 어제 수리되었더라면, 과일이 썩지 않았을 텐데.

실력 확인 퀴즈   학습한 내용을 토대로 빠르게 정답을 고르시오.   정답 및 해설 p.11

4 If a 'No Vehicles' sign had been put up at the entrance of the park, many people _____ from car accidents in the park.

(a) had not been injured
(b) would not have been injured
(c) were not injured
(d) will not be injured

 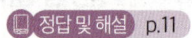

다음 문장의 괄호 안에 있는 동사를 변형하여 빈칸에 쓰고, 시제를 결정하는 단서에 밑줄로 표시하세요.

1 If the restaurant manager _____(treat) his employees better, not as many would quit.
식당 매니저가 직원들에게 더 잘 대해준다면, 많은 직원들이 그만두지 않을 텐데.

2 If the weather _____(be) better, I would take my dog to the park.
날씨가 더 좋다면, 나는 나의 개를 공원에 데려갈 텐데.

3 More customers _____(order) premium cable packages if they offered the same variety of content that streaming services do.
스트리밍 서비스들이 제공하는 것과 같이 동일하게 다양한 컨텐츠를 제공한다면, 더 많은 고객들이 프리미엄 케이블 패키지를 주문할 텐데.

4 More people _____(wear) masks in public if the government had mandated it earlier.
정부가 더 일찍 지시하였다면 더 많은 사람들이 공공장소에서 마스크를 썼을 텐데.

5 If Josie _____(have) the money, she would have moved to New York City after graduation.
조시가 그 돈을 가지고 있었더라면, 그녀는 졸업 후에 뉴욕 시로 이사했을 텐데.

6 Had the operating surgeon not gotten drunk the night before, the patient _____(survive) the surgery.
수술의가 전날 밤 취하지 않았더라면, 그 환자는 수술에서 살았을 텐데.

어휘 정리   not as many (+ 명사) 많은 수가 ~ 이지 않다 quit 동 그만두다, 떠나다 treat 동 대하다, 응대하다 variety of 다양한 content 명 내용물, 컨텐츠 order 동 주문하다 in public 공공장소에서, 사람들이 있는 데서 government 명 정부 mandate 동 명령하다, 지시하다 earlier 부 더 일찍 wear 동 입다, 착용하다 operating surgeon 명 수술의, 집도의 get drunk (술에) 취하다 patient 명 환자 survive 동 살아남다, 생존하다, 이겨내다 surgery 명 수술

1. The red supergiant star Betelgeuse will inevitably explode one day. Although the star is nearly 650 light-years away, if it were to explode, it _____ from Earth, even in the daytime.

   (a) will be visible
   (b) would have been visible
   (c) would be visible
   (d) will have been visible

2. Although Vanessa wants to practice law, she is worried that she might have flunked the bar exam. If she were to receive a failing grade, she _____ making alternative career plans.

   (a) would have begun
   (b) will have begun
   (c) would begin
   (d) will begin

3. Wally's sales pitch was cut short after everyone was asked to leave the building for a scheduled pest control treatment. Had he been informed ahead of time, he _____ his meeting with the client.

   (a) would have rescheduled
   (b) will reschedule
   (c) would reschedule
   (d) will have rescheduled

4. Tech-Newton, a startup technology company, canceled its expansion after failing to reach sales targets. Had the company sold more products, it _____ enough money to fund the new factory.

   (a) will make
   (b) would make
   (c) will have made
   (d) would have made

5. Using simulators, astronomers can predict the effect of an asteroid hitting Earth. For example, if an asteroid the size of Mount Everest were to collide with Earth, it _____ widespread devastation and even mass extinctions.

   (a) will likely have caused
   (b) would likely have caused
   (c) will likely cause
   (d) would likely cause

6. Janet found that the sink in the kitchen didn't drain water. She wanted to call her husband, but he is away for a business trip. If her husband were at home now, he _____ the sink.

   (a) fixed
   (b) will fix
   (c) would fix
   (d) would have fixed

7. Brandon was reprimanded by his supervisor for being late again. If he got up right after his alarm clock goes off, he _____ late again.

   (a) will not be
   (b) would not be
   (c) is
   (d) cannot be

8. Martin Scorsese's film *The Irishman* used new CGI technology to make the actors appear much younger than they are. If the technology _____, then the movie would have been impossible to make.

   (a) was not developed
   (b) has not been developed
   (c) is not developed
   (d) had not been developed

9. My cousin needs to buy a new car because her current one keeps breaking down. If she had changed the oil every 5,000 miles, it _____ longer.

   (a) would last
   (b) would have lasted
   (c) will last
   (d) will have lasted

10. The planned sequel to *Night Cops* has been canceled by Spotlight Studios. If the first film had been more successful at the box office, then the sequel _____.

    (a) will be made
    (b) will have been made
    (c) would be made
    (d) would have been made

11. Meant to provide an immersive gaming experience, the new DreamScape virtual reality headset was unveiled at a tech convention in Singapore last week. Reviews have been noting that if it included a higher resolution display, the product _____ even better.

    (a) are performing
    (b) would have performed
    (c) would perform
    (d) perform

12. Mr. Clarke forgot to pay his credit card bill for the month of September. He's worried because this is the first time this has happened, and his credit score has already taken a hit. Had he been more mindful, he _____ his flawless credit standing.

    (a) could have maintained
    (b) could maintain
    (c) was maintaining
    (d) did maintain

13. Aaron said "OK" to his friends when they suggested that they all go hiking this weekend. However, he doesn't even own hiking shoes nor does he enjoy exercising in the sun. If he had been given the chance to decide what to do, he _____ to play games indoors.

    (a) has chosen
    (b) would have chosen
    (c) would choose
    (d) was choosing

14. Jennifer and Maurice are grocery shopping together for a barbecue this weekend, but Jennifer thinks the quality of the produce is lacking. Hypothetically, if the vegetables went bad, they _____ the meat and sausages alone.

    (a) could cook
    (b) could have cooked
    (c) will cook
    (d) have cooked

15. Restaurant diners were shocked when they tried the chef's new Volcano Burger. They _____ that the dish was extremely spicy had they noticed that the burger was made using habanero chili peppers.

    (a) would realize
    (b) had realized
    (c) will have realized
    (d) would have realized

16. Many people believe that The Great Wall of China is clearly visible from space, but this is not the case. In fact, if you were to observe our planet from space, you _____ where the wall is.

    (a) have not easily seen
    (b) will not easily see
    (c) would not have easily seen
    (d) would not easily see

17. Paul is a massive fan of Linkin Park, an American rock band. He knows for a fact that they _____ the greatest musical act of all time had their lead singer not passed away in 2017.

    (a) were becoming
    (b) would become
    (c) could have become
    (d) had become

18. Megan had no clue that the Yearbook Design class was a popular and fun choice among her schoolmates. If she had known about the elective course in the first place, she _____ to take it, too.

    (a) will have signed up
    (b) would sign up
    (c) had signed up
    (d) would have signed up

DAY 04 당위성을 나타내는 동사원형

주절의 동사 자리에 당위성을 나타내는 의미(제안, 추천, 요구, 주장, 명령)의 동사 또는 형용사(be동사 포함)가 쓰이고, 그 뒤에 「명사절 접속사 that + 주어 + 동사」라는 명사절이 위치할 때, 명사절의 동사 앞에는 '~해야 한다'라는 의미의 조동사 should가 생략된 것으로 보고 명사절의 동사는 항상 동사원형으로 써야 합니다. 이 동사원형의 자리가 빈칸으로 출제됩니다. 이 당위성을 나타내는 동사원형은 총 2문제가 출제되므로, 당위성 표현을 정답의 단서로 파악하기 위해 아래의 표현을 모두 숙지하는 것이 좋습니다.

1 당위성 표현 (제안, 추천, 요구, 주장, 명령, 중요, 필수, 의무)

동사	advise 권고하다, 조언하다 recommend 권장하다 suggest 제안하다 insist 주장하다 ask 요청하다	demand 요구하다 require 요구하다 urge 촉구하다 order 명령하다 command 명령하다	propose 제안하다 desire 바라다 request 요청하다 direct 지시하다 prescribe 규정하다
형용사	important 중요한 best 최선의 essential 필수적인 necessary 필수적인 vital 필수적인	crucial 중요한 imperative 필수적인 critical 중대한 advisable 바람직한 desirable 바람직한	compulsory 의무적인 mandatory 의무적인

→ 당위성 표현 　　　 → that + 주어 + (should) + 동사원형
Maria's supervisor **suggested** that she **leave** for work earlier in the morning to avoid being late.

마리아의 상사는 그녀가 늦는 것을 피하기 위해서 아침에 더 일찍 회사로 떠나야 한다고 제안하였다.

→ 당위성 표현 　　　 → that + 주어 + (should) + 동사원형
It is **desirable** that the new hire **have** some prior experience in advertising.

신입 직원은 광고 분야에서 이전 경력을 가지고 있는 것이 바람직합니다.

실력 확인 퀴즈 　학습한 내용을 토대로 빠르게 정답을 고르시오. 　　정답 및 해설 p.15

1. It is essential that the storage device _____ at least 20 gigabytes of free space.
   (a) is having　(b) has　(c) will have　(d) have

2 동사원형 출제 유형

당위성 표현 뒤에 that절에서 주어의 인칭, 수(단수/복수), 주절의 시제에 상관없이 항상 동사원형을 써야 합니다. 또한 that절의 동사 형태가 수동태이거나 부정문으로도 출제되므로 수동태와 부정문 형태를 미리 숙지하는 것이 좋습니다.

부정문	당위성 표현 + that + 주어 + (should) + **not 동사원형**
수동태	당위성 표현 + that + 주어 + (should) + **be p.p.**

실전 대비 당위성 표현 중 동사가 수동태로 쓰여서 It is advised that / It is recommended that 등과 같이 출제되기도 합니다.

→ 당위성 표현 　　　　　　　　　　　→ that + 주어 + (should) + be p.p. (수동태)
It is required that the music festival **be held** in a large concert hall due to the inclement weather.

음악 축제는 궂은 날씨로 인해서 큰 콘서트장에서 개최되어야 하는 것이 요구된다.

　　　　　　　　　　　→ 당위성 표현 　　　　→ that + 주어 + (should) + not + 동사원형
Local government officials **advise** that residents **not go** outside when a tornado warning is issued.

지자체 공무원들은 주민들에게 토네이도 경보가 발령되었을 때 바깥으로 나가지 말라고 권고한다.

수동태 알아보기

실력 확인 퀴즈 학습한 내용을 토대로 빠르게 정답을 고르시오.　　　　정답 및 해설 p.15

2. It is important that people of all ethnicities and backgrounds _____ in mainstream media.
   (a) be represented　　　　　　　　(b) are represented
   (c) are being represented　　　　　(d) will be represented

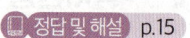 정답 및 해설 p.15

다음 문장에서 빈칸에 들어갈 동사의 형태를 고르세요.

1. The police chief urged that residents _____ security cameras by their home's entry points to deter potential burglars.

   (a) install   (b) installed

2. I suggested that the student _____ Kazuo Ishiguro's *The Remains of the Day* before watching the film version.

   (a) read   (b) reads

3. Medical professionals advise that one _____ at least two liters of water per day to maintain good health.

   (a) drink   (b) will drink

4. It is necessary that the applicant _____ with the most common programming languages, including Python and Java.

   (a) is familiar   (b) be familiar

5. It is advised that children under the height of 110 cm _____ 'Magic Carpet' in the amusement park.

   (a) don't ride   (b) not ride

어휘 정리 police chief 명 경찰서장 security 명 보안 entry 명 출입, 입장 deter 동 단념시키다, 그만두게 하다 potential 형 잠재적인 burglar 명 절도범 medical 형 의료의, 의학의 professional 명 전문가 at least 최소한 per 전 ~당, ~마다 maintain 동 유지하다 applicant 명 지원자, 신청자 familiar 형 익숙한, ~을 잘 아는 height 명 키 amusement park 명 놀이공원 ride 동 타다, 탑승하다

학습한 내용을 적용하여 다음 공식 기출 및 기출 유형 문제들을 풀어보세요.

기출

1. Our flight to the Maldives went through so much turbulence that a lot of passengers started to worry. However, the captain advised that everybody _____ calm, as the situation was under control.

   (a) remains
   (b) was remaining
   (c) remain
   (d) will remain

기출

2. Helena saw a group of kids playing very close to a dangerous river. Fearing for their safety, she warned them of the risk and suggested they _____ somewhere else.

   (a) are playing
   (b) played
   (c) will play
   (d) play

기출

3. Dave is having trouble at work after accidentally breaking the company laptop. His employer is demanding that he _____ for the repair, or else the laptop's cost will be deducted from his next paycheck.

   (a) paid
   (b) is paying
   (c) will pay
   (d) pay

기출

4. Driving while tired can be very dangerous. Road safety officers advise that drivers _____ to rest for a while if they find themselves feeling drowsy behind the wheel.

   (a) are pulling over
   (b) pull over
   (c) will pull over
   (d) pulled over

기출

5. My cousin Astrid wants to go somewhere warm for her winter vacation to escape Minnesota's freezing weather. Since my friends and I had already decided to go to Hawaii, I suggested that she _____ us.

   (a) will join
   (b) join
   (c) is joining
   (d) joined

기출

6. Studies show that dealing with work-related issues outside of work leads to increased stress. As such, many large corporations now recommend that each employee _____ work e-mail and messaging applications after their shift ends.

   (a) is turning off
   (b) has turned off
   (c) will turn off
   (d) turn off

DAY 04 당위성을 나타내는 동사원형   59

7. Some people prefer to wear sandals or slippers when going on vacation. However, aboard an airplane, there may be risks of getting a foot infection. Therefore, it is commonly instructed that passengers _____ from wearing open-toed shoes.

   (a) refrain
   (b) will refrain
   (c) have refrained
   (d) are refraining

8. Morgan's sales performance is suffering because he can't stay focused at work. One of his colleagues suggested that he _____ some days off to refresh his mind and body.

   (a) will take
   (b) take
   (c) is taking
   (d) takes

9. Although raccoons seem harmless, they sometimes carry viruses, despite the absence of obvious symptoms. Because of this, health experts advise that people _____ their hands if they come into contact with one.

   (a) will wash
   (b) wash
   (c) washed
   (d) are washing

10. As an employee at Dunkin's Bakery, you must follow some basic rules regarding hygiene. It is necessary that you _____ your hands for at least 45 seconds with hot water and soap after using the bathroom.

    (a) wash
    (b) washed
    (c) will wash
    (d) are washing

11. Mr. Williams, the high school wrestling coach, was furious when three of his wrestlers failed to make weight before their matches at their last tournament. To make sure it doesn't happen again, he demanded that the entire team _____ on a strict diet.

    (a) are being placed
    (b) to be placed
    (c) be placed
    (d) will be placed

12. Studies in linguistics show that learning a second language becomes more difficult as a person gets older. For parents who want their son or daughter to be bilingual, it is essential that the child _____ learning both languages from a young age.

    (a) to start
    (b) starts
    (c) starting
    (d) start

13. Michael is late to work every day, and his projects are all behind schedule. When confronted about his performance, Michael said he just can't get excited about his work anymore. In response, his supervisor recommended that he simply _____ instead of hindering his department with his poor attitude.

    (a) quit
    (b) quits
    (c) to quit
    (d) quitting

14. As with the launch of most new consoles, Sony's Playstation 5 has arrived with some technical issues. If a unit is exhibiting problems with the power supply, technicians recommend that the owner _____ the console completely off when not in use, instead of using 'Rest Mode'.

    (a) turn
    (b) turns
    (c) to turn
    (d) turning

15. After the detection of *E. coli* in a household water sample, all of Boston was placed under a boil-water advisory. Under such conditions, the Center for Disease Control and Prevention recommends that water _____ to a rolling boil for one minute before being consumed.

    (a) is being brought
    (b) to be brought
    (c) be brought
    (d) will be brought

16. Alongside the rise in demand for organic, natural food, some health food enthusiasts are even opting to drink unpasteurized, raw milk. However, doing so can be incredibly risky, and the FDA highly recommends that all milk _____ before being consumed or used in recipes.

    (a) will be pasteurized
    (b) be pasteurized
    (c) to be pasteurized
    (d) is being pasteurized

17. Disney+, the media giant's new streaming service, debuted last summer with its flagship series, *The Mandalorian*, which is set in the Star Wars universe. To fully enjoy everything the show has to offer, it is crucial that the viewer _____ some familiarity with the overarching lore of the franchise.

    (a) having
    (b) to have
    (c) has
    (d) have

18. Dylan has found some success as a YouTuber. It sounds like a dream job, but it's actually quite stressful. To maintain his audience, it is essential that he _____ a new video every day, and he's running out of ideas for fresh content.

    (a) uploading
    (b) upload
    (c) uploads
    (d) to upload

DAY 05 조동사

조동사란 문장의 동사만으로 나타낼 수 없는 능력, 의무, 충고, 추측 등의 의미를 나타내며 동사 앞에 쓰는 보조 동사의 역할을 하는 동사를 말합니다. 지텔프 문법 영역에서 조동사 문제는 총 2문제 출제되며, 공식을 암기하여 정답의 단서를 찾아 푸는 유형의 문제와 달리 조동사 문제는 문맥을 파악하여 빈칸에 들어갈 적절한 의미의 조동사를 골라야 합니다. 따라서 각 조동사의 의미를 파악하는 것이 기본이며, 주어진 문제를 모두 해석하여 문맥을 파악해야 하기 때문에 난이도가 높습니다.

1 can / could: 할 수 있다 / 할 수 있었다 (가능, 능력)

'~할 수 있다'라고 해석되는 조동사 can은 능력과 가능성의 의미를 나타냅니다.

→ 송골매의 능력을 나타냄
The peregrine falcon **can reach** speeds of up to 240 miles per hour while diving to hunt.

송골매는 사냥을 위해 급강하 중에 최대 시속 240마일까지 도달할 수 있다.

→ 그 전기 자동차의 능력을 나타냄
The electronic car **can be driven** farther on a single charge than most others on the market.

그 전기 자동차는 1회 충전으로 시중에 판매되는 다른 대부분의 전기 자동차들보다 더 멀리 운행될 수 있다.

> **실전 대비** 조동사 can은 동물, 곤충, 식물의 능력이나 기기 또는 장치의 기능에 대해 언급되는 문맥에서 자주 정답으로 출제됩니다.

can, could의 다른 의미

실력 확인 퀴즈 학습한 내용을 토대로 빠르게 정답을 고르시오.

1. Daniel has his own online video channel. He uploads videos mainly showing how much fast food he _____ eat.
   (a) can   (b) may   (c) must   (d) should

2 might / may: ~할지도 모른다 (추측)

'~할지도 모른다', '(아마) ~일 것이다'라는 뜻을 가지는 조동사 may와 might는 불확실한 내용에 대한 추측의 의미를 나타낼 때 사용됩니다. 정확한 근거나 확실한 정보가 제시되지 않고, 발생 가능성이 약한 내용을 드러내는 문맥일 경우에 may나 might가 정답이 됩니다. 추측의 문맥은 구체적인 단어나 표현으로 나타나는 것이 아니기 때문에 주어진 문장을 해석하여 문맥을 충분히 파악한 후에 조동사 may 또는 might가 들어가는 것이 적절한지 확인해야 합니다.

It is reported that most sports events have been postponed or canceled because of the pandemic. The football season this year **may** be canceled.

전세계적 유행병 때문에 대부분의 스포츠 경기들이 연기되거나 취소되었다고 보고되고 있다. 올해 축구 시즌은 취소될 지도 모른다.

It **might** rain tomorrow. You should take an umbrella just in case.

내일 비가 올지도 모른다. 당신은 만약의 상황에 대비해서 우산을 가져가야 한다.

Lucas often says that he doesn't like living in a big city. If he loses his job in Chicago, he **might** move back home to rural Ohio.

루카스는 종종 큰 도시에서 사는 것을 좋아하지 않는다고 말한다. 그가 만약 시카고에서의 직장을 잃는다면, 그는 오하이오 시골에 있는 집으로 돌아갈 지도 모른다.

> **실전 대비** 지텔프 문법에서는 may와 might가 추측 의미의 조동사로 출제되기 때문에, 같은 문제에 may와 might가 동시에 보기에 제시되지 않습니다.

may의 다른 의미

실력 확인 퀴즈 학습한 내용을 토대로 빠르게 정답을 고르시오.   정답 및 해설 p.20

2 My parents are always concerned about me when I'm out downtown at night. They are afraid I _____ get in trouble with strangers.

(a) can   (b) should   (c) might   (d) must

3 must: ~해야 한다 (의무) / ~임에 틀림없다 (확신)

의무의 조동사 must

must는 '~해야 한다'라는 의미로 문장의 내용에서 규칙, 규정, 강제성과 관련된 의무를 나타낼 때 사용합니다. 부정어 not과 함께 쓰이는 must not은 '~해서는 안된다'라는 의미로 금지의 의미를 나타냅니다.

→ 대출 할부금 지불은 강제성이 있는 의무이므로 must 사용

Loan recipients **must pay their installments** by the 15th of every month.

대출 수령자들은 매달 15일까지 그들의 분할 납입금을 지불해야 한다.

→ '회사 내규'는 직원들이 지켜야 할 의무가 있는 대상이므로 must 사용

According to the company bylaws, new employees **must** attend the orientation session being held on the 10th floor.

회사 내규에 따라, 신입 직원들은 10층에서 열리는 오리엔테이션 교육에 참석해야 한다.

> **실전 대비** must는 규정이나 규칙, 법으로 정해진 의무를 나타내는 조동사이므로 충고를 나타내는 조동사 should와 구별해서 사용해야 합니다. 규칙 또는 법이 언급된 문맥의 경우 must가 정답입니다.

확신의 조동사 must

must는 '~임에 틀림없다'라는 확신의 의미를 나타낼 때 보통 be동사의 동사원형인 be와 함께 쓰이는 경우가 많습니다. may나 might가 확실한 근거 없이 추측의 의미를 나타내는 반면에, must는 근거를 가지고 확신을 나타내는 조동사입니다.

→ 돌에 걸려 넘어지고, 박스가 턱을 치는 것은 고통스러울 것으로 확신할 수 있으므로 must 사용

While carrying a heavy box, Martha just **tripped over a stone, and the box hit her jaw**. That **must** be very painful.

무거운 박스를 옮기는 중에, 마사는 돌에 걸려 넘어졌고, 그 박스가 그녀의 턱을 쳤다. 그건 아주 고통스러운 것이 틀림없다.

실력 확인 퀴즈 학습한 내용을 토대로 빠르게 정답을 고르시오.   정답 및 해설 p.20

3   Starting April 17, all drivers _____ keep their speed under 50 km/h on city streets.
    (a) must   (b) will   (c) can   (d) might

4 should: ~해야 한다 / ~하는 것이 가장 좋겠다 (충고)

당위성 표현 뒤에 that절에서 조동사 should가 생략된다는 규칙을 학습하면서 언급된 조동사 should는 '~해야 한다'라는 의미를 가지는 강한 충고/제안을 나타내는 조동사입니다. should는 must와 동일하게 해석되지만 사용되는 문맥이나 의미는 should와 차이가 있습니다. should는 주어가 생각하는 최선의 행동을 제안하는 충고의 의미를 나타내므로 규정이나 규칙, 강제적인 의무와는 상관이 없습니다.

→ 관광객들이 '연인의 절벽'을 방문해야 하는 이유가 규정이나 의무가 아니므로 충고/제안의 의미

Tourists should visit Two Lover's Point at sunset to catch one of Guam's most gorgeous views.

관광객들은 괌에서 가장 멋진 경관 중에 하나를 보기 위해 해질녘에 연인의 절벽을 방문해야 한다.

→ 앤디에게 연락하는 것은 회사 야유회 기획에 관심이 있는 사람만 해당되므로 의무가 아니라 충고/제안의 의미

Anyone interested in helping plan this year's company retreat **should contact** Andy in HR.

올해의 회사 야유회를 기획하는 것을 돕는 것에 관심이 있는 사람은 누구든 인사팀의 앤디에게 연락해야 한다.

실전 대비 should의 오답으로 shall이 보기에 제시되는 경우가 있는데, shall은 「Shall I ~? / Shall we ~?」(제가 ~할까요? / 우리 ~할까요?)와 같이 1인칭 주어와 함께 제안을 나타내는 의문문으로만 사용되는 조동사이며, 지텔프 Level 2 문법 문제에서는 정답으로 출제되지 않습니다.

조동사 + have p.p.

실력 확인 퀴즈 학습한 내용을 토대로 빠르게 정답을 고르시오.   정답 및 해설 p.20

4 The car is making a strange noise. You _____ take it to a mechanic.
   (a) might   (b) should   (c) will   (d) can

5 will : ~할 것이다 (미래의 의지, 예정)

미래의 일이나 의지를 나타내는 미래시제 조동사 will은 '~할 것이다'라는 의미를 나타냅니다. 미래 시간을 나타내는 부사나 미래시점을 언급하는 표현이 주로 단서로 함께 쓰이며, 그 중에 특히 시간 부사절과 조건 부사절의 시제가 현재시제일 때 주절에는 조동사 will이 동사원형 앞 빈칸에 들어가는 형태로 출제됩니다.

조동사 will이 정답이 되는 단서 (미래시제/조건 표현)

> next + 시점명사(day, week, month, year 등): 다음 ~에
> this + 시점명사(morning, afternoon, week, month, year 등): 이번 ~에(문맥상 해당 표현이 미래시점을 언급)
> tomorrow 내일, later 나중에, in the future 향후에, 미래에
> on + 날짜(미래시점): ~일에, during + 미래시점명사: ~동안, upcoming + 명사: 다가오는 ~
> when + 주어 + 현재시제(동사원형 / 동사+-(e)s): ~할 때
> If/Once + 주어 + 현재시제(동사원형 / 동사+-(e)s): ~한다면

실전 대비 위와 같은 조동사 will이 정답이 되는 단서가 문제에 제시되지 않고, 해석을 통한 문맥 파악(조건 등)으로 조동사 will을 골라야 하는 문제도 출제됩니다.

→ upcoming + 명사: 미래를 언급하는 표현
The **upcoming** sci-fi series **will explore** themes of space colonization and human evolution.

다가오는 공상과학 시리즈는 우주 식민지화와 인류 진화의 주제를 탐구할 것이다.

→ during + 미래시점명사: 미래를 언급하는 표현
Ms. Brenner **will present** some new marketing strategies **during tomorrow's meeting**.

브레너 씨는 내일 회의 동안 몇몇 새로운 마케팅 전략을 제시할 것이다.

시간 / 조건 부사절과 현재시제

실력 확인 퀴즈 학습한 내용을 토대로 빠르게 정답을 고르시오.   정답 및 해설 p.20

5. The management announced that they _____ hire more than 100 new employees next month.

    (a) must   (b) will   (c) might   (d) should

6 would : ~할 것이다 (will의 과거 / 가정법) / ~하곤 했다 (과거의 습관)

will의 과거형 would

과거에 언급한 미래의 일도 현재 시점의 기준으로 보면 이미 지나간 과거라면 「will + 동사원형」이 아니라 「would + 동사원형」으로 쓰입니다. 특히 과거시제 동사의 목적어로 쓰이는 that 명사절에서 would가 will의 과거형으로 자주 쓰입니다.

→ 말한 시점도 과거   → 그의 자전거를 파는 행위도 과거
Jake **told** me that he **would sell** his bicycle at a flea market.

제이크는 그의 자전거를 벼룩시장에 팔 것이라고 말했다.

> **실전 대비** 과거에 언급한 미래시점이 현재시점을 기준으로 여전히 미래에 발생할 일에 대해 말하는 것이라면, 주절의 동사가 과거이더라도 that 명사절에 「will + 동사원형」을 쓸 수 있습니다.

현재 사실의 반대를 나타내는 would

가정법 과거에서 배웠듯이 현재 사실의 반대를 말할 때, 주절에서 would는 '~할 것이다 / ~할 텐데'라는 의미를 나타냅니다.

→ if + 주어 + 과거시제 : 현재사실의 반대 (가정법 과거)
I heard Helen had been living in Mexico City for seven years. Helen **would help** guide us **if she were** with us now in Mexico City.

난 헬렌이 7년 동안 멕시코 시티에 살았었다고 들었다. 그녀가 지금 우리와 멕시코 시티에 함께 있다면 우리를 안내하는 것을 도와줄 텐데.

과거의 습관을 나타내는 would

would는 문맥상 과거에 자주 한 일은 아니지만 가끔씩 여러 번 했던 적이 있다는 내용을 나타낼 때 '~하곤 했디'라는 뜻으로 often, sometimes와 함께 쓰여 과거의 불규칙한 습관을 나타내기도 합니다.

→ 과거의 불규칙적인 습관을 나타내는 단서
Michael and I **would sometimes** go swimming in the sea **when we lived** in Miami together.

마이클과 나는 마이애미에 함께 살았을 때 가끔씩 바다로 수영을 하러 가곤 했다.

실력 확인 퀴즈 학습한 내용을 토대로 빠르게 정답을 고르시오.   정답 및 해설 p.20

6   Alex told me he _____ return my suit after his interview, but I haven't heard anything from him yet.
    (a) might   (b) can   (c) must   (d) would

각 문장의 의미에 맞도록 보기에 있는 조동사 중에서 하나를 골라 빈칸에 쓰세요.

보기
will   might   should   can   must

1 Howard is a natural polyglot, so he _____ speak multiple languages fluently.
   하워드는 타고난 다중언어사용자이다. 그래서 그는 다수의 언어를 유창하게 말할 수 있다.

2 Payments _____ be received by 15th to avoid any additional fees.
   추가 요금을 피하기 위해서 지불금은 15일까지 수령되어야 한다.

3 Worried that his dog gets lonely when he's at work, Mike _____ adopt a second puppy.
   마이크는 그가 직장에 있을 때 그의 개가 외로워지는 것을 걱정하여, 두 번째 강아지를 입양할지도 모른다.

4 The president _____ sign the economic relief bill once it is confirmed by the Senate.
   대통령은 상원의회에 의해 확정되기만 하면 경기 부양 법안에 서명할 것이다.

5 Gardeners hoping to get the most out of their plants _____ adjust the watering and sunlight exposure.
   자신이 가진 식물들을 최대한으로 활용하기를 바라는 정원사들은 급수와 태양광 노출을 조정해야 한다.

어휘 정리 natural 형 선천적인, 타고난 polyglot 명 다중언어사용자 multiple 형 다수의, 여러 개의 fluently 부 유창하게 payment 명 지불금 additional 형 추가의, 추가적인 fee 명 요금, 수수료 worried 형 걱정하는, 걱정스러워 하는 adopt 동 입양하다 sign 동 서명하다 bill 명 법안 economic relief 명 경기 부양(책) once 접 (일단) ~ 하면 confirm 동 확정하다, 확인하다 senate 명 (미) 상원의회 gardener 명 정원사 get the most out of ~을 최대한으로 활용하다 adjust 동 조정하다 watering 명 급수 exposure 명 노출

학습한 내용을 적용하여 다음 공식 기출 및 기출 유형 문제들을 풀어보세요.

기출

1. While hummingbirds are known as the smallest migrating bird, they have other special qualities. They are also the only birds that _____ fly backwards, using wings that beat up to 4,000 times per minute.

    (a) would
    (b) must
    (c) can
    (d) could

2. Binge eating can be a difficult habit to break out of. That is why you _____ ask yourself whether you really need to have another slice of cake or another cookie. Otherwise, you may become obese or develop a serious health condition.

    (a) can
    (b) could
    (c) will
    (d) should

3. After months of searching, Roy finally found his ideal house with a spacious backyard in a quiet neighborhood. His realtor said he _____ act quickly because the property has already received several bids.

    (a) would
    (b) can
    (c) might
    (d) must

4. According to BWF's Laws of Badminton, "the whole shuttle shall be below 1.10 metres from the surface of the court" during a correct service. So, in an instance where a player serves too high, a service judge _____ usually call a "fault."

    (a) shall
    (b) could
    (c) will
    (d) may

5. Some common telltale signs of an oncoming storm are rapidly darkening clouds, winds that shift direction suddenly, and a sudden drop in temperature and atmospheric pressure. If you notice any of these signs, a storm _____ be approaching soon.

    (a) might
    (b) should
    (c) can
    (d) will

기출

6. William Shakespeare is considered one of the greatest writers in history. Some people have argued that his works _____ have been written by another author, but experts have thoroughly dismissed that claim.

    (a) should
    (b) will
    (c) may
    (d) can

7. Daniel spent more than a year preparing for his LSAT exam. Thanks to his hard work, he achieved a nearly perfect score when he took his test. Now, he _____ go to whichever law school he chooses.

   (a) must
   (b) can
   (c) might
   (d) should

8. In many states, it is mandatory to come to a complete stop at a stop sign before proceeding, even if no other cars are visible. Traffic regulations state that you _____ wait at least three seconds before moving.

   (a) must
   (b) can
   (c) should
   (d) might

9. Tyler's perspective on life has completely changed ever since his daughter was born. He used to be aimless with his career goals. But now, he knows that he _____ do whatever is necessary to provide her with a good life.

   (a) might
   (b) must
   (c) will
   (d) could

10. Dr. Rudolph, Chief of Medicine at St. Mary's Hospital, was recently sued for medical malpractice because of a critical mistake he made during a routine bypass surgery. His reputation _____ never recover from such a professional blow.

    (a) should
    (b) might
    (c) must
    (d) would

11. Alden Library has strict rules for people visiting its special collections, which houses rare first editions and antiquarian books published hundreds of years ago. The viewing room is sterilized, and only one person _____ enter the room at a time.

    (a) can
    (b) might
    (c) will
    (d) would

12. Two-step verification is a simple way to ensure that your personal information is safe online. Even if a hacker gets your password, he or she _____ also enter a verification code that is sent directly to your phone via text message.

    (a) should
    (b) will
    (c) must
    (d) would

13. Opening Day for Wrigley Stadium is set for this Saturday, when the Chicago Cubs will face off against the Cincinnati Reds. However, the weather forecast says that it _____ rain that day, so ticket sales haven't been as high as expected.

    (a) should
    (b) would
    (c) might
    (d) must

14. Peter takes his wife and daughter out to dinner at Tuscany Bistro every Saturday, and it has become a simple but beloved family tradition. Given how important the restaurant is to them, they _____ be disappointed to hear that it is closing permanently next month.

    (a) will
    (b) should
    (c) may
    (d) could

15. Eunhye left her career in publishing to commit herself fully to her writing. However, she is working on three novels and a collection of short stories simultaneously. She _____ focus all her creative energy on one project instead of spreading herself so thin.

    (a) might
    (b) should
    (c) would
    (d) will

16. Bumper is an effective, if slightly invasive, new dating app. It _____ track its users GPS data to record their most frequent stops, such as a certain café or restaurant. Then it matches users based on their most-frequented locations—where they're most likely to "bump" into each other.

    (a) can
    (b) may
    (c) must
    (d) would

17. Three Willows has become a popular neighborhood for expats in the heart of Toronto. The majority of residents _____ come from different countries, but they all work together to make their community safe, supportive, and culturally rich.

    (a) will
    (b) may
    (c) can
    (d) must

18. Daniel, who just turned 32, believed that he was still young and healthy, but a recent check-up revealed that he has high blood pressure. To avoid more serious conditions down the road, he _____ watch what he eats and get more cardiovascular exercise.

    (a) might
    (b) would
    (c) can
    (d) should

DAY 06 동명사

동명사란 '~하다'라고 해석되는 동사를 '~하기', 또는 '~하는 것'과 같이 명사형으로 바꿀 수 있는 동사의 변형입니다. 지텔프 문법에서는 목적어 자리에 동명사가 정답이 되는 단서를 제시하여 동명사가 들어갈 자리가 빈칸의 형태로 3문제가 출제됩니다.

1 목적어로 쓰이는 동명사

지텔프 문법에서 동명사는 목적어 자리가 빈칸인 문제가 출제됩니다. 아래 동사들은 목적어 자리에 부정사를 쓸 수 없고 동명사만 써야 하는 동사입니다.

mind 꺼리다, 개의하다 *	experience 경험하다	discontinue 중단하다	dread 두려워하다
enjoy 즐기다 *	encourage 격려하다	consider 요구하다 *	acknowledge 인정하다
give up 포기하다 *	miss 그리워하다, 놓치다	keep 계속 ~하다 *	risk 위험을 무릅쓰다
admit 인정하다	endure 참다, 견디다	stop, quit 그만하다 *	tolerate 참다
allow, permit 허락하다 *	suggest 제안하다 *	delay 연기하다	favor 선호하다
support, advocate 지지하다	finish 마치다 *	discuss 논의하다	mention 언급하다
anticipate 예상하다	avoid 피하다 *	end up 결국 ~하게 되다	resume 재개하다
advise 충고하다	recommend 권고하다 *	contemplate 고려하다	undergo 겪다
put off, postpone 연기하다	resist 저항하다 *	disclose 폭로하다	adore 좋아하다
propose 제안하다 *	resent 분개하다	include 포함하다	restrict 제한하다
practice 연습하다	require 요구하다 *	imagine 상상하다 *	prevent 예방하다
ban, prohibit 금지하다	deny 부인하다	involve 수반하다 *	appreciate 감사하다
escape 탈출하다	dislike 싫어하다 *	recall 회상하다	

* 빈출 단어

→ recommend 뒤 목적어는 동명사

Emily's dietitian **recommends** **switching** to white meat and fish instead of red meat from her diet.

에밀리의 영양사는 그녀의 식단에서 붉은 고기 대신에 흰살 고기와 생선으로 변경하는 것을 권고한다.

→ avoid 뒤 목적어는 동명사

It is important that people **avoid** **eating** with their hands until they have thoroughly washed them.

사람들은 철저하게 그들의 손을 씻을 때까지 그들의 손으로 먹는 것을 피하는 것이 중요하다.

실력 확인 퀴즈 학습한 내용을 토대로 빠르게 정답을 고르시오. 정답 및 해설 p.25

1. Some renowned economists still consider _____ in cryptocurrency to be too risky.
   (a) invested (b) to invest (c) investing (d) to have invested

2 5형식 문장의 목적어로 쓰이는 동명사

앞서 배운 동명사를 목적어로 취하는 동사들은 항상 목적어만 가지는 동사 3형식 동사입니다. 최근 지텔프 출제 경향에 따르면, 5형식 문장 구조인 「주어 + 동사 + 목적어 + 목적격보어」에서 목적어 자리가 빈칸으로 제시되고 그 뒤에 목적격보어로 형용사가 제시되는 문제가 출제됩니다. 대부분의 5형식 동사는 사람 명사나 인칭대명사(me, you, him, her, them 등)를 목적어만 가지는 반면에, 행위를 나타내는 동명사를 목적어로 쓸 수 있는 5형식 동사는 다음과 같습니다.

make ~하게 만들다 have ~하게 하다 get ~하게 하다	find ~하다고 생각하다 keep ~하게 유지하다 consider ~하다고 생각하다	동명사 목적어	형용사 목적격보어

→ 「5형식 동사 make + 목적어(동명사+부사) + 목적격보어(형용사)」 구조
The heavy traffic **makes driving** downtown **stressful**.

극심한 교통량은 시내에서 운전하는 것을 스트레스를 많이 느끼게 만든다.

→ 「5형식 동사 find + 목적어(동명사+전치사구) + 목적격보어(형용사)」 구조
She **finds cooking** for large groups **exhausting**.

그녀는 규모가 큰 단체를 위해 요리하는 것이 고단하다고 생각한다.

문장의 목적어로 쓰인 동명사는 동명사만의 목적어나 수식어구(전치사구, 부사)를 가질 수 있으므로 문장의 목적격보어의 위치는 동명사 바로 뒤가 아닌 동명사의 목적어, 수식어구 뒤에 위치하는 형태로 출제됩니다.

동명사의 역할 및
동명사 관용 표현

실력 확인 퀴즈 학습한 내용을 토대로 빠르게 정답을 고르시오. 정답 및 해설 p.25

2 Many environmentalists find _____ climate change impacts crucial as it emphasizes the urgency of global action.

(a) to research (b) to have researched (c) researching (d) having researched

빈칸 뒤 괄호 안에 있는 동사를 변형하여 빈칸에 쓰세요.

1 Audiophiles recommend _____ (listen) to vinyl records with high-quality headphones.
오디오 애호가들은 고품질의 헤드폰으로 레코드판을 듣는 것을 권장한다.

2 Addicted to social media, Jin can't stop _____ (check) his Instagram page every few minutes.
소셜 미디어에 푹 빠져서, 진은 몇 분마다 그의 인스타그램 페이지를 확인하는 것을 멈출 수가 없다.

3 Mr. Son left for work early this morning to avoid _____ (get) stuck in traffic.
손 씨는 교통 체증에 꼼짝 못하게 되는 것을 피하기 위해 오늘 아침 일찍 직장으로 나섰다.

4 My assistant must finish _____ (research) the data by noon so I can start writing the sales report.
나의 조수는 정오까지 자료를 조사하는 것을 끝내야 한다. 그래야 내가 영업 보고서를 쓰는 것을 시작할 수 있다.

5 The company implemented a new software system. This makes _____ (manage) the workflow more efficient.
그 회사는 새로운 소프트웨어 시스템을 시행하였다. 이것은 작업 흐름을 관리하는 것을 더욱 효율적으로 만든다.

어휘 정리 audiophile 명 오디오 애호가 vinyl record 명 레코드판(LP판) high-quality 형 고품질의 addicted to ~에 중독된 every + 복수 시간명사: ~마다 leave for ~으로 떠나다 get stuck in traffic 교통 체증에 꼼짝 못하게 되다 traffic congestion 명 교통 체증 assistant 명 조수, 보조원 research 동 조사하다, 연구하다 in front of 전 ~앞에서 alive 형 살아 있는 implement 동 시행하다 workflow 명 작업 흐름, 작업 속도 efficient 형 효율적인

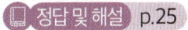

1. Monowi is a town in Nebraska that has a population of one. As the town's only resident, Elsie Eiler's duties involve _____ as Monowi's mayor and librarian.

   (a) to act
   (b) having acted
   (c) to have acted
   (d) acting

2. Jason's phone battery was very low on power when he left work yesterday. Because of this, he resisted _____ his phone until he could get home and charge it.

   (a) to use
   (b) using
   (c) to have used
   (d) having used

3. Joe visited his friend in Calgary and intended to go home by 10 p.m. However, they were having so much fun that when they finally finished _____, it was already late, so Joe stayed the night.

   (a) to have caught up
   (b) having caught up
   (c) catching up
   (d) to catch up

4. Iguazu Falls, located on the border of Argentina and Brazil, is the largest waterfall system in the world. For those who enjoy _____ incredible natural wonders, it is a great bucket list addition.

   (a) having visited
   (b) to visit
   (c) visiting
   (d) to have visited

5. While in college, Denzel will stay with his aunt in the city. He considered _____ his own apartment near campus, but he realized he could save money by staying with a relative.

   (a) renting
   (b) to have rented
   (c) having rented
   (d) to rent

6. Jonathan and his friends want to see a movie on Friday night. Unfortunately, they all like completely different types of films, which makes _____ a movie difficult.

   (a) to choose
   (b) to have chosen
   (c) choosing
   (d) having chosen

7. Ever since Janice got her license, her mom has been really nervous about letting her drive. Nonetheless, last Friday night, her mom risked _____ Janice the keys to the family car.

   (a) giving
   (b) to give
   (c) to have given
   (d) having given

8. When Mark Zuckerberg testified before Congress about Facebook's business activities, critics complained that he only received softball questions. The tech innovator successfully avoided _____ any questions regarding whether his company has a monopoly on the market.

   (a) to answer
   (b) having answered
   (c) answering
   (d) to be answered

9. Natalie has arrived at the arena to see her favorite band, but their tour bus has broken down, causing a delay. She does not mind _____, though, as they are amazing in concert.

   (a) to have waited
   (b) having waited
   (c) to wait
   (d) waiting

10. At the age of eight, Steve became frightened when he jumped into the ocean and the waves were stronger than expected. Since then, he has disliked _____ in open water. He prefers pools instead.

    (a) having swum
    (b) swimming
    (c) to swim
    (d) to have swum

11. Rosa took scuba diving lessons on a whim when she was vacationing in Cancun long ago, and it sparked a life-long obsession. At the time, she never imagined _____ sunken ships and submarines with her own two eyes.

    (a) to see
    (b) to have seen
    (c) seeing
    (d) having seen

12. Magnolia Temple boasts impressive architecture and stunning views. When you are there, you will be amazed by its beauty. You just need to endure _____ steep steps, as the temple is located at the peak of a mountain.

    (a) to climb
    (b) having climbed
    (c) climbing
    (d) to have climbed

13. The medical field is one of the few industries that consistently sees job growth in rural areas. As such, many college graduates who struggle to find employment consider _____ to school for a medical-related degree or certificate.

    (a) returning
    (b) to return
    (c) returned
    (d) having returned

14. Eventually, a guitar will need new strings, but it's easy to change them at home with some basic tools. Just remember to use the correct gauge of strings, and to keep _____ the new string until it is taut across the fret board.

    (a) winding
    (b) to be winding
    (c) to wind
    (d) having wound

15. Skin serums that include vitamin C are said to help brighten your complexion and reduce dark spots. Dermatologists recommend _____ them in the morning to maximize its antioxidant benefits.

    (a) to apply
    (b) applying
    (c) to have applied
    (d) having applied

16. Hiro's friends and family were shocked when he resigned from his influential position in the prosecutor's office to join his brother's landscaping business. However, for Hiro, the stress of the job was not worth it. Now, he enjoys _____ his days in gardens and backyards, outside in the bright sunlight.

    (a) to spend
    (b) having spent
    (c) to be spent
    (d) spending

17. Some individual traders gathered over Reddit and drove up the stock prices of video game retail company GameStop. It thwarted the schemes of major hedge funds. Outrage followed when trading platforms gave into pressure from Wall Street and restricted _____ additional shares.

    (a) buying
    (b) to buy
    (c) to be bought
    (d) having bought

18. At the height of the Renaissance, artists like Leonardo da Vinci and Michelangelo were pushing the boundaries of creativity and technique. Looking back at their legendary works, one cannot help _____ at their ingenious influence on the art world.

    (a) to marvel
    (b) marveling
    (c) having marveled
    (d) to be marveling

DAY 07 부정사 (1)

부정사는 명사, 형용사, 부사 역할을 하는 다재다능한 형태입니다. 여러 부정사의 용법에는 각각을 구분할 수 있는 단서가 있으므로 이 단서를 숙지하여 시험에 출제되는 부정사 3문항에 대비해야 합니다.

1 부정사의 형태와 명사적 용법

부정사는 동사원형 앞에 to를 붙인 형태를 말하며, 여러 용법 중 문장에서 주어, 목적어, 보어, 목적격보어 자리에 위치할 경우 명사적 용법으로 사용됩니다.

동사 (~하다)	to + 동사원형	부정사 (~하는 것, ~하기)
see 보다 give 주다	→	to see 보는 것 to give 주는 것

목적어로 쓰이는 부정사

Mr. Russell **agreed to participate** in Sapphire Gallery's upcoming exhibition.

러셀 씨는 사파이어 갤러리의 다가오는 전시회에 참석하기로 동의하였다.

➡ 동사 participate의 부정사 형태인 to participate가 타동사 agree의 목적어로 쓰였습니다.

목적격보어로 쓰이는 동명사

The manager **asked his team to submit** receipts of last month's business travel expenses for reimbursement.

매니저는 그의 팀에게 변제를 위해 지난 달 출장 경비의 영수증을 제출하는 것을 요청하였다.

➡ 동사 submit의 부정사 형태인 to submit이 동사 ask의 목적어인 his team이 할 행동을 나타내는 목적격보어로 쓰였습니다.

부정사의 특징

실력 확인 퀴즈 학습한 내용을 토대로 빠르게 정답을 고르시오. 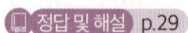 p.29

1. Head Chef Allen Keith always asks his staff _____ the kitchen at least two hours before opening.
   (a) clean   (b) cleaning   (c) to clean   (d) will clean

2 목적어로 쓰이는 부정사

부정사 3문제 중 최소 1문제 이상은 목적어 자리에 들어갈 부정사를 묻는 유형으로 출제됩니다. 아래 동사들은 동명사가 아닌 **부정사만을 목적어로 취하는 동사**입니다.

hope 바라다 *	agree 동의하다	refuse 거부하다
want 원하다 *	arrange 마련하다, 정리하다	decline 거절하다
wish 바라다, 기원하다	manage 간신히 해내다 *	pretend ~하는 척하다
would like 원하다	endeavor 노력하다	prompt 촉발하다
fail 실패하다 *	strive 분투하다	volunteer 자원하다
intend 의도하다	seek ~하려고 애쓰다	learn 배우다
need 필요하다 *	afford ~할 여유가 되다	demand 요구하다
plan 계획하다 *	expect 기대하다	choose 선택하다
promise 약속하다	desire 바라다	aim 목표로 하다
decide 결정하다 *	offer 제의하다	swear 맹세하다
determine 결정하다 *	guarantee 보장하다	threaten 협박하다
tend ~하는 경향이 있다		

* 빈출 단어

실전 대비 2형식 동사 seem, appear, happen 뒤에 목적어가 아닌 보어의 역할로 to부정사가 쓰이기도 합니다.

→ swear 뒤 목적어는 부정사

During the inauguration, the president **swears to uphold** the Constitution.

취임식 동안, 대통령은 헌법을 준수할 것을 맹세한다.

→ plan 뒤 목적어는 부정사

Ms. Kwon says she and her husband **are planning to have** a baby next year.

권 씨는 그녀와 그녀의 남편이 내년에 아기를 가질 계획을 하고 있다고 말한다.

부정사/동명사를
목적어로 취하는 동사

실력 확인 퀴즈 학습한 내용을 토대로 빠르게 정답을 고르시오. 정답 및 해설 p.29

2 Miguel learned _____ his own beer while he was in between jobs.

(a) brew   (b) to brew   (c) brewing   (d) to have brewed

3 부정사와 동명사를 모두 목적어로 취하는 동사

타동사 중에는 부정사와 동명사를 모두 목적어로 취할 수 있는 타동사가 있습니다. 무엇을 목적어로 취하느냐에 따라 의미가 달라지는 동사가 있으며, 동일한 의미로 해석되는 동사가 있습니다.

부정사/동명사를 목적어를 취할 때 의미가 동일한 동사

love 아주 좋아하다 *	hate 싫어하다	continue 계속하다	+ to 부정사
like 좋아하다 *	begin 시작하다	fear 두려워하다	또는
prefer 선호하다	start 시작하다	attempt 시도하다	+ 동명사

* 빈출 단어

→ 동사가 start이므로 목적어로 동명사, 부정사 모두 사용 가능

At the age of 60, Mr. Diego **started** [**studying** / **to study**] art at Tisch School of the Arts.

60세의 나이에 디에고 씨는 티쉬 예술대학에서 예술을 공부하기 시작했다.

부정사/동명사를 목적어를 취할 때 의미가 다른 동사

remember	+ 동명사	(과거에) 했던 일을 기억하다
	+ 부정사	(앞으로) 할 일을 기억하다
forget	+ 동명사	(과거에) 했던 일을 잊다
	+ 부정사	(앞으로) 할 일을 잊다
try	+ 동명사	시험 삼아 ~해보다, 시도하다
	+ 부정사	~하려고 노력하다
regret	+ 동명사	~한 것을 후회하다
	+ 부정사	~하게 되어 유감이다

→ 파일을 저장하는 행위가 문맥상 앞으로 할 일에 해당하므로 부정사를 목적어로 사용

Please **remember to save** all your work files before turning off your computer.

당신의 컴퓨터를 끄기 전에 당신의 모든 작업 파일들을 저장하는 것을 기억하세요.

→ 과거에 마주쳤던 일을 기억하는 것이므로 동명사를 목적어로 사용

Thomas told me that he **remembered running** into my daughter on the street a few days ago.

토마스는 며칠 전에 길에서 나의 딸을 우연히 마주쳤던 것을 기억한다고 말했다.

실력 확인 퀴즈   학습한 내용을 토대로 빠르게 정답을 고르시오.   정답 및 해설 p.29

3   A few minutes after leaving my home, I realized I forgot _____ off the gas knobs.
   (a) to turn   (b) turning   (c) turned   (d) to have turned

4　목적격보어로 쓰이는 부정사

목적격보어란 「주어 + 타동사 + 목적어 + 목적격보어」 어순으로 이루어지는 5형식 문장에서 목적어가 무엇인지, 어떤 상태인지, 어떤 행동을 하는지 설명해주는 문장성분입니다. 아래에 있는 동사는 목적격보어 자리에 부정사를 가지는 타동사이며, 실제 시험에서는 아래의 동사 뒤에 목적어가 위치하고, 그 뒤에 빈칸이 출제되어 부정사가 정답이 되는 문제로 출제됩니다.

advise 권고하다 *	expect 기대하다	order 명령하다	
ask 요청하다 *	instruct 지시하다	permit 허락하다	
allow 허락하다 *	warn 경고하다	enable 가능하게 하다	**+ 목적어 + to 부정사**
recommend 권장하다 *	want 원하다	force 강요하다	
require 요구하다 *	would like 원하다	compel 강요하다	
encourage 권장하다 *	cause 야기하다	need 필요로 하다	
tell (~하라고) 말하다 *	invite 요청하다	remind 상기시키다	

* 빈출 단어

실전 대비　위 동사 뒤에 목적어가 위치하고 그 뒤에 빈칸이 위치해 있는 경우에 to부정사가 정답입니다.

→ order + 목적어 + to부정사
With the hurricane approaching, authorities **ordered all residents to evacuate** the area.

허리케인이 다가오면서, 당국은 모든 주민들에게 그 지역을 떠날 것을 명령하였다.

→ allow + 목적어 + to부정사
When I was growing up, my mother only **allowed me to watch** one hour of television a day.

내가 자랄 때, 나의 어머니는 내가 하루에 한 시간만 텔레비전을 보는 것을 허락하셨다.

혼동하기 쉬운
동명사/부정사 표현

실력 확인 퀴즈　학습한 내용을 토대로 빠르게 정답을 고르시오.　정답 및 해설 p.29

4. When I was about to enter the building, the security guard asked me _____ my pass.
    (a) show　(b) showing　(c) will be showing　(d) to show

 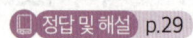

빈칸 뒤 괄호 안에 있는 동사를 변형하여 빈칸에 쓰세요.

1   The Lancaster Municipal Library permits its members _____ (borrow) up to twelve books at a time.
    랜캐스터 시립 도서관은 회원들이 한번에 최대 12권까지 책을 빌려가는 것을 허용한다.

2   Evan dreams of pursuing a career as an artist, but he can't afford _____ (quit) his stable office job.
    에반은 예술가로서의 경력을 추구하는 꿈을 꾼다. 하지만 그는 그의 안정적인 사무직을 그만 둘 형편이 안 된다.

3   The protesters refused _____ (stand down), even after the security forces threatened to use tear gas.
    시위자들은 심지어 경비부대가 최루 가스를 사용하겠다고 협박을 한 후에도 물러나는 것을 거부했다.

4   The insurance planner said that I might regret _____ (miss) an opportunity to get better coverage.
    보험 설계사는 더 나은 보상을 얻을 기회를 놓치는 것을 후회할지도 모른다고 말했다.

5   Mayor Davis declined _____ (comment) on the recent scandal revolving around his use of campaign funds.
    데이비스 시장은 캠페인 자금의 사용을 둘러싼 최근의 추문에 관해 언급하는 것을 거절하였다.

6   Dr. Teller does not allow students _____ (leave) the testing area until everyone has finished the exam.
    텔러 박사는 학생들 모두가 시험을 마칠 때까지 시험장을 떠나는 것을 허락하지 않는다.

어휘 정리 municipal 휑 시립의, 지방 자치제의 up to 젠 최대 ~까지 pursue 동 추구하다 career 명 경력, 직업 can't afford 형편이 안 된다, 여력이 없다 stable 휑 안정적인 protester 명 시위자 stand down 동 물러나다 security force 명 경비부대, 보안 병력 tear gas 명 최루 가스 insurance planner 명 보험 설계사 opportunity 명 기회 sickness insurance 명 질병 보험 mayor 명 시장 comment 동 언급하다, 견해를 밝히다 scandal 명 추문, 스캔들 revolve around ~을 주위로 돌다

학습한 내용을 적용하여 다음 공식 기출 및 기출 유형 문제들을 풀어보세요.

1. Hailey was picked up from school by her dad. She asked if they could grab some tacos, and her dad agreed _____ some on the way home.

   (a) to buy
   (b) buying
   (c) to have bought
   (d) having bought

2. During its early months of operation, Silver Plate Restaurant struggled to attract customers. Luckily, the owners managed _____ this problem by advertising their business regularly on social media.

   (a) having overcome
   (b) to overcome
   (c) overcoming
   (d) to have overcome

3. A partial solar eclipse will be happening today and will be visible from the town square. However, Derek and his astronomy club are planning _____ the event from the observatory because it offers a better view.

   (a) to watch
   (b) having watched
   (c) watching
   (d) to have watched

4. Violence has erupted in Belarus as protesters decry the results of the recent, and supposedly rigged, presidential election. Embattled President Alexander Lukashenko has adamantly refused _____ another election, claiming that the citizens would have to kill him first.

   (a) to hold
   (b) hold
   (c) holding
   (d) held

5. Rachel will be late to work because her car is parked in and she can't get out. She has already warned her neighbor several times _____ behind her car on the weekdays, so she's calling a tow truck to teach him a lesson.

   (a) must not park
   (b) not parking
   (c) not to park
   (d) do not park

6. Parker has his heart set on attending Harvard University, but his parents can't possibly afford its exorbitant tuition fees. So, he has promised _____ a highly competitive scholarship that will cover the tuition.

   (a) earning
   (b) will earn
   (c) to have earned
   (d) to earn

7. More people are becoming interested in the production of electronic music. For example, my brother Josh just purchased a MIDI keyboard and downloaded a basic recording program. Now he is learning _____ his own chill lo-fi beats by himself.

   (a) to make
   (b) making
   (c) to have made
   (d) having made

8. Record-breaking heat waves are expected to scorch western Europe once again this summer. Extreme temperatures can be fatal, so doctors advise everyone, young and old, _____ indoors with the air conditioning running when dealing with such dangerous weather.

   (a) to stay
   (b) having stayed
   (c) staying
   (d) to have stayed

9. Max is preparing for a difficult discussion with his parents when he returns home from university over winter break. His father always expected him _____ a legal career, but Max just changed his major to art history.

   (a) pursuing
   (b) would pursue
   (c) to pursue
   (d) being pursued

10. Once their youngest daughter went away to college, the Kims found themselves with an empty nest, and, subsequently, a lot of free time on their hands. Mrs. Kim decided _____ a hiking club, and Mr. Kim started painting again.

    (a) joining
    (b) to have joined
    (c) to join
    (d) having joined

11. The next space race has begun, but this time with private companies vying to be the first to Mars instead of nations rushing to the Moon. SpaceX, one of the leading companies in aerospace engineering, aims _____ people on the surface of the Red Planet by 2026.

    (a) having had
    (b) to have
    (c) to have had
    (d) having

12. Peacocks are among the world's largest flying birds, weighing up to thirteen pounds. At night, they perch in trees. However, they choose _____ their nests on the ground.

    (a) building
    (b) to build
    (c) having built
    (d) to have built

13. Tyler woke up to his wife glaring at him angrily from the bedroom doorway. Apparently, he had forgotten _____ the trash from the kitchen, and their dog, Kozmo, had gotten into it overnight. Now there was garbage strewn all over the house.

    (a) to have taken out
    (b) having taken out
    (c) taking out
    (d) to take out

14. Kevin was disappointed that he didn't have more time to explore New York City during his recent business trip. He even intended _____ with some old university friends, but he was too busy meeting clients and reviewing projects.

    (a) catching up
    (b) to catch up
    (c) caught up
    (d) was caught up

15. Dolphins are highly intelligent marine mammals known for using echolocation. Their sophisticated sensory skills enable pods _____ vast oceanic territories.

    (a) navigating
    (b) having navigated
    (c) to be navigating
    (d) to navigate

16. Only fifteen years old but already a financial genius, Dirk has laid out a strategy for how he can become a millionaire by the time he turns 25. However, he'll have to work hard. His plan requires him _____ at least $20,000 dollars before finishing high school.

    (a) save
    (b) saving
    (c) saved
    (d) to save

17. Rachel and her roommate Liz started watching an exciting crime thriller together on Netflix, but then Rachel had to stay late several evenings at the office. Knowing Liz wanted to see what happens next, Rachel told her _____ watching it by herself, and she would catch up over the weekend.

    (a) keeping
    (b) to have kept
    (c) to keep
    (d) having kept

18. Wesley is mourning the loss of his quiet, relaxing Saturday. When an acquaintance at work asked him _____ her move to a new apartment, Wesley couldn't think of an excuse quickly enough. Now he's stuck moving furniture and packing boxes all day Saturday.

    (a) to help
    (b) helping
    (c) to have helped
    (d) having helped

DAY 08 부정사 (2)

부정사는 동사와 형용사를 수식하는 부사의 역할과 명사를 수식하는 형용사의 역할도 할 수 있습니다. 또한 수동태 뒤에는 동명사가 아닌 부정사가 항상 함께 쓰이는데, 이러한 특징을 묻는 문제가 출제되므로 각각의 역할로 쓰이는 경우의 특징을 알아보고 부정사가 정답이 되는 단서를 확인해봅시다.

1 부사로 쓰이는 부정사

부정사가 부사로 쓰이면 여러 의미를 나타낼 수 있지만 그 중에 지텔프 문법에서 가장 빈번하게 출제되는 부사적 용법은 완전한 문장 뒤, 또는 문장 맨 앞에 위치하여 '~하기 위해서'라는 의미를 나타내는 '목적'의 부사적 용법입니다.

→ 부사적 용법: '요청하기 위해서'
Spenser called his father **to ask** him for more money.

스펜서는 더 많은 돈을 요청하기 위해서 그의 아버지에게 전화를 했다.

→ 부사적 용법: '마치기 위해서'
The entire staff worked overtime this week **to finish** the project on time.

전직원은 그 프로젝트를 제시간에 마치기 위해서 이번주에 초과 근무를 하였다.

부사적 용법을 나타내는 to부정사는 문장 맨 앞에 위치하고 그 뒤에 콤마(,)가 쓰이거나 완전한 문장 뒤에 위치합니다.

→ 문장 맨 앞에 위치 + 콤마: ~하기 위해서
To make sure that I was doing the routine correctly, my trainer suggested joining group classes.

내가 정해진 운동을 제대로 하고 있는지 확실히 하기 위해, 나의 트레이너는 그룹 수업에 합류할 것을 제안했다.

→ 완전한 문장 뒤(부사 자리)에 위치: ~하기 위해서
My husband and I went to the new Italian restaurant **to eat its famous lasagna.**

나의 남편과 나는 유명한 라자냐를 먹기 위해 새로운 이탈리안 레스토랑에 갔다.

실력 확인 퀴즈 학습한 내용을 토대로 빠르게 정답을 고르시오.   정답 및 해설 p.33

1 Tony called the customer service line _____ the order he had placed online.
   (a) to cancel   (b) canceling   (c) having canceled   (d) to have canceled

2 명사를 수식하는 부정사

부정사는 명사 뒤에서 명사를 수식하는 역할을 할 수 있는데, 이를 형용사적 용법이라고 합니다. 이 때 부정사는 '~(해야) 할 / ~하는 (명사)'라고 해석합니다. 다음과 같은 명사 뒤에 부정사가 들어갈 자리가 빈칸으로 자주 출제됩니다.

| way 방법
ability 능력
place 장소
energy 힘, 활력
effort 노력
plan 계획 | money 돈
time 시간, 때
chance 기회
opportunity 기회
intention 의도
decision 결정 | step 단계
work 일, 작업
right 권리
someone/anyone (~할) 사람
something/anything (~할) 것 | + 부정사
(~할 / ~하는) |

→ '새로운 활력을 주는 방법'
The struggling shoe company needed to find **a way to revitalize** its brand image.

분투하고 있는 그 신발 회사는 그 브랜드 이미지에 새로운 활력을 주는 방법을 찾아야 한다.

→ '석방하겠다는 결정'
The regime's **decision to release** all political prisoners was a signal that peace talks could resume.

모든 정치사범들을 석방하겠다는 정권의 결정은 평화 회담이 재개될 수 있다는 신호였다.

→ '향상시킬 기회'
Placing an advertisement during halftime of the Super Bowl is a great **opportunity to improve** sales.

슈퍼볼 결승전의 하프 타임에 광고를 내는 것은 매출을 향상시킬 굉장한 기회이다.

to부정사 관용표현

실력 확인 퀴즈 학습한 내용을 토대로 빠르게 정답을 고르시오. 정답 및 해설 p.33

2 Mr. Hancock's ability ------- adverse circumstances has really impressed his supervisor.
    (a) dealing with   (b) dealt with   (c) to deal with   (d) to be dealing with

3   수동태와 함께 쓰이는 부정사

부정사를 목적격보어로 취하는 동사의 대부분은 수동태(be + p.p.)로 바뀌더라도 그 바로 뒤에 부정사를 취합니다. 즉 「be + p.p.(-ed) + to부정사」 어순의 문장으로 쓰이고 '(to부정사)하는 것이 (동사)되다'라고 해석되며, 일부 표현은 관용표현처럼 다르게 해석되는 경우도 있습니다.

be advised to부정사	~하도록 충고받다 / ~하는 것을 권고받다
be required to부정사	~하는 것이 요구되다 / ~해야 하다
be encouraged to부정사	~하도록 장려되다 / ~하는 것이 권장되다
be forced[compelled] to부정사	~하도록 강요받다 / 강제로 ~하게 되다
be believed[considered] to부정사	~할 것이라고 여겨지다
be told to부정사	~하라고 지시받다 / ~하라는 말을 듣다
be asked[invited] to부정사	~하라고 요청받다
be expected to부정사	~하는 것으로 기대되다
be allowed[permitted] to부정사	~하는 것이 허용되다
be prepared to부정사	~할 준비가 되어 있다
be supposed to부정사	~하기로 예정되어 있다 / ~해야 하다
be intended to부정사	~하는 것으로 의도되다
be used to부정사	~하는 것에 사용되다 / ~하도록 쓰여지다
be honored to부정사	~하는 것을 영광으로 여기다
be surprised[pleased] to부정사	~해서 놀라다[기쁘다]
be scheduled to부정사	~할 예정이다 / ~하기로 예정되어 있다

→ 수동태 be + p.p. (과거분사)가 부정사의 단서

Mr. Watson **was advised to take in** at least 500ml of vitamin C every day.

왓슨 씨는 매일 최소 500밀리리터의 비타민 C를 섭취하라고 권고 받았다.

→ 수동태 be + p.p. (과거분사)가 부정사의 단서

All examinees **are required to hand in** their electronic devices, including smartphones and smart watches, before the exam starts.

모든 응시자들은 스마트폰과 스마트 워치를 포함한 그들의 전자 기기를 시험 전에 제출해야 합니다.

실력 확인 퀴즈   학습한 내용을 토대로 빠르게 정답을 고르시오.

3 Pedestrians are not supposed _____ in bike lanes.
   (a) walked   (b) to walk   (c) walking   (d) to have walked

4 형용사 뒤에 쓰이는 부정사

부정사는 형용사를 뒤에서 수식하여 부사의 역할을 할 수 있습니다. 이 경우 '~하기에', '~할' 등 여러 가지로 해석되며, 보통 형용사 뒤에는 동명사보다는 to부정사가 정답이라는 것을 숙지하시기 바랍니다.

be likely to부정사	~할 것 같다	be available to부정사	~하는 것이 가능하다
be ready to부정사	~할 준비가 되다	be able[unable] to부정사	~할 수 있다[없다]
be about to부정사	막 ~하려고 하다	be prone to부정사	~하기 쉽다
be enough to부정사	~하기에 충분하다	be apt to부정사	~하는 경향이 있다
be willing to부정사	기꺼이 ~하다	be eager to부정사	몹시 ~하고 싶어하다
be sure to부정사	반드시 ~하다	be reluctant to부정사	~하는 것을 꺼리다
be eligible to부정사	~할 자격이 있다	be free to부정사	마음껏 ~하다
be set to부정사	~하도록 예정되어 있다	be fortunate to부정사	~해서 다행이다

실전 대비 예외적으로 「busy -ing」(~하느라 바쁜), 「worth -ing」(~할 가치가 있는)와 같은 형용사 뒤에는 동명사가 위치해야 합니다. (QR특강 12 참조)

→ be willing to부정사: 기꺼이 ~하다
Some of the top students in the class **are willing to tutor** other students who are struggling.

반에서 우등생 중 몇몇은 힘겨워 하고 있는 다른 학생들을 기꺼이 가르친다.

→ be enough to부정사: ~하기에 충분하다
Marissa decided that a small business loan of $50,000 would **be enough to open** her own bakery.

마리사는 소규모 사업 대출 5만달러가 그녀의 제과점을 개업하는데 충분할 것이라고 결정을 내렸다.

가주어 it과 진주어
to부정사 구문

실력 확인 퀴즈 학습한 내용을 토대로 빠르게 정답을 고르시오. 정답 및 해설 p.33

4 If anyone is available _____ set up our display at the exhibit, please let me know.
(a) helping (b) to be helping (c) having helped (d) to help

 p.34

빈칸 뒤 괄호 안에 있는 동사를 변형하여 빈칸에 쓰세요.

1. Mr. Jung scheduled a meeting with his team _____ (discuss) the upcoming project.
정 씨는 다가오는 프로젝트를 논의하기 위해 그의 팀과 회의 일정을 정했다.

2. _____ (improve) his résumé, Mr. Finn completed courses in business management and financial planning.
그의 이력서를 향상시키기 위해서, 핀 씨는 경영 관리와 재무 계획 과정을 수료하였다.

3. The study shows that men are likely _____ (be) involved in dangerous situations more often than women.
그 연구는 여자보다 남자가 더 자주 위험한 상황에 연루될 가능성이 있다는 것을 보여준다.

4. Happier than he'd even been, Jordan was ready _____ (propose) to his girlfriend after dating her for only three months.
조단은 그 어느 때보다 더 행복하여, 그의 여자친구와 교제한 후 단 3개월만에 청혼할 준비가 되었다.

5. Mr. Strad said he needs to hire an assistant _____ (help) him with the project.
스트라드 씨는 프로젝트를 도와 줄 조수를 고용해야 한다고 말했다.

6. The personnel manager is scheduled _____ (interview) two applicants this afternoon.
인사부장은 오늘 오후에 두 명의 지원자를 면접을 보기로 예정되어 있다.

어휘 정리 schedule 동 일정을 정하다 upcoming 형 다가오는 improve 동 향상시키다 résumé 명 이력서 complete 동 수료하다, 완료하다 business management 명 경영 관리 financial 형 재무의, 재정적인 involve 동 연루시키다, 관여하다 propose 동 청혼하다 hire 동 고용하다 assistant 명 조수 personnel manager 명 인사부장 applicant 명 지원자, 신청자

학습한 내용을 적용하여 다음 공식 기출 및 기출 유형 문제들을 풀어보세요.

기출

1. Tin was one of the first metals processed by humans. It was first used during the Bronze Age, when it was combined with copper _____ a mixture known as alloy bronze.

   (a) to have created
   (b) having created
   (c) to create
   (d) creating

2. Sasha Sakamoto, a newcomer in the world of figure skating, just performed in her first international competition. After all the scores were calculated, she was shocked _____ her name on the board as the first-place winner.

   (a) to have seen
   (b) to see
   (c) having seen
   (d) seeing

3. Artists for Humanity empowers young creatives by offering mentorship and opportunities in the arts. By partnering with local businesses, the institution is able _____ the talents of emerging artists.

   (a) to have showcased
   (b) having showcased
   (c) showcasing
   (d) to showcase

4. NEET stands for "Not in Education, Employment, or Training." It refers to those, often young people, who are not engaged in formal education, employed, or participating in vocational training programs. Policymakers often focus on this group _____ issues related to unemployment, skill gaps, and social integration.

   (a) addressing
   (b) having addressed
   (c) to address
   (d) to have addressed

5. To make soymilk, soybeans are first soaked overnight, drained, and rinsed. Then, they are blended and ground _____ proteins, fats, and other nutrients into a thick mixture that later gets boiled and strained.

   (a) to release
   (b) releasing
   (c) to have released
   (d) having released

6. Heather loves the Spanish language, and she has discovered how she can make a career out of her passion. She will obtain a certificate in teaching English as a second language _____ abroad as a teacher in Spain.

   (a) to work
   (b) will work
   (c) can work
   (d) working

7. Several European nations are displeased with proposed changes to their international trade policies with the United States. Most notably, France and Germany are likely _____ from the agreement if the US goes through with its plan.

   (a) to withdraw
   (b) withdrawing
   (c) will withdraw
   (d) withdrew

8. My brother has been looking forward to the release of Bong Jun-ho's next film, *Mickey 17*, ever since it was first revealed. He reserved his ticket for its opening night several weeks ago _____ he will avoid any spoilers.

   (a) ensured
   (b) to ensure
   (c) having ensured
   (d) can ensure

9. Top scientists at the UN Climate Change Conference in Chile struggled to reach any optimistic conclusions regarding the impending crisis. It was agreed that even extreme and immediate reductions in global carbon emissions would not be enough _____ the threat of climate change.

   (a) having curbed
   (b) curb
   (c) curbing
   (d) to curb

10. Nowadays, customer reviews found on apps and websites can make or break a struggling small business. Before going online _____ an angry, negative review, take a moment to think of the effect it could have on the business.

    (a) having posted
    (b) to have posted
    (c) posting
    (d) to post

11. Dahye has been listening to Radiohead since they released their breakthrough album *The Bends* back in 1995, and she collects everything related to the band. Recently, she purchased their entire discography on vinyl, even though she doesn't have a turntable _____ the records on.

    (a) to have played
    (b) to play
    (c) playing
    (d) having played

12. Robert has felt unappreciated at his job for years although he has been a loyal and hardworking employee. At his annual review next week, he is going to demand a raise and additional benefits. He is prepared _____ if his supervisors refuse to recognize his value.

    (a) quitting
    (b) to quit
    (c) to have quit
    (d) having quit

13. Purchasing a house is usually the largest investment people make in their lives. It's also an easy way to land themselves in a lifetime of financial difficulties. Some people take out exorbitant loans _____ their dream homes, but then struggle to pay them off.

    (a) to pay for
    (b) paying for
    (c) to have paid for
    (d) having paid for

14. Florida attracts tourists throughout the year with its nice weather and beautiful beaches. However, during the winter months, the temperature still drops quite low in the evenings. Clueless visitors who expect a tropical climate don't even pack a jacket _____ when it gets chilly.

    (a) to have worn
    (b) having worn
    (c) wearing
    (d) to wear

15. Sometimes, the world really is a small place. When Lisa checked into her hostel in Prague, she discovered that her bunkmate was a girl she had gone to high school with back in Idaho. They were both surprised _____ a familiar face so far away from home.

    (a) to have seen
    (b) to see
    (c) having seen
    (d) seeing

16. Audiences were baffled by Academy Award-winning actor Gary Holmes' cameo appearance in the lowbrow comedy flick *Pull My Finger*. When asked why he accepted the part, he sarcastically replied that he was honored _____ his talents to such a work of art.

    (a) to be lent
    (b) lent
    (c) lending
    (d) to lend

17. Maria's mother has been diagnosed with dementia and now requires more assistance with daily tasks. Maria is taking some time off work _____ for her while she looks for a suitable nursing home.

    (a) to have cared
    (b) having cared
    (c) to care
    (d) caring

18. Voter disenfranchisement is still a major concern in American elections, though it can manifest in seemingly innocuous ways. For instance, some counties have polling places located far away from impoverished neighborhoods. Voters who do not own a vehicle _____ to the polling location are then unable to vote.

    (a) to have driven
    (b) driving
    (c) to drive
    (d) having driven

DAY 09 접속사와 접속부사

접속사란 단어나 구, 절을 이어주는 역할을 하는 말을 지칭하며, 단어, 구, 절을 대등하게 이어주는 등위접속사와 하나의 절을 다른 절 내에 명사나 부사로 만드는 명사절 접속사와 부사절 접속사로 나뉩니다. 지텔프에서는 주로 부사절 접속사가 출제됩니다. 또한 품사는 부사이지만 의미상 앞문장과 뒷문장을 연결해주는 접속부사가 출제되는데, 접속사와 접속부사는 총 2문제가 출제됩니다. 이 유형의 문제는 특정 접속사/접속부사가 정답이 되는 정해진 단서가 없기 때문에 해석을 통한 문맥 파악으로 어울리는 접속사/접속부사를 정답으로 선택해야 합니다.

1 등위접속사

등위접속사는 주어와 동사를 각각 포함하는 두 개의 절을 동등하게 연결합니다. 이때 두 개의 절에서 중복되는 요소를 생략하고 대비되는 요소만 남겨서 두 개의 구나 단어를 연결하기도 합니다.

등위 접속사의 종류

and 그리고, ~와 (순차 연결)	so 그래서 (결과)	or 또는 (선택)
nor ~도 아니다 (부정문에 사용)	but 그러나 (상반)	rather than ~보다는, ~대신에

→ 접속사 앞과 뒤의 내용이 서로 상반됨

The product was released 10 years ago, **but** it is still selling well.

그 제품은 10년 전에 출시되었지만, 여전히 잘 판매되고 있다.

The electronics store sells a variety of electronic devices **and** offers a data recovery service as well.

그 전자제품 매장은 다양한 전자 기기들을 판매하고 데이터 복구 서비스도 제공한다.

등위접속사와 병렬구조

실력 확인 퀴즈 학습한 내용을 토대로 빠르게 정답을 고르시오. 정답 및 해설 p.38

1. Ms. Martin made a presentation to a new client this morning _____ left for the convention.
   (a) although   (b) so   (c) and   (d) because

2 부사절 접속사 (1)

부사절 접속사는 주어와 동사가 포함된 절 앞에 위치하여 그 절을 하나의 부사와 같은 역할을 할 수 있도록 해주며, 각 부사절 접속사는 고유의 의미를 가지고 있습니다. 문맥 파악 후에 적절한 의미의 부사절 접속사를 찾기 위해 모든 부사절 접속사의 의미를 숙지해야 합니다. 다음은 가장 자주 출제되는 시간과 이유의 의미를 가진 부사절 접속사입니다.

의미	부사절 접속사
시간	as, when ~할 때 after ~후에 before ~전에 until ~할 까지 as soon as ~하자마자 while ~하는 동안 (ever) since ~한 이후로 whenever ~할 때 언제든지, ~할 때 마다
이유	because, as ~때문에 since, now that ~이므로 in that ~라는 점에서

실전 대비 after, before, until, since(~이후로)는 전치사로도 쓰일 수 있습니다. 전치사로 쓰이면 그 뒤에 동명사나 명사 또는 대명사가 위치합니다.

→「when + 주어 + 동사」: ~할 때
Nicolas had nearly fallen asleep **when** he heard a truck pull into his driveway.

니콜라스는 그의 진입로에 트럭 한 대가 들어오는 소리를 들었을 때 거의 잠이 들었었다.

→「since + 주어 + 동사」: ~이후로 / ~때문에
Since the office is located near Central Park, the employees can take a walk in the park during lunchtime.

사무실이 센트럴 파크 근처에 위치해 있기 때문에 직원들은 점심시간 동안 공원에서 산책을 할 수 있다.

실전 대비 since는 '~이후로'라는 의미와 '~때문에, 이므로'라는 의미를 모두 가지고 있기 때문에 부사절과 주절을 해석하여 두 절의 의미관계를 파악하여 since의 의미를 결정해야 합니다.

부사절과 주절의 위치

실력 확인 퀴즈 학습한 내용을 토대로 빠르게 정답을 고르시오. 정답 및 해설 p.38

2 _____ Sarah didn't carry an umbrella, she had to wait for the bus in the rain.
(a) But   (b) So   (c) Before   (d) Because

3 부사절 접속사 (2)

시간과 이유의 접속사 외에 조건, 양보, 목적, 결과, 대조의 의미를 가진 접속사도 출제되므로 아래의 접속사를 숙지하시기 바랍니다.

의미	부사절 접속사
조건	if 만약 ~라면 once 일단 ~하면 given (that) ~이라고 가정하면 unless ~하지 않는다면 as long as ~하는 한 provided (that) ~라면, ~을 조건으로
양보	although, though, even though ~이긴 하지만(사실) even if ~라 할지라도(가정) however (=no matter how) 얼마나[아무리] ~하더라도 no matter + wh의문사(when/where/who/what 등) (wh의문사의 의미) + ~하더라도
목적	so that + 주어 + (can) ~가 ~할 수 있도록 in order that ~하기 위해서
결과	so + 형용사/부사 + that 너무 ~해서 …하다
대조	whereas, while ~인 반면에

실전 대비 if절의 시제가 과거 또는 과거완료시제이면 가정법이며, if절 및 조건 접속사가 쓰인 절의 시제가 현재이면 조건 부사절에 해당하는데, 이 때 주절은 명령문이나 미래시제인 경우가 많습니다.

→ unless절의 내용을 '~하지 않는다면' (부정의 조건)으로 해석

Your internet services will be terminated **unless** all late payments are made in full by the end of the week.

이번주 말까지 체납된 전액이 지불되지 않으면 귀하의 인터넷 서비스는 종료될 것입니다.

→ even though절의 내용은 주절의 내용으로 알 수 있는 사실과 반대

The referee allowed the goal **even though** the striker was clearly offsides when he took the shot.

그 스트라이커가 슛을 하였을 때 명백히 오프사이드였지만 심판은 그 골을 허용하였다.

접속사, 접속부사와 유사한 의미의 전치사

실력 확인 퀴즈 학습한 내용을 토대로 빠르게 정답을 고르시오.   정답 및 해설 p.38

3. Melissa saved her vacation days through the entire year _____ she could visit her son in London for two weeks.

   (a) once   (b) so that   (c) even though   (d) while

4 접속부사

품사는 부사로 분류되지만, 의미상 앞문장의 내용과 접속부사가 포함된 뒷문장의 내용을 연결해주는 부사가 바로 접속부사입니다. 접속부사는 매회 1~2문제가 꾸준히 출제되므로 최대한 많은 접속부사를 알아두는 것이 좋습니다.

의미	접속부사
역접	however 그러나 instead 대신에 conversely 정반대로 on the other hand 또 다른 한편 on the contrary, in contrast 대조적으로
양보	nevertheless, nonetheless 그럼에도 불구하고, 그렇지만 otherwise 그렇지 않다면 even so 그럼에도 불구하고
결과	therefore, thus, hence 그러므로, 따라서 as a result, after all 결국 accordingly 그에 따라서 consequently 결과적으로
예시	for example, for instance 예를 들어
부연 /추가	besides, in addition, moreover 게다가 furthermore 더 나아가서 similarly 마찬가지로 in fact 사실은 in other words 다시 말해서 as such 말하자면, 이를테면
시점	meanwhile 한편으로, 그와 동시에 afterward 나중에
강조	indeed 정말로 in the first place 우선, 먼저

→ 양보의 접속부사: 앞문장과 뒷문장이 상반된 내용

Min-ho doesn't have any interest in superhero movies. **Nonetheless**, he takes his little brother to see each one that comes out.

민호는 슈퍼 히어로 영화에 아무런 관심이 없다. 그럼에도 불구하고 그는 개봉하는 영화 한 편씩 보기 위해 그의 남동생을 데려간다.

→ 앞문장에 언급된 a variety of extreme sports의 예시로 암벽 등반 언급

Ella enjoys a variety of extreme sports. **For example**, she goes rock climbing every weekend.

엘라는 다양한 익스트림 스포츠를 즐긴다. 예를 들어, 그녀는 매주 주말에 암벽 등반을 하러 간다.

부사절 접속사와 접속부사 차이

실력 확인 퀴즈 학습한 내용을 토대로 빠르게 정답을 고르시오. 정답 및 해설 p.38

4 Lisa didn't respond to the late-night text from her ex-boyfriend. _____, she deleted his contact information from her phone.

(a) Instead   (b) As long as   (c) In other words   (d) Similarly

 정답 및 해설 p.39

다음 문장의 의미를 파악하고 보기에서 알맞은 접속사, 전치사 또는 접속부사를 골라 쓰세요.

| 보기 |
consequently   nonetheless   even though   unless   despite

1. With his new job, Albert barely has time to watch television. _____, he is subscribed to five different streaming services.
   그의 새로운 직장으로, 알버트는 텔레비전을 볼 시간이 거의 없다. _____, 그는 다섯 개의 스트리밍 서비스에 가입되어 있다.

2. Due to the high costs, most Americans without insurance refuse to go to the hospital _____ it's a dire emergency.
   높은 비용으로 인해, 보험을 가지고 있지 않은 대부분의 미국인들은 대단히 심각한 응급상황이 _____ 병원에 가는 것을 거부한다.

3. _____ its rude servers, Great Noodles restaurant attracts many diners all year round.
   무례한 종업원들_____, 그레이트 누들스 식당은 1년 내내 많은 식사 고객들을 끌어들인다.

4. Feeling depressed and lethargic, Rachel stayed in bed all day _____ her friends had invited her to the park.
   우울하고 무기력한 기분이 들어서, 레이첼은 비록 그녀의 친구들이 공원으로 그녀를 초대했_____ 하루 종일 침대에 있었다.

5. Ella has been going to the gym every day after work for the past month. _____, she has lost almost five kilograms.
   엘라는 지난 달 동안 업무 후에 매일 체육관을 다녔다. _____, 그녀는 거의 5킬로그램의 체중을 감량하였다.

어휘 정리 subscribe 동 구독하다, 가입하다 due to 전 ~로 인해, ~ 때문에 insurance 명 보험 dire 형 대단히 심각한 emergency 명 응급 상황 server 명 (식당의) 종업원 attract 동 끌어들이다 diner 명 식사 고객, 식당 손님 all year round 일년 내내 depressed 형 우울한 lethargic 형 무기력한

학습한 내용을 적용하여 다음 공식 기출 및 기출 유형 문제들을 풀어보세요.

1. Wolfgang Amadeus Mozart was a classical musician and composer who is still widely known today. As a child prodigy, he started composing music _____ he was five and could play multiple instruments by age six.

   (a) in case
   (b) until
   (c) now that
   (d) when

2. In the 1960s, a rumor surfaced that the Japanese had renamed a town "Usa." The idea was that this had been done _____ they could export products labeled "Made in USA." The rumor was proven false.

   (a) if
   (b) even though
   (c) unless
   (d) so that

3. The Leaning Tower of Pisa is tilted because of the soft soil that it was built on. _____, it was also this flexible soil that protected the tower from at least four strong earthquakes.

   (a) In other words
   (b) Therefore
   (c) At the same time
   (d) Otherwise

4. Amber is hoping to receive an acceptance letter from the prestigious Wexman University. She also applied to a few smaller colleges in her home state _____ she gets rejected from her dream university.

   (a) in case
   (b) unless
   (c) even though
   (d) because

5. The Taino people of the Caribbean region were thought to have been wiped out by European colonizers in the 1500s. _____, a recent study revealed that fifteen percent of Puerto Ricans have Taino ancestry.

   (a) Besides
   (b) As a result
   (c) In addition
   (d) However

6. Tyler wants to ride the new roller coaster, Steel Goliath, but the line has a one-hour wait time. _____ he is willing to wait, he will have to come back when the line is shorter.

   (a) Unless
   (b) Whenever
   (c) Because
   (d) Once

7. There is increased interest in improving intercity passenger rail service in the United States. High-speed rails could offer an inexpensive and easy alternative to travelers. _____, improved rail services would reduce carbon emissions from personal vehicles.

   (a) As a result
   (b) Otherwise
   (c) Consequently
   (d) Furthermore

8. The Jackson Timberwolves captivated the sports world with their inspiring underdog story. The team of misfits persevered to win the championship playoffs _____ it had lost most of their regular season games and losing their star player to an injury.

   (a) despite
   (b) although
   (c) except for
   (d) before

9. Nick and Jamie's honeymoon was a disaster. It rained the whole time, their hotel was a nightmare, and they even lost their passports. _____, it was a memorable experience for the happy newlyweds that they laugh about together now.

   (a) Therefore
   (b) Besides
   (c) Nonetheless
   (d) Furthermore

10. *Animal Crossing: New Horizons* is the best-selling entry in the recent game series. Light-hearted and relaxing, *New Horizons* appeals to adults as well as kids _____ it provides a sense of financial and creative control that is often missing in real life.

    (a) even though
    (b) so that
    (c) because
    (d) whereas

11. Times Square in New York City used to be called Longacre Square. The famous commercial intersection used this original name _____ The New York Times newspaper moved its headquarters to the area in 1904.

    (a) since
    (b) because
    (c) when
    (d) until

12. Without a doubt, pitching prodigy Kim Jun-ho will receive the Rookie of the Year award from his semi-pro team, the Boulder Badgers. _____, his statistics are so phenomenal that he will likely be drafted to the Major Leagues next season.

    (a) Thus
    (b) In short
    (c) Still
    (d) In fact

13. If you are planning to head downtown on a Saturday evening from the suburbs, you had better take an express train into the city instead of driving. _____, you'll get stuck in the heavy traffic that clogs the roads into the city.

    (a) Otherwise
    (b) Instead
    (c) Additionally
    (d) Therefore

14. Joshua knew he shouldn't have tried driving home from the bar where he met his friends for a few after-work beers. A police officer pulled him over on Fulmer Street _____ he observed Joshua swerving across the center line.

    (a) thus
    (b) although
    (c) as long as
    (d) after

15. Annuals include plants that have their entire life cycle—germination, maturation, reproduction, and death—in a single growing season. _____, perennials live longer lives and have multiple reproductive episodes.

    (a) Actually
    (b) Consequently
    (c) On the other hand
    (d) Nevertheless

16. In a recent interview, fantasy author George Mertens shared that he was nearly finished writing the long-awaited sequel to *A Waltz with Wyverns*. _____, his publisher has still not said anything about an expected release date.

    (a) Besides
    (b) In fact
    (c) Therefore
    (d) However

17. I'm glad Nathan has decided to come with us on our camping trip this weekend. He hasn't hung out with us much lately _____ he's been having a hard time getting over his breakup with Cyndi. Maybe he's finally ready to get back out there.

    (a) but
    (b) because
    (c) so
    (d) although

18. It is expected that FOMO—the fear of missing out—is the main motivator behind the rise in retail investors in the stock market, and this is worrisome. People should remember that investors only talk about their stocks _____ they are performing well; they keep their losses to themselves.

    (a) so that
    (b) until
    (c) whenever
    (d) but

DAY 10 관계사

관계사는 명사를 수식/설명하기 위한 절에서 접속사 역할을 하며, 관계대명사와 관계부사로 나뉩니다. 의미는 가지지 않는 문법적인 단어이며, 지텔프에서는 관계사만 묻지 않고 관계사가 포함된 절(명사를 수식하거나 설명하기 위한 절)을 보기로 제시하는 유형의 문제로 2문제가 출제됩니다.

1 관계대명사

관계대명사의 이해

관계대명사는 명사를 수식/설명하는 절에서 접속사 역할을 하는 동시에, 수식받는 명사를 대신해서 쓰는 대명사로서 그 절 안에서 주어나 목적어와 같은 역할을 하는 단어를 말합니다. 즉 관계대명사는 「접속사 + 대명사」가 합쳐진 기능을 가지고 있습니다. 그리고 관계대명사 앞에 위치하는 수식받는 명사를 선행사라고 합니다.

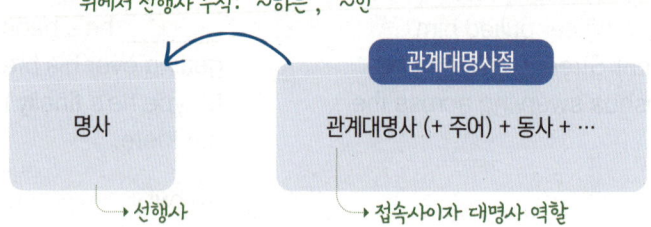

관계대명사의 격과 종류

관계대명사에는 who, whom, which, that, whose가 있는데, 선행사가 무엇인지에 따라, 관계대명사절 안에서의 역할이 무엇인지에 따라 다르게 쓰입니다. 그래서 선행사가 정답의 단서가 될 수 있으므로 반드시 숙지하시기 바랍니다. 관계대명사가 주어 역할을 하면 주격, 목적어 역할을 하면 목적격, 소유격 의미(~의)를 가지고 명사와 결합하여 주어나 목적어 역할을 하면 소유격 관계대명사입니다.

	주격	소유격	목적격
기능	관계대명사절의 주어	「whose + 명사」가 주어/목적어	관계대명사절의 목적어
사람 선행사	who, that	whose	whom, that
사물, 동물 선행사	which, that	whose, of which	which, that

관계대명사 예문

관계대명사절 어순

주격관계대명사와 목적격관계대명사, 그리고 소유격관계대명사는 각각 수반되는 어순이 정해져 있으며, 문법적으로 어순이 올바른 관계사절을 고르는 문제가 시험에서 출제됩니다.

주격	[선행사] + **주격관계대명사 + 동사 + 목적어/보어 + 수식어구(전치사구, 부사)** 주격관계대명사(=주어) 뒤에 동사 위치
목적격	[선행사] + **목적격관계대명사 + 주어 + 동사 + 수식어구** 목적격관계대명사가 목적어이므로 동사 뒤에 목적어가 없음
소유격	[선행사] + **소유격관계대명사 + 명사 (+ 주어) + 동사 + 목적어/보어 + 수식어구** 「소유격관계대명사 whose + 명사」가 관계대명사절 안에서 주어 또는 목적어 역할

> **실전 대비** 시험에는 밑줄 부분이 빈칸으로 출제되며, 주로 주격과 목적격 관계대명사 who와 which, that으로 시작되는 관계사절이 보기 (a)~(d)로 제시됩니다.

→ 선행사: 사물　　　→ 주격관계대명사 which + 부사 + 동사 + 수식어구(전치사구)
The Simpsons, **which first came on the air in 1989**, now has more than 600 episodes.

1989년에 첫 방영되었던 <심슨 가족>은 현재 600편 이상의 에피소드를 가지고 있다.

→ 선행사: 사람　　　→ 목적격관계대명사 who/whom + 주어 + 동사 + 부사
The applicant who(m) the store manager interviewed this morning had an impressive résumé.

매장 매니저가 오늘 아침 면접을 보았던 그 지원자는 인상적인 이력서를 가지고 있었다.

→ 선행사: 사람　　　→ 소유격관계대명사 whose + 명사 + 동사 + 보어
Jeff Bezos, **whose net worth is nearly 200 billion dollars**, is currently the richest person in the world.

총자산이 약 2천억 달러인 제프 베조스는 현재 세계에서 가장 부유한 사람이다.

관계대명사 What

실력 확인 퀴즈 학습한 내용을 토대로 빠르게 정답을 고르시오.　　정답 및 해설 p.43

1. The director loved the cinema from an early age thanks to his grandfather, _____ in Hollywood during its Golden Age.

　(a) who had worked　　　(b) which had worked
　(c) whose had worked　　(d) when he had worked

2 관계부사

관계대명사가 주어 또는 목적어 역할을 할 수 있는 대명사 기능을 가지고 있다면, 관계부사는 「전치사 + 관계대명사」의 의미로 전치사구, 즉 부사의 기능을 할 수 있는 단어입니다. 관계부사에는 when, where, how, why가 있는데, 주로 출제되는 관계부사는 선행사가 시간 명사이고 전치사가 시간 전치사이면 시간 관계부사 when, 선행사가 장소 명사이고 전치사가 장소 전치사이면 장소 관계부사 where이 출제됩니다.

선행사	관계부사	관계부사 뒤 어순
장소 명사	where	주어 + 동사 (+ 목적어/보어) * 장소 전치사구 없음
시간 명사	when	주어 + 동사 (+ 목적어/보어) * 시간 전치사구 없음

실전 대비 관계부사 why는 the reason을 선행사로 사용하여 이유, 원인을 나타내며, 관계부사 how는 the way를 선행사로 사용하여 방법을 나타내는데, 관계부사 why, how로 시작하는 관계사절은 G-TELP 문법에서 출제되지 않습니다.

관계부사는 선행사의 의미를 나타내는 전치사구를 대신해서 쓰이기 때문에 관계부사 뒤에는 주어, 동사, 목적어/보어가 갖추어진 문법적으로 완전한 문장이 이어집니다.

　　　　　　　　　　　시간을 나타내는 선행사　　　　　　관계부사 when + 완전한 문장
Seasoned travelers visit Lakawi Island in **September**, **when the summer crowds have mostly left**. → 자동사 leave의 현재완료(have p.p.)형

경험이 많은 여행가들은 9월에 라카위 섬에 방문하는데, 그때는 여름에 모인 사람들이 대부분 떠났을 때이다.

　　　　　　　　　　장소를 나타내는 선행사　　　　관계부사 where + 완전한 문장
The small, Midwestern **town where the author grew up** inspired the setting of her novel.

그 작가가 자랐던 중서부에 있는 작은 그 마을은 그녀의 소설 배경에 영감을 주었다.

QR특강 24
관계대명사와 관계부사 구분

실력 확인 퀴즈 학습한 내용을 토대로 빠르게 정답을 고르시오.　　　정답 및 해설 p.43

2. Many Americans without insurance seek medical services in Canada, _____.
   (a) which healthcare is free
   (b) that healthcare is free
   (c) who healthcare is free
   (d) where healthcare is free

3   관계사절의 용법

관계사 문제 중에는 빈칸 앞에 콤마(,)가 있는 문제가 있는가 하면, 빈칸 앞에 콤마가 없는 문제도 있습니다. 이 콤마의 유무에 따라 관계사절의 용법이 달라지는데, 이로 인해 정답이 달라질 수 있으므로 알아 둘 필요가 있습니다.

한정적 용법

한정적 용법이란 관계사절이 선행사를 뒤에서 수식하는 용법을 말하며, 선행사와 관계사 사이에 콤마(,)가 없습니다. 이 때 선행사가 사람, 사물, 격에 상관없이 관계대명사 that을 사용할 수 있습니다.

→ 선행사: 사물   → 관계대명사 앞 콤마 없음: 한정적 용법 / 목적격관계대명사 which 또는 that

The new copy machine which(=that) we ordered last week was delivered early in the morning.

지난 주에 우리가 주문했던 새 복사기가 오늘 아침 일찍 배달되었다.

계속적 용법

계속적 용법이란 관계사절이 선행사를 수식하는 것이 아닌, 선행사 또는 앞문장에 대한 부연 설명을 하는 용법을 말하며, 선행사와 관계사 사이에 콤마(,)가 있습니다. 콤마 앞에서 문장이 끝나고, 콤마는 '그런데', '그리고'라는 의미로 해석되어 한정적 용법과 해석 방식과 달라집니다. 단, 이 경우 관계대명사 that은 콤마 뒤에 위치할 수 없습니다.

→ 관계대명사 앞 콤마 있음: 계속적 용법 / 주격관계대명사 which (that 불가)   → 선행사: 사물

All staff were informed by the CEO about the merger with Silver Star Entertainment, which is based in New York.

모든 직원은 CEO에게 실버 스타 엔터테인먼트와의 합병에 관해 전달받았다. 그런데 그것은 뉴욕에 기반을 두고 있다.

> **실전 대비** 관계부사도 계속적 용법으로 쓰일 수 있지만, that은 관계부사 대신 쓸 수 없습니다.

실력 확인 퀴즈 학습한 내용을 토대로 빠르게 정답을 고르시오.   정답 및 해설 p.43

3   Ms. Grey accidentally left her purse in the conference room, _____ now.
   (a) that is being cleaned   (b) which is being cleaned
   (c) where it is being cleaned   (d) when it is being cleaned

다음 문장의 괄호에서 알맞은 관계사절을 고르세요.

1 The painting (that draws the biggest crowds / whose biggest crowds draws) is *Autumn Rhythm* by Jackson Pollock.
   가장 많은 군중을 끌어당기는 그 그림은 잭슨 폴락의 <가을의 리듬>이다.

2 Kate wanted to go to a large university (which she could enjoy / where she could enjoy) a vibrant social life.
   케이트는 그녀가 활기가 넘치는 사회 생활을 즐길 수 있는 큰 대학교에 가고 싶어 했다.

3 BTS's hit song "Dynamite," (which was released / that was released) on August 21, 2020 has been viewed on YouTube more than 1.9 billion times.
   BTS의 히트곡인 <다이너마이트>는, 2020년 8월 21일에 공개되었는데, 유튜브에서 19억회 이상 시청되었다.

4. Most people remember childhood as a time (when responsibilities were few / which responsibilities were few) and laughter was plentiful.
   대부분의 사람들은 어린 시절을 책임은 거의 없고 웃음이 충만했던 시간으로 기억한다.

5 Danny had never had a friend (that clicked with him / which clicked with him) as well as Lucas did.
   대니는 루카스만큼 그와 손발이 잘 맞았던 친구를 가져본 적이 없었다.

6 Many businesses in Busan hire additional workers during the summer (which the number of tourists doubles / when the number of tourists doubles).
   부산에 있는 많은 업체들은 관광객의 수가 두배가 되는 여름 동안 추가 직원들을 고용한다.

어휘 정리 draw 통 끌어당기다 crowd 명 군중, 사람들 vibrant 형 활기 넘치는, 활기찬 release 통 (대중에) 공개하다 view 통 시청하다 responsibility 명 책임(감) few 형 거의 없는, 적은 laughter 명 웃음 plentiful 형 충만한, 풍부한 click with ~와 손발이 잘 맞다, ~을 좋아하게 되다 as well as ~만큼 잘 hire 통 고용하다 double 통 두배가 되다

학습한 내용을 적용하여 다음 공식 기출 및 기출 유형 문제들을 풀어보세요.

기출
1. A hummingbird's heart beats at an average rate of 1,200 beats per minute. The human heart, _____ sixty to one hundred times per minute, is significantly slower by comparison.

   (a) who only beats
   (b) which only beats
   (c) that only beats
   (d) what only beats

기출
2. Some people assume that Mars is a hot planet because of its red color, but the planet is actually colder than Earth. This is because the extremely thin atmosphere _____ does not retain any heat.

   (a) that the planet possesses
   (b) what the planet possesses
   (c) when the planet possesses
   (d) where the planet possesses

기출
3. Animals such as sheep, cows, and deer are ruminants, meaning that they re-chew partially digested food. Ruminating is a feeding technique _____ to extract more nutrition from grass, which is hard to digest.

   (a) when animals use
   (b) who animals use
   (c) what animals use
   (d) that animals use

기출
4. In parts of the Southern US, some homeowners paint their porch ceilings a distinct shade of light blue. The color, _____, is believed by some to confuse evil spirits and prevent them from entering a home.

   (a) that is called "haint blue"
   (b) what is called "haint blue"
   (c) which is called "haint blue"
   (d) who is called "haint blue"

기출
5. Craig had a terrible time on his recent vacation to Scotland. His friend Arthur, _____, booked awful hotels, arranged unreliable transportation, and chose overpriced restaurants that were not very good.

   (a) what organized everything
   (b) who organized everything
   (c) which organized everything
   (d) that organized everything

기출
6. Research has shown that attempts to hunt coyotes can cause them to breed in greater numbers. American ranchers, _____ to dislike coyotes, are typically cautioned to leave the creatures alone.

   (a) who are known
   (b) which are known
   (c) that are known
   (d) what are known

7. The element Moscovium was discovered in 2003 by Russian and American scientists at the Joint Institute for Nuclear Research. This facility is in Moscow, _____ that the element is named after.

   (a) what is the city
   (b) which is the city
   (c) that is the city
   (d) where is the city

8. Hamilton Ski Lodge is an elite location for winter sports, but its remote location in the mountains can make it difficult to reach. Visitors driving to the lodge should use a four-wheel drive vehicle _____, especially during January and February.

   (a) where is equipped with snow tires
   (b) that is equipped with snow tires
   (c) who is equipped with snow tires
   (d) when is equipped with snow tires

9. Soft Touch Skincare is launching a new advertising campaign to encourage people to wear sunscreen year-round. Summer is usually the only season _____, but UV rays can be just as harmful in the fall or winter, no matter the temperature.

   (a) who people think to apply sunscreen
   (b) which people think to apply sunscreen
   (c) when people think to apply sunscreen
   (d) where people think to apply sunscreen

10. Best-selling author Laurence Hearst gave a humorous and insightful commencement speech to this year's graduating class. Williams University, _____ in his youth, thanked the writer by awarding him an honorary degree during the ceremony.

    (a) which Hearst had briefly studied
    (b) where Hearst had briefly studied
    (c) when Hearst had briefly studied
    (d) who Hearst had briefly studied

11. Fewer university students are studying to become teachers as they opt instead to pursue more financially rewarding careers. While the low pay _____ dissuades most would-be educators, the amount of stress and the lack of support teachers get also make the job less appealing.

    (a) that teachers receive
    (b) who teachers receive
    (c) whom teachers receive
    (d) what teachers receive

12. It wasn't until Paul was much older that he learned to appreciate the charms of his hometown, Cedar Falls, hidden deep in Michigan's Upper Peninsula. When he was a teenager, he thought it was just a town _____, and all he wanted was to get away.

    (a) when nothing ever happens
    (b) where nothing ever happens
    (c) that nothing ever happens
    (d) which nothing ever happens

13. Today, parents are becoming increasingly alarmed by the lyrical content of contemporary popular music. It's not uncommon for chart-topping singles, _____ on the radio, to be about graphic sexual acts. And unlike pop songs of the past, they aren't even sly or subtle about it.

    (a) which are played constantly
    (b) who are played constantly
    (c) that are played constantly
    (d) what are played constantly

14. As a promotional stunt, Sunrise Foods let the public vote on its next line of breakfast cereal. They assumed the public would choose the delicious, peanut butter-flavored cereal the company was already planning to produce, but the stunt backfired when voters chose the one _____.

    (a) when would taste like green onion
    (b) who would taste like green onion
    (c) what would taste like green onion
    (d) that would taste like green onion

15. It turns out employees waste a lot of time in the office, and being required to spend fewer hours there actually makes them more efficient. A recent study shows that people _____ feel more motivated to finish their projects ahead of schedule.

    (a) which have four-day work weeks
    (b) who have four-day work weeks
    (c) when have four-day work weeks
    (d) what have four-day work weeks

16. Nearing 70 years old, Tim hopes to pass ownership of his diner onto one of his sons, but they may not want it. The Redwood Diner, _____, has been a staple of its community for several decades, but now struggles to make a profit.

    (a) what was opened by Tim's grandmother
    (b) that was opened by Tim's grandmother
    (c) which was opened by Tim's grandmother
    (d) who was opened by Tim's grandmother

17. Helen is saving up to buy the new model of the iPhone. However, her sister Kelly, _____ the first week it came out, has told her repeatedly that the upgrades between it and the previous version are barely noticeable. Nonetheless, Helen wants to stay current with the latest generation.

    (a) who purchased one
    (b) when purchased one
    (c) that purchased one
    (d) which purchased one

18. My family tries to keep our dog inside the house after I finish mowing the lawn. My dog, _____, loves to roll around in the freshly cut grass, but it leaves green grass stains all over his white fur.

    (a) whose name is Kirby
    (b) that name is Kirby
    (c) who name is Kirby
    (d) which name is Kirby

10일 단기공략 지텔프 공식 기출 32-65+

독해
5 DAYS

- 독해 기초 다지기: 문장 해석 연습
- **DAY 01** 독해 유형별 공략
- **DAY 02** PART 1 인물 일대기
- **DAY 03** PART 2 잡지/기사문
- **DAY 04** PART 3 백과사전식 지문
- **DAY 05** PART 4 비즈니스 편지

독해 출제 유형과 문항수

지텔프 Level 2 독해 영역은 53~80번에 해당하며, 총 28문제가 출제됩니다. 독해 및 어휘 시험은 총 4개의 PART로 나뉘어 출제되고, 각 PART는 7문제가 포함되어 있는데, 그 중 5문제는 세부정보, 추론, 사실 확인, 주제 및 목적 유형의 문제로 출제되며 유형별로 출제 문항수는 정해져 있지 않습니다. 하지만 모든 파트의 마지막 2문제는 동의어 찾기 유형의 문제로 출제됩니다.

파트	내용	문항 개수
PART 1	역사 속의 위인, 과학자, 음악가, 예술가, 정치인, 현대의 유명 인사 등 특정 인물의 일대기에 관한 지문(Biographical Article)	총 7문항
PART 2	사회, 과학, 환경, 정치, 지역, 기후의 주제로 연구나 조사의 결과, 과학적 발견에 관한 잡지 기사문(Magazine Article)	총 7문항
PART 3	동/식물, 기후, 환경, 역사, 사회과학, IT분야에 관한 개념이나 현상 등 다양한 주제에 관한 백과사전식 지문(Encyclopedia Article)	총 7문항
PART 4	상품이나 서비스 소개, 설명, 이직 또는 구직을 위한 입사지원, 행사 초대 및 행사 기획, 구매, 환불, 채용 공고, 추천서, 공지사항 등에 관한 비즈니스 서신(Business Letter)	총 7문항

독해 학습 전략

65점 목표 달성을 위한 총점 195점 중 문법에서 92점 이상을 확보한다면 독해에서 70점 이상을 득점하는 것이 가장 이상적입니다. 독해 70점은 총 28문제 중 20~21문제의 정답을 맞춰야 하는 점수입니다. 문법 영역에서 공식과 출제 내용을 암기하여 해석없이 풀이하는 것과 달리, 독해는 매회 각 파트의 내용이 다르며, 쓰이는 어휘도 다르기 때문에 주어진 지문을 읽고 내용을 이해하는 것이 필수적입니다. 동의어 문제를 제외하고 한 지문에 나오는 독해 5문제는 독해 지문의 단락 순서대로 출제됩니다. 예를 들어, 첫 번째 단락에서 첫 번째 문제의 정답 단서가 있으며, 두 번째 단락에 두 번째 문제의 정답 단서가 있는 식입니다. 하지만 이것이 매회 시험에서 적용되는 것은 아니지만 대체로 이러한 순서대로 출제됩니다. 문제를 풀 때는 첫 번째 문제를 먼저 읽고, 문제의 키워드를 파악한 다음, 첫 번째 단락을 읽으면서 해당 키워드를 찾는 방식으로 문제를 풀이합니다.

기초 다지기 — 문장 해석 연습

> 지텔프 독해 지문에 나오는 문장을 해석하기 위해 문장 구조를 파악하는 것만으로는 해석이 매끄럽게 되지 않는 문장 구조가 있습니다. 본 교재의 문법 기초 다지기에서 배운 5가지의 문장 형식과 각각의 문법적 요소를 파악하고, 더불어 특수하게 쓰이는 구문의 구조를 파악하여 지문 해석 능력을 높일 수 있습니다.

1 수식어구

수식어구는 문장 구조에 반드시 필요한 구성 성분은 아니지만 정확한 의미와 정보를 전달하기 위해 명사, 형용사 등을 상세히 설명하는 구문을 말합니다. 주로 부사와 전치사구가 있으며, 앞서 배운 관계사절도 수식어구에 속합니다. 수식어구가 어디에 있는지, 무엇을 수식하는지를 파악하면 문장 구조를 훨씬 수월하게 파악할 수 있어 독해 지문을 해석하는데 필수적입니다.

부사와 전치사구

부사는 영어 품사 중 대표적인 수식어로서, 정도나 방법을 나타내기도 하고 상태를 강조하기도 합니다. 또한 부사는 형용사, 동사, 부사, 문장 전체를 수식할 수 있습니다.

전치사구는 「전치사 + 명사」로 이루어진 구를 말하며, 전치사와 명사 사이에 관사, 부사, 형용사가 포함될 수 있습니다. 전치사구는 장소, 시간, 방향, 방법 등 여러 내용을 나타낼 수 있습니다. 형용사, 동사를 주로 수식하며, 특히 전치사구는 명사도 수식할 수 있습니다.

1 동사 수식

부사는 동사의 앞, 뒤, 또는 중간에서 수식합니다. 타동사를 수식할 때는 목적어 뒤에 위치할 수도 있습니다.
전치사구는 문장 맨 뒤에 주로 위치하여 동작이나 상태가 일어나는 장소나 시간 등을 나타내는 경우가 많습니다.

→ 동사 뒤에서 수식
The sales of our new product increased steadily.

우리의 신제품의 판매량이 **꾸준히** 증가하였다.

→ 문장 맨 뒤에서 동사 수식
Every employee has lunch at the cafeteria.

모든 직원은 **구내식당에서** 점심을 먹는다.

2 형용사 수식

부사는 형용사 앞 또는 뒤에 위치하여 형용사를 수식합니다.

→ 형용사 앞에서 수식

The toxic chemical is extremely dangerous to deal with.

그 독성 화학물은 다루기에 **극도로** 위험하다.

→ 형용사 뒤에서 수식

His attitude during the negotiation was professional enough to impress the clients.

협상 중 그의 태도는 고객들에게 깊은 인상을 줄 만큼 **충분히** 전문적이었다.

3 다른 부사 수식 (부사)

부사는 다른 부사를 수식하여 그 의미나 정도를 강조합니다.

→ 다른 부사를 강조 수식

Eric practiced playing the guitar very hard for his first performance.

에릭은 그의 첫 번째 공연을 위해 **아주** 열심히 기타 연주를 연습하였다.

4 명사 수식 (전치사구)

부사는 명사를 뒤에서 수식하여 명사의 의미를 한정하거나 구체적인 정보를 제공합니다.

→ 명사 뒤에서 수식

The visitors with a pass are allowed to access the museum.

출입증을 가지고 있는 방문객들이 박물관으로 출입이 허용됩니다.

부사와 전치사구

형용사절과 부사절

• **형용사절**

형용사절이란 명사를 수식하는 절이라는 의미로, 관계대명사절과 관계부사절을 말합니다. 형용사절이 문장에 포함되어 있을 경우 문장이 길어져서 문장의 전체적인 구조를 파악하기 어려워 해석의 난이도가 높아집니다. 형용사절이 나오면 괄호로 묶어 형용사절을 제외하고 기본 문장 구조를 먼저 파악한 다음, 형용사절이 명사를 수식하는 것을 나중에 파악하도록 합니다.

> Starting March 1st, He will work at the new branch, which is located in 341 Boston Avenue next to St. Jude's Church.

문장 구조 Starting March 1st, / He will work / at the new branch, // (which is located / in 341 Boston Avenue / next to St. Jude's Church).
→ the new branch 수식

직역 3월 1일부터 / 그는 일할 것이다 / 새로운 지사에서 // (**그것은 위치해 있다** / **보스턴 애비뉴 341번지에** / St. Jude's 교회 옆에)

해석 3월 1일부터 그는 St. Jude's 교회 옆에 보스턴 애비뉴 341번지에 위치해 있는 새로운 지사에서 일할 것이다.

관계대명사절이 동격 구문처럼 콤마(,)를 이용해 삽입되어 있는 경우에는 앞의 명사를 수식하는 것이 아니라 콤마 앞에 있는 명사에 대한 부연설명이 삽입되었다고 생각하고 해석합니다. 그래서 관계대명사 앞에서 문장을 끊고 관계대명사를 '그것은/그는'(대명사)으로 해석합니다.

> The music video, which is famous all over the world, features several celebrities.

문장 구조 The music video, / which is famous / all over the world, / features / several celebrities.
— 관계대명사절 —

→ The music video에 대한 부연 설명처럼 해석

직역 그 뮤직 비디오, / **그것은 유명하다** / **전 세계에서**, / 출연한다 / 몇몇의 유명인들이

해석 그 뮤직 비디오, 그것은 전세계에서 유명한데, 몇몇의 유명인들이 출연한다.

• 부사절

부사절은 부사절 접속사가 쓰인 문장을 말하며, 부사절은 주절과 함께 쓰이기 때문에 문장의 길이가 매우 긴 것이 특징입니다. 특히 전치사구와 함께 쓰이는 경우에 문장 구조를 파악하는 것이 어려울 수 있으므로 부사절 접속사를 기준으로 부사절과 주절을 구분하여 각 절의 주어와 동사를 혼동하여 해석하지 않도록 유의하며 문장을 읽어야 합니다.

After Martin had finished his work at home, he started preparing for a party in a hurry for his daughter's birthday.

문장 구조 ─부사절─ ─주절─
After Martin had finished / his work / at home, // he / started / preparing / for a party
　　　　　　　　　　　　　　　　전치사구　　　　　　　　　　　　　　　　　　전치사구
/ in a hurry / for his daughter's birthday.
　전치사구　　　전치사구

직역 마틴은 끝낸 **후에** / 그의 일을 / 집에서, // 그는 / 시작하였다 / 준비하는 것을 / 파티를 / 서둘러 / 그의 딸의 생일을 위한

해석 마틴은 집에서 그의 일을 끝낸 후에, 서둘러 그의 딸의 생일 파티를 위한 준비를 하기 시작했다.

The cat quickly hid under the table when it heard the loud noise.

문장 구조 ─주절─ ─부사절─
The cat / quickly / hid / under the table // when it heard the loud noise.

직역 그 고양이는 / 재빨리 / 숨었다 / 테이블 밑으로 // ~ 때 / 그것이 / 들었다 / 큰 소리를

해석 그 고양이는 큰 소리를 들었을 때 재빨리 테이블 밑으로 숨었다.

형용사절과 부사절 해석

2 분사구문

분사구문이란 부사절을 줄여서 분사의 형태로 나타낸 것을 말합니다. 형태는 분사이지만 해석은 부사절과 동일하게 하며, 부사절의 접속사가 사라진 상태이기 때문에 사라진 접속사의 의미를 유추하여 해석해야 하는 것이 특징입니다.

부사절과 분사구문

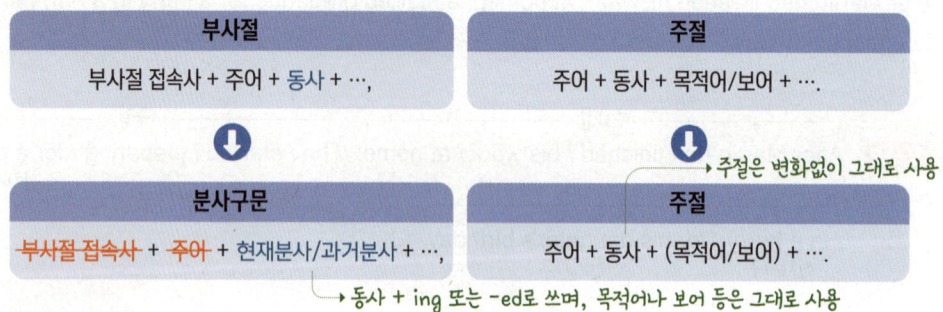

부사절을 분사 구문으로 변할 때는 총 3단계의 과정을 거칩니다.

① 부사절 접속사가 생략됩니다.

② 부사절의 주어는 주절의 주어와 동일할 경우 생략됩니다.

③ 동사는 -ing가 붙어 현재분사가 되거나 -ed가 붙어 과거분사가 됩니다.

부사절과 분사구문

• 생략 가능한 부사절 접속사

시간	as, when ~할 때 after ~후에 before ~전에 until ~할 때까지 as soon as ~하자마자
이유	because, as ~때문에
양보	although (비록) ~이긴 하지만 even though (비록) ~이긴 하지만
조건	if 만약 ~라면 once 일단 ~하면 as long as ~하는 한

접속사의 의미를 분명하게 나타내기 위해서 부사절 접속사를 생략하지 않고 「부사절 접속사 + 분사」 어순으로 쓰는 경우도 있습니다.

분사구문 해석 연습

분사구문은 부사절에서 부사절 접속사와 주어를 생략하고 동사를 분사로 바꾼 것이기 때문에 분사구문을 해석하기 위해서는 생략된 부사절 접속사가 무엇인지 파악해야 합니다. 분사구문을 해석하는 방법은 다음과 같습니다.

① 분사구문을 평서문과 같이 '~하다/이다'라는 형태로 해석한다.

② 주절을 해석한다.

③ 분사구문의 의미에 부사절 접속사 의미를 대입하며 분사구문과 주절의 관계를 자연스럽게 연결해주는 접속사를 찾는다

• 접속사 when, while, as가 생략된 분사구문

Purchasing a flight ticket online, Mr. Smith used a personal credit card.

① 분사구문: "비행기표를 온라인으로 구매한다"　② 주절: "스미스 씨는 개인 신용카드를 사용했다."
③ **생략된 접속사: when (~할 때)** → 비행기표를 구입하는 행위와 신용카드를 사용하는 것은 시간상 동시에 진행

　해석　비행기표를 온라인으로 구매**했을 때**, 스미스 씨는 개인 신용카드를 사용했다.

Having a conversation with Fred, Benji said he will move to a new apartment next month.

① 분사구문: "프레드와 대화를 하다"　② 주절: "벤지는 그가 다음 달에 새 아파트로 이사를 갈 것이라고 말했다."
③ **생략된 접속사: while (~하는 중에)** → 대화를 나누는 것과 이사를 갈 것이라고 말했다는 행위는 시간상 동시에 발생

　해석　프레드와 대화를 **하던 중에**, 벤지는 그가 다음달에 새 아파트로 이사를 갈 것이라고 말했다.

• 접속사 because가 생략된 분사구문

Feeling too tired, he decided to go home early.

① 분사구문: "너무 피곤하다"　② 주절: "그는 집에 일찍 가기로 결정했다."
③ **생략된 접속사: because (~때문에)** → 원인(피곤하다)과 결과(집에 일찍 가기로 결정하다) 관계

　해석　너무 피곤했기 **때문에**, 그는 집에 일찍 가기로 결정했다

문장 해석 연습　117

• 접속사 although가 생략된 분사구문

→ 거의 ~않다 (부정어)
Seeing seldom his neighbor, Mr. Wilson invited the neighbor to his house for a party.

① 분사구문: "그의 이웃을 거의 보지 않는다" ② 주절: "윌슨 씨는 파티를 위해 그 이웃을 그의 집에 초대했다."
③ 생략된 접속사: although(비록 ~하지만) → 이웃을 거의 보지 않는 것과 그를 집으로 초대하는 것은 상반된 관계

해석 비록 그의 이웃을 거의 보지 **않지만**, 윌슨 씨는 파티를 위해 그 이웃을 그의 집에 초대했다.

• 접속사 if, once가 생략된 분사구문

Exposed to a direct ray of light for a long time, the device may fail to function properly.

① 분사구문: "오랫동안 직사광선에 노출된다"   ② 주절: "기기는 제대로 작동하지 않을지도 모른다"
③ 생략된 접속사: if (만약 ~하면) → 직사광선에 노출되는 것과 기기가 제대로 작동하지 않는 것은 조건과 예측되는 결과 관계

해석 오랫동안 직사광선에 노출**된다면**, 기기가 제대로 작동하지 않을 수 있습니다.

'직사광선에 노출되었기 때문에, 기기가 제대로 작동하지 않는다'라는 원인과 결과 관계가 아니라 주절에 '~할지도 모른다'라는 추측의 조동사 may가 있으므로 분사구문을 조건절로 해석하는 것이 자연스럽습니다.

분사구문 해석 연습

문장 뒤에 위치하는 분사구문

주절 뒤에 콤마(,)를 쓰고 분사구문이 쓰이기도 합니다. 이때 생략된 부사절 접속사의 의미가 결합되어 '~할 때', '~하기 때문에', '~하면서'라는 의미로 해석됩니다. 특히 현재분사로 시작하는 분사구문은 동시 동작의 의미로 '~하면서'라고 해석하고, 과거분사로 시작하는 분사구문은 '~되면서'라고 해석되는 경우가 많습니다.

→ 콤마 뒤에 현재분사 = 분사구문
She asked me to remove the trash, pointing it out with her finger.

문장 구조 She asked me to remove the trash, **pointing it out with her finger**.
주어 동사 목적어   목적격보어   분사 목적어   전치사구

해석 그녀는 그것을 손가락으로 가리키면서 나에게 쓰레기를 치워 달라고 요청하였다.

3 병렬구조

병렬구조란 등위접속사 또는 상관접속사가 연결하는 단어, 구, 절이 문법적으로 동일한 문장 구성 요소나 시제를 가지는 것을 말합니다. 등위접속사나 상관접속사는 두 문장의 전체를 연결하지만, 뒤에 연결되는 문장에 앞 문장과 중복되는 것이 있으면 생략하기 때문에 병렬구조를 이룰 수 있습니다.

등위접속사

등위접속사는 문장과 문장, 단어와 단어, 구와 구를 대등하게 연결시켜주는 접속사입니다. 위의 예시처럼 「A(문장/단어/구) + 등위접속사 + B(문장/단어/구)」의 구조로 연결합니다. 이때 A와 B는 병렬구조를 이뤄야 하며, A와 B에서 중복되는 부분은 B에서 생략 가능합니다.

• **등위접속사의 종류**

등위접속사	의미	쓰임새
A and B	A 그리고 B	A와 B를 순차적으로 연결
A but B	A 하지만 B	A와 B를 상반된 의미 관계로 연결
A or B	A 또는 B	A와 B 중에서 하나를 선택

상관접속사

상관접속사는 서로 밀접한 상관 관계에 있는 부사와 등위접속사로 구성된 접속사입니다. 등위접속사는 의미를 강조하기 위해 등위접속사로 연결되는 두 요소 앞에 부사를 추가하여 사용합니다. 상관접속사는 함께 짝으로 사용되는 부사와 등위접속사가 정해져 있으며, 반드시 이 짝에 맞추어 사용해야 합니다.

상관접속사의 이해

• 상관접속사의 종류

상관접속사	의미	쓰임새
both A and B	A와 B 둘 모두	A와 B 둘 다 포함
either A or B	A와 B 둘 중 하나	A 또는 B 하나만 해당
neither A nor B	A와 B 둘 다 아닌	A와 B 둘 다 제외 (모두 부정)
not only A but also B	A뿐만 아니라 B도	A에 B를 추가

병렬구조 해석 연습

① 등위접속사나 상관접속사에 세모로 표시하고, 접속사 뒤에 위치한 단어 구, 절(B)이 어떤 형태인지 파악합니다.

② 접속사 뒤에 위치한 단어, 절(B)과 동일한 형태(A)가 접속사 앞 부분에 있는지 확인합니다. (상관접속사의 경우 부사 바로 뒤에 위치)

③ 동일한 문장 구성 요소나 시제를 가진 두 연결요소를 접속사의 의미에 결합하여 자연스러운 형태로 해석합니다.

• 등위접속사의 병렬구조

> The manager found out that opening the store 30 minutes earlier **is** not effective **and makes** the staff weary.

① 등위접속사 and 확인 후 세모 표시, and 뒤에 현재시제 동사 확인
② and 앞에서 현재시제 동사 is를 확인하여 현재시제 동사끼리 병렬구조를 이루고 있음을 확인
③ 연결된 A와 B가 모두 현재시제 동사이므로 현재시제 동사 is의 주어 opening the store 30 minutes earlier를 makes의 주어로 해석

해석 매니저는 30분 더 일찍 매장을 여는 것이 효율적이지 **않고**, 직원들을 지치게 **만든다**는 것을 알아냈다.

병렬구조 해석 연습

George Martin **produced** the Beatles' last album, but **continued** working with former members of Beatles.

① 등위접속사 but 확인 후 세모 표시, but 뒤에 과거시제 동사 확인
② but 앞에서 과거시제 동사 produced를 확인하여 과거시제 동사끼리 병렬구조를 이루고 있음을 확인
③ 연결된 A와 B가 모두 과거시제 동사이므로 과거시제 동사 produced의 주어 George Martin을 continued의 주어로 해석

> **해석** 조지 마틴은 비틀즈의 마지막 앨범을 **제작했지만**, 비틀즈의 이전 멤버들과 함께 작업하는 것을 **계속했다**.

• 상관접속사의 병렬구조

All employees who work from home should both **submit** a daily report and **share** their progress.

① both A and B의 상관접속사 구문 확인, both 뒤에 동사원형 확인
② and 뒤에도 동사원형을 확인하여 동사원형끼리 병렬구조를 이루고 있음을 확인
③ 연결된 A와 B가 모두 조동사 should 뒤에 위치하므로 submit(제출하다)과 share(공유하다)를 모두 해야 한다는 의미로 해석

> **해석** 재택 근무하는 모든 직원들은 일일 보고서를 **제출하는 것**과 경과를 **공유하는 것** 둘 다 해야 합니다.

Any player who either **touches** the ball with his hands or **pushes** an opposing player will receive yellow card as a warning.

① either A or B의 상관접속사 구문 확인, either 뒤에 현재시제 동사 확인
② or 뒤에도 현재시제 동사가 위치하여 현재시제 동사끼리 병렬구조를 이루고 있음을 확인
③ 연결된 A와 B가 모두 주격 관계대명사 who 뒤에 위치하므로, 앞의 선행사 Any player를 수식하도록 'touches(만지다) 또는 pushes(밀다) 중 하나를 하는'이라는 의미로 해석

> **해석** 손으로 공을 **만지거나**, **또는** 상대방 선수들을 **미는** 선수는 경고로 노란색 카드를 받을 것입니다.

The professor was recognized not only **as a leader** in the field of Physics, but also **as the best speaker** at the academic conference.

① not only A but also B의 상관접속사 구문 확인, not only 뒤에 as 전치사구 확인
② but also 뒤에도 명사가 위치하여 as 전치사구끼리 병렬구조
③ 연결된 A와 B가 모두 as 전치사구이므로 a leader(지도자) 뿐만 아니라 a best speaker(최고의 연설자)로서도 인정받았다는 의미로 해석

> **해석** 그 교수는 물리학 분야에서 **지도자로서 뿐만 아니라**, 학술 컨퍼런스에서 **최고의 연설자로서도** 인정을 받았다.

DAY 01 독해 유형별 공략

1 세부정보

세부정보 유형은 독해에서 절반 정도의 출제율로 출제 비중이 가장 높은 문제 유형입니다. 지문에 설명된 모든 특정 정보가 세부정보 유형 문제의 키워드가 될 수 있으며, 이 키워드를 먼저 파악하여 지문에서 질문의 키워드가 언급된 문장을 찾아 그 문장과 앞, 뒤 문장을 함께 읽고 정답의 단서를 찾는 것이 핵심입니다. 정답의 단서는 문제의 보기와 동일하게 언급되어 있지 않고 다른 형태의 표현이나 다른 단어가 사용되어 있는 경우가 많습니다. 이를 패러프레이징(paraphrasing)이라고 하며, 패러프레이징 된 보기를 해석하고 그 내용이 정답의 단서와 연결되는지 확인해야 합니다.

빈출 질문 유형

- **단순 정보: What [무엇인가?]**

  - **What is** Serena Williams **most famous for**?
    세레나 윌리엄스는 무엇으로 가장 유명한가?
  - **What was** the first invention of George Westinghouse?
    조지 웨스팅하우스의 첫 번째 발명품은 무엇이었는가?

- **방법/수량/기간/빈도: How [어떻게, 얼마나 많이, 얼마나 오래, 얼마나 자주 ~하는가?]**

  - **How** did environmentalists in Chicago protest against the decision of CK Chemical?
    시카고의 환경운동가들은 CK 케미컬의 결정에 어떻게 항의하였는가?

- **이유: Why [왜 ~하는가? / ~하는 이유는 무엇인가?]**

  - **Based on the second paragraph, why** is it advised to close the lid after being used?
    두 번째 문단에 따르면, 사용 후에 뚜껑을 닫도록 권고되는 이유는 무엇인가?

- **장소/지명: Where [어디에 ~인가?]**

  - **Where** should Ms. Felice submit the application form after March 15?
    펠리스 씨는 3월 15일 이후에 신청서를 어디에 제출해야 하는가?

- **시점: When [언제 ~인가?]**

  - **When** did Battle of Waterloo break out?
    워털루 전투는 언제 발발하였는가?

세부정보 유형 예제

질문에서 제시된 키워드를 지문에서 찾은 다음, 앞 또는 뒤에 언급되는 관련 정보 중에서 정답의 단서를 찾아봅니다.

The ancient Greeks were most likely the first to use perspective, or realistic depth and space, in their paintings. However, artists in the Middle Ages, who focused on depicting religious scenes, was not concerned with appearing real. Therefore, perspective was not used in the works. It was not until the Renaissance that artists wanted to create art that closely mirrored the real image. Artists in the early years of the Renaissance first began using perspective in their work.

Q. According to the article, **why did artists in the Renaissance use perspective** in their paintings?

(a) Because they wanted to imitate the art style of the ancient Greeks
(b) Because they wanted to depict religious scenes
(c) Because they were not concerned about realism in their works
(d) Because they wanted to use real images in their works

고대 그리스인들은 처음으로 회화에서 원근법, 즉, 사실적 깊이와 공간을 사용했던 것 같다. 그러나, 종교적 장면들을 묘사하는 것에 중점을 두었던 중세 예술가들은 사실적으로 보이는 것에는 관심이 없었다. 그래서, 원근법은 그들의 작품에 사용되지 않았다. **르네상스 시대가 되어서야, 예술가들은 실제 이미지를 면밀히 반영하는 예술을 창조하길 원했다.** 르네상스 초기 예술가들이 먼저 그들의 작품에 원근법을 사용하기 시작했다.

Q. 기사에 따르면, 르네상스의 예술가들이 그들의 회화에 원근법을 사용한 이유는 무엇인가?
(a) 고대 그리스의 예술 형식을 모방하고 싶어 했기 때문에
(b) 종교적인 장면을 묘사하기를 원했기 때문에
(c) 그들의 작품에서 사실주의에 관심이 없었기 때문에
(d) 그들의 작품에서 사실적 이미지를 사용하고 싶어 했기 때문에

유형 풀이 전략

① 키워드와 단서 찾기
질문의 키워드 artists in the Renaissance, use perspective를 지문에서 찾은 다음, 앞 또는 뒤에서 관련된 정보를 확인합니다.
르네상스 시대가 되어서야, 예술가들은 실제 이미지를 면밀히 반영하는 예술을 창조하길 원했다.

② 보기에서 패러프레이징된 정답 찾기
create art that closely mirrored the real image
➡ use real images in their works
사실적 이미지를 면밀히 반영하는 예술을 창조한다는 말은 예술 작품에 사실적 이미지를 사용한다는 뜻이므로 (d)가 정답입니다.

어휘 정리 perspective 명 원근법 realistic 형 사실적인 depth 명 깊이 space 명 공간 Middle Age 명 중세 focus on ~에 집중하다 depict 동 묘사하다 religious 형 종교적인 be concerned about ~에 관심을 가지다 appear 동 ~하게 보이다 closely 부 밀접하게, 면밀하게 mirror 동 반영하다

2 주제 및 목적

PART 2의 첫 문제는 지문이 무엇에 관한 글인지 묻는 주제 유형이며, PART 4의 첫 문제는 비즈니스 서신이 쓰여진 목적이나 이유를 묻는 목적 유형입니다. 각각 1문제씩 총 2문제로 비중이 높지 않지만 매회 고정적으로 출제되는 유형이며, 정답의 단서가 지문 첫 단락에 주로 나타나 있어서 난이도가 높지 않은 유형입니다. 단, 지문에 언급된 내용이 패러프레이징 되어 정답 보기로 제시되므로 보기의 내용을 읽고 그 내용을 정확히 확인해야 합니다.

빈출 질문 유형

- **주제 (PART 2)**

  - What is the article (mainly) about?
    이 기사문은 (주로) 무엇에 관한 것인가?

  - What did the study[research] find out?
    연구[조사]가 알아낸 것은 무엇인가?

- **목적 (PART 4)**

  - What is the purpose of Smith Baker's letter to Charlotte Stein?
    샬롯 스타인에게 보내는 스미스 베이커의 편지의 목적은 무엇인가?

  - Why did Jane Ellinger write Kristen McKnight a letter?
    / Why is Jane Ellinger writing Kristen McKnight a letter?
    제인 엘링거가 크리스틴 맥나이트에게 편지를 쓴 이유는 무엇인가?

빈출 단서 유형

- **주제 (PART 2)** 주로 제목과 첫 문단에서 확인 가능

  - The studies[research] showed[found/discovered/suggested] that ~
    그 연구[조사]는 ~라는 것을 보여주었다[알아냈다/발견하였다/제안하였다].

  - 주어 + launched/announced that ~
    (주어)가 ~을 개시[출시]했다/발표했다.

- **목적 (PART 4)** 첫 문장 또는 인사말 이후 언급됨

  - I'm writing to ~
    ~하기 위해 (편지를) 씁니다.

  - I[We] would like to ~
    저[저희]는 ~하고 싶습니다.

  - I'm[We're] glad/pleased[regret] to inform you that ~
    ~을 알려주게 되어 기쁩니다[유감입니다].

  - Please + 동사원형
    부디 ~해주시기 바랍니다.

주제 및 목적 유형 예제

지문에서 주제 및 목적을 파악할 수 있는 단서를 찾아 해당 문장에서 정답을 확인합니다.

Dear Mr. Swan,

Thank you for contacting us regarding the vacant senior computer programmer position here at Iridium Games Inc. Based on our evaluation of your skills and experience, you seem like an ideal candidate for the position. We would like to talk with you in person about the job. If it is a suitable time for you, we would like you to visit our headquarters at 4 p.m. on Monday, August 21.

Yann Koeman
Human Resources Manager / Iridium Games Inc.

Q. Why is Mr. Koeman writing Mr. Swan a letter?

(a) to explain how to apply for a computer programmer position
(b) to ask him to visit Iridium Games Inc. for a job interview
(c) to request submitting some documents
(d) to inform him of changes of an interview schedule

스완 씨에게,
저희 이리듐 게임즈 사에 현재 공석으로 있는 선임 컴퓨터 프로그래머 직책에 관해 연락 주셔서 감사합니다. 귀하의 능력 및 경험에 대한 저희의 평가를 바탕으로 볼 때, 귀하께서는 해당 직책에 적합한 후보자인 것으로 생각됩니다. **저희는 이 직책에 관해 귀하와 직접 만나 이야기를 나누고 싶습니다.** 시간이 괜찮으시다면, 8월 21일 월요일, 오후 4시에 저희 본사로 방문해 주시기 바랍니다.

Q. 코먼 씨가 스완 씨에게 편지를 쓰는 이유는 무엇인가?

(a) 컴퓨터 프로그래머직에 지원하는 방법을 설명하기 위해
(b) 그에게 면접을 위해 이리듐 게임사로 방문하는 것을 요청하기 위해
(c) 몇몇 서류를 제출하는 것을 요청하기 위해
(d) 그에게 면접 일정 변경에 대해 알려주기 위해

유형 풀이 전략

1 단서 찾기
첫 단락에서 인사말 이후에 편지의 목적이 드러나는 구문을 찾아야 합니다.
이 직책에 관해 귀하와 직접 만나 / 저희 본사로 방문해 주시기 바랍니다.

2 보기에서 패러프레이징 된 정답 찾기
to talk with you in person about the job ➡ a job interview
visit our headquarters ➡ visit Iridium Games Inc.
본사로 방문하여 직접 만나서 직책에 관해 이야기하는 것은 면접을 의미하므로 (b)가 정답입니다.

어휘 정리 contact 통 연락하다 vacant 형 비어 있는, 공석의 senior 형 고위의, 선임의 evaluation 명 평가 ideal 형 이상적인, 가장 알맞은 candidate 명 후보자 in person 부 직접 suitable 형 적합한, 적절한 headquarters 명 본사 request 통 요청하다 inform A of B: A에게 B에 대해 알리다

3 추론

추론 유형은 매회 시험에서 반드시 1문제 이상 출제되는 유형이며, 최대 2~3문제까지 출제됩니다. 지문에서 질문의 키워드에 대해 언급되어 있는 정보를 그대로 보기에서 찾는 것이 아니라 키워드에 관련된 정보를 토대로 지문에 언급되어 있지 않은 내용을 유추하여 정답을 찾는 유형입니다. 이때, 유추 과정은 상식적인 수준에서 충분히 가능한 내용이어야 하며, 지문에 언급되지 않은 정보를 토대로 정답을 찾아서는 안 됩니다.

빈출 질문 유형

- **What is most likely** the main cause of the low cost of production?
  생산의 낮은 비용에 대한 주요 원인은 무엇일 것 같은가?

- **Why most likely** did Ms. Whistler cancel her reservation?
  휘슬러 씨가 그녀의 예약을 취소한 이유는 무엇일 것 같은가?

- **Based on the third paragraph, what can be said about** the first book of Edgar Allan Poe?
  세 번째 문단에 따르면, 에드가 앨런 포의 첫 번째 책에 관해 알 수 있는 것은 무엇인가?

- **How could** the technology **possibly** make the telecommunication industry prosper?
  그 기술은 어떻게 이동통신산업을 번성하게 만들 수 있었는가?

- **What probably** the objective of the Privacy Rights Act?
  사생활 권리법의 목적은 무엇일 것 같은가?

육하원칙에 해당하는 의문사(What, Which, Who, When, Where, Why, How)와 함께 most likely(~할 것 같은, 가능성이 높은), can be said about(~에 관해 언급될 수 있다, ~에 대해 알 수 있다), possibly(아마도), probably(아마도)라는 표현이 문제에 포함되어 있으면 추론 유형의 문제라는 것을 확인할 수 있습니다.

패러프레이징 연습

추론 유형 예제

질문의 키워드에 대해 언급된 부분에서 관련 정보를 토대로 유추한 내용을 보기에서 확인합니다.

> Invasive species are not only limited to animals. Plants, fungi, and bacteria can also cause problems as they enter new environments. Plants are commonly used for ornamentation. As people landscape with gorgeous, exotic trees and flowers, they can unwittingly expose the local environment to an invasive species. A well-known instance of this is the kudzu plant, or Japanese arrowroot, which now covers the southern United States. The plant was first introduced to the United States in 1876. Unfortunately, the fast-growing plant quickly killed native trees and shrubs by overgrowing them and casting them in shadows. Now, kudzu dominates the southern landscape.
>
> Q. Based on the passage, what can be said about kudzu?
>   (a) It was imported from Japan for food.
>   (b) It is now grown by farmers in the southern states of U.S.
>   (c) It was originally used for decoration.
>   (d) It kills the pest in agricultural area.

외래 유입종은 단지 동물에만 국한되는 것이 아니다. 식물, 균류, 그리고 박테리아도 새로운 환경에 들어가면서 문제를 발생시킬 수 있다. **식물은 흔히 장식용으로 이용된다.** 사람들이 아주 멋지고 이국적인 나무와 꽃으로 조경을 하면서, 그들은 부지불식간에 지역 환경을 외래 유입종에 노출시킬 수 있다. **이에 대해 잘 알려진 예시가 칡, 즉 일본의 애로루트이며,** 그것은 현재 미국 남부 지역을 뒤덮고 있다. 그 식물은 1876년에 처음 미국으로 유입되었다. 불행히도, 빠르게 성장하는 이 식물은 토종 나무와 관목보다 더 무성하게 자라서 그것들을 그늘 속에 놓이게 만들어 빠르게 죽였다. 현재, 칡은 미국 남부 풍경의 가장 두드러지는 특징이 되었다.

Q. 지문에 따르면, 칡에 대해 알 수 있는 것은 무엇인가?
 (a) 일본에서 식량으로 수입되었다.
 (b) 현재 미국 남부 여러 주에서 농부들에 의해 재배된다.
 (c) 처음에 장식용으로 사용되었다.
 (d) 농업 지역에 있는 해충을 죽인다.

유형 풀이 전략

1 단서 찾기
질문의 키워드 kudzu가 언급된 부분의 앞, 뒤에서 관련된 정보를 확인합니다.
이에 대해 잘 알려진 예시가 칡, 즉 일본의 애로루트이다.

2 언급된 정보를 토대로 추론하기
Plants are commonly used for ornamentation. A well-known instance of this is the kudzu plant.
이 두 문장을 통해 칡(kudzu)이 장식용(for decoration)으로 쓰이기 위해 소개되었다는 것을 알 수 있으므로 (c)가 정답입니다.

어휘 정리 invasive species 명 외래 유입종 fungi 명 균류, 곰팡이류(fungus의 복수형) ornamentation 명 장식 landscape 동 조경을 하다 exotic 형 이국적인 unwittingly 부 부지불식간에 overgrow 동 무성하게 자라다 cast in shadows 그늘지게 하다 dominate 동 가장 두드러지는 특징이 되다

4 동의어

독해 영역의 정확한 명칭은 독해 및 어휘 영역(Reading and Vocabulary Section)입니다. 그래서 독해 뿐만 아니라 어휘 문제가 각 파트마다 2문제씩 총 8문제가 출제되며, 지문에 있는 단어 중 밑줄 친 단어와 가장 가까운 의미로 쓰인 단어를 보기 중에서 고르는 유형입니다. 이때, 동의어를 고를 때 사전적 동의어가 정답이 될 수도 있지만, 밑줄 친 단어와 완전히 동일한 뜻을 가진 단어는 아니지만 바꾸어 써도 동일한 문맥을 유지할 수 있는 문맥적 동의어가 정답이 되는 경우도 많습니다.

빈출 질문 유형

- In the context of the passage, <u>plummet</u> means _____.
  지문의 문맥에서, <u>plummet</u>의 의미는 무엇인가?

- In the context of the passage, <u>sustain</u> means _____.
  지문의 문맥에서, <u>sustain</u>의 의미는 무엇인가?

지문마다 밑줄이 그어져 있는 2개의 단어가 동의어 문제로 출제되며, 이 문제는 위와 같은 형태로 주로 명사, 동사, 형용사가 출제됩니다.

사전적 동의어와 문맥적 동의어

동의어 유형 예제

지문에서 밑줄로 표시된 단어가 어떠한 의미로 사용되었는지 해당 문장 전체를 반드시 해석해보고 보기 중에서 바꾸어 써도 동일한 문맥을 유지할 수 있는 단어를 정답으로 고릅니다.

> Volcanoes are classified as active and dormant. Active volcanoes erupt regularly. In contrast, dormant volcanoes have not erupted in a very long time. However, due to the long spans of time between eruptions and the unpredictability of any volcano, people still populate the areas close to active volcanoes.
>
> Q. In the context of the passage, populate means _____.
>   (a) expose
>   (b) vacate
>   (c) inhabit
>   (d) protect

화산은 활화산과 휴화산으로 분류된다. 활화산은 정기적으로 분화한다. 반대로 휴화산은 오랜 시간동안 분화하지 않는다. 그러나 분화 간의 긴 시간 간격과 화산의 예측 불가능성으로 인해, 사람들은 여전히 활화산에 인접한 지역에 거주한다.

Q. 지문의 문맥에서, populate의 의미는 무엇인가?
   (a) 노출시키다
   (b) 비우다
   (c) 살다
   (d) 보호하다

유형 풀이 전략

1 단서 찾기
질문에서 제시된 단어 populate를 지문에서 찾아 해당 문장을 해석합니다.
사람들은 여전히 활화산에 인접한 지역에 거주한다.

▶

2 문맥으로 정답 파악
due to the long spans of time between eruptions and the unpredictability of any volcano

문맥상, 사람들이 화산이 분화하면 위험하지만 '화산이 분화될 때의 긴 시간 간격과 예측 불가능성으로 인해서 화산에 가까운 지역에 populate한다'는 문장입니다. populate는 '거주하다, 살다'라는 의미가 가장 적절하므로 동일한 의미를 가지고 있는 (c)가 정답입니다.

어휘 정리 volcano 명 화산 classify 동 분류하다 active 형 활동적인 dormant 형 휴면기의 erupt 동 분출하다 regularly 부 정기적으로 span 명 기간 eruption 명 분출 unpredictability 명 예측 불가능성 populate 동 살다, 거주하다 close to ~에 가까운

5 사실 확인

사실 확인 유형은 일치/불일치(true/NOT true) 문제라고도 하며, 질문은 대부분 의문사 which로 시작합니다. 질문에서 주어진 키워드에 대해 보기의 내용이 지문의 내용과 일치하는 것 또는 일치하지 않는 것을 찾는 유형입니다. 간혹 1문제 정도 출제되는 출제비중이 가장 낮은 유형이며, 세부정보 유형을 풀이하는 방식과 유사하지만 보기 4개를 모두 지문의 내용과 대조해야 하기 때문에 풀이시간이 오래 걸리는 유형입니다. 지문에 언급된 내용 그대로 보기와 비교해야 하며, 보기의 내용이 지문에 언급되지 않거나 일부의 내용만 반대로 언급되어 있을 수 있기 때문에 꼼꼼히 해석하여야 합니다.

빈출 질문 유형

- **일치 유형**

    Which (of the following) is true about Henry James' childhood?
    (다음 중) 헨리 제임스의 어린 시절에 관해 사실인 것은 어느 것인가?

    Which of the following descriptions about XM-1000 model is true?
    다음 중 XM-1000 모델에 관한 설명 중 사실인 것은 어느 것인가?

    Which (statement) describes/characterizes the paintings of René Magritte?
    르네 마그리트의 회화를 설명하는/특징짓는 것은 어느 것인가?

- **불일치 유형**

    Which is NOT true about Battle of Waterloo?
    워털루 전투에 관한 사실이 아닌 것은 어느 것인가?

    Which does NOT describe Hubble Space Telescope?
    허블 우주 망원경에 대해 설명하지 않는 것은 어느 것인가?

    Which is NOT a characteristic of the climate in Columbia?
    콜럼비아 기후의 특징이 아닌 것은 어느 것인가?

    Which did NOT happen to Toni Morrison after she got married?
    토니 모리슨이 결혼 후에 그녀에게 일어난 일이 아닌 것은 어느 것인가?

    Which of the following is NOT true about Charles Darwin's theory of evolution?
    다음 중 찰스 다윈의 진화론에 관해 사실이 아닌 것은 어느 것인가?

What[Which] is probably[most likely] true about ~?으로 시작하는 질문은 부사 probably/most likely가 포함되어 있으므로 사실 확인이 아닌 추론 유형의 질문입니다.

사실 확인 유형 예제

질문에 제시된 키워드를 지문에서 찾아 해당 내용을 각 보기와 대조하며 오답을 소거합니다.

> While teaching English at Howard University, Toni Morrison met Harold Morrison, an architect from Jamaica. She married Harold Morrison in 1958. They had their first son in 1961 and they get divorced in 1964 while she was pregnant with their second son. After she gave birth to her second son in 1965, she worked as an editor in a textbook division of publisher Random House in New York. After two years, she became the first black woman senior editor in the fiction department. While working as a senior editor, she made a great impact on Black literature, introducing works of African writers to the American public.
>
> Q. Which of the following is NOT true about Toni Morrison?
> (a) She got married to a Jamaican architect.
> (b) She became a mother of two sons before working in a publishing company.
> (c) She was transferred from a textbook division to a fiction department.
> (d) She was the first black women who introduced Black literature to the public.

하워드 대학교에서 영어를 가르치는 동안, 토니 모리슨은 자메이카 출신의 건축가인 해롤드 모리슨을 만났다. 그녀는 1958년에 해롤드 모리슨과 결혼하였다. 그들은 1961년에 첫 아들을 낳았고, 그가 두번째 아들을 임신하고 있던 중 1964년에 그들은 이혼하였다. 1965년에 둘째 아들을 출산한 후에, 그녀는 뉴욕에 있는 랜덤 하우스 출판사의 교과서 부서에서 편집자로 근무하였다. 2년 후에, 그녀는 소설 부서에서 첫 번째 흑인 여자 편집 차장이 되었다. 편집 차장으로 일하는 동안, 그녀는 아프리카계 작가들의 작품들을 미국 대중에게 소개하면서 흑인 문학에 엄청난 영향을 주었다.

Q. 다음 중 토니 모리슨에 관해 사실이 아닌 것은 어느 것인가?
 (a) 자메이카 건축가와 결혼하였다.
 (b) 출판사에 일하기 전에 두 아들의 어머니가 되었다.
 (c) 교과서 부서에서 소설 부서로 전근되었다.
 (d) 대중에게 흑인 문학을 소개한 최초의 흑인 여성이었다.

유형 풀이 전략

1 단서 찾기
질문의 키워드 Toni Morrison을 지문에서 찾은 다음, 보기 (a)~(d)를 읽고 해당 내용을 지문에서 확인합니다.

2 지문과 보기의 내용 대조하며 정답 찾기
she made a great impact on Black literature, introducing works of African writers to the American public.
대중에게 흑인 문학을 소개한 것은 맞지만 최초의 흑인 여성은 아니므로 (d)가 정답입니다.

어휘 정리 architect 몡 건축가 get divorced 이혼하다 give birth to ~을 낳다 division 몡 (조직의) 부, 국 fiction 몡 소설 make an impact on ~에 영향을 주다 literature 몡 문학 transfer 동 전근하다

학습한 내용을 적용하여 다음 실전 유형 문제를 풀어보세요.

BOBCATS

The bobcat is a medium-sized cat and a member of the Lynx genus. Also known as the red lynx, it is native to North America. Though it has been hunted extensively for its spotted fur, its population remains stable.

Bobcats are short, stocky cats with muscular legs. Their hind legs are slightly longer than their forelegs. While their high shoulders and thick fur make them appear bulky, they only grow to about 49 inches in length and weigh between 11 to 30 pounds. They are most easily recognized by the black bars across their forelegs and their black-tipped, stubbed, or bobbed, tail, from which they derive their name. Bobcats are smaller than their cousins, the Canada lynx. Their ear tufts are also less pronounced, as is the ruff framing their face.

Bobcats can be found in all 48 contiguous states in the U.S. and in seven provinces of Canada. Heavy snow prevents them from extending too far north in Canada, though they have been found further north recently in light of climate change and warmer seasons. They also populate northern Mexico, though their numbers there are unknown. Since bobcats are tough and secretive, they can survive in various environments. They are elusive as they find cover in any habitat, whether it be scrubland, forest, or swamp. Following Bergmann's rule, which states that animals in colder climates are larger than those in warmer ones, bobcats in Canada tend to be larger than those found near the Mexico-United States border.

The diet of bobcats consists mainly of rodents and rabbits, though they are adaptable. They eat fish if its available, particularly during the salmon run in the Pacific Northwest. They may also successfully kill deer, which can be up to ten times their size. They are stealthy hunters and leap up to ten feet to lethally pounce on their prey. Bobcats are territorial and live solitary lives. They mark their territories with claw marks and deposits of urine and feces. Females have a gestation period of around sixty days and litters of one to six kittens. The kittens live with their mother and learn how to hunt from her. They leave the den by eleven months.

Bobcats have largely adapted to the impact of human settlements on the wilderness, though habitat loss is still their greatest threat, as it is to most wildlife. While hunted in 38 of the 50 states, it is heavily regulated. Rodenticide is another threat, as bobcats may eat rodents that have consumed poisoned. Nonetheless, regarding their conservation status, bobcats remain a least-concern species.

1. Why are bobcats mainly hunted?

   (a) to control their population
   (b) to collect their furs
   (c) to keep them in North America
   (d) to protect livestock

2. How do bobcats differ from Canada lynxes?

   (a) Bobcats are larger in size.
   (b) Bobcats have stubby tails.
   (c) Bobcats do not live in Canada.
   (d) Bobcats have smaller ear tufts.

3. What will bobcats likely do in the future?

   (a) move deeper into Canada
   (b) spread to Hawaii and Alaska
   (c) migrate further south
   (d) grow larger in Mexico

4. How do bobcats usually catch their prey?

   (a) by catching fish in a stream
   (b) by marking their territory with claw marks
   (c) by sneaking up on small mammals
   (d) by leaping ten feet from a tree

5. What is the biggest threat to bobcats?

   (a) poisonous rodents
   (b) illegal poaching
   (c) land encroachment
   (d) food supply

6. In the context of the passage, adaptable means _____.

   (a) edible
   (b) tentative
   (c) classified
   (d) adjustable

7. In the context of the passage, pounce on means _____.

   (a) attack
   (b) focus
   (c) capture
   (d) demolish

Russell Glover
733 Prince Road
Manchester, Maine 04351

Dear Mr. Glover,

Thank you for your interest in the Animal Control Officer vacancy posted on our Web site. I would be happy to tell you a few additional details regarding the position. It sounds as though you may be an excellent candidate for such a role.

As an Animal Control Officer, you would primarily be responding to requests for animal control services such as the pursuit and capture of wild, aggressive animals and the collection and transportation of injured domestic pets. You would also be required to attend community meetings and educate local residents about domestic animal care and local wildlife. At the WACCC, you would be responsible for maintaining safe, sanitary conditions in the animal shelter by using appropriate disinfectants and chemical agents. You would also be asked to transport animals to the treatment rooms where our doctors carry out medical procedures.

As you know from our Web site posting, interested individuals are required to submit a variety of application documents. Please remember that you should submit a copy of each of these documents, not the originals. Anything we receive will be kept on file in case unsuccessful candidates are deemed suitable for a different position in the future. Candidates shortlisted for this position will be contacted within one week of the application deadline.

I hope this information has proven useful to you in helping you to decide whether or not to apply. Please do not hesitate to contact me at 4754-0922 should you have any questions.

Sincerely,

Edna Musgrave
Senior Facility Coordinator
Whitehorse Animal Care & Control Center(WACCC)

8. Why is Edna Musgrave writing a letter to Russell Glover?

   (a) to offer further information about a job position
   (b) to inform that Mr. Glover is hired at the WACCC
   (c) to encourage Mr. Glover to apply for a job opening
   (d) to respond to a letter Mr. Glover sent earlier

9. Based on the letter, what can be said about Mr. Glover?

   (a) He was unsuccessful with a recent job application.
   (b) He has posted an advertisement on a Web site.
   (c) He has worked alongside Ms. Musgrave in the past.
   (d) He previously got in touch with the WACCC.

10. Which is NOT described as a duty that the successful applicant will perform?

    (a) providing medical treatment
    (b) catching dangerous wildlife
    (c) raising public awareness
    (d) keeping a facility clean

11. According to the letter, what does Ms. Musgrave say about application documents?

    (a) They should be provided in duplicate.
    (b) They will be returned within seven days.
    (c) They will be kept for future reference.
    (d) They should be submitted in person.

12. What should Mr. Glover do if he wants to ask some questions regarding the position?

    (a) submit required documents
    (b) make a phone call
    (c) meet Ms. Musgrave in person
    (d) visit the Web site of WACCC

13. In the context of the passage, sanitary means _____.

    (a) cozy
    (b) hygienic
    (c) convenient
    (d) protective

14. In the context of the passage, carry out means _____.

    (a) bring
    (b) examine
    (c) relinquish
    (d) conduct

DAY 02 PART 1 인물 일대기 (biographical article)

1 주제 및 출제 경향

PART 1은 역사 속의 위인, 과학자, 음악가, 예술가, 정치인, 현대의 유명 인사 등 특정 인물의 일대기에 관한 지문이 출제됩니다. 첫 단락부터 순서대로 인물 소개, 어린 시절, 주요 활동, 인물의 수상 및 업적, 인물의 말년과 사망에 대한 내용이 서술되며, 각 단락마다 특징적인 사건 및 활동에 관한 세부정보 문제가 다수 출제되는 경향이 있습니다.

2 출제 유형

세부정보 유형

첫번째 문단에서 인물에 대한 소개 내용을 토대로 해당 인물이 무엇으로 유명한지를 묻는 문제가 항상 첫 번째 문제로 출제됩니다. 그 이후 단락에서 각 시기별로 주요 업적이나 사건 위주의 세부정보 유형의 문제가 출제됩니다.

- **What is** Arthur Conan Doyle **most known for**?
  아서 코난 도일은 무엇으로 가장 알려져 있는가?

- **Based on the article, why** did Tesla's brother die?
  기사에 따르면, 테슬라의 형이 죽은 이유는 무엇인가?

사실 확인 유형

인물에게 일어난 사건에 관한 여러 정보 중에서 사실 또는 사실이 아닌 것을 고르는 유형입니다.

- **Which of the following is true about** Alexander Bell's telephone?
  다음 중 알렉산더 벨의 전화기에 대해 사실인 것은 어느 것인가?

- **Which does not describe** Katherine Johnson's childhood?
  캐서린 존슨의 어린 시절을 묘사하지 않는 것은 어느 것인가?

추론 유형

지문에서 질문의 키워드에 대해 언급되어 있는 정보를 그대로 보기에서 찾는 것이 아니라 키워드에 관련된 정보를 토대로 지문에 언급되어 있지 않은 내용을 유추하여 정답을 찾는 유형입니다.

- **Why most likely did** Nightingale's parents disagree with her interest in nursing?
  나이팅게일의 부모님이 간호에 대한 그녀의 관심에 반대했던 이유는 무엇이었을 것 같은가?

- **Based on the article, what can be said about** Armstrong's first space flight?
  기사에 따르면, 암스트롱의 첫 우주 비행에 대해 알 수 있는 것은 무엇인가?

3 풀이 전략

대개 각 문단마다 1문제씩 순서대로 출제되는 경향이 있으며, 주요 업적이 많은 인물의 경우 한 문단에서 두 문제가 출제되는 경우도 있습니다. 그러므로 첫 번째 문제를 먼저 읽고 난 뒤 지문의 첫 문단에서 첫 번째 문제의 키워드를 찾아 정답 단서를 확인하여 정답을 고른 다음, 두 번째 문제를 읽고 지문의 두 번째 문단에서 두 번째 문제의 정답 단서를 찾는 방식으로 풀이하는 것이 효율적입니다.

글의 초반부에서는 항상 해당 인물이 어떤 것으로 유명한지 언급되는 경우가 많으며 이 내용이 첫 번째 문제의 단서로 이어집니다. 두 번째 단락에서는 유년 시절 및 학창 시절, 중반부에서 인생 초반의 경력, 주요 성과 및 업적에 대한 내용이 이어집니다. 또한 글의 후반부에서는 인물의 말년과 죽음, 또는 근황이나 평가 등이 제시됩니다. 이러한 내용에 자주 쓰이는 단어와 표현을 익히면 문제에서 요구하는 정답의 단서를 수월하게 찾을 수 있습니다.

4 지문의 흐름에 따른 빈출 단서 표현

지문 순서	빈출 단서 표현
문단 1	**인물 이름, 소개, 유명해진 이유** • be best remembered for… …로 가장 잘 기억되고 있다 • be famous[notable] for… …로 유명하다 • be best known[recognized] as[for]… …로 가장 알려져 있다[인정받는다] • widely regarded as the greatest ~ 가장 ~로 널리 평가되는 • be a world-renowned … 세계적으로 유명한 …이다
문단 2	**출생, 유년 시절 및 학창 시절** • He/She was born on 날짜, in 장소 그/그녀는 ~(날짜)에 …(장소)에서 태어났다 • When he/she was young, ~ 그/그녀가 어렸을 때, ~ • at the age of ~ ~세라는 나이에 • When he/she turned 나이 그/그녀가 ~세가 되었을 때 • He/She was ~ years old when… …했을 때 그/그녀는 ~세였다 • inspired him/her to become ~ 그/그녀로 하여금 ~가 되도록 영감을 주었다 • became fascinated with ~에 빠져들게 되었다[매료되었다] • He/She started his/her career as a(n) ~ 그/그녀는 ~로서 경력을 쌓기 시작했다 • He/She began his/her studies on(in) ~ 그/그녀는 ~에 대한 공부를 시작했다 • He/She received lessons on ~ 그/그녀는 ~에 대한 수업을 받았다

문단 3	**초기 경력 및 업적** • He/She worked[started working] as ~ 그/그녀는 ~로 일하였다[일하기 시작했다] • He/She made his/her debut in 연도 그/그녀는 ~년도에 데뷔했다 • He/She became the youngest ~ 그/그녀는 ~를 했던 최연소 인물이었다 • by his/her outstanding performance in ~ 그/그녀의 ~에서의 뛰어난 성과로 • becoming the first female ~ 첫 여성 ~가 되어
문단 4	**주요 업적과 성과에 대한 자세한 설명** • He/She set many records in 분야 그/그녀는 ~에서 많은 기록을 세웠다 • He/She received an award[was awarded] from ~ 그/그녀는 ~에서 상을 탔다 • He/She won many championships in ~ 그/그녀는 ~에서 많은 우승을 차지했다 • ~ became the most beloved book ~는 가장 사랑받는 책이 되었다
문단 5	**말년 및 죽음** • He/She devoted all his/her spare time to 동명사/명사 　그/그녀는 남는 시간을 모두 ~에 바쳤다 • resigned[stepped down] from 직무/직장 ~에서 사직했다[물러났다] • His/Her health began to fail/break up/decline/weaken/deteriorate. 　그/그녀의 건강이 나빠지기 시작했다. • by the time of his/her death in 연도 그/그녀가 사망한 ~년도 그 무렵에 • He/She died of 질병 그/그녀가 ~로 인해 죽었다 • passed away in 연도 ~년에 사망했다 **인물의 근황과 평가** • in his/her honor ~에게 경의를 표하여, ~을 기념하여 • He/She played[took] a great role in ~ 그/그녀는 ~에서 엄청난 역할을 했다 • Today, he/she is regarded as one of the greatest 복수명사 　오늘날, 그/그녀는 가장 위대한 ~ 중 하나로 여겨진다 • He/She still works[performs] in ~ 그/그녀는 ~에서 여전히 일한다[공연한다] • He/She is enjoying an active life into old age. 　그/그녀는 나이가 들어서도 활발하게 활동하고 있다.

PART 1 지문 흐름 소개

다음 지문을 읽고 키워드와 정답의 단서를 연결하여 정답을 찾아보세요   정답 및 해설 p.53

EZRA POUND

While Ezra Pound is considered one of the best poets of the 20th century, **he is well-known for** *(1번 키워드)* **his influential role in crafting the modernist movement in literature**. *(1번 정답의 단서)* As well as publishing his own work, he was a prominent literary critic who supported the early work of the major authors and poets of the time, including James Joyce, T.S. Eliot, and Robert Frost.

Pound was born in Hailey, Idaho, on October 30, 1885, and grew up outside of Philadelphia. He started college at the age 15 at the University of Pennsylvania and earned his degree from Hamilton College in 1905. After teaching for a couple of years, **he travelled abroad to Europe,** *(2번 정답의 단서)* **where he became interested in Japanese and Chinese poetry**, *(2번 키워드)* which would greatly affect his own imagery-driven style. While living in London, he married Dorothy Shakespear and became the London editor of the literary magazine *The Little Review* in 1917. Through his position, he established numerous connections between American and British writers and began shaping what would come to be modernist aesthetics.

▶ 지문에 설명되는 인물에 대해 best known과 같은 표현이 쓰인 부분을 찾습니다.

1   What is Ezra Pound best known for? 에즈라 파운드는 무엇으로 가장 유명한가?

(a) contributing to a literary movement 문학 운동에 기여한 것
(b) writing modernist poetry 모더니즘 시를 쓴 것
(c) befriending well-known authors 잘 알려진 작가들과 친분이 있는 것
(d) criticizing the work of popular writers 인기 작가들의 작품을 비평한 것

▶ 키워드인 일본의 시와 중국의 시가 언급된 부분을 찾습니다.

2   When did Pound become interested in Japanese and Chinese poetry?
파운드가 일본 시와 중국 시에 관심을 가지게 된 것은 언제인가?

(a) after moving to Pennsylvania 펜실베이니아로 이사한 후
(b) after graduating from Hamilton College 해밀튼 대학을 졸업한 후
(c) when traveling through Europe 유럽을 여행 할 때
(d) after becoming an editor of a magazine 잡지의 편집자가 된 후

어휘 정리 influential 형 영향력 있는, 유력한 craft 동 정교하게 만들다 modernist 형 모더니즘의, 근대주의의 movement 명 운동 publish 동 출판하다, 출간하다 prominent 형 유명한, 현저한 literary 형 문학의 critic 명 비평가 earn a degree 학위를 받다 affect 동 영향을 주다 imagery 명 심상, 형상, 비유적 묘사 establish 동 설립하다, 확립하다 numerous 형 수많은 shape 동 형성하다 aesthetic 명 미학

CHARLIE CHAPLIN

Charlie Chaplin was an English actor and director who rose to fame during the silent film era. He is known for his iconic comedy character "the Little Tramp," an innocent but mischievous individual dressed in a tattered suit and derby hat who appeared in numerous movies.

Charles Spencer Chaplin was born on April 16, 1889, in London, England. His childhood was difficult. His father left when he was very young, and his mother, a music hall entertainer, was often unable to provide for Charlie and his brother. However, her passion for performing inspired her son, and young Charlie soon harbored ambitions to be an actor.

Chaplin's talent secured him a spot in a British comedy troupe, but after traveling with the group to the US, his focus shifted to comic movies. In 1914, he signed a contract with Keystone Studios in Los Angeles. For one production, he chose enormous pants, an undersized coat and hat, and a fake mustache from the studio's vast costume selection. Chaplin claimed that once he put on those accessories, he knew who his new character was, and "the Little Tramp" was born.

As this new character, Chaplin rose to stardom. The Little Tramp was low in social status but possessed perfect manners, and audiences saw themselves in the character's daily struggles against authority figures. By 1918, Chaplin was earning a movie star's salary. He wrote, directed, and starred in *The Gold Rush*, a comedy that is now considered one of history's greatest silent films.

After 1927, movies began featuring sound, but Chaplin swore that audiences would never hear the Tramp talk. So, he retired the character. In 1940, he appeared in his first speaking role as the lead in the political parody *The Great Dictator*. Chaplin plays a dual role as both dictator Adolf Hitler and the barber who is mistaken for him. The barber eventually embraces the confusion, using the attention and notoriety to argue for compassion and peace over discriminatory behavior.

In later life, Chaplin was accused of having ties to Communist figures during a time when the US government viewed that political ideology as dangerous. In response, Chaplin relocated to Switzerland in political protest, where he died in 1975. Today, he is remembered as one of the greatest stars of the silent film era and as an actor who revolutionized on-screen comedy.

1. According to the article, what is Charlie Chaplin best known for?

   (a) portraying a famous historical figure onscreen
   (b) appearing in the first silent movie
   (c) producing award-winning romantic comedies
   (d) developing a humorous film character

2. Based on the second paragraph, why, most likely, did Chaplin decide to become a performer?

   (a) because he admired his mother's profession
   (b) because he was persuaded to by an acting agent
   (c) because he wanted to follow in his brother's footsteps
   (d) because he had dreams of becoming wealthy

3. Why did audiences relate to Chaplin's "Little Tramp" character?

   (a) They understood his ongoing romantic struggles.
   (b) They identified with his everyday challenges.
   (c) They aspired to reach his high social status.
   (d) They supported his respect for government authority.

4. In *The Great Dictator*, what did the barber's acceptance of his new identity allow him to do?

   (a) escape his many previous mistakes
   (b) launch a campaign for public office
   (c) encourage greater kindness in society
   (d) draw more attention to his business

5. How did Chaplin respond to the US government's accusations?

   (a) by quitting a political party
   (b) by relocating to another country
   (c) by making a protest movie
   (d) by resorting to legal action

6. In the context of the passage, shifted means _____.

   (a) worked
   (b) changed
   (c) listened
   (d) planned

7. In the context of the passage, ties means _____.

   (a) disruptions
   (b) additions
   (c) connections
   (d) intentions

GEORGIA O'KEEFFE

Georgia O'Keeffe was an American painter. She has been called the "mother of American modernism" and is best known for her paintings of natural scenes, such as flowers and landscapes, often inspired by places she knew.

Born in Sun Prairie, Wisconsin, in 1887, O'Keeffe was the daughter of dairy farmers. As a young girl, she knew she wanted to be an artist and took lessons with a local watercolor painter. She later studied in New York, where she won a scholarship to a summer school program for her painting, *Untitled (Dead Rabbit with Copper Pot)*. O'Keeffe's time in New York City enabled her to visit galleries that displayed work by experimental artists and photographers.

During these years in the city, O'Keeffe practiced a style known as imitative realism. Artists using this style tried to paint exactly what they saw, as if capturing a photograph. However, O'Keeffe grew bored with this. Later, when she met artist Arthur Wesley Dow, who believed that art should be a form of self-expression, his influence led her to create abstract paintings that focused on moods and emotions rather than realism.

She pursued this new style, later known as modernism, while working as an art teacher in South Carolina. She was among the few painters in the world skilled at creating this type of art. In 1915, she mailed some of her drawings to a friend in New York, who shared them with famous art critic, Alfred Stieglitz. Stieglitz realized that O'Keeffe's art was special and arranged high-profile showings of her work. Soon, O'Keeffe became one of the most famous artists in the nation.

O'Keeffe and Stieglitz married in 1924. Stieglitz loved his wife's art but misunderstood its meaning. He interpreted the abstract forms in her paintings as an expression of her femininity, which other critics agreed with. O'Keeffe, however, rejected this thinking as sexist and distanced herself from these ideas by painting more recognizable images.

Until her death in 1986, O'Keeffe continued to be a bold and experimental artist. She spent much of her life in New Mexico, where the harsh natural landscape inspired her. In 2014, a painting of a flower, *Jimson Weed/White Flower No. 1*, sold for $44.4 million. The continued value of her art is a reminder that she was not just an eminent female modernist but also one of the greatest artists of the twentieth century.

8. What is Georgia O'Keeffe most famous for?

    (a) creating paintings of the natural world
    (b) experimenting with different art mediums
    (c) inventing techniques for landscape painting
    (d) making sculptures using natural objects

9. When was O'Keeffe exposed to unconventional works of art?

    (a) when she was working for a photographer
    (b) when she was a volunteer at an art gallery
    (c) when she was taking lessons from a local painter
    (d) when she was a student in a major city

10. Which is NOT mentioned in the text about O'Keeffe's work after meeting Dow?

    (a) It became boring to her after a while.
    (b) It was influenced by the other artist's ideas.
    (c) It departed from her realistic art style.
    (d) It was an expression of her feelings.

11. How did O'Keeffe initially rise to fame?

    (a) by winning a notable art competition
    (b) by sharing her work with a fellow teacher
    (c) by getting the attention of an industry expert
    (d) by sending her work to a high-profile gallery

12. Based on the fifth paragraph, why, most likely, did O'Keeffe change her painting style again?

    (a) because she wanted her art to better reflect her femininity
    (b) because she was inspired by advice from her husband
    (c) because she was bothered by misconceptions about her art
    (d) because she wanted to attract the attention of critics

13. In the context of the passage, distanced means _____.

    (a) confused
    (b) separated
    (c) challenged
    (d) identified

14. In the context of the passage, eminent means _____.

    (a) casual
    (b) threatening
    (c) familiar
    (d) leading

JOSEPH LISTER

Joseph Lister was a British surgeon and medical scientist who is best known for being a pioneer of antiseptic surgery. Using Louis Pasteur's advances in microbiology as a foundation, Lister championed the use of carbolic acid to sterilize surgical instruments and clean wounds, and it became the first widely used antiseptic in the field of surgery.

Joseph Lister was born in Essex, England, on April 5th, 1827. As a child, he became a fluent reader of French and German and studied mathematics, natural science, and foreign languages at Grove House School in Tottenham. He later attended University College in London, where he studied botany and obtained a bachelor of Arts degree in 1847. He then re-enrolled as a medical student and graduated with honors as Bachelor of Medicine, which made him eligible for entry to the Royal College of Surgeons, a professional body committed to improving standards in patient care.

Lister's first offer of employment came from the Royal Infirmary of Edinburgh, where he would assist pioneering Scottish surgeon James Syme, founder of the Brown Square School of Medicine. While working under Syme's mentorship, Lister joined the Royal Medical Society and presented two well-received dissertations that are still proudly owned by the society today. He eventually married Syme's daughter, Agnes, and they spent their three-month-long honeymoon visiting leading medical institutes throughout Europe. Agnes quickly became enamored with Lister's medical research and worked as his devoted laboratory assistant for the rest of her life.

Lister eventually took on a role as the leading surgeon at Glasgow Royal Infirmary. While there, he was responsible for overseeing all wards in the infirmary's new surgical block, a relatively modern building that hospital managers hoped it would help in decreasing the number of cases of operative sepsis—a deadly blood infection that commonly affected surgery patients at the time. Their hopes were in vain, however, as Lister reported that around 50 percent of his patients died from infection. In response, Lister began developing his antiseptic surgical approach. After much experimentation, he determined that microorganisms were the cause of the infections and that carbolic acid functioned as an effective antiseptic. In 1865, he successfully employed his new methods, instructing all surgeons to spray tools and surgical incisions with carbolic acid, and the mortality rate in the wards dropped drastically from 50 to 15 percent.

Joseph Lister returned to Edinburgh in 1869, where he continued to refine his work on antisepsis and sterile surgical practices. Lister's reputation grew rapidly, and hundreds of people would attend his lectures. However, many of his peers were skeptical of Lister's findings, and medical journals such as *The Lancet* warned the entire medical community against employing his progressive ideas, largely because they were based on germ theory, which was in its infancy and not well understood at the time. Fortunately, after further refinement, Lister saw his principles gain universal acceptance, and he was subsequently awarded an Order of Merit for his work and commonly referred to as the "Father of Modern Surgery."

15. What is Joseph Lister best known for?

    (a) establishing a successful medical institution
    (b) designing effective surgical instruments
    (c) introducing antiseptics to the surgical field
    (d) significantly decreasing surgical procedure times

16. Where did Lister begin working after graduating?

    (a) University College
    (b) Royal Infirmary of Edinburgh
    (c) Brown Square School of Medicine
    (d) Glasgow Royal Infirmary

17. Based on the third paragraph, which is true about Lister's relationship with James Syme?

    (a) Syme served as Lister's assistant.
    (b) Lister and Syme founded a medical society.
    (c) Syme co-authored two dissertations with Lister.
    (d) Lister became Syme's son-in-law.

18. When did Lister begin working on his new surgical method?

    (a) while visiting medical institutes in Europe
    (b) while supervising a new hospital building
    (c) while working as a lecturer in Edinburgh
    (d) while collaborating with James Syme

19. Why was Lister's work disregarded at first?

    (a) It was not backed up by relevant data.
    (b) It was shown to be only minimally effective.
    (c) It was considered too costly to utilize efficiently.
    (d) It was based on a relatively obscure theory.

20. In the context of the passage, advances means _____.

    (a) improvements
    (b) promotions
    (c) movements
    (d) allowances

21. In the context of the passage, acceptance means _____.

    (a) admission
    (b) cooperation
    (c) permission
    (d) recognition

DAY 03 PART 2 잡지 기사문 (magazine article)

1 주제 및 출제 경향

PART 2는 사회, 과학, 환경, 정치, 지역, 기후의 주제로 연구나 조사의 결과, 과학적 발견에 관한 잡지 기사가 지문으로 출제됩니다. 신기술의 도입이나 최근 사회적인 이슈가 주제로 등장하기도 하는데, 주로 사회적 현상이나 개념에 대한 연구 실험 또는 역사에 대한 내용이 출제됩니다. 그리고 각 문단의 내용이 잘 구분되어 있어 문단마다 한 문제씩 출제되는 경우가 많습니다. 그래서 PART 2에서는 문단마다 문제의 키워드를 문제 번호의 순서대로 하나씩 찾을 수 있습니다.

2 출제 유형

주제 파악 유형

주로 PART 2의 첫 번째 문제는 지문이 무엇에 관한 글인지 묻는 주제 유형입니다.

- What is the article all[mainly] about? 기사는 모두[주로] 무엇에 관한 것인가?
- What is the main topic of the article? 기사의 주제는 무엇인가?

세부정보 유형

연구 결과나 실험 과정에서 언급된 사실이나 정보에 관련된 세부정보 유형 문제가 출제됩니다. 문제에서 언급된 키워드의 위치를 파악하고, 키워드에 대해 설명된 내용이 곧 정답의 단서입니다.

- Based on the article, how can one increase muscle in a short period of time?
  기사에 따르면, 사람은 어떻게 단기간에 근육을 늘릴 수 있는가?
- What do experts say about adopting later start times in school?
  전문가들은 학교에서 더 늦은 시작 시간을 채택하는 것과 관련해 무슨 말을 하는가?

추론 유형

지문에 언급된 사실이나 발견 및 실험 내용이 키워드로 언급이 되며, 해당 부분에서 언급되지 않았지만 해당 내용을 통해 충분히 알 수 있는 사실이 무엇인지 묻는 추론 문제가 출제됩니다.

- Why, most likely, were the study's participants asked to wear wrist monitors?
  해당 연구의 참가자들이 왜 손목 측정 장치를 착용하도록 요청 받았을 것 같은가?
- Based on the second paragraph, how, most likely, would working from home help reduce employee absence?
  두 번째 문단에 따르면, 재택 근무는 어떻게 직원 결근을 줄이는 데 도움이 될 것 같은가?

3 풀이 전략

지문의 초반에는 연구 결과 소개, 연구 조건, 실험 방식에 관한 내용이 나오고, 중반부에서 연구 결과의 특징, 글의 후반부에서는 연구 결과의 영향이나 시사점, 향후 연구과제에 대한 내용이 포함되기 때문에 각 문단마다 기대와 반대되는 결과나 강조할 만한 특징 있는 사건이 언급되면 이는 반드시 문제로 출제됩니다. 그래서 해당 내용의 세부 정보를 잘 파악하는 것이 중요합니다.

PART 2의 문제 보기에는 동의어를 이용한 패러프레이징이 자주 등장하므로 주제와 관련된 단어의 동의어를 미리 학습해두는 것도 좋습니다.

4 지문의 흐름에 따른 빈출 단서 표현

지문 순서	빈출 단서 표현
문단 1	**주제에 대한 연구 결과 또는 현상 소개** • The researchers learned[found] that ~ 연구원들은 ~을 알게 되었다[발견하였다] • Recent studies[Surveys] have found[shown] that ~ 　최근 연구들은[설문조사는] ~을 알아냈다[보여주었다] • The researchers came to conclude that ~ 연구자들은 ~라고 결론을 내리게 되었다 • Scientists[Researchers] discovered[identified] that ~ 　과학자들은[연구자들은] ~을 발견했다[확인했다] • Closer inspection proved that ~ 면밀히 조사한 결과, ~가 입증되었다 • The study was only able to conclude the difference in ~ 　그 연구는 ~에 있어 차이점만을 결론 내릴 수 있었다 • The researchers derived another conclusion from the experiment. 　연구자들은 그 실험에서 또 다른 결론을 도출했다.
문단 2	**주제에 관한 역사 / 연구 배경 및 실험 과정** • The phenomenon is called ~ 그 현상은 ~라고 불린다 • ~ devised the concept of … ~가 …에 대한 개념을 고안하였다 • It was first celebrated[announced] ~ 그것은 ~ 처음 기념되었다[발표되었다] • The researchers suspected there would be ~ 연구자들은 ~일 것을 의심했다 • The scientists estimated that ~ 과학자들은 ~이라고 추정했다 • In the study, the researchers compared ~ 그 연구에서, 연구자들은 ~을 비교했다 • A study set out to confirm ~ 한 연구가 ~을 확인하기 위해 시작되었다 • To conduct the study, researchers did an experiment involving ~ 　그 연구를 수행하기 위해, 연구자들은 ~와 관련된 실험을 했다 • The first group was asked to ~, the second group, on the other hand, was asked to ~ 첫 번째 그룹은 ~하도록 요청받았고, 반면에 두 번째 그룹은 ~하도록 요청 받았다

문단	내용
문단 3~4	**주제에 대한 특징 또는 연구 결과** • One benefit of ~ is ~의 한 가지 장점[이점]은 ~ • The finding is significant as ~ 그 연구 결과는 ~이기 때문에 중요하다 • The findings show that ~ influence … 그 연구 결과는 ~가 …에 영향을 준다는 것을 보여준다 • It was triggered by the discovery of ~ 그것은 ~의 발견에 의해 촉발되었다 • The finding could also shed light on ~ 그 연구 결과는 또한 ~을 밝혀낼 수도 있다 • The studies support ~ 그 연구들은 ~을 지지하고 있다 • The researchers found that ~ 연구자들은 ~라는 것을 발견하였다

문단 5~6	**주제 현황 / 실험이나 연구의 시사점**
	• The discovery strongly suggests that ~ 그 발견은 ~라는 것을 강력히 시사한다
	• The study has established ~ 그 연구는 ~라는 것을 규명했다
	• There was a significant difference in ~ ~사이에 유의미한 차이점이 있었다
	• The findings may explain why ~ 그 연구 결과는 왜 ~인지를 설명할 수도 있다
	• It is proving to be ~ 그것은 ~임을 증명하고 있다
	• Scholars[Experts] say ~ 학자들은[전문가들은] ~라고 말한다
	• The researchers are investigating if ~ will prevent…
	  연구자들은 ~가 …를 예방할 것인지에 대해 조사하고 있다
	• ~ faces great challenges ~은 큰 과제들을 마주하고 있다
	• The discovery[findings] can be a motivation for ~
	  그 발견[결과]는 ~에 대한 동기 부여가 될 수 있다
	• ~ continue to be useful / still in use ~은 계속해서 유용하다 / 여전히 ~ 사용된다
	• ~ became popular[widely available] ~은 유명해졌다[널리 사용 가능해졌다]
	• It has still to overcome ~ 그것은 여전히 ~을 극복해야 한다

PART 2 지문 흐름 소개

다음 지문을 읽고 키워드와 정답의 단서를 연결하여 정답을 찾아보세요   정답 및 해설 p.59

SHARKS UTILIZE EARTH'S MAGNETIC FIELD

Marine researchers from the Florida State University Coastal and Marine Laboratory have found evidence that sharks use Earth's magnetic field as they traverse the sea. Several species of sharks cross great distances to reach specific breeding grounds year after year. However, until recently, it was a mystery how they migrated across such vast distances to arrive accurately at their destinations.

It was already known in the scientific community that sea turtles exploit the magnetic field to cover tens of thousands of miles to return to their hatching grounds. Scientists speculated that sharks employed the same mechanism, but this hypothesis was difficult to support until a new project used smaller sharks in its study. A team led by marine biologist Kelley Bryant tested juvenile bonnethead sharks in magnetic displacement experiments.

1 What is the result of sharks using magnetic signals? 상어가 자기장 신호를 사용하는 것의 결과는 무엇인가?

   (a) They arrive precisely at faraway spots. 그들은 머나먼 장소에 정확히 도착한다.
   (b) They hunt of migrating turtles. 그들은 이동하는 거북이를 사냥한다.
   (c) They avoid human ships and fishers. 그들은 인간의 선박과 낚시꾼들을 피한다.
   (d) They meet with potential mating partners. 그들은 잠재적인 짝짓기 상대를 만난다.

2 Why most likely was scientists' earlier hypothesis on sharks and magnetic fields difficult to support?
   상어와 자기장에 대한 과학자들의 초기 가설이 뒷받침하기 어려웠던 이유는 무엇일 것 같은가?

   (a) because it assumed sharks followed migrating sea turtles
       상어가 이동하는 바다 거북을 따라간다고 가정하였기 때문에
   (b) because it focused on larger species of sharks as its subjects
       실험 대상으로 크기가 큰 상어 종류에 초점을 두었기 때문에
   (c) because it indicated sharks could not pick up on magnetic cues
       상어가 자기장 신호를 알아차리지 못한다는 것을 나타냈기 때문에
   (d) because it supposed that magnets confused young sharks
       자석이 어린 상어들을 혼란스럽게 하였다는 것을 가정하였기 때문에

어휘 정리 marine 형 해양의 evidence 명 증거 magnetic field 명 자기장 traverse 동 횡단하다 breeding ground 번식 장소 migrate 동 이주하다, 이동하다 hatching ground 부화 장소 speculate 동 추측하다 employ 동 사용하다 mechanism 명 매커니즘, 기법 hypothesis 명 가설 juvenile 형 젊은, 어린 bonnethead shark 귀상어의 일종 displacement 명 자리 이탈, 이동 orient oneself 자기 위치를 알다 precisely 부 정확히 assume 동 가정하다 focus on ~에 초점을 맞추다 subject 명 대상, 주제 cue 명 신호 pick up on 알아차리다 suppose 동 가정하다

WHY HOT DOGS ARE RARELY SOLD IN FAST-FOOD RESTAURANTS

Hot dogs—sausages served on a split roll—are one of America's most popular foods. Hot dogs, like hamburgers, originated in Germany, but they are now commonly associated with American cuisine. Many fast-food restaurants, such as McDonald's and Burger King, built their businesses by selling hamburgers. However, it is rare for an American fast-food chain to sell hot dogs.

So, why are fast-food hot dogs so unpopular? Although some restaurants have attempted to market hot dogs, most have been surprisingly unsuccessful. The "McHotDog" vanished from the McDonald's menu shortly after its release, and endeavors by other chains also flopped, with a newspaper review calling Burger King's hot dog "a disgusting disgrace." But, like hamburgers, hot dogs are simple to prepare, so they seem like a perfect fit for fast-food restaurants.

Interestingly, the food's preparation might be what has led to its failure. Fast-food hamburgers with buns can remain warm and edible under heat lamps for about fifteen minutes, allowing them to be ready before a customer even places an order. But hot dogs sweat moisture, turning their bread soggy very quickly. This means they must be either served to a restaurant-goer immediately or kept separate from their buns, which <u>hinders</u> service, making for long lines and unhappy patrons.

Hot dogs are also prepared differently based on regional preferences. For instance, many restaurants in Chicago, where hot dogs are loaded with toppings, discourage putting ketchup on their "dogs." But elsewhere in America, ketchup is <u>acceptable</u> as a topping. In New York, hot dogs often come with sauerkraut and, in the Southwestern United States, they are typically served with mayonnaise and bacon. These differences in local tastes make it difficult for chain restaurants to offer a single product that can be prepared quickly.

Hot dogs first became popular in the US during the early 1900s. They were often sold at seaside resorts or state fairs, so Americans came to associate them with leisure and summer weather. People enjoy grilling them at family picnics and ordering them at baseball games. A mental link between hot dogs, relaxation, and the outdoors may help explain why customers are less interested in buying them from fast-food restaurants.

1. What is the article mainly about?

   (a) the limited market for hot dogs
   (b) the increasing popularity of hot dogs
   (c) the overall history of hot dogs
   (d) the ingredients included in hot dogs

2. Based on the second paragraph, why might the failure of fast-food hot dogs be surprising?

   (a) because they are inexpensive to produce
   (b) because they are well-received by customers
   (c) because they are relatively easy to make
   (d) because they are highly rated in restaurant reviews

3. According to the article, what makes selling fast-food hamburgers convenient?

   (a) They remain edible after preparation.
   (b) They can be cooked with a heat lamp.
   (c) They require only a few ingredients.
   (d) They are prepared using basic equipment.

4. What is suggested in the fourth paragraph about hot dog toppings in the United States?

   (a) that they are only popular in certain regions
   (b) that they should be added in a specific order
   (c) that they vary widely in different parts of the country
   (d) that they have become increasingly expensive

5. How did hot dogs come to be associated with leisure?

   (a) They were initially served at baseball games.
   (b) They were originally eaten on national holidays.
   (c) They were initially eaten only in the summer.
   (d) They were originally sold at outdoor locations.

6. In the context of the passage, hinders means _____.

   (a) expands
   (b) invites
   (c) creates
   (d) delays

7. In the context of the passage, acceptable means _____.

   (a) valuable
   (b) suitable
   (c) visible
   (d) believable

WHY DID EGYPTIANS MAKE MUMMIES

One of the most common images associated with ancient Egypt is that of the mummy. Mummies, or preserved human remains, were created by Egyptians beginning about 5,000 years ago, and perhaps even earlier. Though we do not have direct records of the reasons for this practice, Egyptologists agree that these figures served a religious purpose related to beliefs about the afterlife.

The earliest Egyptian mummies may have been created unintentionally. Egypt's climate is very hot and dry, without much rain. Because of this, some bodies that were buried in the desert did not decompose. Instead, they were preserved. This discovery may have provided inspiration to the ancient Egyptians, who then began studying how to replicate this effect.

Scholars say that by as early as 2600 BCE, Egyptians were intentionally preserving the bodies of the dead. They developed techniques for drying out corpses so they would not decompose. These methods involved removing the internal organs and coating the body in natron, a type of salt, for over a month. This dried the body and kept it free of bacteria. The body was then wrapped in sheets of linen and sometimes adorned with decorations. Rich, powerful individuals were commonly mummified, then buried in elaborate tombs with numerous passageways and chambers, such as the famous pyramids.

Historians generally agree that mummification served a religious purpose. It was thought that preservation of the body would help the individual enter the afterlife. The dead person's soul, detached from the body, would be reunited with its physical form at a later time. Because the person would need their body even after death, it was important to keep it in good condition. These ideas about immortality may also be linked to the Egyptian god Osiris, who was said to have died and been reborn every year.

Ancient mummies continue to be a useful source of knowledge for modern-day researchers. Due to the success of the Egyptians at preserving human remains, scientists have been able to use x-rays and biopsies to learn about the health of ancient people, including things like diet and disease. These findings give us a richer understanding of life in the ancient world.

8. What is the article mainly about?

   (a) a method of preserving the dead
   (b) a significant archeological site
   (c) a popular myth about the afterlife
   (d) an annual religious ritual

9. Based on the article, how were the first Egyptian mummies likely created?

   (a) by being placed in freezing tombs
   (b) by being exposed to thin mountain air
   (c) by being buried deep in the sand
   (d) by being sealed in airtight coffins

10. Which is NOT mentioned about the mummification process used by ancient Egyptians?

    (a) It involved extracting parts from inside the body.
    (b) It was done over a year-long period.
    (c) It involved encasing the body in cloth.
    (d) It was customary among the upper class.

11. According to the fourth paragraph, why did ancient Egyptians believe that bodies should be preserved?

    (a) because they would be inhabited by the soul of a god
    (b) because they would be used by the deceased in the afterlife
    (c) because they would otherwise spread deadly diseases
    (d) because they would be used later in religious ceremonies

12. According to the final paragraph, what has helped scientists learn more about ancient people?

    (a) using modern equipment to mummify animals
    (b) trying to recreate the mummification process
    (c) investigating the places where mummies have been stored
    (d) carrying out medical procedures on mummies

13. In the context of the passage, coating means _____.

    (a) carrying
    (b) calming
    (c) covering
    (d) cleaning

14. In the context of the passage, elaborate means _____.

    (a) busy
    (b) temporary
    (c) secret
    (d) complex

A NEW POTENTIALLY HABITABLE EXOPLANET HAS BEEN DISCOVERED

Astronomers have found a new exoplanet—a planet located outside our Solar System—approximately 4.2 light-years from Earth. Scientists have named the planet Proxima Centauri b because it orbits a red dwarf star known as Proxima Centauri, which is the closest star to the Sun and part of the Alpha Centauri star system.

The discovery was first tentatively announced by Mikko Tuomi, a Finnish astronomer and mathematician working at the University of Hertfordshire. Tuomi detected a distinctive signal while reviewing archival information related to past observations of the Alpha Centauri star system. He believed the signal to be indicative of an exoplanet, so the European Southern Observatory assembled a team of 31 scientists from all over the world to confirm the possible discovery. The team, led by Guillem Anglada-Escudé, officially confirmed the presence of Proxima Centauri b in a peer-reviewed article in *Nature*, a British scientific journal.

Although the habitability of Proxima Centauri b is yet to be fully established, scientists have put forward several credible assumptions about the planet. Researchers at France's CNRS research institute have stated that there is a considerable likelihood that the planet harbors surface oceans and lakes similar to those found on Earth. However, as a result of radiation pressure and stellar winds that are two thousand times stronger than winds on Earth, any atmosphere the planet may have had will probably have been blown away. As a result, this would mean that the only place human beings could possibly survive would be under the planet's surface.

An opportunity to conduct a more in-depth analysis of exoplanets such as Proxima Centauri b may present itself within our lifetimes. In 2017, NASA introduced a mission concept which they named the 2069 Alpha Centauri Mission. The aim of the mission is to launch an interstellar probe by the year 2069 to search for signs of past or present life on planets around the stars in the Alpha Centauri system. The preliminary concept proposes the use of solar sails and high energy lasers to increase propulsion, but unfortunately, such technology does not yet exist and funding is yet to be secured.

15. What was the newly-discovered exoplanet named after?

    (a) the region of The Sun it is closest to
    (b) the star system it is located within
    (c) the astronomer who discovered it
    (d) the star that it orbits

16. What first indicated the existence of Proxima Centauri b?

    (a) a first-hand sighting by astronauts
    (b) a comparison of several star systems
    (c) a study of historical observation data
    (d) a collaborative international investigation

17. How was the existence of Proxima Centauri b formally acknowledged?

    (a) by holding a press conference
    (b) by making a televised announcement
    (c) by presenting data at a seminar
    (d) by publishing an article

18. Which is NOT mentioned as a characteristic of Proxima Centauri b?

    (a) It is unlikely to have an atmosphere.
    (b) It is notable for its mountainous terrain.
    (c) Its habitable regions are probably underground.
    (d) It is likely to have water on its surface.

19. What can most likely be said about NASA's 2069 Alpha Centauri Mission?

    (a) It will not include an analysis of Proxima Centauri b.
    (b) It is dependent on future technological breakthroughs.
    (c) It will be funded by several international space agencies.
    (d) Its primary aim is to establish a human colony

20. In the context of the passage, assembled means _____.

    (a) gathered
    (b) constructed
    (c) positioned
    (d) modified

21. In the context of the passage, assumptions means _____.

    (a) confirmations
    (b) acquisitions
    (c) beliefs
    (d) grabs

DAY 04 PART 3 백과사전식 지문 (encyclopedia article)

1 주제 및 출제 경향

PART 3는 67~73번 문항으로 구성되어 있으며, 백과사전에서 볼 수 있는 지문의 형식을 가지고 있습니다. 즉 동물, 식물, 지형, 기후, 특수 현상, 역사, 사회과학, IT 분야 등과 같이 광범위한 분야에서의 특정 개념을 설명하는 것이기 때문에 의견보다는 사실을 전달하는 내용이 대부분입니다. 그래서 주로 세부사항, 추론, 사실확인 유형으로 출제되므로 지문에 언급된 구체적 사실에 대해 잘 파악해야 합니다.

2 출제 유형

세부정보 유형

주제에 관해 언급된 구체적인 정보와 일치하는 보기를 고르는 유형입니다. 주제가 동/식물, 기후, 지형 등과 같은 특정 명사일 경우 같은 종류의 일반적인 것과 구별되는 특징이 반드시 문제로 출제됩니다.

- **What** caused Gallego to leave the monastery?
  갈레고가 수도원을 떠나게 한 것은 무엇이었는가?

- **According to the third paragraph, what** makes up a banyan grove?
  세 번째 문단에 따르면, 무엇이 반얀 트리 수풀을 구성하는가?

추론 유형

most likely, probably와 같은 부사가 문제에 언급되어 있는 유형으로, 지문에 설명된 정보를 토대로 알 수 있는 사실을 유추하여 정답을 골라야 합니다.

- **Why, most likely,** did Lady Tichborne believe Castro?
  티크본 부인이 카스트로를 믿었던 이유는 무엇일 것 같은가?

- **Based on the text, what can probably be said about** fig wasps?
  지문 내용에 따르면, 무화과 말벌과 관련해 언급될 수 있는 것은 무엇인가?

사실확인 유형

주제에 대한 특징 중 다수의 세부정보가 나열되어 있는 경우, 해당 정보가 보기로 제시되고 지문의 내용과 일치/불일치한 보기를 정답으로 고르는 유형이 출제됩니다.

- **According to the first paragraph, what is true about** parrotfish?
  첫 번째 문단에 따르면, 앵무고기에 대해 사실인 것은 무엇인가?

- **Which of the following is NOT** an example of accepted flag use?
  다음 중 용인되는 국기 사용에 대한 예시가 아닌 것은 어느 것인가?

3 풀이 전략

대개 각 문단마다 1문제씩 순서대로 출제되는 경향이 있으며, 지문의 제목에서 드러나는 주제에 대한 정의가 가장 먼저 언급되고, 그 뒤로 지문의 소재의 유래 또는 역사, 그리고 특징에 관한 내용으로 각 문단이 구성됩니다. 따라서 정의, 유래, 특징을 설명할 때 쓰이는 표현을 숙지하면 지문의 흐름과 의미를 쉽게 파악할 수 있습니다. 특히 어떠한 요인에 의해 발전 또는 쇠퇴 등의 변화가 발생했다는 내용은 반드시 문제로 출제되므로 해당 문제의 보기와 지문의 내용을 꼼꼼히 비교하면서 푸는 것이 효율적입니다.

4 지문의 흐름에 따른 빈출 단서 표현

지문 순서	빈출 단서 표현
문단 1	**소재의 명칭이나 정의 및 내용 소개** • ~ is the best-known… ~는 가장 많이 알려진 …이다 • ~ is the world's most… ~는 세계에서 가장 …하다 • ~ is also known as… ~는 또한 …로 알려져 있다 • ~ was designed by… ~는 …에 의해 고안되었다 • ~ is located in/on… ~는 …에 위치해 있다
문단 2	**발견이나 유래 및 기원, 생성 과정 및 원인** • ~ was discovered by … ~는 …에 의해 발견되었다 • ~ can be found in … ~는 …에서 발견될 수 있다 • ~ began on… ~는 …에 시작되었다 • date back to 시간: ~까지 거슬러 올라간다 • There is no agreement about the origins of ~ ~의 기원에 대해 일치된 의견은 없다 • ~ was previously introduced… ~는 이전에 …으로 도입됐다 • Historians believe that ~ originated[derived] from … 역사학자들은 ~가 …에서 유래했다고 생각한다
문단 3~4	**구성 및 특징, 발전** • is made up of / is composed of / consist of ~로 구성되어 있다 • ~ is characterized by… ~는 …라는 특징이 있다 • ~ is considered one of the 최상급: ~는 가장 …한 것 중 하나로 여겨진다 • result in ~ ~를 초래하다 • It features ~ 그것은 ~을 특징으로 가진다 • The results[studies] revealed that ~ 그 결과, ~인 것이 드러났다 • Studies has shown that ~ 여러 연구에서 ~라는 것을 보여주었다 • It is now believed that ~ 그것은 오늘날 ~로 여겨진다

현황 및 앞으로의 전망

문단 5~6

- **Today, ~ continue to be …** 오늘날, ~은 계속해서 … 하다
- **~ was chosen as…** ~는 …로 선정되었다
- **~ is found in large numbers in the majority of …** ~는 대다수 …에서 많이 발견된다
- **~ are unlikely to become endangered** ~는 멸종할 것 같지는 않다
- **It is visited by millions of people every year.** 그곳은 매년 백만 명의 사람들이 방문하는 곳이다.
- **It is one of the most visited tourist spots ~**
  그곳은 가장 많은 사람들이 방문하는 관광지 중에 한 곳이다
- **~ became a popular tourist destination** ~는 인기 있는 관광지가 되었다
- **Public interest in ~ spread globally** ~에 대한 대중들의 관심이 세계적으로 퍼졌다
- **~ was organized into…** ~는 …로 조직되었다
- **~ accepted its growing popularity** ~는 점점 인기가 증가하고 있다
- **~ became popular in…** ~가 …에서 인기를 얻어가고 있다
- **~ may soon be endangered/extinct** ~는 곧 멸종의 위험에 처해질 수 있다
- **It is rare to find ~ in …** ~을 …에서 발견하는 것은 드물다
- **~ have a considerable impact on …** ~는 …에 상당한 영향을 미친다
- **~ estimates that there are around 숫자:** ~는 ~ 정도가 있는 것으로 추정된다

PART 3 지문 흐름 소개

KOALA

The koala is Australian native animal, and well-known as a symbol of Australia. It is found in coastal areas of the mainland's eastern and southern regions, inhabiting Queensland, New South Wales, Victoria, and South Australia. The name comes from the word of the Australian native language, meaning "drink no water" because it keeps fluid intake by not drinking water but eating leaves. It is small about 60 to 85cm in length and 4 to 15 kilograms in weight. Most of female koalas are about 50cm bigger than male. Its fur color ranges from silver grey to brown.

Koalas are one of the few mammals that eat eucalyptus leaves. These leaves are not very nutritional and are in fact poisonous to most animals. To digest eucalyptus leaves, koalas have several unique adaptations. First, koalas have a very slow metabolism, meaning that food can remain in their digestive system for a long time. This lets koalas take as much energy as possible from the food they eat. It also means that koalas do not use much energy. They move slowly, and they sleep around 20 hours a day. Another adaptation is a special organ called the caecum. This organ aids koalas in digesting the fiber-rich leaves.

1. Why did the Koala get its name? 코알라가 그 이름을 얻게 된 이유는 무엇인가?
   (a) because it is a symbol of Australia 호주의 상징이기 때문에
   (b) because it inhabits coastal areas 해안 지역에 서식하기 때문에
   (c) because it lives on eucalyptus leaves 유칼립투스 잎을 먹고 살기 때문에
   (d) because it doesn't drink water 물을 마시지 않기 때문에

2. Based on the article, which is NOT true about koalas? 기사에 따르면, 코알라에 대해 사실이 아닌 것은 어느 것인가?
   (a) They sleep for the majority of the day. 하루 중 대부분의 시간 동안 잠을 잔다.
   (b) They take a long time to digest food. 음식을 소화시키는 데 오랜 시간이 걸린다.
   (c) They eat a specific type of eucalyptus leaf. 특정한 종류의 유칼립투스 잎을 먹는다.
   (d) They have a special digestive organ. 특별한 소화 기관을 가졌다.

어휘 정리 native 형 토착의, 원주민의 symbol 명 상징 costal 형 해안의 inhabit 동 ~에서 서식하다 fluid intake 수분 섭취 not A but B: A가 아니라 B length 명 길이 range from A to B: A에서 B까지 다양하다 nutritional 형 영양이 있는 poisonous 형 독이 있는 digest 동 소화시키다 adaptation 명 적응 metabolism 명 신진 대사 digestive 형 소화의 organ 명 장기, 신체 기관 caecum 명 맹장 aid 동 돕다 fiber-rich 섬유질이 풍부한 live on ~을 먹고 살다 majority 명 대다수, 대부분

THE CATHEDRAL OF JUSTO GALLEGO

The Cathedral of Justo Gallego, also called "the Cathedral of Junk," is a religious building in Madrid, Spain. Covering 8,000 square feet, with a dome rising 130 feet in the air, it was created nearly single-handedly as an act of spiritual devotion by a former monk.

Justo Gallego joined a monastery as a young man. In 1961, after falling ill with tuberculosis, he requested permission to leave his religious order and seek treatment. Gallego vowed that if he survived his condition, he would realize his dream of building a religious shrine. He recovered and, without any formal training, began building the cathedral on land that he had inherited from his family.

Gallego designed the building in an unusual style. He avoided straight lines in his plans, instead favoring curves and circles. As an explanation for this design, Gallego stated that God made all things round, including the planets and the earth. He also used unusual construction techniques. To make the cathedral's columns, he filled empty paint cans with concrete. To make stained glass windows, he smashed discarded colored glass into tiny pieces, then painstakingly glued the fragments into complex patterns.

Most of the materials used for the cathedral were recycled everyday objects or surplus materials donated by local companies. Though Gallego mainly funded his work through donations, he also received $45,000 from the Coca-Cola Company, which used his partially built cathedral in an advertisement. Following the commercial, approximately 1,000 tourists began visiting the cathedral each day.

For decades, Gallego worked on the cathedral daily, with little outside assistance. When local authorities deemed the building to be structurally unsound, there were fears that, when Gallego died, the still-unfinished building would be demolished. To avoid this, Gallego arranged to donate the building to a nonprofit agency. After Gallego's death in 2021, the organization began making repairs, saving the cathedral from destruction. Its members committed to completing the cathedral, and construction is ongoing to this day, according to Gallego's plans. However, the building is not registered as a church. Instead, it serves as a meditative space for followers of all religions.

1. Based on the first paragraph, why did Justo Gallego probably build the cathedral?

   (a) to raise awareness of recycling
   (b) to show his religious faith
   (c) to stay active in retirement
   (d) to attract tourists to his home

2. What caused Gallego to leave the monastery?

   (a) He experienced a disturbing dream.
   (b) He was ordered to by his supervisor.
   (c) He needed to address a serious illness.
   (d) He was advised to by a family member.

3. Based on the third paragraph, what probably influenced Gallego's choice for the style of the cathedral?

   (a) his desire to simplify its construction
   (b) his attempt to model it after a famous building
   (c) his goal for it to be attractive to visitors
   (d) his effort to imitate natural shapes in its design

4. Why did the Coca-Cola Company contribute to Gallego's building costs?

   (a) because it used the site in promotional materials
   (b) because it had to pay for damage it caused
   (c) because it wanted to make a charitable donation
   (d) because it put advertisements up at the location

5. How did a nonprofit agency save the cathedral?

   (a) by registering it as a church
   (b) by purchasing it from the owner
   (c) by opening it to the public
   (d) by making it structurally safe

6. In the context of the passage, surplus means _____.

   (a) costly
   (b) written
   (c) extra
   (d) learning

7. In the context of the passage, deemed means _____.

   (a) judged
   (b) hoped
   (c) promised
   (d) forced

PEACHES

The peach tree, or *Prunus persica*, is a deciduous tree that grows a sweet, fleshy fruit. The tree has been domesticated for thousands of years and provides an important fruit crop for many across the world.

The peach belongs to the genus Prunus, which also includes fruit trees such as cherry and apricot. It requires both moderately cold winters and warm summers in order to mature into a fruit-bearing tree, since blossoming is triggered by a period of cold. This means that peach trees cannot usually grow in tropical areas unless they are at high altitudes. Typically, peach trees begin fruiting after three years and can live for up to twenty.

Historians believe that the peach originated in China and was first cultivated as a crop in Zhejiang Province as early as 6000 BCE. The fruit later spread throughout Asia and into the Middle East, Europe, and North America. Because the peach grew so well in Persia, or modern-day Iran, the Romans thought that the fruit had originated there. They referred to the fruit as the "Persian apple," and this is the source of the persica part of its scientific name.

In addition to being a delicious food, peaches have occupied an important place in the cultures of Asia and Europe. In Chinese mythology, for example, the fruit has been associated with immortality. Legend tells of a celebration called the Feast of Peaches, which occurred every 6,000 years. The gods would gather to consume peaches that helped maintain their eternal life. Later, when peaches arrived in Europe, painters such as Vincent van Gogh and Claude Monet featured the fruit in many of their works. The beautiful peaches in these artworks came to be associated with ideas about health and well-being.

Today, peaches continue to be an important food item in many countries. However, peach crops are threatened by the changing global climate. Because peaches require such specific climatic conditions, seasonal temperature fluctuations have harmed the crop in recent years, endangering this economically and culturally significant fruit.

8. What is the article mainly about?

   (a) the different characteristics of a type of fruit
   (b) the economic impact of an important fruit crop
   (c) the different varieties of a type of fruit
   (d) the sudden decline of a common fruit crop

9. According to the article, what enables peach trees to grow fruit?

   (a) being situated in a specific type of soil
   (b) receiving regular amounts of rainfall
   (c) being planted during a particular season
   (d) experiencing a well-timed change in temperature

10. Where did the peach get part of its scientific name?

    (a) from an ancient myth about its creator
    (b) from the region where it was first found
    (c) from a mistaken belief about its origins
    (d) from the person who first discovered it

11. Based on the article, how did peaches come to be associated with eternal life?

    (a) through their documented use in ancient medicines
    (b) through their portrayal in legends as a divine food
    (c) through their recurring presence in ancient poetry
    (d) through their depiction in many famous paintings

12. Why, most likely, have supplies of peaches been reduced in recent years?

    (a) The fruit is being damaged by invasive pests.
    (b) The trees have been affected by environmental shifts.
    (c) The fruit is spoiling faster due to new diseases.
    (d) The trees have been threatened by the logging industry.

13. In the context of the passage, cultivated means _____.

    (a) farmed
    (b) impacted
    (c) finished
    (d) removed

14. In the context of the passage, occupied means _____.

    (a) stolen
    (b) regained
    (c) held
    (d) symbolized

SANTORINI

Santorini is an island in the South Aegean Sea, located approximately two hundred kilometers off the southeast coast of Greece. These days, the island is known for its breathtaking panoramic views, romantic sunsets, and steep cliffs of volcanic rock. However, its most instantly recognizable feature is the stunningly bright white and blue paintwork of the homes and businesses that comprise the capital city of Fira and several villages such as Oia. Santorini was originally home to an ancient Minoan civilization, and the island has a rich history stretching back as far as 3600 BC.

Archaeological excavations have shown that a flourishing civilization existed at a settlement named Akrotiri during the Minoan Bronze Age. This civilization thrived economically due to its strategic position on the primary sailing route between Cyprus and Crete, which made it an integral trading port, particularly for copper. Akrotiri's prosperity continued for several centuries, and the population introduced an advanced drainage system, paved streets, and more sophisticated crafting techniques. This period of growth came to an abrupt end, however, when a catastrophic volcanic eruption occurred in the 16th century BC. Radiocarbon dating indicates that the eruption took place between 1645 and 1600 BC, although archaeological evidence suggests that it took place around 1500 BC.

The Minoan eruption devastated the entirety of Santorini and left it deserted for several centuries until the Phoenicians founded a settlement on the island. During the 9th century BC, Santorini became a colony for the Dorians, an ethnic group originating from Sparta in Ancient Greece. The island changed hands several times during the subsequent Medieval and Ottoman periods, being ruled at various points by the Romans, the Turks, and the Greeks. Under Greek rule, the island again thrived during a period of prosperity in the 19th and 20th centuries, despite being briefly occupied by Italian forces during the Second World War. Its shipping trade flourished, and its exports of goods such as wine, textiles, and agricultural produce were in high demand. Sadly, another catastrophic volcanic eruption and earthquake brought an end to this prosperity in 1956, resulting once again in large-scale desertion and economic collapse of the island.

Starting in 1970, reconstruction efforts commenced on Santorini, with a new focus on tourism rather than trade. The fledgling tourism industry had an immediate impact and Santorini saw rapid growth in its economy and population. Once regarded as reminders of the island's violent and harrowing past, the volcanic caldera and cliffs now form a scene of stunning natural beauty, and the site of the ruined Akrotiri is regarded as a site of significant historical importance. Today, Santorini receives more than 2 million visitors annually, and the island is frequently included on published lists of the world's top travel destinations.

15. Which of the following features is Santorini most well-known for?

    (a) the view of the Greek coastline
    (b) the quality of its produce
    (c) the diversity of its wildlife
    (d) the color of its buildings

16. What allowed Akrotiri to flourish economically?

    (a) Its export of domestic products
    (b) Its convenient location on a trade route
    (c) Its advances in local infrastructure
    (d) Its conquest of Cyprus and Crete

17. Based on the article, what can be said about the Minoan eruption?

    (a) It left Santorini as the region's main trader.
    (b) It decimated the Dorian population.
    (c) It caused extensive damage to Cyprus.
    (d) Its precise date remains unknown.

18. According to the article, what was the reason for Santorini's economic collapse in the 20th century?

    (a) decrease in trading
    (b) a wartime invasion
    (c) a natural disaster
    (d) a political coup

19. What can most likely be said about Santorini's emergence as a tourism destination?

    (a) It is likely to result in environmental damage.
    (b) It has done little to reinvigorate the local economy.
    (c) It has renewed the island's position as a trading center.
    (d) It stemmed from some unfortunate historical events.

20. In the context of the passage, catastrophic means _____.

    (a) disastrous
    (b) huge
    (c) contagious
    (d) historic

21. In the context of the passage, founded means _____.

    (a) located
    (b) established
    (c) comprised
    (d) commemorated

DAY 05 PART 4 비즈니스 편지 (business letter)

1 주제 및 출제 경향

PART 4는 회사의 상품이나 서비스 소개, 설명, 이직 또는 구직을 위한 입사지원, 행사 초대 및 행사 기획, 불의의 사고로 인한 사과 대처 방안, 감사의 인사 등에 관한 내용이 담겨 있습니다. 주로 편지의 목적, 세부정보, 추론 문제가 출제되며, 일상생활이나 업무에 관한 내용이기에 비교적 쉬운 내용으로 출제됩니다.

2 출제 유형

편지의 목적 유형

주로 첫 번째 문제는 편지의 발신자가 편지를 쓴 이유나 목적을 묻는 문제로 출제됩니다. 주로 첫 번째 문단에서 정답의 단서를 찾을 수 있으며, 첫 문단에 단서가 없는 경우 다른 문단에서 편지 수신자에 대한 요청사항을 찾아야 합니다.

- **Why did** Claire Stacey **write** Stan Watson **a letter**?
- **Why is** Claire Stacey **writing[sending]** Stan Watson **a letter**?
  클레어 스테이시가 스탠 왓슨에게 편지를 쓴[보내는] 이유는 무엇인가?
- **What is the purpose of the letter**? 편지의 목적은 무엇인가?

세부정보 유형

편지의 주제에 관련된 서비스, 행사, 채용 과정 등 세부정보에 대한 문제가 출제됩니다.

- **Why** did Mercer Office Supplies suffer a computer glitch?
  머서 사무용품점은 왜 컴퓨터 결함을 겪었는가?
- **According to the third paragraph, why** was Horace impressed with the Marigold Hotel?
  세 번째 문단에 따르면, 호레이스가 마리골드 호텔에 감명 받았던 이유는 무엇인가?

추론 유형

편지에서 언급된 내용 중에서 유추할 수 있는 사실을 정답으로 고르는 문제가 출제되며, 편지의 수신자가 특정 경우에 할 일을 묻는 문제가 출제되기도 합니다.

- **What, most likely,** is Derek's concern about working out at the fitness center?
  피트니스 센터에서 운동하는 것에 대한 데릭의 걱정은 무엇일 것 같은가?
- **What most likely will** Terry **do after** he finds the receipt?
  영수증을 찾은 후에 테리는 무엇을 할 것 같은가?

3 풀이 전략

편지의 처음과 마지막에 적힌 이름과 소속 및 직책을 보고 수신인과 발신인의 이름과 관계를 파악하는 것이 문제 풀이에 용이합니다. 그 이유는 문제에서 수신인과 발신인의 이름으로 지칭하여 편지를 쓴 목적과 세부정보를 묻기 때문입니다. 또한 미리 목적과 요청 사항을 나타내는 표현을 숙지하면 쉽게 지문의 내용을 파악하고 문제를 풀 수 있습니다. 세부정보 및 추론 유형의 문제에서 매력적인 오답이 자주 제시되므로 보기의 내용에 대한 사실 여부를 지문과 꼼꼼히 대조하여 판단해야 합니다.

4 지문의 흐름에 따른 빈출 단서 표현

지문 순서	빈출 단서 표현

문단 1	**편지 발신인의 소개 및 편지의 목적**
	• I'm writing[sending / contacting you] (this letter) to ~
	  저는 ~하기 위해 편지를 씁니다[보냅니다/연락을 드립니다]
	• This is to inform[let know / advise] you that ~
	  이것은 당신에게 ~라는 것을 알려 드리기 위한 것입니다 / 조언을 드리기 위해서입니다
	• I want to extend my appreciation to ~ 저는 ~에게 저의 감사를 표하고 싶습니다
	• We at [업체명] can/would like to help you ~
	  저희 [업체명]에서는 당신이 ~하는 것을 도와드릴 수 있습니다/도와드리고 싶습니다
	• Thank you for contacting us for ~에 대해 저희에게 연락주셔서 감사합니다
	• I am grateful for ~ 저는 ~에 대해 감사합니다

문단 2~4	**요청 사항** • We would be grateful if you could… 만약 …해주실 수 있다면 감사하겠습니다 • It would be appreciated if you could… 만약 … 해주실 수 있다면 감사하겠습니다 • I would be delighted to …. 제가 ~한다면 기쁠 것입니다 • I would be willing to …. 제가 기꺼이 ~하겠습니다 • We also would like to ~ 저희는 또한 ~하고 싶습니다 • You are required[advised] to ~ 귀하는 ~하는 것이 요구됩니다/권고됩니다 **불만 제기 및 답변, 부정적인 소식** • wish to draw your attention to …. ~으로 귀하의 관심을 끌 수 있길 바랍니다 • I am writing to complain about …. ~에 대해 불만을 제기하기 위해 글을 씁니다 • I am writing to express my dissatisfaction with …. ~에 대한 저의 불만족을 표현하고자 글을 씁니다 • In response to your complaint that ~라는 귀하의 불만에 대한 응답으로 • We regret that …. ~인 것을 유감스럽게 생각합니다 • We regret to inform you that …. 당신에게 ~를 알려드리게 되어 유감입니다 • I would like to apologize for ~ ~에 대해 사과를 드리고 싶습니다

향후 일정과 편지 첨부물 및 연락처 안내

- Should you have any questions[concerns] regarding ~ 만약 ~에 관해 질문[우려]가 있으시다면
- To compensate for the inconvenience we have caused you, we will ~
  저희가 초래한 불편에 대해 보상을 해드리기 위해서, 저희는 ~하겠습니다
- I have enclosed in this letter a copy of ~ 저는 이 편지에 ~의 복사본을 동봉하였습니다
- You can e-mail your response to me at ~. 당신은 저에게 ~로 이메일로 답변을 주셔도 됩니다
- You can reach[call] me at ~ 당신은 저에게 ~로 전화하셔도 됩니다
- Please give me a call at ~ ~로 저에게 전화해주시기 바랍니다

문단 5~6

맺음말

- Last but not least 마지막으로 덧붙일 중요한 말은
  (여러 항목을 열거하는 중 마지막으로 언급하는 것이 앞서 언급한 것과 동일하게 중요함을 나타내는 표현)
- We look forward to hearing from you. 당신에게 답을 듣는 것을 고대합니다.
- Your prompt reply will be appreciated. 당신의 즉각적인 답변은 감사히 여겨질 것입니다.
- Please contact me if you have further questions.
  질문이 더 있으시면 저에게 연락하시기 바랍니다.
- Do not hesitate to contact me. 저에게 연락하는 것을 망설이지 마세요.

PART 4 지문 흐름 소개

연습문제

다음 지문을 읽고 키워드와 정답의 단서를 연결하여 정답을 찾아보세요. 📖 정답 및 해설 p.72

Customer Service
Denovo Telecommunications Inc.
541 Queen's Road
Rochester, New Hampshire 61189

To whom it may concern,

I'm contacting you regarding a recent problem [1번 키워드] with my cable television service and the [1번 정답의 단서] subsequent invoice I received. During the last month of August, I ordered the television show that has the ID Code #3568, but I actually received access to show #3586, *World of Nature*. I assume the codes were listed incorrectly on your selection menu, because I definitely entered the correct code when ordering. Show #3568 still remains locked and inaccessible on my TV menu screen. [2번 정답의 단서] I'd appreciate if you could [2번 키워드] unlock the show I wanted [2번 정답의 단서] so that I can begin watching it this month.

Regards,

Linda Pincher

↳ 편지 발신인인 핀처 씨가 언급하는 problem을 찾아 그 내용을 알아봅니다.

1 What problem did Ms. Pincher describe in her letter? 핀처 씨가 편지에서 무슨 문제를 설명하였는가?

(a) Her cable television equipment has malfunctioned. 그녀의 케이블 텔레비전 장비가 제대로 작동하지 않았다.
(b) Her monthly invoice was much higher than expected. 그녀의 월간 청구서가 예상보다 훨씬 높게 나왔다.
(c) She does not know how to use the TV menu. 그녀는 TV 메뉴 사용법을 모른다.
(d) She was given access to the wrong show. 그녀는 잘못된 쇼에 대한 접근권을 받았다.

↳ 편지 수신인이 요청 받은 것이 무엇인지 묻는 것이므로
↳ 편지에서 요청에 관련된 표현을 찾아봅니다.

2 What is the recipient of the letter asked to do? 편지의 수신자는 무엇을 하도록 요청 받는가?

(a) cancel Ms. Pincher's cable television service 핀처 씨의 케이블 텔레비전 서비스를 취소한다
(b) correct the wrong invoice and send it to Ms. Pincher 잘못된 청구서를 수정하고 그것을 핀처 씨에게 보낸다
(c) rectify Ms. Pincher's access to show #3568 3568번 쇼에 대한 핀처 씨의 접근권을 수정한다
(d) unlock *World of Nature* show for Ms. Pincher 핀처 씨에게 <자연의 세계> 쇼를 잠금 해제한다

어휘 정리 subsequent 형 그 다음의, 차후의 invoice 명 청구서 access 명 접근권, 접촉 기회 assume 동 추정하다, 사실이라고 믿다 incorrectly 부 부정확하게, 틀리게 enter 동 기입하다, 입력하다 remain 동 (~한 상태로) 남아 있다 locked 형 잠겨진 equipment 명 장비 malfunction 동 제대로 작동하지 않다 be given 받다 recipient 명 수신자 rectify 동 바로 잡다, 수정하다 unlock 동 (잠긴 것을) 열다, 잠금 해제 하다

TO: Baggage Services <baggageservices@defiantair.com>
FROM: Emma Lewis <emma.lewis@sparklemail.com>
SUBJECT: Baggage Issue

Dear Sir or Madam:

Last Sunday, I flew from Tokyo to Los Angeles aboard Defiant Airlines. When I arrived in Los Angeles, my luggage was declared lost. It has been three days now, and I have still not received it. I am contacting the Baggage Services Department to resolve the issue.

When my suitcase failed to appear on the carousel, I went to the nearest Defiant desk to seek assistance. However, upon hearing my situation, staff suggested only that I wait in case someone had taken it by accident. Apparently, such errors are often noticed within minutes, and bags are quickly returned. I waited as instructed, but without success.

After returning to the desk, I was given a claim number. The agent then told me that if my suitcase could not be located and returned within twenty-four hours, I would be given a voucher to purchase clothing. This was helpful but insufficient, as I needed replacement items immediately. I was traveling for business, and I hadn't worn my usual professional clothing because it was such a long flight.

Furthermore, I am an architect, and I had packed miniature architectural models for my imminent project, a multi-million-dollar skyscraper in Los Angeles. When my luggage failed to reach its destination, I was forced to put off meetings with my biggest client, placing my project in jeopardy. If the models are not returned, I will have to reproduce them, and this will involve considerable expense, for which I will hold Defiant responsible.

I have called Defiant daily without receiving any updates. Should my luggage be permanently misplaced, I will be forced to sue your airline for all damages inflicted on me by the loss. Therefore, if my suitcase is not returned to me, you will hear from my attorney.

Sincerely,

Emma Lewis

1. Why is Emma Lewis writing to Defiant Airlines?

   (a) to inquire about luggage restrictions
   (b) to complain about damaged property
   (c) to get excess baggage fees refunded
   (d) to locate belongings lost on a trip

2. What did the staff suggest may have occurred?

   (a) Emma put the wrong label on her case.
   (b) Another passenger mistook Emma's luggage for their own.
   (c) Emma waited in the wrong location.
   (d) A staff member dropped Emma's bag in error.

3. Why, most likely, did Emma require additional clothing?

   (a) because she had professional engagements to attend
   (b) because she had been unprepared for the cold weather
   (c) because she had left her jacket on the plane
   (d) because she had traveled in her business suit

4. What put Emma's architectural project at risk?

   (a) the loss of several valuable documents
   (b) the need to postpone meetings with a client
   (c) the accidental breakage of her models by the airline
   (d) the fact that she was unable to reach her coworkers

5. According to the letter, what will Emma do if the situation is not resolved?

   (a) refuse to fly with the airline again
   (b) call the airline every day for updates
   (c) bring a legal case against the airline
   (d) visit the airline's offices in person

6. In the context of the passage, insufficient means _____.

   (a) unsatisfactory
   (b) inaccurate
   (c) unavoidable
   (d) included

7. In the context of the passage, imminent means _____.

   (a) finished
   (b) affordable
   (c) common
   (d) upcoming

To: Burt Greenie <b.greenie@greenunicorn.net>
From: Dr. Tess Burrell <t.burrell@smilodonvet.com>
Subject: Taking Care of Spot

Dear Mr. Greenie,

This is Dr. Burrell, your veterinarian, following up about your visit today. As I mentioned earlier, your dog Spot has a bit of an upset stomach, but this is nothing serious. Following the instructions below should get Spot feeling better in no time.

First, remember to keep Spot relaxed and rested. This probably won't be difficult because he seems very tired from his illness. Limit his exercise to three short walks per day, plus additional outside time whenever he needs to go to the bathroom. We don't want him outside chasing after squirrels all day, as he needs to save his energy for recovery.

Remember to give him the pills that I prescribed today. These will help settle his upset stomach. It can be difficult to get dogs to swallow pills, so be patient. The best thing to do is put the pill in some soft dog food or a favorite treat and trick him into swallowing it. Try to use a healthy treat.

Finally, feed Spot a bland diet for a few weeks to boost his recovery. Rather than giving him his regular dog food, try plain white rice and boiled, skinless chicken, which will still provide a nutritious meal. You can also mix in pureed pumpkin from a can, like you would use for making pumpkin pie. Make sure it's plain pumpkin, though, without any added spices that could irritate his stomach. After recovery, you may resume feeding Spot his regular diet.

Following these tips should put Spot on the path to a quick recovery. If you have any other concerns or his condition doesn't improve over the next three days, please call me at the clinic. I will have my assistant check in after a few days. I hope Spot feels better soon.

Best,

Dr. Tess Burrell

8. Why is Dr. Burrell writing to Burt Greenie?

   (a) to identify the symptoms of his dog's current illness
   (b) to ask for details of his dog's current routine
   (c) to suggest ways to prevent his dog's frequent stomach bugs
   (d) to give him advice for his dog's recovery

9. According to the letter, why would it be easy to keep Spot relaxed?

   (a) He dislikes going outside most of the time.
   (b) He lacks energy due to his health issues.
   (c) He naturally has a quiet temperament.
   (d) He is taking medicine that makes him sleepy.

10. How does Dr. Burrell suggest getting the dog to take medication?

    (a) by hiding it in appetizing food
    (b) by following it with a treat
    (c) by cutting it into smaller pieces
    (d) by mixing it into his water bowl

11. Why, most likely, does Dr. Burrell recommend pausing Spot's regular diet?

    (a) to adjust his meals for more nutritional value
    (b) to remove the cause of his stomach irritation
    (c) to increase his chances of healing quickly
    (d) to avoid a reaction with his medications

12. According to the letter, what should Burt do if his pet does not get better after three days?

    (a) take the dog to an emergency care clinic
    (b) get in touch with the veterinarian directly
    (c) bring the dog for a follow-up appointment
    (d) call the doctor's assistant immediately

13. In the context of the passage, settle means _____.

    (a) calm
    (b) push
    (c) fill
    (d) touch

14. In the context of the passage, bland means _____.

    (a) constant
    (b) liquid
    (c) popular
    (d) mild

April 23rd
Mr. Douglas Alford
Chief Executive Officer
Drummond Toys Inc.

Dear Mr. Alford,

I have been following the latest news of your new Brightones range of educational toys with great interest. I was very sorry to hear of the mass recall you were forced to issue due to product defects and the subsequent backlash from consumers and the press. Highly publicized crises like this can be tremendously damaging to a company's reputation and market position.

As the events unfolded over the past few days, I grew increasingly aware that my company is in a fortunate position to be of service to you. Here at REX Communications, we specialize in PR crisis management for businesses in the retail and manufacturing sectors. We can provide a wide array of crisis management services, including a full risk assessment consultation, management of Web site content, staff training for media appearances, and development of press releases and official statements. We are proud to say that we have worked with more than half of the country's top 100 retail and manufacturing firms in similar circumstances to yours.

At this moment, you must be wondering what your first step should be to avoid further damage to your company's reputation and market standing. In my opinion, the most impactful way to do this is to carefully manage all engagement through your social media platforms. This is something I have vast experience in, and should you decide to work with us, this would be the first phase of my strategy.

I would highly recommend that we meet in order to discuss what my company can do for you in more depth. This would give me an opportunity to describe similar cases where we have successfully handled the PR of large corporations in order to prevent any further damage to a brand.

Should you be interested in my proposal, you may reach me at 782-5559. You may also wish to visit us at www.rexcommunications.com to familiarize yourself with our full range of services. I hope I can be of service to you.

Sincerely,

Martin Milburn
Director of Client Services
REX Communicationst

15. What is the purpose of Martin Milburn's letter to Douglas Alford?

    (a) to praise a new range of products
    (b) to offer advice on product design
    (c) to inform him of some complaints
    (d) to propose a business relationship

16. What service is not offered by REX Communications?

    (a) employee training
    (b) online content management
    (c) financial advice
    (d) creation of statements

17. How can REX Communications most likely be described?

    (a) It has assisted many of the leading retailers.
    (b) It specializes in designing business Web sites.
    (c) It was ranked as one of the country's top 100 firms.
    (d) It has worked with several PR firms in the past.

18. Why is Martin Milburn offering to manage Drummund Toys' social media platforms?

    (a) to reach out to a broader range of potential customers
    (b) to give the company an edge over its competitors
    (c) to prevent further damage to the company's reputation
    (d) to address recent concerns over the workplace conditions.

19. Why, most likely, is Mr. Milburn suggesting that he and Mr. Alford meet?

    (a) to discuss career options in retail
    (b) to celebrate a successful merger
    (c) to negotiate the details of a deal
    (d) to consider ways to improve products

20. In the context of the passage, backlash means _____.

    (a) contrast
    (b) complaint
    (c) refusal
    (d) cancellation

21. In the context of the passage, cases means _____.

    (a) representatives
    (b) incidents
    (c) containers
    (d) studies

10일 단기공략 지텔프 공식 기출 32-65+

청취
5 DAYS

청취 기초 다지기: 청취 영역 소개 및 기초 질문 듣기

DAY 06 질문의 키워드 듣고 메모하기

DAY 07 음원 듣고 정답 찾기

DAY 08 청취 질문 유형별 공략

DAY 09 PART 1, 2 공략하기

DAY 10 PART 3, 4 공략하기

청취 음원 리스트

청취 출제 유형과 문항수

지텔프 Level 2 청취 영역은 53~80번에 해당하며, 총 26문제가 출제됩니다. 청취 시험은 총 4개의 PART로 나뉘어 출제되고, 각 PART는 약 6분 20초 내외의 분량이며, 6~7문제가 포함되어 있습니다. 청취 시험의 특징은 문제지에 문제가 인쇄되어 있지 않기 때문에 청취 음원에서 들려주는 문제를 듣고 반드시 메모의 형태로 받아 적어야 한다는 것입니다. 출제 유형은 4개의 PART에 모두 주제 및 목적, 세부 정보, 추론 유형으로 골고루 출제됩니다.

파트	내용	문항 개수
PART 1	[2인(남, 여) 대화] 일상 주제	총 7문항
PART 2	[1인 담화] 행사(event)에 관한 설명	총 6문항
PART 3	[2인(남, 여) 대화] 두 대상의 장점과 단점 비교 (advantage, disadvantage)	총 6문항
PART 4	[1인 담화] 특정 주제에 대한 설명(특징 열거 또는 과정 나열)	총 7문항

청취 학습 전략

문법과 독해에서 고득점을 받는다면 청취에서 하나의 보기로 답안지를 작성하여도 20점~25점의 점수를 얻어 총점 195점을 받을 수 있지만, 항상 변수에 대비해야 합니다. 여기서 변수는 독해 영역에서 지나치게 어려운 주제의 지문이 출제되는 경우입니다. 이러한 경우를 대비하여, 청취 영역시간에는 청취 영역을 적극적으로 풀이할 것을 권장합니다. 물론 지문이 길고 문제도 적혀 있지 않기 때문에 어렵겠지만, 한 지문에서 첫 3문제는 지문의 앞부분에서 키워드만 듣게 되면 바로 정답을 찾을 수 있을 정도로 비교적 난이도가 낮습니다. 따라서 문제를 읽어줄 때 문제를 메모하는 연습을 하여 각 지문당 3문제씩이라도 집중해서 제대로 푼다면 적어도 30점 이상은 얻을 수 있습니다. 청취 영역에서 30점 보다 더 높은 점수를 받을 경우, 그만큼 독해에서 고난도의 문제를 틀리더라도 총점 195점을 달성하는데 많은 도움이 될 것입니다.

기초 다지기 — 청취 영역 소개 및 기초 질문 듣기

지텔프 청취 영역은 다른 영역보다 난이도가 높은 편이기 때문에 단서가 명확하게 언급되고 패러프레이징이 되지 않은 문제와 같이 비교적 낮은 난이도의 문제를 집중적으로 공략하는 것이 권장됩니다. 특히 청취 영역은 각 문제가 문제지에 제시되지 않고 음원으로 듣고 문제를 파악해야 해서 기초적인 질문 듣기 연습이 필요한 영역입니다.

1 청취 영역 소개

문항 구성: 4개의 PART, 26문제 (각 PART 당 6~7문항)

음원 길이: 약 26~27분 (각 PART당 최대 약 6분 25초)

문제 유형: 세부정보, 추론, 대화 후 할 일

특이사항: 각 문제는 음원으로만 2회 제시되며, 4개의 보기만 문제지에 제공

각 PART별 출제 경향

PART 1	**남자 성우와 여자 성우의 일상 대화**이며, 대화의 주제를 묻는 문제가 첫 번째 문제로 출제됩니다. 그 주제는 대부분 문제 해결, 특정 장소 방문, 일정 및 계획과 관련이 있습니다.
PART 2	남자 또는 여자 성우가 혼자서 행사(event)나 제품(product)에 대해 말하는 **담화문**입니다. 특정 장소에서 나오는 안내방송 또는 광고, 지시사항에 해당하는 내용이며, 대부분 세부정보 유형의 문제가 출제됩니다.
PART 3	남자 성우와 여자 성우의 대화인데, 둘 중 한 사람이 **두 가지 선택사항 중 하나를 선택해야 하는 상황**에서 상대방과 각각의 **장점과 단점을 논의**한 후, 최종적으로 어떤 것을 고를 것인지를 이야기합니다. 그래서 무엇에 대해 이야기를 하는지 주제를 묻는 문제와 각 선택사항의 장점과 단점에 관한 세부정보 유형이 출제됩니다. 그리고 마지막 문제는 최종적으로 두 선택사항 중 어느 것을 선택하는지를 묻는 문제이므로 대화를 끝까지 들어야 합니다. 대부분 직접적으로 말하지 않고 선택하려는 것의 특징을 언급하므로 지문의 내용 중 장점과 단점에 대해서 모두 알고 있어야 합니다.
PART 4	주로 **특정 주제에 대한 과정이나 방법을 순서에 맞춰 설명하는 1인 담화문**입니다. 첫 문제는 대부분 지문의 주제가 무엇인지를 묻는 문제이며, 그 외에 세부정보 유형의 문제가 출제됩니다. 특히 화자가 말한 어휘와 다르지만 같은 의미를 나타내는 보기가 정답인 경우가 많으며, 추론 유형의 문제 또한 높은 난이도로 출제됩니다.

2 청취 영역 진행 순서

청취 영역은 들으면서 보기를 읽고 그 중에서 정답을 찾아야 하기 때문에 청해 및 독해 능력, 그리고 동시에 순발력도 요구되는 복잡하고 어려운 영역입니다. 긴 지문을 듣고 6~7문제를 풀어야 하며, 문제지에 질문이 적혀 있지 않기 때문에 해당 문제의 정답 단서가 포함된 음원 구간을 듣지 못하면 문제를 풀 수 없습니다. 그래서 보기를 미리 읽고, 음원을 들으면서 적극적으로 문제를 받아 적는 것이 청취의 기본입니다.

청취 영역 음원 순서

| 청취 시작 전 | 청취 지시문 및 샘플 문제: 1분 30초 | PART 1의 문제 보기를 미리 읽고 **보기의 내용을 작게 메모합니다.** |

| 각 PART 시작 | 지시문(Directions) : 20초
예 PART 1. You will hear ~ | 해당 PART의 문제 보기를 미리 읽고 **보기의 내용을 작게 메모합니다.** |

청취 진행 중	문제 듣기: 1분 5초~1분 10초(5초 간격) 예 Now listen to the questions.	질문을 들으면서 **키워드를 문제지에 메모합니다.**
	지문 듣기: 3분 30초 내외 예 Now listen to the conversation/talk.	메모한 내용이 지문에서 언급되면 보기의 내용을 보면서 지문의 내용과 일치하는 보기를 정답으로 선택합니다.
	문제 다시 듣기: 1분 45초(10초 간격) 예 Now answer the questions.	다음 PART의 문제를 보기를 미리 읽고 **보기의 내용을 작게 메모합니다.**

3   기초 질문 듣기 연습

지텔프 시험지에는 청취 문제가 적혀 있지 않기 때문에 문제를 반드시 잘 들어야 합니다. 따라서 청취 영역에 대비하기 위한 기초적인 연습으로 의문문의 구조와 유형에 대해 알아보겠습니다.

What (무엇 / 무슨)

 00-1.mp3

대표적인 의문사인 What은 '무엇', '무슨'이라는 의미를 가지고 있습니다. 이 두 의문사 뒤에 명사가 위치하여 시간, 날짜, 이름, 주제, 금액 등을 묻는 질문이 될 수 있습니다. 그래서 What 뒤에 이어지는 명사, 동사가 가장 중요한 단어이며, 이런 단어들에 강세가 들어가므로 이런 부분들을 놓치지 말고 들어야 합니다.

- **What is + 명사?** ~은 무엇인가요?
  What is the reason[the purpose]~? ~하는 이유[목적]는 무엇인가요?
  What is Howard's problem? 하워드의 문제는 무엇인가요?
  What is the talk about? 이 연설[담화]은 무엇에 관한 것인가요?

- **What + 조동사 + 주어 + 동사원형?** 무엇을 ~할 것인가요? / 무엇을 ~해야 하나요? 등
  What will A do ~? A는 무엇을 할 것인가요?
  What should one do when ~? ~할 때 무엇을 해야 하나요?
  What did the speaker ask for~? 화자는 무엇을 요청했나요?

- **What + 명사 + 동사~?** 무슨 (명사)가 ~하나요/했나요?
  What kind[type] of company is ~? ~는 무슨 종류[유형]의 회사인가요?
  What advantage does A have? A는 무슨[어떤] 장점을 가지고 있나요?

- **What + 동사 ~?** 무엇이 ~하나요/했나요?
  What affects the weather in the area? 무엇이 그 지역에서의 날씨에 영향을 주나요?
  What encouraged Steve to do ~? 무엇이 스티브를 ~하게 하였나요?
  What made Jenny decide to do ~? 무엇이 제니가 ~하기로 결정하게 만들었나요?

의문사가 있는 의문문의 어순

Which (어느 / 어느 것)

의문사 Which는 '어느' 또는 '어느 것'이라고 해석하며, 「Which + 명사 ~?」 혹은 「Which of + 명사 ~?」의 형태로 주로 출제됩니다. What과 다른 점은 What은 범위가 주어지지 않는 것에 대한 막연한 대답을 요구하는 의문사이며, Which는 범위가 정해져 있는 상태에서 그 중에 '어느 것'인지를 묻는 의문사라는 것입니다.

- **Which is + A?** A는 어느 것인가요?
  Which is a result of ~? ~의 결과는 어느 것인가요?
  Which is an advantage of ~? ~의 장점은 어느 것인가요?
  Which is a part of Tommy's daily routine? 타미의 일상의 일부인 것은 어느 것인가요?

- **Which + A + 동사~?** 어느 A가 ~인가요/하나요?
  Which product is ~? 어느 제품이 ~인가요?
  Which benefit will John receive? 존은 어느 혜택을 받을 것인가요?

- **Which of the following + 동사 ~?** 다음 중 어느 것이 ~인가요/하나요?
  Which of the following is a way to do ~? 다음 중 어느 것이 ~하는 방법인가요?
  Which of the following best describes the product? 다음 중 어느 것이 그 제품을 가장 잘 설명하나요?

- **Which is NOT ~?** 아닌 것은 어느 것인가요?
  Which is NOT true about ~? ~에 관해 사실이 아닌 것은 어느 것인가요?
  What is NOT mentioned about ~? ~에 대해 언급된 것이 아닌 것은 어느 것인가요?
  Which is NOT a reason why ~? ~하는 이유가 아닌 것은 어느 것인가요?

어휘 정리 reason 명 이유 purpose 명 목적 advantage 명 장점, 유리한 점 statement 명 진술 affect 동 영향을 주다 encourage 동 장려하다, 북돋우다, 기운을 주다 daily routine 명 (반복적인) 일상, 일과 benefit 명 장점, 혜택, 이득 describe 동 묘사하다, 설명하다 mention 동 언급하다

Why (왜 / 무슨 이유)

Why는 '왜'라는 의미로 원인이나 이유를 물을 때 사용하는 의문사입니다. 질문의 전체적인 내용을 이해해야 정확한 정답을 고를 수 있는 유형입니다. 보기 (a)~(d)가 모두 because로 시작하는 문제가 있다면 그 문제의 질문은 의문사 Why로 시작합니다.

- **Why + is/was ~ ?** 왜 ~인가요/였나요?
  Why is it a good idea to do ~? 왜 ~하는 것이 좋은 생각인가요?
  Why is Ken pleased with ~? 왜 켄은 ~에 기뻐하나요?
  Why was the statue named "Venus"? 왜 그 조각상은 "Venus"라고 이름 지어졌나요?

- **Why + do/does/did + 주어 + 동사원형?** 왜 ~하나요/했나요?
  Why do the employees call the president "Big daddy"? 직원들은 왜 회장님을 "Big daddy"라고 부르나요?
  Why does the speaker ask for ~? 왜 화자는 ~을 요청하나요?
  Why did Henry visit ~? 왜 헨리는 ~을 방문했나요?
  Why did Mr. Clint write the letter to Ms. Chan? 클린트 씨는 왜 챈 씨에게 편지를 썼나요?

- **Why + 조동사 + 주어 + 동사원형?** 왜 ~할 수 있나요/할 것인가요/해야 하나요? 등
  Why can people access ~? 왜 사람들은 ~에 접근할 수 있나요?
  Why will Aaron attend ~? 왜 애런은 ~에 참석할 것인가요?
  Why should the students bring ~? 왜 학생들은 ~을 가져와야 하나요?

How (어떻게) 　　　　　　　　　　　　　　　　　　00-4.mp3

의문사 How는 '어떻게'라는 의미로, 방법이나 수단을 물을 때 사용되는 의문문입니다. 방법이나 수단은 What이나 Which와 같이 단순한 명사구로 답변할 수 없는 내용이기 때문에 질문의 전체적인 내용을 정확히 이해해야 정답을 고를 수 있는 유형입니다. 그래서 '~함으로써'라는 의미의 표현인 「by + 동명사」가 정답으로 출제됩니다. 보기 (a)~(d)가 모두 「by + 동명사」로 시작한다면 그 문제의 질문은 How 의문문임을 알 수 있습니다.

- **How + is/are + 주어 + 형용사(분사)?** 어떻게 ~한가요(되나요)?
  How are the products **different** from~? 그 제품들은 어떻게 ~와 다른가요?
  How is the frozen food **stored**? 냉동 식품은 어떻게 저장되나요?
  How is Kevin **able** to help ~? 케빈은 어떻게 ~을 도와줄 수 있나요?

- **How + do/does/did + 주어 + 동사원형?** 어떻게 ~하나요/했나요?
  How do the residents pay for electricity? 그 주민들은 어떻게 전기요금을 지불하나요?
  How does Ben manage his allowance? 벤은 어떻게 그의 용돈을 관리하나요?
  How did George find the store's number? 조지는 어떻게 그 가게의 번호를 찾았나요?

- **How + 조동사 + 주어 + 동사원형?** 어떻게 ~할 수 있나요/할 것인가요/해야 하나요? 등
  How can one get a coupon? 사람들은 어떻게 쿠폰을 얻을 수 있나요?
  How will the employees commute? 그 직원들은 어떻게 통근할 것인가요?
  How should a customer get a refund? 고객은 어떻게 환불을 받아야 하나요?
  According to Jack, **how will** he help Lisa to fix her computer?
  잭에 따르면, 그는 어떻게 리사가 컴퓨터를 고치는 것을 도와줄 것인가요?

어휘 정리　be pleased with ~에 기뻐하다　statue 명 조각상　named 형 이름 붙여진　access 동 접근하다　attend 동 참석하다　frozen 형 얼어붙은, 냉동된　resident 명 거주민　electricity 명 전기　manage 동 관리하다　allowance 명 용돈　commute 동 통근하다, 통학하다　get a refund 환불 받다

DAY 06 질문의 키워드 듣고 메모하기

청취 영역(Listening session) 문제지에는 각 문제의 보기만 있을 뿐 질문이 표기되어 있지 않습니다.
따라서 청취 음원에서 들려주는 질문을 정확히 파악하기 위해 질문의 키워드를 듣고 메모하는 것이 꼭 필요합니다.

1 질문 유형

지텔프 청취의 질문은 what, when, why, how, which 등 항상 의문사로 시작됩니다. 의문사에 따라 정답의 형태가 결정되므로 의문사를 빠르게 메모하는 것이 중요합니다. 특히 Based on 또는 According to로 시작되는 문제의 경우, 그 뒤에 의문사가 언급됩니다.

질문 예시

- **Why** is Helen satisfied with her new job?
  헬렌이 그녀의 새로운 직장에 만족하는 이유는 무엇인가?

- **Where** did Elizabeth live after she got married?
  엘리자베스가 결혼한 후에 살았던 곳은 어디인가?

- **When** will most likely Thomas arrive at the airport?
  토마스는 언제 공항에 도착할 것 같은가?

- **How** can customers get a discount on kitchen utensils?
  고객들이 주방 기구에 대해 할인을 받을 수 있는 방법은 무엇인가?

- Based on the talk, **what** will be discussed next week's meeting?
  담화에 따르면, 다음 주 회의에서 논의될 것은 무엇인가?

- According to Jessica, **which** did her teacher recommend visiting first?
  제시카에 따르면, 그녀의 선생님이 먼저 방문하는 것을 권장한 곳은 어느 곳인가?

의문사 빠르게 메모하는 방법

의문사를 메모할 때는 각 의문사를 빠르게 쓸 수 있는 방법으로 쓰는 것이 좋습니다.

의문사	메모	의문사	메모
What(무엇)	W	**W**here(어디)	Where / 어디
Why(왜)	Y	**H**ow(어떻게)	H
When(언제)	When / 언제	**W**hich(어느)	Whi

실전 대비 When과 Where은 출제빈도가 매우 낮으며, 출제될 경우 한글로 '언제' 또는 '어디'라고 빠르게 씁니다.

2 질문 키워드 메모하기

청취 영역의 질문을 들을 때는 의문사 뒤에 나오는 질문의 내용을 파악하는 것이 중요합니다. 질문 전체를 다 듣는 것이 가장 좋겠지만, 그렇지 못할 경우 가장 중요한 내용만이라도 파악해야 합니다. 질문의 핵심 내용을 담고 있는 것이 바로 키워드(Keyword)이며, 이 키워드는 대부분 질문의 뒷부분에 위치합니다. 이러한 키워드를 수월하게 찾기 위해서 질문 문장의 구조를 미리 알아 두는 것이 좋습니다.

질문에서 키워드의 위치

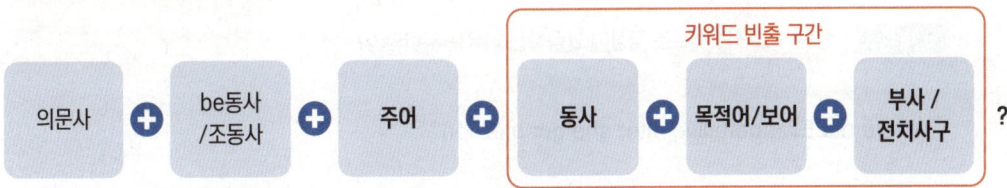

- Why is Helen **satisfied with her new job**?
  의문사 be동사 주어 보어 전치사구
- How can the students **submit their assignment next Monday**?
  의문사 조동사 주어 동사 목적어 부사

빈출 키워드 빠르게 메모하기

키워드를 듣고 그대로 적을 경우 1~4개의 철자로 이루어진 짧은 단어는 그대로 쓸 수 있지만 긴 단어는 쓰는 데 오래 걸립니다. 그래서 빈출 키워드를 빠르게 메모할 수 있도록 기호화하여 쓰는 것이 효율적입니다.

키워드	메모	키워드	메모
사람 이름 (예 Richard)	®	no, not, never (부정어)	X
with	w/	without	w/o
most likely, probably	추론	topic / mainly[all] about	주제
According to	A/	Based on	B/
before	bf/	after	af/
증가, 상승, 향상, 혜택, 장점	+ 또는 ↑	감소, 하락, 불이익, 단점	- 또는 ↓

질문 듣고 키워드 메모하기

Why is Helen satisfied with her new job?

문장 구조 Why is Helen satisfied with her new job?
의문사 동사 주어 보어 전치사구

키워드 메모 Y ⒽH 만족 새 직장

해석 헬렌이 그녀의 새로운 직장에 만족하는 이유는 무엇인가?

Where did Elizabeth live after she got married?

문장 구조 Where did Elizabeth live after she got married?
의문사 조동사 주어 동사 부사절

키워드 메모 어디[Where] Ⓔ live af/ 결혼

해석 엘리자베스가 결혼한 후에 살았던 곳은 어디인가?

When will most likely Thomas arrive at the airport?

문장 구조 When will most likely Thomas arrive at the airport?
의문사 조동사 부사 주어 동사 전치사구

키워드 메모 언제[When] 추론 Ⓣ 도착 공항에

해석 토마스는 언제 공항에 도착할 것 같은가?

How can customers get a discount on kitchen utensils?

문장 구조 How can customers get a discount on kitchen utensils?
의문사 조동사 주어 동사 목적어 전치사구

키워드 메모 H 고객 get 할인 주방 기구

해석 고객들이 주방 기구에 대해 할인을 받을 수 있는 방법은 무엇인가?

According to Jessica, which did her teacher recommend visiting first?

문장 구조 According to Jessica, which did her teacher recommend visiting first?
전치사구 의문사 조동사 주어 동사 목적어 부사

키워드 메모 A / Ⓙ Whi 선생님 추천 방문 먼저

해석 제시카에 따르면, 그녀의 선생님이 먼저 방문하는 것을 추천한 곳은 어느 곳인가?

연습문제

다음 질문을 듣고 빈칸에 들어갈 키워드를 메모하고 질문 원문과 비교해보세요. 정답 및 해설 p.79

Now listen to the questions 1 through 6. 🎧 06-2.mp3

1 [키워드 메모] _____ ?

2 [키워드 메모] _____ ?

3 [키워드 메모] _____ ?

4 [키워드 메모] _____ ?

5 [키워드 메모] _____ ?

6 [키워드 메모] _____ ?

어휘 정리 decide 동 결정하다, 결심하다 Spanish 명 스페인어 prepare 동 준비하다 class material 명 수업 자료 for free 무료로, 공짜로

실전 문제

음원을 듣고 빈칸에 들어갈 키워드를 메모하고 정답을 고르세요.

🎧 06-3.mp3

PART 1. You will hear a conversation between two people. First you will hear questions 1 through 2. Then you will hear the conversation. Choose the best answer to each question in the time provided.

1. _____?

   (a) cities with good sports teams
   (b) cities with a lot of history
   (c) cities with many parks
   (d) cities with great food

2. _____?

   (a) They are much older.
   (b) They have been recently remodeled.
   (c) They have interesting designs.
   (d) They are more crowded together

🎧 06-4.mp3

PART 2. You will hear a presentation by one person to a group of people. First you will hear questions 3 through 4. Then you will hear the talk. Choose the best answer to each question in the time provided.

3. _____?

   (a) how to join popular hobbies
   (b) how to make video games
   (c) how to build computers
   (d) how to sell old electronic devices

4. _____?

   (a) online stores
   (b) secondhand shops
   (c) major retailers
   (d) local markets

> **실전 대비**
> 1. 지문이 음원으로 시작되기 전에 보기를 읽고 내용을 파악합니다. 이때 필요하다면 각 보기에서 키워드가 될 만한 요소를 동그라미로 표시합니다.
> 2. 질문을 읽어줄 때 질문의 키워드를 메모합니다.
> 3. 지문이 음원으로 나올 때 문제의 순서대로 정답의 단서가 언급되므로 차례대로 정답의 단서와 일치하는 보기를 정답을 고릅니다.

🎧 06-5.mp3

PART 3. You will hear a conversation between two people. First you will hear questions 5 through 8. Then you will hear the conversation. Choose the best answer to each question in the time provided.

5. _____?

   (a) the most fuel-efficient types of vehicles
   (b) the best methods for learning how to drive
   (c) the ways that car transmissions have evolved
   (d) the benefits and drawbacks of two types of cars

6. _____?

   (a) It is more likely to break down.
   (b) It is more difficult to sell.
   (c) It is more susceptible to theft.
   (d) It is harder to drive in bad weather.

7. _____?

   (a) by using fuel more efficiently
   (b) by using a low-cost type of fuel
   (c) by coming with an extended warranty
   (d) by lowering insurance costs

8. _____?

   (a) because they are inconveniently located
   (b) because they are difficult to remove from cars
   (c) because they have a more complex design
   (d) because they can break if handled incorrectly

DAY 07 음원 듣고 정답 찾기

질문의 키워드를 찾은 후 지문이 음원으로 재생되면 질문의 키워드와 관련된 내용을 찾아 듣고 보기 중 질문에서 요구하는 답을 골라야 합니다. 지문에서 언급되는 질문의 키워드는 정답의 단서가 되며, 이 정답의 단서가 정답과 직결되므로 단서를 듣고 정답을 고르는 연습이 필요합니다.

1 정답의 단서가 언급되는 빈출 표현

청취 영역에서는 세부정보, 주제 및 목적, 추론 유형으로 총 3개의 유형이 출제됩니다. 각 유형마다 정답의 단서가 언급되는 빈출 표현이 있으므로 이를 파악하여 반복적으로 숙지하면 키워드를 쉽게 찾고, 동시에 정답의 단서의 위치를 가늠할 수 있어 문제 풀이에 필요한 부분만 집중할 수 있습니다.

세부정보 유형

세부정보 유형은 청취 영역에서 가장 많이 출제되는 유형으로, 질문에 언급된 사물 또는 사람, 장소 등과 같은 특정 정보가 키워드로 제시됩니다.

- I do/work at/go to **키워드**, and[so] I do **단서**. (do = 일반동사)
  저는 **키워드**를 ~합니다/~에서 일합니다/~로 갑니다. 그리고[그래서] ~합니다.

- I have **키워드** that[which] **단서**. / I have **키워드** to do **단서**.
  저는 ~하는 **키워드**를 가지고 있습니다.

- Would you mind doing **키워드**? / Sure, I will **단서**.
  ~해주시겠습니까? / 물론이죠, ~ 하겠습니다.

- I think[feel] **키워드** is **단서1**, because it is **단서2**.
  저는 **키워드**가 ~라고 생각합니다. 왜냐하면 그것은 ~이기 때문입니다.

- With **키워드**, you will **단서**.
  키워드를 가지고 있으면, 당신은 ~할 것입니다.

- When[If] 사람 + **키워드**, you will **단서(동사)**
  키워드를 할 때[한다면], 당신은 ~할 것입니다.

질문	음원 중 단서	정답
Where is Alex **going** when he runs into Clara? 알렉스는 클라라를 마주쳤을 때 어디로 가고 있는가?	**I have an appointment with a Dr. Peterson** for my headache. 난 두통 때문에 피터슨 선생님과 진료 예약이 있어.	a doctor's office for a medical examination 진료를 위한 병원 진료실

질문	음원 중 단서	정답
What can customers receive if they purchase any item at Gloria's Closet today? 고객들이 오늘 글로리아 클로젯에서 물품을 구입한다면 무엇을 받을 수 있는가?	If you buy just one item at Gloria's Closet today, you'll receive **20% off coupon for the next purchase.** 글로리아 클로젯에서 오늘 하나의 품목을 구매하시면 향후 구매에 대한 20퍼센트 할인 쿠폰을 드립니다.	a voucher for a 20 percent discount 20퍼센트 할인 쿠폰
Why will Charls apply for a job interview next month? 찰스가 다음 달에 구직 면접을 신청하려는 이유는 무엇인가?	I think I have to look for a job interview **scheduled for next month, since I applied for a volunteer activity in Chicago for the last week of this month.** 난 다음 달로 예정된 구직 면접을 찾아야겠어, 왜냐하면 내가 이번 달 마지막 주에 시카고에서의 자원 봉사 활동에 지원했거든.	because he won't be available for the last week of this month 이번 달 마지막 주에 시간이 없을 것이기 때문에
What can users do with the Basics feature? '베이직' 특징으로 사용자들은 무엇을 할 수 있는가?	Our Travel Atlas is also equipped with **a Basics feature. This helps you find the most convenient establishments for eating, resting, or buying necessities wherever you are.** 저희 '트래블 아틀라스'는 또한 '베이직' 특징을 갖추고 있습니다. 이것은 여러분이 어디에 있든지 식사, 휴식 또는 필수품들을 구입하는 것을 위한 가장 편리한 시설을 찾는 것을 도와줍니다.	They can find useful facilities. 유용한 시설을 찾을 수 있다.
How might a window air conditioner prevent Jenna from enjoying her bedroom? 창문형 에어컨은 제나가 그녀의 침실에서 즐기는 것을 어떻게 막을 것인가?	Don't forget that a window air conditioner will block the window it's installed in. **Because the unit is mounted in the window, you won't be able to enjoy the view** or open that window anymore for, say, fresh air. That's a drawback worth considering. 창문형 에어컨이 설치되는 창문은 막힐 것이라는 것을 잊지 마. 그 기기가 창문에 놓이기 때문에, 너는 풍경을 즐기거나 예를 들어, 신선한 공기를 위해 창문을 더 이상 열 수 없을 거야. 그게 고려할만한 단점이지.	by blocking the view 경관을 막음으로써
According to the speaker, what is the whole idea of mindfulness meditation? 화자에 따르면, 마음챙김 명상의 전체적인 목적은 무엇인가?	There are many different types of meditation techniques, but I personally recommend something that's called "mindfulness meditation." **The whole idea is to focus on what you're feeling and observing in the present moment.** 명상 기술에는 서로 다른 많은 종류가 있지만, 저는 개인적으로 "마음챙김 명상"이라고 불리는 것을 추천합니다. 전체적인 목적은 현재 시점에 당신이 느끼고 관찰하는 것에 집중하는 것입니다.	to pay attention to a specific moment in time 특정 시점에 집중하는 것

주제 및 목적 유형

주제 및 목적 유형은 PART 1, 2와 PART 4의 첫 문제로 자주 출제되는 유형이며, 해당 지문의 주제나 주된 내용에 대해 묻는 유형입니다. 다음과 같은 표현이 언급될 때 주제에 대해 알 수 있습니다.

- I will [am going to] tell you + 단서 / I will [am going to] talk about + 단서
  ~에 대해 말씀 드릴게요

- I'd like to talk about + 단서.
  ~에 대해 말씀드리고 싶습니다

- I will [am going to] give you tips on 단서.
  ~에 대한 팁을 드릴게요.

- I am here to + 단서.
  저는 ~하고자 여기 있습니다.

- We will be talking about 단서.
  저희는 ~에 대해 이야기를 하겠습니다.

- Here are some tips[steps] to[for] 단서.
  여기 ~을 (하기) 위한 몇몇 팁[단계]이 있습니다.

질문	음원 중 단서	정답
What is the conversation **all about**? 대화는 무엇에 관한 것인가?	I'm here to **visit the Grand Conference Hall and give a keynote speech.** 저는 그랜드 컨퍼런스홀을 방문하고 기조 연설을 하기 위해 여기 왔습니다.	a keynote speech at a conference 컨퍼런스에서의 기조 연설
What is being **talked** about in the presentation? 대화는 무엇에 관한 것인가?	Today, we will be talking about **improving your skills of cooperative work.** 오늘, 저희는 여러분의 협업 기술을 향상시키는 것에 관해 이야기할 것입니다.	enhancing work ability 업무 능력 강화
What are Rose and Marvin **mainly talking about**? 로즈와 마빈은 주로 무엇에 관해 이야기하고 있는가?	F: Wow, Marvin! **That tour of the Channel 8 News studio was impressive**, wasn't it? M: **I agree**, Rose. I'm grateful our journalism professor gave us this rare opportunity. 여: 와우, 마빈! 채널 8 뉴스 스튜디오 견학이 인상적이었어, 그렇지 않아? 남: 동감이야, 로즈. 난 우리 저널리즘 교수님께서 이 흔치 않은 기회를 우리에게 주셔서 감사하게 생각해.	their impressions of an educational tour 교육 견학에 대한 각자의 인상
What is the **talk all about**? 담화가 모두 무엇에 관한 것인가?	Hello, dear customers! Thank you for your continued patronage of SunGrown Farmers Market, the biggest one-stop produce market in town. **We have recently launched SunGrown Online, so you can now buy our products without leaving the comfort of your home!** 안녕하세요, 소중한 고객 여러분! 시에서 가장 규모가 큰 원스톱 농산물 시장인, 저희 선그로운 농산물 직판장에 대한 여러분의 지속적인 성원에 감사 드립니다. 저희가 최근 선그로운 온라인을 시작했으므로, 이제 편안한 여러분의 자택을 벗어나실 필요없이 저희 제품을 구입하실 수 있습니다!	an online shopping opportunity 온라인 쇼핑 기회

추론 유형

질문에 most likely 또는 probably라는 부사가 언급되면 정답의 단서가 직접 언급되지 않고 화자가 말하는 정보를 근거로 질문의 답을 유추해야 하는 추론 유형입니다. 질문의 키워드가 언급되는 부분이 문제에 있는 보기의 내용과 직결되진 않지만 추론의 근거가 되므로 정답의 단서가 될 수 있는 정보를 정확하게 파악하는 것이 중요합니다.

- I want[need] (to do) 키워드 because 단서.
  저는 키워드(하는 것)를 원합니다[필요로 합니다]. 왜냐하면 ~ 때문입니다.

- If you'd like to 키워드, please 단서.
  만약 키워드하고 싶으시면, ~해주세요.

- You can[had better] do 키워드 when 단서 is available.
  ~가 이용 가능할 때 키워드를 할 수 있어요[하는 게 좋아요].

- Have you made a decision about 키워드? / Yes, I will do 단서.
  키워드에 대해 결정했나요? / 네, 저는 ~을 할 것입니다.

- I'm interested in 키워드. It is 단서.
  나는 키워드에 관심이 있어요. 그건 ~합니다/입니다.

- A: 키워드 is[has] 단서1.
  B: Do you know anything about 단서1? I need 단서2.
  A: 키워드는 단서1입니다. / 단서1을 가지고 있어요.
  B: 단서1에 대해 아는 것 있나요? 저는 단서2가 필요해요.

- 키워드 will only happen if 주어 + 단서.
  ~할 경우에만 키워드가 발생할 것입니다.

- 주어 + 키워드 so that 단서.
  ~하도록 하기 위해 키워드합니다.

질문	음원 중 단서	정답
Why most likely will Martin **hire more staff** at his restaurant? 마틴이 그의 레스토랑에 더 많은 직원을 고용할 이유는 무엇일 것 같은가?	I need at least two more delivery staff **because there are too many delivery orders during lunchtime.** 점심시간 동안 너무 많은 배달 주문이 있어서 저는 최소 2명의 배달 직원이 더 필요합니다.	because he **cannot handle the number of delivery orders by himself**. 그가 혼자서 배달 주문의 수량을 처리할 수 없기 때문에
What will Harry **probably do after this conversation**? 이 대화 후에 해리는 무엇을 할 것 같은가?	I should **take a class in front of a teacher in person** so that I can focus better on what the teacher says. 저는 선생님께서 말씀하시는 것에 더 잘 집중하기 위해서 직접 선생님 앞에서 수업을 들어야겠어요.	**take a course in the classroom directly** 직접 교실에서 수강한다

2 패러프레이징

청취 문제를 풀 때 음원에서 언급된 키워드와 함께 정답의 단서가 보기와 동일하게 그대로 제시되는 경우가 있는가 하면, 음원에서 언급된 단어, 구, 또는 문장 구조가 모두 바뀌어 결국 같은 의미이지만 전혀 다른 단어가 사용된 정답 보기가 제시되는 경우도 있습니다.

이렇게 같은 의미의 내용을 다른 표현으로 나타내는 것을 패러프레이징(Paraphrasing)이라고 합니다. 음원으로 들은 정답의 단서가 보기에서 패러프레이징되어 있다는 점에 유념하며 정답을 찾아야 합니다. 패러프레이징은 단어와 구를 같은 의미의 다른 표현으로 바꾼 것과 해당 내용을 종합하여 하나의 상위어로 묶어 요약 설명한 것, 두 가지로 나누어 볼 수 있습니다.

동의어 활용

같은 의미를 가진 단어를 이용한 패러프레이징은 동의어를 많이 알고 있을수록 문제 풀이에 유리합니다. 대부분은 동사가 명사나 형용사, to부정사 등 다른 품사로 바뀌기도 하지만 그 의미는 동일한 단어가 쓰이는 형태로 제시됩니다.

음원의 정답 단서	동의어 활용 패러프레이징
The renovations of Fun Toy **will take place** this weekend over a two-month period. 펀 토이의 개조 공사가 이번 주말에 두 달의 기간에 걸쳐 진행될 것입니다.	The Fun Toy will **remodel its store**. 펀 토이는 자사의 매장을 개조할 것이다. the renovations will take place → remodel its store
When I see **other students** doing well in the class, **it could encourage me** to work harder. 반에서 다른 학생들이 잘하고 있는 모습을 보면, 그게 나를 더 열심히 노력하게 북돋울 수 있다.	**I could be motivated** by **classmates**. 나는 반친구들에게 자극을 받을 수 있다. other students → classmates it could encourage me → I could be motivated
You **have complete control over** the meeting schedule. 당신은 회의 일정에 대해 전적인 통제권을 가지고 있습니다.	You can **personalize** the meeting schedule. 그녀는 회의 일정을 개인적으로 맞출 수 있다. have complete control over → personalize
I'm sure the customers will appreciate **the bigger space**. 고객들이 더 커진 공간을 환영할 거라고 생각한다.	Customers will appreciate the **more spacious** layout. 고객들은 더 넓은 배치를 환영할 것이다. bigger → more spacious
I almost got dizzy **watching so many screens** at the same time. 나는 그렇게 많은 스크린을 동시에 보면서 거의 어지러움을 느낄 뻔 했어.	I feel dizzy when I was **seeing multiple video screens**. 나는 다수의 비디오 스크린을 보고 있을 때 어지러움을 느꼈어. watching so many screens → seeing multiple screens

요약 설명

음원에서 언급된 긴 설명이 정답 보기에서는 많은 의미를 묶어 설명하는 상위 개념의 단어 또는 짧게 요약할 수 있는 표현을 사용하여 패러프레이징이 이루어지기도 합니다.

음원의 정답 단서	요약 패러프레이징
The work is **a little repetitive** and **doesn't require many skills**. 그 일은 약간 반복적이고 많은 기술을 필요로 하지 않아. **반복적이고 많은 기술을 필요하지 않다 → 흥미롭지 않다**	The work is **not interesting**. 그 일은 흥미롭지 않다.
Mathematics was **my weakest subject** in school. 수학은 학교에서 내가 가장 취약했던 과목이었다. **가장 취약했던 과목 → 잘 하지 못했다**	I **was not good at** Mathematics. 저는 수학을 잘하지 못했습니다.
Put me in touch with **your friend who runs the company that distributes organic products to retailers in the region**. 유기농 제품을 그 지역에 있는 소매업자들에게 유통시키는 회사를 운영하는 당신의 친구에게 연결시켜 주세요. **유기농 제품을 유통시키는 회사를 운영하는 당신의 친구 → 유통업체 소유주**	contact **the owner of a distribution company** 유통 회사의 소유주에게 연락한다.
When meditating, you'll need to sit in one spot for a certain length of time, and that can **strain some parts of your body**. Thus, **it's important to loosen up your body before you begin**. 명상을 할 때, 여러분은 한 자리에 일정 길이의 시간 동안 앉아 있어야 할 것입니다. 그리고 그것은 여러분의 신체의 일부분에 무리를 줄 수 있습니다. 그러므로, 시작하기 전에 여러분의 몸을 풀어주는 것이 중요합니다. **명상할 때 신체 일부에 무리를 줄 수 있다 / 시작하기 전에 몸을 풀어주는 것이 중요하다 → 불편함을 느끼는 것을 피하기 위해 스트레칭을 해야 한다**	You should **stretch before meditating to avoid feeling uncomfortable**. 불편함을 느끼는 것을 피하기 위해 스트레칭을 해야 합니다.
I'm not really confident that my account can't be hacked. I'm also skeptical of the claim that my files don't get leaked when they're in "the cloud." 제 계정이 해킹 당할 리 없다고 정말로 확신하지 못합니다. 제 파일들이 "클라우드"에 있을 때 유출되지 않는다는 주장에 대해서도 회의적입니다. **해킹되지 않을 것이라고 확신하지 않는다 → 보안에 대한 우려**	**I am worried** about using cloud storage **because of security concerns**. 저는 보안 우려 때문에 클라우드 저장 공간을 이용하는 것에 대해 걱정합니다.

3 오답 소거 방법

청취 영역 문제지에는 각 문항의 질문(문제)이 적혀 있지 않지만 (a)~(d)에 해당하는 보기 선택지는 문제지에 제시됩니다. 그 중 정답의 단서를 정확하게 듣지 못하면 가장 그럴 듯한 정답으로 보이는 보기를 '매력적인 오답'이라고 하며, 이러한 매력적인 오답을 소거하는 법에 대해 알아보겠습니다.

지문과 동일한 표현이 있는 오답

보기 중에는 정답의 단서의 일부 내용과 일치하지만 다른 부분에 전혀 다른 단어가 쓰여 오답으로 제시되는 보기가 있습니다.

 07-1.mp3

EX 1. (a) request a refund
(b) install Cinema Net on her TV
(c) subscribe to the standard plan **정답**
(d) cancel her Cinema Net membership **매력적인 오답**

(a) 환불을 요청한다
(b) 시네마넷을 그녀의 TV에 설치한다
(c) 스탠다드 요금제에 가입한다
(d) 시네마넷 멤버십을 취소한다

EX 1. **What** will **the woman most likely do after the conversation**?

M: The premium plan costs $34 a month, and it comes with three free movies every month that you can watch at any time on a special channel. But if you are a premium member with Cinema Net, an app that you can install on your smart TV, it would be better to have the standard plan. It doesn't offer free movies, but it has the same number of channels as the premium plan. It's only $20 a month. So, have you decided which TV channel plan you'd like?

F: Yes, I recently canceled my membership with Cinema Net because I've been so busy. I don't have time to watch movies, and the membership fee was quite expensive. So, I'll go with the cheaper plan.

Ex 1. 여자는 대화 후에 무엇을 할 것 같은가?

남: 프리미엄 요금제는 한달에 34달러의 비용이 들어. 그리고 이것에는 네가 특별 채널에서 매달 언제든 볼 수 있는 무료 영화 3편이 포함되어 있어. 하지만 만약 네가 스마트 TV에 설치할 수 있는 시네마넷 애플리케이션의 프리미엄 멤버면, 스탠다드 요금제를 가지는 게 더 좋을 거야. 그것은 무료 영화를 제공하지 않지만, 프리미엄 요금제와 동일한 개수의 채널 수를 가지고 있어. 그것은 한달에 고작 20달러야. 그래서, 네가 어느 TV 채널 요금제를 원하는지 결정했어?

여: 응, 난 너무 바빠서 최근에 시네마넷 멤버십을 취소했어. 나는 영화를 볼 시간이 없고 그 멤버십 요금이 꽤 비쌌거든. 그래서 난 더 저렴한 요금제로 갈 거야.

해설 남자의 말 중에 "The premium plan costs $34 a month"를 통해 프리미엄 요금제가 34달러이고, "it would be better to have the standard plan", 그리고 "It's only $20 a month"를 통해 스탠다드 요금제가 20달러인 것을 알 수 있습니다. 그래서 여자가 "I'll go with the cheaper plan"이라고 말한 것을 듣고 그녀가 스탠다드 요금제로 변경할 것임을 알 수 있으므로 정답은 (c)입니다. 하지만 여자의 말 중에서 "I recently canceled my membership with Cinema Net"이라는 부분을 듣고 (d)를 정답으로 고를 수 있는데, 문제가 대화 이후에 할 일을 묻고 있으며, 여자는 이미 시네마넷 멤버십을 취소했으므로 (d)는 오답입니다.

지문에 언급되지 않은 추측성 오답

지문의 내용과 직접적인 연관은 없지만 지문의 문맥에 따라 추측 가능한 매력적인 오답이 제시되기도 합니다. 이러한 오답은 지문에 언급된 적이 없지만 수험생이 충분히 추측할 수 있을 정도의 내용으로 제시되어 혼동을 일으킵니다. 특히 오답과 연관된 내용이 정답의 단서보다 먼저 언급될 경우에 오답을 정답으로 고를 가능성이 높습니다.

🎧 07-2.mp3

EX 2. (a) to publicize a new business [정답]
(b) to organize a community meeting [매력적인 오답]
(c) to hold a baking class for neighbors
(d) to welcome new residents

(a) 신규 사업체를 홍보하기 위해서
(b) 주민 회의를 준비하기 위해서
(c) 이웃들을 위한 베이킹 강의를 열기 위해서
(d) 새로운 주민들을 환영하기 위해서

EX 2. **Why most likely** will the bakery have **a tasting event**?

Since we opened this bakery two days ago, we decided to have a tasting event this weekend. Anyone who wants to try a variety of breads, cakes, and pastries will be welcomed. So, I want you to talk to your family and neighbors about this event and stop by at our bakery, which is located at 61 Vincent Street.

Ex 2. 제과점이 시식 행사를 갖는 이유는 무엇일 것 같은가?

저희가 이틀 전에 이 제과점을 개업했기 때문에, 저희는 이번 주말에 시식 행사를 갖기로 결정했습니다. 다양한 빵, 케익, 그리고 패스츄리를 맛보길 원하시는 분은 환영받을 것입니다. 그래서, 여러분의 가족과 이웃들에게 이 행사에 대해 말씀해 주시고 빈센트 스트리트 61번지에 위치해 있는 저희 제과점에 잠시 들러 주셨으면 합니다.

해설 화자는 첫 부분에서 2일 전에 제과점을 개업하였다고 언급하였으며, 시식 행사를 갖기로 결정했다고 언급하였습니다. 그 뒤에 언급되는 to talk to your family and neighbors about his event and stop by at our bakery를 듣고 시식 행사(a tasting event)를 갖는 이유가 지역 사회 내의 주민들에게 자신의 제과점에 대해 알리기 위함임을 알 수 있습니다. 따라서 정답은 (a)입니다. 가족과 이웃들에게 시식 행사를 알리고 제과점에 들리길 원한다는 것이 화자가 언급하지 않은 주민 회의를 갖고자 한 것은 아니므로 (b)는 오답입니다. 자신만의 추측으로 정답을 고르지 말고 지문의 언급된 내용만을 토대로 정답을 추론하는 연습이 필요합니다.

 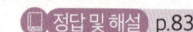

PART 1. You will hear a conversation between two people. First you will hear questions 1 through 3. Then you will hear the conversation. Choose the best answer to each question in the time provided.

1. (a) a new advertising strategy
   (b) a proposal by the city council
   (c) an article about a historical site
   (d) an increase in local tourism

2. (a) because it is not modernized yet
   (b) because it was built by a historical figure
   (c) because it is enjoyable for tourists to visit
   (d) because it has big hotels and casinos

3. (a) It will undergo development.
   (b) It will contain a passenger terminal.
   (c) It will be introduced on travel Web sites.
   (d) It will become an affordable place to live.

> F: I read an article earlier that said our town is attracting more and more tourists each year.
> M: Of course! We have so many attractions and historical buildings to see.
> F: Right, and the city council has started advertising aggressively on travel Web sites.
> M: It's not only our historical sites that people can enjoy. The city has become an exciting, modern place.
> F: That's true. It's constantly changing for the better.
> M: I heard that the waterfront area is next.
> F: Yes, there are plans to build a big hotel down by the docks.
> M: And a casino, too! It's definitely going to become a busy spot once all the work is done.

어휘 정리 earlier 부 아까, 일전에 attract 동 ~을 끌어들이다 more and more 점점 더 많은, 더욱 더 tourist 명 관광객 attraction 명 명소 historical 형 역사적인 city council 명 시의회 aggressively 부 적극적으로, 공격적으로 not only ~뿐만이 아니다 site 명 장소 constantly 부 끊임없이 for the better 더 좋게, 더 낫게 waterfront 명 해안가 dock 명 부두 definitely 부 분명히 spot 명 장소 once 접 (일단) ~하면, ~하는 대로 strategy 명 전략 proposal 명 제안(서) local 형 지역의 tourism 명 관광(산업) modernize 동 현대화 하다 figure 명 인물 enjoyable 형 즐거운 passenger terminal 명 여객 터미널 undergo 동 ~을 겪다 affordable 형 알맞은

🎧 07-4.mp3

PART 2. You will hear a presentation by one person to a group of people. First you will hear questions 4 through 6. Then you will hear the talk. Choose the best answer to each question in the time provided.

4. (a) how to set up a budget
   (b) how to manage assets wisely
   (c) how to use the full potential of a company
   (d) how to raise surplus funds for a company

5. (a) a magazine
   (b) a product sample
   (c) a pamphlet
   (d) a conference schedule

6. (a) make a decision quickly
   (b) stop investing in the company
   (c) save as much money as possible
   (d) determine how it will affect the company first

Good evening, everyone. My name is Anna Dickens, and I'm pleased to be here at the Young Entrepreneurs Conference to speak to you all about using money wisely. All of the points I cover during today's talk are also included in the information pamphlet that you will be given as you leave the auditorium. I'm going to discuss ways you can save money and maximize the earning potential of your company. As entrepreneurs and business owners, you should never make hasty business decisions that could result in unnecessary expenditure. The next time you're considering renovating your offices, upgrading your computers and equipment, or modernizing your retail space … stop. Think it over. Ask yourself whether or not it is a good investment for your company.

어휘 정리 be pleased to 동사원형: ~하게 되어 기쁘다 wisely 부 현명하게 cover 동 (주제 등을) 다루다 information pamphlet 안내 책자 auditorium 명 강당 be going to 동사원형: ~할 것이다 save money 돈을 아끼다 maximize 동 ~을 극대화하다, ~을 최대화하다 earning 명 수입, 소득 potential 명 잠재력, 가능성 entrepreneur 명 기업가, 사업가 business owner 명 사업주, 경영주 hasty 형 성급한 decision 명 결정 result in ~을 초래하다, ~의 결과를 낳다 unnecessary 형 불필요한 expenditure 명 지출 renovate 동 ~을 개조하다 equipment 명 장비 modernize 동 현대화 하다 retail space 명 매장, 소매점 think it over 곰곰이 생각하다 whether (or not) ~인지 아닌지 investment 명 투자 set up 동 수립하다, 준비하다 budget 명 예산 manage 동 관리하다 asset 명 자산 surplus 형 잉여의, 과잉의 fund 명 자금 determine 동 알아내다, 결정하다 affect 동 영향을 주다

PART 3. You will hear a conversation between two people. First you will hear questions 1 through 6. Then you will hear the conversation. Choose the best answer to each question in the time provided.

1. (a) the price of a ticket for an upcoming performance
   (b) a musical act's upcoming album launch
   (c) the benefits of learning how to play an instrument
   (d) the pros and cons of concerts and recorded music

2. (a) because they are often too difficult to play live
   (b) because they are being recorded for a live album
   (c) because they want to make their songs interesting for the audience
   (d) because they want to experiment with new types of instruments

3. (a) It helps them decide whether to make a purchase.
   (b) It inspires them to write their own songs.
   (c) It encourages them to embrace new music genres.
   (d) It introduces them to a variety of different bands.

4. (a) to learn more about their fans
   (b) to make the performance longer
   (c) to make people aware of particular issues
   (d) to encourage fans to buy merchandise

5. (a) because she can appreciate the sound quality
   (b) because she can meet her favorite musicians
   (c) because they allow her to make new friends
   (d) because they influence her own performances

6. (a) He thinks it takes place on an inconvenient date.
   (b) He thinks he is unfamiliar with the band's music.
   (c) He thinks it is probably sold out already.
   (d) He thinks it is not worth the expense.

 07-6.mp3

PART 4. *You will hear an explanation of a process. First you will hear questions 7 through 13. Then you will hear the explanation. Choose the best answer to each question in the time provided.*

7. (a) Symposium attendees
   (b) Symposium sponsors
   (c) Symposium presenters
   (d) Symposium organizers

8. (a) a group of academics who are collaborating on a research project
   (b) an exposition where new products are showcased for the public
   (c) an event where people can share information and gain knowledge
   (d) a workshop where employees undergo training and develop new skills.

9. (a) to reduce stress closer to the symposium day
   (b) to have enough time to gather presenter materials
   (c) to allow organizers to adjust the symposium date later
   (d) to increase the chance of attracting sponsors

10. (a) a map showing the event venue
    (b) a list of event sponsors
    (c) a schedule of event activities
    (d) a form for people to pre-register

11. (a) by mentioning a well-known event participant
    (b) by providing an appearance fee to the company
    (c) by offering to advertise the company's products
    (d) by highlighting the success of similar past events

12. (a) banners
    (b) flyers
    (c) brochures
    (d) business cards

13. (a) It can be used to specific sponsors and investors.
    (b) It can assist organizers in choosing relevant event topics.
    (c) It can help organizers to target potential attendees.
    (d) It can ensure that a diverse range of presenters are invited.

DAY 08 청취 질문 유형별 공략

DAY 6~7에서 배운 청취 영역의 문제 풀이 방식을 적용해보면서 실전 유형의 청취 문제를 푸는 연습을 통해 실전에 대비할 수 있도록 합니다.

1 주제 및 목적 유형 문제 풀이

정답 및 해설 p.92

질문에 "all about", "mainly about", "being talked about", "purpose", "discuss"와 같은 표현이 키워드로 등장하는 주제 및 목적 유형은 지문에서 정답의 단서가 직접적으로 언급되지 않고 대부분 지문 초반부에 언급됩니다. 이 부분을 잘 듣고 지문 일부 내용에만 해당하는 것이 아닌, 전체 내용을 아우를 수 있는 내용의 보기를 정답으로 골라야 합니다.

1. (a) how to order a steak
   (b) how to reserve a table
   (c) how to enjoy the course
   (d) how to practice good table manners

 08-1.mp3

---

1. **What** is the talk **about**? ← 키워드
   담화는 무엇에 관한 것인가?

Hello, nice to meet you, everyone. I am the chef of Albert's Steakhouse. Thank you for dining with us today. The dinner is going to start in 10 minutes. Before it starts, I'm going to give you a guide on how to enjoy today's special course, starting with the appetizer, the main dish, and finally dessert.

실전 대비 주제 및 목적 문제는 항상 첫 문제로 출제되므로 PART 2나 4와 같은 1인 담화 형식의 지문에서는 첫 부분(서론)에서 단서를 찾아야 합니다. 두 번째 문제의 단서가 언급되기 전에 무엇에 관한 내용인지 언급하는 부분에서 주제 및 목적을 알 수 있습니다. 보기 (a)~(d)의 내용을 미리 파악해 두고 지문을 들으면서 동시에 보기 내용과 비교하며 정답을 고르는 것이 좋습니다.

2. (a) their dream honeymoon
   (b) their most recent trip
   (c) their upcoming vacation
   (d) their favorite travel spot

2. **What** are Paul and Maria **mainly talking about**?
   폴과 마리아는 주로 무엇에 대해 이야기하고 있는가?

F: Paul, can we talk about our trip to Hapsville?
M: Sure, Maria. I'm excited about the trip. We've been talking about visiting Hapsville since we first got married!
F: It'll be a long overdue city break, that's for sure.
M: What exactly do you want to discuss?
F: Well, I'm wondering if you'd want to do a city tour while we're there.
M: Actually, that hadn't crossed my mind. Exploring the city on a tour could be cool, given all the history there.
F: There are a few group tours available. One goes all day and covers the oldest buildings in the city. Maybe that one?
M: I like the idea of sightseeing. The only problem with a tour is that we won't have much say in where we go, and we might end up rushing from one place to another.

실전 대비 PART 1이나 PART 3와 같은 대화 형식의 지문에서는 대화자들 간의 첫 인사말 후에 '어디 가는 길이야?', '여기서 무엇을 하고 있었어?'와 같은 질문 다음에 언급되는 내용이 대화의 주제에 대한 단서가 됩니다.

2 세부정보 유형 문제 풀이

세부정보 유형은 청취 영역의 문제 중에서 가장 많이 출제되는 유형입니다. 세부정보를 묻는 질문에는 What, Who, Which, How, Where, When 등 거의 모든 의문사가 포함되며, 지문에서 언급된 키워드와 같거나 비슷한 정답의 단서가 제시되므로 비교적 수월하게 정답의 단서를 찾을 수 있습니다.

🎧 08-3.mp3

3. (a) to give a talk at an exhibition
   (b) to meet up with her friend, Mike
   (c) to see some ancient artifacts
   (d) to learn about Chinese architecture

4. (a) They were held by a private collector.
   (b) They were sealed in a vault.
   (c) They were lost at sea.
   (d) They were buried underground.

5. (a) to decorate a royal palace
   (b) to protect a deceased emperor
   (c) to intimidate enemy soldiers
   (d) to be offered as gifts to nobility

→ 키워드

3. **Why** did **Joanna** go to the **National History Museum**?
   조앤나는 왜 국립 역사 박물관에 갔는가?

4. **How** did the **sculptures** stay **hidden** for so long?
   어떻게 조각품들이 그렇게 오래 숨겨진 채로 있었는가?

5. **What** was the main **purpose** of the **sculptures**?
   조각품의 주요 목적은 무엇이었는가?

M: Hey, Joanna. I heard you went to the National History Museum yesterday. How was it?
F: Hi, Mike. It was really interesting! ③ I saw an exhibition of some of the Terracotta Army sculptures, and other ancient artifacts uncovered in China.
M: The Terracotta Army? I don't think I've heard of that before.
F: Oh, it was a really major archaeological discovery in 1974. There are almost 10,000 sculptures in total, and they were buried with the first Emperor of China in the year 209 BCE.
M: Wow! 10,000 sculptures? ④ But how did they remain hidden for so many centuries?
F: ④ They were all buried in deep pits in Lintong County, outside of the city of Xi'an. Farmers found them when they were digging a well in the area.
M: That's a stroke of good luck then! I wonder why so many sculptures were buried with the Emperor of China. Why weren't they put on display instead?
F: Well, they were a form of funerary art. ⑤ In other words, the sculptures were supposed to protect the emperor in the afterlife.
M: That's interesting! So, I guess all of these sculptures depicted soldiers and other military personnel?
F: Not only that. There are around 8,000 soldiers, but the collection also includes more than 500 horses, as well as acrobats, and musicians.

6. (a) a breakthrough in environmental engineering
   (b) new trends in global energy production
   (c) a state-of-the-art conference center
   (d) an upcoming environmental convention

7. (a) advanced waste disposal technologies
   (b) renewable construction materials
   (c) residential solar energy devices
   (d) energy-efficient kitchen appliances

8. (a) by enabling urban crop growing
   (b) by reducing global food waste
   (c) by genetically engineering crops
   (d) by converting forests into farmland

6. **What** is **Donna Langford promoting** in the talk?
   도나 랭포드는 담화에서 무엇을 홍보하고 있는가?

7. Based on the talk, **what** does **Fierro specialize** in?
   담화에 따르면, 피에로 사는 무엇을 전문으로 하는가?

8. **How** does **Vertigo Corporation** intend to **prevent food shortages**?
   버티고 사는 어떻게 식량 부족 문제를 방지할 계획인가?

Good morning, ladies and gentlemen. My name is Donna Langford, and 6 I'd like to tell you about a forthcoming green technology and energy convention: the Melbourne Eco-Con. The event will take place at the brand new Melbourne Exhibition & Conference Center, otherwise known as the MECC, from May 27 to May 30, from 10 a.m. to 6 p.m. The convention will bring together a wide variety of companies showcasing products that are yet to be officially launched. The Melbourne Eco-Con provides an outstanding opportunity to find out more about these innovative products and see some of them being demonstrated.

The convention will be comprised of approximately 150 company booths, each manned by 2 or 3 representatives from a particular company. Event attendees can visit each booth to learn about new green technology that will be brought to market in the near future. For instance, 7 the Fierro booth will be displaying its upcoming range of affordable solar paneling, which the company hopes will revolutionize the way that homes throughout the world generate electricity. The company's lightweight panels are simple to install on the roof or windows of a house or apartment, and protected against all types of inclement weather. Fierro has such confidence in the products that it will also be providing a 25-year guarantee with all purchases.

Another booth that is likely to draw a large number of visitors is run by Vertigo Corporation. Vertigo plans to tackle the problem of expected food shortages brought on by the rising global population and the increasingly limited amount of arable land available for crop growing. 8 To address this serious problem, the company plans to introduce its "vertical farming" methods and devices that will enable crops to be grown in columns in urban areas, ensuring a plentiful supply of food for all future generations. In addition to their main benefit, vertical farming practices will also result in a reduction in fossil fuels, water, and pesticides typically required in agriculture. It is also an effective way to make use of the tens of thousands of empty buildings found in most major cities.

3 추론 유형 문제 풀이

질문에서 most likely와 probably라는 부사, 또는 can be said about이 언급되면 정답의 단서가 화자에 의해 직접 언급되는 것이 아니라 화자가 말하는 정보를 근거로 질문의 답을 유추해야 하는 추론 유형입니다. 정답의 단서가 지문에 직접적으로 언급되지 않기 때문에 지문에서 질문의 키워드가 언급된 부분의 전후 문맥을 파악해서 정답을 골라야 합니다.

🎧 08-5.mp3

9. (a) read about Chinese history
    (b) ask Joanna more about the Terracotta Army
    (c) examine some photographs of sculptures
    (d) visit a museum exhibition

---

9. **What** will the man **most likely do after the conversation**? ▶ 키워드
   남자는 대화 후에 무엇을 할 것 같은가?

M: With so many sculptures, I assume that they mostly all share the same appearance then, right?

F: Actually, no! What I found amazing was that every single sculpture has unique facial characteristics and clothing. Experts think that around ten molds were used to make the faces, and then different features were added on top of each one.

M: Impressive! And just how big are these soldiers?

F: Believe it or not, they're the same size as the average man is today! And probably twice as heavy! So, it must have taken such a long time to sculpt all of them. If you're interested, now might be your best chance to visit the museum, as it's half-price admission for today only.

M: You know what? You've convinced me! I have some free time today, so I'll go along and check out the sculptures.

F: Great! You won't be disappointed.

실전 대비 독해 및 어휘 영역의 추론 유형과는 달리 청취 영역의 추론 유형 문제는 상대적으로 추론의 수준이 높지 않고 지문에서 언급된 정답의 단서와 단순히 일맥상통하는 정답을 고르는 것이 핵심입니다. 단, DAY 7에서 배웠듯이 지문에 언급되지 않은 정보를 추측하여 매력적인 오답을 고르지 않도록 주의해야 합니다.

대화 후 할 일을 묻는 문제

10. (a) to experience less engine noise
    (b) to volunteer for the robbery
    (c) to avoid breathing in the smoke
    (d) to get the most scenic view

▶ 키워드

10. **Why**, **most likely**, would some guests **sit at the back of the train**?
    몇몇 승객이 기차의 뒤쪽에 앉을 이유는 무엇일 것 같은가?

Welcome to the grand reopening of the Sharpsboro Historical Battlefield site. As you may know, this site has been closed for the past year so that we could completely update all the attractions. I'm excited to tell you about all of its new features!

First, you can take a ride on the Sharpsboro Railroad. Though railway trains didn't exist during the Revolutionary War, we've created this one specifically for our guests. It will take you across the entire fifty-acre battlefield. Watch out, though. There may be some surprises during the trip, such as a staged robbery by armed bandits. Though every seat offers an equal view of the landscape and action, please note that the train is an authentic coal-powered steam train. So, sensitive passengers sitting in the front of the train may experience some respiratory irritation from the exhaust. Don't worry, though. There are plenty of seats in the back.

실전 대비 보기를 미리 읽고 내용을 파악하여 보기 옆에 해석을 간단히 메모해 두면 단서가 언급될 때 내용을 들으면서 각 보기의 정답 또는 오답에 대한 판단을 동시에 할 수 있습니다.

매력적인 오답 소거하기

실전 문제

학습한 내용을 적용하여 다음 공식 기출 문제를 풀어보세요.

기출

PART 3. You will hear a conversation between two people. First you will hear questions 1 through 6. Then you will hear the conversation. Choose the best answer to each question in the time provided.

1. (a) to start an internship
   (b) to return to her job
   (c) to study for classes
   (d) to visit her friend

2. (a) an online class
   (b) a required class
   (c) an advanced class
   (d) a popular class

3. (a) He had trouble understanding the instructor.
   (b) He was unable to develop good listening skills.
   (c) He had trouble learning correct pronunciation.
   (d) He was unable to remember the content.

4. (a) his stories about travel
   (b) his interest in local culture
   (c) his knowledge of food
   (d) his efforts to communicate

5. (a) her extended family
   (b) her new coworkers
   (c) her future roommate
   (d) her local hosts

6. (a) brainstorm ideas for a project
   (b) start working on her new course
   (c) download a language app
   (d) concentrate on her senior thesis

기출

PART 4. You will hear an explanation of a process. First you will hear questions 7 through 13. Then you will hear the explanation. Choose the best answer to each question in the time provided.

7. (a) how to create books for kids
   (b) how to publish kids' books
   (c) how to get kids to read books
   (d) how to review kids' books

8. (a) on a building's fire escape
   (b) in a haunted house
   (c) on a skyscraper's roof
   (d) in a famous museum

9. (a) an imaginary person
   (b) a true story
   (c) an unlikely friendship
   (d) a strange creature

10. (a) He pretends he is a delivery man.
    (b) He sees an animal driving a car.
    (c) He pretends he is in another country.
    (d) He sees a cartoon coming to life.

11. (a) by introducing a puzzle
    (b) by using complex characters
    (c) by introducing new vocabulary
    (d) by using sudden plot twists

12. (a) the history of his apartment building
    (b) the identity of a strange woman
    (c) the contents of a hidden container
    (d) the secret lives of his parents

13. (a) being able to answer questions
    (b) finding something familiar in the characters
    (c) knowing how the tale will end
    (d) believing that the stories are real

DAY 09 PART 1, 2 공략하기

DAY 6~8에서 배운 청취 영역의 문제 풀이 방식을 적용해 볼 수 있는 실전 유형의 청취 지문으로 문제를 푸는 연습을 하여 실전에 대비할 수 있도록 합니다.

1 PART 1 (2인 일상대화) 풀이 방법

PART 1은 남자와 여자로 구성된 2인이 일상적인 대화를 나누는 내용이며, 세부정보, 추론 유형의 문제가 주로 출제됩니다. 모든 문제에 공통으로 해당하는 문제 풀이 방법은 ① 보기 (a)~(d)를 미리 읽고 내용을 파악한 다음, ② 질문을 듣고 키워드를 메모한 뒤, ③ 지문을 음원으로 들으면서 키워드가 언급되는 부분에서 정답의 단서가 되는 정보를 잡아 내고, ④ 보기 중에서 단서의 내용과 일치하는 보기를 정답으로 고르는 것입니다.

🎧 09-1.mp3

EX 1. (a) hanging out at a party
(b) getting some groceries
(c) going to a concert
(d) shopping for clothes

STEP 1 보기 읽고 내용 파악하기

음원이 시작되기 전에 (a)~(d)를 읽고 지문의 내용을 유추하거나 중요 표현을 파악합니다.

EX 1. **What** are Rachel and Craig **doing at the start of the conversation**?

M: Hello, Rachel, I didn't know you shopped here.
F: Hi Craig! I come to this grocery store when I'm visiting my sister. She lives nearby.

남: 안녕하세요, 레이첼 씨, 이곳에서 쇼핑하시는 줄은 몰랐네요.
여: 안녕하세요, 크레이그 씨! 여동생 집을 방문할 때 이 식료품점에 와요. 여동생이 근처에 살거든요.

STEP 2 질문 듣고 키워드 메모하기

질문이 What are ~ doing at the start of the conversation?이므로 화자들의 행동에 대한 세부정보 유형 문제임을 확인하고, What ~ doing at the start of the conversation이 키워드임을 알 수 있습니다.

STEP 3 정답의 단서 듣고 메모하기

여기서 쇼핑하는지 몰랐다는 남자의 말에 여자는 "I come to this grocery store"라고 답하며 대화의 장소가 식료품점임을 알 수 있습니다.

레이첼과 크레이그는 대화 시작 부분에 무엇을 하고 있는가?
(a) 파티에서 서로 어울리는 일
(b) 식료품을 구입하는 일
(c) 콘서트에 가는 일
(d) 의류를 쇼핑하는 일

STEP 4 정답의 단서와 일치하는 보기 찾기

두 화자는 식료품점에서 쇼핑 중에 우연히 만났다는 것을 알 수 있으므로 (b)를 정답으로 고릅니다.

정답 (b)

2 PART 1 문제 풀이 연습

질문에서 키워드를 찾아 해당 키워드가 언급되는 부분에서 고유명사나 시간, 장소 등 구체적인 정보가 정답의 단서로 활용되는 것에 집중하여 들어야 합니다.

기출 스크립트(SCRIPT)는 다음 페이지에 있습니다.

PART 1. You will hear a conversation between two people. First you will hear questions 1 through 7. Then you will hear the conversation. Choose the best answer to each question in the time provided.

1. (a) working at a department store
   (b) shopping in their neighborhood
   (c) going to a holiday party
   (d) exchanging their presents

2. (a) to take advantage of big sales
   (b) to buy items before they sell out
   (c) to avoid large crowds of people
   (d) to pay for things a little at a time

3. (a) She requested presents for others.
   (b) She listed all the toys that she wanted.
   (c) She asked for a trip to see the elves.
   (d) She pointed out her good behavior.

4. (a) by overhearing a friend talking
   (b) by finding out from her parents
   (c) by discovering a hidden present
   (d) by seeing her dad wrap her gift

5. (a) that he was always watching
   (b) that he was a magical figure
   (c) that he was kind to all children
   (d) that he was entirely fictional

6. (a) He worried about ruining a celebration.
   (b) He was afraid her parents would be angry.
   (c) He worried it would affect their relationship.
   (d) He was afraid she would tell other children.

7. (a) continue gift shopping
   (b) have coffee nearby
   (c) wrap some presents
   (d) drive to a local café

어휘 정리 take advantage of ~을 이용하다 sell out 매진되다 large crowds of people 많은 사람들이 붐비는 것 pay for ~에 대해 지불하다 at a time 한 번에 request 동 요청하다 list 동 목록으로 작성하다, 나열하다 elf 명 요정 point out 언급하다, 지적하다 behavior 명 행동 overhear 동 우연히 듣다 find out 동 알아내다 discover 동 발견하다 hidden 숨겨진 magical 형 마법의, 마법을 쓰는 figure 명 인물 entirely 부 완전히 fictional 형 허구의, 상상의 refuse 동 거부하다 worry about ~을 걱정하다 ruin 동 망치다 celebration 명 기념 행사 be afraid 두려워하다 affect 동 영향을 끼치다 relationship 명 관계

SCRIPT

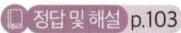

1. What are Sam and Tina doing at the start of the conversation?
2. Why is Tina buying her presents early?
3. What did Tina do in her letters to Santa?
4. How did Tina first learn that Santa Claus was imaginary?
5. What, most likely, did Sam's parents say about Santa Claus?
6. Why did Sam refuse to tell his friend the truth about Santa?
7. What will Tina and Sam probably do next?

F: Hey, Sam! **1** I didn't expect to run into you at the department store. I hardly ever see you outside of work.

M: Hi, Tina. **1** I just moved to this neighborhood. Wow, your cart is full of stuff.

F: **2** I'm buying Christmas presents early this year to get my shopping done before the rush. I hate shopping in crowded stores during the holiday season. But I'll have to hide these gifts in the attic. My kids still believe in Santa, so I can't let them know that I'm buying their presents.

M: How old are your kids?

F: Four and six years old.

M: Did you believe in Santa Claus when you were growing up?

F: Yes! I wrote letters to him every year. My parents would pretend to mail them to the North Pole.

M: What did you write in your letters? Did you just ask for gifts?

F: I didn't ask, but I still wanted to get them. So, **3** I told Santa about the things I had done that year. I said I had been doing my chores and had straight As in school. I figured that would help me get all the presents I wanted.

M: When did you find out that Santa Claus wasn't real?

F: When I was five. **4** I found a doll that I had asked for in my parents' closet, but the next morning, it was wrapped up and said, "from Santa."

M: Did you tell them you knew Santa Claus didn't exist?

F: No, I didn't want to stop getting gifts from him! I pretended I believed in Santa Claus until my parents told me the truth when I was eight. When did you realize that Santa was imaginary?

M: I never believed in Santa Claus. **5** My parents didn't think that it was right to lie to me.

F: Oh wow, Sam. Was it hard not getting gifts from Santa when your friends did?

M: No, my parents still gave me gifts. They just weren't "from Santa." I thought it was strange that my friends believed in something as impossible as a man delivering gifts to every child in the world. It just didn't seem realistic.

F: But Santa Claus is magical. And magic is fun to believe in as a child.

M: Maybe, Tina. But I have always been the sort of person who wants to know the truth about everything.

F: Were you ever tempted to tell your friends the truth about Santa Claus?

M: Well, my friend Sarah once asked me if Santa Claus was imaginary. She said she snuck down to the living room one Christmas Eve and saw her father assembling a train set "from Santa."

F: What did you tell Sarah?

M: **6** I told her to ask her parents! Christmas was such a big event in her family. Their house was covered in Christmas decorations. **6** I didn't want to spoil their fun.

F: That was nice of you. Hey, I'm buying these presents now, but **7** after I'm done loading them into my car, would you like to grab coffee next door?

M: **7** Sure, Tina, that'd be great. But let me help you put your presents in the car. Then we can walk to the coffee shop together.

F: Thanks, Sam!

3 PART 2 (1인 광고, 안내, 방송) 풀이 방법

PART 2는 남자나 여자 1인이 광고나 안내방송, 또는 어떤 주제에 대해 발표하는 내용을 다룹니다. 주로 세부정보 문제와 추론 문제가 출제되므로 광고의 대상이나 안내방송의 주제에 대한 구체적인 정보에 집중하여 들어야 합니다. 특히 Based on, according to라는 표현이 나오는 문제는 특정 부분에 설명된 내용과 일치하는 것을 찾아야 하는 문제입니다. 또한 PART 2의 첫 문제는 주제 및 목적 유형의 문제가 자주 출제되므로 음원이 시작되면 해당 지문의 전체 내용이 어떤 것인지 파악해야 합니다.

🎧 09-3.mp3

EX 2. (a) They promise rapid processing.
(b) They offer a two-year repair warranty.
(c) They promise free returns.
(d) They offer discounts on large orders.

STEP 1 보기 읽고 내용 파악하기

음원이 시작되기 전에 (a)~(d)를 읽고 지문의 내용을 유추하거나 중요 표현을 파악합니다. 보기가 평서문이므로 질문은 What 또는 Why로 시작하는 세부정보 유형임을 알 수 있습니다.

EX 2. **What** do companies **guarantee** for **special-order items**?

The original Wizard Con staple is, of course, the Trick Exchange, an open market for magicians to purchase props, equipment, and even trick guides. Popular makers of magic accessories will have booths set up in the main hall of the convention center. Company representatives will be available to demonstrate their products, answer questions, and take special orders for the unique items you may need for future performances. If you order any custom-made items, the products will be created and shipped within no more than two business days, guaranteed.

STEP 2 질문 듣고 키워드 메모하기

질문을 듣고 동사 guarantee와 명사 special-order items를 키워드로 확인하고 메모합니다.

STEP 3 정답의 단서 듣고 메모하기

질문 키워드 special-order items가 지문에서 custom-made items로 먼저 언급되므로 그 이후의 내용이 정답의 단서임을 확인합니다. 마지막에 또 다른 키워드가 guaranteed가 언급됩니다.

STEP 4 정답의 단서와 일치하는 보기 찾기

정답의 단서는 제품이 제작되고 배송되는데 불과 2일 이내로 걸릴 것이라는 내용이므로 빠른 배송임을 알 수 있습니다. 따라서 정답은 (a)입니다.

 정답 (a)

원래 위저드 콘의 주된 요소는, 당연히, '트릭 익스체인지'로서, 이는 마술사들이 소품과 장비, 심지어 마술 가이드까지 구입할 수 있는 공개 시장입니다. 마술 부대용품의 인기 있는 제조사들이 컨벤션 센터의 본관에 부스를 설치할 것입니다. 회사 대표자들이 각자의 제품을 시연하고, 질문에 답변해 드리며, 여러분께서 향후의 공연에 필요하실 수 있는 독특한 제품에 대한 특별 주문도 받을 수 있을 것입니다. 어떤 맞춤 제작 제품이든 주문하시는 경우, 해당 제품은 불과 이틀 만에 제작되어 배송된다는 점을 보장해 드립니다.

업체들은 특별 주문 제품에 대해 무엇을 보장하는가?
(a) 빠른 처리를 약속한다.
(b) 2년 기간의 수리 보증을 제공한다.
(c) 무료 반품을 약속한다.
(d) 대량 주문에 대해 할인을 제공한다.

4 PART 2 문제 풀이 연습

질문에서 키워드를 찾아 해당 키워드가 언급되는 부분에서 고유명사나 시간, 장소 등 구체적인 정보가 정답의 단서로 활용되는 것에 집중하여 들어야 합니다.

스크립트(SCRIPT)는 다음 페이지에 있습니다.

PART 2. You will hear a presentation by one person to a group of people. First you will hear questions 8 through 13. Then you will hear the talk. Choose the best answer to each question in the time provided.

8. (a) an astronomy club gathering
   (b) an astronomy course
   (c) a summer astronomy camp
   (d) an astronomy festival

9. (a) by viewing an interactive exhibit
   (b) by reading a booklet
   (c) by receiving expert instruction
   (d) by watching a video

10. (a) lecture on space technology
    (b) share his past experiences
    (c) debate with other scientists
    (d) speak about his future plans

11. (a) by ordering on the website
    (b) by visiting the souvenir shop
    (c) by participating in a workshop
    (d) by signing up for a contest

12. (a) They include original music.
    (b) They feature innovative visual effects.
    (c) They include live narration.
    (d) They feature a new sound system.

13. (a) join a mailing list
    (b) buy a raffle ticket at the event
    (c) fill out an online form
    (d) donate money to a charity

어휘 정리 gathering 명 모임, 집합 course 명 과정, 강좌 camp 명 캠프, 야영 festival 명 축제, 행사 viewing 명 보기, 관찰하기 interactive 형 상호작용하는 exhibit 명 전시, 전시물 booklet 명 소책자, 안내서 expert 명 전문가 instruction 명 지도, 교육 debate 동 토론하다, 논쟁하다 customized 형 맞춤형의, 개인화된 souvenir 명 기념품 participate in 참여하다 contest 명 대회, 경연 original 형 원본의, 독창적인 innovative 형 혁신적인, 창의적인 visual effects 명 시각 효과 raffle ticket 명 추첨권, 복권 mailing list 명 이메일 목록 form 명 양식 donate 동 기부하다, 기증하다 charity 명 자선, 기부

SCRIPT

8. What is the talk mainly about?
9. How will visitors to the plaza learn about the night sky?
10. What will astronaut Carl Jackson do during the talk?
11. How can younger attendees get their own customized T-shirt?
12. Why are this year's planetarium shows special?
13. What must attendees do to enter the prize drawing?

Hello, ladies and gentlemen. **8** I am here to announce the much-anticipated Festival of Stars—an extraordinary event dedicated to astronomy and the wonders of our night sky, to be held at the local convention center. Tickets go on sale today, so let me fill you in on the main features of the festival.

A festival dedicated to astronomy would be nothing without an opportunity to explore the starry world above. **9** The plaza outside the convention center will have five observatory booths, each containing a state-of-the-art telescope for viewing. These will be supervised by professional astronomers who will guide you through the night sky, revealing distant planets and star clusters that will leave you amazed. Of course, attendees are also welcome to bring their own telescopes and stargazing equipment, which can be set up in the plaza.

To add to the festival's opportunities for education, we have gathered respected astronomers and scientists to deliver lectures. Speakers are joining us from around the world to explain the mysteries of the cosmos and share their discoveries. Among the speakers will be retired astronaut Carl Jackson, who holds the record for the longest-ever spacewalk. **10** Carl will speak about his career and show his personal collection of photos from space. His talk promises to be spectacular!

There will also be interactive workshops around the convention hall providing guests with a variety of space-related, hands-on activities, such as building mini rockets and crafting models of the solar system. **11** Our younger attendees can also join the "Space Camp" workshop, where, among other things, they can design their own alien character and even get it printed on a T-shirt. Get ready to take home knowledge and special souvenirs.

You won't want to miss the Stellar Dome planetarium shows, which are a highlight of the festival. In the Stellar Dome, you can recline in your seat and gaze up at the curved ceiling, which becomes a canvas for a projection of the night sky. But **12** these planetarium shows are more than just visuals. This year's shows are special because the world-famous Starplayer Orchestra has composed some innovative new accompaniment to the visual effects, and they'll be here performing live. These free shows will be held each night of the festival.

Finally, let me tell you about the prize drawing. The Festival of Stars presents an opportunity for one lucky guest to win the trip of a lifetime to Italy, the birthplace of Galileo, who was the father of astronomy and modern science. For a chance to win the trip, **13** attendees need to purchase a ticket for the raffle upon entry to the festival. The winner will be announced on the last day of the event.

Whether you're an experienced astronomer or a casual stargazer, the Festival of Stars promises to be unforgettable. Mark your calendars, and join us there!

DAY 10 PART 3, 4 공략하기

PART 3와 PART 4의 청취 지문으로 문제를 푸는 연습을 하여 실전에 대비할 수 있도록 합니다.

1 PART 3 (2인 대화: 장/단점 비교) 풀이 방법

PART 3는 PART 1과 마찬가지로 남자와 여자로 구성된 2인이 나누는 대화 지문입니다. PART 1과 다른 점은 주제가 일상 대화가 아닌 두 명 중 한 명이 두 개의 선택사항 중에 하나를 선택해야 하는 상황에서 각각의 장점과 단점을 같이 이야기한 후 마지막에 둘 중 하나를 선택하는 내용을 담고 있다는 점입니다.

🎧 10-1.mp3

EX 1. (a) because of the strict professor
(b) because of the final exam
(c) because of the required texts
(d) because of the quick pace

STEP 1 보기 읽고 내용 파악하기

음원이 시작되기 전에 (a)~(d)를 읽고 지문의 내용을 유추하거나 중요 표현을 파악합니다. 보기가 모두 because of로 시작하므로 질문은 Why로 시작하는 세부정보 유형임을 알 수 있습니다.

EX 1. **Why was Antonio's course on twentieth-century novels challenging**?

M: You'd certainly read interesting books, but the downside is that they could be challenging.
F: The books are difficult?
M: Well, I took a course on twentieth-century novels here a few years ago. We read some books that were really hard to understand. The authors were experimenting with various writing styles, so I didn't know what they were trying to say.

STEP 2 질문 듣고 키워드 메모하기

질문에서 남자의 이름이 언급되고 twentieth-century novels가 언급되므로 이를 키워드로 파악합니다.

STEP 3 정답의 단서 듣고 메모하기

20세기 소설 강의를 들었는데, 거기서 읽은 책이 이해하기 어려웠다는 내용이 질문 키워드 challenging과 같은 내용임을 확인합니다.

STEP 4 정답의 단서와 일치하는 보기 찾기

보기 중에서 남자가 20세기 소설 강의에서 읽은 책을 '필수 교재'로 지칭하는 (c)를 정답으로 고릅니다.

정답 (c)

남: 분명 너는 흥미로운 책들을 읽겠지만, 단점은 그것들이 까다로울 수 있다는 점이야.
여: 그 책들이 어려워?
남: 글쎄, 난 이곳에서 몇 년 전에 20세기 소설에 관한 강좌를 하나 수강했어. 이해하기 정말 어려운 책들을 몇 권 읽었지. 저자들이 다양한 문체로 실험하고 있었기 때문에, 무슨 말을 하려고 하는 건지 알지 못했어.

20세기 소설에 관한 안토니오의 강의는 왜 힘들었는가?
(a) 엄격한 교수 때문에
(b) 기말 시험 때문에
(c) 필수 교재 때문에
(d) 빠른 속도 때문에

2 PART 3 문제 풀이 연습

기출 스크립트(SCRIPT)는 다음 페이지에 있습니다. 🎧 10-2.mp3

PART 3. You will hear a conversation between two people. First you will hear questions 1 through 6. Then you will hear the conversation. Choose the best answer to each question in the time provided.

1. (a) clear snow from the street
   (b) buy cleaning supplies
   (c) remove snow from the car
   (d) get the car repaired

2. (a) decorating the tree together
   (b) watching them open gifts
   (c) making cookies together
   (d) seeing them play with new toys

3. (a) the uncomfortable sofa
   (b) the crowded space
   (c) the unfamiliar foods
   (d) the noisy children

4. (a) She dislikes putting on the gear.
   (b) She is afraid of slipping on the ice.
   (c) She dislikes the freezing weather.
   (d) She is afraid of falling into the water.

5. (a) because of the bad storm
   (b) because of the packed hotels
   (c) because of the travel time
   (d) because of the holiday closures

6. (a) visit a town by themselves
   (b) go to her parents' place
   (c) stay at home by themselves
   (d) drop by her friends' place

어휘 정리 clear 동 치우다, 제거하다 cleaning supplies 명 청소 용품 repair 동 수리하다, 고치다 decorate 동 장식하다, 꾸미다 unwrap gifts 선물을 뜯다, 풀다 crowded 형 붐비는, 혼잡한 hesitant 형 망설이는, 주저하는 slip 동 미끄러지다 holiday closures 휴일 동안의 휴업, 문을 닫는 것 drop by 잠깐 들르다

SCRIPT

1. What will James have to do in the morning?
2. What would James most look forward to about Christmas with their niece and nephew?
3. What worries James about staying at Sarah's parents' house?
4. Why might Sarah be hesitant to go skating on the lake?
5. Why would James and Sarah have a shorter vacation if they went to Silverview?
6. What have James and Sarah most likely decided to do?

F: Are you cold, James?
M: I'm good, Sarah. You can turn on the heater if you're chilly.
F: Okay. Have you looked outside? It's already started snowing.
M: Yep. **1** I'll need to clean the snow off the car tomorrow morning.
F: Snow sure can be a hassle, but it helps me get into the holiday spirit.
M: Now that you mention the holidays, Christmas is only a month away, and we still haven't decided whether to spend the holiday with your parents or take a short vacation to Silverview, just the two of us.
F: Let's talk it over.
M: Sure. First, let's go over the advantages of staying with your parents.
F: The main benefit is that my sister and her family will be there. It would be wonderful to celebrate Christmas with our little niece and nephew.
M: I agree. **2** What I'd most look forward to is watching the kids take their new toys out of the boxes. Seeing the joy on their faces as they gather around the Christmas tree and unwrap their presents is priceless.
F: I think they'll love the toys we got them.
M: And don't forget, your mom's Christmas dinner is a huge plus! Her cooking's fantastic. I can't stop thinking about her crispy roasted potatoes.
F: Mmm! She goes all out during the holidays.
M: But **3** the thing I'm really worried about is that space is pretty limited at your parents' house. I have a feeling we'd end up on that inflatable mattress again.
F: Oh, I remember how uncomfortable that was for you last time.
M: Yes, it gave me a terrible backache. And with your sister and her kids around, the place will probably be even more cramped.
F: Yeah, that's worth thinking about. Now, what are your thoughts on taking a Christmas trip to Silverview, James?
M: Well, Sarah, the town is in a beautiful location. We always enjoy going there for peace and quiet. It's the perfect spot for a relaxing Christmas Day walk in the countryside.
F: You're right. It's gorgeous there in the winter. Just like a Christmas card.
M: And **4 6** we could go skating on the frozen lake. You've never tried that before.
F: **4** I've always been a bit hesitant about that. Isn't it dangerous? What if the ice started to crack?
M: Don't worry about falling through. I used to go skating there almost every winter, and the ice was always thick enough.
F: That's reassuring. **5** One drawback of going to Silverview, though, is that we only have a few days off work for Christmas, and it's a long drive back from there.
M: **5** Yeah, that could cut our vacation short. We'd need to leave earlier than we'd like to beat the traffic. The roads are usually packed after the holidays.
F: And we'd still end up spending the whole day driving instead of enjoying our time off.
M: Discussing this has been helpful, but I'm still not sure what to do. What about you, Sarah?
F: **6** What I really want is a Christmas to remember. Do you think you can find some ice skates that will fit me?
M: Definitely! Are you sure?
F: Absolutely. I'll pass on the inflatable mattress this year!

3 PART 4 (1인 발표, 과정 설명) 풀이 방법

PART 4는 PART 2와 마찬가지로 화자 1명이 어떤 주제나 대상에 대해 발표하거나 과정을 설명하는 지문입니다. PART 4에는 항상 해당 주제에 대한 여러 개의 특징 또는 과정이 나열된다는 것이 PART 2와의 차이점입니다. 첫 문제는 주제 및 목적 유형의 문제가 자주 출제되며, 그 뒤에 각 특징이나 과정마다 세부정보 또는 추론 유형의 문제가 1문제씩 출제되며 지문에서 언급되는 순서가 문제의 순서와 동일하므로 각 문제의 키워드를 파악하여 차례대로 정답을 골라야 합니다.

🎧 10-3.mp3

EX 2. (a) packing for a music festival
(b) creating a camping trip playlist
(c) choosing music for a road trip
(d) making playlists for friends

EX 2. **What is the talk mainly about**?

Welcome to another episode of *Enjoying Travel*, a podcast that helps you make traveling fun. Continuing with last week's topic of road trips, today we'll cover a key element of any driving experience — the playlist. Here are six tips for making the perfect road trip playlist.

여행을 즐겁게 만드는 데 도움을 드리는 팟캐스트, <여행 즐기기>의 또 다른 에피소드에 오신 것을 환영합니다. 지난 주의 주제였던 장거리 자동차 여행에 이어, 오늘은 모든 운전 경험의 핵심 요소인 플레이리스트를 다뤄 보겠습니다. 완벽한 자동차 여행용 플레이리스트를 만드는 여섯 가지 팁을 소개해 드리겠습니다.

담화는 주로 무엇에 관한 것인가?
(a) 음악 축제를 위한 짐 꾸리기
(b) 캠핑 여행용 플레이리스트 만들기
(c) 자동차 여행용 음악 고르기
(d) 친구를 위한 플레이리스트 만들기

STEP 1 보기 읽고 내용 파악하기
음원이 시작되기 전에 (a)~(d)를 읽고 지문의 내용을 유추하거나 중요 표현을 파악합니다.

STEP 2 질문 듣고 질문 유형 파악하기
질문이 What is the talk mainly about? 이므로 주제 및 목적 유형의 문제임을 알 수 있습니다.

STEP 3 정답의 단서 듣고 메모하기
주제 및 목적 유형 문제에 대한 정답의 단서는 첫 부분에서 언급되므로 첫 단락에서 키워드 "today we'll cover~"로 시작하는 문장을 듣고 정답의 단서를 파악합니다.

STEP 4 정답의 단서와 일치하는 보기 찾기
화자가 담화 시작 부분에서 '오늘은 모든 운전 경험의 핵심 요소인 플레이리스트를 다뤄 보겠다'고 밝히면서 '완벽한 자동차 여행용 플레이리스트를 만드는 여섯 가지 팁을 전하겠다'고 언급하고 있습니다. 이는 자동차 여행에 좋은 음악을 고르는 일을 의미하므로 (c)를 정답으로 고릅니다.

 (c)

4 PART 4 문제 풀이 연습

질문에서 키워드를 찾아 해당 키워드가 언급되는 부분에서 고유명사나 시간, 장소 등 구체적인 정보가 정답의 단서로 활용되는 것에 집중하여 들어야 합니다.

기출

스크립트(SCRIPT)는 다음 페이지에 있습니다.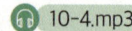

PART 4. You will hear an explanation of a process. First you will hear questions 7 through 13. Then you will hear the explanation. Choose the best answer to each question in the time provided.

7. (a) how to train for a marathon
   (b) how to organize a marathon
   (c) how to win a marathon
   (d) how to recover from a marathon

8. (a) look online for races to enter
   (b) consult a running coach
   (c) find a partner to train with
   (d) make a practice schedule

9. (a) He does weight training.
   (b) He uses an exercise bike.
   (c) He takes yoga classes.
   (d) He walks on the treadmill.

10. (a) trying different running styles
    (b) getting a good pair of shoes
    (c) shopping for exercise machines
    (d) buying the right workout clothes

11. (a) reading online posts
    (b) waking up too early
    (c) eating a large breakfast
    (d) drinking too much coffee

12. (a) He was exhausted.
    (b) He felt mild knee pain.
    (c) He broke a rule.
    (d) He had a serious injury.

13. (a) by soaking in a hot bath
    (b) by doing meditation
    (c) by getting a massage
    (d) by visiting his friends

어휘 정리 goal 명 목표 build in 포함시키다 workout cloth 명 운동복 post 명 게시물, 글 forced 형 강제로, 억지로 quit 동 그만두다 midway 부 중간, 도중에 relax 동 휴식을 취하다 soak 동 담그다 bath 명 욕조

SCRIPT

7. What is the talk mainly about?
8. What is the first tip in the talk?
9. How does the speaker spend most of his time at the gym?
10. What does the speaker find to be stressful?
11. Based on the talk, what might runners want to avoid doing the morning of the race?
12. Why was the speaker forced to quit midway through a race?
13. How does the speaker like to relax between practice runs?

Hello, everyone. As a seasoned long-distance runner, **7** I'm thrilled to be here at the Mondale Sports Center to share my passion for marathon running. Covering twenty-six miles is no small task, and preparing for a marathon is all about dedication and hard work. **7** Here are some tips on how to prepare for this challenge.

8 The first tip is to create your own training program. Having coached many runners, I recommend a preparation period of sixteen to twenty weeks. But don't just get out there and try to run every day. First, decide which goals you'd like to meet each week, and build in some rest days. If you struggle with organizing your time, there are many great marathon training plans online that you can download.

The second tip is to include cross-training in your routine to boost overall fitness. While a marathon primarily involves running, that doesn't mean you should avoid other activities. **9** I spend most of my time at the gym lifting weights. I don't enjoy weight training, but it's a vital part of my preparation, as it strengthens my entire body. Trust me. You need more than a good pair of legs to complete a marathon.

The third tip is to choose the right footwear. With so many styles of running shoes available, **10** it's hard to choose the best ones. Personally, I've found it stressful to make that decision. But I feel less overwhelmed after paying a visit to a specialty running store. At the store, the skilled salespeople assess my running style on a treadmill and provide me with a range of shoe options to try. This personalized approach ensures that I find the perfect running shoes for my needs.

The fourth tip is to get into the right mindset on the morning of the marathon. Whatever you do, remember to keep things positive. Usually, I wake up early and enjoy a cup of coffee and some breakfast while catching up on my social media. However, you might want to change your morning ritual for the day of the race. Once, **11** I made the mistake of opening my social media at the start of race day and saw an upsetting news story someone had uploaded. After that, I felt sick to my stomach and wasn't able to put all of my energy into running.

Tip number five is to listen to your body. Last year, I pushed through some mild knee pain during my runs because I was desperate to compete in the marathon I had signed up for. It was a huge mistake! **12** Midway through the actual race, I experienced unbearable pain and was forced to quit. I ended up with a severe knee injury that prevented me from running for four months. The lesson is clear: listen to your body's signals, and seek medical advice if needed.

The last tip is to recover properly after each practice run. Training for a marathon will be hard on your body, so proper rest and recovery are important. Some runners choose to meditate on their rest days, but that doesn't work for me. **13** Personally, I like visiting my local spa for a full-body massage. It soothes and relaxes my aching muscles after a run, offering the care my body needs after suffering such intense physical training.

Thanks for joining me. Good luck as you begin your marathon training journey.

10일 단기공략 지텔프 공식 기출 32-65+

어휘
10 DAYS

DAY 01 인물

DAY 02 일상 생활

DAY 03 환경

DAY 04 과학/기술

DAY 05 사회/산업

DAY 06 의료/건강

DAY 07 학교/회사

DAY 08 예술/철학

DAY 09 빈출 어휘 1

DAY 10 빈출 어휘 2

어휘 학습 전략

지텔프 시험에서 쓰이는 단어는 일상생활에 쓰이는 수준(문법, 청취 영역)과 인물, 사회, 과학, 교양 등 특정 전문 분야에 관한 단어(독해 및 어휘 영역)이 섞여서 나오기 때문에 많은 수험생들이 혼란을 느낄 수 있습니다. 하지만 반드시 그 모든 단어를 다 알아야 문제를 풀 수 있는 것은 아닙니다. 기본적인 단어만 숙지한다면 문제를 푸는 데 큰 영향을 미치지 않습니다. 중요한 것은 독해 문제에서 나오는 패러프레이징(paraphrasing: 같은 의미의 문장을 다른 단어로 표현한 것)을 잘 이해하는 것입니다. 특히 독해 및 어휘 영역의 4개의 지문에서 각각 2문제씩 동의어 찾기 유형의 문제가 출제되므로 점수에 직결되는 부분이니 더욱 신경 써서 공부해야 합니다. 하나의 단어가 여러 의미를 가지는 다의어가 동의어 문제로 자주 출제되니 여러 의미를 모두 암기해야 합니다. 어휘는 주제별로 DAY를 나누어 1일 분량으로 약 50여개의 실제 시험에 나오는 단어로만 구성하였으며, 예문과 음원(QR코드)를 제공하여 투자 시간대비 학습 효율을 높이고, 동시에 독해 및 어휘에서의 점수를 향상시킬 수 있도록 제작하였습니다.

DAY 01 인물

어휘 DAY 01 음원

빈출 단어를 기출 표현과 함께 학습 후 숙지하여 문법, 청취, 독해 문제 이해도를 높일 수 있습니다.

단어	뜻	예문
known	형 알려진	He is known for selling the best pastries in town. 그는 마을에서 가장 좋은 페이스트리를 파는 것으로 알려져 있다. be known for ~로 알려지다
graduate	명 졸업생, 대학원생 동 졸업하다	graduate college 대학을 졸업하다
inspire	동 영감을 주다, 자극하다	inspire him to compose a song 그가 노래를 작곡하도록 영감을 주다
renowned	형 저명한, 유명한	a renowned author 저명한 작가
commitment	명 헌신, 전념, 의지	show/express commitment 헌신[의지]을 보이다
acclaim	명 격찬, 호평 동 열렬히 환호하여 맞이하다, 갈채하다	acclaim improvements 향상[개선]을 칭찬하다
suffer	동 괴로워하다, 고통을 겪다	suffer from depression 우울증을 겪다
honored	형 명예로운, 영광으로 생각하여	feel highly honored 큰 영광으로 생각하다
talented	형 재능이 있는, 유능한	grow up to become a talented singer 자라서 재능이 있는 가수가 되다
support	동 지지하다, 부양하다	support a family 가족을 부양하다
major	명 전공 과목, 전공 학생 형 주요한, 중요한, 다수의	a major exam 전공 시험 win a major award 주요한 상을 받다

launch	❸ 출시, 개시, 발사 ❸ 출시하다, 개시하다	announce the launch of a new service 새로운 서비스의 출시를 발표하다
influence	❸ 영향, 작용, 세력 ❸ 영향을 주다	spread the influence 영향력을 퍼트리다, 세력을 확장하다
recognize	❸ (공로를) 인정하다, (사실임을) 인정하다	She was recognized for her years of service. 그녀는 수년간 근속한 것에 대한 공로를 인정받았다.
former	❸ 이전의	The former president of Mexico 멕시코의 전(前) 대통령
dedicate	❸ 헌신하다, (시간, 노력 등을) 바치다	My trainer is very dedicated to inspiring me to work out harder. 나의 트레이너는 내가 더 열심히 운동하도록 격려하는 데 아주 헌신적이다.
reputation	❸ 평판, 명성	enhance one's reputation ~의 평판을 향상시키다
implement	❸ 실행하다, 시행하다	implement a marketing proposal 마케팅 제안을 실행하다
establish	❸ 설립하다, 확립하다, (이론을) 확증하다	establish an online presence 온라인에서의 존재감을 확립하다
prosper	❸ 번영하다(=thrive), 발전하다, 성공하다	prosper in business 사업에 성공하다
found	❸ 창설하다, 설립하다, 기초를 쌓다	found an institution 기관을 설립하다 * 동사 find의 과거/과거분사형 found와 혼동 주의!
scholarship	❸ 장학금, 학문	apply for a scholarship 장학금을 신청하다
pursue	❸ 추구하다, 추적하다, 뒤쫓다	pursue a career as an engineer 엔지니어로서의 경력을 추구하다
undergo	❸ 겪다, 받다, 경험하다, 진행되다	undergo surgery 수술을 받다 undergo a renovation 개조 공사를 받다

단어	뜻	예문
pioneer	명 개척자, 선구자 동 개척하다, 선두에 서다, 선구자가 되다	be known as the pioneer of~ ~의 선구자로 알려져 있다
figure	명 수치, 인물 동 알아내다, 생각해내다(out)	a historical figure 역사적인 인물 figure out how it works 그것이 어떻게 작동하는지 알아내다
outstanding	형 두드러진, 현저한, 뛰어난, 미지불의	appreciate outstanding service 뛰어난 서비스에 감사하다 an outstanding debt 갚지 못한 빚
serve	동 서비스를 제공하다, 근무하다, (음식을) 제공하다, 도움이 되다	serve as ~의 역할을 하다, ~로서 근무하다 serve people as a nurse 간호사로서 사람들을 돕다
appointment	명 약속, 임명	make an appointment 약속을 잡다
overcome	동 극복하다, 압도하다	overcome difficulties 어려움을 극복하다
impressive	형 인상적인, 놀라운	obtain impressive results 인상적인 결과를 얻다
determine	동 결정하다, 확정하다, 알아내다	determine what caused the damage 무엇이 손상을 초래했는지 알아내다 determine whether to부정사 ~할지 결정하다
admit	동 인정하다, 시인하다, 허용하다	admit my mistake 나의 실수를 인정하다 admit authorized people to the storage room 승인을 받은 사람들을 창고실로 들이다
organize	동 조직하다, 준비하다	organize a charity event 자선 행사를 준비하다
occupy	동 차지하다, 점유하다, (직책을) 맡다	The seat was occupied by my dog. 그 자리는 나의 개가 차지하였다.
numerous	형 많은, 다수의	offer numerous options 많은 옵션을 제공하다
deserve	동 ~을 받을 자격이 있다	deserve a promotion 승진할 만하다 be well-deserved 마땅히 받을 만하다

engage	동 종사시키다, 관여하다	be engaged in negotiations 협상에 관여되어 있다 (=협상이 중이다)
available	형 구할 수 있는, 시간이 나는	not available for the meeting 회의할 시간이 나지 않는
capability	명 능력 (=ability)	show incredible capability 엄청난 능력을 보여 주다
stand out	눈에 띄다, 두각을 나타내다	His writing style stood out in the publishing industry. 그의 작문 스타일은 출판업계에서 두각을 나타냈다.
project	동 보여주다, 선보이다	project grace and agility 우아함과 민첩함을 보여주다
daunting	형 벅찬, 주눅들게 하는	a daunting physical presence 주눅들게 하는 신체적(물리적) 존재감
bring on	초래하다	bring on numerous problems 수많은 문제를 초래하다
discrimination	명 차별	experience discrimination 차별을 겪다
undertake	동 시작하다, 착수하다 (=embark on)	undertake doctoral courses 박사 과정을 시작하다
advocate	동 지지하다, 옹호하다	advocate for the rights of ~ ~의 권리를 옹호하다
contribute	동 기여하다, 기부하다	contribute to the building cost 건설 비용에 기여하다
flair	명 재능, 재주	showcase her flair for~ ~에 대한 그녀의 재능을 소개하다
potential	형 잠재적인 명 잠재력	have great potential 굉장한 잠재력을 가지고 있다
controversial	형 논란이 많은	a highly controversial article 대단히 논란이 많은 기사
be inducted into	~에 입성하게 되다	She was inducted into the Hall of Fame. 그녀는 명예의 전당에 입성하게 되었다.

DAY 02 일상 생활

어휘 DAY 02 음원

빈출 단어를 기출 표현과 함께 학습 후 숙지하여 문법, 청취, 독해 문제 이해도를 높일 수 있습니다.

단어	뜻	기출 표현
prefer	동 선호하다, 좋아하다	**prefer** to travel alone 혼자 여행하는 것을 선호하다
lead	동 이끌다, 주도하다 명 선두, 우세	**lead** to ~으로 이어지다, ~을 초래하다 **lead** to confusion 혼란으로 이어지다(=혼란이 야기되다)
spare	동 용서하다, 할애하다 형 예비의, 여분의	**spare** time 여가 시간
handle	동 다루다, 처리하다, 취급하다	**handle** a variety of issues 다양한 문제를 다루다
bump into	~을 우연히 마주치다	**bump into** a friend in the street 길에서 우연히 친구를 마주치다
turn out	동 결국은 ~되다, ~인 것으로 드러나다, ~을 끄다	It **turned out** that she and I attended the same school. 그녀와 내가 같은 학교를 다녔다는 것이 드러났다.
immediately	부 즉시, 당장	Please reply to this e-mail **immediately**. 즉시 이 이메일에 답장해주세요.
make sense	동 의미가 통하다, 이해가 되다, 말이 되다	This sentence doesn't **make sense**. 이 문장은 의미가 통하지 않는다.
accident	명 사고, 우발적인 일	cause an **accident** 사고를 초래하다 by **accident** 우연히
drop by	동 (어떤 장소에) 들르다	**drop by** the post office 우체국에 들르다
boost	동 ~을 신장시키다, 증대하다 명 증가, 활력, 활기	**boost** sales 판매를 증대시키다
appropriate	형 적합한, 어울리는, 타당한	recommend an **appropriate** place 적절한 장소를 추천하다

catch up with	동 ~을 따라잡다	He rushed to catch up with his son. 그는 그의 아들을 따라잡으려고 서둘렀다.
concur	동 동의하다, 일치하다	concur with each other 서로 동의하다
adjacent	형 인접한, 부근의	It is located adjacent to City Hall. 그것은 시청 부근에 위치해 있다.
gathering	명 모임, 집회, 수집	a social gathering 사교 모임 consumer data gathering 소비자 데이터 수집
contact	동 연락하다, 접촉하다 명 접촉, 연락(처)	contact Mr. Jason for more information 더 많은 정보를 위해 제이슨 씨에게 연락하다
exhausted	형 다 써버린, 기진맥진한	feel exhausted 지치다, 기진맥진하다
regarding	전 ~에 관하여	have questions regarding the new product 신제품에 대해 질문이 있다
coincidence	명 우연의 일치, 동시 발생	by a happy coincidence 운 좋게
refrain	동 삼가다, 자제하다	refrain from using mobile phones while driving 운전 중에 휴대폰 사용을 삼가다
witness	동 목격하다, 증언하다, 증명하다 명 목격자, 증거	in witness of ~의 증거로서 witness an accident 사고를 목격하다
arrange	동 준비하다, 계획하다	arrange a meeting 회의를 준비하다
hasty	형 급한, 신속한, 성급한	a hasty decision 성급한 결정 Let's not be too hasty. 너무 서두르지 말자.
frequent	형 잦은, 빈번한 동 자주 방문하다	provide more frequent service 더 잦은 서비스를 제공하다
participate	동 참여하다, 참석하다	participate in the event 행사에 참여하다

encourage	동 권장하다, 권고하다	encourage employees to submit suggestions 직원들에게 제안사항을 제출하도록 권고하다
conclude	동 종료하다, 결론을 내리다	conclude with a short speech 짧은 연설로 마무리하다
match	동 일치하다, 어울리다 명 짝, 맞수, 시합	match the new design perfectly to the old one 새 디자인을 이전 것과 완벽하게 조화시키다
run out of	동 ~을 다 써버리다, ~가 떨어지다, 고갈되다	run out of fuel 연료가 다 떨어지다 run out of time 시간이 다 되다
compare	동 비교하다, 견주다, 비유하다	compared to[with] ~에[~와] 비교하면 compare the new product to the old one 신제품을 이전 제품에 비교하다
locate	동 찾아내다, (장소)에 두다	be located in: ~에 위치하다 locate a nearby hospital 근처의 병원을 찾아내다 His office is located in the northern part of the city. 그의 사무실은 시의 북쪽 지역에 위치해 있다.
reasonable	형 합리적인, 적절한	at reasonable prices 적절한 가격에
assume	동 사실이라고 여기다, 가정하다, (책임, 임무 등)을 떠맡다	assume that the team will win the championship 그 팀이 결승전에서 승리할 것이라고 가정하다 assume responsibilities 책임을 지다
resort	명 휴양지, 의지, 의존 동 의지하다, 호소하다	resort to ~에 의존하다 resort to using plastic bags instead of reusable bags 재사용가능한 가방 대신 비닐 봉지에 의존하다
scale	명 눈금, 축소 비율, 등급, 규모	the scale on a ruler 자의 눈금 on a large scale 대규모로
hold	동 (행사를) 열다, 개최하다, 보유하다	hold a ceremony 기념식을 열다 a stock holder 주주(주식 보유자)
remind	동 상기시키다	I want to remind you that ~ ~라는 것을 여러분에게 상기시켜드리고자 합니다

release	동 출시하다, 공개하다 명 출시, 공개, 발표	the release of a new book 신간의 출시 a press release 보도 자료
occur	동 발생하다, 생기다, 나타나다	an unforeseen event occurs 예기치 않은 일이 발생하다
depend	동 의지하다, 의존하다, 믿다	depend heavily on ~에 크게 의존하다, ~에 크게 좌우되다
appreciate	동 고마워하다, 인식하다, 진가를 알아보다	I appreciate your cooperation. 당신의 협조에 감사드립니다.
affordable	형 저렴한, 감당할 수 있는, 여유 있는	at an affordable price 저렴한 가격에
convince	동 납득시키다, 확신시키다, 깨닫게 하다	be convinced that ~ ~라는 것을 확신하다
ensure	동 보장하다	ensure a safe journey 안전한 여행을 보장하다
indicate	동 나타내다, 시사하다	The sign indicates that parking is not allowed here. 그 표지판은 이곳에 주차가 허용되지 않는다는 것을 나타낸다.
ingredient	명 재료, 성분	the list of ingredients in the meal 식사에 포함된 성분 목록
belongings	명 소유물, 소지품	personal belongings 개인 소지품 unpack one's belongings ~의 소지품 꾸러미를 풀다
triumph	명 승리, 정복, 대성공	celebrate one's triumph ~의 승리를 축하하다
accomplish	동 성취하다, 달성하다	accomplish a goal 목표를 달성하다
fulfill	동 이행하다, 수행하다	fulfill a promise 약속을 이행하다 fulfill a lot of duties 많은 임무를 수행하다
look forward to	~을 기대하다, 고대하다	look forward to watching the new movie this weekend 이번 주말에 신작 영화를 보는 것을 기대하다

DAY 03 환경

어휘 DAY 03 음원

빈출 단어를 기출 표현과 함께 학습 후 숙지하여 문법, 청취, 독해 문제 이해도를 높일 수 있습니다.

단어	뜻	예문
atmosphere	명 대기(권), 분위기	adjust to the atmosphere 분위기에 적응하다
surround	동 둘러싸다	The woods surround the lake. 숲이 호수를 둘러싸고 있다.
resource	명 자원, 재원	the human resources department 인사부 natural resources 천연 자원
climate	명 기후, 기후 지역	a mild climate 온화한 기후 climate change 기후 변화
heavily	부 대단히, 극심하게	rain heavily for several days 며칠 동안 폭우가 내리다
reusable	형 재사용 가능한	The subway ticket is reusable when you return it after use. 지하철 표는 사용 후에 반환하면 재사용 가능합니다.
shortage	명 부족, 결핍	a serious shortage of masks 심각한 마스크 부족
restrict	동 제한하다, 규제하다	restrict the amount of waste we create 우리가 만든 쓰레기의 양을 제한하다
dump	동 (쓰레기를) 버리다, 대량으로 염가 판매하다 명 쓰레기 더미	Visitors must not dump any garbage in the National Park. 방문객들은 국립 공원에서 어떠한 쓰레기도 버리면 안 된다.
classify	동 분류하다, 기밀 취급하다	classify personalities into 16 types 16개의 유형으로 성격을 분류하다 classified documents 기밀 문서
strike	동 ~을 치다, 충돌하다 명 치기, 동맹 파업	The boat struck a rock. 배가 바위에 부딪혔다.
dispose	동 배치하다, 정리하다, 처분하다	dispose of ~을 처분하다, 버리다 dispose of expired food 유통기한이 지난 음식을 처분하다

preserve	동 보존하다, 보호하다, 유지하다	preserve youthful skin 젊은 피부를 유지하다
threat	명 위협, 위협하는 것, 우려	a threat to health 건강에 위협이 되는 것 The threat should be eliminated. 그 위협은 제거되어야 한다.
devastate	동 황폐하게 하다, 파괴하다, 무찌르다	The storm devastated many towns in the state. 그 태풍은 그 주의 많은 마을을 파괴하였다.
regulation	명 규칙, 규정, 조절	review the current regulations 현행 규정을 검토하다
inclement	형 (기후가) 혹독한, 궂은	inclement weather 궂은 날씨, 악천후
decompose	동 분해하다, 부패시키다, 부패하다	The waste can take 100 years to decompose. 그 쓰레기는 분해하는데 100년이 걸릴 수 있다.
forecast	동 예상하다, 예보하다 명 예상, (일기의) 예보, 예측	weather forecast 일기 예보 sales forecast 판매 예측
sustainable	형 (환경을 파괴하지 않고) 지속될 수 있는, 유지할 수 있는	sustainable economic growth 지속 가능한 경제 성장
beneficial	형 유익한, 이로운	beneficial to the environment 환경에 이로운
alternative	명 대안, 대체물 형 대체하는	be used as an alternative to ~의 대안으로 사용되다
exposure	명 노출	prolonged exposure to the Sun 태양에 대한 장기적인 노출
deforestation	명 삼림 벌채, 산림 전용	end a massive problem of deforestation 심각한 삼림 벌채 문제를 끝내다
conservation	명 자연 보호, 보존	conservation of forests 삼림 보존
felling	명 (나무의) 벌채, 벌목	against the felling of trees 나무 벌목에 반대하여
skyscraper	명 고층 건물	the top of the skyscraper 고층 건물의 꼭대기

disaster	명 재앙, 재난	experience disasters 재난을 겪다
diverse	형 다양한	diverse ideas on the project 그 프로젝트에 대한 다양한 의견들
habitat	명 서식지	the preservation of wildlife habitats 야생 동물 서식지의 보존
ecosystem	명 (특정 지역의) 생태계	cause changes to the ecosystem 생태계에 변화를 초래하다
indigenous	형 토착의, 원산의	indigenous plants 토착 식물들
unearth	동 파내다, 발굴하다	The fossil was unearthed in Gosung, Korea. 그 화석은 한국의 고성에서 발굴되었다.
adjust	동 조절하다, 적응하다	adjust to the harsh environment 혹독한 환경에 적응하다
emission	명 배출(물)	reductions in global carbon emissions 세계적인 탄소 배출의 감소
separate	동 분리하다, 떼어놓다, 구별하다 형 갈라진, 개별적인	separate two groups of people by height 키로 두 그룹의 사람들을 분리하다 separate parts 개별적인 부분
pollution	명 오염	due to environmental pollution 환경 오염으로 인해
extensive	형 광범위한, 폭넓은	receive extensive financial support 폭넓은 재정적 지원을 받다
throughout	전 (장소) 도처에, (시간) ~동안 내내	throughout the country 전국 도처에 throughout the year 1년 내내
existing	형 기존의, 현재 사용되는	plan to change the existing regulations 기존의 규정을 바꾸려고 계획하다
disappear	동 사라지다, 없어지다	disappear into the distance 멀리 사라지다
mere	형 단지 ~의, ~에 불과한	It took a mere 30 minutes. 단 30분이 걸렸다.

significant	형 중요한, 상당한	a significant increase in profits 수익의 상당한 증가 significant problems 중요한 문제들	
sound	형 건전한, 건강한, 타당한, 견실한	give sound advice 타당한 조언을 해주다 The company was financially sound. 그 회사는 재정적으로 견실했다.	
shallow	형 얕은	a shallow hole 얕은 구멍 in shallow water 얕은 물에서	
continuous	형 계속되는, 지속적인	a continuous supply of fresh water 깨끗한 물의 지속적인 공급	
shallow	형 안정적인	He wants to have a stable job. 그는 안정적인 일자리를 갖고 싶어한다.	
backward	형 뒤의, 퇴보하는, 더딘, 낙후된	It was considered as a backward system. 그것은 낙후된 시스템으로 여겨졌다.	
destruction	명 파괴	destruction of the country's natural resources 국가의 천연 자원 파괴	
disapprove of	~에 반대하다	She disapproved of environmental destruction. 그녀는 환경 파괴에 반대했다.	
outweigh	동 ~보다 더 중요하다	the benefits for environment outweigh the inconvenience 환경을 위한 이점이 불편함보다 더 중요하다	
convert	동 전환시키다, 개조하다	convert A into B A를 B로 전환시키다 They converted dead coral into fine white sand. 그들은 죽은 산호를 고운 백색 모래로 전환시켰다.	
awareness	명 인식, 의식	raise public awareness 대중의 인식을 높이다	
confine	동 제한시키다, 가두다	Environmentalists urged companies to confine their emissions to eco-friendly limits. 환경운동가들은 기업들이 그들의 배출양을 환경친화적 허용치까지 제한할 것을 촉구했다.	

DAY 04 과학/기술

어휘 DAY 04 음원

빈출 단어를 기출 표현과 함께 학습 후 숙지하여 문법, 청취, 독해 문제 이해도를 높일 수 있습니다.

단어	뜻	예문
discover	동 발견하다	**discover** serious product defects 심각한 제품 결함을 발견하다
invent	동 발명하다, 고안하다	**invent** a communication system 통신 체계를 발명하다
convenient	형 편리한 (↔ inconvenient)	offer **convenient** customer service 편리한 고객 서비스를 제공하다
genetic	형 유전학의, 유전자의	**genetic** information 유전자 정보
feature	동 특징으로 삼다, 특별히 포함하다 명 특색, 특징	The camera **features** an auto-focusing function. 그 카메라는 자동 초점 맞추기 기능을 특징으로 포함한다.
capacity	명 최대 수용 용량[인원], 최대 생산력	operate at full **capacity** 최대한의 생산력으로 가동되다
portable	형 운반할 수 있는, 휴대용의	our updated line of **portable** speakers 휴대용 스피커의 최신 제품군
come with	동 ~이 딸려 있다, ~와 함께 나오다	The hamburger set **comes with** a toy for children. 그 햄버거 세트는 아이들을 위한 장난감이 함께 나온다.
spot	명 장소, 지점, 점, 얼룩 동 얼룩지게 하다, ~을 발견하다, 지목하다	one of the most visited tourist **spots** 가장 많은 사람들이 방문하는 여행 장소 중 한 곳
artificial	형 인공의, 인위적인	**artificial** intelligence 인공 지능(AI) use **artificial** light at night 야간에 인공 조명을 이용하다
replicate	동 복제하다, 모사하다, 반복하다 형 반복되는	The experiment has been **replicated** more than 1,000 times. 그 실험은 1,000회 이상 반복되어왔다.
charge	명 (청구된) 요금, 책임 동 (요금을) 청구하다	take **charge** of ~을 책임지다, 맡다 in **charge** of the project 프로젝트의 책임을 맡은

단어	뜻	예문
integrate	통합하다(into) / 완전한, 각 부분이 갖추어진	integrate with people from the other regions 다른 지역 출신의 사람들과 통합시키다
generate	생성하다, 유발하다	generate so much interest in ~에 대한 정말 많은 관심을 이끌어내다
attempt	~을 시도하다 / 시도	in an attempt to do ~하려는 시도로
productive	생산적인	more productive than expected 예상보다 더 생산적인
source	근원, 출처, 원천	a useful source of information 유용한 정보의 출처
defective	결함이 있는	return defective merchandise 결함이 있는 상품을 반품하다
verify	~을 증명하다, 확인하다	verify the identity of all visitors 모든 방문자의 신원을 확인하다
reference	참조, 추천서, 신원보증서	for quick reference 빠른 참조를 위해 submit a letter of reference 추천서를 제출하다
practical	실용적인, 현실적인	seek a practical way 실용적인 방법을 모색하다
investigate	~을 조사하다, 연구하다	investigate the feasibility of ~의 가능성을 조사하다
combine	결합하다	combine to form the largest energy company 최대 규모의 에너지 회사를 형성하기 위해 결합하다
applicable	적용되는, 응용할 수 있는	The coupon is applicable to any items in the store. 그 쿠폰은 매장 내 어떤 물품에도 적용될 수 있다.
anticipate	예상하다, 예측하다	earlier than anticipated 예상보다 더 빠른 anticipate significant revenue increases 상당한 수입 증가를 예상하다
durable	내구성이 있는, 오래 견디는	be durable and easy to use 내구성이 좋고 사용하기도 쉽다

단어	뜻	예문
compatible	형 어울리는, 호환되는	The software is compatible with Apple's operating system. 그 소프트웨어는 애플의 운영 체제와 호환이 된다.
eligible	형 자격이 있는	be eligible to participate 참가할 자격이 있다
explore	동 탐구하다, 탐험하다	explore controversial topics 논란이 있는 주제를 탐구하다
state-of-the-art	형 최첨단 기술 수준의, 최신식의	State-of-the-art robots pack the food in the factory. 공장에서 최신식의 로봇이 식품을 포장한다.
automatically	부 자동적으로	activate automatically 자동으로 작동하다
function	명 기능, 역할, 함수 동 기능하다	All of the office equipment functions properly. 모든 사무 장비들이 제대로 작동하다.
malfunction	명 오동작, 기능 불량 동 제대로 작동하지 않다	The smart watch malfunctioned after it got wet under water. 스마트워치가 물에 젖은 후로 오작동을 일으켰다.
comprehensive	형 포괄적인, 종합적인, 광범위한	conduct a comprehensive study of ~ ~에 대한 광범위한 연구를 수행하다
factor	명 요인, 요소	a key factor in 동사-ing ~하는 데 있어서 주요한 요인
analyze	동 분석하다	analyze possible risks 발생 가능한 위험을 분석하다
expertise	명 전문 지식, 전문적인 기술	have an expertise in architecture 건축에 대한 전문 지식을 지니다
shorten	동 줄이다, 단축하다	shorten the production time 생산 시간을 단축하다
assembly	명 조립	reorganize the assembly line 조립 라인을 재정비하다
observe	동 준수하다, 관찰하다	observe major changes to the industry 산업의 주요한 변화를 관찰하다
finding	명 (조사, 연구 등의) 결과, 결론, 발견	important findings from the experiment 중요한 실험 결과
periodically	부 정기적으로, 주기적으로	be periodically updated based on sales figures 매출 수치에 따라 주기적으로 갱신되다

단어	뜻	예문
consequence	명 결과	consider all the possible consequences 모든 가능한 결과를 고려하다
eager	형 열렬한, 열심인, 간절히 바라는	be eager to 동사원형: ~하기를 간절히 바라다 be eager to develop the area 그 지역을 개발하기를 간절히 바라다
patent	명 특허(권) 형 전매 특허의, 특허를 가진	hold a patent 특허권을 가지다 a patent product 특허 제품
reveal	동 공개하다, 발표하다, 결과를 보여주다	The study revealed unexpected results. 그 연구는 예상치 못한 결과를 보여주었다.
transit	동 운송하다 명 운송, 교통	in transit 배송 중인 improve the city's transit system 시의 교통 시스템을 개선하다
configuration	명 배치, 환경 설정	due to improper system configuration 부적절한 시스템 설정 때문에
stimulate	동 ~을 자극하다, ~을 활성화하다	stimulate interest in ~에 대한 관심을 불러일으키다
feasibility	명 실현 가능성, 그럴듯함	investigate the feasibility of replacing the whole security system 전체 보안 시스템의 교체 가능성을 조사하다
ongoing	형 진행 중인, 계속하고 있는	ongoing research project 현재 진행 중인 연구 프로젝트
persuasive	형 설득력이 있는, 확신을 주는	present persuasive arguments 설득력 있는 주장을 제시하다
captivate	동 ~의 마음을 사로잡다, 매혹하다, 매료시키다	The beauty of the cosmos can captivate anyone who gazes at the night sky. 우주의 아름다움은 밤하늘을 바라보는 누구든지 매료시킬 수 있다.
prove	동 증명하다, 입증하다	prove to be valuable for your research endeavors 귀하의 연구 노력에 있어서 가치가 있음을 증명하다

DAY 05 사회/산업

어휘 DAY 05 음원

빈출 단어를 기출 표현과 함께 학습 후 숙지하여 문법, 청취, 독해 문제 이해도를 높일 수 있습니다.

단어	뜻	기출 표현
authorize	동 허가하다, 권한을 부여하다	authorize the payment for ~에 대한 지출을 승인하다
corporate	형 기업의, 법인의	corporate budget planning 기업의 예산 기획 corporate tax 법인세
organization	명 조직, 단체	an organization dedicated to revitalizing local business 지역 경제 활성화에 전념하는 단체
produce	동 제조하다, 생산하다 명 농산물	Growing oats produces lower greenhouse gas emissions. 귀리를 재배하는 것은 더 적은 온실 가스를 생성시킨다.
market	명 시장, 수요 동 판매활동을 하다, 시장에서 거래하다	be on the market 시판 중이다, 시중에 있다 market share 시장 점유율
efficiency	명 효율(성)	check the manufacturing process for efficiency 제조 공정이 효율적인지 점검하다
comply	동 준수하다(with)	comply with the government's building regulations 정부의 건축 규제를 준수하다
decline	동 하락하다, 줄어들다, 거절하다 명 하락	in spite of the decline in revenue 수익 감소에도 불구하고
initiative	명 계획, 제안, 진취성, 적극성	take the initiative 주도권을 잡다, 솔선해서 하다
accuse	동 고발하다, 고소하다, 비난하다	accuse someone of theft 누군가를 절도죄로 고발하다
privilege	명 특권, 특전 동 특권을 주다	privilege the manager to access confidential documents 매니저에게 기밀문서에 접근할 수 있는 특권을 주다

deliberate	동 숙고하다 형 신중한, 의도적인	deliberate efforts to attract more tourists 더 많은 관광객을 끌어들이는 의도적인 노력
reside	동 살다, 거주하다	a shuttle bus for commuters who reside in suburban areas 교외 지역에 사는 통근자들을 위한 셔틀 버스
impose	동 ~을 부과하다	a small fine will be imposed for ~ ~에 대해 약간의 벌금이 부과될 것이다
expansion	명 확대, 확장, (시장) 진출	expansion into overseas markets 해외 시장으로의 확장
distribute	동 배포하다, 유통하다, 분배하다	distribute funds evenly among members 회원들 간에 자금을 균등하게 분배하다
surplus	명 과잉, 흑자 형 초과하는, 잉여의	show a budget surplus 예산 흑자를 보이다
alienate	동 멀리하다, 소외감을 느끼게 하다, 양도하다	The politician's comments alienated a lot of young supporters. 그 정치인의 논평은 많은 젊은 지지자들을 떨어져 나가게 하였다.
entitle	동 권리를 부여하다	be entitled to ~할 권리를 가지다 be entitled to a full refund 전액을 환불받을 권리를 지니다
retain	동 유지하다, 보관하다	retain the receipt for one's records ~의 기록용으로 영수증을 보관하다
commcroial	형 상업의, 상업적인 명 방송 광고	safe for commercial use 상업적인 이용에 안전한
issue	명 (공적인) 문제, 사안, (잡지 등의) 호 동 발행하다, 발부하다, 발표하다	issue employee identification badges 직원 신분증 배지를 발급하다
profitable	형 수익성이 있는, 이득이 되는	make profitable investments 이윤이 남는 투자를 하다
impact	명 영향, 충격(= effect) 동 충격을 주다	have an impact on ~에 영향을 미치다
specialize	동 전문화하다, 특수화하다(in)	the rental store that specializes in multifunctional office devices 다용도 사무기기들을 전문으로 하는 대여점

deal	명 거래, 협상 동 거래하다, 처리하다(with)	deal with an urgent matter 긴급한 문제를 처리하다 a great deal of 많은 양의
transform	동 변형시키다, 변모시키다	the proposal to transform the old city park into a new amusement park 낡은 시 공원을 새로운 놀이공원으로 변모시키자는 제안
illegal	형 불법의, 허용되지 않는	The court ruled that there was no evidence of illegal actions. 법원은 불법적인 행위의 증거가 없다고 판결했다.
acquire	동 인수하다, 획득하다, 습득하다	acquire a company 회사를 인수하다 acquire necessary skills 필요한 기술을 습득하다
commit	동 (죄·과실을) 저지르다, 범하다, (권한을) 위임하다, 약속하다(to)	be committed to ~에 전념하다 commit a crime 범죄를 저지르다
infrastructure	명 사회 기반 시설	invest in the infrastructure 사회 기반 시설에 투자하다
domestic	형 국내의, 가정의, 사람들에게 길들여진	domestic travel destinations 국내 여행 관광지 domestic animals 가축
component	명 구성 요소, 부품, 부속	replace worn-out components 마모된 부품을 교체하다
administrative	형 행정의, 관리의	administrative positions 행정직
substantial	형 상당한	undergo substantial changes 상당한 변화를 겪다
intrusion	명 침입, 침범	The police said there were not any footprints or traces of intrusion. 경찰은 발자국이나 침투의 흔적이 없었다고 말했다.
promising	형 장래성 있는, 전망이 밝은, 유력한	the most promising candidate 가장 유력한 후보자
endorse	동 홍보하다, 지지하다, (서류에) 배서하다	agree to endorse the brand-new book 신작 도서를 홍보하기로 동의하다
distinctive	형 독특한, 특유의, 뚜렷한 구별이 되는	distinctive features of the building 건물의 독특한 특징들

notable	형 주목할 만한, 유명한, 훌륭한	be notable for ~로 유명하다 produce notable results 주목할 만한 결과를 내다	
utilize	동 이용하다, 활용하다	utilize the plant as an effective tool for therapy 그 식물을 치료를 위한 효과적인 도구로 활용하다	
jeopardy	명 위험	in jeopardy 위험에 빠진, 위기에 처한 (= in danger)	
compete	동 경쟁하다	compete against [with] ~와 경쟁하다 compete for ~을 두고 경쟁하다	
inactive	형 활동하지 않는, 활발하지 않은	The volcano was inactive for a long time. 그 화산은 오랫동안 활동을 하지 않고 있었다.	
evidence	명 증거	be good evidence of one's capabilities ~의 능력을 입증할 훌륭한 증거이다	
fascinating	형 매력적인	have fascinating colors and patterns on their wings 그들의 날개에 매력적인 색깔과 무늬를 가지고 있다	
exotic	형 외래의, 이국적인	beautiful and exotic sceneries 아름답고 이국적인 경치	
disperse	동 흩어지게 하다, 퍼뜨리다, 전파하다	disperse the crowd 군중을 해산시키다 disperse seeds 씨앗을 퍼뜨리다	
vulnerable	형 취약한, 무방비인	be more vulnerable to damage while used outdoors 야외에서 사용 중에 훼손에 더 취약하다	
migrate	동 이주하다, 다른 지역으로 이동하다	The birds migrated south for the winter. 새들은 겨울을 나기 위해 남쪽으로 이동했다.	
search	명 탐색, 수색, 조사 동 찾다(for), 수색하다	in search of food 식량을 찾아서 search for a comfortable place to live in 거주할 수 있는 편안한 장소를 찾다	
dominant	형 지배적인, 주요한, 우세한	turn into a dominant global brand in the electronics industry 전자기기 산업에서 주요한 전 세계적 브랜드로 변화하다	
subject	형 하기 쉬운, 영향을 받는, 종속적인	be subject to ~하기 십상이다, ~에 달려 있다 be subject to seasonal changes 계절 변화의 영향을 받을 수 있다	
majority	명 대다수, 과반수	The majority of the species inhabits the tropical forests. 그 종의 대다수가 열대림에 서식한다.	

DAY 06 의료/건강

어휘 DAY 06 음원

빈출 단어를 기출 표현과 함께 학습 후 숙지하여 문법, 청취, 독해 문제 이해도를 높일 수 있습니다.

fit	형 알맞은, 적합한, 건강한 동 적합하다, 꼭 맞다	fit for ~에 적합한, ~에 적임인 fit with one's interest ~의 관심사와 잘 맞다
contagious	형 전염성의, 잘 번지는, 옮아가는	contagious infection 접촉 감염 contagious disease 접촉 감염병
hygienic	형 위생적인, 건강에 좋은	hygienic conditions 위생 상태
vital	형 생명의, 필수적인, 중요한	take vital signs 생명 징후를 검사하다 be vital to maintaining steady growth 꾸준한 성장을 유지하는 데 필수적이다
treatment	명 대우, 처우, 치료	get medical treatment 치료를 받다
routine	형 정기적인, 일상적인, 틀에 박힌 명 정해진 순서[과정], 일과	a routine check[inspection] 정기 점검 customized exercise routines 개인 맞춤 운동 순서
regularly	부 정기적으로, 규칙적으로	regularly get medical checkups 정기적으로 건강 검진을 받다
element	명 성분, 요소	the basic elements of the health-care industry 의료 업계의 기본 요소
medication	명 투약, 약물(치료)	take medication 약을 복용하다
germ	명 미생물, 세균, 기원, 근원	harmful germs 해로운 세균
symptom	명 징후, 징조, (병의) 증상	an allergic symptom 알러지 증상
diagnose	동 진단하다	diagnose illnesses accurately 질병을 정확하게 진단하다
acute	형 뾰족한, 급성의, 중대한, (고통 등이) 극심한	an acute disease 급성 질병

단어	뜻	예문
supplement	⑲ 추가, 보충, 부록 ⑧ 보충하다, 보완하다	health supplement food 건강보조식품 supplement the existing route 기존의 노선을 보충하다
intake	⑲ 섭취(량), 흡입구	increase water intake 물 섭취량을 늘리다
noticeable	⑱ 뚜렷한	indicate a noticeable rise in ~의 뚜렷한 증가를 보여주다
infection	⑲ 감염, 전염, 전염병	Exercise can protect one against infection. 운동은 사람을 감염으로부터 보호할 수 있다.
exposure	⑲ 노출, 폭로	avoid repeated exposure to work-related stress 업무 관련 스트레스에 대한 반복적인 노출을 피하다
strain	⑧ 잡아당기다, 긴장시키다 ⑲ 압력, 긴장, 접질림(염좌)	reduce strain on the heart 심장의 긴장을 줄이다
prescription	⑲ (의사의) 처방(전), 처방된 약	on prescription 처방전에 따라서 prescription drug 처방전으로만 투여되는 약
adequately	⑴ 충분히, 제대로	perform one's duty adequately 직무를 제대로 수행하다
sanitation	⑲ 공중 위생, 위생 설비	improved medical care and sanitation 향상된 의료 및 위생
cure	⑲ 치료(법), 치유 ⑧ 병을 고치다, 치유하다	hard to cure 난치의 cure a disease 질병을 고치다
nutrition	⑲ 영양	the health and nutrition guidelines 보건 영양 지침
staple	⑲ (복수형으로) 특산물, 주요 상품, 기본 식품 ⑱ 기본적인, 주요한	the staple commodities of Korea 한국의 주요 상품
affect	⑧ 영향을 미치다, 작용하다	affect the profits significantly 수익에 상당히 영향을 미치다
prompt	⑱ 즉각적인, 신속한, 시간을 엄수하는 ⑧ 촉발하다, 촉구하다, (감정을) 일으키다	appreciate your prompt payment 신속한 지불에 감사하다

recover	동 복구하다, 회복하다	recover from a health problem 건강 문제에서 회복하다
sensitive	형 민감한, 예민한, 까다로운	keep sensitive chemicals in a secure location 민감한 화학품을 안전한 곳에 보관하다
prohibit	동 금지하다	prohibit A from 동사-ing: A가 ~하는 것을 금지하다
disorder	명 무질서, 혼란, 이상, 장애, 병	an inborn disorder 선천적인 장애 fall into disorder 혼란에 빠지다
restore	동 복구하다, 복원하다, 회복하다	restore the design to its former state 디자인을 이전 상태로 복원하다
eliminate	동 ~을 없애다, 제거하다	eliminate stains instantaneously 얼룩을 바로 제거하다
intricate	형 뒤얽힌, 엉클어진, 복잡한, 정교한	The building has an intricate structure. 그 건물은 복잡한 구조를 가지고 있다.
delicate	형 민감한, 섬세한, 연약한, 정교한	delicate negotiations 민감한 협상
insufficient	형 부족한, 불충분한	insufficient supply of water 수분 공급 부족
precaution	명 조심, 경계, 예방 조치	take precautions 예방조치를 취하다
enhance	동 강화하다, 향상시키다, 끌어올리다	enhance concentration 집중력을 강화하다
deficiency	명 부족, 결핍	a vitamin deficiency 비타민 결핍 a deficiency of nutrition 영양 부족
prevent	동 방지하다, 예방하다, 못하게 하다	prevent A from 동사-ing A가 ~을 못하게 하다
strengthen	동 강화하다, 힘을 돋우다, 강해지다	strengthen relationships between the divisions 부서들 간의 관계를 돈독히 하다
chronic	형 만성의, 상습적인, 장기간에 걸친	a chronic disease 만성 질병

단어	뜻	예문
prolong	동 (기한을) 연장하다	undergo regular maintenance to prolong the life of the vehicle 차량의 수명을 늘리기 위해 정기적인 점검을 받다
unprecedented	형 전례 없는, 이례적인	an unprecedented increase in sales 전례 없는 매출 증가
impaired	형 약화된, 건강이 나빠진, 장애가 있는	a visually impaired person 시각 장애인 impaired hearing 난청
alleviate	동 경감하다, 완화하다	in an effort to alleviate patients' pain 환자들의 통증을 완화시키기 위한 노력으로
predominant	형 우월한, 우세한, 두드러진	Such climate change is especially predominant in the Arctic. 그러한 기후 변화는 특히 북극지방에서 두드러진다.
superior	형 ~보다 우수한(to), 상급의	superior to other species 다른 종보다 우수한
encounter	동 우연히 마주치다 명 우연히 마주침, 충돌	If you encounter any problems during the experiment 실험 중 어떤 문제라도 마주한다면
prone	형 경향이 있는, ~하기 쉬운	be prone to ~하기 쉽다 Stressed people are prone to catch a cold. 스트레스를 받은 사람들은 감기에 걸리기 쉽다
thrive	동 번영하다, 성공하다, 무럭무럭 자라다	The plants thrive in the region despite the cold climate. 그 식물은 추운 기후에도 불구하고 그 지역에서 잘 자란다.
worsen	동 악화되다	His eyesight has been worsening for the last two weeks. 그의 시력은 지난 2주 동안 계속 악화되고 있다.
dietary	형 음식물의, 식사의	make special dietary requests 음식물에 관한 특별 요청을 하다
wound	명 상처, 부상 동 상처를 입히다	take some time for the wounds to heal 상처가 치유되는 데 시간이 좀 걸리다

DAY 07 학교/회사

어휘 DAY 07 음원

빈출 단어를 기출 표현과 함께 학습 후 숙지하여 문법, 청취, 독해 문제 이해도를 높일 수 있습니다.

term	명 용어, 학기, 임기, 계약 조건	in terms of ~에 관하여, ~의 관점에서 terms of the contract 계약 조건 a mid-term examination 중간고사
assignment	명 과제, 할당, 배정, 업무	primary assignments 주요 과제물들 a temporary assignment 임시 업무
peer	명 동료, (능력, 자격 등이) 동등한 사람 동 자세히 보다, 응시하다	a peer group 또래 집단 peer through the lens 렌즈를 통해 보다
enroll	동 명단에 기재하다, 등록하다, 입학시키다	enroll in Siwon University 시원대학교에 등록하다
train	동 교육시키다, 훈련시키다	train new students 신입생들을 교육시키다
faculty	명 능력, 교수진, 학부	have the faculty of memorizing numbers quickly 숫자를 빠르게 암기하는 능력이 있다
assess	동 평가하다, 가늠하다	assess the particular needs of ~ ~의 특별한 필요를 가늠하다
interact	동 상호 작용하다, 소통하다	interact with participants after the experiment 실험 후에 참가자들과 소통하다
tuition	명 수업, 교습, 대학 등록금, 수업료	initially pay all tuition fees 처음에 모든 수업료를 지불하다
institute	동 설치하다, 제정하다, 도입하다 명 기관, 협회, 대학 연구소	institute a new dress code policy 새로운 복장 방침을 도입하다
facility	명 시설, 시설물	sign up for a guided tour of the facility 가이드가 안내하는 시설 견학을 신청하다

setback	명 차질, 방해, 문제, 실패	in order to avoid a possible setback 닥칠 수도 있을 문제를 피하기 위해	
intrigue	동 흥미를 끌다, 음모를 꾸미다 명 음모, 계획	a political intrigue 정치적 음모	
grant	동 ~을 수여하다, 승인하다 명 보조금, 지원금	grant access to ~에 대한 접근[사용]을 승인하다 the research grant 연구 보조금	
noteworthy	형 주목할 만한	noteworthy accomplishments 주목할 만한 성과	
conceive	동 구상하다	conceive a plan 계획을 구상하다	
demonstrate	동 시연하다, 입증하다	demonstrate the proper method of -ing ~하는 올바른 방법을 시연하다	
specify	동 구체적으로 말하다, 명시하다, 지정하다	specify the number of applicants 신청자의 수를 구체적으로 밝히다	
degree	명 단계, 등급, 정도, 학위	hold an advanced degree in accounting 회계학 석사 학위를 지니다	
accommodate	동 수용하다, 숙박을 제공하다	accommodate a large audience 많은 청중을 수용하다	
prestigious	형 유명한, 일류의, 훌륭한	a prestigious award 유명한 상	
challenging	형 힘든, 해볼 만한, 도전적인	a simple but challenging task 단순하지만 어려운 업무	
potential	명 가능성, 잠재력 형 잠재적인, 가능성 있는	have extraordinary potential for ~ ~에 대해 엄청난 가능성을 가지고 있다	
objective	명 (궁극적인) 목표 형 객관적인	a primary objective 주요 목표 an objective test 객관식 시험	
instruct	동 ~에게 지시하다, 알리다, 가르치다	instruct that the students hand in the assignment by tomorrow 학생들은 내일까지 과제를 제출해야 한다고 알리다	

cooperation	명 협력, 협동	in cooperation with ~와 협력하여
content	명 내용, 내용물, 목차 형 만족하고 있는(with) 동 만족시키다, 만족하다 (with)	Some content of the movie is based on true events. 그 영화의 일부 내용은 실제 사건들을 바탕으로 한다.
reflect	동 반영하다, 보여주다	reflect the adjustments to the essay 에세이에 수정사항들을 반영하다
rigorous	형 엄격한, 혹독한	a rigorous training program 엄격한 교육 훈련
adept	형 숙련된, 숙달된 (in/at) 명 숙련자	The children are adept at swimming. 그 아이들은 수영하는 것에 숙달되어 있다.
motivate	동 동기를 주다, 자극을 주다	be motivated to do ~할 동기를 주다 It motivated me to work out harder. 그것은 나에게 더 열심히 운동하도록 자극을 주었다.
relevant	형 관련된, 적절한	process the relevant permit applications 관련된 허가 신청서를 처리하다
facilitate	동 용이하게 하다, 촉진하다	facilitate our discussion significantly 우리의 논의를 상당히 촉진하다
evaluate	동 평가하다	evaluate one's performance 성적[실적]을 평가하다
revise	동 수정하다, 개정하다	revise the training guidelines 교육 지침을 개정하다
accomplish	동 성취하다, 이룩하다	accomplish a goal 목표를 성취하다
persistent	형 끈질긴, 지속적인	persistent hard work[efforts] 지속적인 노력
enthusiastic	형 열심인, 열광적인, 열중해 있는(for/about/over)	enthusiastic support 열광적인 지지 be enthusiastic for electronic music 전자 음악에 대해 열정적이다
opening	명 창립, 개점, 일자리, 공석	an opening for the position of ~직책에 대한 채용 공고

hire	⑧ 고용하다, 이용하다 ⑲ 채용된 직원	hire extra editors to meet the deadline 마감일을 맞추기 위해 추가로 편집자를 고용하다
candidate	⑲ 후보자, 지원자	highly qualified candidates from around the world 전 세계에서 모인 매우 유능한 지원자들
assistant	⑲ 보조, 조수 ⑱ 보좌하는, 지원하는	the position of assistant supervisor 부사장 직책
requirement	⑲ 필요, 요구조건, 자격요건	meet the requirements 자격요건에 부합하다
supervisor	⑲ 상사, 관리자	report to the supervisor 상사에게 보고하다
temporary	⑱ 임시의, 일시적인	offer a temporary discount on office furniture 사무용 가구에 대해 일시적 할인을 제공하다
permanent	⑱ 영구적인, 상설의	cause permanent damage to ~ ~에게 영구적인 피해를 끼치다
urgent	⑱ 긴급한, 시급한	discuss one's urgent needs to expand product lines 제품군을 확장시킬 시급한 필요에 대해 논의하다
deposit	⑲ 예금(액), 보증금 ⑧ ~을 예금하다, 입금하다	make a deposit 예금하다 a security deposit (임대) 보증금
resign	⑧ 사임하다, 사직하다	resign from ~에서 사직하다
procedure	⑲ 절차, 과정	be aware of new maintenance procedures 새로운 유지관리 절차를 숙지하다
qualified	⑱ 자질 있는, 적격인	highly qualified applicants 매우 유능한 지원자들
obligation	⑲ 의무, 책임, 채무	fulfill one's obligation to A A에 대한 책임을 다하다
retirement	⑲ 퇴직	give a retirement speech 퇴임 인사말을 하다
subsequent	⑱ 뒤따르는, 다음의	attracted a larger audience in the subsequent year 그 다음 해에는 더 많은 사람들을 끌어모았다

DAY 08 예술/철학

어휘 DAY 08 음원

빈출 단어를 기출 표현과 함께 학습 후 숙지하여 문법, 청취, 독해 문제 이해도를 높일 수 있습니다.

단어	뜻	예문
artwork	명 예술품, 예술작품	create original artworks 독창적인 예술작품을 만들다
oriented	형 ~을 지향하는, ~을 우선하는	in a traditionally male-oriented genre 전통적으로 남성 지향적인 장르에서
religious	형 종교적인, 신앙이 깊은	a religious event 종교 행사
perceive	동 (오감으로) 알아차리다, 인지하다	perceive the environment 환경을 인지하다
display	명 전시, 진열, 전시회 동 전시하다, 보여주다	be currently on display 현재 전시중이다 remarkable displays 놀라운 전시품
visible	형 눈에 보이는, 눈에 띄는	a clearly visible sign 분명하게 눈에 띄는 표지판
manner	명 방식, 예절(복수형 manners)	in a timely manner 신속하게, 시기적절하게
depict	동 ~을 그리다, 묘사하다, 서술하다	depict a feeling of peace and calm 평화와 고요함의 느낌을 그리다
profound	형 학식이 깊은, 심오한, 지대한	have a profound influence on the company's long-range strategy 회사의 장기적인 전략에 지대한 영향을 미치다
modify	동 ~을 변경하다, 수정하다	modify the date of your reservation 귀하의 예약 날짜를 변경하다
appearance	명 외관, 외형, 외모, 등장, 출연	maintain the appearance of the office 사무실의 외관을 관리하다
abstract	형 추상적인, 추상주의의 명 발췌, 개요, 요약, 추상(작품) 동 추출하다, 발췌하다, 요약하다	an abstract painting 추상화 make an abstract of ~을 발췌[요약]하다

compose	동 구성하다, 창작하다, 작곡하다	be composed of ~로 구성되다 The piece of music was composed for the guitar. 그 음악 작품은 기타를 위해 작곡되었다.
authentic	형 진품인, 진본인, 믿을 만한	learn how to distinguish authentic works of art 예술품 진본을 구별하는 법을 배우다
originate	동 시작하다, 발생하다, 유래되다	The custom originated in South America. 그 관습은 남아메리카에서 유래되었다.
adopt	동 채용하다, 채택하다, 입양하다	adopt a new technology 새로운 기술을 채용하다
craft	명 기능, 기술, 수공예, 작은 선박 동 정교하게 만들다	arts and crafts 미술 공예 crafted products 공예품, 세공품
magnificent	형 웅장한, 엄청난, 최상의	a magnificent view 웅장한 경치, 장관 a magnificent piece of art 엄청난 예술품
reproduce	동 복사하다, 재현하다, 번식하다	It is illegal to reproduce a painting without consent. 동의 없이 그림을 모조하는 것은 불법이다.
contemporary	형 동시대의, 현대의	Many contemporary artists will hold a special exhibition. 많은 현대 예술가들이 특별 전시회를 열 것이다.
massive	형 크고 무거운, 대대적인, 방대한	plan a massive media publicity campaign 대대적인 미디어 홍보활동을 기획하다
critic	명 비평가, 평론가	an art critic 예술 평론가
govern	동 통치하다, 지배하다, (학교, 기업 등을) 운영하다	govern a nation 나라를 통치하다
identity	명 동일함, 신원	verify the identity of all visitors 모든 방문자의 신원을 확인하다
confidential	형 기밀의	be kept confidential 기밀로 유지되다

단어	뜻	예문
authority	명 권한, 전문가, 당국자	be widely considered the leading authority on ~ ~에 관해 선도적인 권위자로 널리 알려져 있다
implication	명 연루, 관계, 암시, 의미	have implications for ~ ~와 연관이 있다, ~의 필요를 의미하다, ~의 결과를 낳다
presence	명 존재, 출석, 존재감	establish a presence in ~에서의 존재감을 확립하다
cognitive	형 인지의, 인지에 관한	cognitive development 인지 발달
elect	동 선출하다, 선택하다	was recently elected to 최근 ~으로 선출되었다
ban	동 금지하다 명 금지(령), 비난, 반대	It is now legally banned to smoke in public areas. 공공 장소에서 흡연은 이제 법적으로 금지되었다.
skeptical	형 회의적인, 의심하는	be skeptical about[of] ~을 의심하다
independent	형 독립적인	independent tests reveal that 별개의 실험들에 따르면
perception	명 지각 (작용), 인식, 이해	self-perception 자기 인식, 자아상
campaign	명 (사회적, 정치적) 운동, 활동, 군사작전	launch a new marketing campaign 새로운 마케팅 활동을 시작하다
justification	명 정당화, (정당성을 위한) 변명, 이유	offer justification for ~을 변호하다, ~을 정당화하다
involvement	명 관련, 연루(in/with), 열중	deny any involvement in the crime 그 사건에서의 어떠한 연루도 부인하다
strictly	부 엄격하게	be strictly implemented 엄격히 시행되다
regulatory	형 규제하는, 규제의, 조정하는	discuss a regulatory system to do ~하기 위한 규제 제도를 논의하다
conscious	형 자각하고 있는, 의식이 있는, 알고 있는	be conscious of ~을 자각하고 있다 environmentally conscious 환경 문제에 관심을 지닌, 환경에 유의하는

perspective	명 전망, 관점	reflect a wide variety of perspectives 아주 다양한 관점들을 반영하다
unanimous	형 만장일치의, 같은 의견인	unanimous decisions made by ~ ~가 내린 만장일치의 결정
approval	명 승인	be subject to approval by the board of directors 이사회의 승인을 받아야 한다
representative	명 대표자, 직원 형 대표하는, 전형적인	a sales representative 영업사원, 외판원 be representative of ~을 상징하다 [대표하다]
resolve	동 해결하다 (=address)	resolve customer complaints in a timely manner 고객 불만사항을 적절한 시기에 해결하다
assure	동 확신시키다, 확신하다	assure one's staff that~ 직원들에게 ~라고 확신시키다
prospective	형 유력한, 가망이 있는, 잠재적인	offer prospective clients a free consultation 잠재 고객에게 무료 상담을 제공하다
existence	명 존재, 현존, 실재물	struggle for existence 생존 경쟁 come into existence 태어나다, 나타나다
declaration	명 공표, 고지, 선언, (세관 등에의) 신고	universal declaration of human rights 세계 인권 선언
status	명 신분, 지위, 상황	provide key status updates 중요 상황 정보를 제공하다
protest	동 항의하다 명 항의, 시위	stage a protest 시위를 벌이다
constitute	동 구성하다, 설립하다	The committee was constituted in 2021. 그 위원회는 2021년에 설립되었다.
appoint	동 임명하다	appoint A as B A를 B로 임명하다 be appointed to a managerial position 관리직에 임명되다
reform	동 개혁하다 명 개혁	advocate social reform 사회 개혁을 지지하다

DAY 09 빈출 어휘 1

어휘 DAY 09 음원

빈출 단어를 기출 표현과 함께 학습 후 숙지하여 문법, 청취, 독해 문제 이해도를 높일 수 있습니다.

단어	뜻	예시
upcoming	형 다가오는, 곧 있을	inquire about the upcoming renovation 곧 있을 개조 공사에 대해 문의하다
operate	동 운영하다, 영업하다, 작동하다	operate a new bus route 새로운 버스 노선을 운행하다
revenue	명 수익, 소득	in spite of the decline in revenue 수익 감소에도 불구하고
obtain	동 얻다, 획득하다	obtain approval from the head office 본사로부터 허가를 얻다
attendance	명 참석, 참석자 수	in attendance 참석한, 출석한 maintain remarkably high attendance records 놀라울 정도로 높은 참석률 기록을 유지하다
property	명 부동산(건물), 재산, (복수형) 특성, 속성	Pets are no longer allowed at this property. 이 건물에서는 애완 동물이 더 이상 허용되지 않습니다.
proceed	동 나아가다, 진행하다	proceed with negotiations carefully 신중히 협상을 진행하다 proceed as planned 계획대로 진행하다
advancement	명 승진, 발전, 향상	the widespread advancement in social networking 소셜 네트워킹 부문의 광범위한 발전
thoroughly	부 완전히, 철저히	read the manual thoroughly 매뉴얼을 철저하게 읽다
conform	동 따르다, 순응하다(to)	conform to rules 규칙을 따르다
valid	형 유효한, 타당한	for the contract to be valid 계약서가 효력을 지니려면 a valid form of identification 유효한 신분증
supervision	명 관리, 감독, 지휘	under the supervision of ~의 감독 하에 close supervision 면밀한 관리
leading	형 주도하는, 선두적인, 일류의	become a leading manufacturer 선도적인 제조사가 되다 a leading role 주도적인 역할, (영화)주연

단어	뜻	예문
based	형 기반한, ~에 근거지[본사]를 둔	be based on ~에 근거하다, ~을 기반으로 하다 based on one's expertise in a particular area 특정 분야에 있어서의 전문성을 기반으로
venue	명 장소, 현장	become a popular venue for ~의 장소로 인기있는 장소가 되다 an event venue 행사 장소
plummet	동 수직으로 떨어지다, 갑자기 내려가다	This year's budget may plummet below the $50 million level. 올해의 예산이 5천만 달러 아래로 떨어질 수도 있습니다.
conduct	동 수행하다, 실시하다 명 행동, 처신	conduct a tour of the factory 공장 견학을 실시하다 proper conduct 적절한 처신
supply	동 공급하다 명 공급, 용품, 물자	supply the materials 자재를 공급하다 lack a supply of ~의 공급이 부족하다
maintenance	명 유지, 유지보수	undergo regular maintenance 정기적인 유지보수를 받다
stock	명 재고(품), 주식 동 비축하다	temporarily out of stock 일시적으로 품절인 fully stocked 재고를 완전히 갖춘
transaction	명 거래, 매매	unauthorized transactions 허가되지 않은 거래
exceed	동 초과하다, (양을) 넘다	exceed the yearly sales targets 연간 매출 목표치를 초과하다
recede	동 물러나다, 후퇴하다, 감소하다	Oil prices receded last week, but they went up again this week. 석유 가격이 지난 주에 감소했지만, 이번 주에 다시 올랐다.
resume	동 다시 시작하다, 재개하다	resume duties in a week 일주일 뒤 직무를 재개하다 cf.) résumé 이력서
secure	형 안전한, 확실한 동 확보하다, 고정하다, 안전하게 하다	be kept secure at all times 항상 안전하게 보관되다
delegate	동 대표로 파견하다, 권한을 위임하다 명 대표, 특사	The CEO delegated the authority to Mr. Bonds. 최고 경영자가 본즈 씨에게 권한을 위임했다.

단어	뜻	예문
disruption	명 중단, (통신)두절, 장애	a temporary disruption in an order processing system 주문 처리 시스템에서 발생한 일시적 장애
loyalty	명 애정, 충성	build customer loyalty 충성스런 고객층을 형성하다
complaint	명 불평, 불만, 항의	make a complaint 불평하다
compensate	동 보상하다 (for)	compensate you for the mistake with your hotel reservation 귀하의 호텔 예약에서 발생한 실수를 보상합니다
insurance	명 보험, 보험금	health insurance 건강 보험, 의료 보험
aware	형 알고 있는	be aware of ~을 알고 있다, ~을 인지하다
pending	형 미정인, 대기 중인, 임박한	prioritize any pending orders 대기 중인 주문을 우선으로 처리하다
rate	명 요금, 등급, 비율, 속도 동 등급을 매기다	at reasonable rates 합리적인 요금으로 interest rates 금리
inquire	동 질문하다, 문의하다(about)	inquire about the upcoming renovation 곧 있을 개조 공사에 대해 문의하다
reimburse	동 배상하다, 변제하다 (for)	reimburse someone for any expenses ~에게 어떠한 경비에 대해서도 보상하다
access	동 ~에 접근하다, ~에 들어가다, ~을 얻다 명 접근, 접속, 이용	access important overseas markets by ~ ~을 통해 중요한 해외 시장에 접근하다
cover	동 (보상 범위에) 포함하다, (비용을) 부담하다, ~을 다루다 명 덮개, (방송) 보도	cover the costs 비용을 충당하다
hesitate	동 망설이다, 주저하다	Do not hesitate to contact our customer service department. 주저하지 말고 고객서비스 부서에 연락하세요.
patronage	명 단골거래, 후원	in appreciation of your frequent patronage 잦은 거래에 대한 감사의 표시로

단어	품사/뜻	예문
residential	형 주거의, 가정의	provide both residential and commercial services 가정용 및 기업용 서비스를 모두 제공하다
consistent	형 일치하는(with), 일관된, 변함없는	The battery life of the device is not consistent with its specifications. 기기의 배터리 수명이 설명서와 일치하지 않는다.
guarantee	동 보장하다, 보증하다 명 품질보증서, 보장, 보증	guarantee a quality service 양질의 서비스를 보장하다
accurate	형 정확한, 틀림 없는	an accurate description of the problem 문제의 정확한 설명
review	동 검토하다 명 검토, 평가, 후기	review the enclosed instructions 동봉된 설명서를 검토하다
contrast	명 차이, 대조 동 대조되다, 대조하다	in contrast 대조적으로 be in sharp contrast 뚜렷한 대조를 보이다
direct	형 직접적인, 직행의 동 제3자에게 보내다, 연출하다, 지시하다	The film was directed by the top Korean director, Bong Joon ho. 그 영화는 한국 최고의 영화감독 봉준호에 의해 연출되었다.
lengthy	형 긴, 장황한, 지루한	a lengthy process 지루한 과정 after lengthy discussions [negotiations] 오랜 토론 [협상] 끝에
notify	동 알리다, 통지하다	will notify you as soon as your item is ready 귀하의 물건이 준비되는 대로 알려줄 것이다
permission	명 허가, 승인	obtain permission from ~로부터 허가를 받다
deadline	명 기한, 마감 시간(일자)	meet the deadline for ~의 마감일을 지키다
examine	동 검사하다, 조사하다, 시험하다	examine current trends in the market 현 시장에서의 추이를 조사하다
associate	동 연관 짓다, 연상하다, 제휴하다 명 동료	be associated with the new sales tax 새로운 판매세와 연관되어 있다
consult	동 ~에게 상담하다(with), ~을 참고하다	consult the manual 그 설명서를 참고하다

DAY 10 빈출 어휘 2

어휘 DAY 10 음원

빈출 단어를 기출 표현과 함께 학습 후 숙지하여 문법, 청취, 독해 문제 이해도를 높일 수 있습니다.

hardly	튀 거의 ~않다	There are hardly any people in the building. 그 건물에 사람이 거의 없다.
ahead	튀 앞으로, 앞에, 앞서	The event was scheduled weeks ahead. 그 행사는 몇 주 전에 일정이 잡혔다.
track	동 ~을 파악하다, 추적하다 명 추적, 진로	keep track of ~에 대해 계속 파악하다
detrimental	형 해로운(=harmful)	detrimental to the overall development 전반적인 성장에 해로운
extent	명 범위, 정도, 규모	to the extent of[that] ~의[~할] 정도까지 regulate the extent of ~의 정도를 규제하다
evade	동 ~을 피하다	evade predators 포식자들을 피하다
eventually	튀 결국, 마침내	He submitted the assignment eventually an hour late. 그는 결국 한 시간 늦게 과제를 제출하였다.
promptly	튀 즉시, 지체 없이, 정각에	begin promptly at 9 A.M. 오전 9시 정각에 시작하다
forward	동 ~을 보내다, 전송하다 튀 앞으로	forward the remainder of the order 나머지 주문품을 보내다
oversight	명 실수, 간과, 감독	an oversight of the staff 직원의 실수
underway	형 진행 중인, 움직이는	get a plan underway 계획을 진행시키다
replacement	명 후임자, 교체, 대체(품) (=alternative)	the replacement of parts 부품 교체
struggle	동 투쟁하다, 힘겹게 나아가다 명 투쟁, 분투, 힘든 일	struggle with ~로 힘겨워 하다 struggle to 동사원형: ~하는 데 힘겨워 하다

단어	뜻	예문
overall	형 전반적인 부 전반적으로, 대체로	overall work performance 전반적인 업무 성과
distracted	형 집중력이 떨어진, 정신이 산만해진	It is easy to get distracted after lunch. 점심 식사 이후에 정신이 산만해지기 쉽다.
frustration	명 불만, 좌절감	reduce frustration of working without taking a break 휴식 시간을 가지지 않고 일하는 것의 불만을 줄이다
compelling	형 강렬한, 설득력 있는	provide compelling evidence 설득력 있는 증거를 제공하다
dispute	명 분쟁, 논란 동 반박하다	resolve the dispute through mediation 중재를 통해 분쟁을 해결하다
emphasis	명 강조	have[put/place] an emphasis on ~에 대해 강조하다
evoke	동 (감정 또는 기억)을 떠올려 주다	The old photographs evoke memories of my childhood. 그 오래된 사진들은 나의 어린시절에 대한 기억을 떠올려 준다.
criticize	동 비판하다, 비평하다	criticize the new policy 새로운 정책을 비판하다
dismiss	동 묵살하다, 해산시키다, 떨쳐 버리다, 해고하다	dismiss the proposal after much deliberation 많은 숙고 후에 그 제안을 묵살하다
integral	형 필수적인, 내장된, 완전한	Teamwork is an integral part of the company's success. 팀워크는 그 회사의 성공에 필수적인 부분이다.
commemorate	동 기념하다	The college hold an event to commemorate its 100th anniversary. 그 대학은 100주년을 기념하기 위해 행사를 열었다.
surge	동 급증하다 명 급증, 급등	There was a sudden surge in electricity demand during the heatwave. 무더위 동안 전력 수요에 갑작스러운 급증이 있었다.
aspiring	형 장차 ~가 되려는 (=prospective)	The aspiring musician practiced every day to improve his skills. 장래에 음악가가 되려는 그는 그의 실력을 향상시키기 위해 매일 연습하였다.
transition	명 변천, 이행, 변화	He struggled with the transition to a new city and job. 그는 새로운 도시와 직업으로의 변화로 힘겨워 했다.

단어	뜻	예문
enforce	통 시행하다, 집행하다, 강요하다	enforce new regulations on pollution control 오염 방지에 대한 새로운 규정을 시행하다
alter	통 변하다, 바꾸다, 고치다	He had to alter his travel plans due to the weather. 그는 날씨로 인해 여행 계획을 바꿔야 했다.
punish	통 처벌하다, 벌주다	The law is designed to punish those who commit serious crimes. 그 법은 심각한 범죄를 저지른 사람들을 처벌하기 위해 제정되어 있다.
violate	통 위반하다, 어기다	The company was fined for violating environmental regulations. 그 회사는 환경 규정을 위반한 것에 대해 벌금을 부과 받았다.
monitor	통 관찰하다, 감시하다	The security team monitors the building 24/7. 그 보안 팀은 그 건물을 매일 24시간 감시한다.
assume	통 추정하다, 맡다(=take on)	He will assume the role of manager starting next month. 다음 달부터 그가 매니저직을 맡을 것이다.
warn	통 경고하다, 주의를 주다	warn A of[about] B A에게 B에 대해 경고하다 The sign was put up to warn drivers of the sharp curve ahead. 그 표지판은 운전자들에게 전방에 급격한 커브길이 있다는 것을 경고하기 위해 세워졌다.
tolerate	통 용인하다, 참다(=put up with, stand)	The company has a policy that does not tolerate discrimination of any kind. 그 회사는 어떠한 종류의 차별도 용인하지 않는 정책을 가지고 있다.
intimate	형 친밀한, 정통한, 밀접한 통 넌지시 알리다	She enjoys intimate gatherings with close friends. 그녀는 가까운 친구들과 친밀한 모임을 즐긴다.
work on	통 ~에 노력을 들이다, ~에 애쓰다	The team is working on a new project that will launch next month. 그 팀은 다음 달에 출시하는 새로운 프로젝트에 노력을 기울이고 있다.
qualification	명 자격, 자질, 능력	The candidate's qualifications were impressive and relevant to the position. 그 후보자의 자격은 인상적이었으며 그 직무와 관련이 있었다.
relate	통 이야기하다, 관계 짓다, 공감하다(to)	relate to the struggles of ~의 어려움에 공감하다
equivalent	형 동등한, 같은 값의, 맞먹는	Her qualifications are equivalent to a master's degree. 그녀의 능력은 석사 학위와 동등하다.

단어	뜻	예문
otherwise	부 그렇지 않으면, 그 외에는, 다르게	You need to submit the report by Friday; otherwise, you will miss the deadline. 당신은 금요일까지 보고서를 제출해야 합니다. 그렇지 않으면 마감일을 놓칠 것입니다.
outline	동 개요를 서술하다	The professor outlined the key points of the lecture. 교수님이 강의의 핵심 요점을 개요로 설명했다.
including	전 ~을 포함하여	There will be a variety of events including outdoor activities. 야외 활동들을 포함한 다양한 행사들이 있을 것입니다.
in favor of	전 ~을 위하여, ~에 찬성해	He rejected the idea in favor of a better solution. 그는 더 나은 해결책을 위해 그 아이디어를 거절했다.
via	전 ~을 통해, ~을 거쳐	You can receive the confirmation via e-mail. 이메일을 통해 확인서를 받으실 수 있습니다.
rarely	부 드물게, 좀처럼 ~하지 않는	He rarely eats fast food, preferring home-cooked meals instead. 그는 패스트푸드를 거의 먹지 않으며, 대신에 집에서 요리한 음식을 선호한다.
simplify	동 간소화하다, 간단하게 하다	We need to simplify the process to make it more efficient. 우리는 그것을 더욱 효율적으로 만들기 위해 그 과정을 간소화해야 한다.
elaborate	형 정교한 동 자세히 말하다	The cake had an elaborate decoration with flowers and ribbons. 그 케이크는 꽃과 리본으로 정교한 장식을 가지고 있었다.
fill out	동 (서류를) 작성하다	She had to fill out several documents for her visa application. 그녀는 비자 신청을 위해 몇 가지 서류를 작성해야 했다.
used to	하곤 했다, 예전에는 ~이었다	She used to travel a lot for work, but now she works from home. 그녀는 출장을 많이 다녔었지만, 지금은 재택 근무를 한다.
end up	동 결국 ~하게 되다(-ing)	We planned to go hiking but ended up staying home because of the rain. 우리는 등산하러 가는 것을 계획했지만 비 때문에 결국 집에 머물게 되었다.
go over	동 ~을 건너다, ~을 조사하다, ~을 검토하다	He went over the details of the contract. 그는 계약서의 세부 사항을 검토하였다.

시원스쿨 LAB

2025 공식 기출 최신 G-TELP KOREA 공식 기출문제 활용

지텔프 공식기출 32-65+

LEVEL 2

정답 및 해설

시원스쿨LAB

2025 공식 기출 최신 G-TELP KOREA 공식 기출문제 활용

지텔프 공식기출 32-65+
LEVEL 2

정답 및 해설

시원스쿨 LAB

문법

10일 단기공략 지텔프 공식 기출 32-65+

DAY 01 시제 (1) 진행시제

실력 확인 퀴즈

1. (c) 2. (c) 3. (d) 4. (a)

1.

정답 (c)

해석 허드슨 씨는 도로에서 지금 그의 차를 수리하려고 하는 중이다.

해설 주어가 Mr. Hudson으로 3인칭 단수이며, 문장 맨 앞에 현재 시점을 나타내는 Right now가 있으므로 현재진행시제인 (c)가 정답입니다.

어휘 fix 고치다 try to 동사원형 ~하려고 하다, ~하기 위해 노력하다

2.

정답 (c)

해석 IT팀에서 온 샘은 지금 사무실에서 모든 컴퓨터에 새로운 보안 소프트웨어를 설치하고 있다.

해설 문장 맨 뒤에 있는 부사 now를 보고 문장의 내용이 현재에 관한 내용임을 알 수 있으므로, 보기 중에서 현재 일어나고 있는 일을 나타내는 시제인 현재진행시제가 쓰인 (c) is installing이 정답입니다.

어휘 security 보안 install 설치하다

3.

정답 (d)

해석 리 씨는 7층에서 불이 났을 때 막 사무실 건물을 떠나고 있는 중이었다.

해설 시점을 나타내는 부사절 접속사 when 뒤에 과거시제동사인 started가 있으므로 '~했을 때 ~하고 있었다'라고 해석되는 것이 자연스럽습니다. 따라서 빈칸에 들어갈 동사는 과거진행시제가 되어야 하므로 정답은 (d)입니다.

어휘 leave 떠나다

4.

정답 (a)

해석 애벌랜취 스튜디오는 향후 몇 주간 톰 혹 감독의 새로운 영화에서 여러 개의 티저 영상을 내보일 것이다.

해설 문장 맨 뒤에 '향후 몇 주간'이라는 의미로 미래를 나타내는 전치사구 over the next few weeks가 있으므로 빈칸에 들어갈 동사는 미래진행시제가 되어야 합니다. 따라서 정답은 (a)입니다.

어휘 several 여러 개의, 몇 개의 teaser clip (영화의) 티저 영상, 예고편 director 영화 감독 release 출시하다, 내보이다

연습 문제

1. ④ 2. ② 3. ① 4. ⑥ 5. ③
6. ⑤

1.

정답 ④ is giving, right now

해설 문장 맨 뒤에 있는 현재진행시제와 함께 쓰이는 부사 right now가 있으므로 빈칸에 들어갈 동사는 현재진행시제가 되어야 합니다. 그리고 '연설을 하다'라는 의미로 give a speech라는 숙어가 쓰였으므로 빈칸에는 동사 give의 현재진행형인 is giving이 적절합니다.

2.

정답 ② were studying, when I entered

해설 시간을 나타내는 부사절 접속사 when 뒤에 과거시제 동사인 entered가 있으므로 '~했을 때 ~하고 있었다'라고 해석되는 것이 자연스럽습니다. 따라서 빈칸에 들어갈 동사는 과거진행시제가 되어야 하며, 문맥상 도서관에서 하고 있을 행동으로 '공부하다'(study)가 적절하므로 정답은 were studying입니다.

3.

정답 ① will be reading, When you arrive

해설 시간을 나타내는 부사절 접속사 when 뒤에 현재시제 동사인 arrive가 있으므로 '~할 때 ~하고 있을 것이다'라고 해석되는 것이 자연스럽습니다. 따라서 빈칸에 들어갈 동사는 미래진행시제가 되어야 하며, 문맥상 명사 a book을 목적어로 취할 수 있는 동사가 되어야 하므로 read의 미래진행형인 will be reading이 정답입니다.

4.

정답 ⑥ was making, when Harrison sent

해설 시간을 나타내는 부사절 접속사 when 뒤에 과거시제 동사인 sent가 있으므로 '~했을 때 ~하고 있었다'라고 해석되는 것이 자연스럽습니다. 따라서 빈칸에 들어갈 동사는 과거진행시제가 되어야 하며, 문맥상 명사 a cake를 목적어로 취할 수 있는 동사가 되어야 하므로 make의 과거진행형인 was making이 정답입니다.

5.
정답 ③ is moving, Currently

해설 문장 맨 앞에 있는 현재진행시제와 함께 쓰이는 부사 Currently가 있으므로 빈칸에 들어갈 동사는 현재진행시제가 되어야 합니다. 그리고 빈칸 뒤에 있는 전치사구 to a meeting room과 어울리는 동사가 되어야 하므로 동사 move의 현재진행형인 is moving이 정답입니다.

6.
정답 ⑤ will be launching, Next month

해설 문장 맨 앞에 있는 미래진행시제와 함께 쓰이는 부사 next month가 있으므로 빈칸에 들어갈 동사는 미래진행시제가 되어야 합니다. 그리고 빈칸 뒤에 있는 명사 a new learning device를 목적어로 취할 수 있는 동사가 되어야 하므로 동사 launch의 미래진행형인 will be launching이 정답입니다.

실전 문제

1. (a)	2. (d)	3. (b)	4. (d)	5. (a)
6. (c)	7. (a)	8. (d)	9. (a)	10. (c)
11. (b)	12. (d)	13. (a)	14. (b)	15. (b)
16. (a)	17. (d)	18. (c)		

1.
정답 (a)

해설 안드레아는 열렬한 원예가이다. 오늘 그녀는 자신의 원예 동호회를 위해 파티를 열 것이다. 그녀는 손님들에게 자랑하기 위해 지금 자신의 진달래와 회양목을 가지치기를 하고 있다.

해설 동사 prune의 알맞은 형태를 고르는 문제입니다. 빈칸 앞에 위치한 right now가 '바로 지금'이라는 의미를 나타내어 현재 일시적으로 진행되는 일을 뜻하는 현재진행시제 동사와 어울려 쓰이므로 (a) is pruning이 정답입니다.

어휘 avid 열렬한, 열심인 horticulturalist 원예가 host 열다 gardening 원예 prune 가지치기하다 azalea 진달래 boxwood 회양목

2.
정답 (d)

해설 첼시는 그녀가 열쇠를 놓고 왔다는 것을 깨달았을 때 그녀의 친구를 만나기 위해 서둘러 그녀의 아파트를 떠나고 있던 중이었다. 그녀의 건망증에 머리를 흔들면서, 그녀는 열쇠를 되찾아 오기 위해 서둘러 되돌아 갔다.

해설 동사 missing의 알맞은 형태를 고르는 문제입니다. 빈칸 앞에 과거시제 동사(realized)를 포함한 when절이 쓰여 있어 이 when절이 가리키는 과거 시점에 준비하는 일이 일시적으로 진행되던 상황을 나타내야 자연스러우므로 이러한 의미로 쓰이는 과거진행시제 (d) was missing이 정답입니다.

어휘 in a hurry 서둘러, 급하게 realize 깨닫다, 알아차리다 shake 흔들다 forgetfulness 건망증 rush back 서둘러 되돌아 가다 retrieve 되찾다, 회수하다

3.
정답 (b)

해설 메건은 그녀가 가장 좋아하는 이탈리아 식당에서 저녁을 먹을 계획이었으나 대신 요리하기로 선택했다. 그녀는 크림 파스타 소스를 위한 재료를 모으던 중 크림이나 우유가 없다는 것을 깨달았다.

해설 동사 gather의 알맞은 형태를 고르는 문제입니다. 빈칸 뒤에 과거시제 동사(realized)를 포함한 when절이 쓰여 있어 이 when절이 가리키는 과거 시점에 준비하는 일이 일시적으로 진행되던 상황을 나타내야 자연스러우므로 이러한 의미로 쓰이는 과거진행시제 (b) was gathering이 정답입니다.

어휘 plan 계획하다 choose 선택하다 cook 요리하다 gather 모으다 ingredient 재료 creamy 크림 같은 realize 깨닫다

4.
정답 (d)

해설 라라는 길에서 넘어져 손목을 삐었다. 안타깝게도 이로 인해 라라는 평소 마사지 치료사로 하던 일을 할 수 없게 되어 손목이 회복될 때까지 몇 주 동안 집에 머무를 것이다.

해설 동사 stay의 알맞은 형태를 고르는 문제입니다. 빈칸이 속한 문장 뒤에 시간 부사절 접속사 until과 해당 접속사절에 현재시제 동사(heals)가 쓰였으므로 빈칸이 속한 문장의 시제는 미래시제임을 알 수 있습니다. 따라서 보기 중에서 미래를 나타낼 수 있는 미래진행시제 (d) will be staying이 정답입니다.

어휘 fall down 넘어지다 sprain 삐다 wrist 손목 unfortunately 불행하게도 mean 의미하다 usual 평소의 job 일 massage therapist 마사지 치료사 stay 머무르다 until ~까지 heal 회복되다

5.
정답 (a)

해설 7살 난 강아지인 브롱코는 매우 착한 녀석이다. 강도 한 명이 집에 침입했을 때 주인들은 잠을 자고 있었다. 브롱코는 큰 소리로 짖어서 겁을 주어 그 강도를 내쫓았다.

해설 빈칸 뒤에 위치한 when절에 쓰인 과거시제 동사 broke와 시점이 어울리는 동사가 주절에 필요하므로 과거진행시제와 과거시제 중에서 하나를 골라야 합니다. 그런데 when절이 지칭하는 특정 시점에 잠을 자는 일이 지속되고 있던 상황이어야 알맞으므로 과거진행시제인 (a) were sleeping이 정답입니다.

어휘 owner 주인 robber 강도 break into ~에 침입하다 bark 짖다 scare away 겁주어 쫓아내다

정답 및 해설 3

6.
정답 (c)

해석 퍼디난드가 내일 자신의 치즈케이크 매장에 대한 개업식을 개최할 것이기 때문에, 친구들이 그에게 특별 깜짝 선물을 해 주고 싶어 한다. 그가 다육 식물을 아주 좋아한다는 것을 알고 있어서, 친구들은 바로 지금 원예 용품점에서 함께 그것들을 몇 개 구입하는 중이다.

해설 동사 buy의 알맞은 형태를 고르는 문제입니다. 빈칸 뒤에 위치한 right now(바로 지금)는 현재 일시적으로 진행 중인 일을 나타내는 현재진행시제 동사와 어울려 쓰이므로 (c) are buying이 정답입니다.

어휘 hold ~을 개최하다 succulents (선인장 등의) 다육 식물 several 몇 개

7.
정답 (a)

해석 팅폰이 조각 퍼즐 맞추기 경기에 관한 동영상을 봤을 때, 영감을 받아 직접 그 활동을 해 보고 싶은 생각이 들었다. 그 이후로 그녀는 매일 퍼즐 조립을 연습해 오고 있다. 실제로, 그녀는 현재 500개의 조각으로 된 한 세트를 만들고 있다.

해설 동사 construct의 알맞은 형태를 고르는 문제입니다. 빈칸 뒤에 위치한 at this moment(현재, 지금)는 현재 일시적으로 진행 중인 일을 나타내는 현재진행시제 동사와 어울려 쓰이므로 (a) is constructing이 정답입니다.

어휘 competitive 경기의, 경쟁하는 inspired 영감을 받은 get into ~을 시작하게 되다, ~에 흥미를 들이다 oneself (부사처럼 쓰여) 직접 practice 연습하다 assemble ~을 조립하다 in fact 실제로, 사실 at this moment 현재, 지금 construct 만들다, 구성하다

8.
정답 (d)

해석 에밀리는 도시 곳곳에서 자신이 아는 사람들과 우연히 마주치는 것을 싫어한다. 할 수만 있다면, 그녀는 무슨 수를 써서라도 그런 일을 피할 것이다. 하지만, 그녀가 이틀 전에 간식을 사기 위해 식료품점을 둘러 보고 있던 중에, 동료 직원인 브래드가 갑자기 그녀의 이름을 불렀다.

해설 동사 browse의 알맞은 형태를 고르는 문제입니다. 주절에 과거시제 동사 called가 쓰여 있어 동시 진행 상황을 나타내는 while절은 called가 가리키는 과거 시점에 일시적으로 진행되고 있던 일을 의미해야 하며, 이는 과거진행시제 동사로 표현하므로 (d) was browsing이 정답입니다.

어휘 hate -ing ~하는 것을 싫어하다 run into ~와 우연히 마주치다 avoid ~을 피하다 at all costs 무슨 수를 써서라도 however 하지만, 그러나 grocery store 식료품점 coworker 동료 (직원) suddenly 갑자기 browse ~을 둘러 보다

9.
정답 (a)

해석 카터는 올 여름에 에콰도르에 있는 자원 봉사 일자리를 확보했지만, 그 일은 다가오는 졸업식 날짜에 시작한다. 따라서, 그는 오전의 졸업식 직후에 공항으로 떠나고 있을 것이다.

해설 동사 leave의 알맞은 형태를 고르는 문제입니다. 빈칸 앞 문장의 but절에 현재시제 동사 starts가 다가오는 졸업식 날짜에 시작한다는 사실을 알리고 있는데, 이는 곧 있을 미래에 발생할 것으로 정해진 일을 나타내는 현재시제입니다. 따라서 빈칸 뒤에 위치한 right after the morning ceremony가 미래 시점임을 알 수 있으므로 미래에 일시적으로 진행될 일을 나타내는 미래진행시제 (a) will be leaving이 정답입니다.

어휘 secure ~을 확보하다 volunteer 자원 봉사자 position 일자리, 직책 upcoming 다가오는, 곧 있을 graduation 졸업(식) therefore 따라서, 그러므로 right after ~ 직후에 ceremony 기념 행사, 축하 행사 leave 떠나다, 출발하다

10.
정답 (c)

해석 나의 형과 그의 친구들은 이번 주말 후버 공원에서의 3대3 농구 대회로 흥분해 있다. 지금, 그들은 그들에게 대회에서 유리하게 만들어 줄 몇 개의 공격 동작들을 연습하고 있다.

해설 동사 practice의 알맞은 형태를 고르는 문제입니다. 빈칸이 있는 문장 앞에 현재진행시제와 함께 쓰이는 부사 right now가 쓰여 있으므로, 이 문장의 동사는 현재진행시제가 되어야 합니다. 문맥상 '지금, 그들은 연습하고 있다'라는 의미가 적절하므로 정답은 (c) are practicing입니다.

어휘 be excited for ~에 흥분해 있다, ~에 들떠 있다 three-on-three 3대 3의 tournament 토너먼트, 대회 offensive 공격용의, 공격적인 play (경기에서 선수가 취하는) 동작, 행위 give + 목적어 + an edge: (목적어를) 유리하게 만들다 competition 경쟁, 대회 practice 연습하다

11.
정답 (b)

해석 토드는 내일 피너클 애슬레틱스의 직원들과 중요한 미팅이 있다. 우리가 오늘 저녁에 사무실을 떠날 때, 그는 아마도 판매 교섭을 위한 모든 메모와 그래프를 검토하고 있을 것이다.

해설 동사구 go over의 알맞은 형태를 고르는 문제입니다. 시간을 나타내는 부사절 접속사 when 뒤에 현재시제 동사인 leave가 있으므로 '~할 때 ~하고 있을 것이다'라고 해석되는 것이 자연스럽습니다. 따라서 빈칸에 들어갈 동사는 미래진행시제가 되어야 하므로 (b) will probably still be going over가 정답입니다. 참고로 시제 문제에서는 probably, still과 같은 부사가 보기에 포함된 경우가 있으니 부사를 제외한 동사의 시제 형태를 확인해야 합니다.

어휘 representative 직원, 대표, 대리인 note 메모 sales pitch 판매 교섭, 판매를 위한 설득 go over 검토하다, 점검하다

12.
정답 (d)

해석 탐지되지 않은 가스 유출은 지난주 제이슨의 아파트의 폭발 화재를 초래하였다. 다행히도, 그는 그 일이 발생했을 때 시외에 사는 그의 여자친구를 방문하던 중이었다. 하지만 그의 모든 물건은 파괴되었다.

해설 동사 visit의 알맞은 형태를 고르는 문제입니다. 시간을 나타내는 부사절 접속사 when 뒤에 과거시제 동사인 happened가 있으므로 '~했을 때 ~하고 있었다'라고 해석되는 것이 자연스럽습니다. 따라서 빈칸에 들어갈 동사는 과거진행시제가 되어야 하므로 정답은 (d) was visiting입니다. 참고로 특정 과거시점에 진행 중이던 일이나 동작을 나타낼 때에는 과거시제를 쓰지 않고 과거진행시제를 쓰며, 동사가 진행시제로 쓸 수 없는 상태 동사(be, live 등)나 감정 또는 인지 동사(like, know 등)일 경우에만 과거시제를 쓰기 때문에 (c)는 오답입니다.

어휘 undetected 탐지되지 않는 gas leak 가스 누출 lead to ~을 초래하다, ~으로 이어지다 explosive fire 폭발 화재 luckily 다행히도 out-of-town 시외의, 도심지를 벗어난 belonging 소지품, 소유물 destroy 파괴하다

13.
정답 (a)

해석 나의 여동생은 자동차 사고를 당한 후에 여전히 충격에 빠져 있다. 그녀가 어젯밤 직장에서 집으로 운전을 하고 있던 중에, 다른 운전자가 빨간색 신호에 달렸고 그녀의 차량의 측면에 충돌하였다. 다행히도, 아무도 심각하게 다치지 않았으나 여동생의 차는 폐차할 정도로 파손되었다.

해설 동사 drive의 알맞은 형태를 고르는 문제입니다. '~하는 동안, ~하는 중에'라는 의미를 나타내는 시간 부사절 접속사 while 뒤에 빈칸이 있고, 주절의 동사가 과거시제이므로 '~하고 있던 중에 ~했다'라고 해석되는 것이 자연스럽습니다. 따라서 빈칸에 들어갈 동사는 과거진행시제가 되어야 하므로 정답은 (a) was driving입니다.

어휘 be in shock 충격에 빠지다 be in a car accident 자동차 사고를 당하다 run a red light 빨간색 신호에 달리다, 정지 신호를 무시하고 달리다 t-bone 측면 충돌(다른 자동차의 측면에 T자 형태로 충돌하는 것) injured 다친, 부상을 입은 total 폐차할 정도로 파손시키다

14.
정답 (b)

해석 마틴은 5년 동안 그의 박사 논문을 써오고 있다. 그리고 그는 마침내 그의 지도 교수에게 그것을 제출하였다. 그는 구술 시험 동안 교수들의 그의 논문에 대한 질문에 답변하는 것을 준비하고 있다. 만약 그의 논문이 통과되면, 그는 천체물리학에서 박사 학위를 받을 것이다.

해설 동사 prepare의 알맞은 형태를 고르는 문제입니다. 빈칸에 포함된 문장에는 빈칸에 들어갈 동사의 시제에 대한 단서가 없지만, 보기 (a)~(d)에 모두 부사 now가 포함된 것을 보고 현재진행시제가 쓰이는 문장임을 알 수 있습니다. 문맥상 '학위 논문에 대한 구술 시험 중에 자신의 논문에 대한 질문에 답변하는 것을 준비하고 있다'는 의미가 자연스러우므로 정답은 현재진행시제인 (b) is now preparing입니다.

어휘 work on ~에 대한 작업을 하다, ~에 공들이다 doctoral 박사의 thesis 학위 논문 submit 제출하다 advisor 지도 교수 defend 학위 논문에 대한 질문에 대답하다, 변호하다 oral examination 구술 시험 Ph. D 박사 학위(=Doctor of Philosophy) astrophysics 천체물리학

15.
정답 (b)

해석 로니는 사무실에 있는 모든 사람들에게 축구 스타 안드레스 루이즈를 사람들이 많은 곳에서 오며 가며 자주 본 것에 대해 이야기하였다. 알고보니, 로니가 그 유명한 선수를 냉동식품 코너에서 발견했을 때 그의 지역의 잡화점에서 쇼핑하고 있던 중이었다.

해설 동사 shop의 알맞은 형태를 고르는 문제입니다. 시간을 나타내는 부사절 접속사 when 뒤에 과거시제 동사인 spotted가 있으므로 '~했을 때 ~하고 있었다'라고 해석되는 것이 자연스럽습니다. 따라서 빈칸에 들어갈 동사는 과거진행시제가 되어야 하므로 정답은 (b) was shopping입니다.

어휘 see ~ out and about ~를 오며 가며 자주 보다 in public 사람들이 많은 곳에서 apparently 알고보니, 명백히 grocery store 잡화점 spot 찾다, 발견하다 athlete 운동 선수 frozen food 냉동 식품

16.
정답 (a)

해석 저희 잡지의 많은 독자들은 가수 티나 퀵에 대한 최근 기사에 마음이 상했습니다. 그래서 오늘 당신이 전화를 받을 때, 그녀의 많은 팬들이 그 기사에 대해 불평을 하기 위해 전화를 하고 있을 것입니다.

해설 동사 call의 알맞은 형태를 고르는 문제입니다. 시간을 나타내는 부사절 접속사 when 뒤에 현재시제 동사인 pick이 있으므로 '~할 때 ~하고 있을 것이다'라고 해석되는 것이 자연스럽습니다. 따라서 빈칸에 들어갈 동사는 미래진행시제가 되어야 하므로 (a) will probably be calling이 정답입니다. 참고로 시제 문제에서는 probably와 같은 부사가 보기에 포함된 경우가 있으니 부사를 제외한 동사의 시제 형태를 확인해야 합니다.

어휘 upset 속상한, 마음이 상한 recent 최근의 pick up the phone 전화를 받다, 수화기를 들다 complain 불평하다 article 기사

17.

정답 (d)

해석 호텔들은 현재의 경기 침체 기간 동안 수익성을 유지하기 위해 사업 모델을 빠르게 조정해야했다. 현재, 서울에 있는 몇몇의 고급 호텔들은 지역 주민들이 "스테이케이션"을 예약하도록 유도하기 위해 2박에 1박 가격 특별 상품을 제공하고 있다.

해설 문장 맨 앞에 있는 현재진행시제와 함께 쓰이는 부사 currently가 있으므로 빈칸에 들어갈 동사는 현재진행시제가 되어야 합니다. 따라서 정답은 현재진행형인 (d) are offering입니다.

어휘 rapidly 빠르게 adapt 조정하다, 맞추다 business model 사업 모델 profitability 수익성 economic turndown 경기 침체 special 특별 상품 entice 유도하다 local 지역 주민, 현지인 book 예약하다 staycation 스테이케이션(집이나 호텔에서 보내는 휴가)

18.

정답 (c)

해석 잭슨은 로펌에서 매일 늦은 시각까지 일한다. 그리고 그것이 그의 가족에게 큰 피해를 주기 시작하고 있다. 그는 그의 아이를 거의 보지 못한다. 예를 들어, 그가 오늘 밤 집에 돌아왔을 때 그의 두 아이들은 이미 잠을 자고 있을 것이다.

해설 동사 sleep의 알맞은 형태를 고르는 문제입니다. 시간을 나타내는 부사절 접속사 when 뒤에 현재시제 동사인 returns가 있으므로 '~할 때 ~하고 있을 것이다'라고 해석되는 것이 자연스럽습니다. 따라서 빈칸에 들어갈 동사는 미래진행시제가 되어야 하므로 (c) will already be sleeping이 정답입니다. 참고로 시제 문제에서는 already와 같은 부사가 보기에 포함된 경우가 있으니 부사를 제외한 동사의 시제 형태를 확인해야 합니다.

어휘 work late 늦은 시각까지 일하다 take a toll 큰 피해를 주다 barely 거의 ~않다 for instance 예를 들어 return 돌아가다

DAY 02 시제 (2) 완료진행시제

실력 확인 퀴즈

1. (d)   2. (c)   3. (a)   4. (d)

1.

정답 (d)

해석 나의 형과 나는 지금 두 시간 동안 숙제를 해오고 있는 중이다.

해설 동사 do의 알맞은 형태를 고르는 문제입니다. 주어가 My brother and I로 복수이며, 문장 맨 뒤에 for two hours now라는 현재시점을 기준으로 '2시간 동안'이라는 의미의 기간 표현이 있으므로 빈칸에는 현재완료진행시제 동사인 (d) have been doing이 들어가야 합니다. now는 현재진행시제의 단서이지만 「for + 기간 + now」는 현재완료진행시제의 단서임에 유의해야 합니다.

어휘 do homework 숙제를 하다

2.

정답 (c)

해석 한 씨는 시원중학교에서 7년 전에 그 학교가 설립되었던 이후로 영어를 가르쳐 오고 있는 중이다.

해설 동사 teach의 알맞은 형태를 고르는 문제입니다. '~이후로'라는 의미의 시간 접속사 since 뒤에 과거시제 동사(수동태) was founded가 있으므로 과거부터 지금까지 해오고 있는 일을 나타내는 문장임을 알 수 있습니다. 따라서 빈칸에는 현재완료진행시제 동사인 (c) has been teaching이 들어가야 합니다.

어휘 found 설립하다

3.

정답 (a)

해석 조니 애시드는 솔로 경력을 시작하기로 결심하기 전 그의 펑크 밴드 '더 데드 래빗츠'와 함께 12년 동안 연주를 해오고 있었다.

해설 동사 play의 알맞은 형태를 고르는 문제입니다. 시간을 나타내는 부사절 접속사 before 뒤에 과거시제 동사인 decided가 있고, 빈칸이 있는 주절에 「for + 기간」 표현인 for 12 years가 있으므로 decided의 시점보다 그 이전의 12년의 기간을 언급해야 하므로 주절에는 특정 과거보다 앞선 과거를 나타내는 과거완료진행시제가 필요합니다. 따라서 정답은 (a) had been playing입니다.

어휘 decide 결심하다 solo 혼자서 하는, 솔로의

4.

정답 (d)

해석 내일 이 시간 쯤이면, 나는 1년 동안 해외에서 살고 있는 중일 것이다.

해설 동사 live의 알맞은 형태를 고르는 문제입니다. 문장 앞에 위치한 By this time tomorrow는 미래시점을 나타내는 tomorrow와 함께 「by + 시간」이 함께 쓰여 미래완료진행시제의 단서로 쓰였습니다. 문맥상 '내일 이 시간 쯤에, ~하고 있는 중일 것이다'라는 의미가 되어야 하므로 미래완료진행시제인 (d) will have been living이 정답입니다.

어휘 abroad 해외에, 해외로

연습 문제

1. ⑤   2. ③   3. ⑥   4. ①   5. ④
6. ②

1.
정답 ⑤ had been sending out, for nearly two years before finally hearing back

해설 시간을 나타내는 부사절 접속사 before 뒤에 동명사인 hearing이 있고, 「for + 기간」 표현인 for nearly two years가 있습니다. 문맥상 면접을 위해 답변을 들었다는 의미의 hearing의 시점이 과거이므로 그 이전의 2년의 기간동안 이력서를 보냈다는 의미가 적절합니다. 따라서 빈칸에는 특정 과거보다 앞선 과거를 나타내는 과거완료진행시제가 필요합니다. 따라서 정답은 had been sending out입니다. 이렇게 before 뒤에 과거시제동사 대신 동명사가 문맥상 과거의 의미로 해석되는 문제가 출제됩니다.

2.
정답 ③ has been attending, for more than a decade

해설 빈칸이 있는 문장에 「for + 기간」 표현인 for more than a decade가 있습니다. 그리고 특정 과거시점이나 미래시점을 나타내는 내용이 없으므로 문맥상 '10년 넘는 기간 동안 무료 미술 수업을 다녀오고 있는 중이다'라는 과거부터 현재까지 지속적인 진행의 의미를 나타내므로 현재완료진행시제가 쓰였습니다. 따라서 빈칸에는 has been attending이 적절합니다.

3.
정답 ⑥ will have been discussing, By four o'clock, for 6 hours straight

해설 빈칸이 있는 문장에 「for + 기간」 표현인 for 6 hours straight가 있습니다. 그리고 특정 미래완료 시점을 나타내는 「by + 미래 시점」 표현인 By four o'clock이 문장 앞에 위치해 있으므로 문맥상 '4시 쯤이면 6시간 동안 논의를 해오는 중일 것이다'라는 의미가 됩니다. 따라서 빈칸에는 미래완료진행시제인 will have been discussing이 적절합니다.

4.
정답 ① will have been working, By this time next week, for just one year

해설 빈칸이 있는 문장에 「for + 기간」 표현인 for just one year가 있습니다. 그리고 특정 미래 시점을 나타내는 「by + 미래 시점」 표현인 By this time next year이 문장 앞에 위치해 있으므로 문맥상 '다음 주 이 시간 쯤이면 1년 째 일해오는 중일 것이다'라는 의미가 됩니다. 따라서 정답은 미래완료진행시제인 will have been working입니다.

5.
정답 ④ have been playing, since they were

해설 시간을 나타내는 부사절 접속사 since 뒤에 과거동사인 were가 있으므로, '~한 이후로, ~해오는 중이다'라는 의미를 나타내기 위해 문맥상 주절은 '마그마 재즈 트리오의 음악가들은 연주해오고 있는 중이다'라는 의미가 되어야 하므로 동사의 시제는 현재완료진행시제가 되어야 합니다. 따라서 정답은 have been playing입니다.

6.
정답 ② had been trying, By the time Jackson called, for a week

해설 빈칸이 있는 문장에 「for + 기간」 표현인 for a week가 있습니다. 그리고 특정 과거 시점을 나타내는 「by the time + 주어 + 과거동사」 표현인 By the time Jackson called가 있으므로 문맥상 '잭슨이 수리점에 전화 했을 때쯤, 1주일 동안 고쳐보려고 하고 있는 중이었다'는 의미가 적절합니다. 따라서 빈칸에 들어갈 동사의 시제는 잭슨이 전화를 했던 과거 시점보다 앞선 과거가 되어야 하므로 과거완료진행시제입니다. 정답은 had been trying입니다.

실전 문제

1. (c)	2. (a)	3. (b)	4. (a)	5. (b)
6. (b)	7. (a)	8. (b)	9. (b)	10. (d)
11. (c)	12. (d)	13. (b)	14. (a)	15. (b)
16. (d)	17. (a)	18. (d)		

1.
정답 (c)

해석 올해, 닐의 회사는 창립 50주년을 맞이하여, 다가오는 파티를 담당할 위원회를 구성하였다. 그들은 지난 2주 동안 활동을 계획해 왔지만, 해야 할 일이 아직 많이 남아 있다.

해설 동사 plan의 알맞은 형태를 고르는 문제입니다. 빈칸 뒤에 위치한 「for the past + 기간」은 '지난 ~동안'이라는 의미로 과거 시점에 시작하여 해당 기간을 거쳐 현재에도 진행 중인 동작이나 행동을 나타내는 현재완료진행시제 동사와 어울리므로 (c) have been planning이 정답입니다.

어휘 celebrate 기념하다 anniversary 기념일 committee 위원회 charge 책임 upcoming 다가오는 plan 계획하다 activity 활동 past 지난 plenty 많이

2.
정답 (a)

해석 직장을 그만두기로 결심한 샬롯은 사직서를 쓰기 시작했다. 결국 자신이 회사에 남고 싶다는 것을 깨닫기 전에 그녀는 거의 한 시간 동안 사직서에 공을 들이고 있던 중이었다.

해설 동사구 work on의 알맞은 형태를 고르는 문제입니다. 빈칸이 속한 문장에 「for + 기간」으로 기간을 나타내는 표현 for almost an hour와 시간 부사절 접속사 before, 그리고 과거시제동사(realized)가 위치해 있는 것을 통해, 샬롯이 사직서를 거의 1시간 동안 작업하던 것은 그녀가 회사에 남고 싶다

는 것을 깨닫기 이전에 있었던 일임을 알 수 있습니다. 따라서 빈칸에 들어갈 시제는 realized보다 더 먼저 일어난 일을 나타내는 과거완료진행시제가 되어야 하므로 (a) had been working on이 정답입니다.

어휘 determined 결심한 quit 그만두다 resignation 사직서 work on ~에 공을 들이다, ~에 대한 작업을 하다 realize 깨닫다 stay 남다 after all 결국

3.
정답 (b)

해석 피터는 그의 10번째 마라톤을 막 완주하려 하고 있다. 그는 그의 신체적 건강을 향상시키기 위해 장거리 달리기를 시작하였다. 하지만 그는 또한 자신이 경주하는 것을 좋아한다는 것을 알게 되었다. 다가오는 9월에, 그는 2년이 넘는 기간 동안 마라톤에 참가해오는 중일 것이다.

해설 동사 compete의 알맞은 형태를 고르는 문제입니다. 빈칸 앞에 위치한 This coming September가 미래시점을 나타내고 있고, 빈칸이 포함된 문장에 for over two years와 같이 「for + 기간」 표현으로 기간을 나타내는 구문이 있으므로 2년 이상 동안 계속 진행 중일 미래의 상태를 나타낼 미래완료진행시제 동사가 필요하므로 (b) will have been competing이 정답입니다.

어휘 be about to 동사원형: 막 ~하려고 하다, ~할 참이다 complete 완료하다 long-distance 장거리의 improve 향상시키다 physical 신체의 discover 알게 되다, 발견하다 race 경주하다 coming 다가오는 compete (대회에) 참가하다, 경쟁하다

4.
정답 (a)

해석 챈은 너무 오래 지속되는 연설 중에 있다. 그가 연설을 마칠 무렵에는 매우 안절부절한 청중이 한 시간 반 동안 그의 말을 듣고 있을 것이다.

해설 동사 listen의 알맞은 형태를 고르는 문제입니다. 빈칸 앞에 위치한 「By the time + 주어 + 현재시제동사(finishes)」가 미래 시점을 나타내고 있고, 빈칸이 포함된 문장에 for an hour and a half와 같이 「for + 기간」 표현으로 기간을 나타내는 구문이 있으므로 1시간 30분 동안 계속 진행 중일 미래의 상태를 나타낼 미래완료진행시제 동사가 필요하므로 (a) will have been listening이 정답입니다.

어휘 speech 연설 last 지속되다 far 너무 restless 가만히 있지 않는 audience 청중

5.
정답 (b)

해석 이스탄불은 가장 크고 오래된 도시 중 하나이다. 1453년까지, 그 도시는 "콘스탄티노플"로 알려져 있었으며, 비잔틴 제국의 수도로서의 역할을 하였다.

해설 동사 serve의 알맞은 형태를 고르는 문제입니다. 등위접속사 and로 연결된 앞문장에 과거시제 동사 was known을 통해 "콘스탄티노플"로 알려진 것이 과거 시점이었다는 것을 알 수 있고 그 이전부터 비잔틴 제국의 수도였음을 알 수 있으므로 빈칸이 속한 문장은 was known보다 앞선 과거시점을 나타내야 합니다. 따라서 빈칸에 들어갈 시제는 특정 과거보다 더 먼저 일어난 일을 나타내는 과거완료진행시제가 되어야 하므로 (b) had been serving이 정답입니다.

어휘 be known as ~로(서) 알려져 있다 capital 수도 empire 제국 serve 역할을 하다

6.
정답 (b)

해석 인도 일부 지역, 스리랑카, 그리고 싱가포르에서 사용되는 타밀어는 지속적으로 사용되는 가장 오래된 언어 중 하나이다. 기원전 2500년부터 사람들이 타밀어를 사용해왔다고 추정된다.

해설 동사 speak의 알맞은 형태를 고르는 문제입니다. 빈칸이 포함된 문장 마지막에 위치한 「since + 과거시점」을 나타내는 since 2500 BCE가 '기원전 2500년부터'라는 의미를 나타내어 과거 시점에 시작하여 현재에도 진행 중인 동작이나 행동을 나타내는 현재완료진행형 동사와 어울리므로 (b) have been speaking이 정답입니다.

어휘 continuously 지속적으로, 계속 it is estimated that ~라고 추정된다 BCE 기원전

7.
정답 (a)

해석 토스티라는 이름의 인기 스트리머는 24시간 동안 자선 게임 마라톤 방송을 진행하기로 결정했다. 수천 명의 시청자들이 채널을 맞춰 그가 다양한 게임을 하는 것을 지켜 봤다. 그의 방송 시작 이후로, 전 세계 각지에서 기부금이 계속 쏟아져 들어오고 있다.

해설 동사구 pour in의 알맞은 형태를 고르는 문제입니다. '~한 이후로'를 뜻하는 「since + 명사(구)」는 현재완료시제 동사 또는 현재완료진행시제 동사와 함께 사용하는 전치사구이므로 현재완료진행시제 동사인 (a) have been pouring in이 정답입니다.

어휘 decide + to 동사원형: ~하기로 결정하다 host ~을 진행하다, ~을 주최하다 charity 자선 (활동), 자선 단체 tune in 채널을 맞추다 watch + 목적어 + 동사원형: (목적어)가 ~하는 것을 지켜 보다 donation 기부(금) pour in 쏟아져 들어오다

8.
정답 (b)

해석 그의 친구들이 직장 생활을 나서고 가정을 이루기 시작하는 동

안, 주호는 아시아와 유럽 전역을 배낭여행을 하고 있다. 그가 집으로 돌아올 때쯤이면, 그는 2년 이상 동안 해외를 여행하고 있는 중일 것이다. 아마도 그 때 그는 마침내 정착할 준비가 되었다고 느낄 것이다.

해설 동사구 travel abroad의 알맞은 형태를 고르는 문제입니다. 빈칸이 있는 문장에 「for + 기간」 표현인 for more than two years가 있습니다. 그리고 특정 미래 시점을 나타내는 「by the time + 주어 + 현재시제」 표현인 By the time he returns가 있으므로 문맥상 '그가 집에 돌아올 때쯤이면, 그는 2년 이상 동안 해외를 여행하고 있는 중일 것이다'라는 의미가 됩니다. 따라서 빈칸에는 미래완료진행시제인 (b)가 적절합니다.

어휘 embark on ~에 나서다, ~을 착수하다 backpack 배낭여행하다 return 돌아오다 feel ready to 동사원형 ~할 준비가 되었다고 느끼다 settle down 정착하다 travel abroad 해외 여행하다

9.
정답 (b)

해설 나시르 자만은 전직 에어컨 기기 세척 전문가로서, 애리조나의 커니 카운티 전역에 걸쳐 주민들에게 서비스를 제공했다. 2019년의 은퇴에 이르기까지, 그는 30년 넘게 매일 약 10대의 기계를 계속 세척했다.

해설 동사 clean의 알맞은 형태를 고르는 문제입니다. 첫 문장에 과거시제 동사 served로 과거 시점에 서비스를 제공한 사실이 쓰여 있으므로 for over 30 years는 더 이전의 과거에서부터 2019년의 은퇴 시점까지 이어지는 기간임을 알 수 있습니다. 이렇게 더 이전의 과거에서부터 특정 과거 시점까지 이어지는 기간에 지속되던 일은 과거완료진행시제로 표현하므로 (b) had been cleaning이 정답입니다.

어휘 former 전직 ~의, 이전의 과거의 serve ~에게 서비스를 제공하다 resident 주민 lead up to ~까지 이어지다 retirement 은퇴 about 약, 대략

10.
정답 (d)

해설 나의 고모[이모]는 그녀가 온라인에서 읽는 모든 것을 믿으시는데, 그것이 진정한 문제가 되고 있다. 페이스북에 가입한 이후로 계속, 그녀는 정치부터 외계인 존재까지 모든 것을 다루는 터무니없는 음모이론들을 게시해오고 있는 중이다.

해설 동사 post의 알맞은 형태를 고르는 문제입니다. '~이후로'라는 의미의 전치사 ever since 뒤에 동명사 joining이 위치해 있으므로 '페이스북에 가입한 이후로 계속'이라는 의미가 됩니다. 첫 문장의 동사가 believes로 현재시제이므로, 문맥상 페이스북에 가입한 것은 과거의 일이 되고, 주절의 동사는 현재완료진행시제로 '게시해오고 있는 중이다'라는 의미가 되는 것이 적절합니다. 따라서 정답은 (d) has been posting입니다.

어휘 ever since ~이후로 계속 wild 터무니없는, 무모한 conspiracy 음모 theory 이론 cover 다루다, 포함시키다 from A to B: A부터 B까지 politics 정치 existence 존재, 실존 alien 외계인

11.
정답 (c)

해설 론과 레이 형제는 함께 오엔스 커피 로스터즈를 설립했다. 이곳은 마우이의 카훌루이에서 주요 커피 매장이 되었으며, 관광객들과 지역 주민들 모두의 사랑을 받고 있다. 그들이 오는 7월에 업체의 기념일을 축하할 때쯤이면, 30년 동안 장인 에스프레소 음료와 커피 콩을 판매하게 될 것이다.

해설 동사 sell의 알맞은 형태를 고르는 문제입니다. By the time they celebrate과 같이 By the time이 이끄는 절의 동사가 현재시제(celebrate)이고, 주절에 for 30 years처럼 '~ 동안'이라는 의미로 기간을 나타내는 「for + 기간」 전치사구가 있으면 주절에 미래완료진행시제 동사를 사용하므로 (c) will have been selling이 정답입니다.

어휘 establish ~을 설립하다, ~을 확립하다 staple 주요한, 주된 both A and B: A와 B 둘 모두 local 지역 주민 by the time ~할 때쯤이면 anniversary (해마다 돌아 오는) 기념일 artisan 장인

12.
정답 (d)

해설 리사는 마침내 그녀의 아들의 온라인 비디오 게임 중독에 대해 뭔가 조치를 취하기로 결심했다. 그녀가 불쑥 그의 방에 들어가서 그의 컴퓨터의 전원 코드를 뽑았을 때 그는 <리그 오브 레전드> 게임을 10시간 넘게 하고 있던 중이었다.

해설 동사 play의 알맞은 형태를 고르는 문제입니다. 빈칸이 있는 문장에 시간을 나타내는 부사절 접속사 when 뒤에 과거동사 barged가 있습니다. 그리고 주절에 「for + 기간」 표현인 for over ten hours가 있으므로, barged가 일어난 과거시점 이전부터 10시간 이상의 시간 동안 지속적으로 일어난 일임을 알 수 있습니다. 그래서 주절의 동사 자리에는 특정 과거 이전의 시점을 나타내는 과거완료진행시제가 필요하므로 정답은 (d) had been playing입니다. 「when + 주어 + 과거동사」만 있었다면 과거진행시제가 정답이 될 수 있으나, 과거진행시제는 일정 기간 동안 지속되는 행위가 아니라 특정 과거시점에만 진행되는 행위만을 나타내는 시제이므로 이 문제에서는 과거진행시제가 오답입니다.

어휘 finally 마침내, 결국 do something about ~에 대해 조치를 취하다 addiction to ~에 대한 중독 barge into ~으로 불쑥 들어가다 unplug 전원 코드를 뽑다, 플러그를 빼다

13.
정답 (b)

해설 제롬은 올해 그의 가족들을 위해 추수감사절 파티를 주최하는

것을 후회하기 시작했다. 우선 첫째로, 그는 식사를 준비하는 법을 전혀 모르고 있다. 저녁 식사 시간 쯤이면, 칠면조는 12시간 넘게 오븐에서 조리되고 있는 중일 것이다. 하지만 여전히 완성될 것처럼 보이지 않는다.

해설 동사 cook의 알맞은 형태를 고르는 문제입니다. 빈칸이 있는 문장에 「for + 기간」 표현인 for over 12 hours가 있습니다. 그리고 특정 미래 시점을 나타내는 「by + 미래 시점」 표현인 By dinnertime이 있으므로 문맥상 '저녁식사 시간 쯤이면, 칠면조가 오븐에서 12시간 넘게 요리되어 오고 있는 중일 것이다'라는 의미가 됩니다. 따라서 빈칸에는 미래완료진행시제인 (b)가 적절합니다.

어휘 regret 후회하다 host (파티를) 열다, 주최하다 for starters 우선 첫째로 prepare 준비하다 meal 식사 turkey 칠면조 look like ~처럼 보이다 anywhere near 거의 ~ 정도도 (되지 않다), ~와는 동떨어진

14.
정답 (a)

해설 비록 레이첼이 그들의 재정상태를 걱정하지만, 그녀는 남편인 케빈이 직업 변경이 필요한 이유를 이해한다. 스트레스가 결국 그를 따라잡아 그가 근무 중에 공황 발작을 일으키기 전까지 그는 10년 넘게 법 집행 분야에서 일하고 있던 중이었다.

해설 동사 work의 알맞은 형태를 고르는 문제입니다. 빈칸이 있는 문장에 시간을 나타내는 부사절 접속사 before 뒤에 과거동사 caught가 있습니다. 그리고 주절에 「for + 기간」 표현인 for over a decade가 있으므로, caught가 나타내는 과거시점 이전부터 10년 이상의 시간 동안 지속적으로 일어난 일이기 때문에 주절의 동사 자리에는 특정 과거 시점의 이전을 나타내는 과거완료진행시제가 필요합니다. 따라서 정답은 (a) had been working입니다.

어휘 be worried about ~에 대해 걱정하다 finance 재정 상태 law enforcement 법 집행 catch up to ~을 따라잡다 panic attack 공황 발작 on the job 근무 중에

15.
정답 (b)

해설 원작 영화에 실망한 DC 코믹스의 팬들은 마침내 올해 봄에 잭 스나이더의 <저스티스 리그>를 볼 수 있을 것이다. 그 영화가 개봉될 때 쯤이면, 팬들은 원래 감독의 상상이 저스티스 리그를 정당하게 다루었는지를 보는데 거의 4년 동안 기다리고 있게 된다.

해설 동사 wait의 알맞은 형태를 고르는 문제입니다. 빈칸 앞에 「By the time + 주어 + 현재시제동사」의 구조로 된 절이 쓰여 있는데, By the time이 이끄는 절에 현재시제동사가 쓰이면 주절의 동사는 미래완료진행시제가 사용되어야 하므로 (b) will have been waiting이 정답입니다. 참고로, it is released에서 동사는 is이며 released는 과거분사이기 때문에 it is released는 현재시제 be동사인 is가 쓰인 현재시제 수동태 문장입니다.

어휘 disappointed with ~에 실망한 release 개봉하다, 출시하다 nearly 거의 see if ~인지 여부를 보다 vision 시각, 상상, 이상적인 상 do justice 정당하게 다루다, ~을 올바로 평가하다

16.
정답 (d)

해설 어젯밤, 피터는 그의 고양이 피클스 등에 타고 구름을 통과하며 나는 꿈을 꾸었는데, 그 고양이는 마법처럼 하얀 날개가 돋아 났었다. 그는 마을에서 음침한 지역에 있는 약국에서 구매했던 체중 감량 보충제를 먹기 시작한 이후로 계속 이러한 기괴한 꿈을 꿔오고 있었다.

해설 동사 have의 알맞은 형태를 고르는 문제입니다. 시간을 나타내는 부사절 접속사 ever since 뒤에 과거동사인 started가 있으므로, '~한 이후로, ~해오는 중이다'라는 의미를 나타내기 위해 문맥상 주절은 '그는 이러한 꿈을 꿔오고 있는 중이다'라는 의미가 되어야 하므로 동사의 시제는 현재완료진행시제가 되어야 합니다. 따라서 정답은 (d) has been having입니다.

어휘 magically 마법처럼 spring 돋아나다, 생기다 bizarre 기괴한, 별난 ever since ~이후로 계속 weight-loss 체중 감량 supplement 보충제 purchase 구매하다 pharmacy 약국 shady 음습한, 어둠침침한, 수상한

17.
정답 (a)

해설 로저에게는 너무 많은 운동이 좋지 않은 것일 수 있다는 사실이 밝혀졌다. 심각한 연골 연화 증상으로 진단을 받기 전에 그는 매일 10 킬로미터 이상을 달리고 있었다. 이제 그는 완전히 회복될 때까지 다시 달릴 수 없다.

해설 동사 run의 알맞은 형태를 고르는 문제입니다. 빈칸이 있는 문장에 시간을 나타내는 부사절 접속사 before 뒤에 수동태 동명사인 being diagnosed가 있고, 마지막 문장에서 그가 완전히 회복될 때까지 지금은 달릴 수 없다는 내용이 언급되어 있으므로, 연골 연화 증상으로 진단을 받은 것(being diagnosed)는 과거에 있었던 일임을 알 수 있습니다. 그래서 매일 10 킬로미터 이상을 뛰었다는 행위는 진단을 받기 전이므로 과거보다 더 이전의 과거시제, 즉 과거완료진행시제로 쓰여져야 합니다. 따라서 정답은 과거완료진행시제인 (a) had been running입니다. 이렇게 before 뒤에 과거시제동사 대신 동명사가 문맥상 과거의 의미로 해석되는 문제가 출제됩니다.

어휘 turn out ~라는 것이 밝혀지다 diagnose (환자를) 진단하다, (병을) 밝히다 severe 심각한, 혹독한 case 증상, 사례 runner's knee (무릎) 연골 연화 completely 완전히 recover 회복하다

18.

정답 (d)

해석 부유층과 빈곤층 사이의 넓어지는 빈부격차가 미국에서 심각한 문제가 되고 있다. 예를 들어 여러 CEO의 평균 급여는 1970년대 이후로 매년 증가해오고 있는 중이지만, 직원들의 임금 인상은 생활비의 대폭 증가를 거의 따라 가지 못한다.

해설 동사 increase의 알맞은 형태를 고르는 문제입니다. 빈칸이 있는 문장에 기간을 나타내는 전치사 since가 있고 the 1970s라는 과거시점이 언급되어 있으므로 과거의 특정 시점에서 현재까지 지속되는 행위를 나타냅니다. 따라서 빈칸이 있는 문장은 '1970년대 이후로 여러 CEO의 평균 급여는 매년 ~ 해오고 있는 중이다'라고 해석되는 것이 적절합니다. 따라서 '증가해오고 있는 중이다'라는 의미의 현재완료진행시제로 쓰인 (d) has been increasing이 정답입니다.

어휘 widening 넓어지는 wealth gap 빈부격차 the haves 부유층(가진 자들) the have-nots 빈곤층(가지지 못한 자들) average 평균의 salary 급여 pay raise 임금 인상 barely 거의 ~ 않다 keep up with 따라가다, ~와 맞추다 cost of living 생활비 hike 대폭 증가

DAY03 가정법

실력 확인 퀴즈

1. (c) 2. (d) 3. (d) 4. (b)

1.

정답 (c)

해석 만약 하나가 그녀의 영어에 더 자신감이 있다면, 그녀는 미국에서 사는 것이 더 편안할 텐데.

해설 be동사의 알맞은 형태를 고르는 문제입니다. 빈칸 앞에 접속사 if가 있고, 주절의 동사가 「would + 동사원형」인 would be이므로 이 문장이 가정법 과거임을 알 수 있습니다. 따라서 if절의 동사는 과거시제가 되어야 하므로 정답은 be동사의 과거형인 (c) were입니다. 가정법에서 if절에 들어가는 be동사는 was를 쓰지 않고 인칭이나 수에 상관없이 were를 써야 합니다.

어휘 confident 자신감 있는 comfortable 편안한

2.

정답 (d)

해석 디에고는 그의 컴퓨터가 고장나지 않았다면 오늘 중에 부장님에게 지출 보고서를 제출할 수 있었을 텐데.

해설 동사 submit의 알맞은 형태를 고르는 문제입니다. 빈칸이 있는 문장 뒤에 if절의 동사가 had not crashed로, 과거완료시제이므로 이 문장이 가정법 과거완료임을 알 수 있습니다. 따라서 주절의 동사는 would/could/might have p.p 형태가 되어야 하므로 정답은 (d) could have submitted입니다.

어휘 expense 지출, 경비 before the end of the day 하루가 끝나기 전에, 오늘 중에 crash (컴퓨터의) 고장

3.

정답 (d)

해석 내가 집에 일찍 왔더라면, 나는 가족 모두와 함께 저녁식사를 할 수 있었을 텐데.

해설 동사 have의 알맞은 형태를 고르는 문제입니다. 문장 첫 부분에 「Had + 주어 + p.p.」 어순으로 Had I come이 위치해 있고, 콤마(,) 뒤에 주절이 이어지므로 이 문장이 가정법 과거완료이며, if절에서 if가 생략되어 had p.p.의 도치된 문장임을 알 수 있습니다. 따라서 가정법 과거완료 문장에서 주절의 동사는 would/could/might have p.p. 형태가 되어야 하므로 정답은 (d) could have had입니다.

어휘 have dinner 저녁식사를 하다

4.

정답 (b)

해석 '차량 출입금지' 표지판이 공원 입구에 세워져 있었더라면, 많은 사람들이 공원에서 자동차 사고로 부상을 입지 않았을 텐데.

해설 수동태 be not injured의 알맞은 형태를 고르는 문제입니다. if절에 동사가 had been put로 수동태로 과거완료시제가 쓰였으므로 이 문장이 가정법 과거완료임을 알 수 있습니다. 따라서 주절의 동사는 would/could/might have p.p. 형태가 되어야 하므로 정답은 (b) would not have been injured입니다.

어휘 vehicle 차량 sign 표지판 put up (표지판을) 세우다, 게시하다 entrance 입구 injure 부상을 입히다

연습 문제

1. treated, would quit
2. were, would take
3. would order, offered
4. would have worn, had mandated
5. had had, would have moved
6. would have survived, Had the operating surgeon not gotten

1.

정답 treated, would quit

해설 주절의 동사가 would quit로, 「would + 동사원형」이므로 가정법 과거가 쓰인 문장임을 알 수 있습니다.

따라서 if절의 동사는 과거시제가 되어야 하므로 주어진 동사 treat의 과거형 treated가 정답입니다.

2.
정답 were, would take

해설 주절의 동사가 would take로, 「would + 동사원형」이므로 가정법 과거가 쓰인 문장임을 알 수 있습니다. 따라서 if절의 동사는 과거시제가 되어야 하므로 주어진 동사 be의 과거형 were가 정답입니다. 가정법 과거에서 if절의 be동사는 주어의 인칭과 수에 상관없이 were로 씁니다.

3.
정답 would order, offered

해설 if절의 동사가 offered로, 과거시제 동사이므로 가정법 과거가 쓰인 문장임을 알 수 있습니다. 따라서 주절의 동사는 「would + 동사원형」이 되어야 하므로 정답은 would order입니다.

4.
정답 would have worn, had mandated

해설 if절의 동사가 had mandated로, 과거완료시제 동사이므로 가정법 과거완료가 쓰인 문장임을 알 수 있습니다. 따라서 주절의 동사는 「would have p.p.」가 되어야 하므로 정답은 would have worn입니다.

5.
정답 had had, would have moved

해설 주절의 동사가 would have moved로, 「would have p.p.」 형태이므로 가정법 과거완료가 쓰인 문장임을 알 수 있습니다. 따라서 if절의 동사는 과거완료시제가 되어야 하므로 주어진 동사 have의 과거완료형 had had가 정답입니다.

6.
정답 would have survived, Had the operating surgeon not gotten

해설 if절에서 if가 생략되고 「주어 + had p.p.」에서 had와 주어의 자리가 바뀌어 Had the operating surgeon을 보고 가정법 과거완료의 도치 문장임을 알 수 있습니다. 따라서 주절의 동사는 「would have p.p.」 형태가 되어야 하므로 정답은 would have survived입니다.

실전 문제

1. (c)	2. (c)	3. (a)	4. (d)	5. (d)
6. (c)	7. (b)	8. (d)	9. (b)	10. (c)
11. (c)	12. (a)	13. (b)	14. (a)	15. (d)
16. (d)	17. (c)	18. (d)		

1.
정답 (c)

해석 적색 초거성 베텔게우스는 언젠가는 불가피하게 폭발할 것이다. 이 별은 거의 650광년이나 떨어져 있지만 폭발한다면 지구에서 낮에도 보일 것이다.

해설 be동사와 형용사 visible의 알맞은 형태를 고르는 문제입니다. If절의 동사가 가정법 과거를 나타내는 과거시제(were)일 때, 주절의 동사는 「would/could/might + 동사원형」과 같은 형태가 되어야 알맞으므로 (c) would be visible이 정답입니다.

어휘 supergiant 초거성, 굉장히 큰 별 Betelgeuse 베텔게우스 inevitably 불가피하게, 필연적으로 explode 폭발하다 one day 언젠가 although 비록 ~이지만 nearly 거의 light-year 광년 away 떨어져 visible 눈에 보이는 even 심지어 daytime 낮

2.
정답 (c)

해석 바네사는 변호사 일을 하고 싶지만, 변호사 시험에서 낙제했을까봐 걱정하고 있다. 만약 그녀가 낙제 점수를 받게 된다면, 그녀는 다른 진로 계획을 세우기 시작할 것이다.

해설 동사 begin의 알맞은 형태를 고르는 문제입니다. if절의 동사가 가정법 과거를 나타내는 과거시제(were)일 때, 주절의 동사는 「would/could/might + 동사원형」과 같은 형태가 되어야 알맞으므로 (c) would begin이 정답입니다.

어휘 although 비록 ~이지만 practice law 변호사 일을 하다 flunk 낙제하다 bar exam 변호사 시험 receive 받다 failing 낙제 grade 점수 alternative 대안적인

3.
정답 (a)

해석 월리의 구매 권유는 예정된 해충 방제 처리를 위해 모두가 건물에서 나가도록 요청 받은 후 중단되었다. 만약 그가 미리 알았다면, 고객과의 회의를 다시 잡았을 것이다.

해설 동사 reschedule의 알맞은 형태를 고르는 문제입니다. Had he been은 가정법 과거완료를 구성하는 If he had been에서 If가 생략되고 주어와 had가 도치된 구조입니다. 따라서, If절의 동사가 「had p.p.」일 때 주절의 동사로 사용하는 「would/could/might + have p.p.」의 형태가 빈칸에 쓰여야 알맞으므로 (a) would have rescheduled가 정답입니다.

어휘 sales pitch 구입 권유 cut short 중단되다, 갑자기 끝내다 scheduled 예정된 pest 해충 control 방제 treatment 처리 inform 알리다 ahead 미리 reschedule 다시 잡다

4.
정답 (d)

해석 스타트업 기술 회사인 테크뉴튼은 매출 목표를 달성하지 못한 후 회사의 확장을 취소했다. 이 회사가 더 많은 제품을 판매했

다면 새 공장에 자금을 제공할 충분한 수익을 올렸을 것이다.

해설 동사 make의 알맞은 형태를 고르는 문제입니다. Had the company sold는 가정법 과거완료를 구성하는 If the company had sold에서 If가 생략되고 주어와 had가 도치된 구조입니다. 따라서, If절의 동사가 「had p.p.」일 때 주절의 동사로 사용하는 「would/could/might + have p.p.」의 형태가 빈칸에 쓰여야 알맞으므로 (d) would have made가 정답입니다.

어휘 startup 스타트업, 신생 기업 technology 기술 cancel 취소하다 expansion 확장 fail 실패하다 reach 달성하다 target 목표 product 제품 fund ~에 자금을 제공하다

5.
정답 (d)

해석 천문학자들은 시뮬레이터를 사용하여 소행성이 지구에 충돌할 때의 영향을 예측할 수 있다. 예를 들어, 에베레스트 산 크기의 소행성이 지구와 충돌한다면 광범위한 황폐화와 심지어 대규모 멸종을 초래할 가능성이 있다.

해설 동사 cause의 알맞은 형태를 고르는 문제입니다. If절의 동사가 가정법 과거를 나타내는 과거시제(were)일 때, 주절의 동사는 「would/could/might + 동사원형」과 같은 형태가 되어야 알맞으므로 (d) would likely cause가 정답입니다. likely와 같은 부사가 would/could/might와 동사원형 사이에 위치할 수 있으니 선택지에서 부사를 제외한 형태를 찾아 정답을 고르도록 합니다.

어휘 simulator 시뮬레이터 astronomer 천문학자 predict 예측하다 effect 영향 asteroid 소행성 hit 충돌하다 example 예시 collide 충돌하다 likely 가능성이 있다 cause 초래하다 widespread 광범위한 devastation 황폐(상태) even 심지어 mass 대규모 extinction 멸종

6.
정답 (c)

해석 재닛은 주방에 있는 싱크대에 물이 내려가지 않는다는 것을 알았다. 그녀는 남편을 부르고 싶었지만, 그는 출장 때문에 없는 상태이다. 만일 남편이 지금 집에 있다면, 그가 싱크대를 고칠 것이다.

해설 동사 fix의 알맞은 형태를 고르는 문제입니다. If절의 동사가 과거시제(were)일 때, 주절의 동사는 「would/could/might + 동사원형」과 같은 형태가 되어야 하므로 (c) would fix가 정답입니다.

어휘 drain 물을 빼내다, 물이 빠지다 business trip 출장 fix 고치다, 수리하다

7.
정답 (b)

해석 브랜든은 또 지각한 것에 대해 상사로부터 질책을 받았다. 만일 그가 알람 시계가 울린 직후에 일어난다면, 다시 지각하지 않을 것이다.

해설 be동사의 알맞은 형태를 고르는 문제입니다. If절의 동사가 가정법 과거를 나타내는 과거시제(got)일 때, 주절의 동사는 「would/could/might + 동사원형」과 같은 형태가 되어야 알맞으므로 (b) would not be가 정답입니다.

어휘 reprimand 질책하다, 꾸짖다 supervisor 상사, 감독관 go off (알람 등이) 울리다

8.
정답 (d)

해석 마틴 스콜세지의 영화 <아이리시맨>은 배우들을 현재의 모습보다 훨씬 더 젊어 보이게 만들기 위해 새로운 CGI 기술을 활용했다. 만일 그 기술이 개발되지 않았다면, 그 영화는 제작하기 불가능했을 것이다.

해설 수동태 be developed의 알맞은 형태를 고르는 문제입니다. 주절의 동사가 「would/could/might + have p.p.」의 형태일 때 If절의 동사는 「had p.p.」가 되어야 하므로 (d) had not been developed가 정답입니다.

어휘 technology 기술 much (비교급 수식) 훨씬 develop 개발하다

9.
정답 (b)

해석 내 사촌은 새 자동차를 구입해야 한다. 왜냐하면 현재 갖고 있는 것이 계속 고장 나기 때문이다. 만일 그녀가 5,000마일마다 오일을 교환했다면, 그 차가 더 오래 지속되었을 것이다.

해설 동사 last의 알맞은 형태를 고르는 문제입니다. If절의 동사가 가정법 과거완료를 나타내는 「had p.p.」일 때, 주절의 동사는 「would/could/might + have p.p.」와 같은 형태가 되어야 알맞으므로 (b) would have lasted가 정답입니다.

어휘 current 현재의 break down 고장나다 last 지속되다

10.
정답 (d)

해석 <나잇 캅스>의 예정된 속편이 스포트라이트 스튜디오에 의해 취소되었다. 만일 첫 번째 영화가 박스 오피스에서 더 성공했다면, 그 속편은 제작되었을 것이다.

해설 수동태 be made의 알맞은 형태를 고르는 문제입니다. If절의 동사가 가정법 과거완료를 나타내는 「had p.p.」일 때, 주절의 동사는 「would/could/might + have p.p.」와 같은 형태가 되어야 알맞으므로 (d) would have been made가 정답입니다.

어휘 planned 계획된, 예정된 sequel 속편

11.
정답 (c)

해석 몰입형 게임 경험을 제공할 예정인, 새로운 드림스케이프 가상 현실 헤드셋이 지난 주에 싱가포르에서 열린 기술 컨벤션에서 공개되었다. 평가에 따르면 더 높은 해상도의 디스플레이를 포함한다면, 그 제품이 훨씬 더 좋은 성능을 보일 것이라는 점이 계속 언급되고 있다.

해설 동사 perform의 알맞은 형태를 고르는 문제입니다. if절의 동사가 included처럼 가정법 과거를 나타내는 과거시제일 때, 주절의 동사는 「would/could/might + 동사원형」과 같은 형태가 되어야 알맞으므로 (c) would perform이 정답입니다.

어휘 meant + to 동사원형: ~할 예정인, ~하기로 되어 있는 immersive 몰입형의 virtual reality 가상 현실 unveil ~을 공개하다 review 평가, 후기, 검토 note that ~임을 언급하다, ~임에 주목하다 include ~을 포함하다 resolution 해상도 even (비교급 수식) 훨씬 perform (기계 등이) 성능을 보이다, 기능하다, (사람이) 성과를 내다, 실력을 보이다

12.
정답 (a)

해석 클락 씨는 9월 신용카드 결제액 고지서로 비용을 지불하는 것을 잊었다. 그는 이런 일이 발생한 것이 이번이 처음이기 때문에 걱정하고 있으며, 그의 신용 점수는 이미 타격을 입었다. 그가 더 유념하고 있었다면, 자신의 흠 하나 없는 신용 등급을 유지할 수 있었을 것이다.

해설 동사 maintain의 알맞은 형태를 고르는 문제입니다. Had he been은 가정법 과거완료의 If절 If he had been에서 접속사 If가 생략되고 주어 he와 had가 도치된 구조입니다. 따라서, 가정법 과거완료 문장의 주절에 쓰이는 「would/could/might + have p.p.」 형태의 동사가 빈칸에 필요하므로 (a) could have maintained가 정답입니다.

어휘 forget + to 동사원형: ~하는 것을 잊었다 bill 고지서, 청구서 credit score 신용 점수 take a hit 타격을 입다 mindful 유념하다 flawless 흠 하나 없는, 나무랄 데 없는 standing 등급, 순위, 지위 maintain ~을 유지하다

13.
정답 (b)

해석 애런은 친구들이 모두 함께 이번 주말에 하이킹하러 가자고 제안했을 때 "OK"라고 말했다. 하지만, 그는 심지어 등산화를 소유하고 있지 않을 뿐만 아니라 햇볕 아래에서 운동하는 것도 즐기지 않는다. 그에게 무엇을 할지 결정할 수 있는 기회가 주어졌다면, 그는 실내에서 게임을 하는 것을 선택했을 것이다.

해설 동사 choose의 알맞은 형태를 고르는 문제입니다. If절의 동사가 had been given처럼 가정법 과거완료 수동태를 나타내는 had been p.p.일 때, 주절의 동사는 「would/could/might + have p.p.」와 같은 형태가 되어야 알맞으므로 (b) would have chosen이 정답입니다.

어휘 suggest that ~하자고 제안하다 however 하지만, 그러나 not A nor B: A도 아니고 B도 아니다 exercise 운동하다 decide ~을 결정하다 what + to 동사원형: 무엇을 ~할지 choose + 동사원형: ~하는 것을 선택하다

14.
정답 (a)

해석 제니퍼와 모리스는 이번 주말의 바비큐를 위해 함께 식료품 쇼핑을 하고 있지만, 제니퍼는 농산물의 품질이 부족하다고 생각한다. 가령, 그 채소가 상하다면, 그들은 고기와 소시지만으로 요리할 수 있을 것이다.

해설 동사 cook의 알맞은 형태를 고르는 문제입니다. if절의 동사가 went처럼 가정법 과거를 나타내는 과거시제일 때, 주절의 동사는 「would/could/might + 동사원형」과 같은 형태가 되어야 알맞으므로 (a) could cook이 정답입니다.

어휘 produce 농산물 lack 부족하다 hypothetically 가령, 가정하자면 go bad 상하다

15.
정답 (d)

해석 레스토랑 식사 손님들은 주방장의 새로운 볼케이노 버거를 한 번 먹어 봤을 때 충격을 받았다. 그들이 그 버거가 하바네로 고추를 이용해 만들어졌다는 점에 주목했다면 그 요리가 대단히 맵다는 사실을 알게 되었을 것이다.

해설 동사 realize의 알맞은 형태를 고르는 문제입니다. had they noticed는 가정법 과거완료의 if절 if they had noticed에서 접속사 if가 생략되고 주어 they와 had가 도치된 구조입니다. 따라서, 가정법 과거완료 문장의 주절에 쓰이는 「would/could/might + have p.p.」 형태의 동사가 빈칸에 필요하므로 (d) would have realized가 정답입니다.

어휘 diner 식사 손님 try ~을 한 번 먹어 보다, ~을 한 번 해 보다 dish 요리 extremely 대단히, 매우 notice that ~라는 점에 주목하다, ~임을 알아차리다 realize that ~임을 알게 되다, ~임을 깨닫다

16.
정답 (d)

해석 많은 사람들은 중국의 만리장성이 우주에서도 분명히 보인다고 생각하지만, 이는 사실이 아니다. 실제로, 우주에서 우리 지구를 관찰하게 된다면, 만리장성이 어디 있는지 쉽게 확인하지 못할 것이다.

해설 동사 see의 알맞은 형태를 고르는 문제입니다. if절의 동사가 were처럼 가정법 과거를 나타내는 과거시제일 때, 주절의 동사는 「would/could/might + 동사원형」과 같은 형태가 되어야 알맞으므로 (d) would not easily see가 정답입니다. 부정어 not과 easily 같은 부사는 동사의 형태와 관련 없는 요소입니다.

어휘 visible 눈에 보이는, 알아 볼 수 있는 space 우주 be not the case 사실이 아니다, 실제로는 그렇지 않다 in fact 실제로, 사실 be + to 동사원형: ~하게 되다, ~해야 하다, ~할 예정이다 observe ~을 관찰하다 planet 지구, 행성

17.
정답 (c)

해석 폴은 미국의 록 밴드 린킨 파크의 엄청난 팬이다. 그는 그 밴드의 리드 싱어가 2017년에 사망하지 않았다면 역사상 가장 위대한 음악 그룹이 될 수 있었을 것이라는 사실을 분명히 알고 있다.

해설 동사 become의 알맞은 형태를 고르는 문제입니다. had their lead singer not passed는 가정법 과거완료의 if절 if their lead singer had not passed에서 접속사 if가 생략되고 주어 their lead singer와 had가 도치된 구조입니다. 따라서, 가정법 과거완료 문장의 주절에 쓰이는 「would/could/might + have p.p.」형태의 동사가 빈칸에 필요하므로 (c) could have become이 정답입니다.

어휘 massive 엄청난, 거대한 know for a fact that ~임을 분명히 알고 있다 musical act 음악 그룹 pass away 사망하다

18.
정답 (d)

해석 메건은 졸업 앨범 디자인 수업이 학우들 사이에 인기 있고 재미 있는 선택권이라는 사실을 알지 못했다. 그녀가 처음에 그 선택 과목에 관해 알았다면, 그녀도 그것을 듣기 위해 신청했을 것이다.

해설 동사구 sign up의 알맞은 형태를 고르는 문제입니다. If절의 동사가 had known처럼 가정법 과거완료를 나타낸 had p.p.일 때, 주절의 동사는 「would/could/might + have p.p.」와 같은 형태가 되어야 알맞으므로 (d) would have signed up이 정답입니다.

어휘 have no clue that ~임을 알지 못하다 choice 선택(권) elective course 선택 과목 in the first place 처음에, 애초에 sign up 신청하다, 등록하다

DAY 04 당위성을 나타내는 동사원형

실력 확인 퀴즈

1. (d)   2. (a)

1.
정답 (d)

해석 저장 장치는 최소한 20기가바이트의 여유 공간을 가지고 있는 것이 필수적이다.

해설 동사 have의 알맞은 형태를 고르는 문제입니다. 빈칸은 that절의 동사 자리이며, that절 앞에 당위성을 나타내는 형용사 essential(필수적인)이 쓰였으므로 that절의 동사는 조동사 should가 생략된 형태의 동사원형으로 쓰입니다. 따라서 정답은 have입니다. 당위성 표현 뒤의 that절에는 주어의 인칭에 상관없이 동사원형을 씁니다.

어휘 essential 필수적인 storage device 저장 장치 at least 최소한, 적어도 free space 여유 공간

2.
정답 (a)

해석 주류 매체에서 모든 민족과 배경의 사람들이 표현되는 것은 중요하다.

해설 동사 represent의 수동태 be represented의 알맞은 형태를 고르는 문제입니다. 빈칸은 that절의 동사 자리이며, that 절 앞에 당위성을 나타내는 형용사 important(중요한)가 쓰였으므로 that절의 동사는 조동사 should가 생략된 형태의 동사원형으로 쓰입니다. 따라서 정답은 be represented입니다. 당위성 표현 뒤의 that절에는 주어의 인칭에 상관없이 동사원형을 씁니다. 특히 수동태 「be p.p.」에서 be가 동사이고 p.p.(-ed)는 동사가 아닌 과거분사이므로 수동태의 동사원형을 쓸 때는 「be p.p.」로 씁니다.

어휘 important 중요한 ethnicity 민족(성) background 배경 mainstream 주류 media 매체 represent 나타내다, 보여주다, 대표하다

연습 문제

1. (a)   2. (a)   3. (a)   4. (b)   5. (b)

1.
정답 (a) install

해석 경찰서장은 주민들에게 잠재적인 절도범을 막을 수 있도록 주택 출입문 지점 옆에 보안 카메라를 설치하는 것을 촉구했다.

해설 동사 install의 알맞은 형태를 고르는 문제입니다. 빈칸은 that절의 동사 자리이며, that절 앞에 당위성을 나타내는 동사 urged가 쓰였으므로 that절의 동사는 조동사 should가 생략

정답 및 해설   15

된 형태의 동사원형으로 쓰입니다. 따라서 (a) install이 정답입니다. 당위성 표현 뒤의 that절에는 주어의 인칭에 상관없이 동사원형을 씁니다.

2.

정답 (a) read

해석 나는 그 학생에게 카즈오 이시구로의 『남아있는 나날』을 영화 버전을 보기 전에 읽어야 한다고 제안하였다.

해설 동사 read의 알맞은 형태를 고르는 문제입니다. 빈칸은 that절의 동사 자리이며, that절 앞에 당위성을 나타내는 동사 suggested가 쓰였으므로 that절의 동사는 조동사 should가 생략된 형태의 동사원형으로 쓰입니다. 따라서 정답은 read입니다. 당위성 표현 뒤의 that절에는 주어의 인칭에 상관없이 동사원형을 씁니다.

3.

정답 (a) drink

해석 의료 전문가들은 좋은 건강 상태를 유지할 수 있도록 매일 최소 2리터의 물을 마시라고 조언한다.

해설 동사 drink의 알맞은 형태를 고르는 문제입니다. 빈칸은 that절의 동사 자리이며, that절 앞에 당위성을 나타내는 동사 advise가 쓰였으므로 that절의 동사는 조동사 should가 생략된 형태의 동사원형으로 쓰입니다. 따라서 정답은 drink입니다. 당위성 표현 뒤의 that절에는 주어의 인칭에 상관없이 동사원형을 씁니다.

4.

정답 (b) be familiar

해석 지원자는 파이썬과 자바를 포함하여 가장 흔한 프로그래밍 언어들에 익숙해야 하는 것이 필수적이다.

해설 동사 be와 형용사 familiar의 알맞은 형태를 고르는 문제입니다. 빈칸은 that절의 동사 자리이며, that절 앞에 당위성을 나타내는 형용사 necessary(필수적인)가 쓰였으므로 that절의 동사는 조동사 should가 생략된 형태의 동사원형으로 쓰입니다. 따라서 정답은 be familiar입니다. 당위성 표현 뒤의 that절에는 주어의 인칭에 상관없이 동사원형을 씁니다.

5.

정답 (b) not ride

해석 키가 110 센티미터 이하의 어린이들은 놀이 공원에 있는 '매직 카펫'을 타면 안 된다는 것이 권고됩니다.

해설 동사 ride의 부정형의 알맞은 형태를 고르는 문제입니다. 빈칸은 that절의 동사 자리이며, that절 앞에 당위성을 나타내는 동사 advise가 수동태로 쓰였으므로 that절의 동사는 조동사 should가 생략된 형태의 동사원형으로 쓰입니다. 이때 부정어 not이 있는 경우 「not + 동사원형」으로 쓰이므로 정답은 not ride입니다. don't는 조동사 do + not의 형태이며, 조동사 should가 있는 것으로 간주하는 that절에 또 다른 조동사인 do를 중복으로 쓸 수 없으므로 don't ride는 오답입니다.

실전 문제

1. (c)	2. (d)	3. (d)	4. (b)	5. (b)
6. (d)	7. (a)	8. (b)	9. (b)	10. (a)
11. (c)	12. (d)	13. (a)	14. (a)	15. (c)
16. (b)	17. (d)	18. (b)		

1.

정답 (c)

해석 몰디브로 향하는 우리 항공기가 너무 많은 난기류를 겪어서 많은 승객들이 걱정하기 시작했다. 하지만, 기장은 모든 사람에게 차분함을 유지하도록 조언했는데, 그 상황이 통제되고 있었기 때문이었다.

해설 동사 remain의 알맞은 형태를 고르는 문제입니다. 빈칸은 동사 advised의 목적어 역할을 하는 that절의 동사 자리인데, advise와 같이 주장/요구/명령/제안 등을 나타내는 동사의 목적어 역할을 하는 that절에는 주어와 상관없이 동사원형만 사용하므로 (c) remain이 정답입니다.

어휘 go through ~을 겪다, ~을 거쳐 가다 so A that B: 너무 A해서 B하다 turbulence 난기류 however 하지만, 그러나 advise that ~하도록 조언하다 calm 차분한, 침착한 under control 통제되는, 제어되는 remain + 형용사: ~한 상태를 유지하다

2.

정답 (d)

해석 헬레나는 한 무리의 아이들이 위험한 강과 아주 가까이에서 노는 모습을 봤다. 그들의 안전을 우려하여, 그녀는 그 위험 요소에 대해 경고하면서 어딘가 다른 곳에서 놀도록 권했다.

해설 동사 play의 알맞은 형태를 고르는 문제입니다. 빈칸은 동사 suggested의 목적어 역할을 하는 that절의 동사 자리인데, suggest와 같이 주장/요구/명령/제안 등을 나타내는 동사의 목적어 역할을 하는 that절의 동사는 should 없이 동사원형만 사용하므로 동사원형인 (d) play가 정답입니다.

어휘 see + 목적어 + -ing: (목적어)가 ~하는 모습을 보다 close to ~와 가까이 fear for ~을 우려하다, ~을 염려하다 warn A of B: A에게 B에 대해 경고하다 risk 위험 (요소) suggest (that) ~하도록 권하다, ~하도록 제안하다

3.

정답 (d)

해석 데이브는 실수로 회사 노트북을 망가뜨린 후 직장에서 어려움을 겪고 있다. 그의 고용주는 노트북 수리비를 지불하라고 요

구하고 있으며, 그렇지 않으면 다음 급여에서 노트북 비용을 공제하겠다고 했다.

해설 동사 pay의 알맞은 형태를 고르는 문제입니다. 빈칸은 동사 is demanding의 목적어 역할을 하는 that절의 동사 자리인데, demand와 같이 주장/요구/명령/제안 등을 나타내는 동사의 목적어 역할을 하는 that절의 동사는 should없이 동사원형만 사용하므로 동사원형인 (d) pay가 정답입니다.

어휘 have trouble 어려움을 겪다 work 직장 accidentally 실수로 break 고장 내다 laptop 노트북 컴퓨터 employer 고용주 demand 요구하다 pay 지불하다 repair 수리 or else 그렇지 않으면 cost 비용 deduct 공제하다 paycheck 급여

4.

정답 (b)

해석 피곤한 상황에서 운전하는 것은 매우 위험할 수 있다. 도로 안전 담당관들은 운전자들이 운전석에서 자신도 모르게 졸음이 오는 느낌이 드는 경우에 잠시 동안 휴식할 수 있도록 길 한쪽에 차를 세우라고 조언한다.

해설 동사구 pull over의 알맞은 형태를 고르는 문제입니다. 빈칸은 동사 advised의 목적어 역할을 하는 that절의 동사 자리인데, advise와 같이 주장/요구/명령/제안 등을 나타내는 동사의 목적어 역할을 하는 that절의 동사는 should 없이 동사원형만 사용하므로 (b) pull over가 정답입니다.

어휘 while tired 피곤한 상황에서 advise that ~하라고 조언하다 rest 휴식하다 for a while 잠시 동안 find oneself -ing 자신도 모르게 ~하다 drowsy 졸음이 오는, 나른한 behind the wheel 운전석에서

5.

정답 (b)

해석 내 사촌 애스트리드는 미네소타의 몹시 추운 날씨에서 벗어나기 위해 겨울 방학 동안 어딘가 따뜻한 곳으로 가고 싶어 한다. 내 친구들과 내가 이미 하와이로 가기로 결정했기 때문에, 난 그녀에게 우리와 함께 하자고 권했다.

해설 동사 join의 알맞은 형태를 고르는 문제입니다. 빈칸은 동사 suggested의 목적어 역할을 하는 that절의 동사 자리인데, suggest와 같이 주장/요구/명령/제안 등을 나타내는 동사의 목적어 역할을 하는 that절의 동사는 should 없이 동사원형만 사용하므로 동사원형인 (b) join이 정답입니다.

어휘 somewhere 형용사: 어딘가 ~한 곳으로 escape ~에서 벗어나다, ~에서 탈출하다 freezing 몹시 추운, 얼어붙는 decide to 동사원형: ~하기로 결정하다 suggest that ~하자고 권하다, ~하자고 제안하다

6.

정답 (d)

해석 연구에 따르면 직장 밖에서 업무와 관련된 문제들을 다루는 것은 스트레스 증가로 이어지는 것으로 나타난다. 따라서, 많은 대기업들은 현재 각 직원에게 근무 시간이 끝난 후에는 업무 이메일과 메시지 전송 애플리케이션을 끄도록 권한다.

해설 동사구 turn off의 알맞은 형태를 고르는 문제입니다. 빈칸은 동사 recommend의 목적어 역할을 하는 that절의 동사 자리인데, recommend와 같이 주장/요구/명령/제안 등을 나타내는 동사의 목적어 역할을 하는 that절의 동사는 should 없이 동사원형만 사용하므로 동사원형인 (d) turn off가 정답입니다.

어휘 deal with ~을 다루다, ~을 처리하다 A-related: A와 관련된 issue 문제, 사안 lead to ~로 이어지다 increased 증가된, 늘어난 as such 따라서, 그러므로 corporation 기업 recommend that ~하도록 권하다, ~하는 것을 추천하다 shift 교대 근무(조) turn off ~을 끄다

7.

정답 (a)

해석 어떤 사람들은 휴가를 떠날 때 샌들이나 슬리퍼를 신는 것을 선호한다. 하지만, 비행기에 탑승해 있을 때, 발 감염에 걸릴 위험성이 있을 수 있다. 따라서, 흔히 탑승객들은 발가락 부분이 개방된 신발을 착용하는 것을 삼가라는 안내를 받는다.

해설 동사 refrain의 알맞은 형태를 고르는 문제입니다. 빈칸은 that절의 동사 자리이며, that절 앞에 당위성을 나타내는 동사 instruct가 수동태로 쓰였으므로 that절의 동사는 조동사 should가 생략된 형태의 동사원형으로 쓰입니다. 따라서 (a) refrain이 정답입니다.

어휘 prefer + to 동사원형: ~하는 것을 선호하다 go on vacation 휴가를 떠나다 however 하지만, 그러나 aboard ~에 탑승한, ~에 타고 있는 risk 위험(성) infection 감염 therefore 따라서, 그러므로 it is instructed that ~하라고 전달 받다, ~하라고 지시 받다, ~하라고 안내 받다 commonly 흔히, 일반적으로 refrain from -ing ~하는 것을 삼가다, ~하는 것을 자제하다 open-toed 발가락 부분이 개방된

8.

정답 (b)

해석 모건은 회사에서 집중력을 유지할 수 없기 때문에 그의 영업 실적이 악화되고 있다. 그의 동료들 중 한 명은 그에게 몸과 마음의 활기를 되찾을 수 있게 며칠 쉬라고 권해 주었다.

해설 동사 take의 알맞은 형태를 고르는 문제입니다. 빈칸은 동사 suggested의 목적어 역할을 하는 that절의 동사 자리인데, suggest와 같이 주장/요구/명령/제안 등을 나타내는 동사의 목적어 역할을 하는 that절의 동사는 should 없이 동사원형만 사용하므로 동사원형인 (b) take가 정답입니다.

어휘 sales 영업, 매출, 판매(량) performance 실적, 성과, 업무 능력 suffer 악화되다, 더 나빠지다 stay + 형용사: ~한 상태를 유지하다 focused 집중한, 초점을 맞춘 colleague 동료 (직원) day off 휴무(일), 휴가 refresh ~의 활기를 되찾다, ~을 새롭게 하다

9.

정답 (b)

해석 비록 라쿤이 무해한 것처럼 보이기는 하지만, 명확한 증상의 부재에도 불구하고, 때때로 바이러스를 옮긴다. 이것 때문에, 의료 전문가들은 사람들에게 라쿤과 접촉하게 되는 경우에 손을 씻도록 조언하고 있다.

해설 동사 wash의 알맞은 형태를 고르는 문제입니다. 빈칸은 동사 advise의 목적어 역할을 하는 that절의 동사 자리인데, advise와 같이 주장/요구/명령/제안 등을 나타내는 동사의 목적어 역할을 하는 that절의 동사는 should 없이 동사원형만 사용하므로 동사원형인 (b) wash가 정답입니다.

어휘 seem 형용사: ~한 것처럼 보이다, ~한 것 같다 harmless 무해한 carry (질병 등) ~을 옮기다 despite ~에도 불구하고 absence 부재, 없음, 결석 obvious 명확한 symptom 증상 expert 전문가 advise that ~하도록 조언하다 come into contact with ~와 접촉하게 되다

10.

정답 (a)

해석 던킨스 베이커리의 직원으로서, 여러분은 위생과 관련된 몇몇 기본적인 규칙을 따라야 합니다. 여러분이 화장실을 이용한 후 최소한 45초 동안 따뜻한 물과 비누로 손을 씻는 것이 필수입니다.

해설 동사 wash의 알맞은 형태를 고르는 문제입니다. 'It is necessary that'과 같이 필수/중요/의무 등을 나타내는 형용사 보어 뒤에 쓰이는 that절의 동사는 should 없이 동사원형만 사용합니다. 따라서 동사원형인 (a) wash가 정답입니다.

어휘 follow ~을 따르다, 준수하다 regarding ~와 관련해 hygiene 위생 at least 최소한, 적어도

11.

정답 (c)

해석 고등학교 레슬링부 코치인 윌리엄스 씨는 그의 레슬링 선수 세 명이 지난 대회에서 시합 전 체중 감량에 실패했을 때 몹시 화가 났다. 그런 일이 다시 일어나지 않도록 하기 위해, 그는 팀 전체가 엄격한 식이조절이 되어야 하는 것을 요구하였다.

해설 동사 place의 수동태 be placed의 알맞은 형태를 고르는 문제입니다. 빈칸은 동사 demanded의 목적어 역할을 하는 that절의 동사 자리인데, demand와 같이 주장/요구/명령/제안 등을 나타내는 동사의 목적어 역할을 하는 that절의 동사는 should 없이 동사원형만 사용합니다. 따라서 동사원형인 (c) be placed가 정답입니다. 당위성 표현 뒤의 that절에는 주어의 인칭에 상관없이 동사원형을 씁니다. 특히 수동태「be p.p.」에서 be가 동사이고 p.p.(-ed)는 동사가 아닌 과거분사이므로 수동태의 동사원형을 쓸 때는「be p.p.」로 씁니다.

어휘 furious 몹시 화가 난 fail to + 동사원형 ~을 하지 못하다, ~하는 것을 실패하다 make weight loss 체중 감량을 하다 make sure 반드시 ~하도록 하다 entire 전체의 be placed on a diet 다이어트를 하다, 식이조절을 하다 strict 엄격한

12.

정답 (d)

해석 언어학 연구에서 사람이 나이가 들수록 제 2의 언어를 배우는 것이 더 어려워 진다는 것을 밝혔다. 자신의 아들이나 딸이 이중언어 사용자가 되기를 원하는 부모들에게, 자녀가 어린 나이에 두 개의 언어를 모두 배우기 시작하는 것이 필수적이다.

해설 동사 start의 알맞은 형태를 고르는 문제입니다. 빈칸은 that절의 동사 자리이며, that절 앞에 당위성을 나타내는 형용사 essential(필수적인)과 같이 중요/필수 등을 나타내는 형용사 뒤에 위치하는 that절의 동사는 should 없이 동사원형만 사용합니다. 따라서 동사원형인 (d) start가 정답입니다. 당위성 표현 뒤의 that절에는 주어의 인칭에 상관없이 동사원형을 씁니다.

어휘 study 연구 linguistics 언어학 bilingual 이중언어 사용자

13.

정답 (a)

해석 마이클은 매일 직장에 지각을 한다. 그리고 그의 프로젝트는 모두 예정보다 늦어지고 있다. 그가 그의 업무성과에 대해 직면하였을 때, 마이클은 더 이상 그의 업무에 감흥을 느낄 수 없다고 말했다. 이에 대응하여, 그의 상사는 그가 그의 불량한 태도로 부서를 저해시키는 대신에 그저 그만 두어야 한다고 권장하였다.

해설 동사 quit의 알맞은 형태를 고르는 문제입니다. 빈칸은 동사 recommended의 목적어 역할을 하는 that절의 동사 자리인데, recommend와 같이 주장/요구/명령/제안 등을 나타내는 동사의 목적어 역할을 하는 that절의 동사는 should 없이 동사원형만 사용합니다 따라서 동사원형인 (a) quit이 정답입니다. 당위성 표현 뒤의 that절에는 주어의 인칭에 상관없이 동사원형을 씁니다.

어휘 behind schedule 예정보다 늦은 confront 직면하다, 맞서다 performance 업무성과, 실행 get excited 흥분하다, 들뜨다 in response 이에 대응하여 supervisor 감독자, 관리자, 상사 instead of ~대신에 hinder 저해시키다, 방해하다 attitude 태도 quit 그만두다

14.

정답 (a)

해석 대부분의 새로운 게임기의 출시와 마찬가지로, 소니의 플레이스테이션 5는 몇 개의 기술적 문제를 가지고 도착하였다. 만약 한 기기가 전원 공급에 문제를 보인다면, 기술자들은 사용하지 않을 때 '휴식 모드'를 사용하는 것 대신에 소유주가 그 게임기를 완전히 꺼야 한다고 권장한다.

해설 동사 turn의 알맞은 형태를 고르는 문제입니다. 빈칸은 동사

recommend의 목적어 역할을 하는 that절의 동사 자리인데, recommend와 같이 주장/요구/명령/제안 등을 나타내는 동사의 목적어 역할을 하는 that절의 동사는 should 없이 동사원형만 사용합니다. 따라서 동사원형인 (a) turn이 정답입니다. 당위성 표현 뒤의 that절에는 주어의 인칭에 상관없이 동사원형을 씁니다.

어휘 as with ~와 마찬가지로 launch 출시 console 게임기 technical 기술적인 unit 기기 한 대, 구성단위 exhibit 보이다, 나타내다 supply 공급 turn off (전원을) 끄다

15.

정답 (c)

해석 가정 폐수 표본에서 대장균의 발견 이후로 보스턴은 물을 끓이기 주의보에 놓였다. 이러한 상황 하에, 질병예방관리국은 물은 섭취되기 전에 1분 간 펄펄 끓여져야 한다고 권장한다.

해설 동사 bring의 수동태 be brought의 알맞은 형태를 고르는 문제입니다. 빈칸은 동사 recommends의 목적어 역할을 하는 that절의 동사 자리인데, recommend와 같이 주장/요구/명령/제안 등을 나타내는 동사의 목적어 역할을 하는 that절의 동사는 should 없이 동사원형만 사용합니다. 따라서 수동태의 동사원형인 (c) be brought이 정답입니다. 당위성 표현 뒤의 that절에는 주어의 인칭에 상관없이 동사원형을 씁니다. 특히 수동태 「be p.p.」에서 be가 동사이고 p.p.(-ed)는 동사가 아닌 과거분사이므로 수동태의 동사원형을 쓸 때는 「be p.p.」로 씁니다.

어휘 detection 발견, 탐지 E. coli 대장균 household water 가정 폐수 be placed under ~하에 놓이다, ~을 받다 boil-water 물 끓이기 advisory 주의보, 경보 condition 상태, 상황 bring water to a rolling boil 물을 펄펄 끓이다 consume 섭취하다

16.

정답 (b)

해석 유기농 천연 식품에 대한 수요의 상승과 함께, 일부 건강 식품 애호가들은 심지어 저온 살균이 되지 않은 원유를 마시기로 선택하고 있다. 하지만, 그렇게 하는 것은 굉장히 위험할 수 있으며, 식품의약국은 모든 우유가 섭취되거나 요리법에 사용되기 전에 저온 살균되어야 한다고 강력히 권장한다.

해설 동사 pasteurize의 수동태 be pasteurized의 알맞은 형태를 고르는 문제입니다. 빈칸은 동사 recommends의 목적어 역할을 하는 that절의 동사 자리인데, recommend와 같이 주장/요구/명령/제안 등을 나타내는 동사의 목적어 역할을 하는 that절의 동사는 should 없이 동사원형만 사용합니다. 따라서 수동태의 동사원형인 (b) be pasteurized가 정답입니다. 당위성 표현 뒤의 that절에는 주어의 인칭에 상관없이 동사원형을 씁니다. 특히 수동태 「be p.p.」에서 be가 동사이고 p.p.(-ed)는 동사가 아닌 과거분사이므로 수동태의 동사원형을 쓸 때는 「be p.p.」로 씁니다.

어휘 alongside ~와 함께, ~ 옆에 rise 상승 demand 수요 organic 유기농의 enthusiast 애호가 opt to 동사원형 ~하기로 선택하다 unpasteurized 저온 살균되지 않은 raw 날 것의, 가공되지 않은 incredibly 엄청나게, 굉장히 risky 위험한 FDA 식품의약국(=Food and Drug Administration) highly 매우, 아주, 대단히 consume 섭취하다 recipe 조리법, 요리법 pasteurize 저온 살균하다

17.

정답 (d)

해설 거대 매체 기업의 새로운 스트리밍 서비스인 '디즈니플러스'는 주력 시리즈인 <맨달로리안>으로 지난 여름에 서비스를 시작하였으며, <맨달로리안>은 스타워즈 세계관을 배경으로 한다. 그 쇼가 제공하는 모든 것을 온전히 즐기기 위해서, 그 영화 시리즈에 대한 대단히 중요한 지식에 대해 친숙함을 가지는 것이 중요하다.

해설 동사 have의 알맞은 형태를 고르는 문제입니다. 빈칸은 that절의 동사 자리이며, that절 앞에 당위성을 나타내는 형용사 crucial(중요한)과 같이 중요/필수 등을 나타내는 형용사 뒤에 위치하는 that절의 동사는 should 없이 동사원형만 사용합니다. 따라서 동사원형인 (d) have가 정답입니다. 당위성 표현 뒤의 that절에는 주어의 인칭에 상관없이 동사원형을 씁니다.

어휘 media (대중)매체 giant 거대 조직, 거대 기업 debut 데뷔하다, 처음으로 나서다 flagship 주력 상품 be set in ~를 배경으로 하다 universe (특정 주제에 관한) 세계(관) familiarity 친숙함, 익숙함 overarching 대단히 중요한 lore (특정 주제에 관한) 지식 franchise (시리즈물로서의) 영화 또는 드라마

18.

정답 (b)

해석 딜런은 유튜버로서 성공을 이루었다. 그것은 꿈의 직업인 것처럼 들리지만, 그것은 사실 매우 스트레스가 많은 직업이다. 그의 구독자들을 유지하기 위해, 그는 매일 새로운 영상을 업로드 하는 것이 필수적이며, 그는 신선한 내용을 위한 아이디어가 고갈되고 있다.

해설 동사 upload의 알맞은 형태를 고르는 문제입니다. 빈칸은 that절의 동사 자리이며, that절 앞에 당위성을 나타내는 형용사 essential(필수적인)과 같이 중요/필수 등을 나타내는 형용사 뒤에 위치하는 that절의 동사는 should 없이 동사원형만 사용합니다. 따라서 동사원형인 (b) upload가 정답입니다. 당위성 표현 뒤의 that절에는 주어의 인칭에 상관없이 동사원형을 씁니다.

어휘 find success 성공을 이루다 sound like ~처럼 들리다 stressful 스트레스가 많은 maintain 유지하다 subscriber 구독자 run out of ~가 고갈되다, 다 써버리다 fresh 신선한 content 내용

DAY 05 조동사

실력 확인 퀴즈

1. (a) 2. (c) 3. (a) 4. (b) 5. (b)
6. (d)

1.
정답 (a)

해석 다니엘은 자신만의 온라인 영상 채널을 가지고 있다. 그는 그가 얼마나 많은 패스트푸드를 먹을 수 있는지를 주로 보여주는 영상을 업로드한다.

해설 문장의 의미에 맞추어 빈칸에 들어갈 알맞은 조동사를 고르는 문제입니다. 문맥상 '그가 얼마나 많은 패스트푸드를 먹을 수 있는지를 보여주는 영상'이라고 해석되는 것이 자연스러우므로, 빈칸 뒤에 있는 동사 eat의 행위를 할 수 있다는 능력의 의미를 나타내는 조동사가 필요합니다. 따라서 빈칸에는 '~할 수 있다'는 의미를 가진 능력의 조동사 can이 정답입니다.

어휘 upload (온라인에) 업로드하다, 게시물을 올리다 mainly 주로

2.
정답 (c)

해석 나의 부모님은 내가 밤에 시내에 나가 있을 때 항상 나를 걱정하신다. 그들은 내가 낯선 사람들과 곤경에 처하게 될까봐 두려워 하신다.

해설 문장에 의미에 어울리는 조동사를 고르는 문제입니다. 문맥상 자신이 곤경에 처할지도 모른다고 부모님이 두려워한다는 내용인데, '곤경에 처한다'(get in trouble)는 행위가 능력이나 충고, 의무의 의미가 아니라 '곤경에 처할 수도 있다'는 발생할 가능성이 있다는 추측의 의미이기 때문에 '~할지도 모른다'라는 의미의 (c) might가 정답입니다.

어휘 be concerned about ~을 걱정하다 downtown 시내(에) get in trouble 곤경에 처하다 stranger 낯선 사람

3.
정답 (a)

해석 4월 17일부터, 모든 운전자들은 시내 일반도로에서 시속 50킬로미터 이하로 속도를 유지해야 한다.

해설 문장에 의미에 어울리는 조동사를 고르는 문제입니다. 문맥상 시내의 일반 도로에서 자동차를 운전하는 운전자들이 지켜야 하는 속도 제한에 대한 내용이므로 '시속 50킬로미터 이하로 속도를 유지해야 한다'라고 해석되는 것이 자연스럽습니다. 따라서 교통 법규에 관한 것이므로 '~해야 한다'라는 의무의 의미를 가진 (a) must가 정답입니다.

어휘 starting + 날짜: ~부터 keep 유지하다, 지키다 city street 시내의 일반 도로

4.
정답 (b)

해석 차에서 이상한 소음이 나고 있어요. 당신은 그 차를 정비사에게 가지고 가야 합니다.

해설 문장에 의미에 어울리는 조동사를 고르는 문제입니다. 차에서 이상한 소음이 나고 있다는 문장 뒤에 정비사에게 차를 가져다 준다는 내용이 이어지므로 정비사에게 차를 점검받도록 하는 것이 좋겠다는 충고의 의미로 '~해야 한다'라는 의미가 함께 쓰이는 것이 자연스럽습니다. 따라서 충고의 조동사 (b) should가 정답입니다.

어휘 make a noise 소음을 내다 mechanic 정비공, 정비사

5.
정답 (b)

해석 경영진은 다음달에 100명 이상의 신입 직원을 채용할 것이라고 발표했다.

해설 문장에 의미에 어울리는 조동사를 고르는 문제입니다. 빈칸은 동사 announced의 목적어로 쓰인 that절의 동사 hire와 함께 쓰이는 조동사가 들어갈 자리입니다. that절 마지막에 미래 시점을 나타내는 next month가 있으며, 문맥상 '다음 달에 100명 이상의 신입 직원을 채용할 것'이라는 미래에 할 일을 나타내므로 빈칸에 들어갈 조동사는 '~할 것이다'라는 의미의 미래 조동사 (b) will입니다.

어휘 management 경영진 hire 고용하다, 채용하다

6.
정답 (d)

해석 알렉스는 나에게 그의 면접 후에 나의 정장을 돌려줄 것이라고 말했지만, 나는 그로부터 아무 소식도 듣지 못했다.

해설 문장에 의미에 어울리는 조동사를 고르는 문제입니다. 접속사 that이 생략되었으나 동사 told의 목적어로 쓰인 that절의 동사 return과 함께 쓰이는 조동사가 빈칸에 들어가야 합니다. 문맥상 알렉스가 면접 후에 정장을 돌려주겠다고 말했고, 아직 돌려주지 않았다는 내용입니다. 따라서 알렉스가 '나'에게 말한 과거 시점을 기준으로 미래의 일을 말한 것이지만 return이 발생할 시점도 이미 지난 과거이므로 동사 return은 미래 조동사 will의 과거형 would와 함께 쓰이는 것이 자연스럽습니다. 따라서 정답은 (d) would입니다.

어휘 return 돌려주다, 반환하다 suit 정장

연습 문제

1. can 2. must 3. might 4. will 5. should

1.
정답 can

해설 빈칸 앞의 문장에서 하워드가 다중언어사용자라고 언급되어 있으므로, 빈칸 뒤의 내용 speak multiple languages fluently는 하워드의 능력을 나타내어 '다양한 언어를 유창하게 말할 수 있다'라고 해석되는 것이 자연스럽습니다. 따라서 '~할 수 있다'라는 의미의 조동사 can이 정답입니다.

2.
정답 must

해설 문맥상 추가 요금을 피하기 위해서 지불금이 수령된다는 의미를 나타내므로 지불의 의무에 관한 내용임을 알 수 있습니다. 따라서 '~해야 한다'라는 의미를 가진 의무의 조동사 must가 쓰여 '지불금이 수령되어야 한다'라고 해석되는 것이 자연스러우므로 정답은 must입니다.

3.
정답 might

해설 빈칸 앞에 위치한 분사구문은 마이크가 직장에 있을 때 그의 개가 외로워지는 것을 걱정한다는 내용이므로, 빈칸 뒤의 내용 adopt a second puppy는 의무, 충고, 능력의 의미가 아니라 '~할지도 모른다'는 추측의 의미의 조동사가 함께 쓰여서 '두 번째 강아지를 입양할지도 모른다'라는 의미가 되는 것이 자연스럽습니다. 따라서 정답은 추측의 조동사 might이며, 미래 시점을 나타내는 단서가 없으므로 미래의 조동사 will은 오답입니다.

4.
정답 will

해설 빈칸 뒤의 부사절 once it is confirmed by the Senate에서 조건을 나타내는 부사절 접속사 once 뒤에 현재시제동사 is가 있으므로 주절은 미래 시제 동사가 쓰이는 단서로 볼 수 있습니다. 문맥상 '상원의회에 의해 확정되기만 하면 대통령이 서명할 것이다'라는 의미가 되어 상원의회에 확정된다는 조건이 충족되면 일어날 미래의 일이 sign이라는 동사이므로 미래의 조동사 will이 sign과 함께 쓰이는 것이 자연스럽습니다. 따라서 정답은 will입니다.

5.
정답 should

해설 문맥상 자신의 식물들을 최대한 활용하기를 바라는 정원사가 해야 하는 일로 물을 주는 것과 태양광 노출을 조정해야 한다는 내용인데, 여기서 조정해야 한다는 것은 의무가 아니라 식물을 최대한으로 활용하기를 바라는 정원사들에 대한 충고이므로 빈칸에는 충고의 조동사 should가 적절합니다. 따라서 정답은 should입니다.

실전 문제

1. (c)	2. (d)	3. (d)	4. (c)	5. (a)
6. (c)	7. (b)	8. (a)	9. (c)	10. (b)
11. (a)	12. (c)	13. (c)	14. (a)	15. (b)
16. (a)	17. (b)	18. (d)		

1.
정답 (c)

해석 벌새는 가장 작은 철새로 알려져 있는 반면에 그 새들은 다른 특성을 가지고 있다. 그들은 뒤로 날 수 있는 유일한 새이기도 하는데, 1분당 최대 4000회까지 날개를 퍼덕인다.

해설 문장의 의미에 어울리는 조동사를 고르는 문제입니다. 빈칸 앞 문장은 벌새가 철새 중에서 가장 작은 새라고 알려져 있다는 내용을 언급하였으며, 그 뒤에 또다른 특성을 소개하는데, 벌새가 뒤로 난다는 것을 언급하였습니다. 이는 벌새의 능력을 나타내는 것이므로 '뒤로 날 수 있다'라는 의미를 나타내는 것이 적절합니다. 따라서 '~할 수 있다'라는 의미를 나타내는 조동사 (c) can이 정답입니다.

어휘 hummingbird 벌새 be known as ~로(서) 알려져 있다 migrating bird 철새 quality 특성, 자질 backwards 뒤로 beat (날개를) 퍼덕이다 up to 최대 ~까지 per ~당, ~마다

2.
정답 (d)

해석 폭식은 벗어나기 힘든 습관이 될 수 있다. 그것이 바로 여러분이 자신에게 정말로 케이크를 한 조각 더 또는 쿠키를 한 개 더 먹을 필요가 있는지 질문을 던져 봐야 하는 이유이다. 그렇지 않으면, 여러분은 비만이 되거나 심각한 건강 상태가 발생할 수 있다.

해설 문장의 의미에 어울리는 조동사를 고르는 문제입니다. 빈칸이 속한 문장이 '그것이 바로 자신에게 ~인지 질문을 던져 봐야 하는 이유이다'와 같은 의미를 구성해야 가장 자연스러우므로 '~해야 하다'라는 뜻으로 당위성/충고 등을 나타낼 때 사용하는 (d) should가 정답입니다.

어휘 binge eating 폭식, 과식 break out of ~에서 벗어나다, ~에서 탈피하다 whether ~인지 (아닌지) otherwise 그렇지 않으면, 그 외에는, 달리 obese 비만인 develop (질병 등이) 생기다

3.
정답 (d)

해석 몇 달 동안 찾아 본 끝에, 로이는 마침내 조용한 동네에 널찍한 뒤뜰이 있는 이상적인 집을 발견했다. 그의 부동산 중개인은 반드시 신속히 조치해야 한다고 말했는데, 그 건물이 이미 여러 가격 제시를 받았기 때문이다.

해설 문장의 의미에 어울리는 조동사를 고르는 문제입니다. 빈칸이

속한 절이 '부동산 중개인은 반드시 신속히 조치해야 한다고 말했다'와 같은 의미를 구성해야 가장 자연스러우므로 '반드시 ~해야 하다'라는 뜻으로 중요성 등을 나타낼 때 사용하는 (d) must가 정답입니다.

- 어휘 **ideal** 이상적인 **spacious** 널찍한 **neighborhood** 동네, 인근, 이웃 **realtor** 부동산 중개인 **act** 조치하다, 움직이다 **property** 건물, 부동산, 자산 **receive** ~을 받다 **bid** 가격 제시(액), 입찰(액)

4.
정답 (c)

- 해석 BWF의 배드민턴 규정에 따르면, 정확한 서브 중에 "셔틀콕 전체가 코트 지면으로부터 1.10미터 아래에 있어야 한다." 따라서, 선수가 너무 높이 서브하는 경우에는, 서브 담당 심판이 흔히 "폴트"를 외칠 것이다.

- 해설 문장의 의미에 어울리는 조동사를 고르는 문제입니다. 심판이 흔히 "폴트"를 외치는 것은 선수가 너무 높이 서브하는 경우에 할 일을 나타냅니다. In an instance와 같이 특정 조건을 나타내는 표현이 쓰일 경우 주절은 해당 경우에 일어날 일을 나타내는 조동사 will을 씁니다. 따라서 (c) will이 정답입니다.

- 어휘 **according to** ~에 따르면 **whole** 전체의, 모든 **shuttle** 셔틀콕 **surface** 지면, 표면 **correct** 정확한, 옳은 **instance** 경우, 사례 **judge** 심판, 심사 위원 **usually** 흔히, 일반적으로 **fault** 폴트(서브 실수)

5.
정답 (a)

- 해석 다가오는 폭풍우에 대한 몇몇 숨길 수 없는 흔한 징조에는 빠르게 어두워지는 구름과 갑자기 방향을 바꾸는 바람, 그리고 기온과 기압의 갑작스러운 하락이 있다. 이 징조들 중 어떤 것이든 알아차리게 되는 경우, 폭풍우가 곧 접근하고 있는 것일지도 모른다.

- 해설 문장의 의미에 어울리는 조동사를 고르는 문제입니다. 빈칸이 속한 문장이 '이 징조들 중 어떤 것이든 알아차리게 되는 경우, 폭풍우가 곧 접근하고 있는 것일지도 모른다'를 의미해야 가장 자연스러우므로 '~할지도 모르다'라는 의미로 약한 추측을 나타낼 때 사용하는 (a) might이 정답입니다.

- 어휘 **common** 흔한 **telltale** 숨길 수 없는, 금세 알 수 있는 **sign** 징조, 표시 **oncoming** 다가오는 **darkening** 어두워지는 **shift** ~을 바꾸다 **suddenly** 갑자기 **drop in** ~의 하락 **temperature** 기온 **atmospheric pressure** 기압 **notice** ~을 알아차리다, ~에 주목하다 **approach** 접근하다

6.
정답 (c)

- 해석 윌리엄 셰익스피어는 역사상 가장 위대한 작가 중 한 명으로 여겨진다. 몇몇 사람들은 그의 작품들이 다른 작가에 의해 쓰여졌을지도 모른다고 주장했지만, 전문가들은 그 주장을 철저하게 묵살하였다.

- 해설 문장의 의미에 어울리는 조동사를 고르는 문제입니다. 빈칸 뒤에 have p.p. 형태의 have been written이 쓰인 것을 보고 과거 시점에 관한 조동사 표현인「조동사 + have p.p.」구문이 쓰였음을 알 수 있습니다. 그리고 빈칸이 포함된 문장에서 몇몇 사람들이 셰익스피어의 작품이 다른 작가의 의해 쓰여졌다고 주장했다는 내용이 언급되어 있는데, 여기서 쓰인 동사가 '주장하다'라는 의미의 argue가 쓰였으므로 자신의 생각 또는 추측을 주장하는 내용을 나타내기 위해 '~했을지도 모른다'라는 의미를 나타내는 것이 문맥상 적절합니다. 따라서 '~했을지도 모른다'라는 과거에 대한 추측을 나타내는 조동사 may have p.p.가 사용되었음을 알 수 있으므로 정답은 (c) may입니다.

- 어휘 **be considered (as)** ~로 여겨지다 **in history** 역사상 **argue** 주장하다 **work** 작품 **author** 작가 **expert** 전문가 **thoroughly** 철저하게 **dismiss** 묵살하다, 무시하다 **claim** 주장 **may have p.p.** ~했을지도 모른다 **should have p.p.** ~했어야 했다

7.
정답 (b)

- 해석 대니얼은 자신의 LSAT 시험을 준비하는 데 1년이 넘는 시간을 보냈다. 그 고된 노력 덕분에, 그는 시험을 치렀을 때 거의 만점을 달성했다. 현재, 그는 자신이 선택하는 어느 법대든 갈 수 있다.

- 해설 문장의 의미에 어울리는 조동사를 고르는 문제입니다. 빈칸 뒤에 원하는 어느 법대든 간다는 말이 쓰여 있는데, 이는 거의 만점을 달성한 것에 따라 할 수 있는 일에 해당됩니다. 따라서 '~할 수 있다'라는 의미로 가능성이나 능력을 나타낼 때 사용하는 (b) can이 정답입니다.

- 어휘 **spend A -ing:** ~하는 데 A의 시간을 들이다, 소비하다 **prepare for** ~을 준비하다 **exam** 시험 **thanks to** ~로 인해, ~ 덕분에 **achieve** ~을 달성하다, 이루다 **perfect score** 만점 **whichever** 어느 ~이든, ~하는 어느 것이든 **choose** ~을 선택하다

8.
정답 (a)

- 해석 많은 주에서, 다른 자동차들이 보이지 않는다 하더라도, 계속 주행하기 전에 정지 신호등 앞에서 완전히 멈춘 상태에 이르는 것이 의무적이다. 교통 법규에는 이동하기 전에 반드시 최소 3초 동안 대기하도록 명시되어 있다.

- 해설 문장의 의미에 어울리는 조동사를 고르는 문제입니다. 빈칸이 속한 절이 의무적으로 해야 하는 일로서 '반드시 최소 3초 동안 대기해야 한다'를 의미해야 가장 자연스러우므로 '반드시 ~해야 하다'라는 뜻으로 규정 상 의무를 나타낼 때 사용하는 (a) must가 정답입니다.

- 어휘 **state** (행정 구역) 주 **mandatory** 의무적인 **come to** ~의 상태에 이르다 **proceed** 계속 나아가다 **even if** 설사 ~하다

하더라도 visible 눈에 보이는 traffic regulations 교통 법규 state that ~라고 명시하다 at least 최소한, 적어도

9.
정답 (c)

해석 삶에 대한 타일러의 관점은 딸이 태어난 이후로 완전히 변했다. 그는 한때 자신의 직업적 목표에 대해 방향성이 없었다. 하지만 지금, 그는 딸에게 좋은 삶을 제공해주기 위해 필요한 무엇이든 한다는 것을 알고 있다.

해설 문장의 의미에 어울리는 조동사를 고르는 문제입니다. 빈칸 뒤에 딸에게 좋은 삶을 제공해주기 위해 필요한 무엇이든 한다는 말이 쓰여 있는데, 이는 미래에 할 일 또는 의지를 나타내는 것에 해당합니다. 따라서 미래에 할 일 또는 의지 등을 나타낼 때 사용하는 (c) will이 정답입니다.

어휘 perspective 관점, 시각 completely 완전히, 전적으로 ever since ~한 이후로 줄곧 used to 동사원형 한때 ~했다 aimless 방향성이 없는, 목표가 없는 career goal 직업적 목표 whatever ~하는 무엇이든 necessary 필요한, 필수적인 provide A with B A에게 B를 제공하다

10.
정답 (b)

해석 세인트 메리 병원의 의학과장인 루돌프 박사는 평범한 혈관 우회 수술 중에 저지른 중대한 실수 때문에 최근 의료 과실로 고소를 당했다. 그의 명성은 그렇게 직업적으로 타격을 입은 것에서 절대로 회복되지 못할 수도 있다.

해설 문장의 의미에 어울리는 조동사를 고르는 문제입니다. 빈칸 뒤에 직업적으로 타격을 입은 것에서 절대로 회복되지 못한다는 말이 쓰여 있는데, 이는 의료 과실로 고소를 당한 사람에 대한 일종의 불확실한 추측으로 볼 수 있습니다. 따라서 '~할지도 모른다'의 의미로 불확실한 추측을 나타낼 때 사용하는 (b) might이 정답입니다.

어휘 recently 최근 sue ~을 고소하다, ~를 상대로 소송을 제기하다 medical malpractice 의료 과실 critical 중대한, 결정적인 make a mistake 실수를 저지르다 routine 평범한, 보통의 bypass surgery 혈관 우회 수술 reputation 명성, 평판 recover from ~에서 회복하다, 복구되다 professional 직업상의, 직업적인 blow 타격, 충격

11.
정답 (a)

해석 올든 도서관은 특별 소장실을 방문하는 사람들에 대해 엄격한 규칙을 가지고 있다. 그 곳은 수백년 전에 출간된 여러 희귀한 초판본과 고서들을 보관하고 있다. 열람실은 소독되어 있으며, 한번에 단 한 사람만 들어갈 수 있다.

해설 문장의 의미에 어울리는 조동사를 고르는 문제입니다. 빈칸 뒤에 한번에 열람실에 들어간다는 말이 쓰여 있는데, 주어가 only one person이므로 '한번에 한 사람만 들어갈 수 있다'는 가능 또는 허락의 의미를 나타내는 것이 적절합니다. 따라서 '~할 수 있다'는 의미의 조동사 (a) can이 정답입니다.

어휘 strict 엄격한 collection 소장품 house 보관하다, 소장하다 rare 희귀한, 드문 edition (출간물의) 판, 호 antiquarian 골동품의, 고서의 publish 출간하다 viewing room 열람실 sterilize 살균하다, 소독하다 enter 들어가다

12.
정답 (c)

해석 2단계 인증은 여러분의 개인 정보를 온라인에서 안전하다는 것을 보장하는 간단한 방법입니다. 만약 해커가 여러분의 비밀번호를 가졌더라도, 그/그녀는 문자 메시지를 통해 여러분의 폰에 직접 전송되는 인증 코드도 또한 입력해야 합니다.

해설 문장의 의미에 어울리는 조동사를 고르는 문제입니다. 빈칸 뒤에 인증 코드를 입력한다는 말이 쓰여 있는데, 빈칸 앞 문장의 내용은 개인 정보의 안전을 보장하기 위한 방법으로 인증 코드를 입력해야 한다는 것이므로 동사 enter는 '~해야 하다'라는 의무의 조동사 must와 함께 쓰이는 것이 적절합니다. 따라서 정답은 (c) must입니다.

어휘 two-step 2단계의 verification 인증, 확인, 조회 ensure 보장하다 enter 입력하다 directly 직접, 곧장 via ~을 통하여

13.
정답 (c)

해석 링글리 경기장의 개장일은 이번 주 토요일로 정해졌으며, 그날 시카고 컵스는 신시내티 레즈를 상대로 경기를 시작할 것이다. 하지만, 일기 예보에서 그 날 비가 내릴지도 모른다고 하여, 티켓 판매가 예상만큼 높지 않았다.

해설 문장의 의미에 어울리는 조동사를 고르는 문제입니다. 빈칸 뒤에 비가 온다는 말이 쓰여 있는데, 해당 문장의 주어가 the weather forecast이며, 문맥상 일기예보에서 비가 올 지도 모른다는 추측의 의미가 필요하므로 '~할 지도 모른다'는 의미의 조동사 (c) might가 정답입니다. 빈칸이 포함된 문장의 동사가 현재시제 동사 says이기 때문에 문맥상 비가 올 것이라고 예보한 해당 날짜가 이미 지난 시점이 아니므로 will의 과거형 would는 오답입니다.

어휘 opening day 개장일, 개업일 stadium 경기장 be set 정해지다 face off 경기를 시작하다, 대결할 준비를 하다

14.
정답 (a)

해석 피터는 그의 아내와 딸을 매주 토요일에 투스카니 비스트로에 저녁식사를 하러 데려 간다. 그리고 그것이 단순하지만 총애받는 가족 전통이 되었다. 그 식당이 그들에게 얼마나 중요한지를 고려하면, 그들은 그 식당이 다음 달에 영원히 문을 닫을 것이라는 것을 듣고 실망할 것이다.

해설 문장의 의미에 어울리는 조동사를 고르는 문제입니다. 빈칸 뒤에 다음 달에 식당이 문을 닫을 것이라는 것을 듣고 실망한다는 내용이 있고, 빈칸 앞에 조건을 나타내는 접속사 given (that)과 현재시제 동사 is가 있으므로, 문장 맨 뒤의 미래시점 부사 next month와 함께 주절의 동사가 미래 시제임을 알 수 있습니다. 따라서 정답은 미래를 나타내는 조동사 (a) will입니다.

어휘 beloved 총애 받는, 사랑받는 family tradition 가족 전통 given (that) ~라는 점을 고려하면 be disappointed to 동사원형 ~해서 실망하다 permanently 영원히, 영구적으로

15.
정답 (b)

해석 은혜는 그녀의 집필에 전념하기 위해 출판업계의 직업을 떠났다. 하지만, 그녀는 3편의 장편 소설과 단편 소설 모음집을 동시에 작업 중이다. 그녀는 너무 많은 일을 한꺼번에 하는 것 대신 그녀의 모든 창의력을 하나의 일에 집중해야 한다.

해설 문장의 의미에 어울리는 조동사를 고르는 문제입니다. 빈칸 뒤에 너무 많은 일을 한꺼번에 하려는 대신에 모든 창의력을 하나의 일에 집중한다는 내용이 있는데, 빈칸에 들어갈 조동사와 함께 쓰일 동사 focus는 '집중해야 한다'라는 충고의 의미로 쓰이는 것이 적절합니다. 따라서 '~해야 한다'라는 충고의 의미의 조동사 (b) should가 정답입니다. 빈칸 앞 문장에서 언급된 세 편의 장편 소설과 단편 소설 모음집을 동시에 작업 중이라는 내용을 통해 은혜가 창의력을 집중하는 것이 추측이나 미래의 일에 관련이 없으므로 might와 will, would는 오답입니다.

어휘 career 직업, 경력 publishing 출판 commit oneself to ~에 전념하다 work on ~을 작업하다, ~에 공을 들이다 novel (장편) 소설 collection 모음집 short story 단편 소설 simultaneously 동시에 focus on ~에 집중하다, ~에 초점을 맞추다 instead of ~대신에 spread oneself thin 한꺼번에 많은 일을 하려고 하다

16.
정답 (a)

해석 '범퍼'는 효과적인, 약간 침해적이긴 하지만, 새로운 데이트 앱이다. 그것은 어떤 카페나 식당과 같이 사용자가 가장 자주 머무는 곳을 기록하기 위해서 사용자의 GPS 데이터를 추적할 수 있다. 그리고 나서 그것은 가장 자주 가는 장소—그들이 서로 "우연히 마주칠" 가능성이 가장 높은 곳—를 기반으로 하여 사용자들을 연결시킨다.

해설 문장의 의미에 어울리는 조동사를 고르는 문제입니다. 빈칸이 속한 문장의 주어는 Bump라는 새로운 데이트 앱이며, 빈칸 뒤의 내용을 보면, 가장 자주 머무는 곳들을 기록하기 위해서 사용자들의 GPS 데이터를 추적(track)할 수 있다는 내용입니다. 따라서 동사 track과 함께 쓰여야 하는 조동사는 GPS 데이터 추적이라는 앱의 능력, 또는 기능을 나타내야 하므로 '~할 수 있다'라는 의미의 조동사 (a) can이 정답입니다.

어휘 effective 효과적인, 효율적인 if ~이긴 하지만 slightly 약간, 조금 invasive 침해하는, 급속히 퍼지는 track 추적하다

17.
정답 (b)

해석 쓰리 윌로우즈는 토론토 중심에 있는 국외 거주자들에게 인기 있는 지역이 되었다. 거주민들의 대다수는 다른 나라 출신인지 모르지만, 그들은 모두 그들의 지역 공동체를 안전하고, 도와주는, 그리고 문화적으로 풍요로운 곳으로 만들기 위해 함께 노력한다.

해설 문장의 의미에 어울리는 조동사를 고르는 문제입니다. 빈칸이 속한 문장과 그 뒤의 문장의 의미를 고려해보았을 때 빈칸에 들어갈 조동사와 그 뒤에 있는 come from different countries는 '다른 나라 출신일지도 모른다'라는 의미를 나타내는 것이 적절합니다. 그래서 그 뒤의 문장이 역접의 접속사 but으로 시작하며 그들이 서로 다른 나라 출신일지도 모르지만 그들의 공동체인 쓰리 윌로우즈를 안전하고, 서로 돕는, 문화적으로 풍요로운 곳으로 만들기 위해 함께 노력한다는 내용으로 해석됩니다. 따라서 '~일지도 모른다'라는 추측의 조동사 (b) may가 정답입니다.

어휘 neighborhood 지역, 지방 expat 국외 거주자(=expatriate) heart 중심지 majority 대다수 resident 거주자, 주민 community (지역) 공동체 supportive 도와주는, 지원하는 culturally 문화적으로 rich 풍부한, 풍요로운

18.
정답 (d)

해석 막 32세가 된 다니엘은 그가 여전히 젊고 건강하다고 믿었다. 하지만 최근의 건강검진에서 그가 고혈압이라는 것이 드러났다. 장래에 더 심각한 질병을 피하기 위해서 그는 그가 먹는 것을 주시하고 더 많은 심혈관 운동을 해야 한다.

해설 문장의 의미에 어울리는 조동사를 고르는 문제입니다. 빈칸이 속한 문장 앞의 내용은 32세가 된 다니엘이 최근의 건강 검진에서 고혈압으로 나타났다는 내용입니다. 빈칸 뒤의 내용은 '그가 먹는 것을 주시하고 더 많은 심혈관 운동을 한다'는 내용이므로 빈칸 앞에 있는 '더 심각한 질병을 피하기 위해서'라는 의미를 나타내는 to부정사의 내용과 부합하기 위해 '먹는 것을 주시하고 더 많은 심혈관 운동을 해야 한다'라고 해석되는 것이 자연스럽습니다. 따라서 '~해야 한다'라는 의미로 충고의 조동사 (d) should가 정답입니다.

어휘 turn 나이: ~세가 되다 check-up (건강) 검진 reveal 드러내다, 밝히다 high blood pressure 고혈압 condition 상태, 질환 down the road 장래에 watch 지켜보다, 주시하다 cardiovascular 심혈관의

DAY 06 동명사

실력 확인 퀴즈

1. (c)   2. (c)

1.

정답 (c) investing

해석 몇몇의 저명한 경제학자들은 여전히 암호화폐에 투자하는 것이 너무 위험하다고 여긴다.

해설 동사 invest의 알맞은 형태를 고르는 문제입니다. 빈칸의 위치는 타동사 consider의 목적어 자리이며, consider는 동명사를 취하는 타동사이기 때문에 invest는 동명사 형태가 되어야 합니다. 따라서 정답은 (c) investing입니다.

어휘 renowned 저명한, 유명한 economist 경제학자, 경제 전문가 cryptocurrency 암호화폐 risky 위험한

2.

정답 (c) researching

해석 많은 환경운동가들은 기후 변화의 영향을 연구하는 것이 세계적인 조치의 긴급성을 강조하기 때문에 중요하다고 생각한다.

해설 동사 research의 알맞은 형태를 고르는 문제입니다. 타동사 find 뒤에 목적어가 필요한데, climate change impacts를 find의 목적어로 오인할 수 있으나 그 뒤에 위치한 형용사 crucial을 보고 find가 5형식 동사로 쓰였으며, crucial이 목적격보어로 쓰인 것을 알 수 있습니다. 따라서 climate change impacts는 빈칸에 들어갈 research의 목적어이고, research는 find의 목적어 역할을 해야 하므로 동사 형태인 research가 아닌 동명사가 되어야 합니다. 따라서 정답은 (c) researching입니다.

어휘 environmentalist 환경운동가 find + 목적어 + 형용사: (목적어)가 ~하다고 생각하다 climate change impact 기후 변화의 영향 crucial 중대한 emphasize 강조하다 urgency 긴급성 action 행동, 조치

연습 문제

1. listening	2. checking	3. getting
4. researching	5. managing	

1.

정답 listening

해설 동사 listen의 알맞은 형태를 고르는 문제입니다. 빈칸의 위치는 타동사 recommend의 목적어 자리이며, recommend는 동명사를 취하는 타동사이기 때문에 listen은 동명사 형태가 되어야 합니다. 따라서 정답은 listening입니다.

2.

정답 checking

해설 동사 check의 알맞은 형태를 고르는 문제입니다. 빈칸의 위치는 타동사 stop의 목적어 자리이며, stop은 동명사를 취하는 타동사이기 때문에 check는 동명사 형태가 되어야 합니다. 따라서 정답은 checking입니다.

3.

정답 getting

해설 동사 get의 알맞은 형태를 고르는 문제입니다. 빈칸의 위치는 타동사 avoid의 목적어 자리이며, avoid는 동명사를 취하는 타동사이기 때문에 get은 동명사 형태가 되어야 합니다. 따라서 정답은 getting입니다.

4.

정답 researching

해설 동사 research의 알맞은 형태를 고르는 문제입니다. 빈칸의 위치는 타동사 finish의 목적어 자리이며, finish는 동명사를 취하는 타동사이기 때문에 research는 동명사 형태가 되어야 합니다. 따라서 정답은 researching입니다.

5.

정답 managing

해설 동사 manage의 알맞은 형태를 고르는 문제입니다. 빈칸에 들어갈 동사 manage는 5형식 동사 make 뒤에 위치해야 하며, the workflow라는 목적어를 가집니다. 그리고 more efficient는 목적격보어로 쓰인 형용사이므로 manage는 make의 목적어로서 동명사 형태가 되어야 합니다. 따라서 정답은 managing입니다.

실전 문제

1. (d)	2. (b)	3. (c)	4. (c)	5. (a)
6. (c)	7. (a)	8. (c)	9. (d)	10. (b)
11. (c)	12. (c)	13. (a)	14. (a)	15. (b)
16. (d)	17. (a)	18. (b)		

1.

정답 (d)

해석 모노위는 네브라스카에 위치한 마을로서, 인구가 1명이다. 이 마을의 유일한 주민으로서, 엘시 아일러의 직무는 모노위의 시장이면서 사서의 역할을 하는 것을 수반한다.

해설 동사 act의 알맞은 형태를 고르는 문제입니다. 빈칸 앞에 위치한 동사 involve는 동명사를 목적어로 취하므로 (d) acting이 정답입니다. 이때 (b) having acted와 같은 「having p.p.」의 형태는 사용하지 않습니다.

어휘 population 인구 resident 주민 duty 직무, 임무 involve ~을 수반하다, ~와 관련되다 act as ~의 역할을 하다 mayor 시장

2.
정답 (b)

해석 제이슨의 전화기 배터리 전력이 어제 그가 퇴근했을 때 매우 낮았다. 이것 때문에, 그는 집에 도착해 충전할 수 있을 때까지 전화기를 사용하는 것을 참았다.

해설 동사 use의 알맞은 형태를 고르는 문제입니다. 빈칸 앞에 위치한 동사 resist는 동명사를 목적어로 취하므로 (b) using이 정답입니다. 이때 (d) having used와 같은 형태는 사용하지 않습니다.

어휘 low on power 전력이 낮은 resist -ing ~하는 것을 참다, ~하는 것을 견디다 charge ~을 충전하다

3.
정답 (c)

해석 조는 캠거리에 있는 친구를 방문했으며, 오후 10시까지 집으로 갈 생각이었다. 하지만, 그들이 너무 즐거운 시간을 보내는 바람에 못다한 얘기를 마침내 끝마쳤을 때, 이미 늦어서, 조는 하룻밤 묵었다.

해설 동사구 catch up의 알맞은 형태를 고르는 문제입니다. 빈칸 앞에 위치한 동사 finish는 동명사를 목적어로 취하므로 (c) catching up이 정답입니다. 이때 (b) having caught up과 같은 형태는 사용하지 않습니다.

어휘 intend to 동사원형: ~할 생각이다, ~할 작정이다 by (기한) ~까지 however 하지만, 그러나 so A that B: 너무 A해서 B하다 catch up 못다한 얘기를 하다, (진행, 수준 등) ~을 따라잡다, ~을 만회하다

4.
정답 (c)

해석 아르헨티나와 브라질의 국경에 위치한, 이과수 폭포는 전 세계에서 가장 큰 폭포이다. 믿을 수 없는 자연의 불가사의를 방문하기를 즐기는 사람들에게 있어, 이곳은 훌륭한 버킷 리스트 추가 대상이다.

해설 동사 visit의 알맞은 형태를 고르는 문제입니다. 빈칸 앞에 위치한 동사 enjoy는 동명사를 목적어로 취하므로 (c) visiting이 정답입니다. 이때 (a) having visited와 같은 형태는 사용하지 않습니다.

어휘 located on ~에 위치한 border 국경, 경계(선) those who ~하는 사람들 incredible 믿을 수 없는 wonder 불가사의, 경이(로운 것) bucket list 버킷 리스트(죽기 전에 해 보고 싶은 것들을 적은 목록) addition 추가(되는 것)

5.
정답 (a)

해석 대학교에 있는 동안, 덴젤은 그 도시에 계시는 고모와 함께 지낼 것이다. 그는 캠퍼스 근처에 있는 자신만의 아파트를 임대하는 것을 고려했지만, 친척과 함께 지냄으로써 돈을 절약할 수 있다는 사실을 알게 되었다.

해설 동사 rent의 알맞은 형태를 고르는 문제입니다. 빈칸 앞에 위치한 동사 consider는 동명사를 목적어로 취하므로 (a) renting이 정답입니다. 이때 (c) having rented와 같은 형태는 사용하지 않습니다.

어휘 while ~하는 동안, ~인 반면 consider -ing ~하는 것을 고려하다 realize (that) ~임을 알게 되다, ~임을 깨닫다 by -ing (방법) ~함으로써, ~해서 relative 친척, 인척 rent ~을 임대하다

6.
정답 (c)

해석 조나단과 그의 친구들은 금요일 밤에 영화를 보고 싶어한다. 불행히도 그들은 모두 전혀 다른 종류의 영화를 좋아하는데, 그것이 영화를 고르는 것을 어렵게 만든다.

해설 동사 choose의 알맞은 형태를 고르는 문제입니다. 빈칸은 which로 시작하는 관계대명사절에서 타동사 make 뒤에 위치하고 있으며, 빈칸 뒤에는 choose의 목적어로 쓰이는 a movie가 위치해 있습니다. 그 뒤에 타동사 choose에는 필요하지 않은 형용사 difficult가 위치해 있는 것을 보고 이 관계사절에서 make가 5형식 동사로 쓰여 「make + 목적어 + 목적격보어(형용사)」의 구조를 나타내고 있음을 알 수 있습니다. 따라서 빈칸은 5형식의 목적어 자리이므로 동명사인 (c) choosing이 정답입니다.

어휘 unfortunately 불행히도, 안타깝게도 completely 완전히, 전혀 film 영화

7.
정답 (a)

해석 재니스가 면허를 얻은 후로 계속, 그녀의 엄마는 그녀가 운전하도록 하는 것에 대해 정말 불안해 해왔다. 그럼에도 불구하고, 지난 금요일 밤에, 그녀의 엄마는 위험을 각오하고 가족용 차량의 키를 재니스에게 주었다.

해설 동사 give의 알맞은 형태를 고르는 문제입니다. 빈칸 앞에 위치한 동사 risk는 동명사를 목적어로 취하므로 (a) giving이 정답입니다. 이때 (d) having given과 같은 형태는 사용하지 않습니다.

어휘 license 면허, 허가(증) nervous 불안한, 신경 쓰이는, 초조한 let + 목적어 + 동사원형: (목적어가) ~하도록 하다 nonetheless 그럼에도 불구하고 risk -ing 위험을 각오하고 ~하다, 감행하다

8.

정답 (c)

해석 마크 저커버그가 페이스북의 사업 활동에 대해 국회 앞에서 증언했을 때, 비평가들은 그가 쉬운 질문만 받았다는 것에 불평하였다. 그 기술 혁신자는 그의 회사가 시작에서 독점을 하고 있는지에 관한 질문들에 대해서는 그 어느 것도 대답하는 것을 성공적으로 회피하였다.

해설 동사 answer의 알맞은 형태를 고르는 문제입니다. 빈칸의 위치는 타동사 avoid의 목적어 자리이며, avoid는 동명사를 취하는 타동사이기 때문에 answer는 동명사 형태가 되어야 합니다. 따라서 정답은 (c) answering입니다. 이때 (b) having answered와 같은 형태는 사용하지 않습니다.

어휘 **testify** 증언하다 **Congress** 국회 **activity** 활동 **critic** 비평가, 평론가 **softball question** 쉬운 질문 **tech** 기술상의, 전문적인(technical) **innovator** 혁신자, 개혁을 이룬 사람 **regarding** ~에 관한 **whether** ~인지 **monopoly** 독점, 전매

9.

정답 (d)

해석 나탈리는 그녀가 가장 좋아하는 밴드를 보기 위해 그 공연장에 도착하였다. 하지만 그들의 투어버스가 고장이 났고, 공연을 지연시켰다. 그래도 그녀는 그들이 콘서트에서는 대단하기 때문에 기다리는 것을 개의치 않았다.

해설 동사 wait의 알맞은 형태를 고르는 문제입니다. 빈칸의 위치는 타동사 mind의 목적어 자리이며, mind는 동명사를 취하는 타동사이기 때문에 wait는 동명사 형태가 되어야 합니다. 따라서 정답은 (d) waiting입니다. 이때 (b) having waited와 같은 형태는 사용하지 않습니다.

어휘 **arena** 공연장, 경기장 **cause** 일으키다, 발생시키다 **delay** 지연, 지체 **mind** 상관하다, 개의하다 **amazing** 대단한, 놀라운

10.

정답 (b)

해석 여덟 살 때 스티브는 바다에 뛰어들었을 때 예상보다 파도가 강해서 겁을 먹었다. 그 이후로, 그는 탁 트인 물에서 수영하는 것을 좋아하지 않게 되었다. 대신 그는 수영장을 선호한다.

해설 동사 swim의 알맞은 형태를 고르는 문제입니다. 빈칸 앞에 위치한 동사 dislike는 동명사를 목적어로 취하는 동사이므로 동명사인 (b) swimming이 정답입니다. 이때 (a) having swum과 같은 형태는 사용하지 않습니다.

어휘 **become** 되다 **frightened** 겁먹은 **jump** 뛰어들다 **ocean** 바다 **wave** 파도 **strong** 강한 **expect** 예상하다 **since** 이후로 **dislike** 좋아하지 않다 **open** 탁 트인, 널따란 **prefer** 선호하다 **pool** 수영장 **instead** 대신

11.

정답 (c)

해석 로사는 오래 전에 칸쿤에서 휴가를 보내고 있었을 때 즉흥적으로 스쿠버 다이빙 강습을 받았다. 그리고 그것이 평생의 집착을 촉발시켰다. 그 때 당시에, 그녀는 그녀의 두 눈으로 침몰한 배와 잠수함을 보는 것을 전혀 상상하지 않았다.

해설 동사 see의 알맞은 형태를 고르는 문제입니다. 빈칸의 위치는 타동사 imagine의 목적어 자리이며, imagine은 동명사를 취하는 타동사이기 때문에 see는 동명사 형태가 되어야 합니다. 따라서 정답은 (c) seeing입니다.

어휘 **scuba diving** 스쿠버 다이빙 **on a whim** 즉흥적으로, 충동적으로 **vacation** 휴가를 보내다 **spark** 촉발시키다, 유발하다 **life-long** 평생의, 일생의 **obsession** 강박, 집착, 집념 **sunken** 침몰한, 물 속에 가라 앉은 **submarine** 잠수함

12.

정답 (c)

해석 매그놀리아 사원은 인상적인 건축 양식과 아주 멋진 경관을 자랑한다. 그곳에 가면, 그 아름다움에 놀라게 될 것이다. 가파른 계단을 걸어 올라가는 것을 견디기만 하면 되는데, 그 사원이 산 정상에 위치해 있기 때문이다.

해설 동사 climb의 알맞은 형태를 고르는 문제입니다. 빈칸의 위치는 타동사 endure의 목적어 자리이며, endure는 동명사를 취하는 타동사이기 때문에 climb은 동명사 형태가 되어야 합니다. 따라서 정답은 (c) climbing입니다. 이 때 (b) having climbed와 같은 형태는 사용하지 않습니다.

어휘 **boast** ~을 자랑하다 **impressive** 인상적인 **architecture** 건축 (양식), 건축학 **stunning** 아주 멋진 **view** 경관, 전망 **amazed** 놀란 **endure -ing** ~하는 것을 견디다 **steep** 가파른, 급격한 **be located at** ~에 위치해 있다 **peak** 정상, 절정

13.

정답 (a)

해석 의료 분야는 지방에서 지속적으로 직업의 성장을 보는 얼마 되지 않는 산업 중에 하나이다. 그래서, 직업을 찾는 많은 대학 졸업자들이 의료 관련 학위나 자격증을 위해 학교로 돌아가는 것을 고려한다.

해설 동사 return의 알맞은 형태를 고르는 문제입니다. 빈칸의 위치는 타동사 consider의 목적어 자리이며, consider는 동명사를 취하는 타동사이기 때문에 return은 동명사 형태가 되어야 합니다. 따라서 정답은 (a) returning입니다. 이 때 (d) having returned와 같은 형태는 사용하지 않습니다.

어휘 **return** 돌아가다 **medical** 의학의, 의료의 **field** 분야 **industry** 산업 **consistently** 지속적으로 **growth** 성장 **rural** 시골의, 지방의 **graduate** 졸업자, 졸업생 **struggle to** 동사원형 ~하려고 고투하다, 힘겹게 ~하다 **degree** 학위 **certificate** 자격증

14.
정답 (a)

해석 결국 기타는 새로운 줄이 필요할 것이다. 하지만 가정에서 몇 개의 기본 도구를 가지고 줄을 바꾸는 것은 쉽다. 단지 올바른 치수의 줄을 이용하고 새로운 줄이 줄받이 판에 걸쳐서 팽팽해질 때까지 계속 감는 것만 기억해야 한다.

해설 동사 wind의 알맞은 형태를 고르는 문제입니다. 빈칸의 위치는 타동사 keep의 목적어 자리이며, keep은 동명사를 취하는 타동사이기 때문에 wind는 동명사 형태가 되어야 합니다. 따라서 정답은 (a) winding입니다. 이 때 (d) having wound와 같은 형태는 사용하지 않습니다.

어휘 wind ~을 감다 eventually 결국 string (악기의) 줄, 현 gauge 치수 taut 팽팽한 across ~에 걸쳐서 fret board (기타의) 줄받이 판

15.
정답 (b)

해석 비타민 C를 포함하고 있는 스킨 세럼은 안색을 밝게 하고 잡티를 줄여 주는 데 도움을 주는 것으로 알려져 있다. 피부과 전문의들은 그 노화 방지 물질의 이점을 극대화할 수 있도록 아침에 그것을 바르라고 권한다.

해설 동사 apply의 알맞은 형태를 고르는 문제입니다. 빈칸의 위치는 타동사 recommend의 목적어 자리이며, recommend는 동명사를 취하는 타동사이기 때문에 apply는 동명사 형태가 되어야 합니다. 따라서 정답은 (b) applying입니다. 이 때 (d) having applied와 같은 형태는 사용하지 않습니다.

어휘 include ~을 포함하다 be said + to 동사원형 ~하는 것으로 알려지다, ~하는 것으로 전해지다 help + 동사원형 ~하는 데 도움을 주다 brighten ~을 밝게 하다 complexion 안색 reduce ~을 줄이다, ~을 감소시키다 dark spot 잡티, 검은 점 dermatologist 피부과 전문의 recommend -ing ~하라고 권하다, ~하도록 추천하다 maximize ~을 극대화하다 antioxidant 노화 방지 물질, 산화 방지제 benefit 이점, 혜택 apply ~을 바르다, ~을 적용하다

16.
정답 (d)

해석 히로가 그의 형이 하는 조경 사업을 함께 하기 위해 검찰에서 영향력 있는 직무에서 사직하였을 때 히로의 친구들과 가족은 충격을 받았다. 하지만, 히로에게 그 일의 스트레스는 그럴 가치가 있는 것이 아니었다. 지금, 그는 정원과 뒤뜰, 밝은 햇살이 있는 야외에서 나날을 보내는 것을 즐기고 있다.

해설 동사 spend의 알맞은 형태를 고르는 문제입니다. 빈칸의 위치는 타동사 enjoy의 목적어 자리이며, enjoy는 동명사를 취하는 타동사이기 때문에 spend는 동명사 형태가 되어야 합니다. 따라서 정답은 (d) spending입니다. 이 때 (b) having spent와 같은 형태는 사용하지 않습니다.

어휘 spend (시간을) 보내다 be shocked 충격을 받다 resign 사임하다, 사직하다 influential 영향력 있는 position 직무, 직책 prosecutor 검사 landscaping 조경 worth 가치가 있는

17.
정답 (a)

해석 일부 개인 거래자들이 '레딧'에서 모여 '게임스탑'이라는 비디오 게임 소매 기업의 주식 가격을 끌어올렸다. 그것이 여러 주요 헤지 펀드의 운영 계획을 좌절시켰다. 주식 거래 플랫폼들이 월스트리트의 압력에 굴복하여 추가적인 주식을 구매하는 것을 제한하였을 때 격노가 뒤따랐다.

해설 동사 buy의 알맞은 형태를 고르는 문제입니다. 빈칸의 위치는 타동사 restrict의 목적어 자리이며, restrict는 동명사를 취하는 타동사이기 때문에 buy는 동명사 형태가 되어야 합니다. 따라서 정답은 (a) buying입니다. 이 때 (d) having bought와 같은 형태는 사용하지 않습니다.

어휘 individual 개인의, 개별적인 trader 거래자 gather 모이다 drive up (값 따위를) 끌어올리다 thwart 좌절시키다 scheme 운영 계획 hedge fund 헤지 펀드 outrage 격분, 격노 give into ~에 굴복하다 pressure 압박, 압력 restrict 제한하다 share 주식

18.
정답 (b)

해석 르네상스 시대의 절정기에, 레오나르도 다 빈치와 미켈란젤로 같은 예술가들은 창의력과 기법의 경계를 넓히고 있었다. 그들의 전설적인 작품을 되돌아 보면, 예술계에 대한 그들의 독창적인 영향력에 놀라지 않을 수 없다.

해설 동사 marvel의 알맞은 형태를 고르는 문제입니다. 빈칸은 cannot help 뒤에 위치해 있으며, cannot help는 동명사와 함께 쓰이는 표현이므로 marvel은 동명사 형태가 되어야 합니다. 따라서 정답은 (b) marveling입니다. 이 때 (c) having marveled와 같은 형태는 사용하지 않습니다.

어휘 height 절정, 최고조 push the boundaries of ~의 경계를 넓히다 creativity 창의력 look back at ~을 되돌아 보다 legendary 전설적인 work (글, 그림, 음악 등의) 작품 cannot help -ing ~하지 않을 수 없다 ingenious 독창적인, 기발한 influence 영향(력) marvel 경이로워 하다, 놀라워 하다

DAY 07 부정사 (1)

실력 확인 퀴즈

1. (c) 2. (b) 3. (a) 4. (d)

1.

정답 (c)

해석 수석 요리사인 앨런 키스는 항상 그의 직원들에게 최소한 개점하기 2시간 전에 주방을 청소하라고 요청한다.

해설 동사 clean의 알맞은 형태를 고르는 문제입니다. 빈칸 앞에는 타동사 ask와 목적어 his staff가 위치해 있기 때문에 빈칸이 목적격보어 자리임을 알 수 있습니다. 타동사 ask는 목적격보어로 to부정사를 취하는 동사이기 때문에 동사 clean은 to부정사 형태로 쓰여야 하므로 정답은 (c) to clean입니다.

어휘 head chef 수석 요리사, (호텔 등) 주방 책임자

2.

정답 (b)

해석 미구엘은 실직 상태에 있는 동안 자신만의 맥주를 양조하는 법을 배웠다.

해설 동사 brew의 알맞은 형태를 고르는 문제입니다. 빈칸의 위치는 타동사 learn의 목적어 자리이며, learn은 to부정사를 취하는 타동사이기 때문에 brew는 to부정사 형태가 되어야 합니다. 따라서 정답은 (b) to brew입니다. 이 때 부정사의 행위가 문장의 동사가 나타내는 시점보다 먼저 일어난 일일 경우에 쓰는 완료부정사 「to have p.p.」 형태인 (d) to have brewed는 오답입니다.

어휘 brew (맥주를) 양조하다 in between jobs 실직 상태인

3.

정답 (a)

해석 내가 집을 떠난 뒤 몇 분 후에, 나는 가스 밸브를 끄는 것을 잊었다는 것을 깨달았다.

해설 동사 turn의 알맞은 형태를 고르는 문제입니다. 빈칸의 위치는 타동사 forget의 목적어 자리이며, forget은 목적어로 취하는 행위의 시점에 따라 to부정사 또는 동명사의 형태로 취하는 타동사이기 때문에 문맥을 파악해야 합니다. 문맥상 가스 밸브를 끄는 일을 잊었다는 내용인데, 여기서 가스 밸브를 끄는 일은 과거에 했었던 일을 말하는 것이 아니라 해야 할 일에 해당하므로 동사 turn은 to부정사 형태가 되어야 합니다. 따라서 정답은 (a) to turn입니다. 이 때 부정사의 행위가 문장의 동사가 나타내는 시점보다 먼저 일어난 일일 경우에 쓰는 완료부정사 「to have p.p.」 형태인 (d) to have turned는 오답입니다.

어휘 turn off ~을 끄다 realize 깨닫다, 알아차리다 gas knob 가스 밸브, 가스 조절 손잡이

4.

정답 (d)

해석 내가 그 건물에 막 들어가려고 했을 때, 보안 요원이 나의 출입증을 보여달라고 요청했다.

해설 동사 show의 알맞은 형태를 고르는 문제입니다. 빈칸 앞에는 타동사 ask와 목적어 me가 위치해 있기 때문에 빈칸이 목적격보어 자리임을 알 수 있습니다. 타동사 ask는 목적격보어로 to부정사를 취하는 동사이기 때문에 동사 show는 to부정사 형태로 쓰여야 하므로 정답은 (d) to show입니다.

어휘 be about to 동사원형 막 ~하려고 하다 enter ~에 들어가다 security guard 보안 요원, 경비원 pass 출입증

연습 문제

1. to borrow   2. to quit   3. to stand down
4. missing   5. to comment 6. to leave

1.

정답 to borrow

해설 동사 borrow의 알맞은 형태를 고르는 문제입니다. 빈칸의 위치는 타동사 permit과 목적어 its members 뒤의 목적격보어 자리이며, permit은 to부정사를 목적격보어로 가지는 타동사이기 때문에 borrow는 to부정사 형태가 되어야 합니다. 따라서 정답은 to borrow입니다.

2.

정답 to quit

해설 동사 quit의 알맞은 형태를 고르는 문제입니다. 빈칸의 위치는 타동사 afford의 목적어 자리이며, afford는 to부정사를 목적어로 취하는 타동사이기 때문에 quit은 to부정사 형태가 되어야 합니다. 따라서 정답은 to quit입니다.

3.

정답 to stand down

해설 동사구 stand down의 알맞은 형태를 고르는 문제입니다. 빈칸의 위치는 타동사 refuse의 목적어 자리이며, refuse는 to부정사를 목적어로 취하는 타동사이기 때문에 stand down은 to부정사 형태가 되어야 합니다. 따라서 정답은 to stand down입니다.

4.
정답 missing

해설 동사 miss의 알맞은 형태를 고르는 문제입니다. 빈칸의 위치는 타동사 regret의 목적어 자리이며, regret은 목적어로 to부정사와 동명사를 취할 때 각각 의미가 다르므로 문장의 의미를 파악해야 정답을 찾을 수 있습니다. 문맥상 더 나은 보상을 얻을 기회를 놓치는 것이 지나간 일에 해당하며, 이것을 '후회할 지도 모른다'라는 의미가 자연스러우므로 miss는 동명사 형태가 되어야 합니다. 따라서 정답은 missing입니다. 참고로 앞으로 할 일에 대해 미리 유감을 표현할 때 regret 뒤에 to부정사를 목적어로 씁니다.

5.
정답 to comment

해설 동사 comment의 알맞은 형태를 고르는 문제입니다. 빈칸의 위치는 타동사 decline의 목적어 자리이며, decline은 to부정사를 목적어로 취하는 타동사이기 때문에 comment는 to부정사 형태가 되어야 합니다. 따라서 정답은 to comment입니다.

6.
정답 to leave

해설 동사 leave의 알맞은 형태를 고르는 문제입니다. 빈칸의 위치는 타동사 allow와 목적어 students 뒤에 있는 목적격보어 자리이며, allow는 to부정사를 목적격보어로 취하는 동사이기 때문에 leave는 to부정사 형태가 되어야 합니다. 따라서 정답은 to leave입니다.

실전 문제

1. (a)	2. (b)	3. (a)	4. (a)	5. (c)
6. (d)	7. (a)	8. (a)	9. (c)	10. (c)
11. (b)	12. (b)	13. (d)	14. (b)	15. (d)
16. (d)	17. (c)	18. (a)		

1.
정답 (a)

해석 헤일리는 학교로 데리러 오신 아빠의 차에 탔다. 그녀는 함께 타코를 먹으러 갈 수 있는지 물었고, 아빠는 집으로 가는 길에 타코를 좀 구입하는데 동의하셨다.

해설 동사 buy의 알맞은 형태를 고르는 문제입니다. 빈칸 앞에 과거 시제로 쓰여 있는 동사 agree는 to부정사를 목적어로 취하므로 (a) to buy가 정답입니다. 이때 (c) to have bought와 같은 형태는 사용하지 않습니다.

어휘 pick up ~을 차로 데리러 가다 ask if ~인지 묻다 grab (간단히) ~을 먹다 agree + to 동사원형: ~하는 데 동의하다 on the way 가는 길에, 도중에

2.
정답 (b)

해석 운영 초기의 몇 달 동안, 실버 플레이트 레스토랑은 고객을 끌어들이는 데 힘겨워했다. 다행히, 소유주들이 소셜 미디어에 주기적으로 업체를 광고함으로써 이 문제를 극복해 낼 수 있었다.

해설 동사 overcome의 알맞은 형태를 고르는 문제입니다. 빈칸은 타동사 managed의 목적어 자리이며, manage는 to부정사를 목적어로 취하여 '(간신히) ~해 내다, 어떻게든 ~하다'라는 의미를 나타냅니다. 따라서 to부정사인 (b) to overcome이 정답입니다.

어휘 operation 운영, 영업, 가동, 작동 struggle to 동사원형: ~하는 데 힘겨워하다, ~하려 애쓰다 attract ~을 끌어들이다 by (방법) ~함으로써, ~해서 advertise ~을 광고하다 regularly 주기적으로 overcome ~을 극복하다

3.
정답 (a)

해석 부분 일식이 오늘 일어날 것이며, 시내 광장에서 보일 것이다. 하지만, 데릭과 그의 천문학 동호회는 전망대에서 그 일을 지켜볼 계획을 세우고 있는데, 그것이 더 나은 시야를 제공해 주기 때문이다.

해설 동사 watch의 알맞은 형태를 고르는 문제입니다. 빈칸은 타동사 are planning의 목적어 자리이며, plan은 to부정사를 목적어로 취하여 '~할 계획이다'라는 의미를 나타냅니다. 따라서 to부정사인 (a) to watch가 정답입니다.

어휘 partial solar eclipse 부분 일식 visible 눈에 보이는 square 광장 however 하지만, 그러나 astronomy 천문학 observatory 전망대, 관측소

4.
정답 (a)

해석 벨라루스에서 최근에 부정 행위가 개입된 것으로 보이는 대통령 선거의 결과를 시위대가 비난하면서 폭력 사태가 터졌다. 궁지에 몰린 알렉산더 루카셴코 대통령은 시민들이 자신을 먼저 죽여야 할 것이라고 주장하면서 한사코 또 다른 선거를 개최하기를 거부했다.

해설 동사 hold의 알맞은 형태를 고르는 문제입니다. 빈칸 앞에 이미 동사 refused가 있으므로 빈칸은 동사 자리가 아니며, refuse는 to부정사를 목적어로 취하는 동사이므로 to부정사의 형태인 (a) to hold가 정답입니다.

어휘 violence 폭력 erupt (폭력적인 일 등이) 터지다, (감정 등이) 폭발하다 protester 시위자 decry ~을 비난하다 result 결과(물) recent 최근의 supposedly ~한 것으로 보이는, 이른바 ~라는 rigged election 부정 선거 presidential 대통령의 embattled 궁지에 몰린 adamantly 한사코, 확고히 refuse to 동사원형 ~하기를 거부하다, 거절하다 claim that ~라고 주장하다 hold (일, 행사 등) ~을 개최하다, 실시하다

5.
정답 (c)

해석 레이첼은 자신의 차가 가로막혀 주차되어 있어 빠져 나올 수 없기 때문에 회사에 지각하게 될 것이다. 그녀는 이미 이웃에게 주중에는 자신의 자동차 뒤에 주차하지 말도록 여러 차례 주의를 주었기 때문에, 그에게 따끔한 맛을 보여주기 위해 견인 트럭을 부르고 있다.

해설 동사 park의 알맞은 형태를 고르는 문제입니다. 빈칸이 속한 주절에 이미 동사 warned가 있으므로 빈칸은 동사 자리가 아니며, warn은 「warn + 목적어 + to부정사」의 구조로 쓰여 '(목적어)에게 ~하도록 주의를 주다/경고하다'라는 의미를 나타냅니다. 따라서 부정어 not이 포함된 to부정사의 형태인 (c) not to park가 정답입니다.

어휘 be parked in 가로막혀 주차되어 있다 get out 빠져 나오다 neighbor 이웃 (사람) several times 여러 차례 behind ~ 뒤에 tow truck 견인 트럭 teach + 목적어 + a lesson: ~에게 따끔한 맛을 보여주다, ~를 혼내주다

6.
정답 (d)

해석 파커는 하버드 대학교에 다니기로 결심했다. 하지만 그의 부모님은 아마 그 대학의 과도한 등록금을 감당할 수가 없을 것이다. 그래서, 그는 등록금을 충분히 댈 매우 경쟁이 심한 장학금을 받겠다고 약속했다.

해설 동사 earn의 알맞은 형태를 고르는 문제입니다. 빈칸 앞에 이미 동사 has promised가 있으므로 빈칸은 동사 자리가 아니며, promise는 to부정사를 목적어로 취하는 동사이므로 to부정사의 형태인 (d) to earn이 정답입니다.

어휘 set one's heart on -ing: ~하기로 결심하다 possibly 아마 exorbitant 과도한, 지나친 tuition fee (대학의) 등록금 highly 대단히, 매우 competitive 경쟁의, 경쟁이 심한 scholarship 장학금 cover (무엇을 하기에 충분한 돈을) 대다

7.
정답 (a)

해석 점점 더 많은 사람들이 전자 음악 제작에 관심을 가지게 되고 있다. 예를 들어, 나의 동생 조쉬는 미디 건반을 막 구매했으며, 기본적인 녹음 프로그램을 다운로드하였다. 지금 그는 혼자서 느긋한 저충실도의 비트를 만드는 것을 혼자서 배우고 있다.

해설 동사 make의 알맞은 형태를 고르는 문제입니다. 빈칸 앞에 이미 동사 is learning이 있으므로 빈칸은 동사 자리가 아니며, learn은 to부정사를 목적어로 취하는 동사이므로 to부정사 형태인 (a) to make가 정답입니다.

어휘 become interested in ~에 관심을 가지게 되다 production 제작 electronic music 전자음악, 일렉트로닉 음악 purchase 구매하다 keyboard 키보드, 건반 chill 느긋한 lo-fi (녹음 재생이) 저충실도의, 충실도가 낮은, 하이파이(hi-fi)가 아닌

8.
정답 (a)

해석 기록적인 폭염이 올 여름에 또 다시 유럽 서부에 작열할 것으로 예상되고 있다. 극한의 기온은 치명적일 수 있기 때문에, 의사들은 이렇게 위험한 날씨에 대처할 때 에어컨을 가동시킨 채로 실내에 머물러 있도록 남녀노소를 막론하고 모든 사람에게 권하고 있다.

해설 동사 stay의 알맞은 형태를 고르는 문제입니다. 빈칸이 속한 so절에 이미 동사 advise가 있으므로 빈칸은 동사 자리가 아니며, advise는 「advise + 목적어 + to부정사」의 구조로 쓰여 '(목적어)에게 ~하도록 권하다, 조언하다'라는 의미를 나타냅니다. 따라서 목적어 뒤에 위치한 빈칸에 to부정사가 쓰여야 알맞으므로 (a) to stay가 정답입니다.

어휘 record-breaking 기록적인 heat waves 폭염 be expected to 동사원형: ~할 것으로 예상되다 scorch ~에 작열하다, ~을 태우다, 그슬리다 extreme 극한의, 극도의 temperature 기온 fatal 치명적인 advise + 목적어 + to 동사원형: (목적어)에게 ~하도록 권하다, 조언하다 indoors 실내에 with + 목적어 + -ing: (목적어)를 ~한 채로, (목적어)가 ~하는 상태로 run 가동되다 deal with ~에 대처하다

9.
정답 (c)

해석 맥스는 겨울 방학 기간에 걸쳐 대학교를 떠나 집으로 돌아갈 때 부모님과 벌일 힘겨운 논의를 준비하고 있다. 그의 아버지께서는 그에게 항상 법조계의 경력을 추구하기를 기대하셨지만, 맥스는 자신의 전공을 미술사로 막 변경했다.

해설 동사 pursue의 알맞은 형태를 고르는 문제입니다. 빈칸이 속한 주절에 이미 동사 expected가 있으므로 빈칸은 동사 자리가 아니며, expect는 「expect + 목적어 + to부정사」의 구조로 쓰여 '(목적어)에게 ~하기를 바라다, 기대하다'라는 의미를 나타냅니다. 따라서 목적어 뒤에 위치한 빈칸에 to부정사가 쓰여야 알맞으므로 (c) to pursue가 정답입니다.

어휘 prepare for ~을 준비하다 discussion 논의, 토의 over ~ 동안에 걸쳐 winter break 겨울 방학 expect + 목적어 + to 동사원형: (목적어)에게 ~하기를 바라다, 기대하다 legal 법률과 관련된, 합법적인 career 경력, 진로 major 전공 pursue ~을 추구하다

10.
정답 (c)

해석 그들의 가장 어린 딸이 대학에 가버리자마자, 김 씨네 가족은 그들이 비어있는 집에 있다는 것을, 그 뒤로 그들에게 많은 자유 시간이 있음을 깨달았다. 김 씨 부인은 등산 클럽에 가입하기로 결심했고, 김 씨는 다시 그림을 그리기 시작하였다.

해설 동사 join의 알맞은 형태를 고르는 문제입니다. 빈칸 앞에 이미 동사 decided가 있으므로 빈칸은 동사 자리가 아니며,

decide는 to부정사를 목적어로 취하는 동사이므로 to부정사의 형태인 (c) to join이 정답입니다.

어휘 once ~하자마자 find 깨닫다 nest 둥지, 집, 보금자리 subsequently 그 뒤에, 나중에 hiking 등산

11.
정답 (b)

해석 다음 차례의 우주 경쟁이 시작되었는데, 이번에는 여러 국가들이 달로 급히 서둘러가는 것 대신에 화성에 가는 최초가 되기 위해 경쟁하는 사기업들과의 경쟁이다. 항공우주 공학의 일류 기업 중 하나인 스페이스X는 2026년까지 화성 표면으로 사람을 보내는 것을 목표로 한다.

해설 동사 have의 알맞은 형태를 고르는 문제입니다. 빈칸 앞에 이미 동사 aims가 있으므로 빈칸은 동사 자리가 아니며, aim은 to부정사를 목적어로 취하는 동사이므로 to부정사의 형태인 (b) to have가 정답입니다.

어휘 race 경쟁 vie to 동사원형: ~하기 위해 경쟁하다[다투다] instead of ~대신에 rush to ~로 급히 서둘러 가다 aerospace 항공우주 산업 leading 선두의, 일류의 aim 목표하다 surface 표면 Red Planet 화성(=Mars)

12.
정답 (b)

해석 공작은 날 수 있는 가장 큰 새 중 하나이며, 체중이 최대 13 파운드까지 될 수 있다. 야간에 그들은 나무에 앉아 있다. 하지만, 그들의 둥지를 땅 위에 짓는 것을 선택한다.

해설 동사 build의 알맞은 형태를 고르는 문제입니다. 빈칸 앞에 쓰여 있는 동사 choose는 to부정사를 목적어로 취하므로 (b) to build가 정답입니다.

어휘 peacock 공작 weigh 체중이 ~이다 up to 최대 ~까지 nest 둥지 on the ground 땅 위에, 지면에 build 짓다

13.
정답 (d)

해석 타일러가 일어났더니 그의 아내가 침실 출입구에서 화가 나서 그를 노려보고 있었다. 알고 보니, 그가 부엌에서 쓰레기를 바깥으로 내는 것을 잊었고, 그들의 개 코즈모가 밤 사이에 주방으로 들어왔던 것이다. 지금 온 집안에 쓰레기가 흩어져 있다.

해설 동사구 take out의 알맞은 형태를 고르는 문제입니다. 빈칸 앞에 이미 동사 had forgotten이 있으므로 빈칸은 동사 자리가 아니라 had forgotten의 목적어 자리입니다. forget은 목적어로 취하는 행위의 시점에 따라 to부정사 또는 동명사의 형태로 취하는 타동사이기 때문에 문맥을 파악해야 합니다. 문맥상 쓰레기를 바깥으로 내는 일을 잊었다는 내용인데, 여기서 쓰레기를 바깥으로 내는 일은 과거에 했었던 일을 말하는 것이 아니라 해야 했던 일에 해당하므로 take out은 to부정사 형태가 되어야 합니다. 따라서 정답은 (d) to take out입니다. 이때 부정사의 행위가 문장의 동사가 나타내는 시점보다 먼저 일어난 일일 경우에 쓰는 완료부정사 「to have p.p.」 형태인 (a) to have taken out은 오답입니다.

어휘 glare at ~을 노려보다 angrily 화가 나서, 노하여 apparently 알고 보니, 명백히 trash 쓰레기 overnight 밤 사이에 strew 흩뿌리다, 흩어지다

14.
정답 (b)

해석 케빈은 최근에 있었던 출장 기간 중에 뉴욕 시를 탐방할 시간을 더 많이 가지지 못한 것이 실망스러웠다. 그는 심지어 몇몇 오랜 대학교 친구들과 그 동안 못다한 얘기도 할 작정이었지만, 고객들을 만나고 프로젝트들을 검토하느라 너무 바빴다.

해설 동사구 catch up의 알맞은 형태를 고르는 문제입니다. 빈칸 앞에 이미 동사 intended가 있으므로 빈칸은 동사 자리가 아니며, intend는 to부정사를 목적어로 취하는 동사이므로 to부정사의 형태인 (b) to catch up이 정답입니다.

어휘 be disappointed that ~해서 실망하다 explore ~을 탐방하다, 탐사하다 recent 최근에 있었던, 최근의 business trip 출장 even 심지어 (~도) intend to 동사원형: ~할 작정이다, 계획이다 catch up with ~와 그 동안 못다한 얘기를 하다 be busy -ing ~하느라 바쁘다 review ~을 검토하다, 살펴보다

15.
정답 (d)

해석 돌고래는 반향 위치 측정을 이용하는 것으로 알려져 있는 대단히 지능적인 해양 포유류이다. 그들의 정교한 감각 능력은 돌고래 떼가 광대한 해양 지역에서 방향을 찾아 다닐 수 있게 한다.

해설 동사 navigate의 알맞은 형태를 고르는 문제입니다. 빈칸이 속한 주절에 이미 동사 enable이 있으므로 빈칸은 동사 자리가 아니며, enable은 「enable + 목적어 + to부정사」의 구조로 쓰여 '(목적어)에게 ~할 수 있게 해주다'라는 의미를 나타냅니다. 따라서 목적어 pods 뒤에 위치한 빈칸에 to부정사가 쓰여야 알맞으므로 (d) to navigate가 정답입니다.

어휘 highly 대단히, 매우 intelligent 지능적인 marine 바다의, 해양의 known for ~으로 알려져 있는 echolocation 반향 위치 측정 sophisticated 정교한, 세련된 sensory 감각의 skill 능력, 기술 enable + 목적어 + to 동사원형: (목적어)에게 ~할 수 있게 해주다 pod (고래 등의) 작은 떼 vast 광대한, 방대한 territory 지역, 영역, 영토 navigate ~에서 방향을 찾아 다니다, ~에서 항해하다

16.
정답 (d)

해석 15살 밖에 되지 않았지만 이미 금융 천재인 더크는 그가 25살이 되었을 때 백만장자가 될 수 있는 방법에 대한 전략을 계획

하였다. 하지만, 그는 열심히 노력해야 할 것이다. 그의 계획은 그가 고등학교를 마치기 전까지 최소한 2만 달러를 저축하는 것을 요구한다.

해설 동사 save의 알맞은 형태를 고르는 문제입니다. 빈칸이 속한 주절에 이미 동사 requires가 있으므로 빈칸은 동사 자리가 아니며, require는 「require + 목적어 + to부정사」의 구조로 쓰여 '(목적어)에게 ~하는 것을 요구하다'라는 의미를 나타냅니다. 따라서 목적어 him 뒤에 위치한 빈칸에 to부정사가 쓰여야 알맞으므로 (d) to save가 정답입니다.

어휘 financial 금융의, 재정의 genius 천재, 귀재 lay out 설계하다, 계획하다 strategy 전략 millionaire 백만장자, 큰 부자 work hard 열심히 노력하다 at least 최소한, 적어도

17.

정답 (c)

해설 레이첼과 그의 룸메이트 리즈는 넷플릭스에서 흥미진진한 범죄 스릴러물을 함께 보기 시작하였다. 하지만, 그러고 나서 레이첼이 며칠동안 저녁에 사무실에서 늦게까지 머물러야 했다. 리즈가 그 다음에 어떤 일이 벌어지는지 보고 싶어한다는 것을 알고, 레이첼은 그녀에게 그것을 혼자서 계속 보라고 말했고, 그녀는 주말 동안 따라 잡을 것이다.

해설 동사 keep의 알맞은 형태를 고르는 문제입니다. 빈칸이 속한 주절에 이미 동사 told가 있으므로 빈칸은 동사 자리가 아니며, tell은 「tell + 목적어 + to부정사」의 구조로 쓰여 '(목적어)에게 ~하라고 말하다'라는 의미를 나타냅니다. 따라서 목적어 her 뒤에 위치한 빈칸에 to부정사가 쓰여야 알맞으므로 (c) to keep이 정답입니다.

어휘 crime thriller 범죄 스릴러물 by oneself 혼자서 catch up 따라잡다

18.

정답 (a)

해설 웨슬리는 그의 조용하고 느긋한 토요일을 잃은 것을 슬퍼하고 있다. 회사의 한 지인이 그에게 그녀가 새 아파트로 이사가는 것을 도와달라고 요청하였을 때, 그는 재빨리 충분한 변명 거리를 생각할 수 없었다. 지금 그는 토요일 하루 종일 가구를 옮기고 상자들을 포장하느라 꼼짝할 수 없다.

해설 동사 help의 알맞은 형태를 고르는 문제입니다. 빈칸이 속한 주절에 이미 동사 asked가 있으므로 빈칸은 동사 자리가 아니며, ask는 「ask + 목적어 + to부정사」의 구조로 쓰여 '(목적어)에게 ~하는 것을 요청하다(부탁하다)'라는 의미를 나타냅니다. 따라서 목적어 her 뒤에 위치한 빈칸에 to부정사가 쓰여야 알맞으므로 (a) help가 정답입니다.

어휘 mourn 애도하다, 슬퍼하다 loss 상실, 잃음 quiet 조용한, 고요한 relaxing 느긋한 acquaintance 지인, 아는 사람 excuse 핑계 거리, 변명 stuck 움직일 수 없는, 갇혀서 빠져 나갈 수 없는 furniture 가구 all day 하루 종일

DAY 08 부정사 (2)

실력 확인 퀴즈

1. (a)   2. (c)   3. (b)   4. (d)

1.

정답 (a)

해석 토니는 온라인으로 했던 주문을 취소하기 위해 고객 서비스 전화번호로 전화하였다.

해설 동사 cancel의 알맞은 형태를 고르는 문제입니다. 빈칸이 속한 문장에 이미 동사 called가 있으므로 빈칸은 동사 자리가 아니며, 빈칸 이하 부분에서 말하는 '주문을 취소하는 것'은 고객 서비스 전화번호로 전화를 한 것의 목적에 해당되므로 '~하기 위해'라는 의미로 목적을 나타낼 때 사용하는 to부정사 (a) to cancel이 정답입니다. 이와 같이 목적을 나타내는 to부정사의 부사적 용법은 주어, 동사, 목적어가 모두 갖춰진 완전한 문장 뒤에서 '~하기 위해'라는 의미를 나타냅니다.

어휘 cancel 취소하다 call 전화하다 line (특정 번호의) 전화 order 주문 place an order 주문하다

2.

정답 (c)

해석 불리한 상황에 대처하는 핸콕 씨의 능력은 그의 상사에게 정말로 깊은 인상을 주었다.

해설 동사구 deal with의 알맞은 형태를 고르는 문제입니다. 빈칸 앞에 위치한 명사 ability를 뒤에서 수식해 '불리한 상황에 대처할 능력'이라는 의미를 구성할 to부정사가 빈칸에 쓰여야 알맞으므로 (c) to deal with가 정답입니다. 명사를 수식하는 형용사 역할을 하는 to부정사의 경우 (d) to be dealing with와 같은 형태는 정답이 될 수 없으며, to부정사 문제의 정답은 항상 「to + 동사원형」(수동의 의미일 경우 「to + be p.p.」)입니다.

어휘 deal with ~에 대처하다, ~을 다루다 ability 능력 adverse 불리한 circumstance 상황, 환경 impress 깊은 인상을 주다 supervisor 상사, 관리자

3.

정답 (b)

해석 보행자들은 자전거 도로에서 걸으면 안 됩니다.

해설 동사 walk의 알맞은 형태를 고르는 문제입니다. 빈칸이 속한 문장에 이미 동사 are가 있으므로 빈칸은 동사 자리가 아니며, 빈칸 앞에 위치한 수동태 are supposed는 to부정사와 결합해 '~하기로 예정되어 있다' 또는 '~해야 하다'라는 의미를 나타내며, supposed 앞에 부정어 not이 있으면 '~하는 것은 예정되어 있지 않다' 또는 '~하면 안된다'는 의미를 나타냅니다. 따라서 빈칸에는 to부정사 형태인 (b) to walk가 들어가는 것이 적절합니다.

어휘 pedestrian 보행자 be not supposed to 동사원형
~해서는 안된다, ~는 것은 예정되어 있지 않다 bike lane 자전거 도로

4.

정답 (d)

해석 전시회에서 저희 전시물을 설치하는 것을 도와주는 것이 가능한 사람이 있다면, 저에게 알려주세요.

해설 동사 help의 알맞은 형태를 고르는 문제입니다. 빈칸 앞에 위치한 형용사 available은 to부정사와 결합해 '~하는 것이 가능한'이라는 의미를 나타내므로 (d) to help가 정답입니다. 이때 (b) to be helping과 같은 형태는 사용하지 않습니다.

어휘 set up 설치하다 display 전시물 exhibit 전시회

연습 문제

1. to discuss	2. To improve	3. to be
4. to propose	5. to help	6. to interview

1.

정답 to discuss

해설 문장의 동사는 scheduled이므로 빈칸은 동사 자리가 아니며, 빈칸 앞 주어(Mr. Jung)와 동사(scheduled), 그리고 목적어(a meeting with his team)가 갖춰진 완전한 문장이며, 빈칸 이하 부분에서 말하는 '다가오는 프로젝트를 논의하는 것'은 회의 일정을 정한 것의 목적에 해당하므로 '~하기 위해'라는 의미로 목적을 나타낼 때 사용하는 to부정사 to discuss가 정답입니다.

2.

정답 To improve

해설 문장의 동사는 completed이므로 빈칸은 동사 자리가 아니며, 빈칸 뒤에 improve의 목적어가 있고, 콤마(,) 뒤에 주어(Mr. Finn)와 동사(completed), 그리고 목적어(courses)가 갖춰진 완전한 문장이 위치해 있습니다. 빈칸 이하 부분에서 말하는 '그의 이력서를 향상시키는 것'은 경영 관리와 재무 계획 과정을 수료한 것의 목적에 해당하므로 '~하기 위해'라는 의미로 목적을 나타낼 때 사용하는 to부정사 to improve가 정답입니다. 이렇게 목적을 나타내는 부사적 용법으로 쓰이는 to부정사가 문장 맨 앞에 위치하면, to부정사 뒤에 콤마가 붙고 그 뒤에 완전한 문장이 이어집니다.

3.

정답 to be

해설 빈칸이 속한 that절에 이미 동사 are가 있으므로 빈칸은 동사 자리가 아니며, 빈칸 앞에 위치한 형용사 likely는 to부정사와 결합해 '~할 가능성이 있는'이라는 의미를 나타내므로 to부정사의 형태인 to be가 정답입니다.

4.

정답 to propose

해설 빈칸이 속한 문장에 이미 동사 was가 있으므로 빈칸은 동사 자리가 아니며, 빈칸 앞에 위치한 형용사 ready는 to부정사와 결합해 '~할 준비가 된'이라는 의미를 나타내므로 to부정사의 형태인 to propose가 정답입니다.

5.

정답 to help

해설 빈칸 앞에 위치한 명사 an assistant를 뒤에서 수식해 '프로젝트에 그를 도와줄 조수'라는 의미를 구성할 to부정사가 빈칸에 쓰여야 알맞으므로 to help가 정답입니다.

6.

정답 to interview

해설 빈칸이 속한 문장에 이미 동사 is가 있으므로 빈칸은 동사 자리가 아니며, 빈칸 앞에 위치한 수동태 is scheduled는 to부정사와 결합해 '~하기로 예정되어 있다'라는 의미를 나타냅니다. 따라서 빈칸에는 to부정사 형태인 to interview가 들어가는 것이 적절합니다.

실전 문제

1. (c)	2. (b)	3. (d)	4. (c)	5. (a)
6. (a)	7. (a)	8. (b)	9. (d)	10. (d)
11. (b)	12. (b)	13. (a)	14. (d)	15. (b)
16. (d)	17. (c)	18. (c)		

1.

정답 (c)

해석 주석은 인류에 의해 가공 처리된 최초의 금속들 중 하나였다. 그것은 청동기 시대에 처음 사용되었는데, 당시에 청동 합금이라고 알려진 혼합물을 만들어 내기 위해 구리와 결합되었다.

해설 동사 create의 알맞은 형태를 고르는 문제입니다. 접속사 when 뒤로 주어 it과 수동태 동사 was combined, 그리고 with 전치사구가 쓰여져 있어 이미 when절의 구조가 완전한 상태입니다. 따라서 빈칸 이하 부분은 부가적인 요소인 수식어구의 역할을 해야 하며, '청동 합금이라고 알려진 혼합물을 만

들어 내기 위해'라는 의미로 목적을 나타내는 to부정사구를 구성해야 알맞으므로 (c) to create이 정답입니다.

어휘 tin 주석 process ~을 가공 처리하다 combine A with B: A를 B와 결합하다 copper 구리 mixture 혼합물 known as ~라고 알려진 alloy bronze 청동 합금 create ~을 만들어 내다

2.
정답 (b)

해설 피겨 스케이팅계의 신성인 사샤 사카모토가 방금 자신의 첫 번째 국제 대회에서 경기했다. 모든 점수가 합산된 후, 그녀는 1위를 차지한 우승자로 전광판에 나타난 자신의 이름을 보고 충격을 받았다.

해설 동사 see의 알맞은 형태를 고르는 문제입니다. 빈칸 앞에 위치한 수동태 be shocked는 to부정사와 함께 쓰여 '~해서 충격을 받다'라는 의미를 나타내므로 정답은 (b) to see입니다. shocked 뒤에 (a) to have seen과 같은 완료부정사는 사용하지 않습니다.

어휘 newcomer 신성, 신입, 신참 competition 경기 대회, 경연 대회 calculate ~을 계산하다

3.
정답 (d)

해설 '인류를 위한 아티스트'는 예술 분야에 대한 멘토링과 기회를 제공하는 것으로 젊은 창작자들에게 힘을 실어 준다. 지역 기업들과 제휴 관계를 맺음으로써, 이 기관은 떠오르는 아티스트들의 재능을 선보일 수 있다.

해설 동사 showcase의 알맞은 형태를 고르는 문제입니다. 빈칸 앞에 위치한 be동사 is 및 형용사 able과 어울려 '~할 수 있다'를 뜻하는 「be able + to 동사원형」을 구성해야 알맞으므로 to부정사인 (d) to showcase가 정답입니다. able 뒤에 (a) to have showcased와 같은 완료부정사는 사용하지 않습니다.

어휘 empower ~에게 힘을 실어 주다, ~에게 권한을 주다 creative 창작자 by (방법) ~하는 것으로, ~함으로써 mentorship 멘토링(조언 등을 제공하는 것) opportunity 기회 partner with ~와 제휴 관계를 맺다 local 지역의, 현지의 institution 기관, 단체, 협회 be able + to 동사원형: ~할 수 있다 emerging (새롭게) 떠오르는, 나타나는 showcase ~을 선보이다

4.
정답 (c)

해설 NEET는 "교육을 받거나 고용된 것도 아니고 훈련을 받는 상태도 아닌"을 의미하는 말이다. 이는 정식 교육에 참여하는 것도 아니고 고용된 것도 아니며, 직업 교육 프로그램에 참가하고 있지도 않은 사람들, 흔히 그런 젊은이들을 가리킨다. 정책 입안자들은 흔히 실업 상태와 능력 격차, 그리고 사회적 통합과 관련된 문제들을 해결하기 위해 이러한 그룹에 초점을 맞춘다.

해설 동사 address의 알맞은 형태를 고르는 문제입니다. 빈칸 앞에 정책 입안자들이 앞 문장에서 언급한 그룹에 초점을 맞춘다는 말이 쓰여 있어 빈칸 이하 부분은 그렇게 하는 목적으로서 '~와 관련된 문제들을 해결하기 위해'라는 의미를 나타내는 것이 자연스럽습니다. 따라서, '~하기 위해'라는 뜻으로 목적을 나타내는 to부정사 (c) to address가 정답입니다. 목적을 나타낼 때 (d) to have addressed와 같은 완료부정사는 사용하지 않습니다.

어휘 stand for ~을 의미하다, ~을 상징하다 employment 고용, 취업 refer to ~을 가리키다, ~을 일컫다 be engaged in ~에 참여하다, ~에 관여하다 participate in ~에 참가하다 vocational 직업의, 직업과 관련된 policymaker 정책 입안자 focus on ~에 초점을 맞추다 related to ~와 관련된 unemployment 실업 (상태), 실직 gap 격차, 차이 integration 통합 address (문제 등) ~을 해결하다, ~을 다루다

5.
정답 (a)

해설 두유를 만들기 위해서, 콩을 먼저 밤새 물에 푹 담가 둔 다음, 물을 빼내고, 헹군다. 그 후, 걸쭉한 혼합물로 바뀌는 단백질과 지방, 그리고 기타 영양소들을 나오게 만들기 위해 잘 섞고 갈았다가 나중에 끓이고 걸러낸다.

해설 동사 release의 알맞은 형태를 고르는 문제입니다. 빈칸 앞에 잘 섞고 갈아 놓는다는 말이 쓰여 있어 빈칸 이하 부분은 그렇게 하는 목적으로서 '단백질과 지방, 그리고 기타 영양소들을 나오게 만들기 위해'라는 의미를 나타내는 것이 자연스럽습니다. 따라서, '~하기 위해'라는 뜻으로 목적을 나타내는 to부정사 (a) to release가 정답입니다. 목적을 나타낼 때 (c) to have released와 같은 완료부정사는 사용하지 않습니다.

어휘 soymilk 두유 soak (물 등에) ~을 푹 담그다 drain ~에서 물을 빼내다 rinse ~을 헹구다 blend ~을 잘 섞다, ~을 혼합하다 grind ~을 갈다 protein 단백질 fat 지방 nutrient 영양소 into (상태 변화 등) ~로, ~한 상태로 thick 길쭉한, 진한, 빽빽한 두꺼운 mixture 혼합물 get p.p. ~되게 하다 boil ~을 끓이다 strain ~을 거르다 release ~을 내보내다, ~을 방출하다

6.
정답 (a)

해설 헤더는 스페인어를 아주 좋아하며, 자신의 열정을 통해 경력을 추구할 수 있는 방법을 알아냈다. 그녀는 해외로 나가 스페인에서 교사로서 일하기 위해 제2외국어로 영어를 가르칠 수 있는 자격증을 딸 것이다.

해설 동사 work의 알맞은 형태를 고르는 문제입니다. 빈칸이 속한 문장에 이미 동사 obtain이 있으므로 빈칸은 동사 자리가 아니며, 빈칸 이하 부분에서 말하는 '해외에서 교사로 일하는 것'은 자격증을 따기 위한 목적에 해당되므로 '~하기 위해'라는 의미로 목적을 나타낼 때 사용하는 to부정사 (a) to work가 정답입니다.

정답 및 해설 35

어휘 discover ~을 알아내다, 발견하다 make a career 경력을 추구하다 out of one's passion ~의 열정을 통해, ~의 열정으로 obtain ~을 얻다, 획득하다 certificate 자격증, 수료증 abroad 해외로, 해외에서

7.
정답 (a)

해석 유럽의 여러 국가들은 미국과의 국제 무역 정책에 대해 제안된 변경 사항들을 불쾌해 하고 있다. 가장 주목할 만한 점은, 미국이 자국의 계획대로 진행하는 경우에 프랑스와 독일이 협정을 철회할 가능성이 있다는 것이다.

해설 동사 withdraw의 알맞은 형태를 고르는 문제입니다. 빈칸이 속한 문장에 이미 동사 are이 있으므로 빈칸은 동사 자리가 아니며, 빈칸 앞에 위치한 형용사 likely는 to부정사와 결합해 '~할 가능성이 있는'이라는 의미를 나타내므로 to부정사의 형태인 (a) to withdraw가 정답입니다.

어휘 several 여럿의, 몇몇의 be displeased with ~을 불쾌해 하다 proposed 제안된 international trade 국제 무역 policy 정책, 방침 notably 주목할 만하게, 현저히, 특히 be likely to 동사원형: ~할 가능성이 있다 withdraw from ~을 철회하다, 취소하다 agreement 협정(서), 합의(서) go through (절차, 방법 등) ~을 거치다, 검토하다

8.
정답 (b)

해석 내 남동생은 봉준호 감독의 차기작 <미키 17>이 처음 알려진 이후로 줄곧 그 영화의 개봉을 고대해 오고 있다. 그는 반드시 어떠한 스포일러도 피하도록 하기 위해 몇 주 전에 개봉일 밤으로 관람권을 예매했다.

해설 동사 ensure의 알맞은 형태를 고르는 문제입니다. 빈칸이 속한 문장에 이미 동사 reserved가 있으므로(빈칸 뒤에 위치한 절은 ensure의 목적어 역할을 하는 that절이며 접속사 that은 생략된 상태) 빈칸은 동사 자리가 아니며, 빈칸 이하 부분에서 말하는 '반드시 어떠한 스포일러도 피하는 일'은 몇 주 전에 개봉일 밤으로 관람권을 예매한 목적에 해당되므로 '~하기 위해'라는 의미로 목적을 나타낼 때 사용하는 to부정사 (b) to ensure가 정답입니다.

어휘 look forward to ~을 고대하다 release 개봉, 공개, 출시 ever since ~한 이후로 줄곧 reveal ~을 드러내다, 밝히다 reserve ~을 예매하다, 예약하다 several 여럿의, 몇몇의 avoid ~을 피하다 spoiler 스포일러(영화나 텔레비전 시리즈 등의 내용을 알리는 것) ensure (that) 반드시 ~하도록 하다, ~임을 보장하다

9.
정답 (d)

해석 칠레에서 열린 UN 기후 변화 컨퍼런스에 참석한 최고의 과학자들이 곧 닥칠 위기와 관련해 그 어떤 낙관적인 결론에 이르기 위해 대단히 애를 썼다. 전 세계의 탄소 배출물에 대한 극단적이고 즉각적인 감소조차 기후 변화의 위협을 억제하기에 충분치 않을 수 있다는 점에 의견이 일치되었다.

해설 동사 curb의 알맞은 형태를 고르는 문제입니다. 빈칸이 속한 문장에 이미 동사 would be가 있으므로 빈칸은 동사 자리가 아니며, 빈칸 앞에 위치한 형용사 enough는 to부정사와 결합해 '~하기에 충분한'이라는 의미를 나타내므로 to부정사의 형태인 (d) to curb가 정답입니다.

어휘 struggle to 동사원형: ~하기 위해 대단히 애쓰다, 발버둥치다 reach ~에 이르다, 도달하다 optimistic 낙관적인 conclusion 결론 regarding ~와 관련해 impending 곧 닥칠, 임박한 crisis 위기 It was agreed that ~라는 점에 의견이 일치되다, ~라는 데 합의를 보다 extreme 극단적인, 극한의 immediate 즉각적인 reduction in ~의 감소 carbon emissions 탄소 배출(물) enough to 동사원형: ~하기에 충분한 threat 위협 curb ~을 억제하다, 제한하다

10.
정답 (d)

해석 요즘 앱과 웹사이트에서 발견되는 고객 후기는 고군분투하는 소규모 사업의 성패를 좌우할 수 있다. 성난 부정적인 후기를 게시하기 위해 온라인에 접속하기 전에, 그것이 그 사업체에 미칠 수 있는 영향에 대해 생각하는 시간을 잠시 가지기 바란다.

해설 동사 post의 알맞은 형태를 고르는 문제입니다. 전치사 Before부터 review까지 전치사구에 해당하며 문맥상 '성난 부정적인 후기를 게시하는 일'은 '온라인으로 가는 것'의 목적에 해당하므로 '~하기 위해'라는 의미로 목적을 나타낼 때 사용하는 to부정사 (d) to post가 정답입니다. '~하러 가다'라는 의미의 동명사 숙어 「go -ing」는 go fishing, go skating과 같이 특정 활동이나 행위를 나타낼 때만 사용하므로 (c) posting은 오답입니다.

어휘 nowadays 요즘, 최근에 customer review 고객 리뷰, 고객 후기 make or break a business 사업의 성패를 좌우하다 go online 온라인에 접속하다 negative 부정적인 take a moment 잠시 기다리다 have an effect on ~에 영향을 미치다

11.
정답 (b)

해석 다혜는 라디오헤드가 그들의 돌파구 앨범 <더 벤즈>를 1995년에 출시했던 이후로 그들의 음악을 들어오고 있는 중이다. 그리고 그녀는 그 밴드에 관련된 모든 것을 수집한다. 최근에 심지어 그녀는 음반을 위에 놓고 재생시킬 턴테이블이 없으면서 그들의 전체 음반을 축음기용 레코드판으로 구매했다.

해설 동사 play의 알맞은 형태를 고르는 문제입니다. 빈칸 앞에 위치한 명사 turntable을 뒤에서 수식해 '그 음반을 위에 놓고 재생할 턴테이블'이라는 의미를 구성할 to부정사가 빈칸에 쓰여야 알맞으므로 (b) to play가 정답입니다. 명사를 수식하는 형용사 역할을 하는 to부정사의 경우 (a) to have played와 같은 형태로 사용하지 않습니다.

어휘 listen to ~을 듣다 release 출시하다 breakthrough 돌파구, 획기적인 collect 수집하다, 모으다 related to ~에 관련된 recently 최근에 purchase 구매하다 entire 전체의 discography 음악 목록, 음반 vinyl 축음기용 레코드판, LP판 turntable (음반을 돌리는) 턴테이블 record 음반

12.
정답 (b)

해설 로버트는 그가 충성스럽고 근면한 직원이었지만 그의 직장에서 수년간 인정을 받지 못한다고 느껴왔다. 다음 주에 있을 그의 연례 평가에서, 그는 임금 인상과 추가 혜택을 요구할 것이다. 그는 만약 그의 상사가 그의 가치를 인정하기를 거절한다면 그만 둘 준비가 되어 있다.

해설 동사 quit의 알맞은 형태를 고르는 문제입니다. 빈칸이 속한 문장에 이미 동사 is가 있으므로 빈칸은 동사 자리가 아니며, 빈칸 앞에 위치한 수동태 be prepared는 to부정사와 결합해 '~할 준비가 되어 있다'는 의미를 나타내므로 to부정사 형태인 (b) to quit이 정답입니다.

어휘 unappreciated (노력, 진가 등을) 인정받지 못하는 for years 수년간 loyal 충실한, 충성스러운 hardworking 열심히 일하는, 근면한 annual 해마다의, 연례의 demand 요구하다 raise (임금) 인상 benefit 혜택 be prepared to 동사원형: ~할 준비가 되어 있다 supervisor 상사, 관리자 refuse 거절하다 recognize 알아보다, 인정하다 value 가치

13.
정답 (a)

해설 집을 구매하는 것은 보통 사람들이 인생에서 하는 가장 큰 투자이다. 그것은 또한 자기 자신을 평생동안 재정적인 곤경에 빠트리는 쉬운 방법이기도 하다. 몇몇 사람들은 그들이 꿈꾸는 집에 대한 값을 지불하기 위해 과도한 대출을 받는다. 하지만, 그러고 나서 그 대출금을 청산하기 위해 고군분투한다.

해설 동사구 pay for의 알맞은 형태를 고르는 문제입니다. 빈칸이 속한 문장에 이미 동사 take out이 있으므로 빈칸은 동사 자리가 아니며, 빈칸 이하 부분에서 말하는 '그들이 꿈꾸는 집값을 지불하는 것'은 과도한 대출을 받는 목적에 해당하므로 '~하기 위해'라는 의미로 목적을 나타낼 때 사용하는 to부정사 (a) to pay for가 정답입니다.

어휘 pay for ~에 대해 값을 지불하다 purchase 구매하다 investment 투자 land oneself in 자신을 ~에 빠뜨리다 lifetime 일생, 평생 financial 금융의, 재정적인 difficulty 어려움, 곤경 take out 받다 exorbitant 과도한, 지나친 loan 대출 struggle to 동사원형: ~하기 위해 고군분투하다 pay off (빚을) 갚다, 청산하다

14.
정답 (d)

해설 플로리다는 좋은 날씨와 아름다운 해변들로 일년 내내 관광객을 끌어 들인다. 하지만, 겨울 동안 기온은 그래도 저녁에 꽤 낮게 떨어진다. 열대 지방의 기후를 기대하는 아무것도 모르는 방문객은 심지어 추워질 때 입을 재킷도 챙기지 않는다.

해설 동사 wear의 알맞은 형태를 고르는 문제입니다. 빈칸 앞에 위치한 명사 a jacket을 뒤에서 수식해 '추워질 때 입을 재킷'이라는 의미를 구성할 to부정사가 빈칸에 쓰여야 알맞으므로 (d) to wear이 정답입니다. 명사를 수식하는 형용사 역할을 하는 to부정사의 경우 (a) to have worn과 같은 형태로 사용하지 않습니다.

어휘 wear 입다, 착용하다 attract 끌어들이다, 유치하다 tourist 관광객 throughout ~내내, 전체에 걸쳐 beach 해변가 quite 꽤, 아주 clueless 아무 것도 모르는 tropical 열대의, 열대 지방의 climate 기후 pack (짐을) 싸다, 챙기다 chilly 쌀쌀한, 추운

15.
정답 (b)

해설 가끔, 세상은 정말 작은 곳이다. 리사가 프라하에 있는 호스텔에 투숙했을 때, 그녀는 그녀와 침실을 같이 쓰는 사람이 아이다호에서 그녀와 함께 고등학교를 함께 다녔던 여자였다는 것을 발견하였다. 고향에서 정말 멀리 떨어진 곳에서 낯익은 얼굴을 보게 되어 그들 둘 다 놀랐다.

해설 동사 see의 알맞은 형태를 고르는 문제입니다. 빈칸이 속한 문장에 이미 동사 were가 있으므로 빈칸은 동사 자리가 아니며, 빈칸 앞에 위치한 수동태 were surprised는 to부정사와 결합해 '~해서 놀랐다'라는 의미를 나타내므로 to부정사 형태인 (b) to see가 정답입니다.

어휘 check into ~에 투숙하다 discover 발견하다 bunkmate 같은 침실을 쓰는 사람 familiar 낯익은, 친숙한

16.
정답 (d)

해설 관객들은 저급 코미디 영화 <내 손가락을 당겨봐>에 아카데미 상을 받은 배우 개리 홈즈의 카메오 출연에 당황했다. 그가 그 배역을 수락한 이유를 질문 받았을 때 그는 빈정거리는 말투로 그런 예술 작품에 자신의 재능을 빌려주게 되어 영광으로 여긴다고 대답하였다.

해설 동사 lend의 알맞은 형태를 고르는 문제입니다. 빈칸이 속한 문장에 이미 동사 was가 있으므로 빈칸은 동사 자리가 아니며, 빈칸 앞에 위치한 수동태 was honored는 to부정사와 결합해 '~하게 되어 영광이다'라는 의미를 나타내므로 to부정사

형태인 (d) to lend가 정답입니다. 빈칸 뒤에 lend의 목적어 his talents가 있으므로 수동태 부정사 형태인 (a) to be lent 는 오답입니다.

어휘 lend 빌려주다 audience 청중, 관객 be baffled by ~에 당황하다 award-winning 상을 받은 actor 배우 cameo 카메오(유명 배우의 단역 출연) appearance 출연 lowbrow 저급의, 교양 없는 flick 영화 accept 수락하다, 받아들이다 sarcastically 비꼬는 투로, 빈정거리는 말투로 reply 대답하다 be honored to 동사원형: ~하게 되어 영광으로 여기다 talent 재능 a work of art 예술 작품

17.
정답 (c)

해석 마리아의 어머니는 치매 진단을 받았고, 이제 일상적인 일에 더 많은 도움을 필요로 한다. 마리아는 적합한 요양원을 찾아보는 동안 그녀의 어머니를 돌보기 위해 휴가를 내서 일을 쉬고 있는 중이다.

해설 동사 care의 알맞은 형태를 고르는 문제입니다. 빈칸이 속한 문장에 이미 동사 is taking이 있으므로 빈칸은 동사 자리가 아니며, 빈칸 이하 부분에서 말하는 '그녀를 돌보는 것'은 빈칸 앞의 내용인 마리아가 얼마의 시간을 내는 것의 목적에 해당되므로 동사 care는 '돌보기 위해'라는 목적의 의미를 나타내기 위해 to부정사의 부사적 용법으로 쓰여야 합니다. 따라서 정답은 (c) to care입니다.

어휘 care for ~을 돌보다 diagnose 진단하다 dementia 치매 require 요구하다, ~을 필요로 하다 assistance 보조, 도움 daily task 일상적인 일, 일상 업무 take time off 시간을 내다, 휴가를 내다 suitable 적합한, 적절한 nursing home 양로원, 요양원

18.
정답 (c)

해석 유권자 권리 박탈은 겉으로 보기엔 악의 없는 방법으로 나타날 수 있지만 여전히 미국 선거에서는 중요한 관심사이다. 예를 들어 몇몇 국가는 투표 장소를 빈곤 지역으로부터 멀리 위치시킨다. 그러면 투표 장소로 운전해서 갈 차량이 없는 유권자들은 투표를 할 수가 없다.

해설 동사 drive의 알맞은 형태를 고르는 문제입니다. 빈칸 앞에 위치한 명사 a vehicle를 뒤에서 수식해 '투표 장소로 운전해서 갈 차량'이라는 의미를 구성할 to부정사가 빈칸에 쓰여야 알맞으므로 (c) to drive가 정답입니다. 명사를 수식하는 형용사 역할을 하는 to부정사의 경우 (a) to have driven과 같은 형태는 정답이 될 수 없습니다.

어휘 voter 투표자, 유권자 disenfranchisement 권리 박탈 major 주요한 concern 관심사, 걱정 manifest 나타나다, 분명히 드러나다 seemingly 외견상으로, 겉보기에 innocuous 악의 없는, 무해한, 위험하지 않은 for instance 예를 들어 polling place 투표 장소 located 위치한 impoverished 빈곤한, 저하된

DAY 09 접속사와 접속부사

실력 확인 퀴즈
| 1. (c) | 2. (d) | 3. (b) | 4. (a) |

1.
정답 (c)

해석 마틴 씨는 오늘 아침에 신규 고객에게 발표를 했고, 대회의로 떠났다.

해설 빈칸에 들어갈 알맞은 접속사를 고르는 문제입니다. 빈칸 뒤에 완전한 문장이 아닌 주어가 없는 문장이 위치해 있고, 빈칸 앞의 문장의 시제가 과거(made)이고 빈칸 뒤 동사의 시제(left)도 과거인 것으로 보아 빈칸에 들어갈 접속사가 두 개의 동사를 대등하게 연결하고 있음을 알 수 있습니다. 따라서 이렇게 두 개의 항목을 대등하게 연결하는 접속사는 등위접속사이며, 문맥상 '그리고'에 해당하는 의미를 가진 (c) and가 정답입니다.

어휘 make a presentation 발표하다 convention 대규모 회의, 대회의

2.
정답 (d)

해석 사라는 우산을 들고 있지 않았기 때문에, 그녀는 빗속에서 버스를 기다려야 했다.

해설 빈칸에 들어갈 알맞은 접속사를 고르는 문제입니다. 콤마(,)를 기준으로 문장이 나열되어 있으므로 빈칸은 부사절 접속사의 자리임을 알 수 있습니다. 사라가 우산을 가지고 있지 않았다는 부사절의 의미가 빗속에서 버스를 기다려야 했다는 주절의 원인이 되므로, 빈칸에는 원인이나 이유를 나타내는 부사절 접속사가 필요합니다. 따라서 '왜냐하면, ~때문에'라는 의미를 가진 부사절 접속사 (d) Because가 정답입니다.

어휘 carry 가지고 다니다, 들고 있다 in the rain 빗속에서, 비를 맞으며

3.
정답 (b)

해석 멜리사는 런던에 있는 그녀의 아들을 2주동안 방문할 수 있도록 일년 내내 그녀의 휴가를 아껴 두었다.

해설 빈칸에 들어갈 알맞은 부사절 접속사를 고르는 문제입니다. 빈칸 앞의 문장은 1년 내내 휴가를 아꼈다는 내용이며, 빈칸 뒤의 내용은 2주간 런던에 있는 그녀의 아들을 방문할 수 있었다는 내용입니다. 문맥상 1년 내내 휴가를 아껴 둔 것의 목적이 런던에 있는 그녀의 아들을 방문하기 위함을 알 수 있습니다. 따라서 빈칸 뒤의 문장은 주절의 목적에 해당하며, 빈칸 뒤에 조동사 can의 과거형 could가 있으므로 빈칸에는 '~할 수 있도록'이라는 의미를 나타낼 수 있는 (b) so that이 적절합니다.

어휘 save (나중에 쓰려고) 남겨두다, 아끼다 through the year 1년 내내

4.
정답 (a)

해석 리사는 그녀의 전 남자친구에게서 밤늦게 온 문자 메시지에 답장하지 않았다. 그 대신, 그녀는 그녀의 폰에서 그의 연락처 정보를 삭제했다.

해설 빈칸에 들어갈 알맞은 접속부사를 고르는 문제입니다. 빈칸 앞의 문장은 전 남자친구로부터 온 문자 메시지에 답장하지 않았다는 내용이며, 빈칸 뒤의 문장은 전 남자친구의 연락처를 삭제했다는 내용입니다. 따라서 빈칸에 들어갈 접속부사에는 '전 남자친구에게 답장하지 않고', '전 남자친구에게 답장하는 것 대신에'라는 의미가 포함되어야 하므로 정답은 '그 대신', '대신에'라는 의미를 가진 (a) Instead가 정답입니다.

어휘 respond to ~에 응답하다, ~에 답장하다 text 문자 메시지 ex-boyfriend 전 남자친구 contact information 연락처 정보

연습 문제

1. Nonetheless	2. unless	3. Despite
4. even though	5. Consequently	

1.
정답 Nonetheless

해설 빈칸 뒤에 콤마(,)가 있으므로 알맞은 접속부사를 고르는 문제입니다. 빈칸 앞의 문장은 알버트가 텔레비전을 볼 시간이 거의 없다는 내용이고, 빈칸 뒤의 문장은 그가 다섯 개의 스트리밍 서비스에 가입되어 있다는 내용이므로 앞문장에서 언급된 사실에서 예측할 수 있는 것과 반대되는 내용이 뒷문장에 언급되므로 빈칸에는 '그럼에도 불구하고'라는 의미의 접속부사 Nonetheless가 적절합니다.

2.
정답 unless

해설 빈칸 뒤에 콤마(,)가 없고 빈칸 앞뒤로 각각 주어와 동사를 갖춘 문장이 있으므로 빈칸은 접속사가 들어갈 자리입니다. 빈칸 앞의 문장은 보험을 가지고 있지 않은 대부분의 미국인들이 병원에 가는 것을 거절한다는 내용이고, 빈칸 뒤의 문장은 대단히 심각한 응급상황이라는 내용입니다. 문맥상 대단히 심각한 응급상황에는 병원에 가야 하므로, '대단히 심각한 응급상황이 아니면 병원에 가는 것을 거부한다'라는 내용이 되는 것이 자연스럽습니다. 따라서 정답은 '~하지 않는다면, ~아니라면'이라는 의미의 부사절 접속사 unless입니다.

3.
정답 Despite

해설 빈칸 뒤에는 주어와 동사가 포함된 문장이 아닌 its rude servers(무례한 종업원들)라는 명사구만 위치해 있으므로 빈칸은 접속사가 아닌 전치사의 자리입니다. (QR특강 20 참조) 콤마(,) 뒤의 문장은 그레이트 누들스 식당이 1년 내내 많은 식사 고객들을 끌어들인다는 내용이므로 무례한 종업원들이 있다는 사실로 유추할 수 있는 내용과 상반되는 내용임을 알 수 있습니다. 따라서 빈칸에는 '~에도 불구하고'라는 의미를 가진 전치사 despite가 적절합니다. 이렇게 지텔프 문법 시험에서는 자주는 아니지만 가끔씩 전치사 despite가 정답으로 출제되는 경우가 있으므로 despite의 위치와 의미를 파악해두는 것이 좋습니다.

4.
정답 even though

해설 빈칸 뒤에 콤마(,)가 없고 빈칸 앞뒤로 각각 주어와 동사를 갖춘 문장이 있으므로 빈칸은 접속사가 들어갈 자리입니다. 빈칸 앞의 문장은 레이첼이 하루 종일 침대에 있었다는 내용이고, 빈칸 뒤의 문장은 그녀의 친구들이 그녀를 공원으로 오라고 초대했다는 내용인 것을 보고 친구들이 레이첼을 공원으로 나오라고 초대했지만 그녀가 가지 않고 침대에만 있었다는 것을 알 수 있습니다. 따라서 빈칸에는 '비록 ~하지만'이라는 의미를 가진 부사절 접속사 even though가 적절합니다.

5.
정답 Consequently

해설 빈칸 뒤에 콤마(,)가 있으므로 알맞은 접속부사를 고르는 문제입니다. 빈칸 앞의 문장은 엘라가 지난 달에 매일 체육관에 다녔다는 내용이며, 빈칸 뒤의 문장은 5킬로그램의 체중이 줄었다는 내용인 것을 보고 매일 체육관에 다닌 결과가 체중 감소에 이어졌다는 것을 알 수 있습니다. 따라서 빈칸에는 '그 결과'라는 의미를 가진 접속부사 Consequently가 적절합니다.

실전 문제

1. (d)	2. (d)	3. (c)	4. (a)	5. (d)
6. (a)	7. (d)	8. (b)	9. (c)	10. (c)
11. (d)	12. (d)	13. (a)	14. (d)	15. (c)
16. (d)	17. (b)	18. (c)		

1.

정답 (d)

해석 볼프강 아마데우스 모차르트는 오늘날에도 여전히 널리 알려진 고전 음악가이자 작곡가이다. 신동으로서, 그는 그가 5세 때 음악을 작곡하기 시작하였으며, 6세 때는 여러 악기를 연주할 수 있었다.

해설 빈칸에 들어갈 알맞은 접속사를 고르는 문제입니다. 빈칸 앞에 위치한 주절의 동사가 started이므로 과거시제임을 알 수 있으며, 빈칸 뒤에 위치한 종속절의 동사도 was로 과거시제임을 알 수 있습니다. 문맥상 '그가 5세 때 음악을 작곡하기 시작했다'라는 의미가 가장 자연스러우므로 '~할 때'를 나타내는 부사절 접속사 (d) when이 정답입니다.

어휘 classical 고전의 musician 음악가 composer 작곡가 widely 널리 prodigy 천재, 영재 compose 작곡하다 multiple 다수의, 여러 개의 instrument 악기 in case ~한 경우에 (대비하여) until ~까지 now that ~이므로, ~때문에 when ~할 때

2.

정답 (d)

해석 1960년대에, 일본이 한 마을을 "Usa"로 개명했다는 소문이 표면화되었다. 그 발상은 그들이 "Made in USA"라고 라벨 표기된 제품을 수출할 수 있도록 그렇게 했다는 것이었다. 이 소문은 거짓인 것으로 드러났다.

해설 문장의 의미에 어울리는 접속사를 고르는 문제입니다. 빈칸이 속한 that절에서, 빈칸 앞에 위치한 절 this had been done(그렇게 했다)은 앞 문장에서 언급한 '한 마을을 "Usa"로 개명한 일'을 가리킵니다. 빈칸 뒤에 위치한 절이 '그들이 "Made in USA"라고 라벨 표기된 제품을 수출할 수 있었다'를 뜻하는 것으로 볼 때 '"Made in USA"라고 라벨 표기된 제품을 수출할 수 있도록 그렇게 했다'와 같은 의미를 구성해야 자연스러우므로 '~하도록'이라는 의미로 목적을 나타내는 접속사 (d) so that이 정답입니다.

어휘 rumor 소문 surface 표면화되다, 수면 위로 떠오르다 rename ~을 개명하다 export ~을 수출하다 label ~을 라벨로 표기하다 prove 형용사: ~인 것으로 드러나다 false 거짓의 even though 비록 ~이기는 하지만 unless ~하지 않는다면, ~가 아니라면

3.

정답 (c)

해석 피사의 사탑은 그것이 서 있는 곳의 약한 토양 때문에 기울어져 있다. 그와 동시에, 그 탑을 최소 네 차례의 강한 지진으로부터 보호해 준 것도 바로 이 탄력있는 토양이었다.

해설 빈칸에 알맞은 접속부사를 고르는 문제이므로 앞뒤 문장들의 의미 관계를 확인해야 합니다. 빈칸 앞에는 약한 토양이 피사의 사탑에 미치는 부정적인 영향이, 빈칸 뒤에는 그 토양이 미친 긍정적인 영향이 각각 쓰여 있습니다. 이는 동시에 미치는 양면적인 영향을 말하는 흐름이므로 '그와 동시에'라는 의미로, 고려해야 하는 대조적인 사실을 말할 때 사용하는 (c) At the same time이 정답입니다.

어휘 tilted 기울어진 soil 토양, 흙 it is A that: ~한 것이 바로 A이다 protect A from B: B로부터 A를 보호하다 at least 최소한, 적어도 earthquake 지진 in other words 다시 말해서 therefore 따라서, 그러므로 otherwise 그렇지 않으면, 그 외에는, 달리

4.

정답 (a)

해석 앰버는 명문대인 웨스먼 대학교로부터 입학 허가서를 받기를 바라고 있다. 그녀는 꿈에 그리던 대학교로부터 거절 당할 경우를 대비해 자신의 고향이 있는 주에 속한 몇몇 더 작은 대학교에도 지원했다.

해설 문장의 의미에 어울리는 접속사를 고르는 문제입니다. 빈칸이 속한 문장이이 '꿈에 그리던 대학교로부터 거절 당할 경우에 대비해 ~ 몇몇 더 작은 대학교에도 지원했다'와 같은 의미를 구성해야 자연스러우므로 '~하는 경우에 (대비해)'를 뜻하는 접속사 (a) in case가 정답입니다.

어휘 acceptance letter 입학 허가서 prestigious 명문의, 권위 있는 apply to ~에 지원하다 get p.p. ~되다, ~된 상태가 되다 reject ~을 거절하다 in case (that) ~하는 경우에 (대비해) unless ~하지 않는다면, ~가 아니라면 even though 비록 ~하기는 하지만

5.

정답 (d)

해석 캐리비안 지역의 타이노족 사람들은 1500년대에 유럽 식민지 개척자들에 의해 말살된 것으로 여겨졌다. 하지만, 최근의 연구에 따르면 푸에르토리코 사람들의 15퍼센트가 타이노족 혈통을 지니고 있는 것으로 나타났다.

해설 빈칸에 알맞은 접속부사를 고르는 문제이므로 앞뒤 문장들의 의미 관계를 확인해야 합니다. 빈칸 앞 문장에는 타이노족 사람들이 과거에 말살된 것으로 여겨졌다는 말이, 빈칸 뒤에는 푸에르토리코 사람들의 15퍼센트가 타이노족 혈통을 지니고 있다는 말이 각각 쓰여 있습니다. 이는 타이노족 혈통 유지와 관련해 서로 다른 정보를 언급하는 대조적인 흐름이므로 '하지만' 등의 의미로 대조나 반대를 나타낼 때 사용하는 (d) However가 정답입니다.

어휘 region 지역, 지방 be thought to 동사원형: ~하는 것으로 여겨지다 wipe out ~을 말살시키다, ~을 전멸시키다 colonizer 식민지 개척자 recent 최근의 reveal that ~임을 나타내다, ~임을 드러내다 ancestry 혈통, 가계

6.

정답 (a)

해석 타일러는 새로운 롤러 코스터 '스틸 골리앗'을 타고 싶어하지만, 1시간을 기다려야 하는 줄이 늘어져 있다. 그가 기꺼이 기다릴 것이 아니라면, 그는 줄이 더 짧을 때 돌아와야 할 것이다.

해설 빈칸에 들어갈 알맞은 접속사를 고르는 문제입니다. 빈칸 뒤에 위치한 종속절의 내용은 '그는 기꺼이 기다릴 것이다'라는 내용을 나타내며, 그 뒤에 위치한 주절의 내용은 '줄이 더 짧을 때 돌아와야 할 것이다'라는 의미입니다. 그가 기다린다면 그 줄에 머물러 있는 것을 의미하므로 줄이 짧을 때 돌아온다는 것은 서로 상반된 상황을 나타낸다는 것을 알 수 있습니다. 따라서 '그가 기꺼이 기다리지 않을 것이라면'이라는 의미로 주절과 연결되는 것이 자연스러우므로 부정의 의미가 포함된 '~하지 않는다면'이라는 의미의 접속사 (a) Unless가 정답입니다.

어휘 be willing to 동사원형: 기꺼이 ~하다 will have to 동사원형: ~해야 할 것이다 unless ~하지 않는다면 whenever ~할 때마다 once 일단 ~하면

7.

정답 (d)

해석 미국에서 시외 여객 철도 서비스를 개선하는 일에 대한 관심이 증가되고 있다. 고속 철도는 여행객들에게 비싸지 않으면서 쉽게 이용할 수 있는 대안을 제공해 줄 수 있다. 게다가, 개선된 철도 서비스는 개인 차량에서 나오는 탄소 배출물도 감소시킬 수 있다.

해설 빈칸에 알맞은 접속부사를 고르는 문제이므로 앞뒤 문장들의 의미 관계를 확인해야 합니다. 빈칸 앞에는 고속 철도가 지닌 비용 및 이용 편의성과 관련된 한 가지 장점이, 빈칸 뒤에는 탄소 배출물 감소라는 또 다른 장점이 쓰여 있습니다. 따라서 한 가지 장점 뒤에 또 다른 장점이 덧붙여진 흐름임을 알 수 있으므로 '더욱이, 게다가'라는 의미로 추가를 나타낼 때 사용하는 (d) Furthermore가 정답입니다.

어휘 increased 증가된, 늘어난 interest in ~에 대한 관심 improve ~을 개선하다, 향상시키다 intercity passenger rail service 시외 여객 철도 서비스 offer ~을 제공하다 inexpensive 비싸지 않은 alternative 대안 reduce ~을 감소시키다, 줄이다 carbon emissions 탄소 배출(물) vehicle 차량 as a result 결과적으로 otherwise 그렇지 않으면, 달리 consequently 결과적으로, 그 결과 furthermore 게다가, 더욱이

8.

정답 (b)

해석 잭슨 텀버울브스는 약체로서 감동을 주는 이야기로 스포츠를 사로잡았다. 부적합 선수들로 구성된 이 팀은 비록 정규 시즌 경기 대부분을 지고 스타 선수를 부상으로 잃었지만 챔피언십 플레이오프 경기에서 굴하지 않고 승리를 거뒀다.

해설 문장에 알맞은 전치사 또는 접속사를 고르는 문제입니다. 우선, 빈칸 뒤에 주어와 동사가 (it had lost) 있으므로 접속사가 빈칸에 필요합니다. 또한 '비록 정규 시즌 성적이 좋지 않고 스타 선수를 부상으로 잃었지만 승리를 거뒀다'와 같은 의미가 되어야 알맞으므로 '비록 ~하지만'을 뜻하는 접속사 (b) although가 정답입니다. 참고로 (a) despite는 전치사이며, (d) before는 전치사와 접속사로 모두 쓰입니다.

어휘 captivate ~을 사로잡다, 매혹시키다 inspiring 감동을 주는, 영감을 주는 underdog 약체, 약자 misfit 부적합자, 부적응자 persevere to 동사원형: 굴하지 않고 ~해내다, 꾸준히 ~해 나가다 lose ~에서 지다, 패배하다, ~을 잃다 regular season 정규 시즌 injury 부상 despite ~에도 불구하고 although 비록 ~이기는 하지만 except for ~을 제외하고

9.

정답 (c)

해석 닉과 제이미의 신혼여행은 재앙이었다. 그 기간 내내 비가 내렸고, 호텔은 악몽 같았으며, 심지어 여권을 잃어버리기까지 했다. 그럼에도 불구하고, 행복한 신혼부부에게 있어 지금은 함께 웃을 수 있는 기억에 남을 만한 경험이었다.

해설 빈칸에 알맞은 접속부사를 고르는 문제이므로 앞뒤 문장들의 의미 관계를 확인해야 합니다. 빈칸 앞에는 몇 가지 좋지 못했던 경험을 말하는 부정적인 말이, 빈칸 뒤에는 함께 웃을 수 있는 기억에 남을 만한 경험이었다는 긍정적인 말이 쓰여 있습니다. 따라서 서로 대조적인 내용이 이어지는 흐름임을 알 수 있으므로 '그럼에도 불구하고'라는 의미로 대조나 반대 등을 나타낼 때 사용하는 (c) Nonetheless가 정답입니다.

어휘 honeymoon 신혼여행 disaster 재앙 the whole time 내내, 시종 even 심지어 (~도) memorable 기억에 남을 만한 newlyweds 신혼부부 therefore 따라서, 그러므로 besides 게다가, 뿐만 아니라 nonetheless 그럼에도 불구하고 furthermore 더욱이, 게다가

10.

정답 (c)

해석 <애니멀 크로싱: 뉴 호라이즌스>는 최신 게임 시리즈에서 베스트셀러 항목이다. 편한 마음으로 즐길 수 있고 느긋하게 해주는, <뉴 호라이즌스>는 아이들뿐만 아니라 어른들의 마음도 끌고 있는데, 흔히 현실의 삶 속에서 놓치게 되는 재무와 관련된 창의적인 통제 감각을 제공해주기 때문이다.

해설 문장에 알맞은 접속사를 고르는 문제입니다. 선택지가 모두 접속사이므로 의미를 확인해야 하는데, '현실 속에서 놓치게 되는 감각을 제공해주기 때문에 사람들의 마음을 끌고 있다'와 같은 의미로 어른과 아이들의 마음을 끄는 원인으로 언급되는 것이 자연스러우므로 '~하기 때문에'라는 의미로 이유를 나타낼 때 사용하는 (c) because가 정답입니다.

어휘 entry 항목, 등록, 기재 사항 light-hearted 편한 마음으로 즐길 수 있는, 마음이 가벼운 relaxing 느긋하게 해 주는, 편안하게 하는 appeal to ~의 마음을 끌다, 흥미를 끌다 as well as ~뿐만

아니라 …도 provide ~을 제공하다 a sense of ~에 대한 감각, ~감 financial 재무의, 금융의 creative 창의적인 control 통제, 제어 missing 놓치는, 빠진, 없는, 사라진 even though 비록 ~이기는 하지만 so that (목적) ~할 수 있도록, (결과) 그래서, 그래야 whereas ~인 반면에

11.
정답 (d)

해석 뉴욕 시에 있는 타임스 스퀘어는 전에 롱에이커 스퀘어라고 불렸다. 뉴욕 타임스 신문사가 1904년에 그 지역으로 본사를 옮기기 전까지 그 유명한 상업적 교차로는 이 원래의 명칭을 사용했다.

해설 문장의 의미에 어울리는 접속사를 고르는 문제입니다. 빈칸 앞뒤 부분을 읽어 보면, '뉴욕 타임스 신문사가 1904년에 그 지역으로 본사를 옮기기 전까지 ~가 이 원래의 명칭을 사용했다'와 같은 의미를 구성해야 가장 자연스러우므로 '~하기 전까지'를 뜻하는 (d) until이 정답입니다.

어휘 used + to 동사원형: 전에 ~했다, ~하곤 했다 commercial 상업적인 intersection 교차로 original 원래의, 원본의 headquarters 본사 since ~한 이후로, ~하기 때문에

12.
정답 (d)

해석 의심할 여지도 없이, 투구 영재 김준호는 그의 세미 프로팀인 볼더 배저스에서 올해의 신인상을 받을 것이다. 사실, 그의 통계 자료는 너무 뛰어나서 그는 다음 시즌에 메이저 리그로 선발될 가능성도 있을 것이다.

해설 빈칸에 들어갈 알맞은 접속부사를 고르는 문제입니다. 빈칸의 앞 문장은 김준호 선수가 그의 세미 프로팀에서 신인상을 받을 것이라는 내용이며, 빈칸 뒤에 있는 문장은 그의 통계(기록)가 너무 뛰어나서 다음 시즌에 메이저리그로 선발될 가능성도 있다는 내용입니다. 이 두 문장의 내용의 관계는 앞 문장에서 언급한 내용에 부연하여 더 구체적인 내용을 추가로 설명을 하는 것이므로, 이에 적합한 접속부사는 '사실은'이라는 의미를 가진 (d) In fact입니다.

어휘 without a doubt 의심할 여지 없이, 틀림없이 pitching 투구, 피칭 prodigy 영재 rookie 신참, 신인 선수 semi-pro 세미 프로, 반직업인의 statistics 통계, 통계 자료 phenomenal 경이로운, 뛰어난 likely ~할 것 같은, 가능성이 있는 draft 선발하다, 뽑다 thus 그러므로, 이와 같이 in short 요컨대

13.
정답 (a)

해석 교외 지역에서 토요일 저녁에 시내로 갈 계획을 하고 있다면, 운전을 하는 것 대신에 고속 기차를 타고 시내로 가는 것이 낫다. 그렇지 않으면, 당신은 시내로 가는 도로를 막고 있는 교통 정체에 갇히게 될 것이다.

해설 빈칸에 들어갈 알맞은 접속부사를 고르는 문제입니다. 빈칸의 앞 문장은 운전하는 것 대신 고속 기차를 타고 시내로 가는 것이 낫다는 내용이며, 빈칸 뒤에 있는 문장은 도로를 막는 교통 정체에 갇히게 될 것이라는 내용입니다. 앞 문장에서 언급한 '운전을 하는 것 대신에'라는 내용과 연관되어, 뒷문장은 '만약 운전을 한다면 교통 정체에 갇히게 될 것'이라고 연결되므로, 빈칸에 들어갈 접속부사의 의미는 '그렇지 않으면'이 적절합니다. 따라서 이러한 의미를 가진 접속부사 (a) Otherwise가 정답입니다.

어휘 head ~로 향하다, ~로 가다 suburb 교외 지역 had better + 동사원형: ~하는 것이 낫다, ~하는 것이 좋다 express train 고속 기차 instead of ~대신에 get stuck in ~에 갇히다, ~에서 꼼짝하지 못하다 heavy traffic 교통 정체 clog 막다 otherwise 그렇지 않으면 additionally 게다가 therefore 따라서, 그러므로

14.
정답 (d)

해석 조슈아는 그가 친구들과 퇴근 후 맥주를 마시기 위해 만났던 바에서 집으로 운전하려는 시도를 하지 말았어야 했다는 것을 알았다. 한 경찰관이 조슈아가 중앙선을 넘어 갑자기 방향을 트는 것을 본 후 풀머 스트리트에서 그의 차를 세웠다.

해설 빈칸 뒤에 콤마(,)가 없어서 빈칸에 접속부사가 들어갈 수 없기 때문에 알맞은 의미의 부사절 접속사를 고르는 문제입니다. 빈칸의 앞 문장은 경찰관이 그의 차를 세웠다는 내용이며, 빈칸 뒤에 있는 문장은 경찰관이 조슈아가 중앙선을 넘어 갑자기 방향을 트는 것을 보았다는 내용입니다. 따라서 두 문장 사이에는 '조슈아가 중앙선을 넘어 갑자기 방향을 트는 것을 보았고, 그 후에 경찰관이 그의 차를 세웠다'는 선후관계가 성립하므로 빈칸에 들어갈 접속사는 '~후에'라는 의미를 가진 (d) after가 적절합니다.

어휘 should not have p.p. ~하지 말았어야 했다 try + -ing: ~하는 것을 시도하다, 시험삼아 ~해보다 after-work 업무 후의, 퇴근 후의 pull over 차를 세우다, 길 한쪽으로 빠지다 observe 보다, 관찰하다 swerve 갑자기 방향을 틀다, 탈선하다 center line 중앙선 thus 따라서, 그러므로 although 비록 ~하지만 as long as ~하는 한 after ~후에

15.
정답 (c)

해석 일년생 식물은 단일 성장기에 발아, 성숙, 번식, 그리고 죽음이라는 생활 주기 전체를 가지는 식물을 포함한다. 반면에, 다년생 식물은 더 오랜 생을 살며, 다수의 번식 기간을 가진다.

해설 빈칸 뒤에 콤마(,)가 있고 주어와 동사가 있는 문장이 시작되므로 빈칸에 들어갈 알맞은 의미의 접속부사를 고르는 문제입니다. 빈칸 앞의 문장은 일년생 식물이 단일 성장기 동안 발아하여 죽는다는 생활 주기에 관한 내용이며, 빈칸 뒤의 문장은 다년생 식물이 더 오래 살고, 여러 번 번식 기간을 갖는다는 내

용이므로, 두 문장의 내용이 서로 상반되는 대조를 이루고 있습니다. 따라서 빈칸에 들어갈 알맞은 의미의 접속부사는 '반면에', '한편으로'라는 의미인 (c) On the other hand입니다.

어휘 annual 일년생 식물 include 포함하다 plant 식물 life cycle 생활 주기 germination 발아, 성장 maturation 성숙 single 단일의 perennial 다년생 식물 multiple 다수의, 여러 개의 reproductive 번식의 episode 단계, 기간, 회차

16.
정답 (d)

해석 최근의 인터뷰에서 판타지 소설 작가 조지 머튼은 사람들이 오랫동안 기다려온 『와이번과의 왈츠』에 대한 속편 집필을 거의 완료하였다고 말했다. 하지만, 그의 출판사는 아직 예상 발매일에 대한 것을 아무것도 말해주지 않았다.

해설 빈칸 뒤에 콤마(,)가 있고 주어와 동사가 있는 문장이 시작되므로 빈칸에 들어갈 알맞은 의미의 접속부사를 고르는 문제입니다. 빈칸 앞의 문장은 판타지 소설 작가가 사람들이 오래 기다려온 속편을 거의 완성하였음을 말했다는 내용이며, 빈칸 뒤의 문장은 출판사가 아직 예상 발매일을 말해주지 않았다는 내용입니다. 사람들이 오랫동안 기다려온 속편이므로 사람들이 발매일이 언제인지 알고 싶을텐데 '아직' 말하지 않았다는 것을 미루어 보아 두 문장의 관계는 역접의 관계로 볼 수 있습니다. 따라서 '하지만, 그러나'라는 의미를 가진 접속부사 (d) However가 정답입니다.

어휘 fantasy author 판타지 소설 작가 share (자신의 생각을) 말하다 long-awaited 사람들이 오래 기다려온 sequel 속편 wyvern 와이번, 비룡(상상의 동물) publisher 출판사, 출판업체 release date 출시일, 발매일 besides 게다가 in fact 사실 therefore 따라서, 그러므로 however 그러나, 하지만

17.
정답 (b)

해석 네이쓴이 우리와 함께 이번 주말에 캠핑 여행을 가기로 결정했다는 것에 나는 기쁘다. 그는 최근에 우리와 함께 많이 어울려 놀지 않았는데, 왜냐하면 그가 신디와의 이별을 극복하느라 힘든 시간을 보내고 있었기 때문이다. 아마도 그는 마침내 거기서 돌아올 준비가 되었는지도 모른다.

해설 문장에 알맞은 접속사를 고르는 문제입니다. 선택지가 모두 접속사이므로 의미를 확인해야 하는데, '그가 신디와 헤어지고 힘든 시간을 보고 있었다'는 빈칸 뒤의 내용이 '그가 우리와 최근에 많이 어울려 놀지 못했다'는 빈칸 앞 문장의 내용에 대한 이유나 원인으로 볼 수 있으므로, '왜냐하면 ~하기 때문에'라는 의미로 이유를 나타낼 때 사용하는 (b) because가 정답입니다.

어휘 glad 기쁜 hang out with ~와 어울려 놀다 have a hard time -ing: ~하느라 힘든 시간을 보내다 get over 극복하다, 회복하다 breakup 이별, 헤어짐 finally 마침내 ready to 동사원형: ~할 준비가 된 get back 돌아오다

18.
정답 (c)

해석 FOMO—좋은 기회를 놓치는 것에 대한 두려움—가 주식 시장에서 소매 투자자들의 증가 뒤에 있는 주요 동기요인인 것으로 예상되고 있으며, 이것은 걱정스러운 것이다. 투자자들은 그들이 좋은 성과를 내고 있을 때만 언제든 자신의 주식에 대해 이야기를 하고, 반면에 자신의 손실은 자신만의 비밀로 간직한다는 것을 사람들은 기억해야 한다.

해설 문장에 알맞은 접속사를 고르는 문제입니다. 선택지가 모두 접속사이므로 의미를 확인해야 하는데, 빈칸 앞의 명사절 접속사 that절은 투자자들은 주식에 대해 말한다는 내용이고, 빈칸 뒤의 내용은 그들이 성과를 잘 내고 있는 중이라는 내용입니다. 투자자들이 주식에 대해 말하는 때가 바로 그들이 성과를 잘 내고 있는 중일 때라는 의미로 빈칸에 들어갈 접속사는 시간에 관련된 접속사가 적절합니다. 보기 중에서 시간에 관련된 접속사는 until과 whenever가 있는데, '~까지'라는 의미의 부사절 접속사 until은 두 문장을 연결하기에 의미가 자연스럽지 않으므로 오답이며, '~할 때 마다, ~할 때는 언제든지'라는 의미의 접속사 whenever가 쓰여 '성과를 잘 내고 있는 중일 때마다 주식에 대해 이야기한다'라는 의미를 나타내는 것이 적절합니다. 따라서 정답은 (c) whenever입니다.

어휘 FOMO 사교 모임에서 얻을 수 있는 좋은 기회를 놓치고 싶지 않은 사회 심리적 불안 fear 공포, 두려움 miss out 좋은 기회를 놓치다, 실패하다 motivator 동기 요인, 동기를 부여하는 것 rise 상승, 증가 retail investor 소매 투자자 stock market 주식 시장 worrisome 걱정하게 만드는, 걱정스러운 perform well 좋은 성과를 내다

DAY 10 관계사

실력 확인 퀴즈

1. (a)   2. (d)   3. (b)

1.
정답 (a)

해석 그 영화 감독은 그의 할아버지 덕분에 어린 나이였을 때부터 영화를 좋아했는데, 그의 할아버지는 할리우드의 황금기 동안 할리우드에서 일했었다.

해설 빈칸 앞에 들어갈 알맞은 관계사절을 고르는 문제입니다. 보기 (a)~(d)가 모두 관계대명사만 다르고 나머지가 동일하므로, 선행사를 보고 알맞은 관계대명사를 찾는 유형입니다. 콤마(,) 앞에 위치한 선행사 his grandfather는 사람 명사이므로, 관계대명사 who로 시작하는 (a) who had worked가 정답입니다.

어휘 cinema 영화 thanks to ~덕분에 Golden Age (할리우드의) 황금기, 전성기

2.
정답 (d)

해석 보험이 없는 많은 미국인들이 캐나다에서의 의료 서비스를 찾는데, 그곳에서는 의료 보험이 무료이다.

해설 빈칸에 들어갈 알맞은 관계사절을 고르는 문제입니다. 빈칸 앞에 있는 선행사가 Canada로, 사람 명사가 아닌 장소 명사이므로 관계대명사 which나 that, 그리고 관계부사 where로 시작하는 관계사절이 정답이 될 수 있습니다. 보기 (a)~(d)에서 관계사 뒤의 문장 구조가 「주어(healthcare) + 자동사(is) + 보어(free)」로 구성된 완전한 절이므로, 주어나 목적어가 없는 불완전한 절을 이끄는 관계대명사 which, that은 쓰일 수 없습니다. 따라서 정답은 장소를 나타내는 관계부사 where로 시작하는 (d) where healthcare is free입니다.

어휘 insurance 보험 seek 찾다, 구하다 medical 의료의 healthcare 의료 보험 free 무료의

3.
정답 (b)

해석 그레이 씨는 뜻하지 않게 그녀의 지갑을 회의실에 놔뒀는데, 그곳은 지금 청소가 되는 중이다.

해설 빈칸에 들어갈 알맞은 관계사절을 고르는 문제입니다. 선행사가 the conference room으로 사물 명사이면서 동시에 장소 명사로도 쓰일 수 있으므로 that 또는 which로 시작하는 관계대명사절이나, 관계부사 where로 시작하는 관계사절이 정답이 될 수 있습니다. (c) where it is being cleaned는 where 뒤에 it is being cleaned로 완전한 절의 구조를 가지고 있지만 주어인 it이 가리키는 것이 선행사인 the conference room이므로 그 의미가 where과 중복이 되기 때문에 (c)는 어법상 어색하여 오답입니다. 그리고 빈칸 앞에 콤마(,)가 있는 것으로 보아 관계사의 계속적 용법이 사용되어 있음을 알 수 있으므로 관계대명사 that 또한 쓰일 수 없습니다. 따라서 정답은 (b) which is being cleaned입니다.

어휘 accidentally 우연히, 뜻하지 않게 leave 놔두다, 놓고 가다 conference room 회의실

연습 문제

1. that draws the biggest crowds
2. where she could enjoy
3. which was released
4. when responsibilities were few
5. that clicked with him
6. when the number of tourists doubles

1.
정답 that draws the biggest crowds

해설 선행사가 the painting으로 사물 명사이므로 관계대명사 that으로 시작하는 that draws the biggest crowds가 정답입니다. 관계대명사 whose는 뒤에 명사와 함께 쓰여 「whose + 명사」가 하나의 대명사로 쓰여 주어나 목적어로 쓰입니다. whose biggest crowds draws에서 주어가 whose biggest crowds로 복수명사인데, 동사가 단수동사 형태인 draws이므로 문법적으로 맞지 않기 때문에 오답입니다.

2.
정답 where she could enjoy

해설 선행사가 a large university로 사물 명사이자 장소 명사이므로 관계사 뒤의 문장 구조를 통해 관계대명사 which와 관계부사 where 중 어느 것이 쓰여야 하는지 판단해야 합니다. 두 개의 보기에서 관계사 뒤의 문장 구조는 「주어(she) + 타동사(could enjoy) + 목적어(a vibrant social life)」가 모두 갖춰진 완전한 문장이며, 의미상 그녀가 활기 넘치는 사회생활을 즐길 수 있는 장소가 큰 대학교라는 의미이기 때문에 선행사인 a large university가 장소의 의미로 사용되었으므로 정답은 where she could enjoy입니다.

3.
정답 which was released

해설 선행사인 "Dynamite"는 노래 제목이므로 사물 명사로 취급합니다. 그래서 which와 that을 모두 사용할 수 있습니다. 하지만 선행사 뒤에 콤마(,)가 있으므로 관계대명사가 계속적 용법으로 사용되었음을 알 수 있습니다. 그래서 관계대명사 that은 사용할 수 없으므로 정답은 which was released입니다.

4.
정답 when responsibilities were few

해설 선행사가 a time으로 사물 명사이자 시간 명사이므로 관계대명사 which나 관계부사 when으로 시작하는 관계사절을 사용할 수 있습니다. 두 개의 보기에서 관계사 뒤의 문장 구조는 「주어(responsibilities) + 자동사(were) + 보어(few)」가 모두 갖춰진 완전한 문장이며, 의미상 책임감이 거의 없었던 시기라는 의미이기 때문에 선행사인 a time이 시간의 의미로 사용되었으므로 정답은 when responsibilities were few입니다.

5.
정답 that clicked with him

해설 선행사인 a friend는 사람 명사이므로, 관계사 who 또는 that을 사용할 수 있습니다. 따라서 보기 중에서 관계대명사 that으로 시작하는 that clicked with him이 정답입니다.

6.

정답 when the number of tourists doubles

해설 선행사가 the summer로 사물 명사이자 시간 명사이므로 관계대명사 which나 관계부사 when으로 시작하는 관계사절을 사용할 수 있습니다. 두 개의 보기에서 관계사 뒤의 문장 구조는 「주어(the number of tourists) + 자동사(doubles)」로, 자동사 double이 보어를 가지지 않는 자동사이기에 완전한 문장입니다. 또한 의미상 관광객의 수가 두배가 되는 여름이라는 의미이기 때문에 선행사인 the summer가 시간의 의미로 사용되었으므로 정답은 when the number of tourists doubles입니다.

실전 문제

1. (b)	2. (a)	3. (d)	4. (c)	5. (b)
6. (a)	7. (b)	8. (b)	9. (c)	10. (b)
11. (a)	12. (b)	13. (a)	14. (d)	15. (b)
16. (c)	17. (a)	18. (a)		

1.

정답 (b)

해석 벌새의 심장은 분당 1,200비트의 평균 속도로 뛴다. 분당 겨우 60~100회밖에 뛰지 않는, 인간의 심장은 그에 비해 상당히 더 느리다.

해설 선행사인 사물 명사 human heart를 뒤에서 수식할 관계사절을 골라야 하므로 사물 명사를 수식할 수 있으면서 콤마와 함께 삽입되는 구조에 쓰일 수 있는 관계사 which가 이끄는 (b) which only beats가 정답입니다.

어휘 hummingbird 벌새 beat ⑨ (심장이) 뛰다, 두드리다 ⑩ 비트, 박자 rate 속도, 등급, 비율, 요금 significantly 상당히, 많이 by comparison 그에 비해, 비교상으로

2.

정답 (a)

해석 어떤 사람들은 화성이 그 붉은 색 때문에 뜨거운 행성이라고 추정하지만, 그 행성은 사실 지구보다 더 차갑다. 그 이유는 그 행성이 소유하고 있는 극도로 얇은 대기가 어떤 열도 유지하지 않기 때문이다.

해설 atmosphere 같은 사물 명사를 수식할 관계사절을 고를 때 관계대명사 that 또는 which가 이끄는 절은 「that[which] + 불완전한 절」의 구조로, 그리고 관계부사 where가 이끄는 절은 「where + 완전한 절」의 구조로 쓰여야 합니다. 따라서, that 뒤에 타동사 possesses의 목적어가 빠진 불완전한 절 the planet possesses이 쓰인 (a) that the planet possesses이 정답입니다.

어휘 assume that ~라고 추정하다, ~라고 생각하다 planet 행성 extremely 극도로, 대단히, 매우 thin 얇은, 가는 atmosphere 대기 retain ~을 유지하다, ~을 함유하다 possess ~을 소유하다

3.

정답 (d)

해석 양, 소, 사슴과 같은 동물들은 반추동물인데, 이는 그들이 부분적으로 소화된 음식을 다시 씹는다는 것을 의미한다. 반추는 소화시키기 어려운 풀에서 더 많은 영양분을 추출하기 위해 동물들이 사용하는 음식을 먹는 기술이다.

해설 사물 명사 a feeding technique을 뒤에서 수식할 관계사절을 고르는 문제입니다. 선택지 (a)~(d)를 보고 빈칸에 들어갈 관계사절이 관계대명사 뒤에 주어 animals와 동사 use로 구성되는 구조임을 알 수 있습니다. 사물 명사를 수식하는 관계대명사는 which 또는 that인데, (a)~(d) 중에는 which로 시작하는 관계사절이 없으므로 정답은 (d) that animals use입니다.

어휘 ruminant 반추동물 chew 씹다 partially 부분적으로, 일부 digested 소화된 ruminate 반추하다, 되새김질하다 feeding 음식을 섭취하는 technique 기술 extract 추출하다, 뽑아내다 nutrition 영양분 grass 풀 digest 소화시키다

4.

정답 (c)

해석 미국 남부의 여러 지역에서는, 일부 주택 소유주들이 현관 천장을 독특한 색조인 연한 청색으로 칠한다. 이 색상은, "헤인트 블루"라고 불리는데, 어떤 사람들은 악령을 혼란스럽게 만들어 집에 들어가지 못하게 막아 준다고 여긴다.

해설 사물 명사 color를 뒤에서 수식할 관계대명사절을 골라야 하므로, 사물 명사를 수식할 수 있으면서 콤마와 함께 삽입되는 구조에 쓰일 수 있는 관계대명사 which가 이끄는 (c) which is called "haint blue"가 정답입니다. (a)의 that은 콤마 뒤에 쓰일 수 없고, (b)의 what은 명사를 수식하는 역할을 하지 않습니다.

어휘 porch 현관 ceiling 천장 distinct 독특한, 뚜렷이 구별되는 shade 색조 be believed + to 동사원형: ~하는 것으로 여겨지다 confuse ~을 혼란스럽게 만들다, ~을 헷갈리게 하다 evil spirit 악령 prevent + 목적어 + from -ing: (목적어)가 ~하지 못하게 막다

5.

정답 (b)

해석 크레이그는 스코틀랜드로 떠난 최근의 휴가 중에 끔찍한 시간을 보냈다. 모든 것을 준비해 준, 그의 친구 아서는 끔찍한 호텔을 예약했고, 신뢰할 수 없는 교통편을 마련했으며, 그렇게 좋지 않은데 너무 비싼 레스토랑들을 선택했다.

해설 사람 명사 Arthur를 뒤에서 수식할 관계사절을 고르는 문제입니다. 선택지 (a)~(d)를 보고 빈칸에 들어갈 관계사절이 관계대명사 뒤에 타동사 organized와 목적어 everything이 이어

지는 구조임을 알 수 있습니다. 사람 명사를 수식하는 관계대명사는 who 또는 that인데, 빈칸 앞에 콤마가 있으므로 관계대명사 who로 시작하는 (b)가 정답입니다. 관계대명사 that은 콤마(,) 뒤에 사용할 수 없는 관계대명사입니다. 빈칸 앞에 콤마(,)가 있는 경우 that으로 시작하는 관계사절은 오답으로 소거합니다.

어휘 terrible 끔찍한, 지독한(= awful) recent 최근의 book ~을 예약하다 arrange ~을 마련하다, ~을 조치하다 unreliable 신뢰할 수 없는 transportation 교통(편) choose ~을 선택하다 overpriced 너무 비싼 organize ~을 준비하다, ~을 조직하다, ~을 정리하다

6.
정답 (a)

해석 연구에 따르면 코요테를 사냥하려는 시도는 그들이 더 많은 숫자로 번식하는 것을 초래할 수 있는 것으로 나타났다. 코요테를 싫어하는 미국 목장 주인들은 일반적으로 그 생명체를 내버려 두라는 주의를 받는다.

해설 사람 명사 American ranchers를 뒤에서 수식할 관계사절을 고르는 문제입니다. 선택지 (a)~(d)를 보고 빈칸에 들어갈 관계사절이 관계대명사 뒤에 수동태 동사 are known이 이어지는 구조임을 알 수 있습니다. 사람 명사를 수식하는 관계대명사는 who 또는 that인데, 빈칸 앞에 콤마가 있으므로 관계대명사 who로 시작하는 (a)가 정답입니다.

어휘 attempt to 동사원형: ~하려는 시도 cause + 목적어 + to 동사원형: (목적어)가 ~하는 것을 초래하다 breed 번식하다, 새끼를 낳다 rancher 목장 주인 typically 일반적으로 be cautioned to 동사원형: ~하라는 주의를 받다 leave + 목적어 + alone: (목적어)를 내버려 두다 creature 생물(체) be known to 동사원형: ~하는 것으로 알려지다

7.
정답 (b)

해석 모스코븀이라는 원소는 2003년에 합동 원자핵 연구소의 러시아 과학자 및 미국 과학자들에 의해 발견되었다. 이 시설은 모스크바에 있으며, 이 원소는 이 도시의 이름을 따 명명된 것이다.

해설 사물 명사 Moscow를 뒤에서 수식할 관계사절을 고르는 문제입니다. 선택지 (a)~(d)를 보고 빈칸에 들어갈 관계사절이 관계대명사 뒤에 be동사 is와 명사구 보어 the city가 이어지는 불완전한 구조임을 알 수 있습니다. 사물 명사를 수식하는 관계대명사는 which 또는 that인데, 빈칸 앞에 콤마가 있으므로 관계대명사 which로 시작하는 (b)가 정답입니다. 관계대명사 that은 콤마(,) 뒤에 사용할 수 없는 관계대명사입니다. 빈칸 앞에 콤마(,)가 있는 경우 that으로 시작하는 관계사절은 오답으로 소거합니다. 또한 관계부사 where 뒤에는 완전한 절이 이어져야 합니다.

어휘 element 원소, 요소 discover ~을 발견하다 facility 시설(물) name A after B: B의 이름을 따서 A를 명명하다

8.
정답 (b)

해석 해밀턴 스키 로지는 겨울 스포츠를 즐길 수 있는 최적의 장소이지만, 산악 지대에 멀리 떨어져 있는 위치로 인해 그곳에 도달하는 것이 어려울 수 있다. 차를 운전해 그 시설로 가려는 방문객들은 특히 1월과 2월 중에 스노우 타이어가 장착된 사륜 구동 차량을 이용해야 한다.

해설 빈칸 앞에 위치한 명사구(선행사) a four-wheel drive vehicle을 부연 설명할 관계사절로 적절한 것을 고르는 문제입니다. 따라서 사물 명사를 수식할 수 있는 관계대명사 that이 이끄는 (b) that is equipped with snow tires가 정답입니다. (a)에 쓰인 where도 장소를 나타내는 사물 명사를 수식할 수는 있지만, where 뒤에 구조가 완전한 절이 있어야 하므로 오답입니다.

어휘 elite 최적의, 최상의 location 장소, 위치 remote 멀리 떨어진, 외딴 make it + 형용사 + to 동사원형: ~하는 것을 …하게 만들다 reach ~에 도달하다, 이르다 drive to 차를 운전해 ~로 가다 lodge (캠핑, 숙박 등의) 시설, 별장, 오두막 four-wheel drive vehicle 사륜 구동 차량 be equipped with ~을 장착하고 있다

9.
정답 (c)

해석 소프트 터치 스킨케어는 1년 내내 사람들이 자외선 차단제를 사용하도록 권장하는 새로운 광고 캠페인을 출시할 것이다. 여름은 대개 사람들이 자외선 차단제를 바를 생각을 하는 유일한 계절이지만, 자외선은 가을이나 겨울에도, 기온에 상관없이 해로울 수 있다.

해설 빈칸에 쓰일 관계사절로 알맞은 것을 고르는 문제입니다. 빈칸 앞에 위치한 명사(선행사)가 시간을 나타내는 명사인 the only season이고, 보기를 보면 각각의 관계사 뒤에 people think to apply sunscreen이라는 「주어(people) + 동사(think) + 목적어(to apply sunscreen)」 구조로 문장 성분이 모두 갖춰진 완전한 문장이므로, 주어나 목적어가 없는 불완전한 절을 이끄는 관계대명사 which, who, that은 정답이 될 수 없고 관계부사 when 또는 where이 이끄는 관계부사가 정답이 됩니다. 그런데 선행사가 시간을 나타내는 명사이므로 관계부사 when이 이끄는 관계부사절 (c) when people think to apply sunscreen이 정답입니다.

어휘 apply (크림이나 약을) 바르다 sunscreen 자외선 차단제 launch 출시하다 advertising campaign 광고 캠페인 encourage 권장하다 wear sunscreen 자외선 차단제를 사용하다 UV ray 자외선 just as ~도 마찬가지로, 꼭 ~ 처럼 no matter ~에 상관없이

10.
정답 (b)

해석 베스트셀러 작가 로렌스 허스트는 올해의 졸업생들에게 유머

러스하고 통찰력 있는 졸업식 연설을 해 주었다. 허스트가 젊었을 때 잠시 공부했던 곳인 윌리엄스 대학교는 졸업식 중에 명예 학위를 수여함으로써 이 작가에게 감사의 뜻을 전했다.

해설 주어 Williams University와 동사 thanked 사이에 콤마와 함께 삽입되어 주어를 부언 설명할 관계사절로 적절한 것을 고르는 문제입니다. 따라서 사물 명사 Williams University를 수식할 수 있는 관계대명사 which와 관계부사 where가 각각 이끄는 (a)와 (b) 중에서 하나를 골라야 합니다. 그런데 관계대명사 which가 이끄는 절은 주어 또는 목적어 등이 빠진 불완전한 구조여야 하며, 관계부사 where가 이끄는 절은 완전한 구조여야 하므로 「where + 완전한 절」인 (b) where Hearst had briefly studied가 정답입니다.

어휘 author 작가, 저자 insightful 통찰력 있는 commencement 졸업식, 학위 수여식 graduate 졸업하다 by (방법) ~함으로써, ~해서 award A B: A에게 B를 수여하다, 주다 honorary degree 명예 학위 ceremony 식, 의식 briefly 잠시, 간단히 in one's youth 젊었을 때

11.

정답 (a)

해석 점점 더 적은 대학생들이 교사가 되려고 공부하고 있는데, 그들은 그 대신 금전적으로 더 많은 보상이 있는 직업을 추구하기로 선택하기 때문이다. 교사들이 받는 낮은 급여가 대부분의 교육자 지망생들을 만류하긴 하지만, 교사들이 받는 스트레스의 양과 지원의 부족 또한 그 직업을 덜 매력적으로 만든다.

해설 빈칸에 쓰일 관계사절로 알맞은 것을 고르는 문제입니다. 빈칸 앞에 위치한 명사(선행사)가 사물 명사인 the low pay이므로 관계대명사는 which 또는 that이 되어야 합니다. 선행사 뒤에 콤마(,)가 없어서 관계대명사 that을 사용할 수 있으므로 정답은 (a) that teachers receive입니다. 관계대명사 what은 사물 선행사의 의미를 포함하고 있는 관계대명사이기 때문에 선행사가 앞에 있는 빈칸에 들어 갈 수 없습니다.

어휘 fewer 점점 더 적은 opt to 동사원형: ~하기로 선택하다 instead 대신에 pursue a career 직업을 선택하다, 경력을 추구하다 financially 금전적으로, 재정적으로 rewarding 돈을 많이 버는, 보상이 있는 while ~이긴 하지만 dissuade 설득하다, 만류하다 would-be ~이 되려고 하는, ~을 지망하는 educator 교육자 amount of ~의 양 lack of ~의 부족, ~의 결핍 support 지원, 보조, 도움 appealing 매력적인, 흥미로운

12.

정답 (b)

해석 폴은 훨씬 나이가 들어서야 미시건의 어퍼 페닌슐라 깊은 곳에 숨겨진 그의 고향, 체다 폴스의 매력을 알아보는 법을 배웠다. 그가 10대였을 때, 그는 그것이 단지 아무 일도 절대 일어나지 않는 마을 뿐이라고 생각했고, 그가 원했던 것은 오직 벗어나는 것이다.

해설 빈칸에 쓰일 관계사절로 알맞은 것을 고르는 문제입니다. 빈칸 앞에 위치한 명사(선행사)가 장소를 나타내는 명사인 a town이고, 보기를 보면 각각의 관계사 뒤에 nothing ever happens라는 「주어(nothing) + 자동사(happens)」 구조로 문장 성분이 모두 갖춰진 완전한 문장이므로, 주어나 목적어가 없는 불완전한 절을 이끄는 관계대명사 which, who, that은 정답이 될 수 없고 관계부사 when 또는 where이 이끄는 관계부사가 정답이 됩니다. 그런데 선행사가 장소를 나타내는 명사이므로 관계부사 where이 이끄는 관계부사절 (b) where nothing ever happens가 정답입니다.

어휘 it's not until ~ that 주어 + 동사: ~가 ~한 것은 ~ 하기 전까지 아니다, ~하고서야 비로소 ~가 ~하다 much + 비교급: 훨씬 더 ~한 appreciate 진가를 알아보다, 이해하다 charm 매력 hidden 숨겨진 deep 깊이, 깊은 곳에 get away 탈출하다, 벗어나다

13.

정답 (a)

해석 오늘날, 부모들은 현대 대중음악의 가사 내용에 점점 놀라고 있다. 라디오에서 지속적으로 재생되는 차트 1위의 싱글 음반들이 생생한 성적인 행위에 관한 것이라는 점은 드문 일이 아니다. 과거의 대중음악들과는 달리, 현대 대중음악은 그것에 대해 심지어 은밀하거나 교묘하지도 않다.

해설 빈칸에 쓰일 관계사절로 알맞은 것을 고르는 문제입니다. 빈칸 앞에 위치한 명사(선행사)가 사물 명사인 chart-topping singles이므로 관계대명사는 which 또는 that이 되어야 합니다. 선행사 뒤에 콤마(,)가 있으므로 관계대명사의 계속적 용법이 쓰여 관계대명사 that이 있는 관계사절은 정답이 될 수 없습니다. 따라서 정답은 (a) which are played constantly입니다. 관계대명사 what은 사물 선행사의 의미를 포함하고 있는 관계대명사이기 때문에 선행사가 앞에 있는 빈칸에 들어갈 수 없습니다.

어휘 increasingly 점점 alarmed by ~에 놀란, ~에 불안해 하는 lyrical 노래 가사의 contemporary 현대의 uncommon 드문, 흔치 않은 chart-topping 차트에서 1위를 하는, 인기 순위 1위의 single 싱글 음반(1곡만 담긴 음반) graphic 생생한 sexual 성적인 unlike ~와 달리 sly 은밀한 subtle 교묘한

14.

정답 (d)

해석 홍보성 선전으로서, 선라이즈 식품은 대중들에게 다음에 나올 아침식사 시리얼 상품의 종류에 대한 투표를 하도록 하였다. 그들은 대중들이 그 회사가 이미 생산하기로 계획하고 있는 맛있는 땅콩 버터맛 시리얼을 고를 것이라고 생각했지만, 투표자들이 파와 같은 맛이 나는 것을 골랐을 때 그 선전은 역효과를 낳았다.

해설 빈칸에 쓰일 관계사절로 알맞은 것을 고르는 문제입니다. 빈칸 앞에 위치한 명사(선행사)가 대명사인 the one이며, 문맥상 the one은 the cereal을 가리키므로 사물 명사입니다. 그래서 관계대명사는 which 또는 that이 되어야 합니다. 선행사

뒤에 콤마(,)가 없으므로 관계대명사 that을 사용할 수 있으므로 정답은 (d) that would taste like green onion입니다. 관계부사 when은 선행사가 시간을 나타내는 명사이고, 관계부사 when 뒤에 완전한 절이 위치할 때 쓸 수 있습니다. 또한 관계대명사 what은 사물 선행사의 의미를 포함하고 있는 관계대명사이기 때문에 선행사가 앞에 있는 빈칸에 들어 갈 수 없습니다.

어휘 **promotional** 홍보의, 홍보성의 **stunt** 선전, 주목을 이끄는 행위 **vote** 투표하다 **line** (상품의) 종류 **assume** 생각하다, 가정하다 **flavored** ~맛이 나는 **backfire** 역효과를 낳다 **taste like** ~와 같은 맛이 나다 **green onion** 파

15.

정답 (b)

해설 직원들이 많은 시간을 사무실에서 낭비하고 있으며, 그 곳에서 더 적은 시간을 보내도록 요구되는 것이 실제로 더 효율적으로 만든다는 것이 밝혀졌다. 최근의 한 연구는 주 4일을 일하는 사람들이 그들의 프로젝트를 일정보다 앞서서 끝내고자 하는 의욕을 더 많이 느낀다는 것을 보여준다.

해설 빈칸에 쓰일 관계사절로 알맞은 것을 고르는 문제입니다. 빈칸 앞에 위치한 명사(선행사)가 사람 명사인 people이므로 관계대명사는 who 또는 that이 되어야 합니다. 보기 중에는 that으로 시작하는 관계대명사절이 없으므로 정답은 (b) who have four-day work weeks입니다. 관계부사 when과 관계대명사 what은 사람 명사가 선행사일 때 사용할 수 없습니다.

어휘 **It turns out** ~라는 것이 밝혀지다 **be required to** 동사원형: ~하는 것이 요구되다 **efficient** 효율적인 **feel motivated to** 동사원형: ~하고자 하는 의욕을 느끼다 **ahead of schedule** 일정보다 앞서서, 예정보다 빨리

16.

정답 (c)

해설 70세에 가까워지자, 팀은 그의 아들 중 한 명에게 그의 식당의 소유권을 전해주고 싶어 하지만, 그들은 그것을 원하지 않을지도 모른다. 레드우드 다이너는 팀의 할머니에 의해 개업되었는데, 수십년 동안 그 지역 공동체에서 주요 특징이 되어 왔다. 하지만, 지금은 이익을 내기 위해 고군분투하고 있다.

해설 빈칸에 쓰일 관계사절로 알맞은 것을 고르는 문제입니다. 빈칸 앞에 위치한 명사(선행사)가 고유명사인 The Redwood Diner로, 사물 명사이므로 관계대명사는 which 또는 that이 되어야 합니다. 선행사 뒤에 콤마(,)가 있으므로 관계대명사의 계속적 용법이 쓰여 관계대명사 that이 있는 관계사절은 정답이 될 수 없습니다. 따라서 정답은 (c) which was opened by Tim's grandmother입니다. 관계대명사 what은 사물 선행사의 의미를 포함하고 있는 관계대명사이기 때문에 선행사가 앞에 있는 빈칸에 들어 갈 수 없습니다.

어휘 **near** ~에 접근하다, 가까이 가다 **pass** 건네 주다, 전달하다 **ownership** 소유권 **diner** 식당 **staple** 주요 특징, 주요 상품 **decade** 10년 **struggle to** 동사원형: ~하려고 애쓰다, ~하기 위해 고군분투하다 **make a profit** 이익을 내다

17.

정답 (a)

해설 헬렌은 아이폰의 새로운 모델을 사기 위해 돈을 모으고 있다. 하지만 그녀의 언니 켈리는 그것이 출시된 첫 주에 구매를 하였는데, 그녀는 그것과 이전 버전 사이의 업그레이드는 거의 알아차리지 못하는 것이라고 헬렌에게 반복적으로 말했다. 그럼에도 불구하고 헬렌은 최신 세대를 가지고 최신 상태를 유지하고 싶어 한다.

해설 빈칸에 쓰일 관계사절로 알맞은 것을 고르는 문제입니다. 빈칸 앞에 위치한 명사(선행사)가 사람 명사와 이름이 함께 쓰인 her sister Kelly이므로 관계대명사는 who 또는 that이 되어야 합니다. 선행사 뒤에 콤마(,)가 있으므로 관계대명사의 계속적 용법이 쓰여 관계대명사 that이 있는 관계사절은 정답이 될 수 없습니다. 따라서 정답은 (a) who purchased one입니다. 관계대명사 what은 사물 선행사의 의미를 포함하고 있는 관계대명사이기 때문에 선행사가 앞에 있는 빈칸에 들어 갈 수 없습니다.

어휘 **save up** 저축하다, 돈을 모으다 **repeatedly** 반복적으로 **previous** 이전의 **barely** 거의 ~않다 **noticeable** 눈에 띄는, 알아차리는

18.

정답 (a)

해설 우리 가족은 내가 잔디를 깎은 후에는 우리 개를 집 안에 붙잡아두려 한다. 이름이 커비인 우리 개는 새로 깎은 잔디에서 이리저리 구르는 것을 아주 좋아하지만, 그것이 그의 하얀 털 위에 푸른 잔디 얼룩을 남긴다.

해설 빈칸이 속한 주절의 주어 My dog과 동사 loves 사이에 콤마와 함께 삽입되어 주어를 부연 설명할 관계사절로 적절한 것을 고르는 문제입니다. 각 선택지에 모두 나타난 명사 name은 개의 이름으로서 주어 My dog이 소유하고 있는 것을 나타냅니다. 이렇게 관계대명사 뒤에 위치하는 명사가 소유 대상일 경우(My dog's name의 의미), 소유격관계대명사를 사용하므로 (a) whose name is Kirby가 정답입니다.

어휘 **try to** 동사원형: ~하려 하다 **mow the lawn** 잔디를 깎다 **roll around** 이리저리 구르다 **freshly** (보통 과거분사와 함께) 새로 ~한, 갓 ~한 **leave A B:** A에게 B를 남기다 **stain** 오점, 흠, 얼룩

10일 단기공략 지텔프 공식 기출 32-65+
독해

DAY 01 독해 질문 유형별 공략

실전 문제

1. (b)	2. (d)	3. (a)	4. (c)	5. (c)
6. (d)	7. (a)	8. (a)	9. (d)	10. (a)
11. (c)	12. (b)	13. (b)	14. (d)	

1-7.

보브캣

보브캣은 스라소니 속, 고양이과의 중간 크기의 동물이다. 또한 붉은 스라소니라고 알려져 있으며, 북아메리카 토종 동물이다. **1** 점무늬의 털 때문에 광범위하게 사냥되어 왔지만, 개체수는 안정되어 있다.

보브캣은 근육이 발달한 다리를 가진 키가 작고 다부진 고양이다. 그들의 뒷다리는 앞다리보다 약간 더 길다. 그들의 높은 어깨와 굵은 털은 덩치가 큰 것처럼 보이게 만드는 반면에, 그들은 약 49인치의 길이까지만 성장하며, 체중은 11 파운드에서 30파운드 사이이다. **2(b)** 그들은 앞다리를 가로지르는 검은색 줄무늬와 뭉뚝하거나 단발에, 끝이 검은색인 꼬리로 쉽게 알아볼 수 있으며, 그 꼬리로부터 그들의 이름이 유래한다. **2(a)** 보브캣은 그들의 사촌 캐나다 스라소니보다 더 작다. 목을 둘러싼 털이 그들의 얼굴 형태를 형성하고 있어서, **2(d)** 그들의 귀를 덮는 털 다발은 더 짧다.

보브캣은 미국에서 서로 인접한 48개의 주와 **2(c)** 캐나다의 7개 주에서 발견될 수 있다. **3** 비록 최근 기후 변화와 온화한 계절을 고려하여 더 먼 북부에서 발견되기도 하지만, 폭설이 캐나다의 북부에서 그들이 너무 멀리 나아가지 못하게 하고 있다. 또한 개체수는 알려져 있지 않지만, 그들은 멕시코 북부에도 살고 있다. 보브캣은 강인하고 은밀하기 때문에, 다양한 환경에서 생존할 수 있다. 그들은 관목지, 숲, 또는 늪지에 상관없이 어떠한 서식지에서든 몸을 숨길 장소를 찾으면 발견하기 힘들다. 추운 기후의 동물들이 온화한 기후의 동물들보다 더 크다고 진술하는 베르그만 규칙에 따라, 캐나다의 보브캣이 멕시코-미국 국경 근처에서 발견되는 보브캣보다 크기가 더 큰 경향이 있다.

보브캣의 식단은 **6** 조정 가능하지만, 주로 설치류와 토끼로 이루어진다. 그들은 생선을 구할 수 있으면 생선을 먹는데, 특히 태평양 연안 북서부에서 연어의 이동 시기 동안에 그러하다. 그들은 또한 그들의 크기의 10배까지 이르는 사슴을 성공적으로 사냥할 수도 있다. **4** 그들은 은밀한 사냥꾼이며, 10 피트까지 뛰어올라 그들의 먹이를 치명적으로 **7** 덮친다. 보브캣은 영역을 가지며, 단독으로 생활한다. 그들은 그들의 영역에 발톱 자국과 오줌의 침전물 및 배설물로 표시를 한다. 암컷들은 약 60일간의 임신기를 가지며, 한 마리에서 여섯 마리의 새끼를 낳는다. 새끼들은 어미와 함께 살며 사냥하는 법을 배운다. 그들은 11개월쯤 그들의 사는 굴을 떠난다.

5 보브캣은 비록 대부분의 야생동물들에게 그런 것처럼 서식지 손실이 여전히 가장 큰 위협이지만 인간의 황무지 거주로 인한 영향에 대체로 적응하였다. 50개 주 중 38개의 주에서 사냥되었지만 지금은 강력하게 규제되고 있다. 보브캣이 쥐약의 독을 섭취한 설치류를 먹을 수도 있기 때문에 쥐약은 또다른 위협이다. 그럼에도 불구하고, 그들의 보존 상태에 관해, 보브캣은 멸종 위험이 낮고 위험 범주에 도달하지 않은 관심 대상으로 남아 있다.

어휘 medium-sized 중간 크기의 lynx 스라소니 genus (생물 분류상의) 속 native to ~에 고유한, ~ 토종의 extensively 광범위하게 spotted 점무늬의, 얼룩무늬의 fur (동물의) 털, 모피 population 개체수 stable 안정적인 stocky 다부진 muscular 근육질의, 근육이 발달한 hind leg 뒷발 foreleg 앞발 appear ~하게 보이다 bulky 덩치가 큰 in length 길이는, 길이에 있어서 weigh 무게가 나가다 recognize 알아보다 tipped 끝이 ~한 stubbed 뭉뚝한 bobbed 단발인 drive from ~로부터 유래하다 Canada lynx 캐나다 스라소니 ear tuft (동물의) 머리 측면에서 뻗어 나와서 귀를 덮는 털 다발 ruff 목 주위에 둘러져 있는 털 frame 형태를 만들다, 틀을 이루다 contiguous 인접한, 근접한 province (행정 단위) 주, 도 prevent + 목적어 + from -ing: (목적어)가 ~못하게 막다 extending 확장하다, 나아가다 further 더 멀리 in light of ~을 고려하여, ~에 비추어 climate change 기후 변화 populate 거주하다 tough 강인한 secretive 비밀스러운, 은밀한 survive 생존하다 elusive 발견하기 힘든, 찾기 어려운 cover 은신처, 몸을 숨길 수 있는 장소 habitat 서식지 scrubland 관목지 swamp 습지 state 진술하다 tend to 동사원형: ~하는 경향이 있다 border 경계, 국경 diet 식단 consist of ~로 구성되다 mainly 주로 rodent 설치류 adaptable 조정 가능한 particularly 특히 salmon run 연어의 이동 Pacific Northwest 태평양 북서부 지역 deer 사슴 up to ~까지 stealthy 은밀한, 살며시 하는 leap 뛰어오르다, 도약하다 lethally 치명적으로 pounce on ~을 (공격하려고) 덮치다, 덤비다 prey 먹이 territorial 영역을 가지는, 영토의 solitary 단독의 mark 표시를 하다 territory 영역, 영토 claw 발톱 deposit 침전물 urine 소변, 오줌 feces 배설물 gestation period 임신 기간 give birth to 출산하다 kitten 새끼 고양이 den (야생 동물이 거주하는) 굴 largely 대체로, 크게 adapt to ~에 적응하다 impact 영향 settlement 거주 wilderness 황무지, 황야 habitat loss 서식지 손실 threat 위협 wildlife 야생동물 regulate 규제하다 rodenticide 쥐약 consume 섭취하다 poison 독 nonetheless 그럼에도 불구하고 regarding ~에 관하여 conservation 보존 status 상태 least-concern species (동/식물이) 멸종 위험이 낮고 위험 범주에 도달하지 않은 관심 대상

1. 보브캣이 사냥되는 주된 이유는 무엇인가?
   (a) 개체수를 조절하기 위해서
   (b) 그들의 털을 수집하기 위해서
   (c) 북아메리카에 있도록 유지시키기 위해서
   (d) 가축을 보호하기 위해서

해설 질문의 키워드인 hunted는 첫 번째 문단에서 Though it has been hunted extensively에서 언급되었습니다. 그 뒤에 사냥을 당한 목적이 점무늬의 털(for its spotted fur)이라는 것이 언급되어 있으므로 정답은 (b)입니다.

어휘 control 조절하다, 제어하다 population 개체수 collect 모으다, 수집하다 livestock 가축

2. 보브캣은 캐나다 스라소니와 어떻게 다른가?
   (a) 보브캣의 크기가 더 크다.
   (b) 보브캣이 더 긴 꼬리를 가졌다.
   (c) 보브캣은 캐나다에 살지 않는다.
   (d) 보브캣은 귀를 덮는 털이 더 작다.

해설 캐나다 스라소니가 언급된 두 번째 문단 후반부를 보면, 보브캣의 귀를 덮는 털도 또한 더 짧다(Bobcats ear tufts are shorter)고 언급되어 있으므로 정답은 (d)입니다. 그 앞 문장에서 보브캣이 캐나다 스라소니보다 더 작다고 언급되어 있으므로 (a)는 오답이며, 보브캣은 뭉툭한 꼬리를 가졌다고 언급되어 있으므로 (b)도 오답입니다. 또한 세 번째 문단 첫 문장에서 캐나다의 7개 주에서 발견된다고 언급되어 있으므로 (c) 또한 오답입니다.

어휘 differ from ~와 다르다 longer 더 긴

3. 보브캣은 향후 무엇을 할 것 같은가?
   (a) 캐나다의 더 깊숙한 곳으로 이동한다
   (b) 하와이와 알래스카로 확산된다
   (c) 남쪽으로 더 멀리 이주한다
   (d) 멕시코에서 더 크게 성장한다

해설 세 번째 문단의 두 번째 문장에서 보브캣이 폭설로 인해 캐나다 북부로 더 멀리 가지 못하였지만 최근에 기후 변화와 온화한 계절로 북쪽으로 더 먼 곳에서 발견되었다(Heavy snow prevents them from extending too far north in Canada, though they have been found further north recently in light of climate change and warmer seasons)고 언급되어 있는 부분에서 기후 변화와 온화한 계절로 인해서 폭설이 줄어들어 보브캣이 향후 점점 더 북쪽으로 나아갈 수 있음을 유추할 수 있습니다. 따라서 정답은 (a)입니다.

어휘 migrate 이주하다, 이동하다 further 더 멀리

4. 보브캣은 대개 어떻게 먹이를 잡는가?
   (a) 개울에서 생선을 잡음으로써
   (b) 발톱으로 그들의 영역에 표시를 함으로써
   (c) 포유류들에게 몰래 다가감으로써
   (d) 나무에서 10 피트 높이를 뛰어오름으로써

해설 문제의 키워드인 catch their prey는 네 번째 문단에서 They are stealthy hunters and leap up to ten feet to lethally pounce on their prey 라는 문장에서 확인할 수 있습니다. 이 문장의 내용은 보브캣이 몰래 움직이는 사냥꾼이며 10피트까지 뛰어올라 그들의 먹이에 치명적인 공격을 가한다는 것입니다. 따라서 지문에서 언급된 stealthy hunters와 같은 의미로 sneaking up(몰래 다가감)이라고 패러프레이징 된 (c)가 정답입니다. (a)는 연어의 이동시기에만 해당하는 것이며, (b)는 먹이를 잡는 것과 무관한 영역 표시에 관한 내용입니다. (d)는 나무에서 뛰어오른 것이 아니라 먹이에 직접적으로 10피트를 뛰어오르는 것이므로 오답입니다.

어휘 stream 개울, 냇가 sneak up 몰래 다가가다 mammal 포유류

5. 보브캣에게 가장 큰 위협은 무엇인가?
   (a) 독이 있는 설치류
   (b) 불법 포획
   (c) 지역 침범
   (d) 식량 공급

해설 문제의 키워드인 the biggest threat은 마지막 문단에서 habitat loss is still their greatest threat라는 문장에서 언급되었습니다. 이 문장에서 서식지 손실(habitat loss)이 보브캣에게 가장 큰 위협이라는 것을 확인할 수 있습니다. 그 이전의 문장에서 서식지 손실이 인간의 황무지 거주(human settlement on the wilderness)가 원인임을 알 수 있는데, 황무지(wilderness)가 보브캣이 살 수 있는 지역 또는 땅이므로, 이를 '지역 침범'(land encroachment)이라고 표현한 (c)가 정답입니다. (a)는 위협이긴 하지만 가장 큰 위협이라고는 언급되어 있지 않으므로 오답입니다.

어휘 poisonous 독이 있는, 독성의 illegal 불법 poaching 포획 land 땅, 지역 encroachment 침범, 침해 food supply 식량 공급

6. 해당 단락의 문맥에서, <u>adaptable</u>이 의미하는 것은?
   (a) 먹을 수 있는
   (b) 잠정적인
   (c) 기밀의
   (d) 조절 가능한

해설 해당 문장에서 보브캣이 주로 설치류와 토끼를 먹이로 먹으며, 그것들이 adaptable하다고 언급되어 있습니다. 그 뒤의 문장에서 생선을 구할 수 있다면 생선을 먹는다는 문장이 이어지는 것으로 보아 보브캣이 먹는 먹이가 상황에 따라 조정 가능하다는 의미로 adaptable이 쓰였습니다. 따라서 보기 중에서 '조정 가능한'이라는 의미를 가진 (d) adjustable이 정답입니다.

7. 해당 단락의 문맥에서, *pounce on*이 의미하는 것은?

(a) 공격하다
(b) 집중하다
(c) 포획하다
(d) 무너뜨리다

해설 해당 문장에서 보브캣이 먹이에 치명적으로 '공격을 가한다'는 의미로 pounce on이 쓰였음을 알 수 있습니다. 따라서 '공격하다'의 의미인 (a) attack이 정답입니다. (d) demolish는 건물이나 구조물 따위를 철거하거나 무너뜨린다는 의미이므로 오답입니다.

8-14.

러셀 글로버 씨
프린스 로드 733번지
맨체스터, 메인 04351

글로버 씨께,

9 저희 웹사이트에 게시된 동물 관리 담당자 직책에 관심을 가져 주셔서 감사 드립니다. **8** 이 직책과 관련된 몇 가지 추가 상세 정보를 알려 드리고자 합니다. 귀하께서는 해당 직책에 잘 어울리는 뛰어난 지원자인 것처럼 보입니다.

10(b) 동물 관리 담당자로서, 귀하께서는 주로 야생의 공격적인 동물들을 찾아 붙잡아 들이고, 상처를 입은 애완 동물들을 모아 옮기는 것과 같은 동물 관리 서비스에 대한 요청에 대응하는 일을 하게 될 것입니다. **10(c)** 귀하께서는 또한 지역 내 모임에 참석해 애완 동물 관리 및 지역 내 야생동물에 관해 주민들을 교육하는 일을 해야 할 것입니다. **10(d)** 우리 WACCC에서, 귀하께서는 적절한 소독약품 및 화약품을 사용하여 동물 보호소 내의 안전하고 **13** 위생적인 상태를 유지하는 책임을 맡게 될 것입니다. 또한 우리 수의사들이 의료 절차를 **11** 실시하는 치료실로 동물들을 옮겨 달라는 요청을 받으실 수도 있습니다.

저희 웹사이트 게시물에서 보셨듯이, 관심 있으신 분들은 다양한 지원 서류를 제출해야 합니다. 원본 대신 각각의 서류에 대한 사본을 제출하셔야 한다는 점을 기억하시기 바랍니다. **11** 채용되지 못한 지원자들이 나중에 다른 직책에 적합하다고 여겨질 경우에 대비해 저희가 수령하는 모든 자료들은 파일로 보관될 것입니다. 이 직책에 대한 최종 후보자 명단에 포함된 지원자들은 지원 마감일로부터 일주일 이내에 연락을 받으실 것입니다.

이 정보가 귀하께서 지원 여부를 결정하시도록 도움을 드리는 데 있어 유용한 것이었기를 바랍니다. **12** 문의사항이 있으면 언제든지 제게 4754-0922번으로 연락 주시기 바랍니다.

안녕히 계십시오.

에드나 머스그레이브
선임 시설 관리자
화이트호스 동물 보호 관리센터(WACCC)

어휘 interest in ~에 대한 관심 animal control 동물 관리 post ~을 게시하다 additional 추가의 details 상세 정보 regarding ~와 관련해 It sounds as though 마치 ~ 인 것처럼 보이다[들리다] candidate 지원자, 후보자 role 역할 primarily 주로 respond to ~에 대응하다, 응답하다 such as ~와 같은 pursuit 찾음, 추적 capture 붙잡음, 생포 aggressive 공격적인 collection 모음, 수집 transportation 운송, 옮김 injured 다친, 부상을 입은 domestic pet 애완 동물 be required to 동사원형: ~해야 하다 attend ~에 참석하다 community 지역 사회 educate ~을 교육하다 resident 주민 care 보살핌, 돌봄 be responsible for ~에 대한 책임이 있다 maintain ~을 유지하다 sanitary 위생의 condition 상태 shelter 보호소 appropriate 적절한, 적합한 disinfectant 소독약 chemical 화학약품 be asked to 동사원형: ~하도록 요청 받다 treatment 치료 carry out ~을 실시하다, 시행하다 medical 의료의 procedure 절차 posting 게시물 individual 사람, 개인 submit ~을 제출하다 a variety of 다양한 application document 지원 서류, 신청 서류 a copy of ~의 사본 original 원본 receive ~을 받다, 수령하다 be kept on file 파일로 보관되다 in case (that) ~할 경우에 대비해 unsuccessful 성공하지 못한, (지원, 신청에서) 합격하지 못한 be deemed + 형용사: ~한 것으로 여겨지다 suitable for ~에 적합한 in the future 미래에, 향후에 shortlist ~을 최종 후보자 명단에 포함시키다 contact ~에게 연락하다 hesitate to 동사원형: ~하기를 주저하다 senior 고위의, 선임의 coordinator 진행자, 코디네이터 facility coordinator 시설 관리자, 시설 책임자

8. 에드나 머스그레이브 씨가 러셀 글러버 씨에게 편지를 쓰는 이유는 무엇인가?

(a) 직무에 대한 추가 정보를 제공하기 위해
(b) 글로버 씨에게 WACCC에 채용되었음을 알리기 위해
(c) 글로버 씨가 공석에 지원하도록 권장하기 위해
(d) 글로버 씨가 이전에 보낸 편지에 답장하기 위해

해설 편지를 보낸 목적을 묻는 문제입니다. 첫 문단의 두 번째 문장에서 I would be happy to tell you a few additional details regarding the position.이라고 언급하여 글로버 씨가 관심을 가지는 직무에 대한 추가적인 상세 정보(a few additional details)를 말해주고 싶다고 하였으므로 정답은 '추가 정보를 제공하기 위해'라는 의미의 (a)가 정답입니다.

어휘 offer 제공하다 further 그 이상의, 추가의 inform 알리다 be hired 채용되다 encourage + 목적어 + to 동사원형: (목적어)가 ~하도록 권장하다 earlier 그 이전에

9. 편지에 따르면, 글로버 씨에 대해 알 수 있는 것은 무엇인가?
 (a) 최근 구직 지원에 성공하지 못했다.
 (b) 웹사이트에 광고를 게시했다.
 (c) 과거에 머스그레이브 씨와 함께 근무했었다.
 (d) 이전에 WACCC에 연락했었다.

해설 지문이 시작되는 첫 부분에서 '웹사이트에 게시된 동물 관리 담당자 직책에 관심을 가져 주셔서 감사합니다(Thank you for your interest in the Animal Control Officer vacancy posted on our Web site)'라는 말로 인사를 하는데, 여기서 '관심에 대해 감사하다'는 말은 가까운 과거 시점에 해당 직책과 관련해 연락을 취한 적이 있다는 것을 암시하는 내용이므로 이에 대해 언급한 (d)가 정답입니다. WACCC는 편지 마지막에 쓰여 있듯이 이 글을 쓴 에드나 머스그레이브 씨가 속해 있는 단체 이름입니다.

어휘 recent 최근의 advertisement 광고 alongside ~와 함께 in the past 과거에 previously 이전에 get in touch with ~와 연락하다

10. 구직에 성공한 지원자가 수행할 업무로 언급되지 않은 것은 어느 것인가?
 (a) 의학적인 치료 서비스 제공
 (b) 위험한 야생 동물 잡아 들이기
 (c) 일반인들의 인식 높이기
 (d) 시설물 청결하게 관리하기

해설 해당 직책을 맡을 사람이 하게 될 일들은 두 번째 문단에 언급되어 있습니다. 야생 동물을 잡아 들인다는 내용의 (b)는 capture of wild, aggressive animals에서, (c)에서 언급하는 일반인들의 인식을 높인다는 내용은 educate local residents about domestic animal care and local wildlife 부분에서, 그리고 (d)에서 말하는 시설물 관리에 대한 내용은 maintaining safe, sanitary conditions in the animal shelter by using appropriate disinfectants and chemical agents에서 각각 찾아볼 수 있습니다. 하지만 동물들이 의료 서비스를 받을 수 있도록 동물들을 옮기는 일은 언급되어 있지만, 직접 의료 서비스를 제공해야 한다는 내용은 없으므로 (a)가 정답입니다.

어휘 catch ~을 붙잡다 raise ~을 높이다, 끌어 올리다 public awareness 일반인들의, 대중의 인식, 인지도 keep ~ clean: ~을 깨끗하게 유지하다 facility 시설물

11. 편지에 따르면, 머스그레이브 씨는 지원 서류에 관해 무슨 말을 하는가?
 (a) 2부씩 제공되어야 한다.
 (b) 7일 이내에 돌려 보내질 것이다.
 (c) 나중에 참조하기 위해 보관될 것이다.
 (d) 직접 와서 제출해야 한다.

해설 질문의 키워드 application documents는 세 번째 문단에 언급되어 있습니다. 지원 서류와 관련해 두 가지 사항이 언급되어 있는데, 원본이 아닌 사본으로 제출할 것(submit a copy of each of these documents, not originals)과 나중에 생길 수 있는 다른 공석에 대해 적합하다고 여겨질 경우에 대비해 파일로 보관된다는 것(will be kept on file in case unsuccessful candidates are deemed suitable for a different position in the future)입니다. 따라서 후자에 대한 내용과 동일한 (c)가 정답입니다. 사본만 제출해야 한다고 언급되어 있으므로 (a)는 오답입니다.

어휘 in duplicate 2부로, 2통으로 within ~이내에 reference 참조, 참고 in person 직접 가서

12. 글로버 씨가 직무에 관련해 질문을 하고 싶다면 무엇을 해야 하는가?
 (a) 필요한 서류를 제출한다
 (b) 전화를 한다
 (c) 머스그레이브를 직접 만난다
 (d) WACCC의 웹사이트를 방문한다

해설 문제의 키워드인 ask some questions regarding the position은 편지의 맨 마지막에 질문이 있으면 주저하지 말고 4754-0922번으로 연락하라는(Please do not hesitate to contact me at 4754-0922 should you have any questions) 문장에 언급되어 있습니다. 이 문장에서 4754-0922는 전화번호를 의미하므로 질문이 있으면 전화를 하라는 것으로 이해할 수 있습니다. 따라서 정답은 (b)입니다.

어휘 required 필요한, 요구되는 make a phone call 전화를 하다 in person 직접

13. 해당 단락의 문맥에서, sanitary가 의미하는 것은?
 (a) 아늑한
 (b) 위생적인
 (c) 편리한
 (d) 보호하는

해설 해당 문장에서 sanitary는 적절한 소독약품과 화학약품을 사용하여 동물 보호소를 깨끗하고 sanitary한 상태를 유지하는 책임이 있다는 내용을 언급하면서 동물 보호소의 상태를 묘사하는 형용사로 사용되었습니다. 문맥상 sanitary는 '깨끗한', '위생적인'이라는 의미가 적절하므로 보기 중에서 '위생적인'이라는 의미를 가진 단어 (b) hygienic이 정답입니다.

14. 해당 단락의 문맥에서, carry out이 의미하는 것은?
 (a) 가져 오다
 (b) 조사하다
 (c) 포기하다
 (d) 수행하다

해설 해당 문장에서 주어는 our doctors이며, carry out의 목적어는 medical procedures(의료 절차)입니다. 이 문장을 통해 carry out의 의미가 '수행하다'라는 것을 알 수 있습니다. 따라서 보기 중에 이와 같은 의미로 '수행하다', '실시하다'라는 의미를 가진 (d) conduct가 정답입니다.

and Chinese poetry가 패러프레이징 되지 않고 그대로 두 번째 문단에 언급되어 있는데, 그 앞부분에 그가 유럽으로 여행을 갔다고(he travelled abroad to Europe) 언급되어 있고 그 뒤에 그 곳에서 일본 시와 중국 시에 관심을 가지게 되었다고 하므로 보기 중에 '유럽을 여행할 때'라는 의미인 (c) when travelling through Europe이 정답입니다.

DAY 02 PART 1 인물 일대기

연습 문제

1. (a)   2. (c)

실전 문제

1. (d)	2. (a)	3. (b)	4. (c)	5. (b)
6. (b)	7. (c)	8. (a)	9. (d)	10. (a)
11. (c)	12. (c)	13. (b)	14. (d)	15. (c)
16. (b)	17. (d)	18. (b)	19. (d)	20. (a)
21. (d)				

에즈라 파운드

에즈라 파운드는 20세기 최고의 시인 중 한 사람으로 여겨지는 반면에, 그는 문학계에서 모더니즘 운동을 정교하게 만드는데 영향력 있는 역할을 한 것으로 잘 알려져 있다. 자신의 작품을 출간한 것 뿐만 아니라, 그는 제임스 조이스, T. S. 엘리엇, 그리고 로버트 프로스트를 포함한 그 시대의 주요 작가들과 시인들의 초기 작품을 지원해주었던 유명한 비평가였다.

파운드는 1885년 10월 30일, 아이다호의 해일리에서 태어났으며, 필라델피아의 외곽에서 자랐다. 그는 펜실베니아 대학교에 15세의 나이에 다니기 시작하였으며, 1905년에 해밀튼 대학에서 학위를 받았다. 수년 간의 교직 생활 후에, 그는 유럽으로 여행을 하였는데, 그곳에서 그는 일본 시와 중국 시에 관심을 가지게 되었다. 그 시들은 그의 심상 중심의 방식에 대단히 영향을 주었다. 런던에 사는 동안, 그는 도로시 셰익스피어와 결혼하였으며, 1917년에 문학 잡지 『더 리틀 리뷰』의 런던 편집자가 되었다. 그의 직무를 통해, 그는 미국 작가들과 영국 작가들 사이에서 수많은 관계를 확립하였으며, 모더니즘의 미학이 될 것을 형성하기 시작했다.

1.

정답 (a)

해설 문제에서 언급된 키워드인 best known for가 지문의 첫 문장에 well-known for로 언급되어 있습니다. 따라서 그 뒤에 있는 his influential role in crafting the modernist movement in literature가 정답의 단서라고 볼 수 있습니다. '문학계에서 모더니즘 운동을 정교하게 만드는데 영향력 있는 역할'이라는 의미이므로 이는 문학 운동에 기여한 것이라고 볼 수 있습니다. 따라서 정답은 (a)입니다. 이러한 유형의 문제는 PART 1에서 첫 문제로 자주 출제되는데, best known for라는 키워드가 직접적으로 연결된 내용이 정답이 되며, 나머지 (b), (c), (d)는 모두 지문에서 언급되긴 하였지만 best known for와 관련이 없으므로 오답입니다.

2.

정답 (c)

해설 문제에서 언급된 키워드인 become interested in Japanese

1-7.

찰리 채플린

찰리 채플린은 무성 영화 시대에 명성을 날린 영국의 배우이자 감독이었다. **1** 그는 "작은 트램프"라는 그의 상징적인 코미디 캐릭터로 유명한데, 그는 수많은 영화에 출연한 낡을 대로 낡은 정장을 입고 중산 모자를 쓴, 순수하지만 짓궂은 인물이다.

찰스 스펜서 채플린은 영국의 런던에서 1889년 4월 16일에 태어났다. 그의 어린 시절은 힘겨웠다. 그의 아버지는 그가 아주 어렸을 때 떠났고, **2** 음악당 예능인이었던 그의 어머니는 종종 그와 그의 동생을 부양할 수 없었다. 하지만, **2** 공연에 대한 그녀의 열정은 그녀의 아들에게 영감을 주었고, 어린 찰리는 곧 배우가 되겠다는 야망을 품었다.

채플린의 재능은 영국의 코미디 공연단의 한 자리를 확보하게 하였지만, 공연단과 함께 미국에 다녀 온 뒤로, 그의 초점은 코믹 영화로 **6** 바뀌었다. 1914년, 그는 로스앤젤레스에 있는 키스톤 스튜디오와 계약을 맺었다. 한 영화 제작에서 그는 스튜디오의 방대한 의상 선정에서 막대하게 큰 바지, 작은 코트와 모자, 그리고 가짜 수염을 골랐다. 채플린은 그런 액세서리를 착용하자마자, 이 새로운 캐릭터가 누구인지 알았다고 주장했고, "작은 트램프"가 탄생하였다.

이 새로운 캐릭터로, 채플린은 스타덤에 올랐다. 작은 트램프는 사회적 지위는 낮지만 완벽한 예절을 갖추고 있었고, **3** 관객들은 그 캐릭터가 권력자에 대항하는 일상 속에서 분투하는 것에서 그들 자신을 보았다. 1918년쯤, 채플린은 인기 영화 배우의 급여를 벌고 있었다. 그는 코미디 영화 <황금광 시대>의 극본, 연출, 주연을 맡았으며, 이 영화는 현재 역사상 최고의 무성 영화 중 하나로 여겨진다.

1927년 이후, 영화는 소리를 특징으로 나타내기 시작했지만, 채플린은 관객들이 절대로 트램프가 말하는 것을 듣지 않을 것이라고 맹세했다. 그래서, 그는 그 캐릭터를 은퇴시켰다. 1940년에, 그는 <위대한 독재자>라는 정치 패러디 영화에서 최초로 말하는 역할로 주연을 맡아 출연하였다. 채플린은 독재자 아돌프 히틀러와 히틀러로 오해 받는 이발사로서 1인 2역을 맡았다.

4 이발사는 결국 그 혼란을 받아들이고, 차별적인 행동보다는 연민과 평화를 위해 변론하는 것에 그 관심과 악명을 사용한다.

말년에, **5** 미국 정부가 그 정치적 이데올로기를 위험한 것으로 바라보았던 시기 중에 채플린은 공산주의 인사들과 **7** 유대 관계를 맺고 있는 것으로 고소되었다. 이에 대응하여, 그는 정치적 항의로 스위스로 이주하였으며, 그곳에서 1975년에 사망하였다. 오늘날, 그는 무성 영화 시대의 가장 위대한 스타 중 한 명이자 영화에서의 코미디에 혁신을 일으켰던 배우로 기억되고 있다.

어휘 actor 배우 director 영화 감독 rise to fame 명성을 날리다 silent film 무성 영화 era 시대 iconic 상징적인 character 캐릭터, 등장 인물 innocent 순수한, 순진한 mischievous 짓궂은 individual 사람, 개인 dressed in ~을 입은 tattered 낡은 대로 낡은, 누더기가 된 suit 정장 derby hat 중산 모자 appear 출연하다 numerous 수많은 entertainer 예능인, 연예인 be unable to 동사원형: ~할 수 없다 provide for ~을 부양하다 passion 열정 inspire 영감을 주다, 격려하다 harbor (생각 등을) 품다 ambition 야망, 야심 secure 확보하다, 얻어 내다 spot 자리 troupe 극단 shift 바꾸다, 옮기다 sign 서명하다 contract 계약 enormous 막대한, 거대한 undersized 보통보다 작은 fake 가짜의 mustache 콧수염 vast 방대한 costume 의상 selection 선정, 모음 claim 주장하다 once ~하자마자 put on ~을 착용하다 rise to stardom 스타덤에 오르다, 스타가 되다 social status 사회적 지위 possess 소유하다, 가지고 있다 manners 예절, 예의 audience 관객 struggle 투쟁, 분투 against ~에 대항하여 authority figure 권력자, 막강한 실력자 earn 얻다, 벌다 salary 급여 star 주연을 맡다 feature 특징으로 내보이다 swear 맹세하다 retire 은퇴시키다 political 정치적인 parody 패러디 dictator 독재자 dual role 1인 2역 barber 이발사 be mistaken for ~으로 오해받다 eventually 결국 embrace 수용하다, 받아들이다 confusion 혼란, 혼동 notoriety 악명 argue for ~을 찬성하다, ~을 위해 변론하다 compassion 동정, 연민 discriminatory 차별적인 behavior 행동 in later life 말년에 be accused of ~으로 비난받다, ~으로 고소[고발]되다 have a tie to ~와 관련을 가지다, ~와 유대 관계를 맺다 government 정부 ideology 이데올로기, 이념 in response 이에 대응하여 relocate 이주하다 protest 항의 revolutionize 혁신을 일으키다 on-screen 영화에서의

1. 기사에 따르면, 찰리 채플린은 무엇으로 가장 유명한가?
   (a) 역사적으로 유명한 인물을 영화에서 연기한 것
   (b) 최초의 무성 영화에 출연한 것
   (c) 상을 받은 로맨틱 코미디를 제작한 것
   (d) 재미있는 영화 캐릭터를 개발한 것

해설 질문의 키워드인 best known for는 지문의 첫 문단 known for로 표현되어 있습니다. 해당 문장에 따르면 그의 상징적인 코미디 캐릭터 "작은 트램프"로 유명하다(He is known for his iconic comedy character "the Little Tramp")고 언급되어 있습니다. 이를 재미있는 영화 캐릭터(a humorous film character)라고 표현한 (d)가 정답입니다.

어휘 portray (영화 등에서) 연기하다 figure 인물 onscreen 영화에서 award-winning 상을 받은, 수상한 humorous 재미있는, 웃긴

2. 두 번째 문단에 따르면, 채플린이 연기자가 되겠다고 결심한 이유는 무엇일 것 같은가?
   (a) 그의 어머니의 직업을 존경했기 때문에
   (b) 연기 에이전트에 의해 설득되었기 때문에
   (c) 그의 형의 발자취를 따라가고 싶었기 때문에
   (d) 부유해지고 싶다는 꿈이 있었기 때문에

해설 두 번째 문단에서 질문의 키워드 become a performer에 대해서 문단 마지막 부분에 음악당의 예능인이었던 채플린의 어머니가 가진 공연을 향한 열정이 그녀의 아들에게 영감을 주었고, 어린 찰리가 곧 배우가 되겠다는 열망을 품었다(her passion for performing inspired her son, and young Charlie soon harbored ambitions to be an actor)라고 설명한 부분에서 언급되었습니다. 이를 통해 찰리 채플린은 그의 어머니의 직업을 보고 배우가 되었음을 알 수 있으므로 정답은 (a)입니다.

어휘 performer 연기자, 공연자 admire 존경하다 profession 직업 be persuaded 설득되다 follow one's footstep ~의 발자취를 따라가다 wealthy 부유한

3. 관객이 채플린의 "작은 트램프"라는 캐릭터에 공감하였던 이유는 무엇인가?
   (a) 관객들은 그의 계속되는 낭만적인 분투를 이해했다.
   (b) 관객들은 그의 일상의 도전에 동질감을 가졌다.
   (c) 관객들은 그의 높은 사회적 지위에 이르기를 열망하였다.
   (d) 관객들은 정부 권력에 대한 그의 존경심을 지지하였다.

해설 질문의 키워드인 "Little Tramp" character에 대해 설명한 네 번째 문단에서 채플린이 연기하는 "Little Tramp" 캐릭터가 권력자에 대항하여 매일 고군분투하는 것에서 관객들이 자기 자신을 보았다(audiences saw themselves in the character's daily struggles against authority figures)는 부분에서 관객들이 "Little Tramp"라는 캐릭터에 동질감을 느꼈다는 것을 알 수 있습니다. 따라서 정답은 (b)입니다.

어휘 relate to ~에 공감하다 ongoing 계속되는 romantic 낭만적인, 연애의 struggle 분투, 노력 identify with ~에 동질감을 가지다, ~와 동일시하다 everyday 일상의 challenge 도전 aspire to 동사원형: ~하기를 열망하다 reach 이르다, 도달하다 support 지지하다, 도와주다 respect 존경심 government authority 정부 권력

4. <위대한 독재자>에서 이발사가 새로운 신분을 받아들인 것은 그가 무엇을 하게 하였는가?

(a) 그의 많은 이전의 실수들로부터 벗어났다
(b) 관공서를 향한 사회적 운동을 시작하였다
(c) 사회에 더 많은 친절함을 장려하였다
(d) 그의 사업에 더 많은 관심을 끌어 모았다

해설 <위대한 독재자>에 대해 언급된 다섯 번째 문단에서 그 영화에서 찰리 채플린이 연기한 1인 2역 중 하나인 이발사는 아돌프 히틀러와 똑같이 생겨서 많은 오해를 받았다는 내용을 확인할 수 있습니다. 그 뒤에 결국 그 이발사는 자신을 히틀러로 혼동하는 것을 받아들이고 그것을 이용하여 차별적인 행동보다는 연민과 평화를 위해 변론하였다고(The barber eventually embraces the confusion, using the attention and notoriety to argue for compassion and peace over discriminatory behavior) 언급되어 있습니다. 이를 통해 이발사는 사람들 사이에 차별보다는 더 많은 친절이 있도록 노력했음을 알 수 있습니다. 따라서 정답은 (c)입니다.

어휘 acceptance 수용, 받아들임 identity 신분, 신원 allow + 목적어 + to 동사원형: (목적어)가 ~하도록 하다 escape 벗어나다, 탈출하다 previous 이전의 launch 시작하다 campaign 사회적 운동, 캠페인 public office 관공서 encourage 격려하다, 장려하다 draw 끌다 business 사업, 영업장

5. 채플린은 미국 정부의 고소에 어떻게 반응하였는가?

(a) 정당을 탈퇴함으로써
(b) 다른 국가로 이주함으로써
(c) 항의하는 영화를 만듦으로써
(d) 법적인 조치에 의지함으로써

해설 미국 정부가 공산주의자들과의 유대로 채플린을 고소하였다는 내용이 언급된 미지막 문단에서 이에 대한 대응으로 스위스로 이주하였다(in response, Chaplin relocated to Switzerland in political protest)고 설명되었습니다. 따라서 정답은 (b)입니다.

어휘 respond to ~에 반응하다 accusation 고소, 고발, 비난 quit 그만두다 political party 정당 resort to ~에 의지하다, ~에 호소하다 legal action 법적인 조치

6. 해당 단락의 문맥에서, shifted가 의미하는 것은?

(a) 일했다
(b) 바꿨다
(c) 들었다
(d) 계획했다

해설 해당 문장에서 shifted는 '그의 초점'이라는 his focus라는 주어의 동사로 사용되었으며, 그 뒤에 to comedy movies라는 전치사구가 '코미디 영화로'라는 의미를 나타내므로 문맥상 코미디 극단에서 활동하던 채플린이 코미디 영화로 그의 관심을 바꾸었다는 의미를 나타낸다는 것을 알 수 있습니다. 따라서 '바꾸다'라는 의미를 나타내는 동사 change의 과거형 (b) changed가 정답입니다.

7. 해당 단락의 문맥에서, ties가 의미하는 것은?

(a) 방해
(b) 추가
(c) 연관성
(d) 의도

해설 해당 문장에서 ties는 having이라는 동명사의 목적어로 쓰였으며, 그 뒤에 '공산주의 인물들에'라는 의미를 나타내는 전치사구 to Communist figures가 있으므로 문맥상 채플린이 공산주의 인물들과의 관계를 가지고 있는 것으로 고소되었다는 내용임을 알 수 있습니다. 따라서 ties가 관계를 나타내는 명사로 쓰였으므로 선택지 중 '연관성'이라는 의미를 나타내는 명사 (c) connections가 정답입니다.

8-14.

조지아 오키프

조지아 오키프는 미국의 화가였다. 그녀는 "미국 모더니즘의 어머니"라고 불려 왔으며, **8** 그녀는 꽃과 풍경들과 같은 자연 경관을 그린 그림으로 가장 유명했는데, 그 풍경들은 종종 그녀가 알고 있던 장소에 영감을 받아 그린 것이었다.

1887년 위스콘신의 선 프레리에서 태어났으며, 오키프는 낙농업자의 딸이었다. 어린 소녀였을 때, 그녀는 자신이 예술가가 되고 싶다는 것을 알았고, 지역의 수채화가에게 교습을 받았다. **9** 그녀는 이후 뉴욕에서 공부하였으며, 그곳에서 그녀는 그녀의 그림 <무제(구리 냄비를 든 죽은 토끼)>로 여름 학교 프로그램에서 장학금을 받았다. 뉴욕 시에서 보낸 오키프의 시간은 그녀로 하여금 실험적인 예술가들과 사진작가들의 작품이 전시되어 있는 미술관을 방문할 수 있게 해주었다.

뉴욕에서의 이 몇 년 동안, 오키프는 보랑직 사실주의로 알려진 방식을 연습하였다. 이 방식을 사용하는 예술가들은 마치 사진을 찍는 것처럼 그들이 본 것을 그대로 그리려고 노력하였다. 하지만, **10** 오키프는 이것에 점점 권태를 느꼈다. 이후, 예술은 자기 표현의 형식이 되어야 한다고 믿었던 화가 아서 위즐리 도우를 만났을 때, 그의 영향력은 그녀를 사실주의보다 기분과 감정에 초점을 둔 추상화를 그리도록 이끌었다.

그녀는 사우스캐롤라이나에서 미술 교사로 근무하는 동안 이 새로운 방식을 추구하였으며, 이후 이 방식은 모더니즘으로 알려졌다. 그녀는 이런 유형의 예술을 창조하는 것에 숙달된, 세계에서 몇 안 되는 화가 중 한 명이었다. 1915년에, 그녀는 뉴욕에 있는 친구에게 자신의 그림 몇 점을 우편으로 보냈는데, 그 친구는 그 그림들을 **11** 유명한 미술 평론가 알프레드 스티글리츠와 함께 보았다. 스티글리츠는 오키프의 예술이 특별하다는 것을 깨달았고, 세간의 이목을 끌만한 전시로 그녀의 작품을 선보일 자리를 마련하였다. 곧, 오키프는 미국에서 가장 유명한 예술가 중 한 명이 되었다.

오키프와 스티글리츠는 1924년에 결혼했으며, **12** 스티글리츠는 아내의 예술을 사랑하였으나 그 의미를 제대로 이해하지 못했다. 그는 그녀의 그림 속 추상적인 형식을 그녀의 여성성에 대한 표현으로 해석하였고, 그것은 다른 평론가들도 동의하였다. **12** 하지만 오키프는 이러한 성차별주의자로서의 생각을 거부하였으며, 좀 더 잘 알아볼 수 있는 그림을 그려 이러한 생각이 자신에게 **13** 개입되지 않도록 하였다.

1986년 사망할 때까지, 오키프는 대담하고 실험적인 예술가로 계속 활동하였다. 그녀는 뉴멕시코에서 생의 많은 날을 보냈으며, 그곳에서의 혹독한 자연 경관이 그녀에게 많은 영감을 주었다. 2014년에, 꽃 한 송이가 그려진 그림 <독말풀/흰꽃 No.1>이 4440만 달러에 판매되었다. 그녀의 예술에 대한 지속적인 가치는 그녀가 단지 **14** 탁월한 여성 모더니스트일 뿐만 아니라 20세기의 가장 위대한 예술가 중 한 명이라는 것을 상기시켜준다.

어휘 natural 자연의 scene 경관 landscape 풍경 inspire 영감을 주다 dairy farmer 낙농업자 take lessons 교습을 받다 watercolor painter 수채화가 win a scholarship 장학금을 받다 copper 구리, 청동 pot 냄비 enable + 목적어 + to 동사원형: (목적어)가 ~할 수 있게 하다 display 전시하다 work 작품 experimental 실험적인 imitative 모방적인 realism 사실주의 exactly 그대로, 정확하게 capture 사진을 찍다 grow bored 점점 지루함을 느끼다 form 형식, 양식 self-expression 자기표현 influence 영향력 abstract painting 추상화 focus on ~에 초점을 두다 mood 기분 emotion 감정 rather than ~보다는 pursue 추구하다 skilled at ~에 숙련된, ~에 능숙한 critic 평론가 arrange 마련하다, 준비하다 high-profile 세간의 이목을 끄는 showing 전시 misunderstand 오해하다, 잘 이해하지 못하다 interpret 해석하다, 이해하다 abstract 추상적인 femininity 여성성 agree with ~에 동의하다 reject 거절하다 sexist 성차별주의자 distance + 목적어 + from ~: ~가 (목적어)에게 개입하지 못하게 하다, (목적어)를 ~로부터 멀리 떨어뜨려 놓다 recognizable 잘 알아볼 수 있는 bold 대담한, 용감한 harsh 혹독한, 가혹한 continued 지속적인, 계속되는 value 가치 reminder 상기시켜 주는 것 not just A but also B: A일 뿐만 아니라 B도 eminent 저명한, 탁월한

8. 조지아 오키프는 무엇으로 가장 유명한가?
(a) 자연에 대한 그림을 그리는 것
(b) 다른 예술 매개체로 실험하는 것
(c) 풍경화에 대한 기술을 발명하는 것
(d) 자연물을 이용하여 조각품을 만드는 것

해설 질문의 키워드인 most famous for가 첫 문단에서 best known for로 언급되었습니다. 그 뒤에 언급되는 her paintings of natural scenes, such as flowers and landscapes가 정답의 단서이며, 이를 paintings of the natural world로 언급한 (a)가 정답입니다.

어휘 natural world 자연(계) experiment 실험하다 medium 매개, 매체 invent 발명하다 technique 기술, 기법 sculpture 조각 object 물체, 사물

9. 오키프가 관습에 얽매이지 않은 예술품에 노출된 것은 언제인가?
(a) 사진작가와 작업하는 중일 때
(b) 화랑의 자원봉사자였을 때
(c) 지역의 한 화가에게 교습을 받는 중일 때
(d) 대도시에서 학생이었을 때

해설 질문의 키워드 unconventional works of art는 두 번째 문단에서 work by experimental artists and photographers로 언급되었습니다. 실험적인 화가나 사진작가가 작업한 작품은 당시에 관습적이지 않은 방식을 보여줬음을 알 수 있습니다. 따라서 오키프가 이러한 작품들이 전시된 미술관을 방문할 수 있었던 시기가 뉴욕에서 장학금을 받으며 공부를 하고 있었던 때이므로 (d)가 정답입니다.

어휘 be exposed to ~에 노출되다, ~와 접촉하다 unconventional 관습에 얽매이지 않은, 색다른, 특이한 volunteer 자원봉사자 art gallery 미술관, 화랑 major city 대도시, 주요 도시

10. 도우와 만난 후의 오키프의 작품에 대해 지문에서 언급되지 않은 것은 어느 것인가?
(a) 그 이후 한동안 그녀에게 지루하게 느껴졌다.
(b) 다른 예술가들의 생각에 영향을 받았다.
(c) 그녀의 사실주의적 예술 방식에서 벗어났다.
(d) 그녀의 감정 표현이었다.

해설 질문의 키워드인 Dow는 세 번째 문단에서 오키프가 만난 화가 Arthur Wesley Dow를 가리키는 것을 알 수 있습니다. 예술을 자기표현의 방식으로 여기는 그와 만난 이후로 오키프는 그 전에 연습하고 있던 모방적 사실주의를 벗어나 추상화를 그리기 시작하였고, 기분과 감정에 초점을 두었다고 언급되어 있습니다. 그러나 오키프가 지루하게 생각했던 것은 모방적 사실주의(imitative realism)이므로 정답은 (a)입니다.

어휘 boring 지루하게 하는 after a while 그 후로 한 동안 influence 영향을 주다 depart from ~로부터 벗어나다 realistic 사실주의적인 feeling 감정, 기분

11. 오키프는 처음에 어떻게 유명해졌는가?
(a) 중요한 미술 대회에서 우승함으로써
(b) 그녀의 작품을 동료 교사들에게 보여줌으로써
(c) 업계의 전문가의 관심을 받음으로써
(d) 세간의 이목을 끄는 미술관에 그녀의 작품을 보냄으로써

해설 질문의 키워드인 initially rise to fame은 네 번째 문단 마지막에 O'Keeffe became one of the most famous artists in the nation에서 언급되었습니다. 그녀가 이렇게 유명해진 것은 유명한 예술 평론가인 알프레드 스티글리츠가 그녀가 특별하다는 것을 알아보고 그녀의 작품에 대한 전시회를 마련했기 때문(Stieglitz realized that O'Keeffe's art was special and arranged high-profile showings of her work)이므로 (c)가 정답입니다.

어휘 **initially** 처음에, 애초에 **rise to fame** 명성을 날리다, 유명해지다 **notable** 중요한, 주목할 만한 **art competition** 미술 대회 **fellow** 동료 **attention** 주의, 관심 **industry expert** 업계의 전문가

12. 다섯 번째 문단에 따르면, 오키프가 그녀의 화풍을 다시 바꾼 이유는 무엇일 것 같은가?
(a) 자신의 예술이 여성성을 더 잘 반영하기를 원했기 때문에
(b) 남편의 조언에 영감을 얻었기 때문에
(c) 그녀의 예술에 대한 오해에 신경이 쓰였기 때문에
(d) 평론가들의 관심을 끌고 싶었기 때문에

해설 질문의 키워드 change her painting style again은 문맥상 추상적인 그림을 그리는 방식으로 화풍을 바꾸었던 오키프가 한 번 더 바꾼 것을 의미하는데, 다섯 번째 문단 마지막에 언급된 painting more recognizable images에서 recognizable이라는 단어는 추상화를 뜻하는 abstract painting과 서로 상반된 의미이므로 오키프가 그림을 그리는 방식을 바꿨음을 알 수 있습니다. 이렇게 바꾼 이유는 남편과 다른 평론가들이 자신의 그림을 여성성의 표현으로 오해한 것(misunderstood its meaning. He interpreted the abstract forms in her paintings as an expression of her femininity, which other critics agreed with)을 거절하는 것에 비롯된 것이므로 (c)가 정답입니다.

어휘 **painting style** 화풍, 그림을 그리는 방식 **reflect** 반영하다 **be bother by** ~에 신경 쓰이다 **misconception** 오해 **attract** 끌다

13. 해당 단락의 문맥에서, <u>distanced</u>가 의미하는 것은?
(a) 혼동시켰다
(b) 분리하였다
(c) 이의를 제기하였다
(d) 신원을 확인하였다

해설 해당 문장에서 distanced는 herself를 목적어로 두고, from these ideas라는 전치사구를 가지고 있는데, 문맥상 these ideas는 스티글리츠가 오키프의 예술의 의미를 여성성의 표현으로 보는 것을 의미합니다. 그래서 오키프는 더 잘 알아볼 수 있는 그림을 그렸다는 내용을 통해서 동사 distance는 그런 생각을 자신으로부터 떨어뜨렸다는 의미를 나타낸다고 볼 수 있습니다. 따라서 보기 중에서 '분리하다', '떼어놓다'라는 의미의 동사 separate의 과거형 (b) separated가 정답입니다.

14. 해당 단락의 문맥에서, <u>eminent</u>가 의미하는 것은?
(a) 무심한
(b) 위협하는
(c) 익숙한
(d) 가장 중요한

해설 해당 문장에서 eminent는 조지아 오키프를 설명하는 내용에서 female modernist를 수식하는 형용사로 쓰였습니다. 그 앞에 언급된 주어 The continued value of her art로 보아 eminent는 오키프가 여성 모더니스트로서 높은 가치를 가진 인물임을 나타내는 단어로 쓰였음을 알 수 있으므로 보기 중에서 '가장 중요한', '선두하는'이라는 의미를 나타내는 (d) leading이 정답입니다.

15-21.

> **조셉 리스터**
>
> 조셉 리스터는 영국의 외과 의사이자 의학자로서, 무균 외과 수술의 선구자로서 가장 잘 알려져 있다. 루이 파스퇴르가 미생물학 분야에서 **20** 발전시킨 것을 토대로 활용해, **15** 리스터는 수술용 도구를 소독하고 상처를 닦는 데 있어 석탄산 사용을 지지했으며, 이는 수술 분야에서 처음으로 널리 이용된 소독제가 되었다.
>
> 조셉 리스터는 1827년 4월 5일, 잉글랜드의 에섹스에서 태어났다. 어렸을 때, 그는 프랑스어와 독일어를 유창하게 읽게 되었으며, 토트넘에 위치한 그로브 하우스 스쿨에서 수학과 자연 과학, 그리고 외국어를 공부했다. 나중에 런던에 있는 유니버시티 칼리지에 다녔는데, 여기서 식물학을 공부했고 1847년에 학사 학위를 받았다. 그 후 의대생으로 재등록해 의학 전공 우등 학위를 받고 졸업했으며, 이것이 그로 하여금 환자 치료의 수준을 향상시키는 데 전념하는 전문 단체였던 왕립 외과 대학의 입학 자격을 얻게 하였다.
>
> **16** 리스터의 첫 취직 제안은 에딘버러 왕립 병원로부터 받았는데, 여기서 그는 브라운 스퀘어 의대 설립자이자 선구적인 스코틀랜드 외과 의사인 제임스 사임을 돕게 된다. 사임의 가르침 하에 일하는 동안, 리스터는 왕립 의학회에 가입해 높이 평가받은 두 가지 논문을 발표했으며, 이 논문들은 오늘날에도 여전히 그 학회가 자랑스럽게 소장하고 있다. **17** 그는 결국 사임의 딸인 아그네스와 결혼했고, 둘은 유럽 전역에 위치한 선도적인 의료 기관들을 방문하면서 3개월 간의 신혼 여행을 보냈다. 아그네스는 빠르게 리스터의 의학 연구에 매혹되었고, 그녀의 남은 일생을 그의 헌신적인 실험실 조수로 일했다.
>
> 리스터는 마침내 글래스고우 왕립 병원의 수석 외과 의사 역할을 맡았다. **18** 그곳에 있는 동안, 그는 그 병원 내의 새로운 수술용 건물에 있는 모든 병동을 감독하는 책임을 지고 있었는데, 이곳은 비교적 현대적인 건물로서 병원 관리 책임자들이 수술 패혈증(당시 수술 환자들에게서 흔히 발병되었던 치명적인 혈액 감염) 사례의 숫자를 줄이는 데 도움이 되기를 바랐던 곳이었다. 하지만 그들의 희망은 부질없는 것이었는데, 리스터가 자신의 환자들 중 약 50퍼센트가 감염으로 사망한 사실을 보고했기 때문이다. 이에 대처하기 위해, 리스터는 자신의 무균 외과 수술법을 개발하기 시작했다. 많은 실험 끝에, 그는 미생물이 감염의 원인이라는 점과 석탄산이 효과적인 소독제로서 기능한다는 점을 밝혀냈다. 1865년에, 그는 모든 외과 의사들에게 도구 및 수술 절개 부위에 석탄산을 분무하도록 지시하면서 성공적으로 자신의 새로운 방법을 활용했고, 그 병동의 사망률은 50퍼센트에서 15퍼센트로 급격히 하락했다.
>
> 조셉 리스터는 1869년에 에딘버러로 돌아갔는데, 여기서 그는 지속적으로 소독제와 무균 수술법에 대한 실력을 개선해 나갔

다. 리스터의 명성은 빠르게 높아졌고, 수백 명의 사람들이 그의 강연에 참석하곤 했다. 하지만, 많은 동료 의사들은 리스터의 결과물에 대해 회의적이었고, 『란셋』 같은 의학 저널들은 19 그의 진보적인 생각을 활용하지 말도록 의학계 전체에 경고했는데, 당시에 걸음마 단계에 있었고 제대로 이해되지 못했던 세균 이론에 바탕을 두고 있었다는 것이 주된 이유였다. 다행히도, 더 많은 개선 끝에, 리스터는 자신의 원리가 보편적으로 21 받아들여지는 것을 보게 되었고, 그는 이후에 자신의 업적에 대해 메리트 훈장을 받으면서 "현대 수술의 아버지"로 흔히 일컬어지게 되었다.

어휘 surgeon 외과 의사 pioneer 선구자 antiseptic 〔형〕살균된, 무균의, 〔명〕소독제 surgery 수술 advance 발전, 진보 microbiology 미생물학 foundation 토대, 기반 champion ~을 지지하다 carbolic acid 석탄산 sterilize ~을 소독하다, 살균하다 surgical instrument 수술 도구 wound 상처 field 분야 fluent 유창한 botany 식물학 obtain ~을 얻다, 받다 bachelor of Arts degree 학사 학위 re-enrol 추가 등록하다, 재등록하다 honors 우등, 우수한 성적 eligible for ~에 대한 자격이 있는 entry 입학, 입장, 입회 professional body 전문 단체 committed to -ing ~하는 데 전념하는 improve ~을 개선하다, 향상시키다 standard 수준, 표준 patient care 환자 치료 offer of employment 고용 제안 assist ~을 돕다 pioneering 선구적인 founder 설립자 mentorship 가르침, 지도 join ~에 가입하다 present ~을 발표하다, 제시하다 well-received 높이 평가 받은 dissertation 논문 proudly 자랑스럽게 spend A -ing: ~하는 데 A의 시간을 보내다 medical institute 의료 기관 throughout 전역에 걸쳐, 도처에 enamored with ~에 매혹된 devoted 헌신적인 laboratory 실험실 assistant 조수 the rest of ~의 나머지 eventually 마침내, 결국 take on ~을 맡다 role 역할 be responsible for ~에 대한 책임이 있다 oversee ~을 감독하다 ward 병동 infirmary 병원 block 구역, 건물 relatively 비교적, 상대적으로 help in -ing ~하는 데 도움이 되다 decrease ~을 감소시키다 case 사례, 경우 operative sepsis 수술 패혈증 deadly 치명적인 infection 감염(병) commonly 흔히 affect ~에게 발병하다 in vain 부질없이, 헛되이 in response 대응하여 develop ~을 개발하다 approach 방법, 접근법 experimentation 실험 determine that ~임을 밝혀내다 microorganisms 미생물 function as ~로서 기능하다 effective 효과적인 employ ~을 이용하다 method 방법 instruct + 목적어 + to 동사원형: (목적어)에게 ~하도록 지시하다, 설명하다 spray A with B: A에 B를 분무하다 incision 절개 mortality rate 사망률 drastically 급격히(=rapidly) continue to 동사원형: 지속적으로 ~하다 refine ~을 개선하다 work 실력, 업적, 작업(물) sterile 살균한, 소독한 practice 관행, 관례 reputation 명성, 평판 peer 같은 처지에 있는 사람, 또래, 동료 skeptical 회의적인 findings 결과물 warn + 목적어 + against -ing: (목적어)에게 ~하지 말도록 경고하다 entire 전체의 community ~계, 분야 progressive 진보적인 be based on ~을 바탕으로 하다, 기반으로 하다 germ theory 세균 이론 in

one's infancy 걸음마 단계인, 초창기인 fortunately 다행히도 further 추가의 refinement 개선, 향상 principle 원리, 원칙 gain universal acceptance 보편적으로 받아들여지다 subsequently 그 후에 award A B: A에게 B를 주다, 수여하다 Order of Merit (영국의) 메리트 훈장 commonly 흔히 be referred to as ~라고 일컬어지다

15. 조셉 리스터는 무엇으로 가장 잘 알려져 있는가?
  (a) 성공적인 의료 기관을 설립한 것
  (b) 효과적인 수술 도구를 고안한 것
  (c) 수술 분야에 소독제를 도입한 것
  (d) 수술 절차 시간을 상당히 감소시킨 것

해설 첫 문단에 리스터가 수술용 도구를 소독하고 상처를 닦는 데 있어 석탄산을 사용했다는 말과 이것이 수술 분야에서 처음으로 널리 이용된 소독제가 되었다는(Lister championed the use of carbolic acid to sterilize surgical instruments and clean wounds, and it became the first widely used antiseptic ~) 말이 쓰여 있습니다. 이는 처음 소독제를 도입했다는 말과 같으므로 (c)가 정답입니다.

어휘 establish ~을 설립하다, 확립하다 effective 효과적인 introduce ~을 도입하다, 소개하다 significantly 상당히 (많이) decrease ~을 감소시키다 procedure 절차

16. 리스터는 졸업 후에 어디에서 일하기 시작했는가?
  (a) 유니버시티 칼리지
  (b) 에딘버러 왕립 병원
  (c) 브라운 스퀘어 의대
  (d) 글래스고우 왕립 병원

해설 세 번째 문단에 리스터가 첫 고용 제안을 에딘버러 왕립 병원로부터 받았다는 사실과(Lister's first offer of employment came from the Royal Infirmary of Edinburgh) 그곳에서 제임스 사임을 도운 점을 언급하고 있으므로 (b)가 정답입니다.

17. 세 번째 문단에 따르면, 리스터와 제임스 사임 사이의 관계에 관해 언급된 것은 무엇인가?
  (a) 사임이 리스터의 조수로 근무했다.
  (b) 리스터와 사임이 의학회를 설립했다.
  (c) 사임이 리스터와 함께 두 개의 논문을 공동 저술했다.
  (d) 리스터가 사임의 사위가 되었다.

해설 세 번째 문단 중반부에 리스터가 제임스 사임의 딸인 아그네스와 결혼한 사실이(He eventually married Syme's daughter, Agnes) 쓰여 있는데, 이는 리스터가 제임스 사임의 사위가 된 것을 뜻하므로 (d)가 정답입니다.

어휘 relationship 관계 serve as ~로 근무하다, ~의 역할을 하다 found ~을 설립하다 co-author ~을 공동 저술하다 son-in-law 사위

18. 리스터는 언제 자신의 새 수술법에 대해 연구하기 시작했는가?
(a) 유럽에 있는 여러 의료 기관을 방문하는 동안
(b) 새 병원 건물을 감독하는 동안
(c) 에딘버러에서 강사로 근무하는 동안
(d) 제임스 사임과 공동 작업을 하는 동안

해설 네 번째 문단을 보면, 리스터가 글래스고우 왕립 병원의 새 건물에 있는 병동을 감독하는 동안 환자들이 감염으로 사망한 문제를 언급하면서 그 문제에 대처하기 위해 새 수술법을 개발하기 시작한 사실이(While he was there, he was responsible for overseeing all wards in the infirmary's new surgical block, ~ In response, Lister began developing his antiseptic surgical approach) 쓰여 있습니다. 따라서 (b)가 정답입니다.

어휘 supervise ~을 감독하다 lecturer 강사 collaborate with ~와 공동 작업하다, 협업하다

19. 왜 리스터의 업적이 처음에 무시당했는가?
(a) 관련 자료에 의해 뒷받침되지 못했다.
(b) 오직 최소한의 효과만 내는 것으로 보여졌다.
(c) 효율적으로 활용하기에 너무 비용이 많이 드는 것으로 여겨졌다.
(d) 비교적 잘 알려져 있지 않은 이론을 바탕으로 한 것이었다.

해설 다섯 번째 문단 중반부에서 리스터의 아이디어를 활용하지 못하게 한 사실과 그 이유로 이것이 당시에 제대로 이해되지 못했던 세균 이론에 바탕을 둔 것이라는(warned the entire medical community against employing his progressive ideas, largely because they were based on germ theory, which was in its infancy and not well understood at the time) 사실이 언급되어 있으므로 (d)가 정답입니다.

어휘 disregard ~을 무시하다 at first 처음에 minimally 최소한으로 effective 효과적인 consider A B: A를 B한 것으로 여기다 costly 비용이 많이 드는 utilize ~을 활용하다 efficiently 효율적으로 be based on ~을 바탕으로 하다 relatively 비교적, 상대적으로 obscure 잘 알려지지 않은

20. 해당 단락의 문맥에서, advances가 의미하는 것은?
(a) 개선
(b) 촉진
(c) 움직임
(d) 수당

해설 해당 문장에서 advances는 파스퇴르가 미생물학 분야에서 한 일로서 리스터가 토대로 삼은 것을 가리킵니다. 따라서 한 분야에서 이룬 발전이나 성과 등을 의미하는 단어인 것으로 판단할 수 있는데, 이는 개선 또는 향상을 나타내는 것과 같으므로 '개선, 향상'을 뜻하는 (a)가 정답입니다.

21. 해당 단락의 문맥에서, acceptance가 의미하는 것은?
(a) 입학
(b) 협조
(c) 허가
(d) 인정

해설 acceptance가 포함된 gain universal acceptance는 '보편적으로 받아들여지다'라는 의미를 나타냅니다. 여기서 acceptance가 의미하는 '받아들여지는 것'은 다른 이들에게 인정받은 일을 나타내므로 '인정'을 뜻하는 (d)가 정답입니다.

DAY 03 PART 2 잡지 기사문

연습 문제

1. (a)   **2.** (b)

상어가 지구의 자기장을 활용하다

플로리다 주립대학교 연안 및 해양 연구소의 해양 연구원들이 상어가 바다를 횡단할 때 지구의 자기장을 활용한다는 증거를 발견했다. 상어의 여러 종은 해마다 특정 번식 장소에 이르기 위해 아주 먼 거리를 횡단한다. 그러나, 최근까지도, **1** 그들이 어떻게 그들의 목적지에 정확하게 도착하기 위해 그렇게 방대한 거리를 횡단했는지는 미스터리였다.
바다 거북이 부화 장소로 돌아오기 위해 수만 마일을 이동하기 위해서 자기장을 활용한다는 것은 과학계에 이미 알려져 있었다. 과학자들은 상어가 동일한 기법을 사용했을 것이리고 추측했지만, **2** 새로운 프로젝트에서 크기가 작은 상어를 연구에 사용하기 전까지는 이 가설이 입증되기 어려웠다. 해양 생물학자 켈리 브라이언트가 이끄는 팀은 자기 변위 실험에 여러 어린 귀상어를 테스트하였다.

1.

정답 (a)

해설 첫 단락에 상어가 바다를 횡단할 때 자기장을 활용한다는 것이 언급돼 있는데, 상어가 목적지에 정확하게 도착하기 위해 그렇게 방대한 거리를 가로질러 이동했다(they migrated across such vast distances to arrive accurately at their destinations)고 언급하는 것을 토대로 지구의 자기장을 활용하는 것의 결과가 목적지에 정확하게 도착하는 것임을 알 수 있습니다. 따라서 (a)가 정답입니다.

정답 및 해설 **59**

2.

정답 (b)

해설 두 번째 단락에서 새로운 프로젝트는 크기가 더 작은 상어를 연구에 사용하기 전까지 가설이 입증되기 어려웠다(this hypothesis was difficult to support until a new project used smaller sharks in its study)고 언급하는데, 이는 크기가 더 작은 상어를 연구에 사용한 후에 가설이 입증되었다는 것을 의미하므로 새 프로젝트 이전에는 크기가 더 큰 상어를 중심으로 연구했다는 것을 유추할 수 있습니다. 따라서 (b)가 정답입니다.

실전 문제

1. (a)	2. (c)	3. (a)	4. (c)	5. (d)
6. (d)	7. (b)	8. (a)	9. (c)	10. (b)
11. (b)	12. (d)	13. (c)	14. (b)	15. (d)
16. (c)	17. (d)	18. (b)	19. (b)	20. (a)
21. (c)				

1-7.

1 패스트푸드점에서 핫도그가 거의 판매되지 않는 이유

갈라진 롤에 소시지가 들어있는 핫도그는 미국에서 가장 인기있는 음식 중 하나이다. 햄버거처럼 핫도그는 독일에서 유래했지만, 지금은 보통 미국 음식과 연관되어 있다. 맥도날드와 버거킹과 같은 많은 패스트푸드 식당들은 햄버거를 판매함으로써 사업을 일으켰다. 하지만, **1 미국의 패스트푸드 체인점이 핫도그를 판매하는 것은 드문 일이다.**

그래서, 핫도그가 그렇게 인기가 없는 이유는 무엇일까? **2 비록 몇몇 식당이 핫도그를 판매하려고 시도했지만, 대부분이 놀랍게도 성공하지 못했다.** "맥핫도그"는 출시 직후 맥도날드의 메뉴에서 사라졌고, 다른 체인점들의 시도 또한 완전히 실패하였는데, 한 신문의 리뷰에서는 버거킹의 핫도그를 "역겨운 망신"이라고 불렀다. **2 하지만, 햄버거처럼, 핫도그는 준비하기에는 간단해서, 패스트푸드 식당에는 완벽하게 맞는 것처럼 보인다.**

흥미롭게도, 그 음식의 준비가 그 실패를 초래한 것일지도 모른다. **3 빵이 있는 패스트푸드 햄버거는 약 15분 동안 열등 아래에서 따뜻하고 먹을 수 있는 상태로 있을 수 있어서, 고객이 주문을 하기 전에 햄버거를 준비된 상태가 되도록 할 수 있었다.** 하지만 핫도그는 물기가 스며 나와서, 빵을 아주 빠르게 축축하게 만든다. 이것은 핫도그가 식당 이용자들에게 즉시 제공되어야 하거나, 그 빵을 따로 분리하여 보관해야 한다는 것을 의미하는데, 이것이 음식 제공을 **6 저해하여** 긴 줄을 서게 하고, 단골 손님들을 언짢게 만드는 것이다.

4 핫도그는 또한 지역별 선호에 따라 다르게 준비된다. 예를 들어, 시카고에 있는 많은 식당들의 핫도그는 토핑으로 채워진는데, 이것이 그들의 핫도그 위에 케첩을 올리지 못하게 한다. 하지만 미국의 다른 곳에서는, 케첩은 토핑으로 **7 받아들여진다**. 뉴욕에서, 핫도그는 종종 사우어크라우트와 함께 나오며, 미국의 남서부에서는, 일반적으로 마요네즈와 베이컨이 함께 제공된다. 이러한 지역적 취향의 차이는 빠르게 준비되어야 하는 단 하나의 제품을 체인 레스토랑이 제공하는 것을 어렵게 만든다.

핫도그는 1900년대 초에 미국에서 최초로 인기를 얻었다. **5 핫도그는 종종 해변 리조트나 주 박람회에서 판매되었고, 그래서 미국인들은 핫도그를 여가와 여름 날씨에 연관 짓게 되었다.** 사람들은 가족 나들이에서 그릴로 핫도그를 굽는 것과 야구 경기장에서 핫도그를 주문하는 것을 좋아한다. 핫도그, 휴식, 그리고 야외에 대한 머리 속에서의 연결은 고객들이 패스트푸드 식당에서 핫도그를 사는 것에 대한 관심이 적은 이유를 설명하는 데에 도움을 줄 수 있다.

어휘 split 나뉘어진, 갈라진, 보통 roll (빵) 롤 originate 비롯되다, 유래하다 commonly 흔히 be associated with ~와 관련되어 있다 cuisine 요리 business 사업 rare 드문, 희귀한 chain 체인점 unpopular 인기 없는 attempt to 동사원형: ~하려고 시도하다 market 판매하다, 시장에 내놓다 surprisingly 놀랍게도 vanish 사라지다 shortly after 곧, 머지 않아 release 출시 endeavor 시도, 노력 flop 완전히 실패하다, 주저 앉다 review 후기, 검토 disgusting 역겨운 disgrace 망신, 수치 prepare (음식을) 준비하다 seem like ~처럼 보이다 perfect fit 완벽하게 맞는 것, 딱 맞는 것 interestingly 흥미롭게도 preparation (음식의) 준비 lead to ~로 이어지다, ~을 초래하다 failure 실패 bun (작고 둥글납작한) 빵 remain + 형용사: ~한 상태로 남아 있다 edible 먹을 수 있는 heat lamp 열등, 적외선등 place an order 주문하다 sweat 물기가 스며 나오다 moisture 물기, 수분 turn + 목적어 + 형용사: (목적어)를 ~하게 바꾸다 either A or B: A 또는 B restaurant-goer 식당 이용고객 immediately 즉시 separate 분리된 hinder 방해하다, ~을 못하게 하다 unhappy 언짢은 patron 단골 손님 based on ~에 기반하여 regional 지역의 preference 선호(도) for instance 예를 들면 be loaded with ~로 채워지다, ~을 가지고 있다 topping (음식 위에 얹는) 토핑, 고명 discourage 의욕을 꺾다, 못하게 막다 elsewhere 다른 곳에서 acceptable 받아 들여지는 sauerkraut 사우어크라우트(독일의 양배추 발효 음식) typically 일반적으로 taste 취향 single 하나의 seaside 해변 state fair 주 박람회 leisure 여가 활동 grill 그릴에 굽다, 불에 굽다 mental link 머리 속에서의 연결, 정신적인 연결 관계 relaxation 휴식 be less interested in ~에 관심이 적은

1. 이 기사문은 주로 무엇에 관한 글인가?

(a) 핫도그의 한정적인 시장
(b) 핫도그에 대한 증가하는 인기
(c) 핫도그의 전반적인 역사
(d) 핫도그에 포함된 재료

해설 기사의 제목이 WHY HOT DOGS ARE RARELY SOLD IN FAST-FOOD RESTAURANTS로, '패스트푸드 식당에서 핫도그가 거의 팔리지 않는 이유'로 정해져 있으며, 핫도그에 대해 설명하고 있는 첫 문단의 마지막 부분에서 많은 미국의 패스트푸드 체인점에서 햄버거를 판매하고 있지만, 핫도그를 파는 것은 드물다(it is rare for an American fast-food chain to sell hot dogs)고 언급한 것으로 보아 햄버거에 비해 핫도그의 시장이 한정적이라는 것을 알 수 있습니다. 따라서 정답은 (a)입니다.

어휘 limited 제한된, 한정적인 increasing 증가하는 popularity 인기 overall 전반적인 ingredient (음식) 재료

2. 두 번째 문단에 따르면, 패스트푸드 핫도그의 실패가 놀라운 이유는 무엇일 수 있는가?
  (a) 생산 비용이 저렴하기 때문에
  (b) 고객들에게 잘 받아들여지기 때문에
  (c) 상대적으로 만들기 쉽기 때문에
  (d) 식당 후기에서 높은 평가를 받기 때문에

해설 두 번째 문단에서 몇몇 패스트푸드 식당들이 핫도그를 판매하려고 시도하였지만 놀랍게도 성공하지 못했다고 언급한 부분에서 질문의 키워드인 failure of fast-food hot dogs be surprising를 확인할 수 있습니다. 그리고 문단 마지막 부분에서 햄버거처럼 핫도그가 준비하기에는 간단해서 패스트푸드 식당에 완벽하게 잘 맞는 것으로 보인다고(But, like hamburgers, hot dogs are simple to prepare, so they seem like a perfect fit for fast-food restaurants) 언급한 내용을 통해 '놀랍게도 성공하지 못했다'고 말한 것은 만들기 쉽기 때문에 성공할 것으로 예상하였지만 그렇게 하지 못했다는 것을 알 수 있으므로 정답은 (c)입니다.

어휘 failure 실패 inexpensive (비용이) 저렴한 well-received 잘 받아들여지는 relatively 상대적으로 highly rated 높게 평가되는

3. 기사에 따르면, 패스트푸드 햄버거를 파는 것을 편리하게 만드는 것은 무엇인가?
  (a) 준비가 끝난 후에 먹을 수 있는 상태로 남아있다.
  (b) 열등으로 조리될 수 있다.
  (c) 몇 가지의 재료만 필요하다.
  (d) 기본적인 장비를 사용하여 준비된다.

해설 세 번째 문단에서 질문의 키워드인 Fast-food hamburgers에 대해 패스트푸드 햄버거는 열등 아래에서 약 15분 동안 따뜻하고 먹을 수 있는 상태로 유지될 수 있다고(Fast-food hamburgers with buns can remain warm and edible under heat lamps for about fifteen minutes) 설명하고 있으므로 정답은 (a)입니다.

어휘 convenient 편리한 remain (~한 상태로) 남아 있다 edible 먹을 수 있는 preparation (요리) 준비 heat lamp 열등, 적외선등 require 필요로 하다 ingredient (음식의) 재료 equipment 장비

4. 네 번째 문단에서 미국 핫도그의 토핑에 관해 알 수 있는 것은 무엇인가?
  (a) 특정 지역에서만 인기가 있을 뿐이라는 것
  (b) 특정 주문에 추가되어야 한다는 것
  (c) 미국 내 다른 지역에서 상당히 다양하다는 점
  (d) 점점 더 비싸졌다는 것

해설 네 번째 문단에서 핫도그는 지역의 선호도에 기반하여 다르게 준비된다(Hot dogs are also prepared differently based on regional preferences)고 언급되어 있고, 그 뒤로 시카고와 뉴욕, 미국 남서부에서 핫도그 위에 올리는 토핑에 대해 예시를 들어 설명하고 있습니다. 이를 통해 미국 지역마다 토핑이 다양하다는 것을 알 수 있으므로 (c)가 정답입니다.

어휘 popular 인기 있는 certain 특정한 specific 특정한, 구체적인 order 주문 vary widely 상당히 다양하다 increasingly 점점 더 expensive 값비싼

5. 핫도그가 어떻게 여가 활동과 연관되게 되었는가?
  (a) 처음에 야구 경기에서 제공되었다.
  (b) 원래 국경일에 먹던 것이었다.
  (c) 처음에 여름에만 먹던 것이었다.
  (d) 원래 야외 지점에서 판매되었다.

해설 질문의 키워드 associated with leisure는 다섯 번째 문단의 미국인들이 핫도그를 여가 활동과 연관시키게 되었다(Americans came to associate them with leisure)라고 언급한 문장에 나타나 있습니다. 그 앞에 핫도그와 여가 활동의 연관성에 대한 이유로 핫도그가 종종 해변 리조트나 주 박람회에서 판매되었다(They were often sold at seaside resorts or state fairs)고 언급되어 있으므로 이를 야외 지점에서 판매되었다고 표현한 (d)가 정답입니다.

어휘 be associated with ~와 관련되다 initially 처음에, 애초에 originally 원래 national holiday 국경일 outdoor location 야외 지점, 실외 장소

6. 해당 단락의 문맥에서, hinders가 의미하는 것은?
  (a) 확장하다
  (b) 초대하다
  (c) 만들다
  (d) 지연시키다

해설 해당 문장에서 hinders는 '핫도그가 식당 이용객들에게 즉시 제공되거나 빵을 분리하여 보관해야 한다는 것을 의미한다'는 관계대명사 which가 가리키는 앞문장의 전체 내용을 주어로 가지는 동사로 쓰였습니다. 그 뒤에 식당에서의 음식이 나

오는 것을 가리키는 service가 목적어로 쓰였으며, 긴 줄을 만들고 단골 손님들을 언짢게 만든다는 내용이 있으므로 문맥상 hinders는 식당에서 핫도그를 주문 시 시간이 지체된다는 것을 의미합니다. 따라서 보기 중에서 '지연시키다'라는 의미를 나타내는 동사 delay의 현재시제 (d) delays가 정답입니다.

7. 해당 단락의 문맥에서, <u>acceptable</u>이 의미하는 것은?
(a) 소중한
(b) 알맞은, 적절한
(c) 보이는
(d) 그럴 듯한

해설 해당 문장에서 acceptable은 문맥상 시카고를 제외한 미국에서는 핫도그의 토핑으로서 케첩에 대해 '받아 들여질 수 있다'는 의미로 쓰였습니다. 이는 케첩이 토핑으로서 적절하다는 의미이므로 보기 중에서 '알맞은, 적절한'이라는 의미를 나타내는 형용사 (b) suitable이 정답입니다.

8-14.

이집트인은 왜 미라를 만들었을까?

고대 이집트와 연관된 가장 흔한 그림 중에 하나는 미라의 그림이다. ⑧ 미라, 혹은 보존된 인간의 유해는 이집트인들에 의해 약 5000년 전, 어쩌면 훨씬 더 이전에 만들어지기 시작하였다. 비록 이러한 관행의 이유에 대한 직접적인 기록을 가지고 있지 않지만 이집트학자들은 이 사람들이 사후 세계에 대한 믿음과 관련된 종교적 목적을 수행했다는 것에 동의한다. ⑨ 초기 이집트 미라들은 의도치 않게 만들어졌을지도 모른다. 이집트의 기후는 아주 덥고 건조하며, 비가 많이 오지 않는다. 이것 때문에, ⑨ 사막에 묻혔던 몇몇 시체들이 부패하지 않았다. 대신에, 그 시체들은 보존되었다. 이 발견은 고대 이집트인들에게 영감을 주었을 지도 모르며, 그들은 그리고 나서 이러한 결과를 반복할 수 있는 방법을 연구하기 시작했다.
학자들은 기원전 2600년 정도쯤, 이집트인들이 의도적으로 죽은 시체를 보존하고 있었다고 말한다. 그들은 시체가 부패되지 않도록 시체를 건조하는 기술을 발달시켰다. ⑩(a) 이 방법은 인체 내부의 장기들을 제거하고, 소금의 한 종류인 탄산소다로 시체를 한 달 이상 ⑬ 뒤덮는 일을 수반하였다. 이는 시체를 건조시켰고 박테리아가 없는 상태로 유지시켰다. ⑩(c) 그 후 시체는 여러 장의 아마포로 꽁꽁 싸였으며, 때때로 장식물들로 꾸며졌다. ⑩(d) 부유하고, 권력이 있는 사람들은 흔히 미라로 만들어졌고, 그 후 유명한 피라미드와 같이 수많은 통로와 방이 있는 ⑭ 정교한 무덤에 묻혔다.
역사학자들은 일반적으로 미라로 만드는 것이 종교적인 목적을 수행했다는 것에 동의한다. 시체의 보존은 그 사람이 사후 세계에 들어가는 것을 도울 것이라고 여겨졌다. ⑪ 죽은 사람의 영혼은 육체로부터 떨어져서, 나중에 육신의 형태와 다시 재결합될 것이다. 그 사람은 사망 후에도 육체가 필요할 것이기 때문에, 양호한 상태로 육체를 유지시키는 것이 중요했다. 불멸에 대한 이런 사상 또한 이집트의 신 오시리스와 연관되어 있을 수 있으며, 그 신은 매년 죽었다가 부활한다고 전해졌다.
고대 미라들은 현대 연구자들에게는 계속해서 지식에 대한 유용한 원천이 되고 있다. 인간의 유해를 보존하는 것에 대한 이집트인들의 성공으로 인해, ⑫ 과학자들은 식단과 질병 같은 것들을 포함하여 고대 사람들의 건강에 대해 알기 위해 엑스레이와 생체 검사를 사용할 수 있었다. 이러한 결과들은 고대 세계에서의 삶에 대한 더욱 풍부한 이해를 우리에게 전해준다.

어휘 common 흔한 associated with ~와 연관된 mummy 미라 preserved 보존된 remains (죽은 사람의) 유해 perhaps 어쩌면, 아마도 direct 직접적인 record 기록 practice 관행, 실천 Egyptologist 이집트학자 figure 인물, 사람 serve a purpose 목적을 수행하다, 목적에 부합하다 religious 종교적인 related to ~에 관련된 belief 믿음, 신념 afterlife 사후 세계 may have p.p.: ~했을지도 모른다 unintentionally 의도치 않게, 무심결에 climate 기후 body 시체 bury 묻다 desert 사막 decompose 부패하다, 썩다 instead 대신에 preserve 보존하다 discovery 발견 inspiration 영감 replicate 모사하다, 복제하다 effect 결과, 효과 scholar 학자 intentionally 의도적으로, 고의로 corpse 시체 method 방법 remove 제거하다 internal 내부의 organ 장기, 조직 coat 덮다 natron 천연 탄산소다 dry 건조하다 free of ~가 없는 wrap 싸다, 포장하다 adorn 꾸미다, 장식하다 decoration 장식물 commonly 흔히 mummify 미라로 만들다 elaborate 정교한, 공을 들인 tomb 무덤 numerous 수많은 passageway 통로 chamber 방, 실 historian 역사학자 generally 일반적으로 mummification 미라화, 미라로 만드는 것 enter ~로 들어가다 detach from ~로부터 떨어지다 reunite 재결합하다 physical 신체적인 at a later time 나중에 immortality 불멸 be linked to ~에 연결되어 있다 reborn 다시 태어나는, 부활한 source 원천, 근원 modern-day 현대의 due to ~로 인해 biopsy 생체 검사 finding 결과, 결론 richer 더 풍부한, 더 풍요로운 understanding 이해

8. 기사문은 주로 무엇에 관한 것인가?
(a) 죽은 사람을 보존하는 방법
(b) 중요한 고고학적 유적지
(c) 사후 세계에 대한 유명한 신화
(d) 연례 종교 의식

해설 지문의 제목에서 알 수 있듯이 지문의 주제는 미라(mummies)이며, 미라에 대해서 첫 문단에서 preserved human remains (보존된 인간의 유해)라고 설명한 뒤, 이어지는 문단에서 미라의 유래에서부터 미라가 만들어진 배경과 방법이 설명되고 있으므로 (a)가 정답입니다.

어휘 the dead 죽은 사람들, 망자 significant 중요한 archeological site 고고학적 유적지 popular 인기 있는, 유명한 myth (근거 없는) 신화 annual 연례의, 해마다의 ritual 의식, 의례

9. 기사에 따르면, 최초의 이집트 미라는 어떻게 만들어졌을 것 같은가?
(a) 얼어붙은 무덤에 놓임으로써
(b) 희박한 산 공기에 노출됨으로써
(c) 모래 속에 묻힘으로써
(d) 진공의 관에 봉인됨으로써

해설 질문의 키워드인 the first Egyptian mummies는 두 번째 문단 첫 부분에 The earliest Egyptian mummies로 언급되어 있습니다. 그 뒤에 some bodies that were buried in the desert did not decompose라는 문장에서 사막에 묻혔던 몇몇 시체들이 썩지 않았고, 그것이 고대 이집트인들에게 영감을 주었을 것이라고 언급하며 최초의 미라에 대해 추측하고 있습니다. 따라서 최초의 미라는 사막에 묻혀서 만들어졌으므로 (c)가 정답입니다.

어휘 be placed 놓이다 freezing 얼어붙은 expose 노출시키다 thin 얇은, 희박한 bury 묻다 seal 봉인하다 airtight 진공의 coffin 관

10. 고대 이집트인들이 사용한 미라화 과정에 관해 언급되지 않은 것은 어느 것인가?
(a) 시체 내부의 부위들을 추출하는 일을 수반했다.
(b) 1년이 넘는 기간이 걸려 완료된다.
(c) 천으로 시체를 감싸는 일을 수반했다.
(d) 상류층 사이에서 관례적인 일이었다.

해설 미라화(mummification)에 대해 언급된 세 번째 문단에서 내부 장기를 제거하는 일을 수반했다(involved removing the internal organs)는 부분에서 (a)의 내용을 확인할 수 있습니다. 그리고 인견으로 싸였다는 점(wrapped in sheets of linen)에서 (c)를, 그리고 부유하고 권력이 있는 사람들이 흔히 미라가 되었다는 점(Rich, powerful individuals were commonly mummified)에서 (d)를 확인할 수 있습니다. 그런데 소금의 한 종류인 나트론으로 한 달 이상 덮는다(coating the body in natron, a type of salt, for over a month)고 언급된 부분에서 (b)의 내용이 지문과 다르다는 것을 알 수 있습니다. 따라서 정답은 (b)입니다.

어휘 process 과정, 절차 extract 추출하다 part 부위, 부분 year-long 1년 기간의, 1년이 걸리는 period 기간 encase 감싸다 cloth 옷감, 천 customary 관례적인, 습관적인 upper class 상류층, 고위 계급

11. 네 번째 문단에 따르면, 고대 이집트인들이 시체들은 보존되어야 한다고 믿었던 이유는 무엇인가?
(a) 신의 영혼이 임할 것이기 때문에
(b) 사후 세계에서 망자들에 의해 사용될 것이기 때문에
(c) 그렇지 않으면 치명적인 질병을 퍼트릴 것이기 때문에
(d) 이후에 종교적인 의식에서 사용될 것이기 때문에

해설 네 번째 문단의 내용에 따르면, 죽은 자의 영혼이 나중에 육체적 형태와 재결합할 것이고, 그래서 그 사람은 죽은 후에도 자신의 육신이 필요할 것이기 때문에 육체를 양호한 상태로 유지하는 것이 중요하다고(The dead person's soul, detached from the body, would be reunited with its physical form at a later time. Because the person would need their body even after death, it was important to keep it in good condition) 언급되어 있습니다. 이를 통해 죽은 사람의 육신을 보존해야 하는 이유는 죽은 자들이 나중에 필요할 것이기 때문임을 알 수 있으므로 (b)가 정답입니다.

어휘 inhabit 살다, 거주하다 the deceased 망자, 죽은 사람들 otherwise 그렇지 않으면 spread 퍼트리다 deadly 치명적인 ceremony 의식

12. 마지막 문단에 따르면, 과학자들이 고대 사람들에 대해 더 많은 것을 알 수 있도록 도와준 것은 무엇인가?
(a) 동물을 미라로 만들기 위한 현대 장비를 사용한 것
(b) 미라화 과정을 재현하려고 노력한 것
(c) 미라가 저장된 장소를 조사한 것
(d) 미라에게 의료적 시술을 수행한 것

해설 질문의 키워드인 scientist learn more about ancient people은 마지막 문단의 마지막 부분에서 과학자들이 고대 사람들의 건강에 대해 알기 위해 엑스레이와 생체 검사를 사용할 수 있었다(scientists have been able to use x-rays and biopsies to learn about the health of ancient people)는 문장에 언급되어 있습니다. 이를 통해 과학자들이 미라에 엑스레이를 사용하고 생체 검사를 해보았다는 것을 알 수 있으므로 (d)가 정답입니다.

어휘 equipment 장비 recreate 재현하다, 되살리다 investigate 조사하다 store 저장하다 carry out 수행하다 medical procedure 의료적 시술, 의료 방법

13. 해당 단락의 문맥에서, coating이 의미하는 것은?
(a) 가지고 다니는 것
(b) 진정시키는 것
(c) 덮는 것
(d) 청소하는 것

해설 해당 문장에서 coating은 타동사인 involved의 목적어 자리에 동명사 형태로 쓰였습니다. 문맥상 한 달 이상 나트론(natron)으로 시체를 처리하여 박테리아를 없애는 것으로 언급되어 있습니다. 이를 통해 나트론을 시체에 바르거나 덮는 것으로 이해할 수 있으므로 보기 중에서 '덮다'라는 의미를 나타내는 동사 cover의 동명사 형태인 (c) covering이 정답입니다.

14. 해당 단락의 문맥에서, elaborate이 의미하는 것은?
(a) 바쁜
(b) 일시적인
(c) 비밀의
(d) 복잡한

해설 해당 문장에서 elaborate는 무덤(tombs)이라는 명사를 수식하는 형용사로 사용되었으며, 그 뒤에 이 무덤은 수많은 통로와 방이 있다고 설명되어 있습니다. 이를 통해 이 무덤이 복잡한 구조를 가지고 있다고 볼 수 있으므로 보기 중에서 '복잡한'이라는 의미를 나타내는 형용사 (d) complex가 정답입니다.

15-21.

잠재적으로 거주 가능한 새 외행성 발견되다

천문학자들이 지구로부터 약 4.2광년 떨어진 곳에서 새로운 외행성(우리 태양계 밖에 위치한 행성)을 발견했다. 과학자들은 이 행성을 15 '프록시마 켄타우리 b'라고 이름 붙였는데, 이 행성이 '프록시마 켄타우리'라고 알려진 적색 왜성의 궤도를 따라 공전하기 때문이다. 그리고 그것은 태양에서 가장 가까운 별이자 알파 켄타우리 항성계의 일부이다.

이 발견은 하트퍼드셔 대학에 재직 중인 핀란드인 천문학자이자 수학자인 미코 투오미에 의해 잠정적으로 처음 발표되었다. 16 투오미는 알파 켄타우리 항성계에 대한 과거의 관찰과 관련된 기록 정보를 검토하던 중에 독특한 신호를 감지했다. 그는 이 신호가 한 외행성을 가리키는 것이라고 믿었다. 그래서 유럽 남부 천문대는 이 발견 가능성을 확인하기 위해 전 세계에서 31명의 과학자들로 팀을 20 구성했다. 이 팀은 기엠 앙글라다 에스퀴데가 이끌었으며, 17 영국 과학 저널인 「네이처」에 실린 동료 학자들이 검토한 기사에서 '프록시마 켄타우리 b'의 존재를 공식적으로 확인해 주었다.

비록 '프록시마 켄타우리 b'의 거주 가능성이 아직 전적으로 인정받은 것은 아니지만, 과학자들은 이 행성과 관련해 신뢰할 수 있는 여러 21 가정들을 제시했다. 프랑스의 CNRS 연구소의 연구원들은 18(d) 이 행성이 지구에서 찾아볼 수 있는 것들과 유사한 표면 해수와 호수를 품고 있을 가능성이 상당하다고 밝혔다. 하지만, 18(a) 지구의 바람보다 2천 배나 더 강한 방사압과 성풍에 따른 결과로, 그 행성에 있을 수 있었던 어떠한 대기도 아마 날아가 버렸을 것이다. 결과적으로, 18(c) 이것은 인간이 아마도 생존할 가능성 있는 유일한 곳은 그 행성 표면의 아래일 것임을 의미하는 것일 수 있다.

'프록시마 켄타우리 b'와 같은 외행성에 대한 더욱 심층적인 분석을 실시할 기회가 우리 일생 동안 나타날 수 있다. 2017년에, 나사가 '2069 알파 켄타우리 미션'이라고 이름 붙인 한 미션 개념을 소개했다. 이 미션의 목적은 알파 켄타우리 항성계 내의 별들 주변에 위치한 행성들에 있는 과거 또는 현재의 생명체 흔적을 찾기 위해 2069년까지 성간 무인 탐사선을 발사하는 것이다. 19 이 예비 개념은 추진력을 높이기 위해 솔라 세일 및 고에너지 레이저 활용을 제안하고 있지만, 안타깝게도, 이와 같은 기술은 아직 존재하지 않으며, 자금 또한 아직 확보되지 않은 상태이다.

어휘 potentially 잠재적으로 habitable 거주 가능한 exoplanet (태양계 밖에 있는) 외행성 discover ~을 발견하다 astronomer 천문학자 located outside ~밖에 위치한 Solar System 태양계 approximately 약, 대략 light-year 광년(빛이 1년에 나아가는 거리) name A B: A를 B라고 이름 짓다 orbit ~의 궤도를 공전하다 dwarf star 왜성 known as ~라고 알려진 close to ~와 가까운 star system 항성계 tentatively 잠정적으로 mathematician 수학자 detect 감지하다 distinctive 독특한 signal 신호 review ~을 검토하다 archival 기록의 related to ~와 관련된 observation 관찰 indicative of ~을 가리키는 assemble ~을 구성하다, 모으다 confirm ~을 확인하다 officially 공식적으로 presence 존재(감) peer-reviewed 동료 학자들이 검토한 habitability 거주 가능성 be yet to 동사원형: 아직 ~하지 못하다 established 인정받은, 자리잡은 put forward ~을 제시하다 credible 신뢰할 수 있는 assumption 가정, 추정 researcher 연구원 research institute 연구소 state that ~라고 말하다 considerable 상당한 likelihood 가능성, 있을 법함 harbor ~에 장소를 제공하다, ~을 품고 있다 surface ocean 표면 해수 similar to ~와 유사한 as a result (of) ~(의) 결과로, 결과적으로 radiation pressure 방사압 stellar wind 성풍 atmosphere 대기 may have p.p. ~했을 지도 모른다 blow away ~을 날려버리다 human being 인간, 인류 possibly 아마도 survive 생존하다 surface 표면 opportunity to 동사원형: ~할 수 있는 기회 conduct ~을 실시하다 in-depth 심층적인, 깊이 있는 analysis 분석 present itself (사물 주어와 함께) ~가 나타나다 introduce ~을 소개하다 technology 기술 aim 목적 launch ~을 발사하다 interstellar 성간의 probe 무인 탐사선 search for ~을 찾다 sign 흔적, 징후 preliminary 예비의, 초기의 propose ~을 제안하다 solar sails 솔라 세일(우주선의 추진용으로 태양광의 압력을 이용하기 위한 돛) propulsion 추진(력) unfortunately 불행히도 exist 존재하다 funding 자금 (제공) secure ~을 확보하다

15. 새롭게 발견된 외행성은 무엇을 따라 이름 지어졌는가?
(a) 그것에서 가장 가까운 태양이 있는 지역
(b) 그것이 속해 있는 태양계
(c) 그것을 발견한 천문학자
(d) 그것이 궤도를 공전하는 별

해설 첫 문단에 새로 발견한 외행성을 '프록시마 켄타우리 b'라고 이름 붙인 사실과 '프록시마 켄타우리'라고 알려진 적색 왜성의 궤도를 따라 공전하기 때문이라는(Scientists have named the planet Proxima Centauri b because it orbits a red dwarf star known as Proxima Centauri ~) 이유가 언급되어 있으므로 (d)가 정답입니다.

어휘 be named after ~을 따라 이름 지어지다 region 지역 be located within ~ 내에 위치하다

16. 무엇이 처음 '프록시마 켄타우리 b'의 존재를 나타냈는가?
(a) 우주 비행사들의 직접적인 목격
(b) 여러 항성계에 대한 비교
(c) 역사적인 관찰 자료에 대한 조사
(d) 국제적인 공동 조사

해설 두 번째 문단 초반부에 투오미라는 학자가 알파 켄타우리 항성계에 대한 과거의 관찰과 관련된 기록 정보를 검토하던 중에 독특한 신호를 감지했다는(Tuomi detected a distinctive signal while reviewing archival information related to past observations of the Alpha Centauri star system) 말이 있으므로 역사적인 관찰 자료에 대한 검토를 의미하는 (c)가 정답입니다.

어휘 existence 존재 first-hand 직접 얻은, 직접 경험한 sighting 목격 comparison 비교 study 연구, 조사 collaborative 공동의, 협업의 investigation 조사

17. '프록시마 켄타우리 b'의 존재는 어떻게 공식적으로 인정되었는가?
(a) 기자 회견을 개최함으로써
(b) TV 방송으로 발표함으로써
(c) 한 세미나에서 자료를 제시함으로써
(d) 기사로 출간함으로써

해설 두 번째 문단 마지막 부분에 영국 과학 저널인 「네이처」에 실린 동료 학자들이 검토한 기사에서 '프록시마 켄타우리 b'의 존재를 공식적으로 확인해 주었다는(officially confirmed the presence of Proxima Centauri b in a peer reviewed article in Nature, a British scientific journal) 말이 있으므로 기사를 출간하는 일을 뜻하는 (d)가 정답입니다.

어휘 formally 공식적으로 acknowledge ~을 인정하다 hold (행사 등) ~을 개최하다 press conference 기자 회견 make an announcement 발표하다 televised TV로 방송되는 publish (출판물 등) ~을 싣다, 출간하다

18. '프록시마 켄타우리 b'의 특징으로 언급되지 않은 것은 어느 것인가?
(a) 대기가 있을 가능성이 적다.
(b) 산이 많은 지형으로 눈에 띈다.
(c) 거주 가능한 지역은 아마 지하일 것이다.
(d) 표면에 물이 있을 가능성이 있다.

해설 세 번째 문단 중반부의 'as a result of radiation pressure and stellar winds ~ any atmosphere the planet may have had will probably have been blown away'에서 대기의 존재 가능성이 적다고 말한 (a)를, 바로 뒤에 이어진 'the only places human beings could possibly survive would be under the planet's surface'에서 거주 가능 지역이 지하일 것이라고 말한 (c)를 확인할 수 있습니다. 또한 'likelihood that the planet harbors surface oceans and lakes similar to those found on Earth' 부분에서 물의 존재 가능성을 말한 (d)의 내용도 확인 가능합니다. 하지만 산이 많은 지형과 관련된 정보는 제시되어 있지 않으므로 (b)가 정답입니다.

어휘 characteristic 특징 be unlikely[likely] to 동사원형: ~할 가능성이 적다[있다] notable 눈에 띄는, 주목할 만한 mountainous terrain 산이 많은 지형

19. 나사의 2069 알파 켄타우리 미션에 관해 무슨 말을 할 수 있을 것 같은가?
(a) '프록시마 켄타우리 b'에 대한 분석을 포함하지 않을 것이다.
(b) 향후 기술의 획기적인 발전에 달려 있다.
(c) 여러 국제적인 항공 우주국들에서 자금이 제공될 것이다.
(d) 그것의 주요 목적은 인류의 집단 거주지를 건설하는 것이다.

해설 해당 미션에 대한 개념이 언급된 마지막 문단에, 그 개념이 추진력을 높이기 위해 솔라 세일 및 고에너지 레이저의 사용을 제안하고 있지만 그러한 기술은 아직 존재하지 않는다고(The preliminary concept proposes the use of solar sails and high energy lasers to increase propulsion, but unfortunately, such technology does not yet exist) 언급하고 있습니다. 이는 그 기술이 존재하게 되면 실현 가능한 미션임을 뜻하는 것이므로 향후 기술력의 발전에 달려 있다는 뜻으로 쓰인 (b)가 정답입니다.

어휘 include ~을 포함하다 analysis 분석 be dependent on ~에 달려 있다, ~에 따라 다르다 breakthrough 획기적인 발전 fund ~에 자금을 제공하다 space agency 항공 우주국 primary 주요한 establish 기반을 마련하다, 설립하다 colony 식민지, 집단 거주지

20. 해당 단락의 문맥에서, assembled가 의미하는 것은?
(a) 모았다
(b) 건설했다
(c) 위치시켰다
(d) 수정했다

해설 해당 문장에서 동사 assembled의 목적어로 '31명의 과학자 팀(a team of 31 scientists)'이라는 말이 쓰여 있습니다. 따라서 이와 같은 사람들이 포함된 팀을 구성했다는 뜻으로 쓰인 동사임을 알 수 있으므로 '모으다'를 뜻하는 동사 gather의 과거형인 (a) gathered가 정답입니다.

21. 해당 단락의 문맥에서, assumptions가 의미하는 것은?
(a) 확인
(b) 획득
(c) 생각
(d) 붙잡음

해설 접속사 Although가 이끄는 절에 '프록시마 켄타우리 b'의 거주 가능성이 아직 전적으로 인정받은 것은 아니라는 말이 쓰여 있습니다. 이를 통해 주절에서 여러 가지 믿을 만한 assumptions를 내놓았다고 말하는 부분에서 assumptions는 가정이나 추정, 또는 예상 등과 비슷한 의미를 나타낸다는 것을 알 수 있습니다. 이는 사람들의 '생각'과 같은 범주에 해당되므로 '생각, 믿음' 등을 뜻하는 (c)가 정답입니다.

DAY 04 PART 3 백과사전식 지문

연습 문제

1. (d)   2. (c)

코알라

코알라는 호주의 토종 동물이며, 호주의 상징으로 잘 알려져 있다. 메인랜드의 동쪽과 남쪽 지역의 해안 지역에서 발견되며, 퀸즐랜드, 뉴 사우스 웨일즈, 빅토리아, 그리고 호주 남부에 서식한다. 그 이름은 **1** 호주 원주민 언어에서 유래된 것이며, "물을 마시지 않다"는 의미를 지니는데, 코알라는 물이 아니라 잎을 먹음으로써 수분 섭취량을 유지하기 때문이다. 코알라는 작아서 길이는 약 60에서 85 센티미터이고 무게는 4에서 15 킬로그램에 불과하다. 대부분의 암컷 코알라는 수컷보다 약 50 센티미터 더 크다. 털의 색상은 은회색부터 갈색까지 있다.

코알라는 유칼립투스 잎을 먹는 소수의 포유류 중 하나이다. 이 잎들은 영양분이 아주 풍부하지는 않으며, 사실 대부분 동물에게는 독성이 있다. 유칼립투스 잎을 소화하기 위해, 코알라는 여러 독특한 적응을 했다. 먼저, **2(b)** 코알라는 신진대사가 매우 느린데, 이는 음식물이 그들의 소화 기관에 오랫동안 머물 수 있음을 뜻한다. 이는 코알라들이 섭취하는 음식으로부터 가능한 많은 에너지를 취할 수 있도록 한다. 이것은 또한 코알라가 많은 에너지를 사용하지 않음을 의미한다. 코알라는 느리게 움직이고 **2(a)** 하루에 약 20시간을 잔다. 또 다른 적응은 맹장이라 불리는 특수 기관이다. **2(d)** 이 기관은 코알라가 섬유질이 풍부한 잎을 소화하는 것을 돕는다.

1.

정답 (d)

해설 코알라에 대해 소개하는 첫 문단에서, 코알라 이름의 유래가 호주 원주민 언어이고 그 의미는 "물을 마시지 않다"이며, 그 이름이 붙여진 이유는 코알라가 물을 마시지 않고 잎을 먹어서 수분 섭취량을 유지하기 때문(The name comes from the word of the Australian native language, meaning "drink no water" because it keeps fluid intake by not drinking water but eating leaves)이라고 설명하고 있습니다. 따라서 정답은 (d)입니다.

2.

정답 (c)

해설 두 번째 문단에서 코알라에 관한 여러 사실이 언급되어 있는데, (a) 하루 중 대부분을 잔다(sleeps for the majority of the day)는 내용은 하루에 약 20시간을 잔다(sleep around 20 hours a day)로 나와 있습니다. (b) 음식물을 소화하는 데 오랜 시간이 걸린다(It takes a long time to digest its food)는 내용은 지문에서 음식물이 소화 기관에 오랫동안 머물 수 있다(food can remain in their digestive system for a long time)고 나와 있습니다. (c) 특정 종류의 유칼립투스 잎을 먹는다는 내용은 지문에서 찾을 수 없으므로 (c)가 정답입니다.

입니다. (d) 특별한 소화 기관(a special digestive organ)으로 지문에서 맹장(a special organ called the caecum)이 언급되었으므로 정답이 될 수 없습니다.

실전 문제

1. (b)	2. (c)	3. (d)	4. (a)	5. (d)
6. (c)	7. (a)	8. (a)	9. (d)	10. (c)
11. (b)	12. (b)	13. (a)	14. (c)	15. (d)
16. (b)	17. (d)	18. (c)	19. (d)	20. (a)
21. (b)				

1-7.

후스토 갈레고 대성당

"쓰레기의 대성당"이라고도 불리는 후스토 갈레고 대성당은 스페인의 마드리드에 있는 종교적인 건물이다. 공중으로 130 피트의 높이로 서 있는 돔을 가지고 8000 평방 피트에 걸쳐 있는 **1** 이 대성당은 전직 수도사의 종교적인 헌신의 행위로서 거의 혼자의 힘으로 지어졌다.

후스토 갈레고는 젊은 시절에 수도원에 들어갔다. 1961년, **2** 결핵에 걸린 후로 그의 수도회를 떠나 치료를 받으러 가기 위한 허락을 요청하였다. 갈레고는 만약 그의 질병 상태를 견뎌 낸다면, 그는 성당을 짓겠다는 그의 꿈을 실현시킬 것이라고 맹세하였다. 그는 회복하였고, 정식 교육도 받지 않은 채, 그가 가족으로부터 물려받은 땅에 대성당을 짓기 시작하였다.

갈레고는 독특한 방식으로 건물을 디자인하였다. 그는 그의 설계도에서 직선을 피하였고, 그 대신 곡선과 원을 편애하였다. **3** 이 디자인에 대한 설명으로 갈레고는 신은 행성과 지구를 포함해서 만물을 둥글게 만들었다고 말했다. 그는 또한 독특한 건축 공법을 사용하였다. 대성당의 기둥을 만들기 위해, 그는 비어 있는 페인트통에 콘크리트를 채웠다. 스테인드글라스 창문을 만들기 위해, 그는 버려진 색유리를 작은 조각으로 부수었고, 그 뒤에 그 조각들을 복잡한 패턴으로 공들여 붙였다.

대성당에 사용된 대부분의 재료들은 재활용된 일상 용품이거나 현지 기업들에 의해 기부된 **6** 잔여 자재였다. 비록 갈레고는 주로 기부를 통해 그의 작업의 자금을 충당하였지만, **4** 그는 또한 코카콜라 컴퍼니로부터 4만 5천달러를 받았으며, 그 회사는 지어진 대성당의 일부를 광고에 사용하였다. 광고 후에, 대략 1,000명의 관광객들이 매일 대성당을 방문하기 시작하였다. 수 십년동안, 갈레고는 거의 외부의 도움 없이 매일 대성당 작업을 하였다. **5** 지방 정부 당국이 그 대성당이 구조적으로 불안정하다고 **7** 생각하였을 때, 갈레고가 사망하면 미완성의 대성당이 철거될 것이라는 두려움이 있었다. 이를 피하기 위해 갈레고는 비영리 단체에 대성당을 기부하는 것으로 처리하였다. 2021년 갈레고의 사망 이후, **5** 그 단체는 수리를 하기 시작하였고, 대성당을 파괴되는 것에서 구해내었다. 그 단체의 회원들은 대성당을 완성하는 데 전념했으며, 그 공사는 갈레고의 설계에 따라 지금까지도 계속되고 있다. 하지만, 그 건물은 교회로 등록되지 않았다. 대신, 모든 종교의 신봉자들을 위한 명상의 공간으로서 역할하고 있다.

어휘 cathedral 대성당 junk 쓰레기, 쓸모없는 물건 religious 종교적인 cover 걸치다, 포함시키다 square 평방의, 제곱의 dome 돔, 반구형 지붕 single-handedly 혼자의 힘으로, 단독으로 spiritual 종교적인 devotion 헌신 former 이전의 monk 수도사 join 합류하다, 들어가다 monastery 수도원 fall ill with ~라는 병에 걸리다 tuberculosis 결핵 request 요청하다 permission 허락 religious order 수도회 treatment 치료 vow 맹세하다 survive ~을 견디다, ~에서 살아남다 condition 질병 상태 realize 실현시키다 shrine 성당, 성지 formal 정식의 training 교육, 훈련 inherit 상속받다, 물려받다 design 디자인하다, 고안하다 unusual 독특한, 특이한 straight 곧은, 일직선의 plan 설계도 favor 편애하다, 찬성하다 curve 곡선 circle 원 explanation 설명 state 말하다, 진술하다 round 둥글게 planet 행성 the earth 지구 construction 건축, 공사 technique 기술 column 기둥 fill 채우다 stained glass 스테인드글라스 smash 부수다, 박살내다 discarded 버려진 tiny 작은 painstakingly 공들여, 힘들여 glue (접착제로) 붙이다 fragment 조각 complex 복잡한 pattern 패턴, 무늬 materials 재료 recycled 재활용된 everyday object 일상 용품 surplus 과잉의, 여분의, 잔여의 donate 기부하다 mainly 주로 fund 자금을 충당하다 through ~을 통해 donation 기부 partially 일부, 부분적으로 advertisement 광고 following ~후에 commercial (상업) 광고 approximately 대략 tourist 관광객 decade 10년 work on ~에 대해 작업을 하다, ~에 공을 들이다 daily 매일 little 거의 ~ 않는 assistance 도움, 지원 authorities 정부 당국 deem 여기다, 생각하다 structurally 구조적으로 unsound 불안정한 fear 두려움 still-unfinished 미완성의 demolish 철거하다, 무너뜨리다 arrange (일을) 처리하다 nonprofit agency 비영리 단체 organization 조직, 단체 make a repair 수리하다 save A from B: A를 B로부터 구해내다 destruction 파괴 commit to -ing ~하는 데 전념하다 ongoing 계속되는, 진행 중인 to this day 지금까지도 according to ~에 따라 register 등록하다 instead 그 대신에 serve as ~로서 역할을 하다 meditative 명상적인 space 공간 follower 신봉자 religion 종교

1. 첫 번째 문단에 따르면, 후스토 갈레고가 대성당을 지은 이유는 무엇일 것 같은가?
   (a) 재활용에 대한 인식을 높이기 위해서
   (b) 그의 종교적 신념을 보여주기 위해서
   (c) 은퇴하여 활동적으로 지내기 위하여
   (d) 그의 집으로 관광객을 끌기 위하여

해설 첫 번째 문단에서 후스토 갈레고가 대성당을 지은 이유에 대해서 종교적인 헌신의 행위(it was created ~ as an act of spiritual devotion by a former monk)라고 언급하였습니다. 이를 통해 대성당을 지은 것은 종교적인 신념에 따른 행동이었음을 알 수 있으므로 (b)가 정답입니다.

어휘 raise awareness 인식을 높이다 recycling 재활용 faith 신념 stay active 활동적으로 지내다 in retirement 은퇴하여 attract 끌다

2. 갈레고가 수도원을 떠나게 한 것은 무엇이었는가?
   (a) 그는 충격적인 꿈을 꾸었다.
   (b) 그는 그의 상사에게 떠나라는 명령을 받았다.
   (c) 그는 심각한 질병에 대처해야 했다.
   (d) 그는 가족 중 일원으로부터 떠나라는 조언을 들었다.

해설 두 번째 문단에 갈레고가 수도원을 떠나기 위한 허락을 요청하였다는 내용의 문장이 있는데 그 이유는 결핵에 걸려 치료하기 위한 것(after falling ill with tuberculosis, he requested permission to leave his religious order and seek treatment)이었다고 언급되어 있습니다. 따라서 정답은 (c)입니다.

어휘 cause + 목적어 + to 동사원형: (목적어)가 ~하는 것을 초래하다 disturbing 충격적인, 불안감을 주는 be ordered to 동사원형: ~하라는 명령을 받다 supervisor 상사, 감독, 관리관 need to 동사원형: ~해야 하다, ~할 필요가 있다 address 다루다, 대처하다 illness 질병 be advised to 동사원형: ~하라는 조언을 듣다

3. 세 번째 문단에 따르면, 무엇이 대성당의 양식에 대한 갈레고의 선택에 영향을 주었을 것 같은가?
   (a) 공사를 간소화시키고 싶은 갈망
   (b) 유명한 건물을 따라 만들고자 하는 시도
   (c) 대성당이 방문객들에게 매력적으로 보이기 위한 목표
   (d) 설계에 자연의 모양을 모방하고자 하는 노력

해설 세 번째 문단에서 갈레고가 독특한 양식으로 대성당을 디자인하였다고 언급하면서, 직선을 피하고 곡선과 원을 사용하였다고 합니다. 이러한 디자인에 대한 설명으로 갈레고는 신이 행성과 지구를 포함해서 만물을 둥글게 만들었다고 말했다는(As an explanation for this design, Gallego stated that God made all things round, including the planets and the earth) 부분에서 갈레고는 자연의 모습을 모방하여 그 대성당을 설계했음을 알 수 있습니다. 따라서 정답은 (d)입니다.

어휘 influence 영향을 주다 choice 선택 desire 갈망, 바람 simplify 단순화시키다, 간소화하다 attempt 시도 model after ~을 본떠서 만들다 goal 목표 attractive 매력적인 effort 노력 imitate 모방하다 natural 자연의 shape 모양

4. 코카콜라 컴퍼니가 갈레고의 건축 비용에 기여한 이유는 무엇인가?
   (a) 홍보 자료에 그 장소를 사용했기 때문에
   (b) 그 회사가 입힌 피해에 대해 보상해야 했기 때문에
   (c) 자선적인 기부를 하기를 원했기 때문에
   (d) 그 위치에 광고를 게시했기 때문에

해설 네 번째 문단에서 갈레고가 코카콜라 컴퍼니로부터 45,000달러를 받았는데, 그 회사가 그 대성당의 지어진 일부를 광고에 사용하였다고(he also received $45,000 from the Coca-Cola Company, which used his partially built cathedral in an advertisement) 언급되어 있습니다. 이를 통해 코카콜라 컴퍼니가 갈레고에게 건축 비용으로 45,000달러를 준 이유가 그 회사의 홍보 자료에 대성당을 사용하기 위해서였다는 것을 알 수 있습니다. 따라서 정답은 (a)입니다.

어휘 contribute 기여하다, 기부하다 cost 비용 site 장소 promotional 홍보의 materials 자료 pay for ~에 대해 지불하다 damage 피해, 손해 make a donation 기부하다 charitable 자선의, 자선적인 put up ~을 게시하다

5. 비영리 단체는 어떻게 그 대성당을 구해내었는가?
   (a) 교회로 등록함으로써
   (b) 소유주로부터 매입함으로써
   (c) 대중에게 공개함으로써
   (d) 구조적으로 안전하게 만듦으로써

해설 마지막 문단에서 갈레고가 사망하면 정부 당국에서 구조적으로 불안정하다고 여기는 대성당을 철거할지도 모른다는 두려움이 있었다고 언급되어 있습니다. 그래서 갈레고는 대성당을 한 비영리 단체에게 기부하였고, 갈레고의 사망 후에 이 비영리 단체는 수리를 시작하여 대성당이 파괴되는 것으로부터 구해냈다고(the organization began making repairs, saving the cathedral from destruction) 설명하고 있습니다. 따라서 비영리 단체가 대성당을 수리한 것은 구조적으로 안정적으로 만들어 철거되지 않도록 한 것이므로 정답은 (d)입니다.

어휘 owner 소유주, 주인 open to the public 대중에게 공개하다 safe 안전한

6. 해당 단락의 문맥에서, <u>surplus</u>가 의미하는 것은?
   (a) 값비싼
   (b) 쓰여진
   (c) 여분의
   (d) 학습하는

해설 해당 문장에서 surplus는 문맥상 후스토 갈레고 대성당에 사용된 재료로 언급된 현지 회사에 의해 기부된 재료를 설명하면서 쓰인 형용사입니다. 회사에서 필요한 재료를 기부하는 것은 더 이상 그 재료가 필요하지 않은 것이라는 의미이므로, surplus는 '잔여의', '여분의'라는 의미를 나타낸다는 것을 알 수 있습니다. 따라서 선택지 중에서 이와 같은 의미를 나타내는 형용사 (c) extra가 정답입니다.

7. 해당 단락의 문맥에서, <u>deemed</u>가 의미하는 것은?
   (a) 판단했다
   (b) 희망했다
   (c) 약속했다
   (d) 강요했다

해설 해당 문장에서 deemed는 지방 정부 당국(local authorities)을 주어로, 후스토 갈레고 대성당을 목적어로 가지는 과거시제의 동사로 사용되었습니다. 문맥상 지방 정부 당국이 그 대성당을 구조적으로 불안정하다고 생각했다는 의미로 이해되므로, 이와 문맥상 유사한 의미 '판단하다'라는 의미를 나타내는 동사 judge의 과거형 (a) judged가 정답입니다.

8-14.

복숭아

8 복숭아 나무, 혹은 프루너스 페르시카는 달콤하고 다육질의 과일이 자라는 낙엽수이다. 이 나무는 수 천년 동안 재배되어 왔으며 전세계의 많은 나라에서 주요 과일 작물을 제공한다.

복숭아는 살구속에 속하며, 그것은 또한 체리와 살구와 같은 과일 나무를 포함한다. **9** 복숭아는 열매가 열리는 나무로 자라기 위해 적당히 추운 겨울과 따뜻한 여름이 모두 필요한데, 이는 개화가 추운 기간에 촉발되기 때문이다. 이는 복숭아 나무가 높은 고도에 있지 않다면 열대 지역에서는 보통 자랄 수 없다는 것을 의미한다. 일반적으로, 복숭아 나무는 3년 후에 열매를 맺기 시작하며 최대 20년까지 살 수 있다.

역사학자들은 복숭아가 중국에서 유래했으며 기원전 6000년에 저장성에서 작물로서 처음 **13** <u>재배되었다고</u> 믿고 있다. 그 이후 이 열매는 아시아 전역, 그리고 중동, 유럽, 북아메리카로 퍼졌다. **10** 복숭아는 페르시아, 현대의 이란에서 매우 잘 자랐기 때문에, 로마인들은 그 과일이 그곳에서 유래했다고 생각했다. 그들은 이 과일을 "페르시아의 사과"라고 지칭했으며, 이것이 이 과일의 학술명에 있는 '페르시카' 부분의 근원이다.

맛있는 음식인 것과 더불어, 복숭아는 아시아와 유럽의 문화에 중요한 위치를 **14** <u>차지</u>해왔다. 예를 들어, 중국 신화에서 이 과일은 불사와 연관되어 왔다. **11** 전설에 따르면 6000년마다 발생하는 '복숭아 축제'라고 불리는 축하 행사가 있다고 한다. 신들은 그들의 영생을 유지하는 데 도움이 되는 복숭아를 먹기 위해 모였다고 한다. 이후에, 복숭아가 유럽에 도달하였을 때, 반 고흐와 클로드 모네와 같은 화가들이 그들의 많은 작품 속에 이 과일을 특징적으로 그렸다. 이 작품들 속의 아름다운 복숭아는 건강과 안녕에 관한 사상과 연관되게 되었다.

오늘날, 복숭아는 계속해서 많은 국가에서 중요한 식품이 되고 있다. 하지만, 복숭아 작물은 세계 기후의 변화로 인해 위협을 받고 있다. 복숭아가 특정한 기후 조건을 필요로 하기 때문에, **12** 계절 온도의 변동은 최근 몇 년간 이 작물에 해를 끼쳐 왔으며, 이 경제적으로 그리고 문화적으로 중요한 과일을 위태롭게 만들고 있다.

어휘 deciduous tree 낙엽수 grow 성장시키다, 자라게 하다 fleshy 다육질의, 두껍고 부드러운 domesticate 재배하다 crop 작물 belong to ~에 속하다 genus (생물 분류) 속 Prunus 살구속 apricot 살구 require 필요로 하다, 요구하다 moderately 적당하게 mature 성장하다, 자라나다 fruit-bearing 열매를 맺는, 열매가 열리는 blossoming 개화

trigger 촉발시키다 tropical 열대의 unless ~하지 않는다면 altitude 고도 typically 일반적으로 fruit 열매를 맺다 up to 최대 ~까지 historian 역사학자 originate 유래하다 cultivate 재배하다, 경작하다 spread 퍼지다 throughout 전역에, 도처에 modern-day 현대의 refer to ~을 지칭하다 source 근원, 원천 scientific name 학술명 in addition to ~에 더불어, ~뿐만 아니라 occupy 차지하다 mythology 신화 be associated with ~와 연관되다 immortality 불멸, 불사 celebration 행사, 기념 feast 축제, 연회 occur 발생하다, 일어나다 gather 모이다 consume 섭취하다, 먹다 maintain 유지하다 eternal life 영생 feature 특징으로 나타내다 work 작품 well-being 안녕, 행복 be threatened by ~에 위협받다 global 세계의 climate 기후 climatic condition 기후 조건 seasonal temperature 계절 온도 fluctuation 변동 harm 해를 끼치다, 손상시키다 endanger 위태롭게 하다, 위험에 빠뜨리다 economically 경제적으로 culturally 문화적으로

8. 기사문은 주로 무엇에 관한 것인가?
 (a) 한 종류의 과일의 다른 특징들
 (b) 중요한 과일 작물의 경제적 영향
 (c) 한 종류의 과일의 다른 품종들
 (d) 흔한 과일 작물의 갑작스러운 감소

해설 첫 제목을 통해 주제가 '복숭아'인 것을 알 수 있습니다. 첫 문단에서 복숭아에 대한 간략한 설명, 두 번째 문단에서 복숭아의 재배환경, 세 번째 문단에서 복숭아의 유래에 대해 설명하고 있으므로 전체적으로 복숭아의 특징에 대해 설명하는 글임을 알 수 있습니다. 따라서 정답은 (a)입니다.

어휘 characteristic 특징 economic 경제의, 경제성이 있는 impact 영향 variety (작물의) 품종 sudden 갑작스러운 decline 감소 common 흔한

9. 기사에 따르면, 복숭아 나무가 열매를 성장시키는 것을 가능하게 하는 것은 무엇인가?
 (a) 특정 유형의 토양에 위치하는 것
 (b) 일정량의 강우를 받는 것
 (c) 특정 계절동안 심는 것
 (d) 기온에 있어서 시의 적절한 변화를 겪는 것

해설 질문의 키워드인 peach trees to grow fruit는 두 번째 문단에서 fruit-bearing tree로 언급되었습니다. 해당 문장에서 복숭아 나무가 열매를 자라게 하는 나무로 성장하기 위해서는 적당히 추운 겨울과 따뜻한 여름이 모두 필요하다는(It requires both moderately cold winters and warm summers in order to mature into a fruit-bearing tree) 내용이 언급됩니다. 이를 통해서 복숭아 나무가 계절에 맞는 기온 변화를 겪어야 한다는 것을 알 수 있으므로 (d)가 정답입니다.

어휘 enable + 목적어 + to 동사원형: (목적어)가 ~하는 것을 가능하게 하다 situated 자리 잡은, 위치한 specific 특정한 soil 토양, 땅 regular amount 일정량, 고정적인 양 rainfall 강우 planted 심어진 particular 특정한 experience 겪다 well-timed 시의 적절한, 때를 잘 맞춘 temperature 기온, 온도

10. 복숭아가 학술명의 일부를 어디서 얻었는가?
 (a) 복숭아의 창조자에 관한 고대 미신으로부터
 (b) 최초로 발견된 지역으로부터
 (c) 복숭아의 기원에 대한 잘못된 신념으로부터
 (d) 복숭아를 최초로 발견했던 사람으로부터

해설 질문의 키워드인 scientific name은 세 번째 문단 마지막 부분에 언급되었습니다. 해당 문장에서 복숭아의 학술명 중 일부인 persica가 페르시아에서 복숭아가 아주 잘 자라서, 로마인들이 복숭아를 "페르시아의 사과"라고 지칭하였다는(Because the peach grew so well in Persia, or modern-day Iran, the Romans thought that the fruit had originated there. They referred to the fruit as the "Persian apple,") 것에서 얻게 되었다고 설명하고 있습니다. 이를 통해 복숭아의 학술명이 복숭아의 기원을 오해한 로마인들에 의한 것임을 알 수 있으므로 (c)가 정답입니다.

어휘 creator 창조자, 창작자 region 지역 mistaken belief 잘못된 신념 origin 기원, 근원 discover 발견하다

11. 기사에 따르면, 복숭아는 어떻게 영생과 연관되게 되었는가?
 (a) 고대 의학에 사용되었다는 문서를 통해
 (b) 전설 속에서 신성한 음식으로 묘사된 것을 통해
 (c) 고대 시에서의 반복적인 등장을 통해
 (d) 많은 유명한 그림에서 묘사된 것을 통해

해설 질문의 키워드인 eternal life는 네 번째 문단에서 6000년마다 열리는 '복숭아 축제' 신들이 모여 그들의 영생을 유지하는 데 도움이 되는 복숭아를 먹었다는(Legend tells of a celebration called the Feast of Peaches, which occurred every 6,000 years. The gods would gather to consume peaches that helped maintain their eternal life) 문장에서 언급되었습니다. 이 문장을 통해 복숭아가 전설 속에서 영생을 위한 신들이 먹는 과일로 묘사되었음을 알 수 있으므로 (b)가 정답입니다.

어휘 documented 문서화된 medicine 의학, 약 portrayal 묘사 divine 신성한, 신의 recurring 되풀이하여 발생하는 presence 존재, 있음 depiction 묘사

12. 최근 몇 년간 복숭아의 공급이 줄어든 이유는 무엇일 것 같은가?
 (a) 그 과일이 침습적 해충에 의해 훼손되고 있다.
 (b) 그 나무가 환경 변화에 의해 영향을 받았다.
 (c) 그 과일이 새로운 질병으로 인해 더 빠르게 상하고 있다.
 (d) 그 나무가 벌목 산업에 의해 위협받았다.

해설 최근 몇 년간의 복숭아에 생긴 변화에 대한 언급은 마지막 문단에서 복숭아가 최근 몇 년간 계절적 기온 변동으로 해를 입

었다는(seasonal temperature fluctuations have harmed the crop in recent years) 내용의 문장에서 나타났습니다. 이 문장을 통해 계절적 기온 변동이 복숭아의 공급이 줄어들게 한 원인으로 유추할 수 있으므로 (b)가 정답입니다.

어휘 supply 공급 reduce 줄이다, 감소시키다 damage 손상시키다, 훼손하다 invasive 침습적인, 침략적인 pest 해충 affect 영향을 주다 environmental 환경의 shift 변화 spoil 상하다 due to ~로 인해 logging industry 벌목 산업

13. 해당 단락의 문맥에서, cultivated가 의미하는 것은?
 (a) 경작되는
 (b) 충격을 받은
 (c) 완료된
 (d) 제거된

해설 해당 문장에서 cultivated는 복숭아가 기원전 6000년부터 작물로 재배되었음을 나타내는 문장에서 '재배된'이라는 의미를 나타내는 과거분사로 쓰였습니다. 따라서 보기 중에서 '경작되는', '재배되는'이라는 의미를 나타내는 (a) farmed가 정답입니다.

14. 해당 단락의 문맥에서, occupied가 의미하는 것은?
 (a) 훔쳤다
 (b) 되찾았다
 (c) 잡고 있었다
 (d) 상징했다

해설 해당 문장에서 occupied는 그 앞에 위치한 have와 함께 주어를 peaches로 가지는 현재완료시제의 동사로 사용되었습니다. 목적어가 an important place이므로 문맥상 '복숭아가 중요한 자리에 있었다' 또는 '복숭아가 중요한 자리를 차지했다'는 의미를 나타내는 것을 알 수 있습니다. 따라서 보기 중에서 '잡고 있다', '보유하다'라는 의미를 나타내는 타동사 hold의 과거형 (c) held가 정답입니다.

15-21.

산토리니

산토리니는 애게 해 남쪽의 한 섬이며, 그리스 남동부 해안으로부터 약 200킬로미터 떨어진 곳에 위치해 있다. 오늘날, 이 섬은 숨이 멎을 듯한 전경과 낭만적인 일몰, 그리고 가파른 화산암 절벽들로 알려져 있다. 하지만, 15 가장 즉각적으로 알아보기 쉬운 특징은 수도인 '피라'를 비롯해 '이아' 같은 여러 마을을 구성하는, 놀라울 정도로 밝은 흰색과 푸른색 페인트로 칠한 집과 매장들이다. 산토리니는 원래 고대 미노아 문명의 발상지였으며, 이 섬에는 기원전 3600년까지 멀리 거슬러 올라가는 풍부한 역사를 가지고 있다.

고고학 발굴은 미노아 청동기 시대에 아크로티리라는 이름의 정착지에서 번성하던 한 문명 사회가 존재했었다는 것을 보여주었다. 16 이 문명 사회는 키프로스와 크레타 사이의 주요 항해 경로상에 전략적으로 위치한 것으로 인해 경제적으로 번성했으며, 특히 구리에 대해 필수적인 무역항이 되었다. 아크로티리의 번영은 수 세기 동안 지속되었으며, 그곳의 사람들은 진보한 배수 시스템과 포장된 거리, 그리고 더욱 세련된 공예 기술을 도입했다. 하지만, 이러한 성장 기간은 기원전 16세기에 20 재앙과 같은 화산 분출이 발생하면서 갑자기 끝을 맺게 되었다. 17 고고학적 증거는 그 사건이 기원전 1500년경에 발생된 것으로 암시하고 있지만, 방사선 탄소 연대 측정에 따르면 이 화산 분출은 기원전 1645년에서 1600년 사이에 발생된 것으로 나타난다.

미노아 화산 분출은 산토리니 전체를 완전히 파괴했으며, 페니키니아 사람들이 그 섬에 정착지를 21 세울 때까지 수 세기 동안 버려진 상태로 남겨졌다. 기원전 9세기 중에, 산토리니는 고대 그리스의 스파르타 출신 민족인 도리스의 식민지가 되었다. 이 섬은 그 후 이어진 중세 및 오스만 제국 시대 중에 주인이 여러 차례 바뀌면서 여러 시점에 걸쳐 로마인과 터키인, 그리고 그리스인에 의해 지배되었다. 그리스의 지배 하에서, 이 섬은 2차 세계 대전 중에 이탈리아 군대에 의해 잠시 점령되기는 했지만 19세기와 20세기의 번영 기간 중에 다시 한번 번성했다. 이 섬의 해운업이 번창했으며, 와인과 직물, 그리고 농산품과 같은 상품의 수출이 수요가 높았다. 18 안타깝게도, 1956년에 발생된 또 한 번의 재앙같은 화산 분출과 지진이 이러한 번영을 종식시켰으며, 다시 한번 이 섬에서 대규모 황폐화와 경제적 붕괴라는 결과를 낳게 되었다.

1970년부터, 무역보다는 관광 산업에 대한 새로운 초점으로 산토리니에 대한 재건 활동이 시작되었다. 신생 관광 산업이 즉각적인 영향을 미쳤으며, 산토리니는 경제 및 인구에 있어 빠른 성장을 경험했다. 19 한때 그 섬의 끔찍하고 참혹한 과거를 상기시키는 것으로 여겨졌던 화산의 화구와 절벽들은 현재 아주 멋진 자연의 아름다움을 형성하고 있으며, 폐허가 되었던 아크로티리가 있던 곳은 상당한 역사적 중요성을 지닌 장소로 여겨지고 있다. 오늘날, 산토리니는 매년 2백만 명이 넘는 방문객을 받고 있으며, 이 섬은 세계 최고의 여행지들을 담아 출간되는 여러 목록에 자주 포함되고 있다.

어휘 located A off B: B에서 A만큼 떨어진 곳에 위치한 approximately 약, 대략 be known for ~로 알려져 있다 breathtaking 숨이 멎을 듯한 panoramic view 전경 steep 가파른 cliff 절벽 volcanic rock 화산암 instantly 즉각적으로 recognizable 알아볼 수 있는 feature 특징 stunningly 놀라울 정도로 paintwork 페인트칠 comprise ~을 구성하다 business 매장, 사업체 home to ~의 발상지 ancient 고대의 stretch back (시기 등이) ~로 거슬러 올라가다 archaeological 고고학적인 excavation 발굴 flourish 번영하다, 번창하다(= thrive) civilization 문명 (사회) exist 존재하다 settlement 정착지 named A: A라는 이름의 economically 경제적으로 due to ~로 인해 strategic position 전략적 위치 primary 주요한 sailing route 항해 경로 integral 필수적인 trading port 무역항 particularly 특히 copper 구리 prosperity 번영, 번성 continue 지속되다 population 사람들, 인구 introduce ~을 도입하다 advanced 진보된, 발전된 drainage 배수 paved (길 등이)

포장된 sophisticated 세련된 crafting 공예 come to an end 끝나다 abrupt 갑작스러운 catastrophic 재앙의 volcanic eruption 화산 분출 occur 발생하다(= take place) radiocarbon dating 방사선 탄소 연대 측정 indicate that ~임을 나타내다 evidence 증거 suggest that ~임을 암시하다 devastate ~을 완전히 파괴하다 entirety 전체 leave + 목적어 + p.p.: (목적어)를 ~된 상태로 만들다 deserted 버려진 colony 식민지 ethnic group 민족 originate from ~ 출신이다, ~에서 유래하다 change hands (사물 주어와 함께) ~의 주인이 바뀌다 subsequent 그 후의 rule 지배(하다) at various points 여러 시점에 briefly 잠시 occupy ~을 점령하다 shipping trade 해운업 export 수출(품) goods 상품 textile 직물 produce 농산물, 생산품 in high demand 수요가 높은 bring an end to ~을 끝내다 result in ~라는 결과를 낳다 large-scale 대규모의 desertion 황폐화 collapse 붕괴 reconstruction 재건, 복원 effort (대규모) 활동, 노력 commence 시작되다 focus on ~에 대한 초점 tourism 관광 산업 rather than ~가 아니라, ~ 대신 fledgling 신생의 have an impact 영향을 미치다 immediate 즉각적인 growth in ~의 성장, 증가 regarded as ~로 여겨지는 reminder 상기시키는 것 violent 끔찍한, 지독한 harrowing 참혹한 caldera 화구(화산 꼭대기의 움푹한 부분) form 형성하다 stunning 아주 멋진 ruined 황폐화 된 of historical importance 역사적 중요성을 지닌 significant 상당한 receive ~을 받다 annually 매년, 해마다 include ~을 포함하다 travel destination 여행지

15. 산토리니는 다음 특징들 중 어느 것으로 가장 잘 알려져 있는가?
(a) 그리스 해안선의 경관
(b) 농산물의 품질
(c) 야생 동물의 다양성
(d) 건물들의 색상

해설 첫 번째 문단에 가장 눈에 띄는 특징으로 언급된 것이 놀라울 정도로 밝은 흰색과 푸른색 페인트로 칠한 집과 매장들이다(its most instantly recognizable feature is the stunningly bright white and blue paintwork of the homes and businesses)라고 언급되어 있습니다. 따라서 건물들의 색상으로 가장 잘 알려져 있는 것으로 생각할 수 있으므로 (d)가 정답입니다.

어휘 following 다음의, 아래의 be well-known for ~로 가장 잘 알려져 있다 view 경관 coastline 해안선 produce 농산물, 생산품 quality 품질 diversity 다양성

16. 무엇이 아크로티리가 경제적으로 번성할 수 있게 하였는가?
(a) 국내 제품의 수출
(b) 무역 경로상의 편리한 위치
(c) 지역 사회 기반 시설의 발전
(d) 키프로스 및 크레타의 정복

해설 두 번째 문단을 보면, 키프로스와 크레타 사이의 주요 항해 경로상에 전략적으로 위치한 것으로 인해 경제적으로 번성했고 특히 구리에 대한 무역항이 된 사실이(This civilization thrived economically due to its strategic position on the primary sailing route ~ which made it an integral trading port, particularly for copper) 쓰여 있습니다. 이는 무역 경로상의 편리한 위치를 언급하는 것이므로 (b)가 정답입니다.

어휘 allow +목적어 + to 동사원형: (목적어)가 ~할 수 있게 해 주다 domestic 국내의 convenient 편리한 local 지역의, 현지의 infrastructure 사회 기반 시설 conquest 정복

17. 기사에 따르면, 미노아의 화산 분출에 관해 어떻게 말할 수 있는가?
(a) 산토리니를 그 지역의 주요 무역 국가로 만들었다.
(b) 도리스 사람들을 대량 학살했다.
(c) 키프로스에 대규모 피해를 초래했다.
(d) 그 정확한 날짜는 알 수 없는 상태로 남아 있다.

해설 해당 화산 분출과 관련된 정보가 제시된 두 번째 문단 마지막 부분에, 방사선 탄소 연대 측정에 따르면 기원전 1645년에서 1600년 사이에 발생된 것으로, 고고학적 증거는 그 사건이 기원전 1500년경에 발생된 것으로 암시하고 있다는(Radiocarbon dating indicates that the eruption took place between 1645 and 1600 BC, although archaeological evidence suggests that it took place around 1500 BC) 말이 있습니다. 이는 정확한 발생 시점을 알 수 없다는 뜻이므로 (d)가 정답입니다

어휘 based on ~을 바탕으로 leave A as B: A를 B로 만들다 region 지역 decimate ~을 대량 학살하다 cause ~을 초래하다, 야기하다 extensive 대규모의, 광범위한 damage 피해, 손상 precise 정확한 remain 형용사: ~한 상태로 남아 있다, 여전히 ~한 상태이다

18. 기사에 따르면, 20세기에 있었던 산토리니 경제 붕괴의 원인은 무엇이었는가?
(a) 무역의 감소
(b) 침략 전쟁
(c) 자연 재해
(d) 정치적 쿠데타

해설 20세기의 상황이 언급된 세 번째 문단에, 1956년에 발생된 또 한 번의 재앙 같은 화산 분출과 지진이 번영을 종식시켰고 다시 한번 대규모 황폐화와 경제적 붕괴라는 결과를 낳았다는 말이(another catastrophic volcanic eruption and earthquake brought an end to this prosperity in 1956, resulting once again in large-scale desertion and economic collapse ~) 쓰여 있습니다. 이는 화산 분출과 지진은 자연 재해이므로 자연 재해가 당시 경제 붕괴의 원인이었음을 알 수 있습니다. 그래서 (c)가 정답입니다.

어휘 decrease in ~의 감소 wartime 전시의 invasion 침략 disaster 재해 political 정치적인 coup 쿠데타

19. 관광지로서 산토리니의 급부상에 관해 어떻게 말할 수 있을 것 같은가?
(a) 환경적 피해를 초래할 가능성이 있다.
(b) 지역 경제를 활성화하기 위한 것을 거의 하지 않았다.
(c) 무역 중심지로서 그 섬의 지위를 회복시켰다.
(d) 몇몇 불운했던 역사적 사건에서 비롯되었다.

해설 산토리니의 관광 산업과 관련된 정보가 제시된 마지막 문단에, 끔찍하고 참혹한 과거를 상기시키는 것으로 여겨졌던 화산의 화구와 절벽들은 아주 멋진 자연의 아름다움을 형성해 관광 산업 활성화에 기여하고 있음을 나타내는(Once regarded as reminders of the island's violent and harrowing past, the volcanic caldera and cliffs now form a scene of stunning natural beauty) 말이 쓰여 있습니다. 이는 앞선 단락에 설명된 과거의 자연 재해, 즉 불운했던 사건에서 비롯된 일인 것으로 볼 수 있으므로 (d)가 정답입니다.

어휘 emergence 급부상, 출현 be likely to 동사원형: ~할 가능성이 있다, ~할 것 같다 do little 거의 하지 않다 reinvigorate ~을 활성화하다 renew ~을 회복시키다, 부활시키다 position 지위 stem from ~에서 비롯되다, ~에 기인하다 unfortunate 불운한

20. 해당 단락의 문맥에서, <u>catastrophic</u>이 의미하는 것은?
(a) 재앙의
(b) 거대한
(c) 전염성의
(d) 역사적으로 중요한

해설 해당 문장에서 catastrophic은 바로 뒤에 위치한 '화산 분출(volcanic eruption)'을 수식하고 있습니다. 그래서 catastrophic은 '재앙적인', '파멸의'라는 의미를 가지고 있는 형용사이므로 보기 중에서 이와 유사한 '재해의', '피해가 막심한'이라는 의미를 가진 (a) disastrous가 정답입니다.

21. 해당 단락의 문맥에서, <u>founded</u>가 의미하는 것은?
(a) 위치를 찾았다
(b) 설립했다
(c) 구성했다
(d) 기념했다

해설 해당 문장에서 founded의 목적어로 정착지를 뜻하는 a settlement가 위치해 있습니다. 그런데 접속사 until 앞에 위치한 주절을 보면 이미 완전히 파괴되어 버린 곳이 되었다는 말이 쓰여 있으므로 founded a settlement가 '정착지를 만들었다' 또는 '정착지를 세웠다' 등을 의미하는 것으로 볼 수 있습니다. 이는 정착지를 설립한 것과 같으므로 '설립했다'를 뜻하는 (b)가 정답입니다.

DAY 05 **PART 4 비즈니스 편지**

연습 문제

1. (d)   2. (c)

고객 서비스부
데노보 통신회사
퀸즈 로드 541번지
로체스터, 뉴햄프셔 주 61189

관계자분께,

1 제 케이블 텔레비전 서비스에 최근 발생된 문제 및 그 이후에 받은 청구서와 관련해서 연락 드립니다. 지난 8월 한 달 동안, 저는 ID 코드가 #3568인 텔레비전 쇼를 주문했지만, 실제로는 #3586인 <자연의 세계>라는 쇼에 대한 이용권을 받았습니다. 주문할 때 저는 분명히 코드를 입력했기 때문에 귀사의 선택 메뉴에 코드가 부정확하게 기재되어 있는 것 같습니다. **2** 3568번 쇼는 제 TV 메뉴 화면에서 여전히 잠금 상태로 되어 있어서 이용할 수 없습니다. 제가 이번 달부터 볼 수 있도록 제가 원했던 그 쇼를 잠금 해제해 주시면 감사하겠습니다.

안녕히 계세요,
린다 핀처

1.

정답 (d)

해설 '편지에서 핀처 씨가 말하는 문제점'이 질문의 핵심이므로 편지에서 언급되는 부정적인 내용을 찾아야 합니다. 핀처 씨는 편지의 초반부에서 자신이 선택하지 않은 프로그램에 대한 이용권을 받았다(I ordered the television show that has the ID code #3568, but I actually received access to show #3586)는 것을 문제(a recent problem)로 언급하고 있습니다. 따라서 정답은 (d)입니다.

2.

정답 (c)

해설 이 편지의 수신자는 데노보 통신사의 담당자이며, 발신자인 핀처 씨는 편지의 후반부에서 3568번 쇼가 여전히 잠금 되어 있어 접근할 수 없으므로 잠금을 해제해 달라고 요청하고(Show #3568 still remains locked and inaccessible on my TV menu screen. I'd appreciate if you could unlock the show I wanted ~) 있습니다. 따라서 정답은 (c)입니다.

실전 문제

1. (d)   2. (b)   3. (a)   4. (b)   5. (c)
6. (a)   7. (d)   8. (d)   9. (b)   10. (a)
11. (c) 12. (b) 13. (a) 14. (d) 15. (d)
16. (c) 17. (a) 18. (c) 19. (c) 20. (b)
21. (b)

1-7.

수신인: 수화물 서비스 <baggageservices@defiantair.com>
발신인: 엠마 루이스 <emma.lewis@sparklemail.com>
제목: 수화물 문제

담당자님께:

지난 일요일, 저는 데피앙트 항공을 이용하여 도쿄에서 로스앤젤레스로 비행하였습니다. **1** 제가 로스앤젤레스에 도착했을 때, 저의 수화물이 분실되었다고 신고되었습니다. 지금 3일째인데, 저는 아직도 그것을 받지 못했습니다. 저는 이 문제를 해결하기 위해 수화물 서비스 부서로 연락 드리고 있습니다.

저의 여행가방이 수화물 컨베이어 벨트에 나타나지 못했을 때, 저는 도움을 구하기 위해 가장 가까운 데피앙트 항공 접수처로 갔습니다. 하지만, 저의 상황에 대해 듣자마자, **2** 직원은 우연히 누군가가 그것을 잘못 가져갔을 경우에 대비해서 기다리라고만 제안하였습니다. 분명히, 그런 실수는 흔히 몇 분 내에 알게 되고, 가방은 빠르게 반환됩니다. 일러 주신대로 저는 기다렸지만, 성과는 없었습니다.

제가 접수처로 돌아온 후 저는 접수 번호를 받았습니다. 그러고 나서 그 직원은 제 여행가방의 위치를 파악할 수 없어서 24시간 이내에 돌아올 수 없게 된다면 저는 옷을 구매할 상품권을 받을 것이라고 말했습니다. 이건 도움이 되긴 하지만 **6** 충분하지 않았습니다. **3** 왜냐하면 저는 그 즉시 대체품이 필요했기 때문입니다. 저는 출장 중이었고, 장거리 비행이었기에 제가 평소에 입는 직업 상의 의복을 입고 있지 않았습니다.

더욱이, 저는 건축가이며, 로스앤젤레스의 수백만 달러의 고층 건물에 대한 **7** 임박한 프로젝트를 위해서 축소 건축 모형을 챙겼습니다. 제 수화물이 목적지에 도착하지 못했을 때, **4** 저는 어쩔 수 없이 저의 최대 고객과의 회의를 미룰 수밖에 없었으며, 그것은 제 프로젝트를 위기에 처하게 하였습니다. 그 모형이 돌아오지 않으면, 저는 그것을 다시 만들어야 할 것이고, 그것은 상당한 비용을 수반할 것이며, 이것은 제가 데피앙트 항공사에 책임을 물을 것입니다.

저는 데피앙트 항공사에 매일 전화하였으나 새로운 소식은 받지 못했습니다. **5** 제 수화물을 영영 찾을 수 없게 된다면, 저는 그 분실로 저에게 끼친 모든 손해를 귀 항공사에 청구할 수밖에 없습니다. 그러므로, 저희 여행가방이 저에게 돌아오지 않는다면, 귀사는 저의 변호사로부터 연락을 받을 것입니다.

안녕히 계세요.
엠마 루이스

어휘 baggage 수화물 issue 문제 aboard 탑승하여 declare 신고하다 lost 분실된 contact 연락하다 resolve 해결하다 department 부서 suitcase 여행 가방 fail to 동사원형: ~하지 못하다 appear 나타나다 carousel 수화물 컨베이어 벨트 desk 접수처, 안내처 seek 구하다 assistance 도움, 지원 upon -ing ~하자마자 situation 상황 suggest 제안하다 in case ~의 경우에 대비하여 by accident 우연히 apparently 명백히 error 실수 within ~내에 as instructed 안내받은 대로, 알려준 대로 without success 성과 없이 be given 받다 agent 직원, 대리인 locate 위치를 찾다 voucher 상품권, 교환권 purchase 구입하다 insufficient 불충분한 replacement 대체 immediately 즉시 travel for business 출장 가다 usual 평소의, 보통의 professional 직업의, 전문적인 furthermore 더욱이 architect 건축가 pack (짐을) 꾸리다, 싸다 miniature 축소 모형 architectural 건축의 imminent 임박한 multi-million 수백만의 skyscraper 고층 건물 luggage 수화물 reach 도달하다 destination 목적지 be forced to 동사원형: 어쩔 수 없이 ~하다, ~할 수밖에 없다 put off 연기하다, 미루다 place + 목적어 + in jeopardy: (목적어)를 위험에 처하게 하다 reproduce 재생산하다, 다시 만들다 involve 수반하다 considerable 상당한 expense 비용 hold responsible for ~에 대해 책임을 묻다 daily 매일 permanently 영구적으로, 영영 misplace 찾지 못하다, 분실하다 sue 청구하다, 고소하다 damage 피해, 손해 inflict 가하다, 끼치다 loss 분실, 손실 therefore 따라서, 그러므로 attorney 변호사

1. 엠마 루이스 씨가 데피앙트 항공사에 편지를 쓰는 이유는 무엇인가?
(a) 수화물 제한에 대해 문의하기 위해
(b) 재산 피해에 대해 불만을 제기하기 위해
(c) 초과 수화물 요금을 환불 받기 위해
(d) 여행 중 분실물의 위치를 찾기 위해

해설 편지의 목적은 첫 문단에 언급되어 있습니다. 엠마 루이스 씨는 비행기를 타고 로스앤젤레스에 도착하였으나 자신의 수화물이 분실된 것을 알게 되었고 3일이 지나도 수화물을 받지 못해서 이 문제를 해결하기 위해 연락하고 있다고(When I arrived in Los Angeles, my luggage was declared lost. It has been three days now, and I have still not received it. I am contacting the Baggage Services Department to resolve the issue) 언급하고 있습니다. 여기서 말하는 이 문제(the issue)에 대한 해결은 분실된 자신의 수화물을 찾는 것이므로 정답은 (d)입니다.

어휘 inquire 문의하다 restriction 제한 complain 불만을 제기하다, 불평하다 damaged property 재산 피해 get refunded 환불 받다 excess 초과한, 과도 fee 요금 locate ~의 위치를 찾다 belongings 소지품 on a trip 여행 중에

2. 직원은 무슨 일이 일어났을지도 모른다고 제안하였는가?
   (a) 엠마가 그녀의 가방에 잘못된 라벨을 붙였다.
   (b) 다른 승객이 엠마의 수화물을 자신의 것으로 오해했다.
   (c) 엠마가 잘못된 위치에서 기다렸다.
   (d) 한 직원이 실수로 엠마의 가방을 떨어뜨렸다.

해설 두 번째 문단에서 엠마의 상황을 듣고서 항공사의 직원이 다른 사람이 우연히 가져갔을 경우에 대비해서 기다리라고 제안했다고(staff suggested only that I wait in case someone had taken it by accident) 언급한 부분을 보고 직원은 누군가가 엠마의 여행 가방을 착각하여 잘못 가져갔다고 생각했음을 알 수 있습니다. 따라서 정답은 (b)입니다.

어휘 may have p.p. ~했을 지도 모른다 label 라벨 mistake 오해하다 location 위치 drop 떨어뜨리다 in error 실수로

3. 왜 엠마는 추가 의상이 필요할 것 같은가?
   (a) 그녀가 참가해야 할 직업 상의 업무가 있었기 때문에
   (b) 그녀가 추운 날씨에 준비가 되어 있지 않았기 때문에
   (c) 그녀가 비행기에 그녀의 재킷을 놔뒀기 때문에
   (d) 그녀가 사무복을 입고 이동했기 때문에

해설 세 번째 문단에서 옷(clothing)에 언급된 부분은 엠마가 대체할 물품이 당장 필요하다고 하면서, 자신은 현재 출장 중이며, 장거리 비행이라 비행 중에는 평소에 입는 직업 상의 의복을 입고 있지 않았다고(as I needed replacement items immediately. I was traveling for business, and I hadn't worn my usual professional clothing because it was such a long flight) 언급하였습니다. 이를 통해 엠마는 업무 상 착용해야 하는 옷이 필요하다는 것을 알 수 있으므로 (a)가 정답입니다.

어휘 require 필요로 하다, 요구하다 additional 추가의 engagement 업무, 약속 attend 참가하다 unprepared 준비되지 않은 business suit 작업복

4. 엠마의 건축 프로젝트를 위험에 빠트린 것은 무엇인가?
   (a) 몇몇 귀중한 문서의 분실
   (b) 고객과의 회의를 연기해야 할 필요성
   (c) 항공사에 의한 그녀의 모형의 우발적 파손
   (d) 그녀가 동료 직원에게 연락할 수 없었다는 사실

해설 질문의 키워드인 put Emma's architectural project at risk는 네 번째 문단에서 엠마가 어쩔 수 없이 자신의 가장 큰 고객과의 회의를 연기해야 했고, 자신의 프로젝트를 위기에 처하게 하였다고(I was forced to put off meetings with my biggest client, placing my project in jeopardy) 언급한 부분에서 확인할 수 있습니다. 이를 통해 엠마는 고객과의 회의를 미뤄야 했기 때문에 자신의 프로젝트가 위험에 빠졌다고 볼 수 있으므로 (b)가 정답입니다.

어휘 put ~ at risk ~을 위험에 처하게 하다 architectural 건축의 loss 손실, 분실 postpone 연기하다 accidental 우발적인, 우연한 breakage 파손 be unable to 동사원형: ~할 수 없다 reach ~에게 연락하다

5. 편지에 따르면, 상황이 해결되지 않을 경우 엠마는 무엇을 할 것인가?
   (a) 그 항공사의 비행편을 다시 이용하기를 거부한다
   (b) 최신 소식을 위해 매일 항공사에 전화한다
   (c) 항공사를 상대로 법적 소송을 제기한다
   (d) 항공사 사무실을 직접 방문한다

해설 편지의 마지막 부분에서 엠마는 자신의 수화물이 영구적으로 찾지 못하게 될 경우, 분실로 인해 자신에게 끼친 모든 피해에 대해 항공사에게 청구할 것이라고(Should my luggage be permanently misplaced, I will be forced to sue your airline for all damages inflicted on me by the loss) 언급하였습니다. 여기서 sue는 '고소하다', '청구하다'라는 의미로 법적 소송을 의미하는 동사입니다. 따라서 (c)가 정답입니다.

어휘 refuse to 동사원형: ~하기를 거부하다 bring a legal case 법적 소송을 제기하다 against ~을 상대로, ~에 대항하여 in person 직접

6. 해당 단락의 문맥에서, <u>insufficient</u>가 의미하는 것은?
   (a) 만족스럽지 못한
   (b) 정확하지 않은
   (c) 피할 수 없는
   (d) 포함된

해설 해당 문장에서 insufficient는 항공사 직원이 말하길, 엠마의 여행 가방이 24시간 내에 돌아오지 않는다면, 옷을 구입할 상품권을 받을 것이라고 했다는 문장 뒤에 엠마는 도움이 되었다(helpful)고 했으나 그 뒤에 역접의 접속사 but이 있으므로 insufficient가 helpful과 반대의 의미를 나타낸다는 것을 알 수 있습니다. 따라서 문맥상 항공사에서 제공될 상품권으로는 '충분하지 않다'라는 의미를 나타낸다고 볼 수 있으므로 선택지 중에서 '만족스럽지 못한'이라는 의미를 나타내는 형용사 (a) unsatisfactory가 정답입니다.

7. 해당 단락의 문맥에서, <u>imminent</u>가 의미하는 것은?
   (a) 완료된
   (b) 감당할 수 있는
   (c) 흔한
   (d) 다가오는

해설 해당 문장에서 imminent는 엠마의 프로젝트(project)를 수식하는 형용사로 사용되었으며, 그 프로젝트는 건축가인 엠마가 수백만 달러의 고층 건물에 대한 것임을 알 수 있습니다. 그리고 그 프로젝트를 위해 고객과의 회의가 있었으나 수화물에 들어 있는 축소 모형이 분실되어 고객과의 회의를 연기해야 하는 상황임을 설명하고 있습니다. 이를 통해 이 프로젝트는 가까운 시일 내에 고객과의 회의를 시작으로 진행되어야 하는 프로젝트이므로, '임박한'이라는 의미를 나타낸다는 것을 알 수 있습니다. 따라서 선택지 중에 이와 유사한 의미로 '다가오는'이라는 의미를 나타내는 형용사 (d) upcoming이 정답입니다.

8-14.

수신인: 버트 그리니 <b.greenie@greenunicorn.net>
발신인: 테스 버렐 박사 <t.burrell@smilodonvet.com>
제목: 스팟 간병

그리니 씨에게,

저는 귀하의 수의사 버렐 박사입니다. 금일 방문에 관해 덧붙여 설명 드립니다. 제가 이전에 말씀드린대로, 귀하의 개 스팟은 약간의 배탈이 났습니다만, 심각한 것은 아닙니다. **8** 아래의 지시 사항을 따르시면 스팟은 곧 좋아질 것입니다.

우선, **9** 스팟을 편안하게 하고 쉬게 하는 걸 기억하시기 바랍니다. 스팟이 배탈로 아주 피곤해 보이기 때문에 이것은 어쩌면 어렵지 않을 것입니다. 하루에 3회의 짧은 산책으로 운동을 제한하세요. 그리고 스팟이 화장실에 가야 할 때마다 추가로 야외 시간을 더하세요. 저희는 스팟이 회복을 위한 에너지를 아껴야 할 필요가 있기 때문에 그가 야외에서 하루 종일 다람쥐를 뒤쫓는 것을 원치 않습니다.

제가 오늘 처방해드린 약을 스팟에게 주는 것을 기억하시기 바랍니다. 이것은 그의 배탈을 **13** 진정시키는 데 도움이 될 것입니다. 개가 약을 삼키게 하는 것은 어려운 일이 될 수 있으므로, 인내심을 가지시기 바랍니다. **10** 최고의 방법은 부드러운 사료 또는 가장 좋아하는 간식에 약을 넣어 그것을 삼키도록 속이는 것입니다. 건강에 좋은 간식을 이용하길 바랍니다.

마지막으로, **11** 회복력을 증대시키기 위해 몇 주간은 스팟에게 **14** 자극적이지 않은 식단으로 먹이시기 바랍니다. 그의 일반적인 사료를 주는 것 대신에, 일반 백미와 껍질이 없는 삶은 닭을 주시기 바라며, 이는 그래도 영양이 풍부한 식사가 될 것입니다. 또한 호박 파이를 만드실 때 사용하시는 것처럼 통조림으로 되어 있는 호박 퓨레를 섞어서 주셔도 됩니다. 그래도 그의 배를 자극시킬 수도 있는 양념이 첨가되지 않은, 아무 것도 섞이지 않은 호박인지 반드시 확인하시기 바랍니다. 회복 후에는 스팟에게 평소의 식단대로 먹이를 계속해서 주시면 됩니다.

이러한 팁들을 따르시면 스팟은 빠르게 회복할 것입니다. **12** 다른 우려 사항이 있으시거나 그의 상태가 향후 3일 이상 개선되지 않는다면, 저희 병원으로 전화해주세요. 저는 제 조수가 며칠 후에 확인하도록 하겠습니다. 스팟이 얼른 낫길 바랍니다.

안녕히 계세요.
테스 버렐 박사

어휘 taking care of ~을 돌보기, ~을 간호하기 veterinarian 수의사 follow up ~을 덧붙여 설명하다 mention 언급하다 a bit of 약간의 upset stomach 배탈 instruction 지시(사항) in no time 당장, 금방, 곧 relaxed 편안한 probably 아마도, 어쩌면 illness 질병 limit 제한하다 short walk 짧은 산책 per day 하루에, 1일당 additional 추가의 chase after ~을 뒤쫓다, ~을 추격하다 squirrel 다람쥐 recovery 회복 pill 약, 알약 prescribe 처방하다 settle 진정시키다 swallow 삼키다 patient 인내심 있는 treat 간식, 먹이 trick 속이다 healthy 건강에 좋은 feed 먹이다, 먹이를 주다 bland 자극적이지 않은, 싱거운 boost 증대시키다, 돋우다 rather than ~보다는 regular 일반적인, 평소의 plain 보통의, 아무것도 섞이지 않은 boiled 삶은 skinless 껍질이 없는 nutritious 영양분이 많은 pureed 퓨레로 만든 added 첨가된 spicy 양념 irritate 자극하다 stomach 배, 복부 put ~ on the path to ~로 가는 길로 들게 하다 concern 걱정, 우려 condition 상태 improve 개선되다, 향상되다 assistant 조수

8. 버렐 박사가 버트 그리니 씨에게 편지를 쓰는 이유는 무엇인가?
(a) 그의 개의 현재 질병에 대한 증상을 확인하기 위해서
(b) 그의 개가 현재 하고 있는 반복적 일상에 대한 자세한 내용을 요청하기 위해서
(c) 그의 개의 잦은 장염을 예방하는 방법을 제안하기 위해서
(d) 그의 개의 회복을 위한 조언을 그에게 주기 위해서

해설 편지의 첫 문단 마지막 부분에 지시 사항을 잘 따르면 버트 그리니 씨의 개 스팟이 금방 나아질 것이라고(Following the instructions below should get Spot feeling better in no time) 언급하였으므로 편지의 목적은 수의사가 아픈 개가 지켜야 하는 지시 사항을 전달하는 것임을 알 수 있습니다. 따라서 정답은 (d)입니다.

어휘 identify 확인하다, 밝히다 symptom 증상 current 현재의 ask for ~을 요청하다 details 자세한 내용 routine 매일 반복적으로 하는 일상 행동 suggest 제안하다 prevent 예방하다, 막다 frequent 잦은, 빈번한 stomach bug 장염 advice 조언, 충고

9. 편지에 따르면, 스팟이 편안한 상태를 유지하기 쉬운 이유는 무엇인가?
(a) 그는 대부분의 시간에 야외로 나가는 것을 싫어한다.
(b) 그는 건강 문제로 인해 에너지가 부족하다.
(c) 그는 선천적으로 조용한 기질을 가지고 있다.
(d) 그는 그를 졸리게 만드는 약을 먹고 있다.

해설 질문의 키워드인 keep Spot relaxed는 지문의 두 번째 문단 첫 부분에서 remember to keep Spot relaxed and rested 라는 문장에서 지시사항으로 언급되었습니다. 이것은 어렵지 않을 것이라고 말하면서 그가 아픈 것으로 인해 아주 피곤해 보이기 때문(This probably won't be difficult because he seems very tired from his illness)이라고 설명되어 있습니다. 이를 통해 스팟이 건강에 문제가 있어서 에너지가 없음을 알 수 있으므로 (b)가 정답입니다.

어휘 dislike ~을 싫어하다 go outside 야외로 나가다 lack 부족하다 issue 문제 naturally 선천적으로, 천부적으로 temperament 기질 take medicine 약을 복용하다

10. 버렐 박사는 개가 약을 어떻게 먹는 것을 제안하는가?
(a) 먹음직스러운 음식에 숨김으로써
(b) 간식을 먹은 후에 이어서 먹임으로써
(c) 작은 조각으로 자름으로써
(d) 물 그릇에 넣고 섞음으로써

해설 질문의 키워드인 take medication은 세 번째 문단에서 give him the pills로 언급되었습니다. 해당 문단에서 편지 발신인 인 버렐 박사는 가장 좋은 방법은 부드러운 사료나 가장 좋아 하는 간식에 약을 넣어서 그것을 삼키도록 스팟을 속이는 것 (The best thing to do is put the pill in some soft dog food or a favorite treat and trick him into swallowing it) 이라고 설명하였습니다. 이를 통해 버렐 박사가 제안하는 약을 먹는 방법은 스팟이 좋아하는 음식에 약을 숨겨 한꺼번에 먹도 록 하는 것이라는 것을 알 수 있으므로 (a)가 정답입니다.

어휘 suggest 제안하다 take medication 약을 복용하다 hide 숨기다 appetizing 먹음직스러운, 구미가 당기는 follow A with B: B 뒤에 A를 이어서 하다 cut ~ into smaller pieces ~을 작은 조각으로 자르다 mix 섞다 water bowl 물 그릇

11. 버렐 박사가 스팟의 평소 식단을 잠시 멈출 것을 권고하는 이 유는 무엇일 것 같은가?
(a) 영양가가 더 많은 식사로 조정하기 위해서
(b) 위장의 자극을 주는 원인을 제거하기 위해서
(c) 빠르게 회복할 가능성을 증가시키기 위해
(d) 그가 복용하는 약에 대한 반작용을 피하기 위해

해설 질문의 키워드인 pausing Spot's regular diet는 네 번째 문 단에서 Rather than giving him his regular dog food에 서 언급되었습니다. 이 문단의 첫 문장에서 몇 주 동안 그의 회복력을 증대시키기 위해 자극적이지 않은 식단을 먹이라고 (feed Spot a bland diet for a few weeks to boost his recovery) 언급하였습니다. 이를 통해 스팟이 평소의 식단을 잠시 멈춰야 하는 이유가 회복력을 증대시키기 위한 것임을 알 수 있으므로 정답은 (c)입니다.

어휘 recommend 권고하다, 추천하다 pause 잠시 멈추다 adjust 조정하다, 적응하다 nutritional value 영양가 remove 제거하다 cause 원인 stomach irritation 위장 자극 chance 가능성, 확률 healing 회복, 치유 reaction 반작용

12. 편지에 따르면 버트 씨는 그의 애완동물이 3일 후에 낫지 않 으면 무엇을 해야 하는가?
(a) 개를 응급 치료 병원으로 데려간다
(b) 수의사에게 직접 연락한다
(c) 후속 진료 예약을 위해 개를 데리고 간다
(d) 즉시 의사의 조수에게 전화한다

해설 마지막 문단에서 버렐 박사는 스팟의 상태가 3일 후에도 개 선되지 않으면 자신에게 전화하라고(If you have any other concerns or his condition doesn't improve over the next three days, please call me at the clinic) 언급하였습 니다. 따라서 정답은 (b)입니다.

어휘 pet 애완 동물 get better 낫다, 호전되다 emergency 응급, 긴급 get in touch with ~와 연락하다 directly 직접 follow-up 후속의 appointment 진료 예약 immediately 즉시

13. 이 편지의 문맥에서, settle이 의미하는 것은?
(a) 진정시키다
(b) 밀다
(c) 채우다
(d) 만지다

해설 해당 문장에서 settle은 문맥상 버렐 박사가 스팟에게 처방한 약이 그의 배탈에 도움이 될 것이라는 내용에서 쓰인 동사입니 다. 이를 통해 settle은 질병이나 고통을 경감시키는 의미로 쓰 인다는 것을 알 수 있으므로 보기 중에서 '진정시키다'라는 의 미를 나타내는 동사 (a) calm이 정답입니다.

14. 이 편지의 문맥에서, bland가 의미하는 것은?
(a) 끊임없는
(b) 액체 형태의
(c) 인기 있는
(d) (맛이) 순한, 약한

해설 해당 문장에서 bland는 문맥상 버렐 박사가 스팟의 회복을 증 대시키기 위해서 몇 주 동안 먹어야 하는 식단을 제안하는 내 용에서 '식단'을 의미하는 명사 diet를 수식하는 형용사로 쓰 였습니다. 이를 통해 bland는 '자극적이지 않은'이라는 의미를 나타내는 것이 적절하므로 보기 중에서 '(맛이) 순한, 약한'이 라는 의미를 나타내는 (d) mild가 정답입니다.

15-21.

4월 23일
더글러스 알퍼드 씨
대표 이사
드러먼드 토이즈 주식회사

알퍼드 씨께,

저는 아주 큰 관심을 갖고 귀사의 새 브라이튼즈 교육용 장난감 제품군에 관한 최신 뉴스를 계속 지켜보고 있었습니다. 제품 결함 문제 및 뒤이은 소비자와 언론의 **20** 반발로 인해 귀사에서 어쩔 수 없이 발표해야 했던 대량 리콜 소식을 듣게 되어 매우 유감이었습니다. 이와 같이 널리 알려진 위기는 회사의 명성 및 시장 내 입지에 엄청나게 피해를 입힐 수 있습니다.

이 사건들이 지난 며칠 동안에 걸쳐 펼쳐지면서, 저는 저희 회사가 귀사에 도움이 될 수 있는 운 좋은 입장에 있다는 사실을 점점 더 크게 인식하게 되었습니다. **15** 저희 REX 커뮤니케이션즈에서는, 소매 및 제조 분야에 속한 업체들을 위해 대외 관계 위기 관리를 전문으로 합니다. 저희는 아주 다양한 위기 관리 서비스를 제공해 드릴 수 있으며, 여기에는 모든 위험 요소 평가 상담과 **16(b)** 웹 사이트 콘텐츠 관리, 미디어 출연에 대비한 **16(a)** 직원 교육, 그리고 **16(d)** 보도 자료 및 공식 성명서 개발이 포함됩니다. **17** 저희는 귀사와 유사한 상황에 처한 전국 최고의 소매 및 제조 업체 100곳 중 절반이 넘는 곳과 함께 작업해 왔다는 사실을 자랑스럽게 말씀드릴 수 있습니다.

현재, **18** 귀하께서는 귀사의 명성 및 시장 내 입지에 대한 추가 피해를 피하기 위해 무엇이 첫 단계가 되어야 하는지 분명 궁금하실 것입니다. 제 생각엔, 이렇게 하기 위한 가장 영향력이 큰 방법은 귀사의 소셜 미디어 플랫폼을 통해 모든 접촉을 신중하게 관리하는 것입니다. 이는 제가 아주 많은 경험을 지니고 있는 일이며, 저희와 함께 하시기로 결정하신다면, 이것이 제 전략의 첫 번째 단계가 될 것입니다.

19 저는 저희 회사가 귀사를 위해 무엇을 할 수 있는지 더 깊이 있게 논의해 볼 수 있도록 만나 뵙는 것을 적극 권해 드리고 싶습니다. 이는 저희가 한 브랜드에 대한 모든 추가 피해를 방지하기 위해 대기업들의 대외 관계 유지를 성공적으로 관리해 드렸던 유사 **21** 사례들을 설명해 드릴 수 있는 기회가 될 것입니다.

제 제안에 관심이 있으시다면, 782-5559번으로 저에게 연락하시면 됩니다. 또한 저희 웹 사이트 www.rexcommunications.com을 방문하셔서 전체 서비스 종류를 파악해 보시는 것도 좋을 수 있습니다. 귀하께 도움이 되어 드릴 수 있기를 바랍니다.

안녕히 계십시오.

마틴 밀번
고객 서비스 부장
REX 커뮤니케이션즈

어휘 follow ~을 지켜보다 latest 최신의 range 제품군, 종류, 범위 educational 교육의 with great interest 아주 큰 관심을 갖고 hear of ~을 듣다 mass 대규모의, 대량의 recall (결함 제품의) 리콜, 회수 be forced to 동사원형: 어쩔 수 없이 ~하다 issue ~을 발표하다 due to ~로 인해 defect 결함, 흠 subsequent 뒤이은, 그 후의 backlash 반발 consumer 소비자 the press 언론 highly publicized 널리 알려진 crisis 위기 tremendously 엄청나게 damage to ~에 피해를 입히다, 손상시키다 reputation 명성, 평판 position 입지, 위치 unfold 펼쳐지다 grow 형용사: ~한 상태가 되다 increasingly 점점 더 aware that ~임을 알고 있는, ~라는 것을 인식하는 fortunate 운 좋은, 다행인 of service to ~에게 도움이 되는 specialize in ~을 전문으로 하다 PR 대외 관계 (유지), 홍보(=public relations) retail 소매(업) manufacturing 제조(업) sector 분야, 부문 a wide array of 아주 다양한 including ~을 포함하여 assessment 평가 consultation 상담 training 교육 appearance 출연, 나타남 development 개발, 발전 press release 보도 자료 official statement 공식 성명(서) be proud to 동사원형: 자랑스럽게 ~하다 firm 회사 similar 유사한 circumstance 상황, 환경 further 추가의, 한층 더 한 impactful 영향력이 강한 engagement 접촉, 관여, 개입 have vast experience in ~에 아주 많은 경험을 지니고 있다 phase 단계 strategy 전략 in order to 동사원형: ~하기 위해 discuss ~을 논의하다 in more depth 더 깊이 있게 opportunity 기회 describe ~을 설명하다 handle ~을 관리하다, 처리하다 prevent ~을 방지하다, 막다 proposal 제안(서) reach ~에게 연락하다 familiarize oneself with ~을 파악하다, 숙지하다

15. 더글러스 알퍼드 씨에게 보내는 마틴 밀번 씨의 편지의 목적은 무엇인가?
(a) 새로운 제품군을 칭찬하는 것
(b) 제품 디자인에 대해 조언을 제공하는 것
(c) 몇몇 불만 사항을 알리는 것
(d) 사업 관계를 제안하는 것

해설 상대방 회사의 문제점을 언급한 첫 단락에 이어, 두 번째 단락에 가서 자신의 회사가 전문으로 하는 일과 함께 제공 가능한 다양한 위기 관리 서비스를(Here at REX Communications, we specialize in PR crisis management for businesses ~ We can provide a wide array of crisis management services) 언급하고 있습니다. 이는 사업 관계를 제안하는 것에 해당되므로 (d)가 정답입니다.

어휘 praise ~을 칭찬하다 offer ~을 제공하다 inform A of B: A에게 B를 알리다 complaint 불만 propose ~을 제안하다 relationship 관계

16. REX 커뮤니케이션즈에 의해 제공되지 않는 서비스는 무엇인가?
(a) 직원 교육
(b) 온라인 콘텐츠 관리
(c) 재무 관련 조언
(d) 성명서 작성

해설 두 번째 단락의 management of Web site content에서 (b)를, staff training for media appearances에서 (a)를 각각 확인할 수 있습니다. 또한 development of press releases and official statements에서 (d)도 확인 가능합니다. 하지만 재무와 관련된 조언은 언급되어 있지 않으므로 (c)가 정답입니다.

어휘 financial 재무의, 재정의 creation 창조, 창작

17. REX 커뮤니케이션즈는 어떻게 설명될 수 있을 것 같은가?
(a) 여러 일류의 소매업체들을 도왔다.
(b) 비즈니스 웹 사이트 디자인을 전문으로 한다.
(c) 전국 최고의 회사 100곳 중 하나로 순위에 올랐다.
(d) 과거에 여러 홍보 회사들과 작업한 적이 있다

해설 두 번째 단락 마지막에, 상대방 회사와 유사한 상황에 처한 전국 최고의 소매 및 제조 업체 100곳 중 절반이 넘는 곳과 함께 작업해 온 사실을(we have worked with more than half of the country's top 100 retail and manufacturing firms) 언급하고 있으므로 여러 일류의 소매업체들을 도왔다는 것을 알 수 있습니다. 따라서 이를 말한 (a)가 정답입니다.

어휘 assist ~을 돕다 leading 일류의, 선두의 be ranked as ~로 순위에 오르다 several 여럿의, 몇몇의 in the past 과거에

18. 마틴 밀번 씨는 왜 드러먼드 토이즈의 소셜 미디어 플랫폼을 관리하겠다고 제안하는가?
(a) 더 다양한 종류의 잠재 고객들에게 다가가기 위해
(b) 경쟁사들보다 그 회사를 우위에 있게 해 주기 위해
(c) 그 회사의 명성에 대한 추가 피해를 방지하기 위해
(d) 근무 환경에 대한 최근의 우려를 해결하기 위해

해설 세 번째 단락을 보면, 상대방 회사의 명성 및 시장 내 입지에 대한 추가 피해를 피하기 위한 첫 단계를 언급하면서 가장 좋은 방법으로 소셜 미디어 플랫폼을 통해 모든 접촉을 신중하게 관리하는 것이라고(you must be wondering what your first step should be to avoid further damage to your company's reputation ~ to carefully manage all engagement through your social media platforms) 언급하고 있습니다. 따라서 회사 명성에 대한 추가 피해 방지를 언급한 (c)가 정답입니다.

어휘 reach out to ~에게 다가가다 a broader range of 더 다양한 종류의 potential 잠재적인 give A an edge over B: B보다 A를 우위에 있게 하다 competitor 경쟁사, 경쟁자 address (문제 등) ~을 해결하다, 처리하다 recent 최근의 concern 우려, 걱정 over (대상) ~에 대해 workplace conditions 근무 환경

19. 밀번 씨는 왜 자신과 알프레드 씨가 만나야 한다고 제안하고 있는 것 같은가?
(a) 소매 분야에서의 직업 선택권에 대해 논의하기 위해
(b) 성공적인 합병을 축하하기 위해
(c) 사업 거래 세부 사항을 협의하기 위해
(d) 제품을 개선할 방법들을 고려하기 위해

해설 마지막 단락에서 상대방 회사를 위해 무엇을 할 수 있는지 더 깊이 있게 논의해 볼 수 있도록 만나 뵙는 것을 적극 권하고 싶다고(I would highly recommend that we meet in order to discuss what my company can do for you in more depth) 언급하고 있습니다. 더 깊게 논의하자는 것은 사업과 관련된 세부 사항을 협의하자는 뜻이므로 (c)가 정답입니다.

어휘 suggest that ~라고 제안하다, 권하다 discuss ~을 이야기하다, 논의하다 career 직업 (경력), 진로 celebrate ~을 축하하다, 기념하다 merger 합병 negotiate ~을 협의하다 details 세부 사항, 상세 정보 deal 사업 거래 consider ~을 고려하다 improve ~을 개선하다, 향상시키다

20. 해당 단락의 문맥에서, **backlash**가 의미하는 것은?
(a) 대조
(b) 불만
(c) 거절
(d) 취소

해설 해당 문장에서 backlash는 대량의 회수를 해야 했던 이유로 언급된 제품의 결함(product defects)과 함께 쓰인 명사로, 고객과 언론으로부터의 발생한 것이므로 문맥상 '반발'이라는 의미를 나타낸다는 것을 알 수 있습니다. 고객과 언론이 제품의 결함과 관련하여 제기할 수 있는 것은 '불만'으로도 표현할 수 있으므로 정답은 (b)입니다.

21. 해당 단락의 문맥에서, **cases**가 의미하는 것은?
(a) 대표들
(b) 사건들
(c) 용기들
(d) 연구들

해설 해당 문장에서 similar cases를 뒤에서 수식하는 where절은 과거에 성공적으로 다른 회사들을 관리해 준 일을 말하고 있습니다. 따라서 이는 상대방 회사가 겪은 것과 유사한 경우 또는 사례를 나타내는 것인데, 이는 사건 또는 일을 의미하는 것으로 볼 수 있습니다. 따라서 '사건, 일'을 의미하는 (b)가 정답입니다.

10일 단기공략 지텔프 공식 기출 32-65+
청취

해석 제임스는 대화 후에 무엇을 할 것 같은가?

실전 문제

| 1. (b) | 2. (c) | 3. (c) | 4. (a) |
| 5. (d) | 6. (c) | 7. (a) | 8. (c) |

1-2.

F: Warren, you're back from your trip! How was Barcelona? It must've been amazing.
워렌, 여행에서 돌아왔구나! 바르셀로나는 어땠어? 틀림없이 놀라웠을 것 같은데.

M: It was everything I dreamed it would be, Sarah! **1** You know how much I love cities with a lot of history, right? Every street in Barcelona was full of fascinating history. I learned so much about Spain, from the medieval times through the 20th century.
그건 내가 꿈꿨던 모든 것이었어, 새라! 내가 많은 역사를 지닌 도시들을 얼마나 많이 좋아하는지 알고 있지? 바르셀로나의 모든 거리가 매력적인 역사로 가득 차 있었어. 난 중세 시대부터 20세기까지 걸쳐 스페인에 관해 아주 많은 것을 배웠어.

F: I bet you were so happy.
넌 정말 행복했을 것 같아.

M: I was. I went on so many tours and visited so many museums. I really learned so much.
맞아. 투어도 정말 많이 다니고, 박물관도 아주 많이 방문했어. 정말로 많은 걸 알게 되었어.

F: It was probably a nice change of scenery, too. Chicago must seem so boring now!
좋은 기분 전환이었을 것 같아. 시카고는 지금 아주 지루해 보이겠구나.

M: You know I'll always love Chicago. But **2** the buildings in Barcelona all have such unique architecture. There are so many different designs. In Chicago, there are only skyscrapers.
내가 언제나 시카고를 사랑할 거라는 사실을 알잖아. 하지만 바르셀로나의 건물들은 모두 아주 독특한 건축 양식을 지니고 있어. 서로 다른 디자인이 정말 많아. 시카고에는, 고층건물들만 있지.

어휘 crowded 붐비는, 복잡한 be different from ~와 다르다 back from ~로부터 돌아온 be full of ~로 가득 차 있다 fascinating 매력적인 medieval 중세의 century 세기, 100년 bet 틀림없다, 분명하다 change of scenery 기분 전환 unique 독특한 architecture 건축 양식 skyscraper 고층 건물

DAY 06 질문의 키워드 듣고 메모하기

연습 문제

1. Y, Ⓙ, 결정, 배워, 스페인어
2. When, 스페인어 수업, 시작
3. W, Ⓙ, 준비, bf/ 첫 수업
4. B/대화, H, 학생들, get, 수업 자료, 무료로
5. A/Ⓚ, W, 가장 어려운 부분, 스페인어
6. W, Ⓙ, 추론, do, af/대화

1. Why did James decide to learn Spanish?
정답 Y, Ⓙ, 결정, 배워, 스페인어
해석 제임스가 스페인어를 배우기로 결정했던 이유는 무엇인가?

2. When does the Spanish class start?
정답 When, 스페인어 수업, 시작
해석 스페인어 수업은 언제 시작하는가?

3. What should James prepare before the first class?
정답 W, Ⓙ, 준비, bf/ 첫 수업
해석 제임스가 첫 수업 전에 준비해야 하는 것은 무엇인가?

4. Based on the conversation, how can students get class materials for free?
정답 B/대화, H, 학생들, get, 수업 자료, 무료로
해석 대화에 따르면, 학생들은 어떻게 수업 자료를 무료로 얻을 수 있는가?

5. According to Karen, what is the most difficult part in learning Spanish?
정답 A/Ⓚ, W, 가장 어려운 부분, 스페인어
해석 캐런에 따르면, 스페인어를 배울 때 가장 어려운 부분은 무엇인가?

6. What will James most likely do after the conversation?
정답 W, Ⓙ, 추론, do, af/대화

1. What kind of cities does Warren like to visit?

   (a) cities with good sports teams
   (b) cities with a lot of history
   (c) cities with many parks
   (d) cities with great food

   워렌은 무슨 종류의 도시를 방문하는 것을 좋아하는가?

   (a) 좋은 스포츠 팀이 있는 도시
   (b) 많은 역사를 지닌 도시
   (c) 공원이 많이 있는 도시
   (d) 훌륭한 음식이 있는 도시

해설 담화 초반부에 남자가 많은 역사를 지닌 도시들을 많이 좋아한다는(You know how I love cities with a lot of history) 말을 하고 있으므로 (b)가 정답입니다.

2. How are buildings in Barcelona different from those in Chicago?

   (a) They are much older.
   (b) They have been recently remodeled.
   (c) They have interesting designs.
   (d) They are more crowded together.

   바르셀로나의 건물들은 시카고의 건물들과 어떻게 다른가?

   (a) 훨씬 더 오래되었다.
   (b) 최근에 개조되었다.
   (c) 흥미로운 디자인을 지니고 있다.
   (d) 더 빽빽하게 들어서 있다.

해설 담화 후반부에 남자가 바르셀로나의 건물들이 지닌 특징과 관련해 독특한 건축 양식을 가지고 있다고(all have such unique architecture) 언급하였고, 다른 디자인으로 된 건물이 아주 많다고(There are so many different designs) 언급하는 내용이 있으므로 이에 해당되는 (c)가 정답입니다.

3-4.

Hello, everyone. Welcome to *Tech Tonight*. Nowadays, playing computer games is one of the most popular hobbies in the world. But, you need a powerful computer capable of running games with amazing graphics. So on tonight's episode, **3** I'm going to teach you how you can build your own affordable, high-quality gaming computer. 안녕하세요, 여러분. <테크 투나잇>에 오신 것을 환영합니다. 요즘, 컴퓨터 게임을 하는 것은 세계에서 가장 인기 있는 취미 중 하나입니다. 하지만, 여러분들은 놀라운 그래픽과 함께 게임을 실행할 수 있는 강력한 컴퓨터가 필요합니다. 그래서, 오늘의 에피소드에서는 여러분들이 알맞은 가격의 고급 게이밍 컴퓨터를 만드는 방법을 가르쳐 드리겠습니다.

My first tip is obvious. You shouldn't buy a pre-built computer. It is much cheaper to buy the parts separately, and then put your computer together yourself. But where can you buy parts? **4** Online suppliers always have the best variety and prices. Plus, you don't even need to leave your home! 저의 첫 번째 팁은 명백합니다. 미리 만들어진 컴퓨터를 사시면 안됩니다. 부품들을 따로 사서 직접 컴퓨터를 조립하는 것이 훨씬 더 저렴합니다. 하지만 부품들을 어디서 살 수 있을까요? 온라인 공급업체들이 항상 최고의 다양한 상품과 가격을 가지고 있습니다. 게다가, 여러분은 집에서 나설 필요도 없습니다!

어휘 popular 인기 있는 capable of ~가 가능한 affordable 가격이 알맞은 pre-built 미리 만들어진, 사전에 조립된 separately 따로, 개별적으로 put together 조립하다 supplier 공급업체 variety 다양성, 다양함

3. What is the talk about?

   (a) how to join popular hobbies
   (b) how to make video games
   (c) how to build computers
   (d) how to sell old electronic devices

   담화는 무엇에 관한 것인가?

   (a) 인기있는 취미에 합류하는 법
   (b) 비디오 게임을 만드는 법
   (c) 컴퓨터를 만드는 법
   (d) 오래된 전자 기기를 파는 법

해설 담화 초반부의 간단한 배경 설명 후에, 오늘 화자가 이야기하려는 것과 관련해 '알맞은 가격의 고급 게임용 컴퓨터를 만드는 방법을 가르쳐 주겠다고(I'm going to teach you how you can build your own affordable, high-quality gaming computer) 말하는 부분이 담화 주제입니다. 이는 컴퓨터를 조립하는 일을 말하는 것이므로 (c)가 정답입니다.

4. According to the speaker, where is the best place to shop for computer parts?

   (a) online stores
   (b) secondhand shops
   (c) major retailers
   (d) local markets

   화자에 따르면, 컴퓨터 부품을 사기에 가장 좋은 장소는 어디인가?

   (a) 온라인 매장들
   (b) 중고 매장들
   (c) 주요 소매업체들
   (d) 지역 시장들

해설 컴퓨터 부품 구입과 관련된 정보는 후반부에 언급되고 있습니다. 온라인 공급업체에 항상 좋은 제품이 있다고(Online suppliers always have the best variety and prices) 언급하였으므로 (a)가 정답입니다.

어휘 secondhand 중고의 retailer 소매업자 local 지역의

5-8.

F: Hi, Charles, I'm glad I bumped into you. There's something you might be able to help me with.
안녕, 찰스. 이렇게 마주치다니 반가워. 네가 도와줄 수 있을지도 모를 일이 있어.

M: Sure thing, Melissa. I have some free time now if you'd like to chat.
좋아, 멜리사. 네가 얘기하고 싶다면 난 지금 여유 시간이 좀 있어.

F: **5** Great! Well, I'm planning to buy my first car, and I can't decide whether I should get one with an automatic transmission or a manual transmission.
잘됐다! 저, 내가 첫 자동차를 구입할 계획인데, 자동 변속기로 된 것을 사야 할지, 아니면 수동 변속기로 된 것을 사야 할지 결정할 수가 없어.

M: I see. That's certainly something I have experience in. **5** Let's take a look at the pros and cons of each to make your decision a bit easier.
알겠어. 그 부분에 대해선 내가 분명 경험이 있지. 네가 조금 더 쉽게 결정할 수 있도록 각각에 대한 장단점을 한 번 보자.

M: One disadvantage of buying an automatic car is that they are typically more expensive than manual cars.
자동 변속기로 된 자동차의 한 가지 단점은 일반적으로 수동차량보다 더 비싸다는 거야.

F: And **6** being an automatic vehicle, it is more likely to be stolen, according to some statistics I saw.
그리고 내가 본 어떤 통계 자료에 따르면 자동 변속기 차량이기 때문에 도난 당할 가능성이 더 커.

M: That's right, Melissa. Now, let me tell you about some of the advantages of cars that have manual transmissions. First of all, you can significantly **7** cut down on your gas expenses in the long run when you drive manual cars and use fuel efficiently.
맞아, 멜리사. 이제, 수동 변속기로 된 자동차의 몇몇 장점에 관해 얘기해 줄게. 무엇보다도, 네가 수동 차량을 운전할 때 연료를 효율적으로 사용하면 장기적으로 볼 때 연료 지출 비용을 상당히 많이 줄일 수 있다는 거야.

F: I like the sound of that. And how about the difference between how both types of cars handle on the roads?
마음에 드는 얘기네. 그리고 두 종류의 차량이 도로에서 조작되는 방식 사이의 차이점은 어때?

M: That's a good question. You see, even though a manual car might be more difficult to learn to drive, it actually provides the driver with more control over their vehicle. Because you control the gears, it is easier to slow down and stop whenever you want to.
좋은 질문이야. 있잖아, 수동 차량이 운전하는 법을 배우기 더 어려울 수는 있지만, 사실 운전자에게 차량에 대해 더 많은 통제권을 제공해줘. 네가 기어를 통제하기 때문에, 속도를 줄이거나 원하는 곳 어디서든 멈추는 것이 더 쉽지.

F: It sounds like it might be worth taking the time to learn then. Is there anything else I should know?
그렇다면 시간을 들여서 배울 만한 가치가 있을 수도 있는 것 같아. 내가 알아야 하는 다른 게 또 있어?

M: Oh, there is another important thing to consider. **8** Automatic transmissions are more difficult and costly to maintain and repair.
아, 고려해봐야 할 중요한 게 하나 더 있어. 자동 변속기가 유지 관리 및 수리하는 게 더 어렵고 비용도 많이 들어.

F: Really? Why is that?
정말? 왜 그런 거야?

M: **8** Automatic ones are much more complex than manual ones, so they require more expensive parts and more repair work.
자동 변속기가 수동 변속기보다 훨씬 복잡해. 그래서 더 비싼 부품과 더 많은 수리 작업을 필요로 하거든.

어휘 bump into (우연히) ~와 마주치다 help A with B: B에 대해 A를 돕다 whether A or B: A인지 B인지 automatic

81

transmission 자동 변속기 manual 수동의 have experience in ~에 경험이 있다 take a look at ~을 한번 보다 pros and cons 장단점 make + 목적어 + 형용사: (목적어)를 ~하게 만들다 decision 결정 a bit 조금, 약간 disadvantage 단점(↔ advantage) typically 보통, 일반적으로 manual 수동의 be more likely to 동사원형: ~할 가능성이 더 크다 statistics 통계 (자료) significantly 상당히 (많이) cut down on ~을 줄이다, 감소시키다 expense 지출 (비용) in the long run 장기적으로 efficiently 효율적으로 handle (기계 등이) 조작되다, 가동되다 provide A with B: A에게 B를 제공하다 control 통제, 제어 over ~에 대해 slow down 속도를 줄이다 be worth -ing ~할 만한 가치가 있다 take the time to 동사원형: 시간을 들여 ~하다 costly 비용이 많이 드는 maintain ~을 유지 관리하다 repair ⓑ ~을 수리하다, ⓝ 수리 complex 복잡한 require ~을 필요로 하다 part 부품

5. What are Melissa and Charles discussing?
   (a) the most fuel-efficient types of vehicles
   (b) the best methods for learning how to drive
   (c) the ways that car transmissions have evolved
   (d) the benefits and drawbacks of two types of cars

멜리사와 찰스는 무엇을 논의하고 있는가?
   (a) 가장 연료 효율이 좋은 종류의 차량
   (b) 운전하는 법을 배우기 위한 가장 좋은 방법
   (c) 자동차 변속기가 진화해 온 방식
   (d) 두 가지 종류의 자동차의 장점과 결점

해설 여자가 첫 자동차를 자동 변속기로 된 것을 사야 할지, 아니면 수동 변속기로 된 것을 사야 할지 결정하지 못하는 것에 대해 (I can't decide whether I should get one with an automatic transmission or a manual transmission) 남자가 각각에 대한 장단점을 살펴보자고(Let's take a look at the pros and cons of each) 제안하고 있습니다. 따라서 두 가지 다른 유형의 자동차가 지니는 장단점이 대화 주제임을 알 수 있으므로 (d)가 정답입니다.

어휘 fuel 연료 efficient 효율적인 vehicle 차량 method 방법 evolve 진화하다, 발전하다 benefit 장점, 혜택 drawback 단점, 결점

6. According to Melissa, what is a specific problem with automatic cars?
   (a) It is more likely to break down.
   (b) It is more difficult to sell.
   (c) It is more susceptible to theft.
   (d) It is harder to drive in bad weather.

멜리사에 따르면, 자동 변속기 자동차의 특정 문제점은 무엇인가?
   (a) 고장나기 쉽다.
   (b) 팔기가 더 어렵다.
   (c) 도난되기에 더 쉽다.
   (d) 궂은 날씨에 운전하기가 더 어렵다.

해설 대화 초반부에 여자가 자동 변속기 차량이 도난 당할 가능성이 더 크다고(being an automatic vehicle, it is more likely to be stolen) 언급하는 부분이 있으므로 이에 해당되는 (c)가 정답입니다.

어휘 break down 고장나다 susceptible to ~되기 쉬운, ~에 걸리기 쉬운 theft 도난, 절도

7. How can a manual transmission help a driver to reduce expenses?
   (a) by using fuel more efficiently
   (b) by using a low-cost type of fuel
   (c) by coming with an extended warranty
   (d) by lowering insurance costs

수동 변속기는 어떻게 운전자가 연료의 지출을 줄이는데 도움을 주는가?
   (a) 연료를 더 효율적으로 사용함으로써
   (b) 저가의 연료를 사용함으로써
   (c) 연장된 보증서가 딸려 있음으로써
   (d) 보험 비용을 줄임으로써

해설 수동 변속기 차량의 비용 지출과 관련된 내용이 제시되는 중반부에, 연료를 효율적으로 사용하면 장기적으로 볼 때 연료비를 많이 줄일 수 있다고(you can significantly cut down on your gas expenses in the long run when you drive manual cars and use fuel efficiently) 언급합니다. 따라서 효율적인 연료 사용을 말한 (a)가 정답입니다.

어휘 efficiently 효율적으로 low-cost 저가의, 낮은 비용의 come with (상품이) ~와 함께 출시되다, ~가 딸려 나오다 extended 연장된 warranty (품질) 보증서 lower 낮추다, 줄이다 insurance 보험

8. According to Charles, why are automatic transmissions more difficult to repair?
   (a) because they are inconveniently located
   (b) because they are difficult to remove from cars
   (c) because they have a more complex design
   (d) because they can break if handled incorrectly

찰스에 따르면, 왜 자동 변속기가 수리하기가 더 어려운가?
   (a) 불편한 곳에 위치해 있기 때문에
   (b) 차에서 제거하기가 어렵기 때문에

(c) 더 복잡한 디자인을 가지고 있기 때문에

(d) 부적절하게 다뤄지면 고장날 수 있기 때문에

해설 자동 변속기 수리의 어려움은 마지막 부분에 언급되는데, 자동 변속기가 수동 변속기보다 훨씬 복잡하기 때문에 더 비싼 부품과 더 많은 수리 작업이 필요하다고(Automatic ones are much more complex than manual ones, so they require more expensive parts and more repair work) 언급합니다. 따라서 '더 복잡한 디자인을 가지고 있다'라는 의미의 (c)가 정답입니다.

어휘 inconveniently 불편하게 located 위치한 remove 제거하다, 없애다 complex 복잡한 break 고장나다, 부서지다 handle 다루다 incorrectly 부적절하게, 부정확하게

DAY 07 음원 듣고 정답 찾기

연습 문제

1. (d) 2. (c) 3. (a) 4. (c) 5. (c)
6. (d)

1-3.

여: **1** 우리 도시가 매년 더욱 더 많은 관광객을 끌어 모으고 있다고 쓰여 있는 기사를 아까 읽었어요.
남: 당연하죠! **2** 우리 도시에는 구경할 만한 명소와 역사적 건물들이 정말 많이 있어요.
여: 맞아요. 그리고 시의회가 여행 웹사이트들마다 적극적으로 광고하기 시작했죠.
남: 사람들이 이용할 수 있는 것이 역사적인 장소들 뿐만이 아니에요. 도시가 흥미진진하고 현대적인 곳이 되었죠.
여: 사실이에요. 끊임없이 더 좋게 변하고 있어요.
남: 해안가 지역이 다음 차례라고 들었어요.
여: **3** 네, 부두 옆에 큰 호텔을 지을 계획이 있어요.
남: 그리고 카지노도요! 모든 작업이 끝나면 정말 붐비는 곳이 될 게 분명해요.

1. What is the conversation all about?
(a) a new advertising strategy
(b) a proposal by the city council
(c) an article about a historical site
(d) an increase in local tourism

대화는 모두 무엇에 관한 것인가?
(a) 새로운 광고 전략
(b) 시의회가 내놓은 제안
(c) 역사적 장소에 관한 기사
(d) 지역 관광 산업의 증대

해설 대화의 주제를 묻는 문제입니다. 여자가 대화를 시작하면서 'our town is attracting more and more tourists each year'라는 말로 관광객이 늘어나고 있음을 알리고 있고 뒤이어 그에 대한 이유와 앞으로의 계획 등에 관해 이야기를 나누고 있으므로 (d)가 정답입니다.

2. Based on the conversation, what might be the reason why the town becomes popular?
(a) because it is not modernized yet
(b) because it was built by a historical figure
(c) because it is enjoyable for tourists to visit
(d) because it has big hotels and casinos

대화에 따르면, 그 도시가 인기가 많아지는 이유는 무엇인가?
(a) 아직 현대화가 되지 않았기 때문에
(b) 역사적인 인물에 의해 세워졌기 때문에
(c) 관광객들이 방문하여 즐길 수 있는 곳이기 때문에
(d) 큰 호텔과 카지노를 가지고 있기 때문에

해설 여자가 도시가 점점 더 많은 관광객을 끌어 모으고 있다(our town is attracting more and more tourists each year)고 언급하였습니다. 이 말은 곧 도시가 인기가 많아진다는 의미이므로 질문에서 언급된 'the town becomes popular'와 동일한 의미입니다. 이에 대해 남자가 'We have so many attractions and historical buildings to see'라고 말하며 구경할 만한 명소와 역사적 건물들이 많다고 언급하여 점점 더 많은 관광객을 끌어 모으는 이유에 대해 간접적으로 언급하였습니다. 따라서 이러한 내용과 일맥상통하는 (c) because it is enjoyable for tourists to visit가 정답입니다. 큰 호텔과 카지노가 대화 후반부에 언급되기는 하였지만 그것들을 건설할 계획이 있다고 언급하였으므로 이미 여러 큰 호텔과 여러 카지노가 있다는 내용인 (d)는 오답입니다.

3. According to the conversation, how most likely will the waterfront area change?
(a) It will undergo development.
(b) It will contain a passenger terminal.
(c) It will be introduced on travel Web sites.
(d) It will become an affordable place to live.

대화에 따르면, 해안가 지역은 어떻게 변화할 것 같은가?
(a) 개발이 이뤄질 것이다.
(b) 여객 터미널을 가지게 될 것이다.
(c) 여행 웹사이트에 소개될 것이다.
(d) 거주하기에 알맞은 장소가 될 것이다.

해설 질문의 키워드인 the waterfront area는 대화 후반부에 남자가 'I heard that the waterfront area is next'라고 말한 부분에서 언급됩니다. 이에 대해 여자가 'there are plans to build a big hotel down by the docks'라고 하여 부두 옆에

큰 호텔을 짓는 계획이 있다고 말한 것으로 미루어 보아 이 해안가 지역(the waterfront area)이 개발될 것이라는 것을 추론할 수 있습니다. 따라서 (a)가 정답입니다.

4-6.

안녕하세요, 여러분! 제 이름은 애나 디킨스이며, 이번 젊은 기업가 컨퍼런스에서 여러분 모두에게 돈을 현명하게 사용하는 방법에 관해 강연하게 되어 기쁩니다. 오늘 강연이 진행되는 동안 제가 다룰 모든 요점들은 **5** 여러분께서 강당을 떠나실 때 받게 될 안내 책자에도 모두 포함되어 있습니다. **4** 저는 여러분께서 돈을 아끼실 수 있는 방법과 회사의 잠재적인 수입을 극대화하는 방법에 관해 이야기할 것입니다. 기업가로서, 그리고 사업주로서, 여러분께서는 불필요한 지출을 초래할 수 있는 성급한 사업적 결정을 내리지 말아야 합니다. 다음 번에 여러분께서 사무실을 개조하거나 컴퓨터 및 장비 개선을 고려하실 때, 또는 매장 공간을 현대화하는 것에 관해 고려하실 때는 멈추십시오. 곰곰히 생각해 보세요. **6** 그것이 여러분의 회사에 좋은 투자인지 아닌지 스스로에게 물어보세요.

4. What is the talk mainly about?
 (a) how to set up a budget
 (b) how to manage assets wisely
 (c) how to use the full potential of a company
 (d) how to raise surplus funds for a company

강연은 주로 무엇에 관한 것인가?
 (a) 예산을 수립하는 방법
 (b) 자산을 현명하게 관리하는 방법
 (c) 회사의 잠재력을 최대한 활용하는 방법
 (d) 회사를 위해 잉여 자금을 인상시키는 방법

해설 주제에 대해 묻는 문제입니다. 주제를 언급할 때 사용되는 표현인 'I'm going to discuss~ '에서 주제가 언급되는 것을 알 수 있습니다. 그 부분에서 돈을 아끼고 회사의 잠재적인 수입을 극대화하는 방법들(ways you can save money and maximize the earning potential of your company)을 이야기할 것이라고 언급하였기 때문에 '회사의 잠재력을 최대한 활용하는 방법'이라고 한 (c) how to use the full potential of a company가 정답입니다.

5. What will the listeners receive after the talk?
 (a) a magazine
 (b) a product sample
 (c) a pamphlet
 (d) a conference schedule

청자들은 강연 후에 무엇을 받는가?
 (a) 잡지
 (b) 상품 견본
 (c) 소책자
 (d) 회의 일정

해설 질문에서 언급된 '강연 후에 받는 것'(receive after the talk)이 키워드이며, 담화 초반부에 'you will be given as you leave the auditorium'이 이 키워드와 연결되는 내용입니다. 그 전에 'the information pamphlet'이 언급되어 강연 후에 받게 되는 것이 바로 팜플렛이라는 것을 알 수 있으므로 정답은 (c)입니다.

6. According to the speaker, what most likely should business owners do when considering renovating their offices?
 (a) make a decision quickly
 (b) stop investing in the company
 (c) save as much money as possible
 (d) determine how it will affect the company first

강연자에 따르면, 사업주들이 사무실을 개조하는 것을 고려할 때 해야 할 것은 무엇일 것 같은가?
 (a) 빠르게 결정을 내린다
 (b) 회사에 투자하는 것을 멈춘다
 (c) 가능한 많은 돈을 저축한다
 (d) 그것이 회사에 어떻게 영향을 미칠지 알아낸다

해설 질문의 키워드인 business owners와 considering renovating their offices는 강연 후반에 As entrepreneurs and business owners와 The next time you're considering renovating your offices에서 언급되어 있습니다. 그 다음 문장에서 강연자는 곰곰히 생각하라(Think it over)고 하며, 회사에 좋은 투자인지 아닌지 스스로에게 물어보라(Ask yourself whether or not it is a good investment for your company)고 하여 회사에 어떻게 영향을 미칠지 생각해보라는 내용을 언급했습니다. 이에 해당하는 내용은 (d) determine how it will affect the company first입니다.

실전 문제

1. (d)	2. (c)	3. (a)	4. (c)	5. (c)
6. (d)	7. (d)	8. (c)	9. (b)	10. (d)
11. (a)	12. (b)	13. (c)		

1-6.

F: Hi, Jason. How would you feel about going to see Mystery Train with me next weekend? I've wanted to see them live in concert for so long.

안녕, 제이슨. 다음 주말에 나랑 '미스터리 트레인'을 보러 가면 어떨 거 같아? 난 아주 오랫동안 라이브로 보고 싶었단 말야.

M: Thanks for the offer, Mandy, but I'd rather not. Why don't we just hang out and listen to their music at home? That appeals to me a lot more. **1 Listening to recorded music is much better than hearing live music.**

제안은 고마워, 맨디, 하지만 안될 것 같아. 그냥 같이 어울리면서 집에서 그 음악을 듣는 건 어때? 난 그게 훨씬 더 끌리는데. 녹음된 음악을 듣는 게 라이브 음악을 듣는 것보다 훨씬 더 나아.

F: **1 I get your point, but I completely disagree.** You can't beat hearing your favorite tunes being performed live. And it gives fans a chance to see their music idols in person, too. There's nothing better than that.

무슨 말인지는 알겠는데, 난 전혀 동의하지 않아. 라이브로 공연되는 가장 좋아하는 음악을 듣는 것보다 더 나은 건 없어. 그리고 팬들에게 음악 우상을 직접 볼 수 있는 기회도 제공해 줘. 그것보다 더 좋은 건 없어.

M: That doesn't matter much to me. I find that music idols can just be disappointing in a live setting. And they're always playing songs differently and making unnecessary changes.

그건 나에게 그다지 중요하지 않아. 우상이라고 해도 라이브 무대에서는 그저 실망스러울 수 있다고 생각해. 그리고 항상 노래를 다르게 연주하고 불필요하게 바꿔.

F: Well, **2 live performers need to change the songs a little to make them surprising and interesting to the fans in the crowd. In fact, they probably do it to keep themselves inspired, too.** I'd say it's a lot more interesting than listening to the exact same song on a CD time after time.

음, 라이브 공연자들은 관객 속에 있는 팬들에게 그 노래들을 놀랍고 흥미롭게 만들기 위해 노래를 약간 변화시켜야 해. 사실, 아마 스스로 계속 영감을 얻기 위해 그렇게 하는 것일 수도 있어. 난 그게 매번 CD로 정확히 같은 노래를 듣는 것보다 훨씬 더 흥미로운 것 같아.

M: But the reason people listen to recorded songs so often is that they like them just the way they are. And another problem with concerts is that bands sometimes play obscure songs that nobody in the crowd knows or wants to hear.

하지만 사람들이 녹음된 노래를 그렇게 자주 듣는 이유는 그 노래를 있는 그대로 좋아하기 때문이야. 그리고 콘서트와 관련된 또 다른 문제점은 밴드들이 때때로 관객 중에 알고 있는 사람이 없거나 아무도 듣고 싶어하지 않는 잘 알려지지 않은 노래들을 연주한다는 거야.

F: I think that's mostly when bands play new songs that are yet to be released. But **3 that can be an advantage because it gives the fans a preview of new music, so they'll be able to decide whether or not they want to buy the band's new album or song.** I've been to loads of concerts where the new songs got people really excited for an upcoming release.

그건 대부분 밴드들이 아직 발표되지 않은 신곡들을 연주할 때 그런 것 같아. 하지만 팬들에게 새로운 음악을 미리 선보이는 것이기 때문에 그것도 장점이 될 수 있어서, 팬들이 밴드의 새 앨범이나 노래를 구매하고 싶은지를 결정할 수 있게 돼. 난 아주 많은 콘서트에 가 봤는데, 거기서 신곡들이 곧 있을 발표를 위해 사람들을 정말로 흥분하게 했어.

M: I admit that I've seen some performances from bands I wasn't familiar with, and then later I went out and bought their music. But most of my experiences with concerts have left a bad taste in my mouth. **4 A lot of the singers these days spend too much time speaking in between songs,** either trying to be funny or talking about political issues. I'd prefer that they just keep their views to themselves and focus on the music.

나도 내가 잘 알지 못했던 밴드의 몇몇 공연을 본 다음, 나중에 가서 그들의 음반을 구입했던 적이 있었던 건 인정해. 하지만 콘서트에 대한 나의 대부분의 경험은 좋지 못한 인상을 남겼어. 요즘 많은 가수들이 곡 사이에 웃기려고 하거나 정치적인 문제에 관해 이야기하면서 말을 하는 데 너무 많은 시간을 소비해. 난 그들이 자신만의 생각은 마음 속에 담아두고 음악에 집중했으면 좋겠어.

F: Well, you have to understand that they have good intentions, at the end of the day. **4 Some of them know they have a young impressionable fanbase and they want to use their public platform to spread awareness about certain issues.** I don't think it's a bad thing, if it's done tactfully and in moderation.

음, 그들이 결국 좋은 의도로 그런다는 걸 이해해야 해. 그들 중 일부는 외부의 영향을 쉽게 받는 어린 팬 층을 보유하고 있다는 걸 알고 있고, 특정 문제와 관련된 인식을 확산시키기 위해 공개 플랫폼을 활용하고 싶어해. 난 그게 나쁘다고 생각하지 않아, 재치 있게 그리고 적당히 한다면.

M: I suppose you're right, but I still don't think there's anything to gain from watching a concert rather than listening to music at home. **5 What exactly makes the experience so unique and rewarding for you?**

네 말이 맞는 것 같아. 하지만, 난 그래도 집에서 음악을 듣는 것보다 콘서트를 보면서 얻을 게 있다고 생각하지 않아. 정확히 무엇이 너에게 그 경험을 그렇게 특별하고 보람 있게 만드는 거야?

F: For one thing, **5 I've ended up making new**

friends at every concert I've been to. Whenever there's a live performance in town, it's a great opportunity to bump into new people who share similar interests, not only a love for the band.

우선은, 내가 갔던 모든 콘서트에서 새로운 친구들을 사귀게 되었어. 시내에서 라이브 공연이 있을 때마다, 밴드에 대한 애정뿐만 아니라 비슷한 관심사를 공유하는 새로운 사람들과 마주칠 수 있는 아주 좋은 기회야.

M: That sounds nice, I guess, but I'm not as sociable as you are, Mandy.

멋진 일인 것 같긴 하지만, 난 너처럼 사교적이지 않아, 맨디.

F: Even so, you might be surprised. A concert might help you to come out of your shell and mingle with likeminded people, and you might enjoy it a lot more than expected. So, why don't you come along with me?

그렇다고 해도, 네가 놀라워할 지도 몰라. 네가 틀을 깨고 나와서 생각이 비슷한 사람들과 어울리도록 하는 데 콘서트가 도움이 될 수도 있고, 네가 예상했던 것보다 훨씬 더 많이 즐거울 수도 있어. 그래서, 나와 함께 가지 않을래?

M: You almost have me convinced, but I still think I'll stay home. 6 I just can't justify spending so much on a ticket for something I might not even enjoy.

날 거의 설득할 뻔했는데, 그래도 난 집에 있을 것 같아. 심지어 내가 즐길 수 없을지도 모르는 것 때문에 아주 많은 돈을 티켓에 소비하는 걸 정당화할 수 없어.

F: No problem. I still think you're missing out, but maybe next time!

괜찮아. 난 여전히 네가 좋은 기회를 놓치는 것 같지만, 아마 다음 번엔 갈 수 있겠지!

어휘 How would you feel about ~? ~하는 게 어떨 것 같아? I'd rather not (상대방의 제안에 대해) 안될 것 같아 hang out 함께 어울리다 appeal to ~의 마음을 끌다, ~에게 끌리다 a lot (비교급 수식) 훨씬 get one's point ~의 말을 이해하다 completely 완전히, 전적으로 disagree 동의하지 않다 can't beat -ing ~하는 것보다 더 나은 건 없다 tune 음악, 곡 in person 직접 matter to A: A에게 중요하다 find that ~라고 생각하다 idol 우상 disappointing 실망시키는 setting 무대 make a change 바꾸다, 변경하다 unnecessary 불필요한 crowd 사람들, 군중 inspire ~에게 영감을 주다 exact 정확한 time after time 매번 like just the way A is: A의 있는 그대로를 좋아하다 obscure 잘 알려지지 않은, 모호한 be yet to 동사원형: 아직 ~하지 않다 release ⓑ ~을 발표하다, 출시하다 ⓝ 발표, 출시 advantage 장점 give A a preview of B: A에게 B를 사전 공개하다 whether or not ~인지 아닌지

loads of 아주 많은 get + 목적어 + 형용사: (목적어)를 ~한 상태로 만들다 upcoming 다가오는, 곧 있을 admit that ~임을 인정하다 be familiar with ~을 잘 알다, ~에 익숙하다 leave a bad taste in one's mouth ~에게 좋지 못한 인상을 남기다 spend time -ing ~하는 데 시간을 소비하다 either A or B: A 또는 B 둘 중의 하나 political 정치적인 I'd prefer that ~하면 좋겠어 keep + 목적어 + to oneself: (목적어)를 마음 속에 담아두다, 자신만 알고 있다 focus on ~에 집중하다 intention 의도 at the end of the day 결국 impressionable 외부의 영향을 쉽게 받는 public platform 공개 플랫폼 spread ~을 확산시키다, 퍼트리다 awareness 인식, 인지 certain 특정한, 일정한 issue 사안, 문제 tactfully 재치 있게 in moderation 적당히 gain ~을 얻다 rather than ~ ~보다, ~가 아니라 exactly 정확히 unique 특별한, 독특한 rewarding 보람 있는 end up -ing 결국 ~하게 되다 whenever ~할 때마다 opportunity to 동사원형: ~할 수 있는 기회 bump into ~와 마주치다 share ~을 공유하다 sociable 사교적인 come out of one's shell ~의 틀을 깨고 나오다 mingle with ~와 어울리다 likeminded 비슷한 생각을 갖고 있는 than expected 예상 보다 how about ~? ~하는 게 어때? why don't you ~? ~하지 않을래?, ~하는 게 어때? come along with ~와 함께 가다 convince ~을 설득하다 justify -ing ~하는 것을 정당화하다 miss out 좋은 기회를 놓치다

1. What are Jason and Mandy discussing?
   (a) the price of a ticket for an upcoming performance
   (b) a musical act's upcoming album launch
   (c) the benefits of learning how to play an instrument
   (d) the pros and cons of concerts and recorded music

제이슨과 맨디는 무엇을 이야기하고 있는가?
(a) 다가오는 공연 입장권 가격
(b) 곧 있을 한 음악 밴드의 앨범 출시
(c) 악기를 연주하는 법을 배우는 것의 이점
(d) 콘서트와 녹음된 음악의 장단점

해설 대화 초반부에 남자가 녹음된 음악을 듣는 게 라이브 음악을 듣는 것보다 훨씬 더 낫다고(Listening to recorded music is much better than hearing live music) 말하자, 여자가 동의하지 못한다고(I get your point, but I completely disagree) 말한 뒤로 음악을 듣는 두 가지 다른 방식에 대한 장점과 단점들을 이야기하는 것으로 대화가 진행되고 있습니다. 따라서 이와 같은 장단점을 언급한 (d)가 정답입니다.

어휘 upcoming 다가오는, 곧 있을 musical act 음악 밴드 benefit 이점, 혜택 instrument 악기 pros and cons 장단점

2. According to Mandy, why do live performers change their songs?

(a) because they are often too difficult to play live
(b) because they are being recorded for a live album
(c) because they want to make their songs interesting for the audience
(d) because they want to experiment with new types of instruments

맨디에 따르면, 라이브 공연자들은 왜 노래를 바꾸는가?
(a) 종종 라이브로 연주하기 너무 어렵기 때문에
(b) 라이브 앨범을 위해 녹음되기 때문에
(c) 관객들을 위해 그들의 곡을 흥미롭게 만들고 싶어하기 때문에
(d) 그들은 새로운 종류의 악기로 실험을 하고 싶어하기 때문에

해설 대화 초반부에 맨디가 라이브 공연자들이 그들의 노래를 바꾸는 것과 관련해, 라이브 공연자들은 노래를 약간 바꿔서 관객 중에 있는 팬들에게 놀라움과 흥미로움을 전해 줄 필요가 있다는 말로 그 이유를 언급하고 있습니다(live performers need to change the songs a little to make things surprising and interesting to the fans in the crowd). 따라서 관객들을 흥미롭게 만들고 싶어한다고 언급한 (c)가 정답입니다.

어휘 audience 관객, 청중 experiment with ~로 실험하다

3. According to Mandy, what is a benefit of playing songs that audience members are not familiar with?
(a) It helps them decide whether to make a purchase.
(b) It inspires them to write their own songs.
(c) It encourages them to embrace new music genres.
(d) It introduces them to a variety of different bands.

맨디에 따르면, 관객들이 잘 알지 못하는 노래들을 연주하는 것의 이점은 무엇인가?
(a) 구매를 할 것인지를 결정하는 데 도움을 준다.
(b) 자신들만의 노래를 작곡하는 데 영감을 준다.
(c) 새로운 음악 장르를 수용하도록 만들어 준다.
(d) 다양한 다른 밴드들을 소개해 준다.

해설 남자가 대화 중반부에 관객들이 잘 알지 못하는 노래를 부르는 것을 언급하자, 여자가 팬들에게 새로운 음악을 미리 선보이는 것이기 때문에 장점이 될 수 있고 팬들은 밴드의 새 앨범이나 노래를 구매하고 싶은지를 결정할 수 있다(that can be an advantage because it gives the fans a preview of new music, so they'll be able to decide whether or not they want to buy the band's new album or song)고 언급하였습니다. 따라서 이와 같은 구매 결정 방식을 말한 (a)가 정답입니다.

어휘 help + 목적어 + 동사원형: (목적어)가 ~하는 데 도움을 주다 make a purchase 구매하다 inspire + 목적어 + to 동사원형: (목적어)가 ~하는 데 영감을 주다 encourage + 목적어 + to 동사원형: (목적어)가 ~하도록 장려하다, 권장하다 introduce A to B: A에게 B를 소개하다 a variety of 다양한

4. Why do some performers talk during concerts?
(a) to learn more about their fans
(b) to make the performance longer
(c) to make people aware of particular issues
(d) to encourage fans to buy merchandise

왜 몇몇 공연자들은 콘서트 중에 이야기를 하는가?
(a) 팬들에 관해 더 많은 것을 알기 위해
(b) 공연을 더 오래 하기 위해
(c) 사람들이 특정 문제들에 대해 인식하게 만들기 위해
(d) 팬들에게 상품을 구입하도록 권하기 위해

해설 남자가 대화 중반부에 요즘 가수들이 공연 중간에 이야기를 하는 것을 언급하자(A lot of the singers these days spend too much time speaking in between songs), 곧이어 맨디는 그 이유가 특정 문제와 관련된 인식을 확산시키기 위해서(to spread awareness about certain issues)라고 언급하였습니다. 이는 사람들에게 특정한 문제를 인식하도록 만드는 것을 의미하므로 (c)가 정답입니다.

어휘 aware of ~을 인식하고 있는, 알고 있는 particular 특정한 merchandise 상품

5. Why does Mandy find concerts to be rewarding experiences?
(a) because she can appreciate the sound quality
(b) because she can meet her favorite musicians
(c) because they allow her to make new friends
(d) because they influence her own performances

맨디는 왜 콘서트가 보람 있는 경험이라고 생각하는가?
(a) 음질을 감상할 수 있기 때문에
(b) 가장 좋아하는 음악가들을 만날 수 있기 때문에
(c) 새로운 친구들을 사귈 수 있게 해 주기 때문에
(d) 그녀의 공연에 영향을 미치기 때문에

해설 제이슨이 대화 후반부에 왜 콘서트가 특별하고 보람 있는지 묻자(What exactly makes the experience so unique and rewarding for you?), 맨디가 새로운 친구를 사귈 수 있다는 말과 함께 그렇게 할 수 있는 좋은 기회(I've ended up making new friends at every concert I've been to. ~ it's a great opportunity to bump into new people)라고 그 이유를 언급하였습니다. 따라서 (c)가 정답입니다.

어휘 appreciate ~을 감상하다, ~의 진가를 이해하다 sound quality 음질 allow + 목적어 + to 동사원형: (목적어)가 ~할 수 있게 해 주다 influence ~에 영향을 미치다

87

6. What is probably Jason's final reason for still refusing to go to the Mystery Train concert?

(a) He thinks it takes place on an inconvenient date.
(b) He thinks he is unfamiliar with the band's music.
(c) He thinks it is probably sold out already.
(d) He thinks it is not worth the expense.

여전히 미스터리 트레인 콘서트에 가기를 거절하는 것에 대한 제이슨의 최종적인 이유는 무엇일 것 같은가?

(a) 그는 편리하지 않은 날짜에 개최된다고 생각한다.
(b) 그는 그 밴드의 음악을 잘 알지 못한다고 생각한다.
(c) 그는 그것이 아마 이미 매진된 상태일 것이라고 생각한다.
(d) 그는 그것이 비용을 들일 가치가 없다고 생각한다.

해설 대화 마지막 부분에 남자가 콘서트에 가고 싶지 않은 이유와 관련해, 즐길 수 없을지도 모르는 것 때문에 아주 많은 돈을 티켓에 소비하는 걸 정당화할 수 없다(I just can't justify spending so much on a ticket for something I might not even enjoy)고 언급하였습니다. 이는 비용을 들일 만한 일이 아니라는 뜻을 나타내는 것이므로 (d)가 정답입니다.

어휘 refuse to 동사원형: ~하기를 거절하다, 거부하다 take place (일, 행사 등이) 일어나다, 개최되다 inconvenient 불편한 be unfamiliar with ~을 잘 알지 못하다, ~에 익숙하지 않다 worth 명사: ~할 가치가 있는 sold out 매진된, 품절된 expense (지출) 비용

7-13.

Hello, ladies and gentlemen. My name is Donald Price, and **7** I'm here to tell you about the key points of organizing a symposium. **8** A symposium is typically defined as a meeting organized so that experts in a specific field can gather, present research papers, and discuss important issues, and make recommendations for a certain course of action. Ideally, symposium attendees should leave the event with a greater degree of knowledge about a topic or a deeper understanding of an issue. Organizing a symposium is not too difficult, but it does take a lot of time and planning. I'm going to go over each step of the planning process with you today.

안녕하세요, 신사 숙녀 여러분. 제 이름은 도널드 프라이스이며, 학술회를 주최하는 것의 핵심 요소에 관해 말씀 드리기 위해 이 자리에 섰습니다. 학술회는 일반적으로 특정 분야의 전문가들이 모여 연구 논문을 발표하고, 중요한 사안을 논의하며, 특정 행동 방침에 대해 권고하도록 조직되는 모임으로 정의됩니다. 이상적으로, 학술회 참석자들은 한 가지 주제에 관해 더 높은 수준의 지식을 갖거나, 또는 한 가지 사안에 대해 더 깊이 있는 이해를 지니고 행사장을 떠나야 합니다. 학술회를 주최하는 것은 그렇게 어렵지 않지만, 이것은 많은 시간과 계획을 필요로 합니다. 오늘 여러분과 함께 그 계획 과정의 각 단계를 짚어 보도록 하겠습니다.

First of all, you should assemble a planning committee and establish a list of aims. **9(c)** The committee members should decide on a name for the symposium and determine its primary topic and date. Unlike conferences, symposiums should have a very narrow focus, so choose a highly specific topic or area of research rather than a broad, general subject. **9** The committee should issue a call for papers related to the symposium topic, and compile a list of potential presenters based on their submissions. This step must be completed several months in advance of the date of the symposium.

우선, 기획 위원회를 구성하고 목적을 담은 목록을 확정해야 합니다. 위원회 구성원들은 학술회 명칭을 결정하고 주요 주제와 날짜를 정해야 합니다. 컨퍼런스와 달리, 학술회는 매우 제한된 부분에 초점을 맞춰야 하므로, 폭넓고 일반적인 주제보다 매우 구체적인 주제 또는 연구 영역을 선택하십시오. 위원회는 학술회 주제와 관련된 논문을 요청해야 하며, 제출 자료를 바탕으로 잠재적인 발표자 명단을 정리해 만들어야 합니다. 이 단계는 반드시 학술회 개최 날짜보다 몇 개월 전에 미리 완료되어야 합니다.

The next important step is to establish a Web presence. The simplest way to start doing this is to set up a simple Web site that announces the symposium and provides details about the event. It should include a map of the venue location, a summary of the core topics and aims, a list of presenters and research papers, and a page listing your event sponsors. **10** Most importantly, it must include a sign-up form so that interested individuals can pre-register for the event. Additionally, utilize several social media platforms in order to spread the word about the symposium. Encourage all members of the planning committee to actively post and share information online frequently.

다음으로 중요한 단계는 웹상에서 존재감을 확립하는 것입니다. 이 일을 시작하는 가장 단순한 방법은 학술회를 알리고 행사에 관한 세부 정보를 제공하는 간단한 웹 사이트를 하나 마련하는 것입니다. 여기에는 행사 개최 장소 약도, 핵심 주제 및 목적 요약문, 발표자 및 연구 논문 목록, 그리고 행사 후원업체를 기재한 페이지가 포함되어야 합니다. 가장 중요한 점은, 관심 있는 사람들이 행사에 사전 등록할 수 있도록 반드시 신청 양식을 포함해야 한다는 점입니다. 추가로, 학술회에 관해 소문을 내기 위해 여러 가지 소셜 미디어 플랫폼을 활용하십시오. 기획 위원회의 모든 구성원들에게 적극적으로 정보를 게시하고 자주 온라인에서 정보를 공유하도록 권하십시오.

Next, your symposium will not be possible without adequate funding from sponsors. Start by creating a tentative budget for the event, and then based on the budget, set sponsorship tiers with varying levels of rewards and acknowledgement. Identify appropriate potential sponsors and send each of them a contact e-mail. This should include a short description of the symposium and an explanation of how the event can positively impact the sponsor. **11 Some other good ways to generate interest from potential sponsors can be to "name drop" renowned presenters expected to participate in the event** and note the sponsor's involvement in similar events in the past, if applicable. When a commitment is made, inform the sponsor how they can submit funds, and request a high-resolution company logo from them, and appropriate permission to use it. Then immediately add the logo to your Web page and all publications, signs, and documents associated with the event.

다음으로, 여러분이 개최하시려는 학술회는 후원사에서 제공하는 충분한 자금 없이는 불가능할 것입니다. 행사에 필요한 잠정적인 예산을 만드는 것으로 시작하신 다음, 그 예산을 바탕으로 다양한 수준의 보상 및 감사 표시 방법과 함께 후원 등급을 설정하십시오. 적절한 잠재 후원사들을 알아내서 각각에게 연락 이메일을 발송하십시오. 여기에는 학술회에 관한 간단한 설명과 함께 행사가 어떻게 후원사에 긍정적으로 영향을 미칠 수 있는지에 관한 설명이 포함되어야 합니다. 잠재 후원사들의 관심을 불러일으킬 수 있는 일부 다른 좋은 방법으로는 행사에 참가할 것으로 기대되는 유명 발표자의 "이름을 제시하는" 것과, 가능할 경우에 과거 유사한 행사에 대한 해당 후원사의 참여를 특별히 언급하는 것이 있습니다. 후원 약속이 이뤄질 때, 해당 후원사에 자금을 제공할 수 있는 방법을 알리시고 고화질 회사 로고와 그것을 적절히 사용할 수 있도록 적절한 허가를 요청하십시오. 그런 다음, 즉시 웹 페이지 및 행사와 관련된 모든 발행물, 표지판, 그리고 문서에 그 로고를 추가하십시오.

Probably the most important step when organizing a symposium is advertising. There are numerous effective methods for promoting a symposium, apart from social media and Web sites. First, you should consider asking local institutions such as public libraries and colleges to place the event on their social calendars and put up posters on notice boards and in elevators. **12 In addition to posters, print some flyers that your committee members can distribute to members of the public who might have an interest in the event.**

아마 학술회를 주최할 때 가장 중요한 단계는 광고일 것입니다. 소셜 미디어 및 웹 사이트 외에도 학술회를 홍보하는 수많은 효과적인 방법들이 있습니다. 첫째, 공공 도서관과 대학교 같은 지역 단체에 그들의 사교 일정에 행사를 올리고 게시판 및 엘리베이터에 포스터를 부착하도록 요청하는 일을 고려해 보셔야 합니다. 포스터 뿐만 아니라, 위원회 구성원들이 행사에 관심이 있을 수 있는 일반사람들에게 배부할 수 있는 몇몇 전단지도 인쇄하십시오.

On the topic of registration, you should open registration approximately one month prior to the event. If you open it too early, there is a chance that some people might forget that they have registered. As soon as the registration period begins, send an e-mail to everyone who has preregistered through the Web site and instruct them how to complete their registration. Sort the information collected during registration so that you can collect useful demographic data. **13 By collecting information about your attendees' job titles, companies, gender, and race, you can identify demographic groups that you may need to do a better job in reaching out to them next time you plan a similar event.**

등록 문제와 관련해서는, 행사보다 대략 1개월 앞서 등록을 시작해야 합니다. 너무 일찍 시작할 경우, 일부 사람들은 자신이 등록한 사실을 잊을 가능성이 있습니다. 등록 기간이 시작되는 대로, 웹 사이트를 통해 사전 등록한 모든 사람들에게 이메일을 발송해 등록을 완료하는 방법을 안내하십시오. 유용한 인구 통계 자료를 수집할 수 있도록 등록 기간 중에 수집된 정보를 원하는 방향으로 정리하십시오. 참석자들의 직책, 회사명, 성별, 그리고 인종에 관한 정보를 수집함으로써, 다음 번에 유사한 행사를 계획하실 때 그들에게 연락을 취하는 것을 더 잘 하기 위해 필요할 지도 모르는 인구 통계 그룹들을 확인하실 수 있습니다.

Thank you for listening everyone. **7 I hope you found this advice useful and take some of my recommendations on board when you next organize a symposium.** If you would like any further tips, please feel free to pick up a handout at the door before you exit the lecture hall. Thanks again.

들어 주셔서 감사합니다. 여러분. 제 조언이 유용하다고 생각해 다음에 학술회를 주최할 때 제 추천 사항의 일부를 받아들여 주시기를 바랍니다. 어떤 추가 정보든지 원하실 경우, 이 강연장에서 나가시기 전에 출입구에 놓여 있는 유인물을 마음껏 챙겨 가시기 바랍니다. 다시 한번 감사 드립니다.

어휘 organize ~을 주최하다, 조직하다 symposium 학술회 typically 일반적으로, 보통 be defined as ~로 정의되다 so that ~할 수 있도록 expert 전문가 specific 특정한, 구체적인 field 분야 gather 모이다 present ~을 발표하다, 제시하다 research paper 연구 논문 discuss ~을 이야기하다 issue 문제, 사안 make a recommendation 추천하다, 권하다 certain 특정한, 일정한 course of action 방안 ideally 이상적으로 attendee 참석자 a greater degree of 더 높은 수준의 go over ~을 짚고 넘어가다, 검토하다 process 과정 assemble ~을 구성하다, 모으다 committee 위원회 establish ~을 확정하다, 확립하다 decide on ~을 결정하다 determine ~을 결정하다 primary 주요한 narrow 제한된 focus 초점 rather than ~ ~보다, ~가 아니라 broad 폭넓은 general 일반적인 subject 주제, 화제 issue a call for ~을

요청하다 related to ~와 관련된 compile (정보 등) ~을 모아 정리하다 potential 잠재적인 presenter 발표자 based on ~을 바탕으로 submission 제출(되는 것) complete ~을 완료하다 in advance of ~보다 미리 suitable 적합한 venue 개최 장소 presence 존재(감) set up ~을 마련하다, 설치하다 announce ~을 발표하다 provide ~을 제공하다 details 세부 정보 summary 요약(문) core 핵심적인 aim 목적, 목표 list ~을 기재하다, 나열하다 sign-up form 등록 양식, 신청 양식 individual 사람, 개인 pre-register 사전 등록하다 additionally 추가적으로 utilize ~을 활용하다 in order to 동사원형 ~하기 위해 spread the word 소문을 내다 encourage + 목적어 + to 동사원형: (목적어)에게 ~하도록 권하다, 장려하다 post ~을 게시하다 frequently 자주 adequate 충분한, 적합한 funding 자금 (제공) sponsor 후원사 tentative 잠정적인 budget 예산 tier 등급, 급 varying 다양한 reward 보상 acknowledgement 감사 (표시 방법) identify ~을 알아내다, 확인하다 appropriate 적합한 description 설명, 묘사 explanation 설명 positively 긍정적으로 impact ~에 영향을 미치다 generate interest 관심을 발생시키다 name drop (유명인 등) ~의 이름을 들먹이다 renowned 유명한 participate in ~에 참가하다 note ~을 특별히 언급하다 involvement in ~에의 참여, 관여 if applicable 가능하다면 make a commitment 약속하다 inform ~에게 알리다 submit funds 자금을 제공하다 high resolution 고해상도의 appropriate 적절한 permission 허가 immediately 즉시 publication 발행(물) associated with ~와 관련된 advertising 광고 (활동) numerous 수많은 effective 효과적인 method 방법 promote ~을 홍보하다 apart from ~ 외에도 institution 단체, 기관 social calendar 사교 일정 put up ~을 부착하다, 게시하다 notice board 게시판 flyer 전단 distribute A to B: A를 B에게 배부하다 members of the public 일반 사람들 have an interest in ~에 관심이 있다 registration 등록 approximately 약, 대략 prior to ~보다 앞서, ~ 전에 instruct A B: A에게 B를 안내하다, 지시하다 sort 분류하다 collect ~을 수집하다 job title 직책 gender 성별 race 인종 demographic 인구 통계의 reach out to ~에게 연락을 취하다, 다가가다 find + 목적어 + 형용사: (목적어)를 ~하다고 생각하다 take ~ on board ~를 받아들이다 further 추가의 fee free to 동사원형: 마음껏 ~하다, 언제든지 ~하다 pick up ~을 가져가다, 가져오다 handout 유인물

7. Who are most likely to be interested in the talk?
   (a) Symposium attendees
   (b) Symposium sponsors
   (c) Symposium presenters
   (d) Symposium organizers

누가 이 담화에 가장 관심을 가질 것 같은가?
   (a) 학술회 참석자들
   (b) 학술회 후원사들
   (c) 학술회 발표자들
   (d) 학술회 주최자들

해설 화자는 담화 맨 처음에 학술회를 주최하는 것의 핵심 요소에 관해 말씀 드리기 위해 이 자리에 섰다고(I'm here to tell you about the key points of organizing a symposium) 언급하였습니다. 그리고 담화 맨 마지막에 자신의 조언이 유용하다고 생각해 다음에 학술회를 주최할 때 자신의 추천 사항 중 일부를 받아들여 주기를 바란다고(I hope you found this advice useful and take some of my recommendations on board when you next organize a symposium) 언급하였기 때문에 학술회를 주최할 사람들이 관심을 가질 만한 내용입니다. 따라서 (d)가 정답입니다.

8. According to the speaker, what is a symposium?
   (a) a group of academics who are collaborating on a research project
   (b) an exposition where new products are showcased for the public
   (c) an event where people can share information and gain knowledge
   (d) a workshop where employees undergo training and develop new skills

화자의 말에 따르면, 학술회는 무엇인가?
   (a) 연구 프로젝트에 협업하는 학자들의 모임
   (b) 신제품들이 일반 대중에게 선보여지는 박람회
   (c) 사람들이 정보를 공유하고 지식을 얻을 수 있는 행사
   (d) 직원들이 교육을 받고 새로운 능력을 개발하는 워크숍

해설 학술회의 정의가 언급되는 시작 부분에, 화자가 학술회에서 일반적으로 특정 분야의 전문가들이 모여 연구 논문을 발표하고, 중요한 사안을 논의한다는 등의 사실과 함께 학술회 참석자들이 한 가지 주제에 관해 더 높은 수준의 지식을 갖거나, 또는 한 가지 사안에 대해 더 깊이 있는 이해를 지니고 행사장을 떠나야 한다고(A symposium is typically defined as a meeting organized so that experts in a specific field can gather, present research papers, and discuss important issues, ~ symposium attendees should leave the event with a greater degree of knowledge about a topic or a deeper understanding of an issue) 언급하였습니다. 이는 사람들이 서로 정보를 공유하고 지식을 얻는 일을 가리키므로 (c)가 정답입니다.

어휘 academic 학자, 대학 교수 collaborate on ~에 대해 협업하다 exposition 박람회 showcase ~을 선보이다 share ~을 공유하다 gain ~을 얻다 undergo ~을 거치다, 겪다 training 교육 develop ~을 개발하다 skill 능력, 기술

9. Why, most likely, is it essential to plan months ahead for compiling potential presenters?

 (a) to reduce stress closer to the symposium day
 (b) to have enough time to gather presenter materials
 (c) to allow organizers to adjust the symposium date later
 (d) to increase the chance of attracting sponsors

발표자 목록을 준비하기 위해 몇 달 전에 계획하는 것이 중요한 이유는 무엇인가?

 (a) 심포지엄 날짜에 가까워질수록 스트레스를 줄이기 위해
 (b) 발표자 자료를 모을 충분한 시간을 확보하기 위해
 (c) 심포지엄 날짜를 나중에 조정할 수 있도록 하기 위해
 (d) 후원자를 유치할 가능성을 높이기 위해

해설 위원회를 구성하는 일이 언급되는 내용에서 마지막에, 화자가 위원회는 학술회 주제와 관련된 논문을 요청해야 하며, 제출 자료를 바탕으로 잠재적인 발표자 명단을 정리해 만들어야 한다고(The committee should issue a call for papers ~ compile a list of potential presenters based on their submissions) 언급합니다. 그리고 이 단계는 반드시 학술회 개최 날짜보다 몇 개월 전에 미리 완료되어야 한다고(This step must be completed several months in advance of the date of the symposium) 언급하는데, 발표자가 논문을 작성하고 준비하는 시간과, 위원회가 제출된 논문을 검토하는 시간이 몇 개월이 걸린다는 것을 알 수 있습니다. 따라서 충분한 시간을 확보하기 위해 미리 계획하는 것이므로 정답은 (b)입니다.

어휘 closer to ~에 더 가까운 gather 모으다 materials 자료 allow + 목적어 + to 동사원형: (목적어)가 ~(하는 것을 가능)하게 하다 adjust 조정하다 chance 가능성 attract 끌어오다, 유치하다

10. What does the speaker say is the most important feature to include to the event Web site?

 (a) a map showing the event venue
 (b) a list of event sponsors
 (c) a schedule of event activities
 (d) a form for people to pre-register

화자는 무엇이 행사 웹 사이트에 포함할 가장 중요한 특징이라고 말하는가?

 (a) 행사 장소를 보여주는 약도
 (b) 행사 후원사들의 목록
 (c) 행사 활동 일정표
 (d) 행사에 사전 등록할 수 있는 양식

해설 웹 사이트가 언급되는 중반부에, 화자가 가장 중요한 것으로 관심 있는 사람들이 행사에 사전 등록할 수 있도록 반드시 신청 양식을 포함해야 한다고(Most importantly, it must include a sign-up form so that interested individuals can pre-register for the event) 언급하고 있습니다. 따라서 이와 같은 양식을 언급한 (d)가 정답입니다.

어휘 feature 특징, 기능 activity 활동

11. According to the speaker, how might a symposium organizer convince a company to become a sponsor?

 (a) by mentioning a well-known event participant
 (b) by providing an appearance fee to the company
 (c) by offering to advertise the company's products
 (d) by highlighting the success of similar past events

화자의 말에 따르면, 학술회 주최자는 어떻게 한 회사를 후원사가 되도록 설득할 수 있는가?

 (a) 잘 알려진 행사 참가자를 언급함으로써
 (b) 회사에 참가 사례비를 제공함으로써
 (c) 회사 제품을 광고해 주겠다고 제안함으로써
 (d) 유사한 과거 행사의 성공을 강조함으로써

해설 후원사의 관심을 불러일으키는 방법이 언급되는 중반부에, 화자가 행사에 참가할 것으로 기대되는 유명 발표자의 "이름을 제시하는" 것을(Some other good ways to generate interest from potential sponsors can be to "name drop" renowned presenters expected to participate in the event ~) 말하는 부분이 있습니다. 이는 잘 알려진 행사 참가자를 언급하는 일을 뜻하므로 (a)가 정답입니다.

어휘 convince + 목적어 + to 동사원형: ~하도록 (목적어)를 설득하다 mention ~을 언급하다 well-known 잘 알려진 participant 참가자 appearance fee 참가 사례비, 출연료 offer to 동사원형: ~하겠다고 제안하다 highlight ~을 강조하다

12. What additional promotional material is recommended besides posters?

 (a) banners
 (b) flyers
 (c) brochures
 (d) business cards

포스터 외에 추가적으로 권장되는 홍보 자료는 무엇인가?
(a) 현수막
(b) 전단지
(c) 안내 책자
(d) 명함

해설 포스터 뿐만 아니라 위원회 구성원들이 행사에 관심이 있을 수 있는 일반사람들에게 배부할 수 있는 몇몇 전단지도 인쇄하라고(In addition to posters, print some flyers that your committee members can distribute ~) 말하는 부분이 있습니다. 이는 포스터와 함께 전단지도 홍보 자료로 권장하는 내용이므로 (b)가 정답입니다.

어휘 **additional** 추가적인 **promotional** 홍보의 **material** 자료 **banner** 현수막, 플래카드 **brochure** 안내 책자, 광고 책자 **business card** 명함

13. How can demographic data be useful in planning a symposium?
(a) It can be used to specific sponsors and investors.
(b) It can assist organizers in choosing relevant event topics.
(c) It can help organizers to target potential attendees.
(d) It can ensure that a diverse range of presenters are invited.

인구 통계 자료가 어떻게 학술회를 계획하는 데 유용할 수 있는가?
(a) 특정 후원사 및 투자자들에게 사용될 수 있다.
(b) 관련된 행사 주제를 선택하는 데 있어 주최측에 도움이 될 수 있다.
(c) 주최측이 잠재 참석자들을 목표로 삼는 데 도움이 될 수 있다.
(d) 다양한 발표자들이 반드시 초청되도록 할 수 있다.

해설 해당 통계 자료를 언급하는 후반부에, 화자는 인구 통계 자료가 필요한 이유와 관련해 다음 번에 유사한 행사를 계획할 때 더 잘 연락을 취해야 할 수도 있는 인구 통계 그룹들을 확인하실 수 있다고(you can identify demographic groups that you may need to do a better job in reaching out to them next time you plan a similar event) 언급하고 있습니다. 이는 행사 주최측에서 앞으로 다시 참가할 가능성이 있는 사람들을 목표로 삼는 방법에 해당되므로 (c)가 정답입니다.

어휘 **investor** 투자자 **assist + 목적어 + in -ing:** (목적어)가 ~하는 데 도움이 되다 **relevant** 관련된 **target** ~을 목표로 삼다 **ensure that** 반드시 ~하도록 하다, ~하는 것을 보장하다 **a diverse range of** 다양한

DAY 08 청취 질문 유형별 공략

유형 문제 풀이

1. (c)   2. (c)   3. (c)   4. (d)   5. (b)
6. (d)   7. (c)   8. (a)   9. (d)   10. (c)

1.

안녕하세요, 만나서 반갑습니다, 여러분. 저는 알버트 스테이크 하우스의 주방장입니다. 오늘 저희 매장에서 식사해주셔서 감사합니다. 저녁 식사가 10분 후에 시작될 것입니다. 시작하기 전에, 제가 여러분에게 애피타이저로 시작해서, 주요리, 마지막으로 디저트까지 오늘의 특별 코스 요리를 즐기는 법에 대해 안내를 해드리겠습니다.

어휘 **order** 주문하다 **reserve** 예약하다 **course** (식당의) 코스 요리 **practice** 실천하다 **manners** 예절 **chef** 주방장 **dine** 식사하다 **appetizer** 애피타이저, 전채 요리 **main dish** 주요리 **dessert** 디저트, 후식

1. What is the talk about?
(a) how to order a steak
(b) how to reserve a table
(c) how to enjoy the course
(d) how to practice good table manners

담화는 무엇에 대한 것인가?
(a) 스테이크를 주문하는 법
(b) 테이블 예약하는 법
(c) 코스 요리를 즐기는 법
(d) 식사 예절을 실천하는 법

해설 주제 및 목적에 대한 정답 단서를 알려주는 표현인 "I'm going to give you a guide on ~" 뒤에 정답과 직결되는 단서가 언급됩니다. '오늘의 특별 코스 요리를 즐기는 법'이라는 의미의 "how to enjoy today's special course"가 보기 (c)에 how to enjoy the course로 나타나 있으므로 정답은 (c)입니다.

2.

여: 폴, 우리 합스빌 여행에 대해 얘기 좀 할 수 있을까?
남: 물론이지, 마리아. 난 여행이 정말 기대돼. 우리가 처음 결혼했을 때부터 합스빌에 가자고 얘기해왔잖아!
여: 한참 늦은 도심으로 떠나는 여행이 될 거라는건 확실해.
남: 정확히 무엇을 논의하고 싶어?
여: 글쎄, 우리가 그곳에 있는 동안 당신이 시내 투어를 하고 싶지 않을까 해서 말이야.
남: 사실, 그런 생각은 해본 적이 없어. 투어를 하면서 도시를 둘러보는 것도 멋진 경험이 될 것 같아. 그곳의 모든 역사를 생각해보면 말야.

여: 이용 가능한 단체 투어가 몇몇 있어. 하루 종일 도시에서 가장 오래된 건물들을 둘러보는 투어도 있어. 그런 건 어때?
남: 나는 관광하는 게 좋아. 투어의 유일한 문제점은 우리가 어디로 갈지 결정할 수 없고 이곳에서 저곳으로 서둘러 이동만 하게 될 수도 있다는 거야.

어휘 overdue 기한이 지난, 연체된 city break 도심을 떠나는 여행 cross (one's) mind 떠오르다, 스치다 sightseeing 관광, 구경 mainly 주로, 대부분 upcoming 다가오는, 곧 있을 vacation 휴가, 여행 spot 장소, 지점

2. What are Paul and Maria mainly talking about?

(a) their dream honeymoon
(b) their most recent trip
(c) their upcoming vacation
(d) their favorite travel spot

폴과 마리아는 주로 무엇에 대해 이야기하고 있는가?

(a) 그들이 꿈꾸는 신혼여행
(b) 가장 최근에 다녀온 여행
(c) 다가오는 휴가
(d) 가장 좋아하는 여행지

해설 마리아가 폴에게 합스빌로 가는 여행에 대해 이야기를 해보자고 제안하고, 폴이 결혼했을 때 이후로 합스빌에 방문하는 것에 대해 이야기를 해왔다고 언급하였습니다. 그 뒤에 마리아가 오랫동안 미뤄온 휴가가 될 것(It'll be a long overdue city break)이라고 언급한 것에서 이들이 이야기를 나누고 있는 합스빌 여행은 다가오는 휴가에 관한 것임을 알 수 있습니다. 따라서 정답은 (c)입니다.

3-5.

남: 안녕, 조앤나. 어제 네가 국립 역사 박물관에 갔다는 얘기를 들었어. 어땠어?
여: 안녕, 마이크. 정말 흥미로웠어! 일부 병마용 조각품들과 함께 중국에서 발견된 다른 고대 유물 전시회를 봤어.
남: 병마용? 전에 들어보지 못한 것 같아.
여: 아, 1974년에 찾은 정말로 중요한 고고학적 발견물이야. 전부 합쳐서 거의 10,000개의 조각품들이 있는데, 그것들은 기원전 209년에 중국의 초대 황제와 함께 묻혔어.
남: 와우! 10,000개의 조각품이라고? 하지만 그것들이 어떻게 그렇게 오랜 세월 동안 숨겨진 채로 있었지?
여: 시안 시 외곽의 린통 구에 있는 여러 깊은 구덩이에 전부 묻혀 있었어. 농부들이 그 지역에서 우물을 파던 중에 발견한 거야.
남: 그럼 뜻밖의 행운이었네! 왜 그렇게 많은 조각품들이 중국의 황제와 함께 묻혀 있었는지 궁금해. 왜 그 대신에 진열되지 않았던 거지?
여: 음, 그건 장례 방법의 한 종류야. 다시 말해서, 그 조각품들이 사후 세계에서 황제를 보호해야 했던 거지.

남: 그거 흥미롭네! 그럼, 이 조각품들이 전부 병사와 다른 군대 병력을 묘사했을 것 같은데?
여: 그 뿐만이 아냐. 약 8,000명의 병사들이 있기는 하지만, 전체 수집품에는 500마리가 넘는 말들 뿐만 아니라 곡예사와 음악가들도 포함되어 있어.

어휘 exhibition 전시(회) Terracotta Army 병마용 sculpture 조각품 ancient 고대의 artifact 유물, 공예품 uncover ~을 발견하다, 드러내다 archaeological 고고학적인 discovery 발견(물) in total 전부 합쳐, 총 bury ~을 묻다 remain 형용사: ~한 상태로 남아 있다, 계속 ~한 상태이다 hidden 숨겨진 pit 구덩이 dig ~을 파다 well 우물 stroke of good luck 뜻밖의 행운 put ~ on display ~를 진열하다, 전시하다 instead 대신에 form 종류, 형태, 유형 funerary 장례의 art 방법, 기술 in other words 다시 말해서 be supposed to 동사원형: (규칙 등에 따라) ~해야 하다, ~하기로 되어 있다 protect ~을 보호하다 afterlife 사후 세계 depict ~을 묘사하다 personnel 인력 around 약, 대략 collection 수집(품), 소장(품) include ~을 포함하다 as well as ~뿐만 아니라 (…도) acrobat 곡예사

3. Why did Joanna go to the National History Museum?

(a) to give a talk at an exhibition
(b) to meet up with her friend, Mike
(c) to see some ancient artifacts
(d) to learn about Chinese architecture

조앤나는 왜 국립 역사 박물관에 갔는가?

(a) 전시회에서 연설하기 위해
(b) 그녀의 친구인 마이크를 만나기 위해
(c) 몇몇 고대 유물을 보기 위해
(d) 중국 건축 양식에 관해 배우기 위해

해설 대화 시작 부분에 남자가 박물관에 간 것에 대해 어땠는지 묻자, 여자가 병마용 조각품들과 함께 중국에서 발견된 다른 고대 유물 전시회를 봤다고(I saw an exhibition of some of the Terracotta Army sculptures, and other ancient artifacts uncovered in China) 언급하였습니다. 따라서 고대 유물을 보기 위해서라는 목적이 언급된 (c)가 정답입니다.

어휘 give a talk 연설하다 meet up with (약속하고) ~와 만나다 architecture 건축 양식, 건축학

4. How did the sculptures stay hidden for so long?

(a) They were held by a private collector.
(b) They were sealed in a vault.
(c) They were lost at sea.
(d) They were buried underground.

어떻게 조각품들이 그렇게 오래 숨겨진 채로 있었는가?

(a) 개인 소장가에 의해 소유되었다.
(b) 저장실에 봉인되어 있었다.
(c) 바다에서 분실되었다.
(d) 땅속에 묻혀 있었다.

해설 남자가 어떻게 오래 숨겨진 채로 있었는지 묻는(But how did they remain hidden for so many centuries?) 것에 대해, 여자가 시안 시 외곽의 린퉁 구에 있는 여러 깊은 구덩이에 전부 묻혀 있었다고(They were all buried in deep pits in Lintong County, outside of the city of Xi'an) 언급하였습니다. 이는 땅속에 묻혀 있었다는 말이므로 (d)가 정답입니다.

어휘 stay 형용사: ~한 상태로 유지되다 hold ~을 소유하다, 보유하다 private 개인의 collector 소장가 seal ~을 봉인하다 vault 저장실, 금고

5. What was the main purpose of the sculptures?
(a) to decorate a royal palace
(b) to protect a deceased emperor
(c) to intimidate enemy soldiers
(d) to be offered as gifts to nobility

조각품의 주요 목적은 무엇이었는가?
(a) 왕궁을 장식하는 것
(b) 사망한 황제를 보호하는 것
(c) 적군을 위협하는 것
(d) 귀족에게 선물로 제공되는 것

해설 황제와 조각품 사이의 관계는 중반부에 언급되는데, 여자가 그 조각품들이 사후 세계에서 황제를 보호해야 했다고(the sculptures were supposed to protect the emperor in the afterlife) 언급하였으므로 '사망한 황제를 보호한다'는 의미의 (b)가 정답입니다.

어휘 decorate ~을 장식하다 royal palace 왕궁, 궁전 deceased 사망한 intimidate ~을 위협하다 offer ~을 제공하다 nobility 귀족

6-8.

안녕하세요, 신사 숙녀 여러분. 제 이름은 도나 램포드이며, 저는 다가오는 녹색 기술 및 에너지 컨벤션인 멜번 Eco-Con에 관해 여러분께 말씀 드리고자 합니다. 이 행사는 5월 27일부터 5월 30일, 오전 10시부터 오후 6시까지 MECC라고도 알려진 완전히 새로운 멜번 전시 및 컨퍼런스 센터에서 개최될 것입니다. 이 컨벤션은 아직 공식적으로 출시되지 않은 제품들을 선보일 아주 다양한 회사들을 한자리에 불러 모을 것입니다. 멜번 Eco-Con은 이 혁신적인 제품들에 관해 더 많은 것을 알아보고 일부 제품이 시연되는 것을 볼 수 있는 아주 좋은 기회를 제공합니다.

이 컨벤션은 약 150곳의 업체 부스로 구성될 것이며, 각 부스에는 특정 회사 소속의 직원 2~3명이 배치될 것입니다. 행사 참석자들은 가까운 미래에 시중에 소개될 새로운 녹색 기술에 관해 알아보기 위해 각 부스를 방문할 수 있습니다. 예를 들어, 피에로 사의 부스는 곧 출시될 적당한 가격의 태양열 전지판 제품군을 선보일 예정인데, 이는 이 회사가 전 세계의 가정들이 전기를 만들어내는 방식에 혁신을 일으키기 바라고 있는 것입니다. 이 회사의 경량 전지판은 주택이나 아파트의 지붕 또는 창문에 설치하기에 간단하며, 모든 종류의 악천후로부터 보호됩니다. 피에로 사는 이 제품군에 대해 큰 자신감을 보이고 있어서 모든 구매품에 대해 25년 기간의 품질 보증 서비스도 제공할 예정입니다.

아주 많은 방문객을 끌어들일 가능성이 있는 또 다른 부스는 버티고 주식회사에 의해 운영됩니다. 버티고 사는 증가하는 세계 인구 및 점차 제한되고 있는 양의 작물 재배용으로 이용 가능한 경작지로 인해 초래될 것으로 예상되는 식량 부족 문제를 다룰 계획입니다. 이 심각한 문제를 해결하기 위해, 이 회사는 작물이 도시 지역의 기둥에서 재배될 것을 가능하게 하는 '수직 농사' 기법과 기기들을 소개할 계획인데, 이는 미래 세대의 모든 사람들을 위한 풍부한 식량 공급을 보장해 줄 것입니다. 그 주요 혜택뿐만 아니라, 수직 농법은 또한 일반적으로 농업에 필요로 하는 화석 연료와 물, 그리고 살충제의 감소라는 결과도 낳게 될 것입니다. 이는 또한 대부분의 주요 도시에서 발견할 수 있는 수만 개의 빈 건물들을 활용하는 효과적인 방법이기도 합니다.

어휘 forthcoming 다가오는, 곧 있을(= upcoming) take place (일, 행사 등이) 발생되다, 개최되다 brand new 완전히 새로운 otherwise known as ~라고도 알려진 bring together ~을 한자리에 모으다 a wide variety of 아주 다양한 showcase ~을 선보이다 be yet to 동사원형: 아직 ~하지 않다 officially 공식적으로 launch ~을 출시하다 provide ~을 제공하다 outstanding 뛰어난, 우수한 find out more about ~에 관해 더 많은 것을 알아보다 innovative 혁신적인 demonstrate ~을 시연하다 be comprised of ~로 구성되다 approximately 약, 대략 booth 부스, 칸막이 공간 man ~에 인원을 배치하다 representative 직원, 대표자 particular 특정한 attendee 참석자 be brought to market 시중에 나오다 display ~을 전시하다, 진열하다 range 제품군, 종류, 범위 affordable 적당한 가격의 solar paneling 태양열 전지판 revolutionize ~에 혁신을 일으키다 generate electricity 전기를 생산하다 lightweight 경량의 install ~을 설치하다 inclement weather 악천후 guarantee 품질 보증(서) purchase ⓝ 구매(품), ⓥ ~을 구매하다 be likely to 동사원형: ~할 가능성이 있다 draw ~을 끌어들이다 run ~을 운영하다 tackle (문제 등) ~을 다루다 expected 예상되는 shortage 부족 the increasingly limited amount of 점점 더 양이 제한되는 arable (곡식을) 경작하는 available 이용 가능한 crop 곡식 address (문제 등) ~을 해결하다 introduce ~을 소개하다, 도입하다 vertical 수직의 method 방법 device 기기, 장치 column 기둥 urban 도시의 ensure ~을 보장하다 a plentiful supply of 풍부한 공급량의 in addition to ~뿐만 아니라, ~에 더해

benefit 혜택, 이득 farming practice 농법 result in ~라는 결과를 낳다 reduction in ~의 감소 fossil fuel 화석 연료 pesticide 살충제 typically 일반적으로, 보통 required 필요한 agriculture 농업 effective 효과적인 make use of ~을 이용하다

6. What is Donna Langford promoting in the talk?
(a) a breakthrough in environmental engineering
(b) new trends in global energy production
(c) a state-of-the-art conference center
(d) an upcoming environmental convention

도나 랭포드는 담화에서 무엇을 홍보하고 있는가?
(a) 환경 공학의 획기적인 발전
(b) 세계 에너지 생산의 새로운 경향
(c) 최신식의 컨퍼런스 센터
(d) 다가오는 환경 컨벤션

해설 담화의 목적이 언급되는 시작 부분에 화자가 다가오는 녹색 기술 및 에너지 컨벤션인 '멜버른 Eco-Con'에 관해 얘기하겠다고(I'd like to tell you about a forthcoming green technology and energy convention: the Melbourne Eco-Con) 언급하고 있습니다. 이는 환경 컨벤션에 관해 알리겠다는 뜻이므로 (d)가 정답입니다.

어휘 breakthrough 획기적인 발전 environmental engineering 환경 공학 trend 경향, 추세 state-of-the-art 최신식의

7. Based on the talk, what does Fierro specialize in?
(a) advanced waste disposal technologies
(b) renewable construction materials
(c) residential solar energy devices
(d) energy-efficient kitchen appliances

담화에 따르면, 피에로 사는 무엇을 전문으로 하는가?
(a) 발전된 쓰레기 처리 기술
(b) 재생 가능한 건축 자재
(c) 주거용 태양열 에너지 장치
(d) 에너지 효율적인 주방 기기

해설 피에로 사에 관한 정보가 제시되는 초반부에 화자가 피에로 사에서 저렴한 태양열 전지판 제품군을 선보일 예정이며 전 세계의 가정들이 전기를 만들어내는 방식에 혁신을 일으키기를 바라는(the Fierro booth will be displaying its upcoming range of affordable solar panelling ~ revolutionize the way that homes throughout the world generate electricity) 제품이라고 언급하였습니다. 즉 주거용으로 쓰일 태양열 에너지 장치를 말하는 것이므로 (c)가 정답입니다.

어휘 specialize in ~을 전문으로 하다 advanced 선진의, 발전된 disposal 처리, 처분 renewable 재생 가능한 material 자재, 재료 residential 주거의 energy-efficient 에너지 효율적인 appliance (가전) 기기

8. How does Vertigo Corporation intend to prevent food shortages?
(a) by enabling urban crop growing
(b) by reducing global food waste
(c) by genetically engineering crops
(d) by converting forests into farmland

버티고 사는 어떻게 식량 부족 문제를 방지할 계획인가?
(a) 도시 내 작물 재배를 가능하게 함으로써
(b) 세계의 음식 쓰레기를 줄임으로써
(c) 작물을 유전적으로 조작함으로써
(d) 숲을 농지로 전환함으로써

해설 버티고 사와 관련된 정보가 언급되는 중반부에, 이 회사가 작물이 도시 지역의 기둥에서 재배되는 것을 가능하게 하는 '수직 농사' 기법과 기기들이 미래의 사람들에게 풍족한 식량 공급을 보장한다고(the company plans to introduce its "vertical farming" methods and devices that will enable crops to be grown in columns in urban areas) 언급하였습니다. 이는 도시 내에서 작물 재배를 하는 방법을 말하는 것이므로 (a)가 정답입니다.

어휘 intend to 동사원형: ~할 계획이다, 작정이다 prevent ~을 방지하다, 막다 enable ~을 가능하게 하다 reduce ~을 줄이다 genetically engineer ~을 유전적으로 조작하다 convert A into B: A를 B로 전환하다

9.

남: 그렇게 많은 조각품들이 있다면, 그럼 내 생각엔 대부분 모두 동일한 모습을 하고 있을 것 같아. 맞지?
여: 실은, 아니야! 내가 놀랍다고 생각한 것은 모든 조각품 하나 하나가 고유한 얼굴 특징을 지니고 있고 의상을 입고 있어. 전문가들은 약 10개의 주형이 얼굴을 만드는 데 사용되고 그 후에 각 조각품 위에 다른 특징들이 추가됐었다고 생각해.
남: 인상적이네! 그리고 이 병사들은 얼마나 큰 거야?
여: 믿기 힘들겠지만, 오늘날의 일반 남성과 동일한 크기야! 그리고 아마 두 배는 더 무거울 거야! 그래서 그 조각품 전부를 조각하는 데 아주 오랜 시간이 걸린 게 틀림없어. 너도 관심 있으면, 오늘에 한해서 입장료가 절반이기 때문에 지금이 그 박물관을 방문하기에 가장 좋은 기회일 지도 몰라.
남: 그거 알아? 네 말에 확신이 들었어! 오늘 여유 시간이 좀 있기 때문에, 그곳에 가서 조각품들을 확인해 볼 거야.
여: 잘 됐다! 실망하지 않을 거야.

어휘 assume that ~라고 생각하다, 추정하다 mostly 대체로 share ~을 공유하다 appearance 모습, 외관

find (목적어)를 ~하다고 생각하다 amazing 굉장한, 놀라운 unique 고유의, 독특한 facial 얼굴의 characteristic 특징 clothing 의류 expert 전문가 mold 주형, 거푸집 feature 특징 add ~을 추가하다 on top of ~ 위에 impressive 놀라운, 인상적인 Believe it or not 믿기 힘들겠지만 average 일반의, 평균의 twice as 형용사: 두 배만큼 ~한 must have p.p. 틀림없이 ~했을 것이다, ~했던 것이 분명하다 sculpt ~을 조각하다 admission 입장 (허가) convince ~을 설득하다, 확신시키다 go along 가다 disappointed 실망한

9. What will the man most likely do after the conversation?

(a) read about Chinese history
(b) ask Joanna more about the Terracotta Army
(c) examine some photographs of sculptures
(d) visit a museum exhibition

남자는 대화 후에 무엇을 할 것 같은가?

(a) 중국 역사에 관한 글을 읽는다
(b) 조앤나에게 병씀용에 관해 더 물어본다
(c) 몇몇 조각품 사진을 살펴본다
(d) 박물관 전시회를 방문한다

해설 남자가 오늘 여유 시간이 있기 때문에 박물관에 가서 조각품들을 확인해 보겠다고(I have some free time today, so I'll go along and check out the sculptures) 언급하고 있습니다. 이는 박물관 전시회를 방문하겠다는 뜻이므로 (d)가 정답입니다.

어휘 examine ~을 살펴보다, 검토하다

10.

샤프스보로 전쟁 역사 현장의 재개장에 오신 것을 환영합니다. 아시다시피, 이 현장은 모든 명소들을 완전히 최신화 시킬 수 있도록 하기 위해 지난 해 동안 문을 닫았습니다. 저는 여러분에게 모든 새로운 특징들에 대해 말씀드리게 되어 흥분이 됩니다!

첫 번째로, 여러분은 샤프스보로 레일로드에 탑승하실 수 있습니다. 비록 독립 전쟁 중에는 기차가 존재하지 않았지만, 저희는 이것을 저희 고객을 위해 특별히 만들었습니다. 이 열차는 50 에이커 넓이의 전장 전체에 걸쳐 여러분을 데려다 줄 것입니다. 그래도, 조심하세요. 이 여행 중에는 무장한 노상 강도에 의한 연출된 강도 사건과 같은 몇몇 놀랄 만한 일들이 있을 수 있습니다. 비록 모든 좌석이 풍경과 액션에 대한 동일한 시야를 제공하지만, 기차가 실제로 석탄을 사용하는 증기 기관열차라는 점을 알아 두시기 바랍니다. 그래서, 기차의 앞에 앉으시는 민감한 승객들께서는 배기가스로 인해 호흡에 불편을 겪으실 수도 있습니다. 하지만, 걱정 마세요. 뒤쪽에는 충분한 좌석이 있습니다.

어휘 reopening 재개장 historical 역사적인, 역사와 관련된 battlefield 전장, 싸움터 site 현장, 장소 past 지난, 과거의

so that ~ can 그래서 ~할 수 있도록 completely 완전히 update 최신화 하다 attraction 명소, 인기거리 be excited to 동사원형: ~하게 되어 흥분되다, ~해서 신나다 feature 특징 railway train 기차 exist 존재하다 Revolutionary War 미국 독립 전쟁 specifically 특별히 entire 전체의 watch out 조심하세요 staged 연출된 robbery 강도 사건 armed 무장한 bandit 노상 강도 equal 동일한 view 시야, 경관 note that ~임을 알아 두세요, ~에 주목하세요 authentic 진짜의, 진품의 coal-powered 석탄으로 움직이는 steam train 증기기관차 sensitive 민감한, 예민한 passenger 승객 in the front of ~의 앞쪽에 respiratory 호흡의 irritation 불편, 짜증, 염증 exhaust 배기 가스 plenty of 충분한

10. Why, most likely, would some guests sit at the back of the train?

(a) to experience less engine noise
(b) to volunteer for the robbery
(c) to avoid breathing in the smoke
(d) to get the most scenic view

몇몇 승객이 기차의 뒤쪽에 앉을 이유는 무엇일 것 같은가?

(a) 엔진 소음을 덜 듣기 위해서
(b) 강도 사건에 자원하기 위해서
(c) 연기를 마시는 것을 피하기 위해서
(d) 가장 경치가 좋은 시야를 얻기 위해서

해설 질문의 키워드인 the back of the train은 기차를 타고 전장 전체를 다니는 기차에 대해 설명하는 부분의 마지막에 언급되었습니다. 해당 부분의 앞에서 화자는 기차의 앞에 앉는 민감한 승객들은 배기가스로 인해 호흡에 불편을 겪으실 수도 있다고 언급하며, 뒤쪽에는 충분한 좌석이 있다고 (sensitive passengers sitting in the front of the train may experience some respiratory irritation from the exhaust. ~ There are plenty of seats in the back) 설명하였습니다. 이를 통해 기차의 뒤쪽에 앉는 승객은 기차의 배기가스를 피할 수 있음을 알 수 있으므로 (c)가 정답입니다.

어휘 experience 겪다 noise 소음 smoke 연기 scenic 경치가 좋은

실전 문제

1. (c)	2. (a)	3. (b)	4. (d)	5. (b)
6. (d)	7. (a)	8. (a)	9. (c)	10. (d)
11. (c)	12. (b)	13. (b)		

1-6.

M: Hi, Diana. How come you're in the dorms? I thought I was the only person here during break.

안녕, 다이애나. 어째서 너는 기숙사에 있어? 내가 휴가 기간 동안 여기 있는 유일한 사람인 줄 알았어.

F: Hey, Jackson! **1** I left my parents' house as soon as Christmas was over. I wanted to a get a head start on work for next semester's classes.

안녕, 잭슨! 나는 크리스마스가 끝나자마자 부모님 댁을 떠났어. 다음 학기의 수업에 대해 유리한 출발을 하고 싶었거든.

M: Nice. I just like the peace and quiet.

좋네. 난 그저 평온함과 조용한 것이 좋아.

F: It is pretty quiet here. Oh, guess what? When I was home, I found out I got a year-long internship at a museum in Madrid. It begins as soon as I graduate.

여기 정말 조용하다. 아, 그거 알아? 내가 집에 있을 때 마드리드에 있는 박물관에서 1년 기간의 인턴십을 받았다는 것을 알게 됐어. 그건 내가 졸업하자마자 시작해.

M: Wow! That's amazing!

와! 그거 놀라운데!

F: To prepare myself, **2** I just signed up for a virtual Spanish class that meets weekly online. My language class is only four months long, though, so I'm wondering if it's a better idea to go to Madrid and learn the language once I'm there.

나 자신을 준비시키기 위해서, 온라인으로 일주일마다 만나는 가상 스페인어 수업에 막 등록했어. 그래도 나의 언어 수업은 단 4개월 짜리인데, 그래서 나는 일단 스페인에 가서 그 언어를 배우는 게 더 좋은 생각인지 궁금해.

M: Well, let's discuss the pros and cons of taking a language class here versus learning Spanish once you're abroad.

음, 여기서 언어 수업을 듣는 것과 일단 스페인으로 가서 스페인어를 배우는 것의 장점과 단점에 대해서 이야기해보자.

F: Okay, so one advantage of taking the class here would be that I'd know some Spanish when I arrive. I'd be able to ask for directions and go shopping for groceries.

좋아, 그래서 여기서 수업을 듣는 것의 한 가지 장점은 내가 도착하면 내가 스페인어를 조금 알 것이라는 거야. 나는 방향을 묻고 식료품을 사러 쇼핑을 갈 수 있겠지.

M: Right. In my experience, though, Diana, basic language classes aren't that helpful.

맞아. 그런데 내 경험상 말이야, 다이애나, 언어의 기초 수업은 그렇게 도움이 되지 않아.

F: Oh, why's that, Jackson?

오, 이유가 뭐야, 잭슨?

M: Well, **3** I took one semester of French before going to Paris. The instructor was great, but when I got there, the locals spoke so fast that I couldn't understand anything.

음, 난 파리로 가기 전에 프랑스어 수업을 1학기 동안 들었어. 강사는 훌륭했지만, 내가 그곳에 도착했을 때, 현지인들이 너무 빨리 말해서 나는 아무 것도 이해하지 못했어.

F: That's too bad. Native speakers do speak really fast.

그거 안됐다. 원어민들은 정말 빨리 말해.

M: All I could really understand was "Hello" and "Goodbye." I was too embarrassed to ask people to slow down.

내가 정말 이해할 수 있었던 것은 "안녕" 그리고 "잘가"였어. 나는 너무 쑥쓰러워서 사람들에게 천천히 말해달라고 요청하지 못했어.

F: So, maybe there isn't any point in taking Spanish here at the school if I'm going to be confused all the time anyway.

그래서, 어쨌든 내가 항상 혼란을 겪을 거라면 이곳의 학교에서 스페인어를 듣는 것은 의미가 없을지도 모르겠어.

M: Maybe. But **4** I do remember that the French people I met appreciated that I was at least trying to learn the language.

아마도. 하지만 내가 분명히 기억하는 건 내가 만났던 프랑스 사람들이 내가 최소한 그 언어를 배우려고 노력하고 있었다는 것을 인정해 줬다는 거였어.

F: Yeah, I've heard that it's a good idea to at least try.

그래, 최소한 시도를 하는 것이 좋은 생각이라는 것은 들은 적 있어.

M: So, what are some of the advantages of waiting to learn the language when you get there?

그래서, 기다렸다가 네가 그곳에 가서 그 언어를 배우는 것에 대한 장점은 뭐야?

F: Luckily, everyone at the museum where I'll be interning already speaks English, so they wouldn't expect me to be fluent.

운이 좋게도, 내가 인턴직을 할 그 박물관에 있는 모든 사람들이 이미 영어로 말한다는 거야. 그래서 그들은 내가 유창할 것이라고 기대하지 않을 거야.

M: That is lucky.

그건 다행이네.

F: And **5** there will be several other interns there who speak Spanish and can help me learn as I

97

go.

그리고 스페인어를 말하는 다른 인턴들이 몇 명 있을 거라서, 그들이 내가 가서 배우는 것을 도와줄 수 있어.

M: That's great.

그거 굉장하네.

F: The other thing is that I have a full load of classes already, and I need to finish my senior thesis before I can graduate. I don't know if adding a language class to my packed schedule is a good idea.

또 다른 점은 난 이미 수업을 가득 듣고 있고, 내가 졸업하기 전에 나는 졸업 논문을 완료해야 한다는 거야. 가득 찬 내 일정에 언어 수업을 추가하는 게 좋은 생각인지 모르겠어.

M: True. Getting your project done is the most important thing. And, of course, when you go to Madrid, you'll learn the language just by interacting with people every day.

맞아. 너의 계획을 완료하는 것이 가장 중요한 것이지. 그리고, 물론 네가 마드리드에 가면, 매일 사람들과 교류하면서 언어를 배우게 될 거야.

F: Still, I'd feel embarrassed starting from scratch like that.

그래도, 그렇게 아무런 사전 준비 없이 시작하는 게 쑥스럽다고 느낄거야.

M: Well, people like helping newcomers. I'm sure the people you meet would be happy to see that you're eager to learn from them.

음, 사람들은 새로 온 사람들을 돕는 것을 좋아해. 네가 만나는 사람들은 네가 간절히 그들에게 배우려고 하는 것을 보고 기뻐할 거라고 확신해.

F: Maybe you're right.

네 말이 맞을지도 몰라.

M: So, have you decided what to do?

그래서, 무엇을 하기로 결정했어?.

F: I think 6 I'd like to focus on my thesis without worrying about classes that aren't absolutely necessary.

내 생각엔 난 절대적으로 필요한 것이 아닌 수업에 대해 걱정하지 않고 나의 논문에 집중하고 싶은 것 같아.

M: That's a wise decision, Diana.

그거 현명한 결정이야, 다이애나.

F: Thanks for your help, Jackson!

도와줘서 고마워, 잭슨!

어휘 How come ~? 어째서 ~?, 왜 ~? dorm 기숙사 break (짧은) 휴가 as soon as ~하자마자 get a head start 유리한 출발을 하다 semester 학기 peace 평온함 pretty 꽤 a year-long 1년 기간의 graduate 졸업하다 prepare oneself 자신을 준비시키다 sign up for ~에 등록하다 virtual 가상의 weekly 매주의, 일주일마다 worder if ~인지 궁금하다 pros and cons 장점과 단점 versus ~에 비해, ~대 abroad 해외에서 advantage 장점 directions 방향 grocery 식료품 helpful 도움이 되는, 유용한 instructor 강사 local 현지인 native 원어민의 too 형용사 to 동사원형: 너무 ~해서 ~할 수 없다 embarrassed 쑥쓰러운 slow down 속도를 늦추다, 천천히 하다 point 의미 confused 혼란을 느끼는 appreciate (진가를) 알아보다, 인정하다 at least 최소한 luckily 운이 좋게도, 다행히도 fluent (언어가) 유창한 a full load of ~가 가득한 senior thesis 졸업 논문 packed 가득 찬 project 계획 get + 목적어 + done: (목적어)를 완료하다 interact 교류하다 start from scratch 아무 준비 없이 시작하다 newcomer 새로 온 사람, 신입 be happy to 동사원형: 기꺼이 ~하다 be eager to 동사원형: ~하기를 열망하다, 간절히 ~하고 싶어하다 would like to 동사원형: ~하고 싶다 without -ing ~하지 않고 worry about ~에 대해 걱정하다 absolutely 절대적으로 necessary 필요한 wise 현명한

1. Why did Diana leave her parents' house?
(a) to start an internship
(b) to return to her job
(c) to study for classes
(d) to visit her friend

다이애나가 부모님 집을 떠난 이유는 무엇인가?
(a) 인턴십을 시작하기 위해
(b) 그녀의 직장으로 돌아오기 위해
(c) 수업에 대한 공부를 하기 위해
(d) 그녀의 친구를 방문하기 위해

해설 다이애나는 크리스마스가 끝나자마자 부모님 집을 떠났다(I left my parents' house as soon as Christmas was over)고 언급하고 나서, 다음 학기의 수업에 대해 공부하는 것에 유리한 출발을 하고 싶었다고(I wanted to a get a head start on work for next semester's classes) 설명했습니다. 이를 통해 다이애나가 부모님 집을 떠난 것은 다음 학기에 대한 공부를 하기 위한 것임을 알 수 있으므로 (c)가 정답입니다.

어휘 return 돌아오다

2. What type of class did Diana sign up for?
(a) an online class
(b) a required class
(c) an advanced class
(d) a popular class

다이애나가 등록한 것은 어떤 종류의 강의인가?
(a) 온라인 강의
(b) 필수 강의
(c) 상급 강의
(d) 인기 강의

해설 다이애나는 마드리드에서의 인턴십에 대비하기 위해 일주일마다 온라인으로 만나는 가상 스페인어 강의를 등록했다(I just signed up for a virtual Spanish class that meets weekly online)고 언급하였습니다. 따라서 (a)가 정답입니다.

어휘 required 필수 advanced 상급의, 고급의 popular 인기 있는

3. Why did Jackson find language classes to be less useful than he expected?
   (a) He had trouble understanding the instructor.
   (b) He was unable to develop good listening skills.
   (c) He had trouble learning correct pronunciation.
   (d) He was unable to remember the content.

잭슨이 자신이 기대했던 것보다 언어 강의가 덜 유용하다고 생각한 이유는 무엇인가?
(a) 강사를 이해하는 데 문제가 있었다.
(b) 우수한 듣기 실력을 발달시킬 수 없었다.
(c) 정확한 발음을 배우는 데 문제가 있었다.
(d) 강의 내용을 기억할 수 없었다.

해설 질문의 키워드인 잭슨의 언어 강의는 잭슨이 파리에 가기 전에 프랑스 수업을 1학기 동안 들었다고(I took one semester of French before going to Paris) 언급한 부분에서 확인할 수 있습니다. 그 뒤에 잭슨은 강사는 좋았지만, 파리에 도착해서 현지인들이 말을 너무 빨리해서 이해할 수 있는 것이 없었다고(The instructor was great, but when I got there, the locals spoke so fast that I couldn't understand anything) 언급하는 것을 통해 잭슨이 현지인의 말을 잘 듣지 못한 것에 문제가 있었음을 알 수 있습니다. 따라서 정답은 (b)입니다.

어휘 find + 목적어 + 형용사: (목적어)가 ~하다고 생각하다 trouble -ing ~하는 데 문제가 있다 be unable to 동사원형: ~할 수 없다 correct 정확한, 맞는 pronunciation 발음 content 내용

4. According to Jackson, what did the local French people appreciate?
   (a) his stories about travel
   (b) his interest in local culture
   (c) his knowledge of food
   (d) his efforts to communicate

잭슨에 따르면 현지 프랑스 사람들이 인정했던 것은 무엇이었는가?
(a) 그의 여행에 관한 이야기
(b) 현지 문화에 대한 그의 관심
(c) 음식에 관한 그의 지식
(d) 의사소통하려는 그의 노력

해설 질문의 키워드인 the local French people appreciate는 자신이 만났던 프랑스 사람들이 그가 그 언어를 최소한 배우려고 했던 것을 인정해줬다는 것을 기억한다고(I do remember that the French people I met appreciated that I was at least trying to learn the language) 말하는 부분에서 확인할 수 있습니다. 이를 통해 프랑스 사람들은 잭슨의 노력을 인정했다는 것을 알 수 있으므로 (d)가 정답입니다.

어휘 interest 관심 knowledge 지식 effort 노력 communicate 의사 소통하다

5. Who would help Diana communicate on her trip?
   (a) her extended family
   (b) her new coworkers
   (c) her future roommate
   (d) her local hosts

다이애나의 여행에서 다이애나를 도울 사람은 누구인가?
(a) 그녀의 대가족
(b) 그녀의 새로운 동료
(c) 그녀의 룸메이트가 될 사람
(d) 그녀의 현지 집주인

해설 다이애나는 자신을 도와줄 사람으로 스페인어를 말하는 다른 인턴 직원들을 언급(there will be several other interns there who speak Spanish and can help me learn as I go)하였습니다. 이를 통해 그녀가 스페인어를 말하는 것을 도울 사람은 그녀의 새로운 동료들임을 알 수 있으므로 (b)가 정답입니다.

어휘 communicate 의사 소통하다 extended family 대가족 coworker 동료 직원 future 미래의, 향후의 host 집주인

6. What has Diana probably decided to do?
   (a) brainstorm ideas for a project
   (b) start working on her new course
   (c) download a language app
   (d) concentrate on her senior thesis

다이애나는 무엇을 하기로 결정했을 것 같은가?
(a) 프로젝트에 대해 아이디어를 떠올리는 것
(b) 새로운 강좌에 대해 공부하기 시작하는 것
(c) 언어 앱을 다운로드 하는 것
(d) 졸업 논문에 집중하는 것

해설 대화의 마지막 부분에서 무엇을 하기로 결정했는지 잭슨이 묻

자, 다이애나는 절대적으로 필요한 것이 아닌 수업에 대해 걱정하지 않고 나의 논문에 집중하고 싶다고(I'd like to focus on my thesis without worrying about classes that aren't absolutely necessary) 언급하였습니다. 이를 통해 논문에 집중할 것이라는 것을 알 수 있으므로 (d)가 정답입니다.

어휘 brainstorm (아이디어 등을) 떠올리다, 마구잡이로 생각해내다 course 강의, 강좌 concentrate on ~에 집중하다

7-13.

Hi, I'm Edward Ramirez, and **7** I've been invited to speak today about my experience writing and illustrating children's books. You might know me from my most popular book, *Edward's Escape*, which is about my experience growing up in Brooklyn, New York. Today, I have a few tips to offer about writing and illustrating books for children.

안녕하세요, 저는 에드워드 라미레즈입니다. 저는 오늘 아동 도서를 쓰고, 그 삽화를 그리는 것에 대한 저의 경험에 대해 말씀드리기 위해 초대받았습니다. 여러분은 뉴욕의 브루클린에서 자란 저의 경험에 대한 책인 『에드워드의 탈출』이라는 저의 가장 인기 있는 책으로 저를 아실지도 모르겠습니다. 오늘, 저는 아이들을 위한 책을 쓰고 삽화를 그리는 것에 대한 몇 가지 팁을 제공해드리겠습니다.

First, think about the child you used to be. Your childhood interests can be great topics for books. **8** *Edward's Escape* takes place on the fire escape where I used to sit and watch the activity in the city around me. My inspiration for the book came from thinking about how children observe the world around them. I remember wondering about my neighbors and watching different scenes from our apartment's small metal staircase high above the street.

첫 번째로, 여러분이 과거에 어떤 아이였는지 생각해보세요. 여러분의 어렸을 적 관심은 책을 위한 아주 좋은 주제가 될 수 있습니다. 『에드워드의 탈출』은 제가 앉아서 제 주위의 도시에서의 활동을 지켜보곤 했던 비상 계단에서 생겨났습니다. 그 책에 대한 영감은 아이들이 그들 주변의 세상을 어떻게 관찰하는지 생각하는 것에서 유래하였습니다. 저는 제 이웃들에 대해 궁금해하고, 길 위에 높이 떠 있는 저희 아파트의 작은 철제 계단에서 각기 다른 장면들을 지켜봤던 것을 기억합니다.

Second, rather than try to write a perfect story, be playful. I was inspired to write by books I read as a kid, **9** including my favorite, which featured an imaginary story between a shark and seal who always hung out together. Children love to be surprised, and you will be more successful if you take risks with your story. This is something you can see in *Edward's Escape* when Edward uses his imagination to come up with stories about the strangers he sees walking by on the street below.

두 번째로, 완벽한 이야기를 쓰려고 노력하기 보다는, 놀아 보려고 해보세요. 저는 항상 함께 많은 시간을 보냈던 상어와 바다표범 사이의 상상의 이야기를 특징으로 했던, 제가 가장 좋아했던 책을 포함해서, 제가 어렸을 때 읽었던 책들에 의해 글을 쓰려는 영감을 받았습니다. 아이들은 놀라는 것을 좋아해서, 여러분은 여러분의 이야기에 과감해진다면 더 성공할 것입니다. 이것은 『에드워드의 탈출』에서 에드워드가 자신의 아래의 길을 걷는 낯선 사람들을 보면서 이야기를 떠올리기 위해 그의 상상력을 사용할 때 볼 수 있는 것입니다.

My third tip concerns illustrations. Rather than trying to capture the exact image that you describe in your story, allow the illustrations to capture what cannot be said in words. When Edward pictures the street, the drawings show much more than what is written in words. **10** For example, when a Chinese food delivery man walks by, the illustrations show Edward imagining that the cartoon dragon on the man's bag comes to life and flies through the streets.

저의 세 번째 팁은 삽화에 관한 것입니다. 여러분의 이야기에 여러분이 묘사하는 정확한 이미지를 포착하려고 노력하기보다는, 단어로 표현될 수 없는 것을 삽화가 포착하게 하세요. 에드워드가 길을 묘사할 때, 그림은 단어로 쓰여진 것보다 더 많은 것을 보여줍니다. 예를 들어, 중국 음식 배달원이 걸어갈 때, 삽화는 에드워드가 그 사람의 가방에 그려진 만화풍의 용이 살아 움직여서 길 사이를 날아다니는 것을 상상하는 것을 보여줍니다.

Though illustrations are important, they won't work if you aren't thinking about language and style choices, which brings me to my fourth piece of advice. Children like clever rhymes and easy words that they can read to themselves, but they also like learning new words. **11** Try to challenge children without overwhelming them. For example, I like to introduce at least one challenging word in each story that's new to my readers. In *Edward's Escape*, children learn the word "pedestrian" when I talk about the people walking by.

삽화가 중요하긴 하지만, 여러분이 언어와 문체 선택에 대해 생각하고 있지 않으면, 삽화는 효과가 없을 것입니다. 이것이 저의 네 번째 조언입니다. 아이들은 기발한 운율과 그들이 스스로에게 읽어줄 수 있는 쉬운 단어들을 좋아할 뿐만 아니라 새로운 단어를 배우는 것도 좋아합니다. 너무 압도적이지 않게 아이들에게 도전하려고 해보세요. 예를 들어, 저는 각각의 이야기에 독자들에게 새로운 단어를 최소한 하나를 소개하는 것을 좋아합니다. 『에드워드의 탈출』에서, 걸어다니는 사람들에 대해 말할 때 아이들은 "보행자"라는 단어를 배웁니다.

My fifth tip is to make sure your story is engaging. The plot of *Edward's Escape* isn't complicated, but there are some elements of mystery. **12** For instance, when a woman with a clipboard shows up at his apartment building, Edward wants to find out who she is. She's just there to read the electric meter, but Edward doesn't know that. That little mystery makes the story more interesting.

저의 다섯 번째 팁은 여러분의 이야기가 반드시 관심을 사로잡도록 하라는 것입니다. 『에드워드의 탈출』의 줄거리는 복잡하지 않지만, 거기에는 미스터리의 몇몇 요소들이 있습니다. 예를 들어, 클립보드를 가지고 있는 한 여자가 그의 아파트에 나타났을 때, 에드워드는 그녀가 누구인지 알아내고 싶어합니다. 그녀는 단지 전기 계량기를 읽기 위해 거기에 있을 뿐이지만, 에드워드는 그것을 모릅니다. 그러한 작은 미스터리가 이야기를 좀 더 재미있게 만듭니다.

This brings me to my last tip. Make your characters as real as possible. Edward is a relatable character, which matters more than what happens to him in the story. Children care about Edward because he's curious like they are. **13** They really love finding characters like themselves on the pages of a book. That can go a long way in getting children excited about a story!

이제 저의 마지막 팁입니다. 여러분의 등장인물들을 가능한 한 진짜처럼 만드세요. 에드워드는 공감대를 형성하는 인물이며, 그것이 이야기 속에서 그에게 일어나는 일보다 더 중요합니다. 아이들은 에드워드가 자신들만큼 호기심이 많기 때문에 에드워드에게 관심을 가집니다. 아이들은 책의 페이지에서 그들과 같은 등장인물을 찾는 것을 정말 좋아합니다. 그것이 아이들을 이야기에 흥미를 가지도록 하는 것에 큰 도움이 될 수 있습니다.

I hope these tips are helpful as you embark on the journey of writing for children. You'll find that it brings out the child in you, too!

이 팁들이 여러분이 아이들을 위한 글쓰기라는 여정을 시작하실 때 도움이 될 바랍니다. 그 여정이 여러분 속에 있는 아이도 끌어낸다는 것을 알게 되실 킵니다!

어휘 illustrate 삽화를 그리다 grow up 자라다, 성장하다 offer 제공하다 used to (과거에) ~하곤 했다 take place 발생하다, 일어나다 fire escape 비상 계단 activity 활동 inspriation 영감 come from ~로부터 오다, 유래하다 observe 관찰하다 wonder 궁금하다 scene 장면 metal 철제의, 금속의 staircase 계단 rather than ~하기보다는 be inspired to 동사원형: ~하려는 영감을 받다 feature 특징으로 하다 imaginary 상상의, 허구의 shark 상어 seal 바다 표범 hang out 시간을 보내다 take risk with ~에 과감해지다, ~에 위험을 감수하다 imagination 상상력 come up with ~을 생각해내다 stranger 낯선 사람 walk by 걸어 지나가다 below 아래에 concern ~에 관한 것이다 illustration 삽화 capture 포착하다 exact 정확한 describe 묘사하다 allow + 목적어 + to 동사원형: (목적어)가 ~하도록 하다 cartoon 만화 come to life 살아 움직이다 work 효과가 있다 style 문체, 어투 clever 기발한 rhyme 운율, 음조가 비슷한 글자 challenge 도전하다 overwhelm 압도하다 at least 최소한 pedestrian 보행자

make sure 반드시 ~하게 하다 engaging (관심을) 사로잡는 plot 줄거리 complicated 복잡한 element 요소 mystery 미스터리, 추리 소설 show up 나타나다 find out 알아내다 electric meter 전기 계량기 character 등장 인물 as 형용사 as possible: 가능한 한 ~한 matter 중요하다 care about ~에 대해 관심을 갖다 curious 호기심 많은 go a long way in ~하는 것에 큰 도움이 되다 embark on ~을 시작하다, 착수하다 journey 여정, 여행 bring out 끌어내다

7. What is the talk mainly about?
 (a) how to create books for kids
 (b) how to publish kids' books
 (c) how to get kids to read books
 (d) how to review kids' books

담화는 주로 무엇에 관한 것인가?
(a) 아이들을 위한 책을 만드는 방법
(b) 아동 도서를 출간하는 방법
(c) 아이들이 책을 읽게 하는 방법
(d) 아동 도서의 후기를 작성하는 방법

해설 화자가 담화 첫 부분에서 아동 도서를 쓰고 삽화를 그리는 경험에 대해 이야기하기 위해 초대 받았다(I've been invited to speak today about my experience writing and illustrating children's books)고 언급하였습니다. 이를 통해 이 담화가 아동 도서를 만드는 방법에 관한 것임을 알 수 있으므로 (a)가 정답입니다.

어휘 create 만들다, 제조하다 publish 출간하다 review 후기를 작성하다, 검토하다

8. Where does the speaker's book take place?
 (a) on a building's fire escape
 (b) in a haunted house
 (c) on a skyscraper's roof
 (d) in a famous museum

화자의 책은 어디서 발생하였는가?
(a) 건물의 비상 계단에서
(b) 유령이 나오는 집에서
(c) 고층 건물의 옥상에서
(d) 유명한 박물관에서

해설 화자가 자신의 책 『에드워드의 탈출』에 대해 언급하면서 자신이 앉아서 도시의 활동을 지켜보던 비상 계단에서 발생하였다고(Edward's Escape takes place on the fire escape where I used to sit and watch the activity in the city around me) 설명하였습니다. 따라서 정답은 (a)입니다.

어휘 haunted 유령이 나오는 skyscraper 고층 건물

9. What is featured in the speaker's favorite childhood book?

(a) an imaginary person
(b) a true story
(c) an unlikely friendship
(d) a strange creature

화자가 가장 좋아하는 어린 시절의 책은 무엇을 특징으로 하는가?

(a) 상상의 인물
(b) 실화
(c) 예상 밖의 우정
(d) 이상한 생명체

해설 화자가 어린 시절 가장 좋아했던 책에 대해 설명하는 부분에서 그 책이 상상의 이야기를 포함하고 있는데, 그 이야기가 항상 함께 시간을 보내는 상어와 바다 표범 사이의 이야기라고 (which featured an imaginary story between a shark and seal who always hung out together) 언급하였습니다. 화자가 상상의 이야기(imaginary story)라고 언급한 것으로 보아 상어와 바다 표범이 항상 어울릴 만큼 친해질 수 없음을 알 수 있습니다. 이는 발생할 가능성이 적은, 예상 밖의 우정에 관한 것이므로 (c)가 정답입니다.

어휘 **unlikely** 예상 밖의, 발생할 가능성이 적은 **friendship** 우정 **creature** 생명체, 존재

10. How do readers know that Edward is using his imagination?

(a) He pretends he is a delivery man.
(b) He sees an animal driving a car.
(c) He pretends he is in another country.
(d) He sees a cartoon coming to life.

에드워드가 상상력을 이용하고 있다는 것을 독자들은 어떻게 아는가?

(a) 그가 배달원인 척 한다.
(b) 그는 동물이 자동차를 운전하는 것을 본다.
(c) 그가 다른 나라에 있는 척 한다.
(d) 그는 만화가 살아 움직이는 것을 본다.

해설 질문의 키워드인 imagination은 화자가 일러스트에 대해 설명하면서 자신의 상상력을 이용했던 경험에 대해 말할 때 언급됩니다. 화자는 자신의 책 『에드워드의 탈출』의 일러스트에 관한 예시를 들면서 중국 음식 배달원의 가방에 그려진 만화풍의 용 그림이 살아 움직여서 길 사이를 날아다니는 것(For example, when a Chinese food delivery man walks by, the illustrations show Edward imagining that the cartoon dragon on the man's bag comes to life and flies through the streets)을 언급하였습니다. 따라서 정답은 (d)입니다.

어휘 **pretend** ~인 척하다

11. Based on the talk, how might writers challenge young readers?

(a) by introducing a puzzle
(b) by using complex characters
(c) by introducing new vocabulary
(d) by using sudden plot twists

담화에 따르면, 작가들은 어떻게 어린 독자들에게 도전하는가?

(a) 퍼즐을 소개함으로써
(b) 복잡한 등장인물을 사용함으로써
(c) 새로운 어휘를 소개함으로써
(d) 줄거리의 갑작스러운 전환을 사용함으로써

해설 화자는 아이들을 압도하지 말고 그들에게 도전을 하려고 노력하라(Try to challenge children without overwhelming them)고 언급한 뒤, 자신은 독자들에게 생소한 단어를 최소한 하나씩 각 이야기에 소개하는 것을 좋아한다(I like to introduce at least one challenging word in each story that's new to my readers)고 언급하였습니다. 이를 통해 화자는 새로운 단어를 어린 독자에게 소개시키는 것으로 독자에게 도전하는 것임을 알 수 있으므로 (c)가 정답입니다.

어휘 **complex** 복잡한 **vocabulary** 어휘 **sudden** 갑작스러운 **twist** 전환, 반전

12. What mystery does Edward want to solve?

(a) the history of his apartment building
(b) the identity of a strange woman
(c) the contents of a hidden container
(d) the secret lives of his parents

에드워드가 해결하고 싶어하는 미스터리는 무엇인가?

(a) 아파트 건물의 역사
(b) 낯선 여성의 정체
(c) 숨겨진 용기의 내용물
(d) 부모님의 비밀스러운 삶

해설 화자가 미스터리에 대해 설명하면서, 그의 작품 『에드워드의 탈출』 속에 등장하는 한 여자를 예시로 언급하였습니다. 클립보드를 든 여자가 에드워드의 아파트에 나타났을 때, 그는 그녀가 누구인지 알고 싶어했다고(For instance, when a woman with a clipboard shows up at his apartment building, Edward wants to find out who she is) 언급한 부분에서 에드워드가 여성의 정체에 대한 미스터리를 풀고 싶어했다는 것을 알 수 있습니다. 따라서 정답은 (b)입니다.

어휘 **solve** 풀다, 해결하다 **identity** 정체, 신원 **content** 내용물 **hidden** 숨겨진 **container** 용기

13. According to the speaker, what, most likely, gets children excited about reading?

(a) being able to answer questions
(b) finding something familiar in the characters
(c) knowing how the tale will end
(d) believing that the stories are real

화자에 따르면, 아이들이 독서에 흥미를 가지도록 하는 것은 무엇일 것 같은가?

(a) 질문에 대답할 수 있는 것
(b) 등장 인물들에게서 친숙한 것을 찾는 것
(c) 이야기가 어떻게 끝날지 아는 것
(d) 이야기가 진실이라고 믿는 것

해설 담화 마지막 부분에서 아이들을 이야기에 흥미를 가지도록 하는 데 큰 도움이 될 수 있을 것(That can go a long way in getting children excited about a story!)이라고 언급한 곳에서 질문의 키워드 get children excited about reading을 확인할 수 있습니다. 이 문장에서 언급된 주어 That은 그 앞 문장에서 아이들은 책에서 자신들과 닮은 등장인물을 찾는 것을 정말 좋아한다(They really love finding characters like themselves on the pages of a book)는 것을 가리키므로 정답은 (b)입니다.

어휘 familiar 친숙한, 익숙한 tale 이야기 real 진짜의

DAY 09 PART 1, 2 공략하기

PART 1 문제 풀이 연습

| 1. (b) | 2. (c) | 3. (d) | 4. (c) | 5. (d) |
| 6. (a) | 7. (b) | | | |

1-7.

여: 안녕, 샘! 백화점에서 너를 마주칠 줄을 예상치 못했어. 회사 밖에서 너를 거의 본적이 없어.
남: 안녕, 티나. 난 이 동네로 막 이사를 왔어. 와, 네 카트는 물건으로 가득 차 있구나.
여: 난 혼잡해지기 전에 내 쇼핑을 끝내려고 올해에는 일찍 크리스마스 선물을 사고 있어. 나는 연휴 기간동안 붐비는 매장에서 쇼핑하는 것을 싫어해. 하지만 나는 다락방에 이 선물들을 숨겨야 할 것이야. 우리 아이들이 아직도 산타를 믿고 있거든. 그래서 나는 내가 그들의 선물을 사고 있다는 걸 그들이 알게 할 수 없어.
남: 네 아이들이 몇 살이니?
여: 4살과 6살이야.
남: 너는 자랄 때 산타를 믿었어?
여: 응! 난 매년 그에게 편지를 썼어. 나의 부모님은 북극으로 편지를 부치는 척 하곤 했어.
남: 편지에 뭐라고 썼어? 그냥 선물을 요청했어?
여: 요청하지 않았어. 하지만 나는 그래도 그것들을 가지고 싶었어. 그래서 나는 산타에게 내가 그 해에 내가 했던 일들에 대해 이야기를 했지. 나는 내가 하기 싫은 일을 했고 학교에서 전과목 A를 받았다고 말했어. 나는 그게 내가 원했던 선물을 받도록 도움이 될 것이라고 생각했어.
남: 너는 산타 클로스가 진짜가 아니라는 걸 언제 알게 되었어?
여: 내가 5살 때였어. 나는 부모님의 옷장에서 내가 요청했던 인형을 발견했어. 하지만, 다음날 아침 그게 포장되어 있었고 거기엔 "산타로부터"라고 적혀 있었어.
남: 부모님께 산타 클로스가 존재하지 않는다는 것을 알고 있다고 말했어?
여: 아니, 난 산타로부터 선물을 받는 것을 그만두고 싶지 않았어. 내가 8살 때 부모님이 나에게 진실을 말해줄 때까지 산타 클로스를 믿는 척 했어. 너는 산타 클로스가 상상의 인물이라는 것을 언제 깨달았어?
남: 나는 산타 클로스를 전혀 믿지 않았어. 나의 부모님은 나에게 거짓을 말하는 것이 옳다고 생각하지 않았어.
여: 와, 샘. 친구들이 산타로부터 선물 받을 때 너는 받지 못하는 게 힘들지 않았어?
남: 아니, 나의 부모님은 그래도 나에게 선물을 주셨어. 그 선물들은 그저 "산타로부터의" 선물이 아니었을 뿐이야. 나는 친구들이 전세계의 모든 아이들에게 선물을 배달하는 사람이라는 불가능한 것을 믿는다는 게 이상했어. 그건 그저 현실적으로 보이지 않았어.
여: 하지만 산타 클로스는 마법을 쓰잖아. 마법은 어린 아이로선 믿기에 재밌지.
남: 그럴지도 모르지, 티나. 하지만 나는 항상 모든 것에 대해 진실을 알고 싶어하는 그런 사람이야.
여: 친구들에게 산타 클로스에 관한 진실을 말하고 싶지는 않았어?
남: 음, 내 친구 사라가 한번은 나에게 산타 클로스가 상상의 인물인지 물었어. 그녀는 어느 크리스마스 이브에 거실로 살금살금 내려갔는데, 그녀의 아빠가 "산타로부터" 온 기차를 조립하고 있는 것을 봤대.
여: 사라에게 뭐라고 말했어?
남: 나는 그녀의 부모님에게 물어보라고 말했어! 크리스마스는 그녀의 가족에게 정말 큰 행사였어. 그들의 집은 크리스마스 장식으로 덮여져 있었어. 난 그들의 즐거움을 망치고 싶지 않았어.
여: 그건 친절한 행동이었어. 난 이 선물들을 지금 살건데 내가 그것들을 내 차에 싣고 난 후에 옆집에서 잠깐 커피 한잔 할까?
남: 물론이지, 티나. 그거 좋겠다. 하지만 너의 선물들을 자동차에 넣는 것을 도와줄게. 그러고 나서 우리는 같이 커피숍으로 걸어갈 수 있어.
여: 고마워, 샘!

어휘 run into 우연히 마주치다 department store 백화점 hardly ever 거의 ~하지 않는 neighborhood 동네, 인근 get + 목적어 + done: (목적어)를 끝내다, 완료하다 rush 혼잡 crowded 붐비는, 혼잡한 attic 다락 believe in ~을

믿다 **pretend to 동사원형**: ~하는 척하다 **mail** ~에게 편지를 부치다 **Noth Pole** 북극 **ask for** 요청하다 **chore** 하기 싫은 일, 허드렛일 **straight As** 전과목 A **figure** 생각하다 **find out** 알아내다 **closet** 옷장 **wrap** 포장하다 **exist** 존재하다 **truth** 진실, 사실 **imaginary** 상상의, 가상적인 **deliver** 배달하다 **realistic** 현실적인 **magical** 마법을 쓰는 **sort of** 그런 종류의 **be tempted to 동사원형**: ~하고 싶어지다, ~하라고 유혹받다 **once** 한번, 예전에 **sneak down** 살금살금 내려가다 **assemble** 조립하다 **be covered** 덮여 있다 **decoration** 장식 **spoil** 망치다 **be nice of you** 넌 친절하구나 **load** ~을 싣다 **grab** 잠깐 ~하다

1. 샘과 티나는 대화를 시작할 때 무엇을 하고 있었는가?
  (a) 백화점에서 일하고 있었다.
  (b) 그들의 동네에서 쇼핑하고 있었다.
  (c) 연휴 파티에 가고 있었다.
  (d) 선물을 교환하고 있었다.

해설 대화가 시작될 때 티나가 샘에게 백화점에서 마주칠 줄을 예상하지 못했다고(I didn't expect to run into you at the department store) 언급하는 부분에서 대화 장소가 백화점인 것을 알 수 있습니다. 그 뒤에 샘이 이 동네로 막 이사왔으며, 티나의 가득 찬 카트를 언급하는 부분(I just moved to this neighborhood. Wow, your cart is full of stuff)을 통해 그들이 같은 동네에서 쇼핑 중이었음을 알 수 있습니다. 따라서 정답은 (b)입니다.

2. 티나가 선물을 일찍 사고 있는 이유는 무엇인가?
  (a) 대규모 할인을 이용하기 위해서
  (b) 매진이 되기 전에 물건들을 사기 위해서
  (c) 많은 사람들이 붐비는 것을 피하기 위해서
  (d) 물건들을 한 번에 조금씩 사기 위해서

해설 대화 초반부에 티나가 혼잡 전에 크리스마스 선물을 일찍 사는 것(I'm buying Christmas presents early this year to get my shopping done before the rush)에 대해 연휴 기간 동안 사람들이 매장에서 붐비는 것을 싫어한다고(I hate shopping in crowded stores during the holiday season) 언급한 것을 듣고 사람들이 많은 것을 피하고 싶은 것임을 알 수 있습니다. 따라서 정답은 (c)입니다.

3. 티나는 산타에게 보내는 편지에 무엇을 하였는가?
  (a) 다른 사람들을 위한 선물을 요청했다.
  (b) 그녀가 원했던 모든 장난감을 목록으로 작성했다.
  (c) 요정들을 볼 수 있는 여행을 요청했다.
  (d) 그녀의 착한 행동을 언급했다.

해설 샘이 티나가 편지에 무엇을 썼는지 묻자 티나는 선물을 요청한 것이 아니라 자신이 그 해에 했던 것을 말했다고 하며, 하기 싫은 일을 한 것, 학교에서 전과목 A를 받은 것을 적었다고(I told Santa about the things I had done that year. I said I had been doing my chores and had straight As in school) 언급한 것으로 보아 자신이 했던 착한 행동을 썼음을 알 수 있으므로 (d)가 정답입니다.

4. 티나는 산타 클로스가 상상의 인물이라는 것을 어떻게 처음 알게 되었는가?
  (a) 친구가 말하는 것을 우연히 들음으로써
  (b) 그녀의 부모님으로부터 알아냄으로써
  (c) 숨겨진 선물을 발견함으로써
  (d) 그녀의 아빠가 그녀의 선물을 포장하는 것을 목격함으로써

해설 샘이 티나에게 산타가 진짜가 아닌 것을 언제 알았냐는 질문에 티나가 다섯 살 때였다고 말하는 부분에서 산타가 상상의 인물임을 알게 된 경위를 설명하였습니다. 자신이 요청했던 인형을 부모님의 옷장에서 발견했는데, 다음날 "산타로부터"라는 메모로 포장되어 있었다고(I found a doll that I had asked for in my parents' closet, but the next morning, it was wrapped up and said, "from Santa.") 말하는 부분을 통해 숨겨진 선물을 발견한 것으로 산타에 대한 진실을 알게 되었음을 알 수 있습니다. 따라서 정답은 (c)입니다.

5. 샘의 부모님은 산타 클로스에 대해 뭐라고 말했을 것 같은가?
  (a) 그가 항상 지켜보고 있었다는 것
  (b) 그가 마법을 쓰는 인물이었다는 것
  (c) 그가 모든 아이들에게 친절했다는 것
  (d) 그는 완전히 허구의 인물이었다는 것

해설 샘이 자신의 부모님이 산타에 대해 말하는 부분에서 부모님이 자신에게 거짓말하는 것이 옳다고 생각하지 않으셨다고(My parents didn't think that it was right to lie to me) 말하는 부분에서 그의 부모님은 티나의 부모님과 달리 산타가 존재하지 않는다는 사실을 직접 샘에게 말했음을 유추할 수 있습니다. 따라서 정답은 (d)입니다.

6. 샘이 그의 친구에게 산타에 관한 진실을 말하기를 거부한 이유는 무엇이었는가?
  (a) 기념 행사를 망치는 것을 걱정하였다.
  (b) 그의 부모님이 화를 낼까봐 두려웠다.
  (c) 친구와의 관계에 영향을 끼칠 것을 걱정하였다.
  (d) 그녀가 다른 친구들에게 말할까봐 두려웠다.

해설 샘이 그의 친구 사라가 크리스마스 이브에 거실에서 기차를 조립하고 있는 그녀의 아빠를 본 것을 말하면서 산타가 진짜가 아닌지 샘에게 물어보았다고 하였습니다. 그러나 샘은 사라에게 진실을 말하지 않고 그녀의 부모님에게 물어보라고(I told her to ask her parents!) 하면서 크리스마스가 그녀의 가족에게 정말 큰 행사였고(Christmas was such a big event in her family), 그들의 즐거움을 망치고 싶지 않았다고(I didn't want to spoil their fun) 말하는 것을 통해 그 가족의 기념 행사를 망치는 것을 걱정했음을 알 수 있습니다. 따라서 정답은 (a)입니다.

7. 티나와 샘은 그 후에 무엇을 할 것 같은가?
(a) 선물 쇼핑을 계속한다
(b) 근처에서 커피를 마신다
(c) 몇몇 선물을 포장한다
(d) 지역의 카페로 운전해서 간다

해설 대화의 마지막 부분에서 티나가 짐을 다 싣고 난 후에 옆집에서 커피를 마시자는 제안(after I'm done loading them into my car, would you like to grab coffee next door)을 하였으며, 샘은 Sure이라고 동의의 대답을 하였으므로 대화 후에 티나와 샘은 근처에서 커피를 마실 것임을 알 수 있습니다. 따라서 정답은 (b)입니다.

PART 2 문제 풀이 연습

| 8. (d) | 9. (c) | 10. (b) | 11. (c) | 12. (a) |
| 13. (b) |

8-13.

안녕하세요, 신사 숙녀 여러분. 저는 지역 컨벤션 센터에서 개최될 천문학과 밤하늘의 경이로움을 주제로 한, 많은 기대를 받고 있는 특별 행사인 '별의 축제'를 소개해 드리고자 이 자리에 섰습니다. 오늘부터 티켓이 판매되기 시작하니 축제의 주요 특징에 대해 자세히 알려드리겠습니다.

천문학을 주제로 한 축제는 하늘의 별을 탐험할 수 있는 기회가 없다면 아무런 의미가 없을 것입니다. 컨벤션 센터 외부 광장에는 5개의 천문대 부스가 설치되며, 각 부스에는 최신식 망원경이 설치될 것입니다. 전문 천문학자가 밤하늘을 안내하며 멀리 떨어진 행성과 성단 등 놀라움을 자아낼 만한 별들을 보여줄 것입니다. 물론, 참가자들은 또한 개인 망원경과 별 관측 장비를 가져와 광장에 설치할 수 있습니다.

축제의 교육 기회에 덧붙여, 저명한 천문학자 및 과학자들을 초청하여 강연을 진행합니다. 전 세계에서 온 연사들이 우주의 신비를 설명하고 자신의 발견을 공유하기 위해 참여합니다. 연사 중에는 최장 우주유영 기록을 보유하고 있는 은퇴한 우주비행사 칼 잭슨 씨가 참여합니다. 칼 씨는 자신의 경력에 대해 이야기하고 우주에서 찍은 개인 사진 컬렉션을 보여줄 예정입니다. 그의 강연은 장관을 이룰 것으로 보입니다!

또한 컨벤션 홀 주변에서는 미니 로켓 만들기, 태양계 모형 만들기 등 우주와 관련된 다양한 체험 활동을 제공하는 인터랙티브 워크숍이 열릴 예정입니다. 어린이 참가자들은 또한 "스페이스 캠프" 워크숍에 참여할 수 있으며, 그 중에서도 자신만의 외계인 캐릭터를 디자인하고 티셔츠에 프린트할 수 있습니다. 지식과 특별한 기념품을 집으로 가져갈 준비를 하세요.

축제의 하이라이트인 스텔라 돔 천체투영관 공연도 놓치고 싶지 않으실 거예요. 스텔라 돔에서는 좌석에 뒤로 기대어 곡선형 천장을 올려다볼 수 있는데, 이 천장은 밤하늘을 투영하는 캔버스가 됩니다. 하지만 이 천체투영관 공연은 단순한 시각적 볼거리 그 이상입니다. 올해의 공연은 세계적으로 유명한 스타플레이어 오케스트라가 시각 효과에 맞춰 혁신적인 새 반주를 작곡하고 라이브로 공연하기 때문에 더욱 특별합니다. 이 무료 공연은 축제 기간 동안 매일 밤 열립니다.

마지막으로 경품 추첨에 대해 말씀드리겠습니다. '별의 축제'는 천문학과 현대 과학의 아버지인 갈릴레오의 출생지인 이탈리아로 일생일대의 여행을 떠날 수 있는 행운의 기회를 한 분께 선사합니다. 여행에 당첨될 기회를 잡으려면 참가자들은 축제 입장 시 추첨 티켓을 구매해야 합니다. 당첨자는 행사 마지막 날에 발표됩니다.

숙련된 천문학자이든 평범하게 취미로 별을 관찰하는 사람이든, '별의 축제'는 잊지 못할 추억을 약속드립니다. 달력에 표시해두고 축제에 참여해 보세요!

어휘 announce 발표하다, 알리다 much-anticipated 많이 기대된 extraordinary 비범한, 특별한 dedicated to ~에 헌신된, ~에 전념하는 wonder 경이, 놀라움 convention center 컨벤션 센터, 대회장 fill + 목적어 + in: (목적어)에게 정보를 제공하다, 알려주다 plaza 광장, 광장형 공간 observatory 천문대 state-of-the-art 최신식의, 최첨단의 telescope 망원경 supervise 감독하다, 지휘하다 guide + 목적어 + through: (목적어)를 안내하다, 인도하다 reveal 드러내다, 밝히다 attendee 참석자 stargazing 별을 관찰하는 것 equipment 장비, 기기 lecture 강의, 강연 mystery 신비, 불가사의 cosmos 우주 discovery 발견 astronaut 우주비행사 career 경력, 직업 spectacular 장관의, 멋진 interactive 상호작용하는 hands-on 실습의, 직접 체험하는 workshop 워크숍, 실습반 solar system 태양계 attendee 참석자 among other things 그 중에서도 planetarium 천체투영관 highlight 하이라이트, 가장 중요한 부분 recline 기대다, 눕다 canvas 캔버스, 화면 accompaniment 반주, 동반 perform 공연하다, 연주하다 raffle 추첨, 복권 birthplace 출생지 unforgettable 잊을 수 없는, 기억에 남는 mark one's calendar 일정을 기록하다

8. 담화는 주로 무엇에 관한 것인가?
(a) 천문학 클럽 모임
(b) 천문학 강좌
(c) 여름 천문학 캠프
(d) 천문학 축제

해설 대화 초반부에 화자가 지역 컨벤션 센터에서 개최될 천문학과 밤하늘의 경이로움을 주제로 한 특별한 행사인 '별의

축제'를 소개해 드리고자 이 자리에 섰다고(I am here to announce the much-anticipated Festival of Stars—an extraordinary event dedicated to astronomy and the wonders of our night sky, to be held at the local convention center) 알리고 있으며, 또한 마지막에는 축제의 주요 특징에 대해 자세히 알려주겠다고(let me fill you in on the main features of the festival) 말하는 것을 통해 담화의 주제가 천문학 축제임을 알 수 있습니다. 따라서 정답은 (d)입니다.

9. 광장을 방문하는 사람들은 밤하늘에 대해 어떻게 배울 수 있는가?
(a) 인터랙티브 전시물을 관람함으로써
(b) 책자를 읽음으로써
(c) 전문가의 지도를 받음으로써
(d) 영상을 시청함으로써

해설 질문의 키워드 중 하나인 the plaza는 컨벤션 센터 외부 광장에는 최신식 망원경이 있는 5개의 천문대 부스가 있을 것이라고(The plaza outside the convention center will have five observatory booths, each containing a state-of-the-art telescope for viewing) 말하는 부분에서 언급됩니다. 그 뒤에 또다른 질문의 키워드인 the night sky에 대해 전문 천문학자가 밤하늘을 안내할 것이라고(These will be supervised by professional astronomers who will guide you through the night sky) 말하는 부분에서 언급됩니다. 이를 통해 밤하늘은 전문 천문학자의 도움으로 안내 받을 것임을 알 수 있으므로 정답은 (c)입니다.

10. 우주비행사 칼 잭슨 씨는 강연 중에 무엇을 할 것인가?
(a) 우주 기술에 대한 강연을 한다
(b) 자신의 과거 경험을 공유한다
(c) 다른 과학자들과 토론한다
(d) 자신의 미래 계획에 대해 말한다

해설 화자가 은퇴한 우주 비행사 칼 잭슨 씨가 강연을 할 것임을 알리면서 칼 씨가 자신의 경력에 대해 이야기하고 우주에서 찍은 개인 사진 컬렉션을 보여줄 예정이라고(Carl will speak about his career and show his personal collection of photos from space) 설명합니다. 이는 칼 씨가 자신의 과거에 대한 이야기를 관객들에게 들려줄 것이라는 것을 의미하므로 정답은 (b)입니다.

11. 어린 참가자는 어떻게 맞춤 티셔츠를 받을 수 있는가?
(a) 웹사이트에서 주문함으로써
(b) 기념품 가게를 방문함으로써
(c) 워크숍에 참여함으로써
(d) 콘테스트에 참가 신청함으로써

해설 질문의 키워드인 younger attendees와 T-shirt는 화자가 어린이 참가자들이 참여할 수 있는 "스페이스 캠프" 워크숍에 대해 설명하는 중에 언급됩니다. 화자는 그 워크숍에서 자신만의 외계인 캐릭터를 디자인하고 티셔츠에 프린트할 수 있다고(Our younger attendees can also join the "Space Camp" workshop, where, among other things, they can design their own alien character and even get it printed on a T-shirt) 설명하는데, 이를 통해 맞춤 티셔츠를 얻는 방법이 워크숍을 참석하는 것임을 알 수 있습니다. 따라서 정답은 (c)입니다.

12. 올해의 천체투영관 공연이 특별한 이유는 무엇인가?
(a) 오리지널 음악이 포함되어 있다.
(b) 혁신적인 시각 효과를 제공한다.
(c) 라이브 내레이션이 포함되어 있다.
(d) 새로운 음향 시스템을 사용한다.

해설 화자가 스텔라 돔 천체투영관 공연(Stellar Dome planetarium show)에 대해 설명하면서 올해의 공연이 특별한 이유로 세계적으로 유명한 스타플레이어 오케스트라가 시각 효과에 맞춰 혁신적인 새 반주를 작곡하고 라이브로 공연할 것이기 때문이라고(these planetarium shows are more than just visuals. This year's shows are special because the world-famous Starplayer Orchestra has composed some innovative new accompaniment to the visual effects, and they'll be here performing live) 설명하는 부분에서 올해 공연에는 공연에 맞춰진 오리지널 음악이 추가될 것임을 알 수 있습니다. 따라서 정답은 (a)입니다.

13. 경품 추첨에 응모하려면 참가자가 무엇을 해야 하는가?
(a) 메일링 리스트에 가입한다
(b) 행사에서 추첨권을 구매한다
(c) 온라인 양식을 작성한다
(d) 자선 단체에 기부한다

해설 질문의 키워드인 the prize drawing은 담화의 마지막 부분에서 언급됩니다. 화자는 경품 추첨(the prize drawing)에 대해 설명하면서, 참가자들은 축제 입장 시 추첨 티켓을 구매해야 한다고(attendees need to purchase a ticket for the raffle upon entry to the festival) 설명하는 부분을 통해 참가자들이 티켓 구매를 해야 한다는 것을 알 수 있습니다. 따라서 정답은 (b)입니다.

DAY 10 PART 3, 4 공략하기

PART 3 문제 풀이 연습

1. (c) 2. (b) 3. (b) 4. (d) 5. (c)
6. (a)

1-6.

여: 추워, 제임스?
남: 난 괜찮아, 사라. 추우면 히터 켜도 돼.
여: 알았어. 밖은 봤어? 벌써 눈이 내리기 시작했어.
남: 응. 내일 아침에 차에 쌓인 눈을 치워야겠어.
여: 눈이 오면 귀찮긴 하지만 연휴 분위기를 만끽하는 데는 도움이 되지.
남: 연휴 얘기가 나왔으니 말인데, 크리스마스가 한 달밖에 안 남았어. 그리고 부모님과 함께 보낼지 아니면 우리 둘이서 실버뷰로 짧은 휴가를 갈지 아직 결정하지 못했어.
여: 우리 논의 해보자.
남: 응. 먼저, 부모님과 함께 지낼 때의 장점부터 살펴보자.
여: 가장 큰 장점은 언니와 언니의 가족이 함께 지낼 것이라는 점이야. 우리 꼬마 조카들과 함께 크리스마스를 기념하면 정말 좋을 것 같아.
남: 나도 같은 생각이야. 내가 가장 기대하는 것은 아이들이 상자에서 새 장난감을 꺼내는 모습을 보는 거야. 크리스마스 트리 주위에 모여서 선물 포장을 풀 때 아이들의 얼굴에서 기쁨을 보는 것은 정말 값진 일이야.
여: 아이들이 우리가 준비한 장난감을 정말 좋아할 것 같아.
남: 그리고 어머니의 크리스마스 저녁 식사가 큰 장점이 된다는 것도 잊지 마! 어머니의 요리는 정말 환상적이야. 어머니의 바삭한 구운 감자에 대한 생각을 멈출 수가 없어.
여: 음! 엄마는 연휴 동안 전력을 다하셔.
남: 하지만 내가 정말 걱정되는 건 네 부모님 댁의 공간이 꽤 협소하다는 거야. 나는 결국 또 공기 주입식 매트리스에서 자게 될 것 같은 느낌이 들어.
여: 오, 지난번에 그게 너에게 얼마나 불편했는지 기억나.
남: 맞아, 그걸로 심한 요통을 얻었지. 그리고 언니와 아이들과 함께 있으면 아마 훨씬 더 비좁을 거야.
여: 응, 생각해 볼 만하네. 이제 실버뷰로 크리스마스 여행을 떠나는 것에 대해 어떻게 생각해, 제임스?
남: 글쎄, 사라, 이 마을은 아름다운 장소에 있지. 우리는 항상 평화롭고 조용한 곳에 가는 것을 좋아하잖아. 크리스마스에 시골에서 느긋하게 산책하기에 완벽한 장소야.
여: 맞아. 겨울에 그곳은 정말 멋져. 마치 크리스마스 카드 같아.
남: 그리고 우린 얼어붙은 호수에서 스케이트를 타러 갈 수도 있어. 넌 한 번도 시도해본 적 없잖아.
여: 난 항상 그건 좀 망설여졌어. 위험하지 않아? 얼음에 금이 가기 시작하면 어떡해?
남: 떨어지는 것에 대한 걱정은 하지 마. 거의 매년 겨울마다 스케이트를 타러 갔는데, 얼음은 항상 충분히 두꺼웠거든.
여: 그거 안심이 되네. 하지만 실버뷰에 갈 때 한 가지 단점이 있다면 크리스마스에 며칠만 쉬고 거기서 돌아오는 길이 멀다는 거야.
남: 응, 그럼 휴가가 짧아질 수도 있겠네. 교통 체증을 피하려면 더 일찍 출발해야 할 것 같아. 연휴가 끝나면 보통 도로가 꽉 막히니까.
여: 그러면 휴가를 즐기는 대신에 하루 종일 운전하느라 시간을 보내게 되겠네.
남: 이것에 대해 논의하는 게 도움이 되긴 했지만 난 여전히 어떻게 해야 할지 잘 모르겠네. 넌 어때, 사라?
여: 내가 정말 원하는 건 기억에 남는 크리스마스야. 나에게 맞는 아이스 스케이트를 찾을 수 있을까?
남: 물론이지! 진심이야?
여: 물론이지. 올해는 공기 주입식 매트리스는 넘길게!

어휘 heater 히터, 난방기 chilly 추운, 쌀쌀한 hassle 번거로움, 어려움 holiday spirit 휴일 분위기 mention 언급하다, 말하다 vacation 휴가 talk it over 상의하다, 논의하다 go over 검토하다, 논의하다 benefit 이점, 혜택 niece 조카 (여자) nephew 조카 (남자) unwrap 포장을 풀다 priceless 매우 귀중한, 값진 huge 큰, 엄청난 plus 장점, 추가적인 것 go all out 전력을 다하다, 온갖 노력을 다하다 inflatable 공기 주입식의, 공기나 기체로 부풀리는 backache 허리 통증 cramped 비좁은, 좁은 hesitant 주저하는, 망설이는 reassuring 안심시키는, 확신을 주는 drawback 단점, 문제점 packed 가득 찬, 혼잡한 cut short 짧게 끝내다, 단축시키다 beat the traffic 교통 체증을 피하다 discuss 논의하다, 이야기하다 fit 딱 맞다 absolutely 완전히, 절대적으로 pass on 포기하다, 넘기다

1. 제임스는 아침에 무엇을 해야 하는가?
(a) 거리의 눈을 치운다
(b) 청소 용품을 구매한다
(c) 차에서 눈을 제거한다
(d) 자동차 수리를 받는다.

해설 대화 초반부에 사라가 눈이 오기 시작했다고 말하자 제임스는 내일 아침에 차에 있는 눈을 치워야겠다고(I'll need to clean the snow off the car tomorrow morning) 말하는 부분을 통해 제임스가 내일 아침 할 일이 무엇인지 알 수 있습니다. 따라서 정답은 (c)입니다.

어휘 clear 치우다, 제거하다 cleaning supplies 청소 용품 repair 수리하다, 고치다

2. 제임스가 조카들과 함께 하는 크리스마스에 가장 기대하는 것은 무엇인가?
(a) 함께 트리를 장식하는 것
(b) 조카들이 선물을 여는 것을 보는 것
(c) 함께 쿠키를 만드는 것
(d) 조카들이 새 장난감을 가지고 노는 것을 보는 것

해설 사라가 조카들과 크리스마스를 기념하는 일이 아주 좋을 것이라고 말하자, 제임스는 자신이 가장 기대하는 것이 바로 그

아이들이 새 장난감을 박스에서 꺼내는 것을 보는 것(What I'd most look forward to is watching the kids take their new toys out of the boxes)이라고 말합니다. 이를 통해서 제임스가 크리스마스에 조카들이 크리스마스 선물 상자를 여는 것을 보고 싶어 한다는 것을 알 수 있으므로 (b)가 정답입니다.

어휘 decorate 장식하다, 꾸미다 unwrap gifts 선물을 뜯다, 풀다 make cookies 쿠키를 만들다

3. 사라의 부모님 댁에 머무는 것에 대해 제임스가 걱정하는 것은 무엇인가?
 (a) 불편한 소파
 (b) 붐비는 공간
 (c) 낯선 음식들
 (d) 시끄러운 아이들

해설 제임스가 가장 걱정하는 것은 사라의 부모님 댁의 공간이 꽤 협소하다는 것(the thing I'm really worried about is that space is pretty limited at your parents' house)이라고 말한 부분을 통해 제임스의 걱정거리는 협소한 공간 문제임을 알 수 있습니다. 따라서 정답은 (b)입니다.

어휘 worry 걱정하다 crowded 붐비는, 혼잡한 space 공간

4. 사라가 호수에서 스케이트를 타는 것을 주저할 수도 있는 이유는 무엇인가?
 (a) 그녀는 장비 착용을 싫어한다.
 (b) 그녀는 얼음 위에서 미끄러지는 것을 두려워한다.
 (c) 그녀는 추운 날씨를 싫어한다.
 (d) 그녀는 물에 빠지는 것을 두려워 한다.

해설 제임스가 얼어붙은 호수에 스케이트를 타러 갈 수도 있다고 말하자, 사라는 스케이트를 타는 것에 대해서 좀 주저해왔다고(I've always been a bit hesitant about that) 말합니다. 그 후에 위험하지 않은지(Isn't it dangerous?), 얼음에 금이 가기 시작하면 어떻게 하는지(What if the ice started to crack?) 묻는 것으로 보아 사라가 걱정하는 것은 호수의 표면이 깨져서 물에 빠지는 것임을 알 수 있습니다. 따라서 정답은 (d)입니다.

어휘 hesitant 망설이는, 주저하는 slip 미끄러지다 fall into the water 물에 빠지다

5. 제임스와 사라가 실버뷰에 간다면 그들이 더 짧은 휴가를 가지게 될 이유는 무엇인가?
 (a) 심한 폭풍 때문에
 (b) 꽉 찬 호텔 때문에
 (c) 이동 시간 때문에
 (d) 휴일 휴무 때문에

해설 질문의 키워드인 Silverview는 사라가 실버뷰에 가는 것에 대한 단점을 언급하면서 크리스마스에 며칠밖에 쉬지 못하며, 돌아오는 길이 장거리 운전이라고(One drawback of going to Silverview, though, is that we only have a few days off work for Christmas, and it's a long drive back from there) 말하는 부분에서 언급됩니다. 그러자 제임스가 그게 자신들의 휴가를 짧게 만들어버릴 수 있다고(that could cut our vacation short) 말하는 부분을 통해 실버뷰로 갈 경우 휴가 기간이 짧아지는 이유가 바로 장거리 운전 여행임을 알 수 있습니다. 따라서 정답은 (c)입니다.

어휘 shorter 더 짧은 vacation 휴가 travel time 여행 시간, 이동 시간 holiday closures 휴일 동안의 휴업, 문을 닫는 것

6. 제임스와 사라는 무엇을 하기로 결정했을 것 같은가?
 (a) 그들끼리만 한 마을을 방문한다
 (b) 그녀의 부모님 집에 간다
 (c) 그들끼리만 집에 머무른다
 (d) 친구들 집에 들른다

해설 대화의 마지막 부분에서 사라는 자신이 원하는 것은 기억에 남는 크리스마스라고 하며, 자신에게 맞는 아이스 스케이트를 찾을 수 있다고 생각하는지(Do you think you can find some ice skates that will fit me?) 제임스에게 묻습니다. 그러자 제임스는 물론이라고 답하는 것을 듣고 이 둘은 크리스마스에 아이스 스케이트를 타러 갈 것임을 알 수 있습니다. 그리고 그들의 앞선 대화에서 얼어 붙은 호수에서 스케이트를 탈 수 있는 곳으로 언급된 실버뷰(Silverview) 마을로 갈 것임을 알 수 있습니다. 따라서 정답은 (a)입니다.

어휘 decide 결정하다 drop by 잠깐 들르다

PART 4 문제 풀이 연습

| 7. (a) | 8. (d) | 9. (a) | 10. (b) | 11. (a) |
| 12. (d) | 13. (c) | | | |

7-13.

안녕하세요, 여러분. 노련한 장거리 달리기 선수로서 몬데일 스포츠 센터에서 마라톤에 대한 저의 열정을 공유하게 되어 매우 기쁩니다. 26마일을 달리는 것은 결코 쉬운 일이 아니며, 마라톤을 준비하는 것은 모두 헌신과 노력이 걸리는 일입니다. 이 도전을 어떻게 준비해야 하는지 몇 가지 팁을 알려드리겠습니다.

첫 번째 팁은 자신만의 훈련 프로그램을 만드는 것입니다. 많은 러너들을 지도해 온 저는 16주에서 20주의 준비 기간을 추천합니다. 하지만 무작정 밖에 나가서 매일 달리려고 하지 마세요. 먼저, 매주 달성하고 싶은 목표를 정하고 휴식일을 계획하세요. 시간을 계획하는 데 어려움을 겪는다면 온라인에서 다운로드할 수 있는 훌륭한 마라톤 훈련 계획이 많이 있습니다.

두 번째 팁은 전반적인 체력 향상을 위해 크로스 트레이닝을 루

틴에 포함시키는 것입니다. 마라톤에는 주로 달리기가 수반되지만 그렇다고 해서 다른 활동을 피해야 한다는 의미는 아닙니다. 저는 대부분의 시간을 체육관에서 중량 운동을 하며 보냅니다. 저는 웨이트 트레이닝을 즐기지는 않지만, 몸 전체를 강화하기 때문에 마라톤 준비에 필수적인 부분입니다. 제 말을 믿으세요. 마라톤을 완주하려면 좋은 다리보다 더 많은 것이 필요합니다.

세 번째 팁은 올바른 신발을 선택하는 것입니다. 다양한 스타일의 러닝화를 이용할 수 있어서, 최고의 러닝화를 선택하기가 어렵습니다. 개인적으로 저는 그런 결정을 내리는 것에 스트레스를 받았습니다. 하지만 러닝 전문 매장을 방문하고 나서는 덜 부담스러워졌습니다. 매장에서는 숙련된 판매원이 러닝 머신에서 제 달리기 방식을 평가하고 다양한 신발 선택권을 추천해 줍니다. 이 맞춤형 접근 방식을 통해 제 필요에 맞는 완벽한 러닝화를 확실히 찾을 수 있었습니다.

네 번째 팁은 마라톤 당일 아침에 올바른 마음가짐을 갖는 것입니다. 무슨 일을 하든 긍정적인 생각을 유지하는 것을 잊지 마세요. 보통 저는 일찍 일어나 커피 한 잔과 아침 식사를 즐기면서 소셜 미디어를 확인합니다. 하지만 마라톤 경주 당일에는 아침 습관을 바꾸는 것이 좋습니다. 한번은 경주가 시작될 때 소셜 미디어를 열어보는 실수를 저질렀는데, 누군가 올린 충격적인 뉴스를 본 적이 있습니다. 그 후 속이 울렁거려서 달리기에 온 힘을 쏟을 수 없었죠.

다섯 번째 팁은 내 몸에 귀를 기울이는 것입니다. 작년에 저는 등록한 마라톤 대회에 참가하고 싶다는 절박함 때문에 달리기 도중 가벼운 무릎 통증을 참았습니다. 그건 큰 실수였죠! 실제 경주 도중에 견딜 수 없는 통증이 찾아왔고 어쩔 수 없이 경기를 그만둬야 했습니다. 결국 무릎에 심각한 부상을 입어 4개월 동안 달리기를 할 수 없게 되었죠. 교훈은 분명합니다. 몸의 신호에 귀를 기울이고 필요한 경우 의사의 조언을 구해야 한다는 것입니다.

마지막 팁은 연습 달리기 후 적절한 회복을 하는 것입니다. 마라톤 훈련은 신체에 무리를 줄 수 있으므로 적절한 휴식과 회복이 중요합니다. 일부 달리기 선수들은 휴식일에 명상을 하기도 하지만 저에게는 효과가 없습니다. 개인적으로 저는 동네 스파에 가서 전신 마사지를 받는 것을 좋아합니다. 격렬한 육체적 훈련 후 지친 근육을 진정시키고 긴장을 풀어 주며 몸에 필요한 관리를 제공합니다.

저와 함께해 주셔서 감사합니다. 마라톤 훈련 여정을 시작하는 여러분께 행운을 빕니다.

어휘 **seasoned** 경험이 풍부한, 노련한 **long-distance** 장거리의 **be thrilled to** 동사원형: ~해서 기쁘다, ~해서 짜릿한 기분을 느끼다 **share** 공유하다 **passion** 열정 **marathon** 마라톤 **prepare for** ~을 준비하다, ~에 대비하다 **cover** 가다, 이동하다 **task** 일, 과업 **dedication** 헌신, 전념 **challenge** 도전 **coach** 지도하다 **recommend** 권장하다, 추천하다 **goal** 목표 **struggle** 애쓰다, 힘들어하다 **organizing** 조직, 정리 **routine** 반복적인 일상, 반복하는 행동 **boost** 증진시키다

향상시키다 **primarily** 주로 **involve** 수반하다, 포함하다 **lift weights** 역기를 들다 **vital** 중요한, 필수적인 **strengthen** 강화하다 **entire** 전체의 **trust** 믿다 **a pair of** 한 쌍의 **footwear** 신발 **find it + 형용사 + to 동사원형**: ~하는 것을 (형용사)하다고 느끼다 **make a decision** 결정을 내리다 **feel less overwhelmed** 부담을 덜 느끼다 **pay a visit to** ~을 방문하다 **specialty** 전문 **assess** 평가하다 **treadmill** 트레드밀, 러닝 머신 **provide A with B**: A에게 B를 제공하다 **a range of** 다양한 종류의 **personalized** 개인화된 **approach** 접근법 **ensure** 반드시 ~하게 하다, 보장하다 **mindset** 마음가짐 **remember to 동사원형**: ~할 것을 기억하다 **positive** 긍정적인 **catch up with** 따라 잡다, (밀린 것을) 확인하다 **ritual** 의식, 습관 **upsetting** 불안하게 만드는, 기분 나쁜 **push through** 강행하다, 끝까지 해내다 **desperate** 필사적인, 절망적인 **sign up for** ~을 등록하다 **midway through** ~을 지나는 동안에 **unbearable** 참을 수 없는, 견딜 수 없는 **be forced to 동사원형**: 어쩔 수 없이 ~하게 되다, ~하기를 강요 받다 **signal** 신호 **seek** 구하다, 찾다 **recover** 회복하다 **properly** 제대로, 적절히 **recovery** 회복 **meditate** 명상하다 **work for** ~에 효과가 있다 **personally** 개인적으로 **soothe** 진정시키다, 달래다 **aching** 쑤시는, 통증이 있는 **suffer** 시달리다, 고통받다, 겪다 **intense** 강렬한, 극심한 **physical** 신체의 **journey** 여행, 여정

7. 담화는 주로 무엇에 관한 것인가?
 (a) 마라톤을 위한 훈련 방법
 (b) 마라톤을 조직하는 방법
 (c) 마라톤에서 우승하는 방법
 (d) 마라톤 후에 회복하는 방법

해설 담화 초반부에 화자는 장거리 달리기 선수로서 마라톤을 향한 자신의 열정을 공유하게 되어 기쁘다고 언급하였으며 (I'm thrilled to be here at the Mondale Sports Center to share my passion for marathon running), 청중들에게 이 도전, 즉 마라톤을 준비하는 방법에 대한 팁을 소개하겠다고(Here are some tips on how to prepare for this challenge) 말하는 부분에서 담화의 주제가 마라톤 경주에 대비하는 훈련 방법이라는 것을 알 수 있습니다. 따라서 정답은 (a)입니다.

어휘 **train** 훈련하다, 연습하다 **dedication** 헌신, 전념

8. 강연의 첫 번째 팁은 무엇인가?
 (a) 참가할 레이스를 온라인에서 찾아본다
 (b) 러닝 코치와 상담한다
 (c) 함께 훈련할 파트너 찾는다
 (d) 연습 일정을 정한다

해설 화자는 첫 번째 팁으로 자신만의 훈련 프로그램을 만드는 것(The first tip is to create your own training program)이라고 말합니다. 이는 자신만의 연습 일정을 정하는 것을 의미하므로 정답은 (d)입니다.

어휘 look for ~을 찾아보다 consult ~와 상담하다 partner 파트너, 동반자, 협력자 train 훈련하다

9. 화자는 체육관에서 대부분의 시간을 어떻게 보내는가?
(a) 웨이트 트레이닝을 한다.
(b) 운동용 자전거를 사용한다.
(c) 요가 수업을 듣는다.
(d) 러닝 머신 위에서 걷는다.

해설 화자가 두 번째 팁을 설명하는 중에 질문의 키워드인 spend most of his time이 언급됩니다. 그는 체육관에서 대부분의 시간을 웨이트 트레이닝을 하면서 보낸다고(I spend most of my time at the gym lifting weights) 언급한 부분을 통해 정답이 (a)임을 알 수 있습니다.

어휘 weight training 웨이트 트레이닝, 중량 훈련

10. 화자가 스트레스를 받는다고 생각하는 것은 무엇인가?
(a) 다양한 러닝 스타일을 시도하는 것
(b) 좋은 신발을 구입하는 것
(c) 운동기구 쇼핑하는 것
(d) 적합한 운동복을 구입하는 것

해설 화자가 세 번째 팁인 올바른 신발을 고르는 것에 대해 설명하는 중에 질문의 키워드인 find to be stressful을 언급합니다. 화자는 최고의 신발을 고르는 것이 어렵다고(it's hard to choose the best ones) 말하며, 자신은 그러한 결정을 하는 것이 스트레스를 받는 일로 느꼈다고(I've found it stressful to make that decision) 말하는 것을 통해 화자가 자신에게 가장 좋은 신발을 고르는 일에 대해 스트레스를 받았다는 것을 알 수 있습니다. 따라서 정답은 (b)입니다.

어휘 try 시도하다 exercise machine 운동 기구 workout cloth 운동복

11. 담화에 따르면, 달리기 선수들이 경주 당일 아침에 피해야 할 행동은 무엇인가?
(a) 온라인 게시물을 읽는 것
(b) 너무 일찍 일어나는 것
(c) 아침을 많이 먹는 것
(d) 커피를 너무 많이 마시는 것

해설 질문의 키워드인 the morning of the race는 네 번째 팁을 설명하는 중에 언급됩니다. 화자가 경주 당일 실수로 소셜 미디어를 열었다가 누군가가 업로드한 충격적인 뉴스를 보았다고 말하며, 그 후에 속이 좋지 않아 달리기에 자신의 모든 에너지를 쓸 수 없었다고(I made the mistake of opening my social media at the start of race day and saw an upsetting news story someone had uploaded. After that, I felt sick to my stomach and wasn't able to put all of my energy into running) 말하는 부분에서 경주 당일에 피해야 하는 행동에 대해 언급하였습니다. 이를 통해 화자가 경주 당일 아침에는 온라인 게시물을 읽지 않는 것을 권장하는 것을 알 수 있으므로 정답은 (a)입니다.

어휘 avoid 피하다 read 읽다 online 온라인 post 게시물, 글

12. 화자가 경주 도중에 중도 포기해야 했던 이유는 무엇인가?
(a) 그는 지쳐 있었다.
(b) 그는 가벼운 무릎 통증을 느꼈다.
(c) 그는 규칙을 어겼다.
(d) 심각한 부상을 입었다.

해설 질문의 키워드인 forced to quit midway through a race는 화자가 다섯 번째 팁인 자신의 몸에 귀를 기울이라는 내용을 설명하는 중에 언급됩니다. 그는 가벼운 무릎 통증을 참고 마라톤 경주를 계속 하였고 결국 실제 경주 도중에 참을 수 없는 고통을 느껴 어쩔 수 없이 경주를 그만두었으며(Midway through the actual race, I experienced unbearable pain and was forced to quit), 이후 그는 심각한 무릎 부상을 입게 되었다고(I ended up with a severe knee injury) 말하는 부분을 통해 화자가 경주를 그만 둔 것은 심각한 무릎 부상 때문인 것을 알 수 있습니다. 따라서 정답은 (d)입니다.

어휘 forced 강제로, 억지로 quit 그만두다 midway 중간, 도중에 serious 심각한 injury 부상 pain 고통, 통증

13. 화자는 연습 달리기 사이에 어떻게 휴식을 취하는 것을 좋아하는가?
(a) 뜨거운 욕조에 몸을 담금으로써
(b) 명상을 함으로써
(c) 마사지를 받음으로써
(d) 친구를 방문함으로써

해설 질문의 키워드 practice run은 화자가 마지막 팁을 설명하는 중에 언급됩니다. 화자는 개인적으로 동네 스파에 가서 전신 마사지를 받는 것을 좋아한다고(Personally, I like visiting my local spa for a full-body massage) 말하는 부분을 통해서 화자가 연습 달리기 후에 마사지를 받는 것으로 휴식을 취한다는 것을 알 수 있습니다. 따라서 정답은 (c)입니다.

어휘 relax 휴식을 취하다 soak 담그다 bath 욕조

시원스쿨 LAB

시원스쿨LAB

2025 G-TELP 공식기출 문제+인강
200% 환급반

출석 NO 성적 NO 시작만 해도 50%, **최대 200% 환급까지!**

공신력 있는 컨텐츠로 최단기 목표달성!
시원스쿨 지텔프 200% 환급반 특별혜택

G-TELP 공식지정
베스트셀러 1위 교재 제공

시작만 해도 50%
최대 200% 환급

환급 대신
수강기간 100% 연장

생애 첫 지텔프
응시료 50% 지원

~~69,300원~~ ▶ 36,000원
50% 할인쿠폰 COUPON

---

* 시원스쿨LAB 홈페이지(lab.siwonschool.com)에서 지텔프 환급반 패키지를 구매하실 수 있습니다.
* 환급조건 : 출석 + 목표점수 달성 성적표 + 2년 이내 목표점수 미달성 내역 + 수강후기 작성
* 제공하는 혜택 및 환급조건은 기간에 따라 변경될 수 있습니다.

시원스쿨 LAB

10일 단기공략

지텔프 공식기출 32-65+

하나의 강의로 **지텔프 전 영역 완벽 대비!**

지텔프 만점강사
서민지

지텔프 공식기출 반영한
공신력 높은 강의

10일 단기공략
65+ 올인원 커리큘럼

지텔프 만점 강사의
만점 노하우 대공개

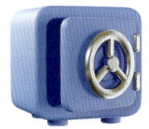

출제경향+고득점 팁+
최신 기출포인트 전수

지텔프 초보자 맞춤
기초다지기 강의 추가제공

시험 직전 필수 체크
문법 총정리 강의 무료 제공

* 시원스쿨랩 사이트(lab.siwonschool.com)에서 유료로 수강하실 수 있습니다.
* YES24 국내도서>국어 외국어 사전>영어>OPIc/G-TELP/ESPT 외 기타 영어어학시험>지텔프 주간베스트 1위(24년 12월 4주차~25년 2월 1주차 기준)